Politische Vierteljahresschrift

	Zeitschrift der Deutschen Vereinigung für Politische Wissenschaft (Zitierweise PVS)
Gegründet	im Auftrag der Vereinigung von Karl Dietrich Bracher, Gert von Eynern†, Otto Heinrich von der Gablentz†, Gerhard Leibholz†, Dolf Sternberger†
Herausgegeben	vom Vorstand der Deutschen Vereinigung für Politische Wissenschaft
Redaktion	Prof. Dr. Michael Kreile, Berlin; Prof. Dr. Herfried Münkler, Berlin; Prof. Dr. Adrienne Héritier, Bielefeld
Anschrift und Geschäftsführung der Redaktion	Prof. Dr. Adrienne Héritier, Universität Bielefeld, Fakultät für Soziologie, Lehr- und Forschungsgebiet Politikwissenschaft, Universität Bielefeld, Postfach 10 01 31, D-33501 Bielefeld, Tel.: 0521/106-3999; Mathias Heidenescher (Redaktionsassistent), Tel.: 0521/106-3989; u.M.v. Carolin Länger; Vertr.: I. Dingeldey, Tel.: 0521/106-4610
PVS-Literatur	Prof. Dr. Herfried Münkler, Humboldt-Universität zu Berlin, Institut für Politikwissenschaft, Postfach 1297, D-10099 Berlin, Tel.: 030/28 43 14-25 oder -24 Frank Weber, Ingo Kollosche, Timm Genett (Redaktionsassistenten), Tel.: 030/28 43 14-24
	Gremien der Deutschen Vereinigung für Politische Wissenschaft
Vorstand	Prof. Dr. Gerhard Lehmbruch, Konstanz (Vorsitzender); Prof. Dr. Michael Th. Greven, Darmstadt (Stellvertreter); Prof. Dr. Heidrun Abromeit, Duisburg (Stellvertreterin); Prof. Dr. Ernst Czempiel, Frankfurt; Prof. Dr. Jürgen Gebhardt, Erlangen; Prof. Dr. Hans-Dieter Klingemann (IPSA-Vertreter), Berlin; Prof. Dr. Christine Landfried, Hamburg; Prof. Dr. Manfred G. Schmidt, Heidelberg.
Geschäftsführung	Karin Bogusch, Institut für Politikwissenschaft, Schloß, D-64283 Darmstadt, Tel.: 06151/16 31 97; Fax: 06151/16 54 89.
Beirat	Prof. Dr. Beate Kohler-Koch, Mannheim; Prof. Dr. Frieder Naschold, Berlin; Prof. Dr. Gerhard Göhler, Berlin; A.R. Dr. Ferdinand Müller-Rommel, Lüneburg; A.R. Dr. Axel Murswieck, Heidelberg; Dr. Roland Czada, Konstanz; Dr. Klaus Schubert, Bochum; Priv. Doz. Dr. Ulrich Widmaier, Bochum; Dr. Hans Lietzmann, München.

Der Westdeutsche Verlag ist ein Unternehmen der Verlagsgruppe Bertelsmann International.

© 1993 by Westdeutscher Verlag GmbH, Opladen
Printed in Germany

Bezugsbedingungen 1994: Jährlich erscheinen 4 Quartalshefte der PVS mit PVS-Literatur und 1 Sonderheft. Jahrgangsumfang ca. 730 S. Einzelheft DM 34,–/öS 265,–/sFr 35,–, Jahresabonnement DM 118,–/öS 920,–/sFr 119,–, ermäßigter Abonnementpreis für Studierende mit Studienbescheinigung DM 83,–/öS 647,–/sFr 85,– (jeweils zuzüglich Versandkosten). Die Bezugsgebühren enthalten den gültigen Mehrwertsteuersatz. Alle Bezugspreise und Versandkosten unterliegen der Preisbindung.
Das Sonderheft des laufenden Jahrgangs wird je nach Umfang berechnet und den Jahresabonnenten bei Bezug im Jahr des Erscheinens zu einem Vorzugspreis geliefert.
Abbestellungen müssen spätestens 3 Monate vor Ende des Kalenderjahres schriftlich erfolgen.
Satz: ITS Text und Satz GmbH, Herford
Druck: Lengericher Handelsdruckerei, Lengerich

Verlag: Westdeutscher Verlag GmbH, Postfach 58 29, D-65048 Wiesbaden, Telefon: Vertrieb/Anzeigen (0611) 160230, Telefax (0611) 160229.
Geschäftliche Zuschriften, Anzeigenaufträge usw. nur an den Verlag.
Redaktionelle Zuschriften werden an die PVS-Redaktion, Büchersendungen und Rezensionen an die Redaktion der PVS-Literatur erbeten.
Es gilt die Anzeigenpreisliste Nr. 5 vom 1. Januar 1993.
Die mit dem Verfassernamen gekennzeichneten Beiträge geben nicht in jedem Fall die Meinung der Redaktion oder der Herausgeber wieder.
Die Verfasser sind verantwortlich für die Richtigkeit der in ihren Beiträgen mitgeteilten Tatbestände.
Für unverlangt eingesandte Manuskripte übernehmen Redaktion und Verlag keinerlei Haftung.
Die Zeitschrift und alle in ihr enthaltenen einzelnen Beiträge und Abbildungen sind urheberrechtlich geschützt.
Jede Verwertung außerhalb der engen Grenzen des Urheberrechtsgesetzes ist ohne Zustimmung des Verlags unzulässig und strafbar. Das gilt insbesondere für Vervielfältigungen, Übersetzungen, Mikroverfilmungen und die Einspeicherung und Verarbeitung in elektronischen Systemen.

ISSN 0032-3470
ISBN 3-531-12470-6

Politische Vierteljahresschrift   Sonderheft 24/1993

Deutsche Vereinigung für Politische Wissenschaft

Policy-Analyse

Kritik und Neuorientierung

Herausgegeben von Adrienne Héritier

Westdeutscher Verlag

Alle Rechte vorbehalten
© 1993 Westdeutscher Verlag GmbH, Opladen

Der Westdeutsche Verlag ist ein Unternehmen der Verlagsgruppe Bertelsmann International.

Das Werk einschließlich aller seiner Teile ist urheberrechtlich geschützt. Jede Verwertung außerhalb der engen Grenzen des Urheberrechtsgesetzes ist ohne Zustimmung des Verlags unzulässig und strafbar. Das gilt insbesondere für Vervielfältigungen, Übersetzungen, Mikroverfilmungen und die Einspeicherung und Verarbeitung in elektronischen Systemen.

Satz: ITS Text und Satz GmbH, Herford

Gedruckt auf säurefreiem Papier

ISSN 0032-3470
ISBN 978-3-531-12470-4   ISBN 978-3-663-01473-7 (eBook)
DOI 10.1007/978-3-663-01473-7

Inhaltsverzeichnis

Adrienne Héritier
Einleitung
Policy-Analyse. Elemente der Kritik und Perspektiven der Neuorientierung ... 9

I. Theoretische und begriffliche Weiterungen

1. Policy-Netzwerke, das Verhandlungsmodell und staatliche Steuerung

Renate Mayntz
Policy-Netzwerke und die Logik von Verhandlungssystemen 39

Fritz W. Scharpf
Positive und negative Koordination in Verhandlungssystemen 57

Franz Urban Pappi
Policy-Netze: Erscheinungsform moderner Politiksteuerung oder methodischer Ansatz? 84

2. Argumente, Ideen und Überzeugungen als Faktoren des Policy-Prozesses

Giandomenico Majone
Wann ist Policy-Deliberation wichtig? 97

Paul A. Sabatier
Advocacy-Koalitionen, Policy-Wandel und Policy-Lernen: Eine Alternative zur Phasenheuristik 116

Otto Singer
Policy Communities und Diskurs-Koalitionen: Experten und Expertise in der Wirtschaftspolitik 149

Frank Nullmeier
Wissen und Policy-Forschung. Wissenspolitologie und rhetorisch-dialektisches Handlungsmodell 175

3. Akteurtheoretische Differenzierungsanalyse und Policy-Forschung

Dietmar Braun
Zur Steuerbarkeit funktionaler Teilsysteme: Akteurtheoretische Sichtweisen funktionaler Differenzierung moderner Gesellschaften 199

4. Instrumentenwahl und staatliche Steuerung

Julian Le Grand
Ein Wandel in der Verwendung von Policy-Instrumenten: Quasi-Märkte und Gesundheitspolitik 225

Michael Howlett / M. Ramesh
Policy-Instrumente, Policy-Lernen und Privatisierung: Theoretische Erklärungen für den Wandel in der Instrumentenwahl 245

5. Die Mehr-Ebenen-Perspektive

Peter Knoepfel / Ingrid Kissling-Näf
Transformation öffentlicher Politiken durch Verräumlichung – Betrachtungen zum gewandelten Verhältnis zwischen Raum und Politik 267

B. Guy Peters
Alternative Modelle des Policy-Prozesses: Die Sicht „von unten" und die Sicht „von oben" 289

6. Zentrale Hypothesen der Policy-Analyse: Kritischer Rückblick

Hubert Heinelt
Policy und Politics. Überlegungen zum Verhältnis von Politikinhalten und Politikprozessen 307

Volker von Prittwitz
Katastrophenparadox und Handlungskapazität. Theoretische Orientierungen der Politikanalyse 328

Stephan Ruß-Mohl
Konjunkturen und Zyklizität in der Politik: Themenkarrieren, Medienaufmerksamkeits-Zyklen und „lange Wellen" 356

II. International vergleichende Policy-Forschung und Policy-Forschung im suprastaatlichen Rahmen

Manfred G. Schmidt
Theorien in der international vergleichenden Staatstätigkeitsforschung 371

Wolfgang Schumann
Die EG als neuer Anwendungsbereich für die Policy-Analyse: Möglichkeiten und Perspektiven der konzeptionellen Weiterentwicklung 394

Adrienne Héritier
Policy-Netzwerkanalyse als Untersuchungsinstrument im europäischen Kontext: Folgerungen aus einer empirischen Studie regulativer Politik 432

III. Policy-Analyse als wissenschaftliche Politikberatung: Methodologische Neuorientierung und partizipatorische Policy-Analyse

Frank Fischer
Bürger, Experten und Politik nach dem „Nimby"-Prinzip: Ein Pläydoyer für die partizipatorische Policy-Analyse 451

Peter deLeon
Demokratie und Policy-Analyse: Ziele und Arbeitsweise 471

Verzeichnis der Autoren 486

Einleitung
Policy-Analyse. Elemente der Kritik und Perspektiven der Neuorientierung

Adrienne Héritier

Die Policy-Analyse[1] sowohl in ihrer beschreibend-erklärenden als auch beratenden Form blickt auf eine Zeit der Verunsicherung zurück. In den 80er Jahren wurde die Erklärungskraft ihrer steuerungstheoretischen Annahmen und der Nutzen der verwendeten Begrifflichkeit ebenso wie die methodologische und demokratisch-legitimatorische Basis ihrer Beratungstätigkeit nachdrücklich in Zweifel gezogen. So wurde kritisiert, daß die politischen Instrumente, die sie unterscheidet, in der unordentlichen Wirklichkeit nicht greifen und die erwünschten Wirkungen hervorbringen. Empirische Befunde ergaben, daß die Phasen ihres politischen Prozeßmodells „Problemdefinition, Politikformulierung, Implementation und Evaluation/Feedback-Loop" sich nicht – wie konzipiert – funktional getrennt logisch aneinanderreihen. Vielmehr können sie simultan verlaufen oder sich in der Richtung umkehren. Auch lassen sich einzelne Politikinhalte oder Policies in keiner Phase des politischen Prozesses klar und säuberlich voneinander trennen, sondern überlappen und beeinflussen sich wechselseitig. Darüber hinaus wurde der praktisch-beratenden Policy-Analyse vorgeworfen, sie diene als technokratisches Herrschaftsinstrument. Trotz der Enttäuschung über die mangelnde steuerungstheoretische Erklärungskraft und den eher bescheidenen wissenschaftlich-beraterischen Erfolg der Policy-Analyse gelang es jedoch, die erfahrene Kritik konstruktiv zu wenden. Die Verunsicherung und Selbstzweifel mündeten in konzeptionelle und theoretische Weiterungen, die die Policy-Analyse deutlich bereichert haben. So wurden in den analytischen Überlegungen Ideen und Argumenten bei der Erklärung der Entstehung von Policies mehr Bedeutung zugemessen. Um der Unordentlichkeit des politischen Alltags und dem verschränkten Handeln staatlicher und privater Akteure Rechnung zu tragen, wurden die Policy-Netzwerkanalyse, das Garbage Can-Modell und das Konzept der Policy Advocacy-Koalition in die Analyse integriert. Auch die sektorelle, funktionale und internationale Verflechtung von politischen Maßnahmen wurde zunehmend berücksichtigt. Bei der wissenschaftlichen Politikberatung erfolgte mit dem „Postpositivismus" und der „partizipatorischen Policy-Analyse" eine methodologische und demokratietheoretische Neubesinnung. Die erwähnten Neuerungen und Weiterungen vollzogen sich zum einen explizit als Antwort auf die konstatierten Mängel; zum anderen ergaben sich Veränderungen aus der

---

[1] „Policy-Analyse" wird im Deutschen sowohl für die beschreibend-erklärende als auch die praktisch-beraterische Variante der Policy-Forschung verwandt. Im Unterschied dazu wird im englischen Sprachgebrauch der Begriff Policy Sciences für die präskriptiv-normative Variante, Policy Analysis für die beschreibend-erklärende Variante benutzt.

Integration von theoretischen Entwicklungen, die sich davon unabhängig in Politikwissenschaft, Soziologie und Ökonomie vollzogen hatten (so im Fall der Policy-Netzwerk-Analyse und des „Garbage Can"-Ansatzes). Beide Formen der Neuorientierung trugen zur Ausdifferenzierung der Begrifflichkeit und der Fragestellungen der Policy-Analyse bei und sollen in diesem Band zu Worte kommen.

Eine Besonderheit dieses Forschungszweigs und damit auch dieses Bandes muß hervorgehoben werden: Die deutsche Policy-Forschung kann nur in ihrer engen Verbindung mit der entsprechenden amerikanischen Forschung verstanden werden; denn insbesondere die frühe deutsche Policy-Forschung orientierte sich stark an der amerikanischen Policy-Analyse. Dennoch hat die deutschsprachige Policy-Forschung ihr eigenes Profil entwickelt und weist im Vergleich zur amerikanischen Forschung deutliche Stärken auf. So hat sie beispielsweise auf der Basis empirischer Implementations-Fallstudien relativ früh versucht, ihren Gegenstand theoretisch zu durchdringen (und auch die Grenzen dieser Bemühung erkannt). Sie entwickelte ihr eigenes Begriffsinstrumentarium und Hypothesen mittlerer Reichweite über den Policy-Prozeß, die den amerikanischen an Differenziertheit nicht nachstehen (Mayntz 1980, 1983; Jann 1981; Windhoff-Héritier 1980, 1987). Neben den Gleichläufigkeiten finden sich jedoch auch Divergenzen in der Entwicklung der Forschung, die in den einzelnen Beiträgen in diesem Band zum Ausdruck kommen. So nimmt sich etwa aus deutscher Sicht die amerikanische Diskussion um Wertneutralität in der Policy-Analyse und den sog. „Post-Positivismus" methologisch gesehen wie ein spätes Nachhutgefecht aus, weil in der Bundesrepublik diese Diskussion mit dem Positivismusstreit in der Soziologie bereits in den 60er Jahren (oder genauer gesagt in Deutschland mit dem Werturteilsstreit zwischen Max Weber und der Historischen Schule der Ökonomen in den 20er Jahren) geführt worden war. Gleichzeitig stellt die Demokratisierungsforderung, die seitens der Post-Positivisten in den USA an die Adresse der beratenden Policy-Analyse gerichtet wird, wiederum einen Impuls für die deutsche Policy-Analyse dar, der bis jetzt auf breiter Ebene nicht aufgegriffen wurde.

Welches sind denn nun die wichtigsten Elemente der Kritik, die an der Policy-Analyse in den 80er Jahren geübt wurde, und worauf gründen sie?

1. Kritik

Die Kritik an der Policy-Analyse erstreckte sich im wesentlichen auf zwei Aspekte: Zum einen wurde deren steuerungstheoretisches Erklärungspotential in Frage gestellt, d.h. die Hypothesen mittlerer Reichweite über die Entstehung, Durchführung und Wirkung staatlicher Maßnahmen hielten empirischen Erkenntnissen nicht stand, und die Angemessenheit der zugrundegelegten Klassifizierung staatlicher Aktivitäten und Instrumente ebenso wie die zeitlich-sequentielle Phaseneinteilung wurden in Zweifel gezogen. Aus dieser Kritik leitete sich zwangsläufig die Frage ab, ob die Vorschläge, die zur praktischen Gestaltung staatlicher Maßnahmen entwickelt wurden, zielgerecht wirken.

Zum anderen geriet die Policy-Analyse unter demokratietheoretischen Gesichtspunkten in das Kreuzfeuer der Kritik. Sowohl in ihren Erklärungen staatlichen Handelns als auch in ihrer praktisch-beraterischen Intention vernachlässige sie – so die Klagen

– den Bezug zu zentralen politikwissenschaftlichen, insbesondere demokratietheoretischen, Wissensbeständen, und sei zu stark instrumentell orientiert, ja diene als ein elitär-technokratisches Werkzeug, das sich vom ursprünglichen Lasswellschen Postulat der Policy-Analyse als einer Demokratiewissenschaft weit entfernt habe. Beide Ebenen der Kritik sollen im folgenden kurz erläutert werden.

1.1 Steuerungstheoretische Erklärungsmängel

Angesichts der Komplexität und Unübersichtlichkeit gesellschaftlicher Wirklichkeit stellen sich die frühen steuerungstheoretischen Annahmen der Policy-Analyse und die ihnen zugrundeliegende Begrifflichkeit als relativ einfach dar. So wurde davon ausgegangen, daß klare und konsistente Ziele existieren, adäquate Kausaltheorien über Ursache-Wirkungszusammenhänge vorliegen, ausreichende rechtliche Ressourcen und klare Durchführungsstrukturen mit angemessener Ressourcenausstattung und motivierten Beteiligten gegeben sind, die Unterstützung durch Interessengruppen verläßlich ist und keine größeren Veränderungen in der sozioökonomischen Umgebung zu erwarten sind, also von Voraussetzungen ausgegangen, die nur in seltenen Fällen existieren. Diese Annahmen zeugen davon, daß die frühe Policy-Analyse stark durch die Planungsdiskussion und die Orientierung an einem kalkulierbaren, rational-ökonomisch handelnden Menschen geprägt war. Dieses „Rationalitäts-Projekt" der Politikgestaltung (Stone 1988; deLeon 1988) zog dann nicht überraschend entsprechende Kritik auf sich: ihm liege ein schematisches „Fließband-Produktionsmodell" zugrunde sowie eine zu starre Vorstellung von der Abfolge der Phasen „Problemdefinition, Agendagestaltung, Politikformulierung, Implementation und Feedback-Loop/Evaluation", die sich in Wirklichkeit nicht funktional getrennt und logisch aneinanderreihen, sich vielmehr überschneiden, wiederholen und simultan verlaufen. Ihnen entspräche eine ebenso schematische Vorstellung der Beratungsphasen Problemdefinition, Abwägen von alternativen Lösungen, Annahme einer Lösung, Erprobung und Evaluation. „The model of policy making in the rationality project is a production model, where policy is created in a fairly orderly sequence of stages, almost as if on an assembly line. An issue is 'placed on the agenda', and gets defined; it moves on through the legislative and executive branches of government where alternative solutions are proposed, analyzed, legitimized, selected, and refined; a solution is implemented by the executive agencies and constantly challenged and revised by interested actors, perhaps using the judicial branch; and finally, if the policy making process is managerially sophisticated, it provides a means of evaluation and revising implemented solutions ... This model cannot explain why sometimes policy solutions go looking for problems ... The production model fails to capture what I see as the essence of policy making in political communities: *the struggle over ideas* (Hervorh. A. H.). Ideas are a medium of exchange and a mode of influence even more powerful than money and votes and guns" (Stone 1988: 7; vgl. auch Majone in diesem Band). Fischer betont die Abgehobenheit dieses Modells von der unordentlichen politischen Wirlichkeit. Das Rationalitätsprojekt „... virtually bleeds the political life out of the policy making process, leaving little room for the dilemmas, contradictions, and paradoxes that characterize the interesting and difficult political problems" (Fischer 1989: 944). Sabatier kritisierte darüber hinaus zu Recht, daß es sich bei dem Phasenmodell gar nicht um ein Modell im eigentlichen Sinne handle, das Wenn-Dann-Sätze logisch und konsistent miteinander verbinde, sondern nur um ein Ordnungsraster oder eine „Phasen-Heuristik" (Sabatier in diesem Band), die nur sehr wenige empirisch überprüfbare – und noch weniger empirisch erhärtete – Hypothesen über einen inhaltlichen Zusammenhang zwischen einzelnen Phasen präsentiere.

Unmittelbar damit verbunden wurde auch ein mechanistisches Denken im Umgang mit den Steuerungsinstrumenten der Policy-Analyse kritisiert. Nicht, daß der analytische Nutzen der Unterscheidung von Instrumenten wie Information, Überzeugung, Anreize, Gebot und Verbot etc. grundsätzlich in Zweifel gezogen wurde. Vielmehr wurde bemängelt, daß deren Verwendungsbedingungen in einem turbulenten gesellschaftlichen Umfeld nicht differenziert genug gesehen werden. Denn die gesellschaftlichen Zusammenhänge, in die mittels öffentlicher Maßnahmen interveniert wird, lassen sich nicht auf eindeutige und einfache Wenn-Dann-Sätze reduzieren; vielmehr sind sie multi-determiniert und entwickeln sich häufig zirkulär. Daher sind die Voraussetzungen der Anwendung oft unkalkulierbar, so daß ein von den Erwartungen abweichendes Implementationsverhalten und Politikresultat gar nicht überraschen können. Es war inbesondere die undankbare Aufgabe der Implementationsforschung, den unsicheren Gehalt der steuerungstheoretischen Erwartungen im Rahmen staatlichen Handelns empirisch herauszuarbeiten, und deutlich zu machen, daß, wie Rein (1983) drastisch formulierte, „nothing works". „Concentration on implementation has added little to our theoretical understanding of policy making beyond the fundamental idea that implementation cannot be taken for granted in a complex policy making environment" (Linder/Peters 1987: 459).

In der deutschsprachigen Implementations- und Policyforschung wurde diese Einsicht, die sich aus empirischen Befunden ergab, früh auch bezüglich ihrer Implikationen für die Theoriebildung und den methodologischen Zugriff reflektiert; es wurde auf die begrenzten Möglichkeiten hingewiesen, in diesem Bereich zu nomologischen Aussagen zu kommen. „Tatsächlich wird in den verschiedenen Teilbereichen der Policy-Forschung nicht so sehr die Verallgemeinerung über Beziehungen zwischen isolierten Merkmalen des Erkenntnisgegenstandes angestrebt, als vielmehr ein möglichst differenziertes Verständnis der internen Dynamik, der Eigenart und Ursachen spezifischer komplexer Prozesse" (Mayntz 1983: 14).

„Die Regeln der analytischen Wissenschaftstheorie sind ... sehr viel leichter und fruchtbarer in einer Sozialforschung anzuwenden, die sich mit dem Verhalten von Individuen befaßt, als bei Untersuchungen komplexer sozialer Aggregate, ob das nun Organisationen, Policy-Prozesse oder ganze Gesellschaften sind. Die Besonderheit dieser Makrophänomene ist nicht etwa, daß sie wie soziale Schichtung oder soziale Mobilität Aggregate von kleineren Einheiten oder Einzelereignissen sind, sondern daß es sich um in sich strukturierte größere Einheiten, um soziale Systeme oder Teilsysteme oder aber auch Prozesse handelt, die sich als differenzierter Zusammenhang von Handlungen über Zeit darstellen lassen" (Mayntz 1983: 9).

Wenn sich auf den Policy-Prozeß bezogen keine einfachen Wenn-Dann-Aussagen formulieren lassen, können auch Programmziele und Programmstrategien nicht klar und präzis formuliert werden. Vielmehr müssen sie relativ offen und flexibel gestaltet werden, so daß sie sich wandelnden räumlichen und zeitlichen Umständen anpassen können. Das heißt Politikinhalte oder Policies müssen als „moving targets" betrachtet werden, die sich im Verlaufe ihrer „Lebensdauer" entwickeln und verändern. Auch die Akteure/Organisationen, die die Programme gestalten und durchführen oder deren Letztadressaten sind, haben keine fixen Handlungsmotive, mit denen die staatliche Steuerung über längere Zeit hinweg als Konstanten rechnen kann. Ihre Ziele sind vielmehr ambivalent, ihre Präferenzen verändern sich. Ebenso unterliegt die politische Koalition, von der eine Politik bei ihrer Verabschiedung getragen wird, einem Wandel. Sie umfaßt in der Regel eine Vielfalt von Akteuren und Organisationen, die sich nur zusammenfindet, wenn es gilt, die Maßnahme zu verabschieden. Sie sind keine Einrichtungen für die Ewigkeit, neue Konflikte entstehen und neue Akteure treten in den Vordergrund, wenn die Einzelheiten der Durchführung festzulegen sind. Mit anderen Worten, das politische Fundament einer Policy ist häufig brüchig (Nakamura 1987: 148). Um fortgesetzt zu werden, bedarf sie daher immer wieder der politischen Rechtfertigung in öffentlichen Debatten, in der Ideen verteidigt werden und wechselseitig überzeugt wird (Majone in diesem Band).

Gefährlich ist es auch – so zeigte die kritische Diskussion der 80er Jahre – die Verflechtung politischer Maßnahmen zu übersehen, und dies bezieht sich auf die Interdependenz zwischen einzelnen politischen Maßnahmen einerseits und die internationale Verflechtung andererseits. Denn geht man analytisch von „bounded policies", d.h. von separaten staatlichen Programmen aus und behält deren Einbettung in eine „Policy-Landschaft" nicht im Blick, so wird der Blick auf die positiven und negativen externen Effekte verstellt, die einzelne Maßnahmen füreinander erzeugen, und damit zu einem wichtigen Erfolgsparameter für andere Policies werden läßt. Als schädlich betrachtete Overspill-Effekte machen ihrerseits neue politische Maßnahmen erforderlich, d.h. Policies generieren sich selbst fortlaufend weiter. Eine Abstimmung politischer Maßnahmen ist jedoch nicht ohne weiteres möglich, weil diese keine künstlichen sozialtechnologischen Gebilde sind, die „auf der grünen Wiese" geplant, beschlossen und durchgeführt werden; vielmehr sind sie oft tief in Politik, Verwaltung und Gesellschaft verwurzelt. Das heißt mit ihnen verbinden sich liebgewordene politische Kalküle, alte administrative Bestandsinteressen und traditionelle Forderungen gesellschaftlicher Gruppen, die berücksichtigt werden müssen. Der Umstand, daß bestehende Policy-Maßnahmen mit ihrem organisatorischen Unterbau, ihrer interorganisatorischen Einbettung und Klientenkontakten existieren und neue Programme in der Regel ohne große Konsistenz- oder Kongruenzkontrolle – häufig durch Rahmengesetzgebung und Kompromißformeln auf der gesetzgeberischen Ebene, um diese von Konflikten zu entlasten – verabschiedet werden, bedeutet, daß politische Maßnahmen wie Felsblöcke in der Landschaft liegen und die Politikgestaltung einer Pfadabhängigkeit unterliegt (Krasner 1988: 67), die dazu zwingt, von Bestehendem auszugehen. Nur die genaue Kenntnis der institutionellen Landschaft und der damit verknüpften Policies erlaubt zu sagen, ob angesichts der gegebenen Strukturen und Politikbestände eine neue Maßnahme eine Erfolgschance hat bzw. ob die neue Maßnahme die alten in unerwünschter Weise beeinflußt, und dies ist nicht möglich, wenn nur die einzelne Maßnahme fokussiert wird.

Hinzu tritt der internationale Aspekt der Policy-Verflechtung, der immer ausgeprägteren institutionellen internationalen und suprastaatlichen Verflechtung (Scharpf 1991; Schumann 1992). Die Gestaltung von Politik auf der nationalen Ebene kann vollkommen ins Leere laufen oder an Wirksamkeit einbüßen, wenn sie gleichzeitig durch die Politik der suprastaatlichen Ebene, d.h. Maßnahmen der Europäischen Gemeinschaft, überlagert wird und vice versa. Das Wechselspiel zwischen den verschiedenen politisch-administrativen Ebenen über die nationale Ebene hinaus ist durch Scharpf (1991) theoretisch interpretiert worden.

1.2 Demokratiedefizit

Das Unbehagen der Policy-Analyse an sich selbst, so wie es in den 80er Jahren artikuliert wurde, floß jedoch nicht nur aus der Enttäuschung instrumentell-steuerungstheoretischer Ambitionen, die angesichts der Komplexität des politischen und gesellschaftlichen Lebens, in das interveniert werden sollte, nicht aufrechtzuerhalten waren, sondern auch aus einer grundsätzlicheren Kritik seitens der Main Stream-Politikwissenschaft. Die Policy-Analyse - so die Kritik - sei zu stark steuerungstheoretisch-instrumentell orientiert. Zweck von Politik sei es aus ihrer Sicht ausschließlich, Wohlfahrt zu maximieren und beispielsweise die öffentliche Gesundheit zu schützen oder Transportwege zu verbessern (Sabatier 1991: 142). So wurde und wird beispielsweise der Evaluationsforschung vorgeworfen, daß „... it takes an unequivocally instrumental view of government ... Most political scientists ... have never been wholly comfortable with a highly instrumental mechanistic view of political and governmental activity ... The framework of discourse in which we have been trained and in which we work, tilts our curiosity toward questions of *democratic* citizenship ... Democratic citizenship, in particular, is commonly, if implicitly, an element of or an *equivalent* to the quality of life, not exclusively a means to a higher quality of life. Citizenship is self-justifying" (Hofferbert 1986: 511). Diese Ebene von demokratischer Politik als Wert an und für sich wird - so die Kritik - durch die Policy-Forschung mit ihrem instrumentellen Verständnis demokratischer Politik ausgeblendet und damit die Chance verfehlt, den demokratischen politischen Prozeß als Möglichkeit zu sehen, menschliche Fähigkeiten zu entwickeln, Präferenzen zu transformieren und Ideen zu entfalten.[2]

Eine rein instrumentell auf den Programmerfolg einzelner Maßnahmen konzentrierte Policy-Analyse - so ein gewichtiger weiterer Kritikpunkt - sei auch nicht in der Lage, die Auswirkungen staatlicher Programme auf die gesellschaftlichen, ökonomischen und politischen Strukturen insgesamt, also den Makroeffekt öffentlicher Maßnahmen zu ermessen (de Haven-Smith 1988). Hier wird - wie bei der Lowischen These „Policies determine politics" - die Perspektive der vermuteten Zusammenhänge umgekehrt (Hofferbert 1986: 512). So wissen wir beispielsweise, daß die politischen Maßnahmen

---

2 Oder wie Benhabib Interaktion im Rahmen von Demokratie als Chance beschreibt, „Autonomie" zu entwickeln: „Autonomie" ist „... an inherently social capacity that individuals develop through their interactions with others, by coming to know others both as separate human beings with their own unique capacities, problems and interests with whom one shares at least some experiences, problems, and interests ... A narrowly selfish individual would probably discover a life entangled with others in ways he or she previously did not understand and an identity dependent on commitments and responsibilities to publics, communities, and groups in ways he or she previously did not recognize ... this is why expansive democrats see participation as important: democratic discourse, negotiation, challenge, compromise, and consensus building foster autonomy" (Warren 1992: 12).

der Great Society in den USA mit ihrer Bürgerrechtsgesetzgebung die Beziehung zwischen Staat und Wirtschaft stark verändert haben, indem Beschäftigungsmöglichkeiten für Minderheiten und neue Partizipationsmöglichkeiten geschaffen wurden. Damit wandelten sich die „terms of the democratic discourse in American politics" (Lindblom 1977: 14; Heclo 1989; Majone; Peters in diesem Band). Oder, um ein anderes Beispiel zu nennen, geht gegenwärtig von der regulativen Gesetzgebung der Europäischen Gemeinschaft ein beträchtlicher Druck auf die Mitgliedstaaten aus, ihre administrativen Praktiken zu verändern und die damit verbundene Beziehung zwischen Verwaltung und Industrie neu zu definieren (Héritier 1993). Mit anderen Worten, Policy-Analyse muß auch die gesamtsystemischen Auswirkungen von Policies im Auge behalten.

Der dritte Einwand, der unter dem Stichwort „Demokratiedefizit" gegen die Policy-Analyse vorgebracht wurde, enthält den Vorwurf, daß diese einem rein technokratischen Staatsverständnis Vorschub leistet, und sich von der ursprünglich von Lasswell formulierten Demokratie-Orientierung der Policy-Analyse („die Policy Sciences der Demokratie ... sind – A. H. – auf Wissen ausgerichtet, das benötigt wird, um die Praxis der Demokratie zu verbessern" – Lasswell 1951: 15) vollends abgewendet habe. Diese Kritik bezieht sich auf die Policy-Analyse als wissenschaftliche Politikberatung, und behauptet gar, daß diese als Instrument einer technokratischen Elitenherrschaft diene und zur Stillstellung und Entmündigung der von Policy-Maßnahmen betroffenen Öffentlichkeit eingesetzt werde (Fischer in diesem Band). Über die Frage, wie die Betroffenen enger an der Gestaltung von Policy-Vorschlägen beteiligt werden könnten (deLeon; Fischer in diesem Band), ergab sich eine direkte Verbindung zu der grundsätzlicheren methodologischen Kontroverse über die positivistische, nomologisch orientierte Policy-Analyse und die Frage, ob und in welcher Form Werte in den Forschungsprozeß einbezogen werden sollen.

Die vielfältige, an der Policy-Analyse in ihrer beschreibend-erklärenden und beratenden Form geübte Kritik, so wie sie hier skizziert wurde, konnte – so läßt sich heute sagen – konstruktiv gewendet werden. Sie bot „... paradoxically reason for optimism about the future of the policy movement. They have begun to stimulate reconsideration of the aspirations of two decades ago, resulting in *new* interests in such neglected topics as problem definition, interpretation, and value critical inquiry ..." (Brunner 1991: 66). Welches sind denn nun diese analytischen und konzeptionellen Neuorientierungen?

2. Neuorientierung

2.1. Steuerungstheoretische und konzeptionelle Weiterungen

Auf die Kritik, daß die Policy-Analyse sich an einem mechanistischen Modell der Politikentstehung und -durchführung orientiere, das der Unordentlichkeit des politischen und gesellschaftlichen Prozesses nicht gerecht wird, und in ihren Überlegungen zu stark von einem kalkulierbaren, ökonomisch-rational handelnden Menschen und Organisationen ausgehe, reagierte die Disziplin mit einer Modifizierung des analytischen Ansatzes. Fünf Erklärungsansätze trugen dazu bei: die *Policy-Netzwerk Analyse*, der Begriff der *Policy Advocacy-Koalition*, die Integration von *Ideen/handlungsleitenden Orientierungen* in den politischen Prozeß, die Verwendung des *Garbage Can-Modells* und die Berücksichtigung der *internationalen* und *sektoralen Policy-Verflechtung* in die Analyse von Policy-Prozessen.

Die Netzwerkanalyse ist sehr gut dazu geeignet, die schematische Sicht der Politikgestaltung zu relativieren, indem sie sich auf das Zusammenwirken von privaten und staatlichen (organisatorischen) Akteuren jenseits hierarchischer, sektoraler und nationaler Gliederungen in einzelnen Politikfeldern konzentriert. Diese sind in ihren Interaktionen auf einen gemeinsamen kollektiven Output hin orientiert und verhandeln miteinander auf der Basis einer relativen Autonomie; das heißt nicht, daß ihre Beziehungen nicht konflikthaft sein können (Mayntz; Scharpf in diesem Band). Die Art und Weise, wie die Akteure zur Gestaltung von Policy-Maßnahmen zusammenwirken, wird durch die Hinzuziehung verschiedener theoretischer Ansätze erklärt: durch eine Verhandlungslogik, die einer ökonomischen Rationalität folgt, jedoch durch institutionell gesetzte Grenzen eingeschränkt (und ermöglicht) und von einer gemeinsamen Problemlösungs-Philosophie überwölbt wird. Policy-Netzwerke verändern sich auch in den verschiedenen Phasen der Problemdefinition, Agenda-Gestaltung, Politikformulierung, Implementation und Feedback-Loop in ihren Strukturen und Prozessen. Indem die Netzwerkanalyse davon ausgeht, daß Akteure auf der Basis einer relativen Autonomie miteinander interagieren, wobei jedoch – je nach Ressourcenabhängigkeit – deutliche Machtunterschiede zwischen den Akteuren bestehen können, widerspricht sie einer Steuerungsperspektive von oben, so wie sie für das mechanistische Modell charakteristisch ist. Immer hat sie auch die „Entgrenzung des Staates" (Grande 1993) vor Augen, wenn sie das notwendige Zusammenwirken von öffentlichen und privaten Akteuren bei der Gestaltung von Policies betont.

Mit dieser Perspektive weist die Policy-Netzwerkanalyse die Vorstellung zurück, daß die staatlichen Akteure en tant que tels in einem Politikfeld den gesellschaftlichen Akteuren gegenüber eine dominante Position einnehmen; wem eine solche Stellung zukommt ist vielmehr eine empirische Frage, die sich theoretisch erklären läßt; jedoch verfügen die öffentlichen Akteure über die exklusive Möglichkeit der Rechtssetzung und können daher institutionelle Handlungsressourcen neu verteilen, indem sie beispielsweise formale Entscheidungsregeln verändern oder Klagerechte einführen. Die Auffassung, daß (zentral-)staatliche Akteure nicht automatisch *das* maßgebliche Handlungszentrum darstellen, findet sich auch in der Steuerungsperspektive „von unten" oder dem „Backward Mapping"-Konzept, die von Elmore in den 80er Jahren entwickelt wurden. Danach wird eine politische Maßnahme zunächst aus der Problemsicht der betroffenen staatlichen/kommunalen und privaten Akteure entworfen und erst in einem zweiten Schritt mit Steuerungsperspektiven „von oben" auf einen Nenner gebracht. In der Bundesrepublik wurde eine ähnliche Interpretation des Implementationsprozesses als Netzwerkprozeß schon früh durch Hjern und Hull geboten. Anstatt vom staatlichen Handlungszentrum her zu denken und die Durchführung einer Politik von oben nach unten zu verfolgen, gehen sie von einem spezifischen Problem aus, an dessen Bearbeitung die unterschiedlichsten privaten und öffentlichen Akteure mitwirken (Hjern/Hull 1982; Hull/Hjern 1987).

Natürlich ergibt sich in einem Politikfeld, zieht man alle „consequential actors" (Lauman/Knoke 1987), seien sie privater oder öffentlicher Natur, auf allen Systemebenen in Betracht, schnell eine unüberschaubare Zahl von Beteiligten. Sabatier strukturiert diese Vielzahl von Akteuren mithilfe seines analytischen Konzeptes der Policy Advocacy-Koalition. Aus seiner Sicht ist die Gestaltung von Policies über längere Zeiträume hinweg als Policy-Lernen zu verstehen. Dieses vollzieht sich als Auseinandersetzung zwischen unterschiedlichen Policy Advocacy-Koalitionen innerhalb eines Politikfeldes, die sich wiederum – und hier taucht wiederum ein neues Element auf – um Wertvorstellungen/Überzeugungen oder handlungsleitende Orientierungen herum verbinden (Belief Systems). „Policy Brokers", die ein Interesse an Systemstabilität, am Zustandekommen von Mehrheiten und der Herbeiführung von Kompromissen haben, wirken vermittelnd und schlichtend in diesen Auseinandersetzungen zwischen Policy Advocacy-Koalitionen (Sabatier in diesem Band).

Mit der Perspektive, daß sich Policy Advocacy-Koalitionen um Belief-Systems herum organisieren, bezieht Sabatier eine Dimension in seinen analytischen Bezugsrahmen ein, die in den letzten Jahren in der Policy-Analyse immer stärker an Boden gewonnen hat: die Rolle von Ideen, Wertvorstellungen, Argumenten und Überzeugungen. So hat insbesondere Majone (1989; Majone in diesem Band) kritisiert, daß in der Policy-Forschung Ideen und Interessen zu stark als polare Konzepte bzw. Ideen als bloße Rechtfertigung von Interessen betrachtet wurden und die Veränderung von Politikinhalten in erster Linie auf gewandelte ökonomische Bedingungen, Gruppendruck, neue Technologien und institutionelle Änderungen zurückgeführt wurden, während man Ideen („ideas whose time has come") wenig Beachtung schenkte. In Gesellschaften, die regelmäßig verlangen, daß öffentliche Maßnahmen begründet werden, und über Bühnen und Verfahren verfügen, um diese Begründungen zu beurteilen, spielen Ideen eine Schlüsselrolle bei der Politikgestaltung, auch wenn sie die Initiierung der Politik nicht unmittelbar beeinflussen (Majone in diesem Band). „A full account of policy development must also include the 'metapolicy' by which the process is analyzed and evaluated. The contents of the metapolicy – conceptualization, theories, arguments, norms emerge from and develop along with the practical and professional activities in which policy makers, administrators, judges, experts and advocates engage. Policy development is always accompanied by a parallel process of conceptual development. We miss a great deal if we try to understand policy making solely in terms of power and interests, to the exclusion of debate and argument" (Majone 1992: 14). Ähnlich betont auch Kingdon, daß „... the content of ideas themselves, far from being mere smokescreen or rationalizations are integral parts of decision making in and around government. As officials and those close to them encounter ideas and proposals, they evaluate them, argue with one another, marshal evidence and argument in support or opposition, persuade one another, solve intellectual puzzles, and become entrapped in intellectual dilemmas" (Kingdon 1984: 131-32; Singer; Nullmeier in diesem Band). Die Berücksichtigung der Rolle von Ideen und Überzeugungen als Faktoren der Politikentstehung war mit ein Grund, warum der bisher in der Policy-Forschung zugrundegelegte Zeitrahmen der Politikentwicklung verlängert wurde, denn Ideen und Überzeugungen – insbesondere wenn sie an zentrale Wertvorstellungen rühren (Sabatier 1991: 149) – verändern sich nur in längerem Zeiträumen, wenn überhaupt. Während sich die Untersuchungen der 70er Jahre (so die Implementationsstudien) auf 3 – 4 Jahre beschränkten, hat sich jetzt die Auffassung durchgesetzt, daß – allein um Wirkungen angemessen feststellen zu können – ein Zeitrahmen von mindestens 10 Jahren

zugrundegelegt werden muß. Dies auch, weil die „enlightenment"-Funktion der beratenden Policy-Analyse realistischerweise damit rechnen muß, daß ein kumulativer Effekt von Forschungsbefunden nur allmählich die Problemsicht der politischen Entscheider und der Öffentlichkeit modifiziert.
Auch bei der Erklärung, warum bestimmte Instrumente zur Behandlung eines Problems gewählt werden, finden außer ökonomisch-rationalen Argumenten, die natürlich nach wie vor eine wichtige Rolle spielen, zunehmend Ideen, kulturelle Traditionen Eingang in die Untersuchungen von Policy-Forschern. So weisen Linder und Peters auf die Bedeutung des organisatorisch-kulturellen Kontextes und spezifische Traditionsmerkmale des politischen Systems hin und betonen, daß diese Traditionen Instrumenten eine spezifische „Bedeutung" verleihen. „... We expect the organizational, institutional and systemtic setting to exert a subtle influence over the perception of instruments and, largely working through these perceptions, to affect choice" (Linder/Peters 1989: 37). Problemlösungsideen können sich auch qua Diffusion als Lernprozeß ausbreiten und weltweit zu einem Paradigmenwechsel in der Instrumentenwahl führen (Howlett/Ramesh in diesem Band), wie dies die Abwendung von Instrumenten der Gebots- und Verbotssteuerung und staatlichen Dienstleistungsangeboten und entsprechende Hinwendung marktwirtschaftlichen Instrumenten und Quasi-Markt-Strategien deutlich macht (Le Grand in diesem Band).
Die Tatsache, daß die heutige Policy-Analyse der Komplexität und geringen Kalkulierbarkeit des Policy-Prozesses stärker Rechnung trägt, spiegelt sich vielleicht am stärksten in dem Umstand, daß sie das „Garbage Can"-Modell (Cohen/March/Olsen 1972) aus der Organisationstheorie entlehnt hat (Kingdon 1984). Aus dieser Sicht fließen drei Ströme (Probleme, Policies und Politics) relativ unabhängig nebeneinander; unter bestimmten Bedingungen konvergieren sie und bringen eine politische Entscheidung hervor. Der erste Strom der Probleme enthält Informationen über Handlungsprobleme, die als dringend betrachtet werden, und die Wirkungen vergangener Politik; der zweite Strom umfaßt die Akteure der Policy Community, d.h. Forscher, Policy Advocates und Spezialisten, die Probleme und Lösungen formulieren, und der dritte Strom besteht aus politischen Ereignissen wie Wahlen, parlamentarischen Konflikten, Lobbytätigkeiten etc. Eine Policy-Entscheidung ergibt sich dann, wenn die drei Ströme konvergieren und sich eine Handlungsgelegenheit (ein Policy Window) öffnet: Die Policy Community unterbreitet einen Lösungsvorschlag, der finanziell und technisch machbar ist und der gleichzeitig den zuständigen Entscheidungsträgern als politisch opportun erscheint (Kingdon 1984; vgl. auch von Prittwitz in diesem Band). Häufig fungieren Policy-Entrepreneurs als Vermittler zwischen den Strömen (Kingdon 1984: 192).
Ein weiterer wesentlicher Aspekt einer turbulenten Handlungsumwelt wird in die Fragestellungen der Policy-Analyse integriert, indem unterschiedliche Formen der Policy-Verflechtung berücksichtigt werden. Die von Hanf und Hjern entwickelte Sicht der Netzwerkperspektive von unten, die - wie erwähnt - von einem konkreten Problem ausgeht und prüft, wie verschiedene Maßnahmen bei der Problembearbeitung mit welcher Wirkung zusammenspielen, bezieht diese Verflechtung und etwaige Overspill-Effekte zwischen einzelnen politischen Maßnahmen mit ein. So fanden sie beispielsweise für die niederländische Umweltpolitik, daß die energiepolitischen Maßnahmen und der Marktpreis für alternative Energiequellen wichtigere Faktoren sind,

wenn es um die Reduzierung von Emissionen von Industriebetrieben geht, als die staatliche Luftreinhaltepolitik. Der Vorschlag von Knoepfel/Kissling-Näf (in diesem Band) den Begriff der „Verräumlichung von Politik" oder der „Politikteppiche" zu verwenden, um die Policy-Verflechtung auf der örtlichen und regionalen Ebene einzufangen, wendet sich ebenfalls diesem Problem zu. Grande/Schneider sprechen, bezogen auf die Politikformulierung von der „Ökologie von Politiken", um deutlich zu machen, daß die Präsenz anderer politischer Vorschläge entscheidend ist für das Schicksal einer bestimmten politischen Maßnahme. „Oft läßt die Einteilung in Politikbereiche und -sektoren vergessen, daß sektorale bzw. bereichsspezifische Politiken nicht isoliert 'prozessiert' werden, sondern, sei es intendiert, sei es unintendiert, sachlich, zeitlich oder sozial miteinander verknüpft sind. Politische Entscheidungsprozesse werden dadurch zu einem Komplex verschachtelter ('nested') Spiele (Scharpf 1988; Tsebelis 1990). Diese Interdependenz von Politiken, die Art und die Intensität der Verflechtungen zwischen Politikbereichen, hat Einfluß darauf, ob ein Problem thematisiert wird, und welche Lösungsalternativen dafür zur Verfügung stehen" (Grande/Schneider 1991: 461; vgl. auch Windhoff-Héritier 1987). Die Frage nach einer staatlichen Steuerungsform, die diesen Verflechtungsaspekten sektoraler, aber auch internationaler Art unter den Bedingungen hoher Umweltturbulenz angemessen ist, wird von F. W. Scharpf (in diesem Band) aufgegriffen. Eine horizontale Selbstkoordination der durch Verhandeln *plus* eine Verbindung dieser Verhandlungsrunde über den Mechanismus der negativen Koordination mit Dritten, indirekt Betroffenen, die an der Verhandlung nicht unmittelbar beteiligt sind, kann diesen Verflechtungen Rechnung tragen.

Wie gezeigt hatte die Kritik an der Policy-Analyse zur Folge, daß viele frühere selbstverständliche Annahmen zwar nicht ganz aufgegeben, sondern relativiert, differenziert und erweitert wurden. So kommt das Phasensequenzschema, d.h. die ordentliche sequentielle Produktion von politischen Entscheidungen, nur noch als Hintergrundfolie zur Anwendung, die Einzelfokussierung als erster Schritt der Analyse eines Programmes, die sodann dieses in seiner Einbettung in die Policy-Landschaft ingesamt untersuchen muß. Die Verflechtung von Akteuren bei der Produktion öffentlicher Maßnahmen wird, wenn die Netzwerkeranalyse (Mayntz; Scharpf; Pappi in diesem Band) zugrundegelegt wird – als sehr viel komplexerer Prozeß betrachtet, als dies ursprünglich beim „Fließbandmodell" der Fall war. Auch das zielgerichtete rationale Verhalten von Akteuren wird als nur *eine* Handlungsorientierung unter anderen betrachtet, die neben der Orientierung an Ideen und Argumenten (Majone in diesem Band) und Werten (belief systems) (Sabatier in diesem Band) und der Ausrichtung an institutionellen Gepflogenheiten („rule of appropriateness" – March/Olsen 1989) in die Erklärung einzubeziehen ist.

Über diese Erweiterungen der Perspektive hinaus wurden jedoch noch weitere Heiligtümer der frühen Policy-Analyse umgestoßen, so auch die provokative These Lowis „Policies determine politics" (Lowi 1964), die ebenso viel Interesse wie Kritik auf sich gezogen hatte. Die Behauptung, daß von bestimmten Politiktypen eine strukturierende Wirkung auf den damit verbundenen politischen Prozeß oder die Politikarena ausgeht, wurde insbesondere kritisiert, weil Politikinhalte nicht analytisch trennscharf klassifiziert werden können und eine kühne Umkehrung der Kausalzusammenhänge vorgenommen wird. Dennoch hat sich die Unterscheidung von redistributiver Politik zum einen, die Null-Summen-Konflikte involviert, distributiv/gleichbehandelnder Politik zum anderen, die separate einzelne Leistungen verteilt und typischerweise mit einer Politik des Do-ut-des oder Pork Barrel-Politik einhergeht, eingeschliffen. Dasselbe gilt für den Begriff der regulativen Politik, der – je nach involviertem Untertyp (neue regulative vs. alte regulative Politik sowie sozialregulative Politik) – unterschiedliche Konfliktverwerfungen hervorbringt.[3] Untermauert wird der behauptete Zusammenhang mithilfe der Argumentation von Olson in der „Theorie des kollektiven Handelns". Sie kann erklären, warum ein einzelner keine Kosten für staatliche Leistungen als kollektive Güter aufbringen würde, wenn er von dessen Nutzung nicht ausgeschlossen werden kann, warum mithin der Staat zu Zwangsmaßnahmen greifen muß, wenn er kollektive Güter produzieren will, und dies nicht über den Markt sichergestellt werden kann (Kellow 1988: 717). Trifft der Staat zu diesem Zweck Umverteilungsentscheidungen (z.B. im Rahmen von Steuerpolitik), so kann er das – angesichts der zu antizipierenden Abwehrhaltung der Kostenträger – nur über Zwangsmaßnahmen realisieren. Während diese Argumentation nachvollziebar ist, wurde jedoch immer häufiger darauf hingewiesen, daß Politikinhalte interpretierbar sind, verschiedene Facetten haben und daher bestimmte Züge im politischen Prozeß hervorgehoben werden, die die politischen Konfliktverwerfungen hervorbringen, die einer politischen Partei im Hinblick auf ihre eigene Sache als die günstigsten erscheinen. Damit wird auf die These Schattschneiders, daß „the definition of the alternatives is the supreme instrument of power ... because the definition of alternatives is the choice of conflicts, and the choice of conflicts allocates power" (Schattschneider 1967: 68) Bezug genommen. Durch diese Sichtweise wird jedoch die ursprünglich behauptete einseitige Abhängigkeit des politischen Prozesses von Politikinhalten als invariablen und objektivierbaren Größen in Frage gestellt und die Definition einer Policy als Prozeß der politischen Auseinandersetzung in den Vordergrund gerückt (Kellow 1988: 717). Das heißt, politische Entscheider suchen Policy-Fragen so zu definieren, daß sie den „Scope of conflict" oder die Reichweite eines Konfliktes[4] möglichst so gestalten, daß eine Annahme der Policy-Maßnahme wahrscheinlich wird (Kellow 1988: 720/21): „For reasons which should be obvious, policy adoption will be more likely to occur if the proposal will provide concentrated benefits for a grateful constituency at the expense of taxpayers generally or by inflating the currency. Opponents of the policy will try to cast it in regulatory or redistributive terms in an effort to expand the scope of the conflict" (Kellow 1988: 721). Ein solcher Definitionsprozeß setzt voraus, wie oben betont wurde, daß die Problem- und sich anschließende Policy-Definition gestaltbar sind, d.h. sie beruht auf

---

3 Im Rahmen regulativer Politik wird die alte ökonomisch-regulative Politik, die Marktzugangschancen eröffnet und Marktregeln beschließt, von der neuen ökonomischen regulativen Politik (oder auch sozialregulative Politik genannt – vgl. Majone in diesem Band) unterschieden, die sich mit negativen externen Effekten von Marktprozessen und Aktivitäten von Unternehmen im Sinne der Gesamtwohlfahrtssteigerung befaßt (Konsumentschutz, Arbeitsschutz, Umweltschutz etc.).
Es gibt in der Literatur jedoch noch ein anderes Verständnis sozialregulativer Politik, das sich auf die Regulierung der Interaktion zwischen Individuen und Gruppen erstreckt, ohne daß es dabei um die Verteilung oder Umverteilung materieller Ressourcen geht (Abtreibung, Schulgebet).
4 Die Reichweite eines Konfliktes – so Schattschneider – definiert sich nach der Intensität eines Konfliktes, dessen Sichtbarkeit sowie dessen „Direction", d.h. dessen Rangordnung auf der Hierarchie der auszutragenden Konflikte.

der „Malleability" (Rochefort/Cobb 1993: 59) von Problemen. Dieser Gestaltbarkeit und relativen Beliebigkeit der Definition von Problemen wurde in den letzten Jahren in der Policy-Forschung mehr wissenschaftliche Aufmerksamkeit gewidmet. „Problems do not exist 'out there'" (Dery 1984: xi), sondern werden durch divergierende Sichtweisen ihres Ursprungs, ihrer Auswirkungen und ihrer Bedeutung in einem gesellschaftlichen Kontext (Stone 1988) definiert.[5]

2.2 Der Post-Positivismus und die Demokratisierung der Policy-Analyse

Auch in der praktisch-beratenden Policy-Analyse fand in den letzten Jahren eine Diskussion statt, die die bisher selbstverständlichen analytischen und wissenschaftlichen Methoden der Politikberatung sowie deren grundlegendes Selbstverständnis in Frage stellte (Stone 1988), in Zweifel zog (Kelly 1986). Im Rahmen der „post-positivistischen Revolution" (vgl. deLeon; Fischer in diesem Band) kam es zu einer Kontroverse zwischen dem wohlfahrtsökonomisch und quantitativ orientierten Modell, das mit Kosten-Nutzen-Analysen arbeitet und die Wertneutralität betont auf der einen Seite, und dem „Post-Positivismus", der die Möglichkeit einer objektiven und exakt messenden Policy-Forschung anzweifelt, auf der anderen Seite. Während die positivistisch-behavioristische Tradition bestrebt ist, mit Hilfe eines angemessenen Forschungsdesign, operationalen Definitionen, entsprechenden Meßinstrumenten und Forschungstechniken die Wirklichkeit zu erfassen und empirisch gesicherte Erkenntnisse in bestehende Theoriebestände zu integrieren (Coleman 1972), geht der Post-Positivismus davon aus, daß die Wirklichkeit nicht objektivierbar und tangibel ist, vom Beobachter beeinflußt wird und von diesem nicht getrennt werden kann (Campbell 1984: 27). In der amerikanischen Debatte um den Post-Positivismus wurden also genau die Kontroversen (erneut) ausgetragen, die in den 60er Jahren Gegenstand des Positivismusstreit in der deutschen Soziologie waren (Habermas, Adorno, Horkheimer versus Popper und Albert). Die Folge der Auseinandersetzung in der amerikanischen Policy-Analyse war eine zunehmende Skepsis gegeüber rein quantitativen Methoden und eine wachsende Bereitschaft, Werte als integralen Teil der Policy-Forschung zu betrachten. Obwohl Dunn nicht so weit wie Lasswell geht, der die Policy-Analyse in den Dienst der Demokratie gestellt sehen möchte, betont er, daß die Policy-Forschung evaluative und normative Analysen neben empirischen Analysen gleichrangig behandeln soll. „The systematic, reasoned, and critical examination of values is an essential element of policy analysis ..." (Dunn 1981: 87).

Aus diesem methodologischen Dilemma wurden verschiedene Auswege gewählt (Kelly 1986: 524f.). Eine Antwort war, „grounded Theory" anzuwenden, in deren Rahmen

---

[5] Zumindest vier zentrale Aspekte spielen nach Rochefort/Cobb (1993: 58ff.) bei der Problemdefinition eine wichtige Rolle: Erstens die Frage nach den Verursachern des Problems und „der angemessenen Kausaltheorie", die sich auch mit Schuldzuweisungen verbinden kann. Zweitens ist die allgemeine „Problemkonnotation" von Bedeutung, d.h. das „overall image" eines Problems; der dritte Aspekt bezieht sich auf das, was zur Problembehebung getan werden soll, die Problemlösung; viertens schließlich läßt sich so etwas wie die Problem-„Zuständigkeit" (problem ownership) konstatieren, d.h. die Zuordnung eines Problems zum Territorium bestimmter Gruppen oder Organisationen (Rochefort/Cobb 1993: 59).

der Forscher in einem iterativen Prozeß systematisch zwischen der Aufnahme neuer empirischer Informationen und der Perspektive der Modellkonstruktion wechselt (Majchrzak 1984: 19), und diese sich wechselseitig kritisch in Frage stellen. Andere postulieren ein bewußt „multiples" methodologisches Vorgehen (Dunn 1981) in der Policy-Forschung, das sowohl einen empirisch-induktiven Ansatz verwendet, als auch Hypothesen aus Theorien über Ursache-Wirkungszusammenhänge deduktiv ableitet, vergangene Entwicklungen einbezieht und Perspektiven der praktischen Anwendung und Wertung integriert. „The fundamental postulate of multiplism is that when it is not clear which of several options for question generation or method choice is 'correct', all of them should be selected so as to 'triangulate' on the most useful or the most likely to be true" (Cook 1985: 38). Multiplism versteht sich als postpositivistisch, weil er sich in Richtung einer „consensus theory of truth" bewegt. „... Social science is concerned, not with garuanteeing truth or utility, but with offering defensible interpretations of what is in the outside world ..." (Cook 1985: 45).
Eine radikalere Reaktion (Kelly 1986) versteht Policy-Analyse als eine Design-Science, eine Gestaltungswissenschaft, in der die Forscher ihr Verständnis der Bedeutung von Forschungsobjekten den perzipierten Problemen restlos auferlegen und damit den Gegenstand ihrer Forschung selbst gestalten (Miller 1984).
Vor die Wahl gestellt, sich zwischen Wertrelativismus, d.h. der reinen Feststellung von Wertvorstellungen von Gruppen, und dem wissenschaftlichen Instrumentalismus, d.h. der Unterordnug unter von außen gesetzte Ziele, zu entscheiden, wird immer mehr ein mittlerer Weg eingeschlagen, der die Position vertritt, daß „... the definition of policy problems, for example, is typically dependent on competing values held by different policy stakeholders. Similarly, the same information is often used to support radically different policy claims, often because of competing value assumptions, Finally, evaluative and advocative claims, each of which is directly dependent on value assumptions, may be justified with policy arguments that provide reasons for holding one value or another. In short, policy analysis is value dependent" (Dunn 1981: 89). Zugrundeliegende Wertvorstellungen sollen also nicht eliminiert, sondern so präzise wie möglich als Voraussetzungen der Analyse expliziert werden (Dunn 1981: 91).
Aus diesem veränderten methodologischen Selbstverständnis wurde eine praktische Konsequenz für die Gestaltung von Policy-Analyse als beratende Wissenschaft gezogen. Diese Konsequenz ist die partizipatorische Policy-Analyse (Fischer; deLeon in diesem Band). Die Vertreter dieses Ansatzes gegen von der Annahme aus, daß, wenn wissenschaftliche Wahrheit auf Konsensus beruht und nicht auf „Korrespondenz" mit einer „objektiven" Wirklichkeit, die nur festgestellt werden muß, die Betroffenen bei der Erarbeitung wissenschaftlicher Antworten direkt zu beteiligen sind. Bei der Entwicklung solcher Beteiligungsmodelle orientiert sich die partizipatorische Policy-Analyse an den Vorstellungen einer diskursiven Demokratie, wie sie von Habermas entwickelt wurden, sowie an Barbers Perspektive einer „strong democracy".

3. Aufbau des Bandes und Überblick über die Beiträge

Die Beiträge in diesem Sonderheft beleuchten zentrale Aspekte der skizzierten Erweiterung und Neuorientierung der Fragestellungen der Policy-Forschung: Im ersten Teil des Bandes werden zunächst die staatlichen Steuerungsvorstellungen, die der Netzwerkanalyse und dem Verhandlungsmodell zugrundeliegen, erörtert.

Der Beitrag von *Renate Mayntz* macht deutlich, daß die *Netzwerkanalyse* neue Tiefenschärfe und Komplexität in die Analyse von Politikprozessen bringt, die sich von dem simplen Ablauf- und „Produktionsmodell" der Policy-Forschung der 70er Jahre (Van Meter/Van Horn 1975) drastisch unterscheidet. Netzwerke sind – so Mayntz – mehr als eine analytische Sichtweise; sie reflektieren eine tatsächliche Veränderung in den politischen Entscheidungsstrukturen und die Tatsache, daß Politik aus dem Zusammenwirken von öffentlichen und privaten Großorganisationen hervorgeht. Diese Netzwerke, die aus privaten und öffentlichen korporativen Akteure bestehen, widersprechen dem stereotypen Bild einer klaren Trennung von Staat und Gesellschaft und des Staates als höchstem Steuerungszentrum. Die funktionelle Differenzierung und Autonomie von gesellschaftlichen Handlungsbereichen hat zu einer Fragmentierung von Macht in vielen Politiksektoren geführt, deren gesellschaftliche Akteure eine Beteiligung am politischen Prozeß anstreben, während umgekehrt der Staat auf die Mitarbeit dieser Organisationen angewiesen ist, um die Akzeptanz politischer Entscheidungen zu erhöhen. Die Logik des Handelns, der Netzwerk-Akteure folgen, sind – so Mayntz – Tausch und Verhandeln auf der Basis unterschiedlicher Ressourcen. Was für Netzwerke jedoch nun typisch ist, ist, daß über einen reinen Tausch heraus interorganisatorische Netzwerke jedoch im Stande sind ungeachtet divergierender Interessen durch Verhandlungen, intentional ein gemeinsames Ergebnis zu produzieren. Solche Verhandlungen können eher unter dem Gesichtspunkt des Interessenausgleichs oder der Problemlösung und optimalen Aufgabenerfüllung geführt werden; im ersten Fall ist nur eine negative Koordination erforderlich, im zweiten Fall ein kooperatives Zusammenwirken im Interesse eines Systemnutzens. Stabilisiert werden Verhandlungssysteme, wenn Regeln wie diejenigen der gerechten Verteilung von Nutzen und Kosten verfügbar sind, die bei der Kompromißfindung behilflich sind und Interessen der anderen Verhandlungspartner respektiert werden. Unter welchen Bedingungen – so stellt sich die Frage – dominiert nun eine Problemlösungsorientierung gegenüber dem reinen Interessenausgleich? Eine Voraussetzung, die die Bereitschaft zur Problemlösung fördert, ist die professionelle Identifikation mit einer spezifischen Aufgabe des Politikfeldes, die zu einer Zusammenarbeit über die Grenzen der Organisation hinaus mit anderen professionellen problemlösungsorientierten Akteuren führt. Diese Kooperation setzt jedoch wiederum spezifische Bedingungen innerhalb einer Organisation wie die lockere Koppelung, eine schwache normative Integration sowie die Definitionsbedürfigkeit der organisatorischen Strategie voraus.

Auch *Fritz W. Scharpf* sieht in einer *horizontalen Selbstkoordination durch Verhandlungen*, die in eine formale Hierarchie oder Netzwerkstrukturen eingebettet sind, Chancen der flexiblen staatlichen Steuerung unter den Bedingungen hoher Umweltturbulenz und internationaler, sektoraler und funktionaler Verflechtung. Scharpf diskutiert die Voraussetzungen und Funktionsweisen der hierarchischen Koordination und der vertraglichen Koordination unter wohlfahrtstheoretischen Gesichtspunkten. Auch wenn Hierarchie und Verhandlungen nach dem Coase Theorem unter der Voraussetzung idealer Bedingungen (keine Transaktionskosten, variable Lösungen und Möglichkeit von Ausgleichszahlungen) dasselbe Wohlfahrtsmaximum erreichen können, so ist unter praktischen Voraussetzungen die hierarchische Koordination von der richtigen

Motivation (Orientierung am Gemeinwohl statt am Eigeninteresse), der Verfügbarkeit von Informationen sowie dem Fehlen reziproker Interdependenzen abhängig, was immer weniger der Fall ist. Die Koordination durch Verhandlung sieht sich ihrerseits mit dem Verhandlungsdilemma konfrontiert sowie dem Problem der großen Zahl von Beteiligten. Beide Koordinationsformen, Hierarchie und Verhandlung, stoßen somit in einer turbulenten und komplexen Umwelt auf Grenzen. Sind Verhandlungen jedoch in Hierarchien oder netzwerkartige Strukturen eingebettet, wird die Selbstkoordination erleichtert. Den komplexen Interdependenzen wird durch zwei Formen der Selbstkoordination Rechnung getragen, der positiven und der negativen Koordination. Die positive Koordination erfordert einen hohen Koordinationsaufwand und genügt dem wohlfahrtstheoretisch anspruchsvollen Kaldor-Optimum. Die negative Koordination ist sehr viel weniger aufwendig und findet typischerweise in bilateralen Abstimmungen zwischen Akteuren statt. Wie aber vollzieht sich die Selbstkoordination in Netzwerken, die sektorale, organisatorische und nationale Grenzen überschreiten, die auf keine Hierarchie rekurrieren können? Hier – so die These von Scharpf – dienen Netzwerke als funktionale Äquivalente zur Einbettung in Hierarchien, die verhandlungserleichternd wirken. Wenn der aktuelle Koordinationsbedarf jedoch nicht übereinstimmt mit der gegebenen Struktur eines kooperativen Netzwerks, was angesichts des schnellen Wandels von Interdependenz-Beziehungen sehr häufig ist, kann der Umstand, daß immer wenigstens einige der Akteure, auf deren Zustimmung man für erfolgreiche positive Koordination angewiesen wäre, nicht zu den Mitgliedern eines bereits existierenden kooperativen Netzwerks gehören, hilfreich sein. Denn damit werden Außenseiter beteiligt, und dies erhöht die Chance, daß negative externe Effekte auf Dritte, die an den Verhandlungen nicht beteiligt sind, mitberücksichtigt werden. Mit anderen Worten, dem Problem der Policy-Verflechtung wird durch diese Form der staatlichen Steuerung Rechnung getragen.
Der von Mayntz und Scharpf verwendete Netzwerkbegriff kontrastiert mit dem rein *formalen Netzwerkbegriff*, der ein Netzwerk nicht als spezifische Form der politischen Steuerung versteht, sondern als formale Beschreibung der Beziehungen zwischen Akteuren. *Franz Urban Pappi* unternimmt es, „das unbefriedigende Nebeneinander zwischen diesen beiden Ansätzen, dem formalen und dem inhaltlichen" aufzuheben. Im Falle der Netzwerkanalyse als Methode handelt es sich bei einem Netzwerk um eine verbundene Menge von Einheiten. Die *Beziehung* zwischen diesen Einheiten ist zentral und muß klar definiert werden. Es können tatsächliche (oder potentielle) Interaktionen sein, Tauschvorgänge oder Kommunikation. Die traditionelle Stärke solcher Netzwerkanalysen ist die Strukturbeschreibung im Rahmen einer Sozialstrukturanalyse. Durch eine räumliche Darstellung werden die Distanzen zwischen den Einheiten erfaßt, wobei der Erkenntnisgewinn in den Unterbrechungen liegt, die durch diese Form der Darstellung hervortreten und auf Interaktionsbarrieren hinweisen. Positiv formuliert kann auf diese Art und Weise gezeigt werden, wo dauerhaftere soziale Beziehungen aufgebaut wurden. Versteht man unter Netzwerk hingegen ein spezifisches Phänomen der politischen Steuerung unter den Bedingungen der relativen Autonomie der Akteure, wie dies bei Mayntz und Scharpf der Fall ist, oder wie van Waarden, Jordan, Schubert ein Beziehungsgeflecht zwischen Staat und organisierten Interessen, so verengt sich nach Pappi der Anwendungsbereich der Netzwerkanalyse deutlich. Angesichts dieser beiden unterschiedlichen Auffassungen von Netzwerkana-

lyse als Methode der Sozialstrukturanalyse einerseits und als Analyse der Form politischer Steurung andererseits plädiert Pappi dafür, die Frage, welches System beschrieben werden soll und die Strukturbeschreibung dieses Systems deutlicher zu trennen, als dies in der Regel geschieht. Zu diesem Zweck wird vorgeschlagen, zunächst eine konkrete Systemabgrenzung vorzunehmen und von Politikfeldern auszugehen, die eine solche Spezialisierung darstellen. Politikfeld-Netze sind – so Pappi – als soziale Systeme zu begreifen, die kulturell und symbolisch integriert sind. Sie weisen eine Gemeinsamkeit der Problemsicht auf, die die Interaktionen der Beteiligten erleichtert, ohne daß dadurch Interessenkonflikte hinsichtlich der konkreten Policies ausgeschlossen würden. Nur Interaktionen mit Bezug auf eine ganz bestimmte politische Maßnahme begründen ein Policy-Netz mit einer relativen Autonomie. Ist ein Sozialsystem in dieser Weise abgegrenzt, so Pappi, kann man eine empirische Untersuchung beginnen und als Mittel der Strukturbeschreibung dieses Systems die Netzwerkanalyse verwenden.

Die Integration der Netzwerkanalyse erweitert die Perspektive, wenn es um das Verständnis interaktiver Strukturen und der diesen zugrundeliegenden Logik in einem Politikfeld geht. Ein weiterer wesentlicher Aspekt der Erweiterung der Policy-Analyse liegt in der Einbeziehung von *Ideen, Wertvorstellungen und Überzeugungen*. Giandomenico Majone ist derjenige, der als erster auf diese fehlende Dimension in der Policy-Analyse hingewiesen hat. In seinem Beitrag zu dem vorliegenden Band geht Majone von dem inneren Zusammenhang zwischen einer Politik aus, die an der allokativen Effizienz staatlicher Maßnahmen und der Wohlfahrtsoptimierung der Gesamtgesellschaft orientiert ist, einerseits und der wachsenden Bedeutung von Policy-Deliberation und Ideen andererseits. Im Falle der effizienzorientierten Politik – so Majone – kommt Ideen eine gestaltende Kraft zu. Sie sind jedoch relativ machtlos, wenn Nullsummen-Konflikte oder Verteilungskonflikte zur Entscheidung anstehen. Die Bedeutung von „Politik mittels Ideen" wurde durch Neopluralisten und Neokorporatismus-Theoretiker, die sich in erster Linie auf redistributive Fragen konzentrierten, verkannt. Da in den letzten zehn Jahren jedoch eine Verschiebung hin zu einer effizienzorientierten Politik und der Bearbeitung negativer externer Effekte von Marktprozessen (wie Umweltschutz, Arbeitsschutz, Konsumentenschutz) stattfand, kommt der Policy-Analyse als praktischer Politikberatung eine zunehmende Bedeutung zu. Diese Entwicklung verband sich – so Majone – mit einem wiedererwachten Interesse am Begriff des öffentlichen Interesses oder des Gemeinwohls. Die institutionelle Regel, die idealiter eine solche auf Effizienz ausgerichtete Politik ermöglicht, ist die Einstimmigkeitsregel. Da diese jedoch mit prohibitiven Transaktionskosten einhergeht, empfehlen sich als zweitbeste Lösung Institutionen, die keiner Mehrheitsentscheidung unterworfen sind, wie Gerichte und Verwaltungsbehörden mit Expertenwissen. Diese sollten ihrerseits jedoch strengen prozeduralen und substantiellen Kontrollen unterliegen. Majone zeigt nun, daß Ideen und Argumente auf zwei typische Weisen Politikresultate beeinflussen: zum einen, weil Restriktionen vielfältig definierbar sind, bei der Interpretation der Durchführbarkeit von Policy-Vorschlägen, bei der Argumentieren und Überzeugen eine Schlüsselrolle spielen. Zum anderen werden Argumente dazu benutzt, Policy-Entscheidungen zu rechtfertigen, die bereits gefallen sind. Sie dienen zur Rechtfertigung von Politik, indem sie eine konzeptionelle Fundierung für eine Anzahl ansonsten isolierter und unzusammenhängender Entscheidungen bieten; indem sie weiterhin dazu zwingen, Gründe für Entscheidungen zu nennen, transformieren sie Einmal-Spiele in sequentielle Spiele und leiten einen argumentativen Prozeß ein. Somit ist Regieren durch Diskussion von hoher Aktualität, zumal – so Majone – in den neueren Entscheidungsarenen der sozialregulativen Politik angemessene Verfahren und Standards der Argumentation fehlen.

Auch *Paul Sabatier* stellt Ideen und *Belief-Systems* in das Zentrum seiner Konzeption der *Policy Advocacy-Koalitionen*, deren Auseinandersetzungen innerhalb eines Netzwerks den Prozeß der Politikveränderung oder des Policy-Lernens, wie er sagt, vorantreiben. Die analytische Aufmerksamkeit richtet sich auf Policy-Subsysteme, in denen diese Lernprozesse durch Integration von politikrelevantem Wissen stattfinden. Die Policy Advocacy-Koalitionen gruppieren sich um unterschiedliche Wertvorstellungen/Ideologien sowie Kausalannahmen über die Entstehung von Problemen. In den Konflikten zwischen den Koalitionen vermitteln sogenannte Policy Brokers, die an übergeordneten gesellschaftlichen Interessen orientiert sind, die über das spezifische Policy-Interesse herausgehen. Die Besonderheit des Konzepts der Policy Advocacy-Koalition liegt nun darin, daß sie durch die Orientierung an gemeinsamen Wertvorstellungen und Ideen zusammengehalten werden. Indem Sabatier Wissen, das aus seiner Sicht keinen neutralen Charakter, sondern eben Unterstützungsfunktion hat, mit den politischen Koalitionen verbindet, bezieht Sabatier die neue Dimension der Ideen systematisch in eine Netzwerkanalyse der Veränderung von Politikinhalten ein.

Die Frage nach dem spezifischen Prozeß der Wissenskonstituierung als interaktivem Prozeß wird von *Otto Singer* gestellt. Er diskutiert das Verhältnis von *Wissen und Politik als soziales Interaktionssystem* am Beispiel der Wirtschaftswissenschaften und weist auf die Notwendigkeit hin, „Knotenpunkte der Wissensvermittlung in einem Politikbereich" zu ermitteln. Die Politikwissenschaft hatte die Rolle der Wirtschaftswissenschaften bei der Gestaltung der Wirtschaftspolitik in den 70er und 80er Jahren wenig beachtet, diese vielmehr ausschließlich als Folge veränderter ökonomischer Rahmenbedingungen oder als Ergebnis unmittelbarer Interessenverfolgung thematisiert. Aus der wirtschaftswissenschaftlichen Perspektive hingegen sind wirtschaftspolitische Maßnahmen als direkte Reaktion auf ökonomische Probleme oder gegebenenfalls auch aus der Konkurrenz unterschiedlicher Interessen zu verstehen. Wird das Verhältnis von Wissenschaft und Politik jedoch als interaktives Verhältnis aufgefaßt und das jeweilige Muster politikrelevanten Wissens als Resultat eines Diskurses interpretiert, so läßt sich für die Wirtschaftswissenschaften konstatieren, daß die rege Diskussion zwischen Post-Keynesianern, Fiskalisten, Monetaristen und Angebotstheoretikern um die zutreffende Erklärung ökonomischer Prozesse von ganz spezifischen Interaktionsstrukturen geprägt war. Diese Debatte fand unter starker Beteiligung öffentlicher Medien und wissenschaftsferner Institutionen statt, d.h. es sind eher die peripheren Bereiche der wirtschaftswissenschaftlichen Forschung, die mit externen Gruppen verbunden sind, während der Kernbereich der wirtschaftswissenschaftlichen Forschung mit seinen „esoterischen Diskursen" diese Kontakte nach außen nicht pflegt. In Abhängigkeit von der kognitiven Komplexität eines Politikfeldes, der Fragmentiertheit der Diskurse und deren relativer Offenheit bzw. Geschlossenheit kristallisieren sich unterschiedliche Typen von Foren heraus, die unterschiedliche Bedingungen der Einbindung wissenschaftlicher Expertise eröffnen. Die erwähnte Distanz zwischen Politik, Diskursen und der wirtschaftswissenschaftlichen Forschung hat, wie die Supply

Side-Koalition in den USA zeigt, die Entstehung einer pseudowissenschaftlichen Argumentation in der Policy-Debatte begünstigt.

Während Majone, Sabatier und Singer Ideen, Wissen und Werte als einen unter anderen Einflußsträngen der Politikentstehung auffassen, radikalisiert *Frank Nullmeier* mit seiner Forderung nach einer *Wissenspolitologie* diese Perspektive. Seine These ist es, daß eine „Faktorentheorie des Wissens", die Wissen nur als einen politikbeeinflussenden Faktor unter mehreren betrachtet, zu kurz greift. Im Rahmen des von ihm vorgeschlagenen „wissenspolitologischen Ansatzes" tritt die kognitive Strukturierung von Handlungsplänen, Zielen, Werten und Interessen in das Zentrum der politikwissenschaftlichen Analyse.

Der wissenspolitologische Ansatz bietet gegenüber den Ideologien und Wertsystemen „nur" einbeziehenden Analysen – so Nullmeier – den Vorteil, daß der Begriff 'Wissen' verstanden als 'Deutung' und 'Deutungsmuster' keine Annahmen über Kohärenz und inneren Zusammenhang der Wirklichkeitsinterpretationen voraussetzt, was die Analyse von politisch relevanten Deutungsprozessen erheblich reduziert, weil nur ideologisch zentrale Konflikte berücksichtigt werden, jedoch keine Auseinandersetzungen über Einzelwissen. Der wissenspolitologische Ansatz versteht die Veränderung von Policies als Veränderungen in den Wissenssystemen über Situationen, Ressourcen, Handlungsmöglichkeiten und eventuelle Folgen, die subjektiv interpretiert werden. Wissen ist aus dieser Sicht „wählbar" und läßt sich in einem dreistufigen Prozeß der Handlungserklärung darstellen. Auf der ersten Stufe findet die Filterung jener Präferenzen, Kriterien und Wissenssysteme statt, die die Auswahl eines handlungsrelevanten Wissens steuern. In einer zweiten Stufe werden die als legitim erachteten Deutungen über Situation, Handlungsalternativen, Präferenzen und Normen (Deutungswahl) gefiltert, bevor auf der dritten Stufe die Festlegung auf genau eine Handlungsalternative erfolgt. Politisches Verhalten von Individuen und kollektiven Akteuren wird nach einem Muster rhetorisch-dialektischen Handelns interpretiert und analysiert. An die Stelle der Entscheidungsregel, so Nullmeier, diejenige Handlungsalternative zu wählen, die den größten individuellen Nutzen verspricht, tritt die persuasive Handlungsorientierung, d.h. es wird diejenige Handlungsalternative gewählt, die für sich die größte argumentativ-rhetorische Unterstützung innerhalb des Wissenssystems des betreffenden Akteurs mobilisieren kann.

Einen theoretischen Brückenschlag in eine ganz andere Richtung, nämlich zwischen Policy-Forschung mit ihrer *Akteursorientierung* und der *systemtheoretischen Differenzierungstheorie*, unternimmt *Dietmar Braun* in seinem Beitrag. Um Möglichkeiten der politischen Steuerung auszuloten, schlägt er eine analytische Verbindung zwischen systemtheoretischer funktionaler Differenzierung und dem Prinzip der operationalen Schließung einerseits und der Akteurstheorie andererseits vor. Die neofunktionalistische Theorie in der Nachfolge Parsons betrachtet systemische Reproduktion als sozialen Prozeß, in dem konkurrierende Eliten und Akteure um Machtchancen in funktional ausdifferenzierten Bereichen kämpfen. Die Eigeninteressen dieser Elite können Neuerungen blockieren, jedoch sind durch Koalitionsbildung mit innovativen Gegen-Eliten Neuerungen auch möglich; andere theoretische Ansätze (Mayntz, Schimank) konzentrieren sich auf die organisatorischen Strukturen in Teilsystemen bzw. auf die korporativen Akteure und deren strategisches Verhalten. Soziale Schließung als Widerstand gegen politische Steuerung kann sich aus den reflexiven Interessen (oder dem Eigen-

Sinn) der korporativen Akteure ergeben. Jedoch bedeutet der Umstand der Ressourcenabhängigkeit von der Politik und der Einräumung von Entscheidungsbefugnissen durch den Staat, daß auch eine „gemeinsame Sprache" gesprochen wird, die korporative Akteure zu nützlichen Kooperationspartnern werden lassen kann. Ein weiterer Abschottungsmechanismus gegenüber politischer Steuerung liegt in der Professionalisierung von Leistungsrollen. Diese monopolisieren Wissen und institutionalisieren exklusive Rekrutierungs- und Belohnungsmechanismen sowie die Gewährung von Reputation. Allerdings eröffnet die Konkurrenz um Reputationschancen auch Möglichkeiten der politischen Intervention und bietet Optionen und Restriktionen staatlicher Steuerung. Damit läßt sich zeigen, so Braun, daß das Prinzip der operationalen Schließung auch über akteurstheoretische Differenzierungsanalysen erklärt werden kann.

Nicht nur in theoretischer, sondern auch in konzeptioneller Hinsicht läßt sich in der heutigen Policy-Forschung eine Auffächerung und Verfeinerung der Kategorien konstatieren. Ein wichtiger Teil dieser Bemühungen erstreckt sich auf die Diskussion über die Verwendung von staatlichen *Steuerungsinstrumenten*.

Julian Le Grand verbindet einen ökonomisch-deduktiv argumentierenden Ansatz zur Evaluierung eines neuen Instrumentes, der *Quasi-Markt-Strategie*, mit einem empirischen Ansatz der Evaluation und eröffnet damit vielfältige Einsichten in die Auswirkungen eines Instrumentenwandels am Beispiel der Reform des National Health Service in Großbritannien. Zum einen werden die wohlfahrtsökonomischen Kriterien der effizienten Ressourcenallokation und der Gerechtigkeit/Gleichbehandlung als Maßstab zugrundegelegt, um den Erfolg der Reform des britischen Gesundheitssystems zu beurteilen. Damit ein Quasi-Markt allokativ effizient ist – so Le Grand –, müssen die Bedingungen des wettbewerbsorientierten Marktes, der ausreichenden Information, der im Vergleich zum alten System geringeren Transaktionskosten sowie der angemessenen – profitorientierten – Motivation bei Anbietern und Nachfragern gegeben sein. Ein Mangel an Wettbewerb auf der Anbieterseite – dies liegt auf der Hand – führt zu Monopolmacht. Ein Mangel an Wettbewerb bei den Nachfragern ist nur unter der Annahme eines ausschließlich an den Klienteninteressen orientierten Nachfragers unproblematisch. Bei der Nachfrage nach Arbeit wirken konkurrierende Organisationen hingegen lohnsteigernd. Die theoretischen Überlegungen werden – soweit vorhanden – mit empirischen Befunden konfrontiert und damit die ökonomische Sichtweise durch individuelle Verhaltensweisen sowie institutionelle Gegebenheiten ergänzt. Nach bisher vorliegenden empirischen Ergebnissen stellt sich gegenwärtig die Marktstruktur im reformierten Bereich des britischen Gesundheitssektors eher als bilaterales Monopol zwischen einem einzigen Nachfrager und einigen großen Anbietern dar. Auf der Angebotsseite hingegen weisen empirische Befunde darauf hin, daß nur eine Minderheit der Krankenhäuser mit nur einem Zuliefererrmarkt konfrontiert sind, der eine Monopol- oder Oligopolstruktur aufweist. Deutlich wettbewerbsorientiert sind auf der Nachfragerseite die Praktischen Ärzte als Zuschußverwalter. Die Bedingung ausreichender Informationen, die nach den Modellüberlegungen erfüllt sein muß, um allokative Effizienz zu garantieren, ist unterschiedlich zu beurteilen. Bisherige empirische Ergebnisse zeigen, daß bei den nachfragenden District Health Authorities bei weitem zu wenig Informationen vorhanden sind, diese vielmehr auf die Anbieter angewiesen sind, um wichtige Informationen zu erhalten. Bei den Praktischen Ärzten wiederum stellt sich dies sehr viel günstiger dar, weil sie den Zustand von Patienten vor und nach der Behandlung überprüfen können. Im Hinblick auf Transaktionskosten bedeutet dies, daß Ärzte auch mit weniger ex-post Transaktionskosten zu rechnen haben. Die für das Funktionieren eines Quasi-Marktes erforderliche Motivation der Gewinnorientierung findet sich empirisch bisher weder bei den Anbietern noch bei den Nachfragern. Allerdings deuten Firmengründungen von Ärzten als Zuschußverwalter darauf hin, daß eine marktorientierte Motivation entsteht. Was schließlich Gerechtigkeit und Gleichbehandlung anbetrifft, so findet Le Grand als Schwäche des neuen Systems das „Cream-Skimming", d.h. die Bevorzugung der leichteren Fälle auf Kosten der schwereren Fälle, eine Tendenz, die jedoch durch unterschiedliche Maßnahmen abgemildert werden kann. Quasi-Markt-Strategien als vielleicht das zentrale Element des heutigen Instrumentenwechsels bieten somit für die Letztadressaten sowohl Vor- als auch Nachteile.

Eben am Beispiel der Frage der Privatisierung und der Einführung von Marktstrategien stellen *Michael Howlett* und *M. Ramesh* die Frage, wie eine *Theorie des Instrumentenwandels* entwickelt werden kann, die geeignet ist, den länderübergreifenden, längerfristigen Wandel in der Instrumentenwahl zu erklären. Sie interessieren sich also nicht – wie Le Grand – für die Folgen eines Instrumentenwandels, sondern für die Prozesse, die hin zu der Wahl marktwirtschaftlicher Instrumente führen. Während aus ihrer Sicht weder die neoklassischen noch die wohlfahrtsökonomischen Theorien politische Phänomene bei der Erklärung dieses Prozesses berücksichtigen, kann die politikwissenschaftliche Literatur (Doern 1981; Hood 1983; Linder/Peters 1989) zwar die Entscheidung für oder gegen ein spezifisches Instrument, jedoch nicht Veränderungen im Instrumentengebrauch im internationalen Maßstab erklären. Eine Theorie der Instrumentenwahl – so Howlett/Ramesh – muß in Anlehnung an Peters/Linder die spezifische Natur des Problems, die Merkmale der verfügbaren Instrumente und eine lerntheoretische Argumentation verbinden, in der die sich verändernden Präferenzen der administrativen Agenten des Wandels eine zentrale Rolle spielen. So läßt sich die Tatsache, daß marktwirtschaftliche Instrumente gleichzeitig in mehreren Ländern eingeführt wurden, als multipler Lernprozeß verstehen, in dessen Rahmen nationale und internationale Policy Communities negative Erfahrungen über die Verwendung von Gebots- und Verbots-Instrumenten und dem Betreiben staatlicher Unternehmen austauschen und als Folge eine Veränderung im staatlichen Instrumentarium in die Wege leiten.

Die Frage der *Ebenen- und sektoralen Politikverflechtung* wird von *Peter Knoepfel* und *Ingrid Kissling-Näf* in einem neuen Licht betrachtet. Die Autoren erfassen diese Verflechtungsaspekte mit dem Begriff der *„Verräumlichung von Politik"*. Unter „Raum" wird die Gesamtheit der topographisch, klimatisch, ökosystemar, gesellschaftlich und politisch variierenden Orte bzw. 'regionalen Milieus' verstanden, in denen eine öffentliche Politik ihre Wirkungen entfaltet. Verräumlichung bedeutet entsprechend, daß öffentliche Politiken, um überhaupt wirksam zu werden, in den örtlichen bzw. regionalen Kontext „eingewoben" werden, d.h. an die regionalen Kontextbedingungen angepaßt werden müssen. Für den Zentralstaat hat dies die Folge, daß er zwangsläufig zum verhandelnden und konsensbeschaffenden Zentralstaat wird, und auf eine Steuerung von oben verzichtet. Über regionale und örtliche „Policy-Landsgemeinden" muß die Zustimmung zu politischen Maßnahmen erst gesichert werden, wenn sie erfolgreich sein sollen. Daraus ergeben sich für die Policy-Analyse die praktischen Anforderungen, Policy-Kataster und Mechanismen des Policy-Monitoring zu entwickeln, um sich die räumliche Policy-Präsenz oder die existierenden „Politikteppiche" und die sie tragenden Akteur-Netzwerke zu verdeutlichen, in die hinein neue Maßnahmen wirken sollen. Die Tatsache der Verflechtung schwächt das Umverteilungsvermögen des Zentralstaates. Staatliche Steuerung – so die Autoren – kann unter diesen Bedingungen im wesentlichen nur bedeuten, daß Netzwerke ausgestaltet, Mediationsprozesse und diskursive Verfahren eingeleitet werden.

Im Gegensatz zu Knoepfel/Kissling-Näf sieht B. *Guy Peters* sowohl einen Bedarf an Steuerung „von oben" als auch an Steuerung „von unten". Er erörtert systematisch die empirischen Merkmale beider Policy-Modelle, deren theoretische Grundlage sowie deren normative Implikationen. Beide Modelle der Politikgestaltung – so Peters – beschreiben – wenn auch unterschiedliche – Facetten der Wirklichkeit des Policy-Prozesses. Die Sicht „von unten", die die Bedeutung der untersten politischen und administrativen Entscheidungsebenen und -akteure betont, wenn es um die Gestaltung öffentlicher Maßnahmen geht, umfaßt jedoch so unterschiedliche Varianten wie die plebiszitäre Politiktradition und die Einbeziehung der von einer Maßnahme Betroffenen in den Entscheidungsprozeß, eine Beteiligung, die sich auch auf die Implementation staatlicher Maßnahmen erstreckt. Demgegenüber wird die Politik von oben durch die Vorstellung geleitet, daß eine Policy vom Gesetz her zu verstehen und durchzuführen ist. Während die Perspektive „von unten" sich einerseits an der kritischen Demokratietheorie und der Einführung einer diskursiven Demokratie (Barber 1984; Dryzek 1990) orientiert, ist sie aber auch mit Varianten der Public Choice-Theorie vereinbar, die die Stärkung der Wahlmöglichkeiten von Konsumenten fordern, um die Qualität öffentlicher Leistungen zu verbessern (vgl. Le Grand in diesem Band). Die Sicht „von oben" verbindet sich mit den Theorien des politikwissenschaftlichen Institutionalismus, die auf die Bedeutung von Institutionen bei der Prägung von Policy-Entscheidungen hinweisen. Die normativen Implikationen der Politik „von oben" gründen auf dem Prinzip der Gesetzesbindung staatlichen Handelns und des „kalkulierbaren" Staates; was die substantiellen Ergebnisse der Politik anbetrifft weist sie auf die Notwendigkeit der Gleichbehandlung hin. Demgegenüber sind die Anpassung an örtliche Besonderheiten, an Veränderungen in der Zeit sowie die möglichst breite Partizipation der Problembetroffenen die Wertvorstellungen, an denen sich die Politik „von unten" orientiert. Anstatt die beiden Modelle jedoch als Gegensätze zu verstehen, schlägt Peters eine Synthese vor, die die Wahl des einen oder anderen Modells als problemkontingente Wahl versteht. Auch kann sich eine Veränderung des Steuerungsmodus innerhalb eines Politikzyklus als durchaus sinnvoll erweisen.

Eine weitere zentrale Dimension der Policy-Forschung, die Lowische These *„policies determine politics"* wird durch *Hubert Heinelt* einer kritischen Überprüfung unterzogen, in weitergehenden Überlegungen zu einer systematischen theoretischen Verbindung von Policy und Politics fortentwickelt und anhand der Politikfelder Arbeitsmarktpolitik und Alterssicherungspolitik erläutert. Heinelt stellt neue Dimensionen von Politikinhalten heraus, die auf die Besonderheit der politischen Unterstützung und spezifische Wirkungen von Policies abheben, und dadurch strukturierend auf den politischen Prozeß einwirken. Es sind die Merkmale der differentiellen/allgemeinen Problembetroffenheit, der individuellen oder kollektiven Betroffenheit, der Prognostizierbarkeit von Folgen, der Policy-Interdependenzen bzw. Grenzen sowie der Akteurskonstellationen. Wie lassen sich, so stellt sich die Frage, nun die behaupteten Zusammenhänge mittels allgemeinerer Einsichten in den Politikprozeß erklären? Wie sehen die Übersetzungsmechanismen aus? In seiner Antwort stützt sich Heinelt auf die Unterscheidung von institutionellen Ebenen (operational level, collective choice level und constitutional choice level), die durch Kiser/Ostrom vorgenommen wird, und verbindet diese, um den Vermittlungsprozeß zwischen Policy-Merkmalen und Aspekten des politischen Prozesses zu erklären, mit Dowdings Theorie wechselnder Akteurpräferenzen.

Dem Aspekt der politischen *Problemperzeption* wendet sich *Volker von Prittwitz* zu. Anhand des von ihm herausgearbeiteten *Katastrophenparadoxes*, das deutlich macht, daß zivilisatorische Gefahren und Risiken oft gegenläufig zu ihrer jeweiligen Stärke politisch wahrgenommen werden, d.h., daß hohe Belastungen zum Teil politisch gar keine Reaktionen hervorrufen, während vergleichsweise niedrige Belastungen staatliches Handeln auslösen, prüft er unterschiedliche sozialwissenschaftliche Erklärungsansätze auf ihre Eignung, diesen erstaunlichen Widerspruch zu erklären. Aus funktionalistischer Sicht wird das Phänomen als Ergebnis einer verzerrten Wahrnehmung interpretiert oder auf exogene Faktoren zurückgeführt. Im Zentrum der strukturalistischen Sicht stehen ökonomisch-technische, soziokulturelle und politisch-institutionelle Faktoren staatlichen Handelns. Aus der Sicht des ökonomischen Rationalismus spielen Kosten-Nutzen-Gesichtspunkte und strategische Perspektiven die zentrale Rolle. Sie alle beleuchten zwar wichtige Aspekte, können das Phänomen in seiner Widersprüchlichkeit jedoch nicht umfassend erklären. Ein Schlüssel zum Verständnis des Katastrophenparadoxes bietet hingegen – so von Prittwitz – das Konzept der Handlungskapazität. Das Konzept der kapazitätsgebundenen Rationalität bringt zum Ausdruck, daß das Verhalten politischer Akteure an Wahrnehmungs- und Problemlösungskapazitäten unterschiedlicher Art wie organisatorisch-institutionelle, technisch-ökonomische u.a. Ressourcen gebunden ist.

Auch die Überlegungen von *Stephan Ruß-Mohl* beziehen sich auf die Neuerörterung eines policy-analytischen Konzeptes, das er zu Beginn der 80er Jahre entwickelt hat, den *Aufmerksamkeitszyklus*. Ruß-Mohls Konzept integriert Aspekte der Analyse von Themen-Karrieren (Luhmann 1971), der ökonomischen Theorie des Aufmerksamkeitszyklus (Downs 1972) sowie der These von der Schweigespirale (Noelle-Neumann 1978). Rückblickend lassen sich – so Ruß-Mohl – Verbesserungen des Konzeptes vorschlagen: So sollte unterschieden werden zwischen den kurzzeitigen Aufmerksamkeitszyklen der Medien, die der Nachrichtenmarkt erzeugt, einerseits und den Langen Wellen im Sinne von Kondratieff, die ein Themen-Großklima anzeigen, andererseits. Diese beiden Sichtweisen lassen sich heuristisch sinnvoll mit der Analyse der verschiedenen Policy-Phasen verbinden. Allerdings ist – so Ruß-Mohl – zu diesem Zweck eine sehr viel stärkere interdisziplinäre Orientierung der Policy-Analyse unter Integration der Publizistik und Kommunikationswissenschaft erforderlich, um den bisher stark vernachlässigten Einfluß der Medien – und der Strukturveränderungen im Mediensektor – einzubeziehen.

Der nächste Teil des Bandes widmet sich der *internationalen Dimension* der Policy-Forschung. Zum einen wendet sich der Blick auf die Fragestellungen und Hypothesen der international vergleichenden Policy-Forschung (M. G. Schmidt), zum anderen

richtet sich die Aufmerksamkeit auf die Anwendung policy-analytischer Fragestellungen auf die Politikgestaltung in der Europäischen Gemeinschaft (Schumann; Héritier).
Manfred G. Schmidt stellt die Vorteile und Nachteile der Theorieansätze vor, die in der *international vergleichenden Policy- oder Staatstätigkeitsforschung* zur Anwendung kommen, d.h. der Theorie der sozioökonomischen Determination der Staatstätigkeit, der Parteienherrschaftheorie, der Theorie der Machtressourcen organisierter Interessen und der politisch-institutionalistischen Theorie. Diese unterscheiden sich in vielerlei Hinsicht wie der verwendeten Begrifflichkeit, dem ideengeschichtlichen Hintergrund u.a.m., insbesondere aber in ihrer Erklärungskraft. Die Theorie der sozioökonomischen Determination begreift Staatstätigkeit als Antwort auf sozioökonomische und politisch-ökonomische Entwicklungen und Probleme. Die Stärke des Ansatzes liegt in der Betonung sozioökonomischer Entwicklungstrends und des Drucks, der Handlungsrestriktionen und -möglichkeiten, die von diesen auf die Politikgestaltung ausgehen. Seine Schwächen sind die Vernachlässigung politischer, insbesondere institutioneller Faktoren. Die Parteienherrschaftstheorie betrachtet den Parteienwettbewerb, die parteipolitische Prägung der Interessenartikulation und der Interessenbündelung sowie die parteipolitische Auswahl des Führungspersonals und die parteipolitische Beeinflussung der Entscheidungsprozesse als die wesentlichen Faktoren, die die Gestaltung politischer Maßnahmen bestimmen. Insbesondere aus der Sicht des oben von Scharpf skizzierten Verhandlungsmodells in westlichen Demokratien nimmt sich die Parteienherrschaftstheorie jedoch als wirklichkeitsfremd aus, weil sie von der Annahme ausgeht, daß Politikgestaltung und -implementation über hierarchische Koordination läuft. Die Theorie der Machtressourcen organisierter Interessen betrachtet politische Maßnahmen als Ergebnis der Organisations- und Konfliktfähigkeit gesellschaftlicher Gruppen, deren Kräfteverhältnisse und der institutionellen Regulierung von Verteilungskonflikten sowie des strategischen Handelns von Regierungseliten. Die Schwäche dieses Ansatzes liegt in der starken Betonung der Machtverteilungsaspekte und der relativen Vernachlässigung politisch-institutioneller und politisch-kultureller Bedingungen. Der politische Institutionalismus schließlich betont die Prägung von Politikinhalten durch institutionelle Bedingungen, Regeln und Normen der Willensbildungs- und Entscheidungsprozesse. Allerdings ist die nationenvergleichende Perspektive bei dieser Forschungsrichtung noch nicht sehr stark entwickelt; Probleme ergeben sich aus der Komplexität und Turbulenz des Untersuchungsgegenstandes. Jedoch birgt – so Schmidt – der politisch-institutionalistische Ansatz, inbesondere in der um Machtverteilungen und Schranken der Mehrheitsherrschaft erweiterten Fassung, ein beträchtliches Potential zur Erklärung von Gemeinsamkeiten und Unterschieden der Staatstätigkeit im internationalen Vergleich.
Wolfgang Schumann weist systematische Verbindungen zwischen den Einrichtungen der Europäischen Gemeinschaft und der Politikgestaltung auf der suprastaatlichen Ebene einerseits und den damit sich eröffnenden neuen analytischen Perspektiven für die Policy-Analyse andererseits auf. Er betont die besondere Eignung der Anwendung der Netzwerkanalyse für europäische Entscheidungsprozesse. Ebenso bietet sich der Ansatz „von unten" als analytisches Raster von Implementationsprozessen in der Europäischen Gemeinschaft an. Eine Besonderheit für die Policy-Forschung auf der europäischen Ebene ist auch darin zu sehen, daß häufig Politikinhalte mit Querschnittscharakter Gegenstand der Analyse sind, so daß in der Analyse – wie oben mehrfach

betont – politikfeldübergreifende Bezüge hergestellt werden müssen. Eine zweite Besonderheit (Policy-Forschung ohne Policy) ist darin zu sehen, daß es auf europäischer Ebene politische Maßnahmen gibt, die (noch) nicht existieren. Zuweilen kommt gar keine gemeinschaftliche Politik zustande, und die einzelstaatlichen Programme laufen einfach weiter oder treten an die Stelle der geplanten suprastaatlichen Politik. Charakteristisch ist auch die Verflechtung von Regelkreierung und Verfolgung substantieller Interessen. Insgesamt – so Schumann – verbinden sich für die Policy-Analyse in ihrer Anwendung im EG-Bereich sehr fruchtbare Perspektiven.

Besonderheiten europäischer Entscheidungsprozesse werden auch im Beitrag von *Adrienne Héritier* untersucht und netzwerkanalytisch interpretiert. Aus einer empirischen Untersuchung von Entscheidungsprozessen im Bereich der europäischen regulativen Politik (Luftreinhaltepolitik) werden allgemeine Einsichten gewonnen, die in einer *Netzwerkanalyse europäischer Politikgestaltung* als Forschungshypothesen dienen können. Europäische Policy-Netzwerke – so das Ergebnis dieser Forschung – sind durch eine spezifische Vielfalt gekennzeichnet, aus der sich fast alle typischen Prozeßaspekte und Strukturaspekte ableiten lassen. So sind Netzwerke im Bereich der regulativen Politik durch eine hohe Fluktuation der Akteure charakterisiert; dies liegt wesentlich darin begründet, daß die Euronetzwerke keine ständigen Implementationseinrichtungen einschließen, die die Netzwerkstabilität entscheidend fördern. Auch finden sich besonders häufig intergouvernementale – im Unterschied zu korporativen – Akteure. Die Vielfalt und „in-built heterogeneity" europäischer Akteure geht Hand in Hand mit den divergierenden Zielen dieser Akteure und einer nur schwachen normativ-ideologischen Integration der Policy-Netzwerke. Dies hat wiederum zur Folge, daß der Kommission als korporativem Akteur ein besonderes Gewicht zukommt, wenn es gilt, diese Vielfalt tendenziell auszubalancieren. Das Verhältnis von Policy-Netzwerken untereinander wird durch Inkohärenz bestimmt, weil sie nicht über parteipolitische Programme oder Regierungsprogramme integriert werden, die von einer parlamentarischen Mehrheit getragen werden. Aus dem prädominanten Zug der Heterogenität ergeben sich auch Konsequenzen für die europäischen Netzwerkprozesse: Es sind die leichteren Exit- und (partiellen) Opt-Out-Möglichkeiten aus dem Netzwerk sowie eine ausgeprägt kompetitive Komponente im Verhältnis der nationalstaatlichen Akteure zueinander, die zu einem wechselseitigen Überbietungsverhalten bei europäischen Regulierungen führt. Allerdings zeigt die Netzwerkanalyse europäischer regulativer Politik, daß die Mehrebenenstruktur von der Kommune bis Brüssel sowie die nationale Vielfalt auch neue Koalitions- und Kooperationsmöglichkeiten zur Problemlösung über nationale Grenzen und staatliche Handlungsebenen hinweg eröffnet.

Im letzten Teil wird schließlich die Neuorientierung der praktisch-beratenden Policy-Analyse hin zu *Post-Positivismus* und *partizipatorischer Policy-Analyse* erörtert.

Frank Fischer skizziert Aspekte der Entwicklung, die dafür verantwortlich sind, daß die Policy-Analyse sich von dem Lasswellschen Selbstverständnis einer Policy Science der Demokratie entfernt hat: In der technologisch hochentwickelten Gesellschaft und Massendemokratie veränderte sich – so Fischer – das Demokratieverständnis immer mehr in Richtung eines pluralistischen Elitenwettbewerbs. Die positivistische Sozialwissenschaft entwickelte die Instrumente der Marktforschung und Meinungsumfrage als Strategien, um soziale Konflikte abzumildern, und die Anforderungen großer, technologiebasierter Institutionen an den Durchschnittsbürger heranzutragen. Wie aber gerade das „Nimby" (Not in my backyard)-Syndrom deutlich macht, scheiterten diese auf Integration bedachten Strategien. Diese Erfahrung ließ den Ruf nach einer Demokratisierung der Policy-Analyse laut werden, die sich zum einen an den theoretischen Arbeiten über partizipatorische Demokratie von Habermas (1973), Pateman (1972), Barber (1984) orientierte, zum anderen in der methodologischen Debatte um den Postpositivismus ihre Wurzeln hat. Von einem interpretativen oder hermeneutischen Verständnis von wissenschaftlicher Tätigkeit ausgehend stellt die post-positivistische Policy-Analyse die traditionelle Klienten-Experten-Beziehung grundsätzlich in Frage und verlangt, daß eine partizipatorische Beziehung zum Klienten hergestellt wird. Anhand des Nimby-Problems, eines klassischen negativen Verteilungsproblems, zeigt Fischer, wie mittels partizipatorischer Forschung, bei der lokales Wissen über die örtlichen Verhältnisse mit wissenschaftlicher Expertise in Einklang gebracht wird, ein Ausweg aus einer politischen Blockadesituation gefunden werden kann. Da schwierig lösbare („wicked") Probleme immer mehr zunehmen, sollte die Policy-Analyse – so Fischer – die politischen und methodologischen Implikationen einer partizipatorischen Methode ernst nehmen.

Auch *Peter deLeon*, mit Frank Fischer einer der zentralen Befürworter des Konzeptes der partizipatorischen Policy-Analyse, wendet sich von der instrumentellen Rationalität in der Policy-Analyse ab und plädiert für Einbeziehung neuer demokratietheoretischer Überlegungen und Praktiken in die Policy-Analyse. Er entwickelte ein entsprechendes Beteiligungsmodell, das auf zwei Überlegungen beruht: Zum einen werden – nach dem Zufallsprinzip ausgewählte – Durchschnittsbürger aufgefordert, sich an Verfahren einer partizipatorischen Policy-Analyse in konkreten Entscheidungsfragen zu beteiligen. Zum anderen werden die Mitglieder dieses Policy-Forums aktiv in den Sachfragen, über die sie beraten, informiert und „ausgebildet". Natürlich ist dies nicht in allen Sachfragen und bei allen Organisationstypen möglich, auch zeitliche Dringlichkeitsgesichtspunkte können die Anwendung erschweren. Es obliegt somit den politisch Verantwortlichen zu entscheiden, wann eine kritische Policy-Analyse sinnvoll durchgeführt werden kann.

Damit ist der Bogen der Erweiterungen, Modifizierungen und Umorientierung in der Policy-Analyse abgeschlossen. Zu Fragen der Terminologie sei als letztes noch darauf hingewiesen, daß der Begriff Policy als Politikinhalte, im Sinne der Ergebnisse staatlichen (bzw. des Zusammenwirken privaten und staatlichen Handelns), in den vorliegenden Beiträgen mit unterschiedlichen deutschen Begriffen zum Ausdruck gebracht wird: Politik, Politiken und Staatstätigkeit.

Bielefeld, Oktober 1993

Literaturverzeichnis

Barber, Benjamin, 1984: Strong Democracy: Participatory Politics for a New Age. Berkeley: University of California Press.
Campbell, David T., 1984: Can We Be Scientific in Applied Social Science?, in: R. F. Conner/D. B. Altman/C. Jackson (Hrsg.), Evaluation Studies Review Annual 9, 26-48, Beverly Hills: Sage.
Cohen, Michael D./March, James G./Olsen, Johan P., 1972: A Garbage Can Model of Organizational Choice, in: Administrative Science Quarterly 17, 1-19.

Coleman, James S., 1972: Policy Research in the Social Sciences. Morristown N.J.: General Learning Press.
Cook, Thomas D., 1985: Post-Positivist Critical Multiplism, in: R. L. Shotland/M. M. Mark (Hrsg.), Social Science and Social Policy. Beverly Hills, CA: Sage, 21-62.
de Haven-Smith, Lance, 1988: Philosophical Critiques of Policy Analysis: Lindblom, Habermas and the Great Society. Gainesville, Fla.: University of Florida Press.
deLeon, Peter, 1988: Advice and Consent: The Development of the Policy Sciences. New York: Russell Sage.
Dery, David, 1984: Problem Definition in Policy Analysis. University Press of Kansas.
Dryzek, John S./Bobrow, Davis B., 1987: Policy Analysis by Design. Pittsburgh, Pa.: University of Pittsburgh Press.
Dryzek, John, 1990: Discursive Democracy. Politics, Policy, and Political Science. New York: Cambridge University Press.
Dunn, William, 1981: Public Policy Analysis. An Introduction. Englewood Cliffs, N.J.: Prentice Hall Inc.
Fischer, Frank, 1989: The Rationality Project: Policy Analysis and the Postpositivist Challenge, in: Policy Studies Journal 17, Nr. 4, 941-951.
Grande, Edgar, 1993: Die neue Architektur des Staates, in: Roland Czada/Manfred G. Schmidt (Hrsg.), Verhandlungsdemokratie, Interessenvermittlung, Regierbarkeit. Festschrift für Gerhard Lehmbruch. Opladen: Westdeutscher Verlag, 51-71.
Grande, Edgar/Schneider, Volker, 1991: Reformstrategien und staatliche Handlungskapazitäten. Eine vergleichende Analyse institutionellen Wandels in der Telekommunikation in Westeuropa, in: Politische Vierteljahresschrift 32, 452-478.
Habermas, Jürgen, 1973: Legitimationsprobleme im Spätkapitalismus. Frankfurt: Suhrkamp.
Heclo, Hugh, 1989: The Emerging Regime, in: Richard A. Harris/Sidney M. Milkis, Remaking American Politics. Boulder/San Francisco/London: Westview Press, 289-320.
Hjern, Benny/Porter, David, 1981: Implementation Structures, in: Organization Studies 2, 211-227.
Hjern, Benny/Hull, Christopher, 1982: Implementation Research as Empirical Constitutionalism, in: European Journal of Political Research 10, 105-116.
Hofferbert, Richard I., 1986: Policy Evaluation, Democratic Theory, and the Division of Scholarly Labor, in: Policy Studies Review 5, 511-519.
Hull, Christopher/Hjern, Benny, 1987: Helping Small Firms Grow: An Implementation Approach. London: Croom Helm.
Jann, Werner, 1981: Kategorien der Policy-Forschung. Speyerer Arbeitshefte 37. Speyer.
Jenkins-Smith, Hank C., 1990: Democratic Politics and Policy Analysis. Pacific Grove, CA: Brooks/Cole Publ. Company.
Kellow, Aynsley, 1988: Promoting Elegance in Policy Theory: Simplifying Lowi's Arenas of Power, in: Policy Studies Journal 16, Nr. 4, 713-728.
Kelly, Rita Mae, 1986: Trends in the Logic of Policy Inquiry: A Comparison of Approaches and a Commentary, in: Policy Studies Review 5, 520-528.
Kingdon, John W., 1984: Agendas, Alternatives, and Public Policies. Boston/Toronto.
Krasner, Stephen D., 1988: Sovereignty – An Institutional Perspective, in: Comparative Political Studies 21, 66-94.
Lasswell, Harold D., 1951: The Policy Sciences. Palo Alto: Stanford University Press.
Lauman, Edward O./Knoke, David, 1987: The Organizational State. Social Choice in National Policy Domains. Madison: The University of Madison Press.
Lindblom, Charles E., 1986: Who Needs What Social Research for Policymaking?, in: Knowledge: Creation, Diffusion, Utilization 7, 345-366.
Lindblom, Charles E., 1990: Inquiry and Change. New Haven: Yale University Press.
Lindblom, Charles E., 1977: Politics and Markets: The World's Political-Economic Systems. New York: Basic Books.
Linder, Stephen H./Peters, B. Guy, 1987: A Design Perspective on Policy Implementation: The Fallacies of Misplaced Prescription, in: Policy Studies Review 1987, 459-475.
Linder Stephen H./Peters, B. Guy, 1989: Instruments of Government: Perception and Context, in: Journal of Public Policy 9, 35-58.
Lowi, Theodore J., 1964: American Business, Public Policy, Case Studies, and Political Theory, in: World Politics, 677-715.

Luhmann, Niklas (Hrsg.), 1971: Politische Planung. Opladen.
Majchrzak, A., 1984: Methods for Policy Research. Beverly Hills, CA: Sage.
Majone, Giandomenico, 1989: Evidence, Argument, and Persuasion in the Policy Process. New Haven/London: Yale University Press.
Majone, Giandomenico, 1992: Regulatory Politics in the European Community. Manuskript.
March, James G./Olsen, Johan P., 1989: Rediscovering Institutions. The Organizational Basis of Politics. New York: Free Press.
Mayntz, Renate (Hrsg.), 1980: Implementation politischer Programme: Empirische Forschungsberichte. Königstein/Taunus.
Mayntz, Renate (Hrsg.), 1983: Implementation politischer Programme II. Opladen.
Miller, T. C., 1984: Conclusion: A Design Science Perspective, in: T. Miller (Hrsg.), Public Sector Performance. Baltimore, Maryland: Johns Hopkins University Press, 261-279.
Nakamura, Robert T., 1987: The Textbook Policy Process and Implementation Research, in: Policy Studies Review 7, 142-154.
Rein, Martin, 1983: Value-Critical Policy Analysis, in: *Daniel Callahan/Bruce Jennings* (Hsrg.), Ethics, the Social Sciences, and Policy Analysis. New York: Plenum Press.
Rochefort, David A./Cobb, Roger W., 1993: Problem Definition, Agenda Access, and Policy Choice, in: Policy Studies Journal 21, Nr. 1, 56-73.
Scharpf, Fritz W., 1991: Die Handlungsfähigkeit des Staates am Ende des zwanzigsten Jahrhunderts, in: Politische Vierteljahresschrift 32, Heft 4, 621-634.
Schattschneider, Erich E. 1967: The Semi-Sovereign People: A Realist's View of Democracy in America. New York.
Schumann, Wolfgang, 1992: EG-Forschung und Policy-Analyse. Das Beispiel der Milchquotenregelung. Kehl/Straßburg/Arlington.
Stone, Deborah A., 1988, Policy Paradox and Political Reason, Glenview, Ill.: Scott, Foresman and Co.
Tsebelis, George, 1990: Nested Games. Berkeley/Los Angeles: University of California Press.
van Meter, Donald S./van Horn, Carl E., 1975: The Policy Implementation Process. A Conceptual Framework, in: Administration and Society, 445-488.
Warren, Mark, 1992: Democratic Theory and Self-Transformation, in: American Political Science Review, Vol. 86, Nr. 1, 8-23.
Windhoff-Héritier, Adrienne, 1980: Politikimplementation. Ziel und Wirklichkeit politischer Entscheidungen. Königstein/Taunus: Hain Verlag.
Windhoff-Héritier, Adrienne, 1987: Policy Analyse. Eine Einführung. Frankfurt/New York: Campus.

I. Theoretische und begriffliche Weiterungen

1. Policy-Netzwerke, das Verhandlungsmodell und staatliche Steuerung

Policy-Netzwerke und die Logik von Verhandlungssystemen*

Renate Mayntz

Die Welt setzt sich aus Netzwerken, nicht aus Gruppen zusammen, hat Barry Wellman gesagt (1988: 31). Die Organisationssoziologie hat diese Tatsache vor etwa 20 Jahren entdeckt, als „interorganisatorische Beziehungen" für sie zu einem wichtigen neuen Thema wurden.[1] Seitdem ist man sich der Tatsache bewußt, daß das Umfeld von Organisationen zum guten Teil aus anderen Organisationen besteht, so daß diese und nicht etwa ein amorphes Publikum für sie die relevantesten Interaktionspartner sind.[2] Im Auge hatte man dabei, entsprechend dem dominanten Interesse der Organisationsforschung, vor allem Wirtschaftsunternehmen. In empirischen Untersuchungen interorganisatorischer Beziehungen standen eine Zeit lang personelle Unternehmensverflechtungen im Mittelpunkt (z.B. Stokman/Ziegler/Scott 1985); in letzter Zeit läßt sich ein wachsendes Interesse an „joint ventures" und strategischen Allianzen beobachten.[3] Was die Organisationssoziologie an diesen Phänomenen vor allem interessiert, ist der Versuch von Wirtschaftsorganisationen, durch Unternehmensverflechtungen oder Joint-ventures eine schlecht kalkulierbare und potentiell bedrohliche Umwelt für sich unter Kontrolle zu bringen. Quasi unbeabsichtigt haben die Untersuchungen interorganisatorischer Beziehungen jedoch auch eine Tatsache von makrosoziologischer Bedeutung hervorgehoben, nämlich daß Märkte – zumindest solche, auf denen Firmen vorherrschen – keine atomistische Struktur aufweisen. Damit haben sie einen Aspekt wirtschaftlicher Realität sichtbar gemacht, welcher in den bisherigen Marktmodellen der Ökonomen leicht unberücksichtigt blieb.

Was hier zur Diskussion steht, ist allerdings möglicherweise mehr als bloß eine unterschiedliche Betrachtungsweise; die Wirtschaftsstruktur könnte in der Tat zunehmend netzwerkähnlich geworden sein. Rogers Hollingsworth (1990) zum Beispiel sieht das Auftauchen von personellen Unternehmensverflechtungen und anderen Formen von Beziehungen zwischen Firmen als historischen Vorgang. Er zeigt, wie die US-Firmen auf Marktunsicherheiten und Anti-Kartell-Gesetzgebung zunächst durch die Gründung großer Unternehmen, d.h. durch Hierarchisierung mittels horizontaler und vertikaler Integration reagierten. Der Kapitalbedarf dieser Großunternehmen führte

---

* Dieser Beitrag baut auf einem früheren, für einen anderen Kontext verfaßten Aufsatz auf (Mayntz 1992), von dem vor allem im ersten Teil Abschnitte praktisch unverändert übernommen wurden; der zweite Teil enthält darüber hinausgehende Überlegungen.
1 Die meisten Beiträge in Evan (1976), dem ersten Reader zu diesem Thema, wurden um 1970 erstmals veröffentlicht.
2 Siehe z.B. Karpik (1978), wo diese Sichtweise evident ist.
3 Dies zeigte sich deutlich beim 10. Kolloquium der European Group for Organizational Studies (EGOS) im Juli 1991 in Wien, wo sich eine Arbeitsgruppe mit „External Restructuring of Firms: Mergers, Acquisitions, Joint Ventures, Alliances" beschäftigte.

in der Folge zur Entstehung von personellen Unternehmensverflechtungen mit Investmentbanken, die damit eine wichtige Rolle in der Umwandlung und Stabilisierung der amerikanischen Eisenbahn-, Stahl-, Telefon- und Ölindustrie während des späten neunzehnten und frühen zwanzigsten Jahrhunderts spielten (Hollingsworth 1990: 25). Später verringerte sich die Bedeutung der großen Investmentbanken, und nach 1950 diagnostiziert Hollingsworth eine Transformation der US-Wirtschaft durch das Auftreten von verschiedenen Arten von „obligational networks", die etwa durch das Abschließen von Unterverträgen, strategische Allianzen und Joint-ventures entstehen. Im Gegensatz zu den personellen Unternehmensverflechtungen sind diese Netzwerke auf die interaktiven Beziehungen zwischen Firmen gegründet – ein wichtiger Unterschied für die Netzwerkanalyse. Hollingsworth zufolge sind es auch eher interaktive Beziehungen als personelle Verflechtungen, die den neuesten Netzwerktyp charakterisieren, der speziell in Industriebranchen mit hohen Forschungs- und Entwicklungskosten, raschen Produktveränderungen und unbeständigen Märkten auftritt, und die er als „promotional networks" bezeichnet. In solchen Netzwerken kooperieren Unternehmen in Forschung und Entwicklung, Ausbildung und Informationsbereitstellung. Die Arbeit von Hollingsworth geht über typisch organisationssoziologische Fragestellungen hinaus; sie gehört eher ins Gebiet der Policy-Forschung. Hier, und nicht in der eigentlichen Organisationsforschung, hat denn auch die wissenschaftliche Karriere des Konzepts interorganisatorischer Netzwerke in der Form von „policy networks" recht eigentlich begonnen. Die theoretische Relevanz dieser Art von interorganisatorischen Netzwerken liegt auf der Makro-Ebene der Gesellschaft; für die Organisationsforschung war und blieb dagegen die einzelne Organisation die grundlegende Analyseeinheit und der Bezugspunkt für theoretische Generalisierungen.

Auf die Existenz von Policy-Netzwerken haben zahlreiche empirische Untersuchungen zur Gesundheits- und Industriepolitik, zur Telekommunikations-, Arbeits- und Wissenschaftspolitik aufmerksam gemacht. Diese Netzwerke schließen sowohl öffentliche wie private korporative Akteure (Organisationen) ein, unterscheiden sich jedoch im übrigen in Größe und Stabilität und variieren zwischen politischen Sektoren, zwischen verschiedenen Ländern und auch im Zeitablauf (Marin/Mayntz 1991). Policy-Netzwerke finden sich sowohl in der Politikentwicklung wie in der Implementation. Sie zogen die Aufmerksamkeit der Politikwissenschaft vor allem deshalb auf sich, weil ihr Vorhandensein dem stereotypen Bild einer klaren Trennung von Staat und Gesellschaft und der Vorstellung des Staates als dem höchsten gesellschaftlichen Kontrollzentrum widersprach. Wie im Falle der Marktstruktur geht es jedoch auch hier nicht nur um einen Paradigmenwandel, eine neue analytische Sichtweise auf eine unveränderte soziale Realität. Das Konzept der Policy-Netzwerke signalisiert vielmehr nach dem heute überwiegenden Verständnis eine tatsächliche Veränderung in den politischen Entscheidungsstrukturen. Anstatt von einer zentralen Autorität hervorgebracht zu werden, sei dies die Regierung oder die gesetzgebende Gewalt, entsteht Politik heute oft in einem Prozeß, in den eine Vielzahl von sowohl öffentlichen als auch privaten Organisationen eingebunden ist.

Für diese Veränderung der politischen Entscheidungsstrukturen läßt sich eine Reihe von Gründen anführen (siehe auch Kenis/Schneider 1991: 33-36). Einige davon beziehen sich auf Chancen, andere wiederum auf Probleme. Der Hauptfaktor im Entstehen von Politiknetzwerken als Reaktion auf Chancen ist die gewachsene Bedeutung von formalen Organisationen in fast allen Sektoren der Gesellschaft. Eine wichtige Folge dieser Entwicklung ist die zunehmende Fragmentierung von Macht, die auf der Handlungsfähigkeit formaler Organisationen nach innen wie nach außen und auf ihrer Verfügungsgewalt über Ressourcen beruht; um das zu konkretisieren, braucht man nur an die großen Unternehmen, an Gewerkschaften und Wirtschaftsverbände oder an Ärzteverbände zu denken. In vielen Bereichen der Politik gilt daher, daß es der Staat längst nicht mehr mit einer amorphen Öffentlichkeit oder mit Quasi-Gruppen wie sozialen Klassen zu tun hat, sondern mit korporativen Akteuren, die über eine eigene Machtbasis verfügen.

Die Einbeziehung dieser korporativen Akteure in den politischen Prozeß ergibt sich natürlich nicht von selbst. Ihre Existenz stellt bloß eine Möglichkeit dar: der Staat kann nunmehr in direkte Kommunikation mit den Zielgruppen und sonstigen an seiner Intervention interessierten Parteien treten. Es ist daher wichtig, daß sich Policy-Netzwerke den betroffenen Akteuren auch als Problemlösungen darstellen; erst dadurch werden sie zu einer stabilen Alternative. Im Rahmen einer solchen problemzentrierten Sichtweise betrachtet, entstehen Policy-Netzwerke, weil auf der einen Seite gesellschaftliche Akteure eine Beteiligung am politischen Prozeß anstreben, während umgekehrt eine Zusammenarbeit mit ihnen für den Staat die Möglichkeit eröffnet, sich Informationen zu beschaffen; darüber hinaus kann dadurch auch die Akzeptanz bestimmter politischer Entscheidungen erhöht werden. Das Aufkommen von Policy-Netzwerken hat daher zwei wichtige Implikationen: es ist ein Zeichen für einen „schwachen" Staat, aber es signalisiert gleichzeitig Sensibilität für die erhöhte Komplexität politischer Herrschaft und für zunehmende Konsensbedürfnisse in modernen demokratischen Gesellschaften.

Diese Veränderungen in den politischen Entscheidungsstrukturen sind jedoch keine isolierten Phänomene von lediglich politikwissenschaftlichem Interesse. Es handelt sich vielmehr um eine Begleiterscheinung des Strukturwandels in modernen Gesellschaften, ja man kann darin sogar einen zentralen Ausdruck gesellschaftlicher Modernisierung sehen. Es ist hier nicht der Platz, die Modernisierungstheorien einer kritischen Auseinandersetzung zu unterwerfen. Nur kurz sei daran erinnert, daß Modernität häufig durch einen Satz von gesellschaftlichen Merkmalen definiert wird, von denen viele durch Aggregierung individueller Merkmale wie Alphabetismus, Bildungsstand, politische Partizipation, Pro-Kopf-Einkommen und Energieverbrauch meßbar sind (Flora 1976; Lepsius 1990: 216-220). Bei solchen Modernisierungsindikatoren fehlen allerdings wesentliche *Struktur*merkmale von Gesellschaften. Das allgemein akzeptierte Merkmal „moderner" Gesellschaften ist in struktureller Hinsicht die funktionelle Differenzierung – nicht einfach im Sinne der beruflichen Spezialisierung, sondern als Differenzierung auf der gesellschaftlichen Makro-Ebene durch die Entwicklung funktioneller Subsysteme. Diese Vorstellung von Modernisierung wird heute mit dem Namen Talcott Parsons und der Schule des strukturellen Funktionalismus verbunden, doch hat bereits Max Weber denselben Gedanken ausgedrückt, als er den Prozeß der institutionellen Differenzierung zwischen Religion, Politik, Recht und Wirtschaft analysierte.[4]

---

4 Es war vor allem Rainer Lepsius, der die bekannten Weberschen Analysen mit dem Begriff und der Theorie der Modernisierung verknüpft hat; siehe die neu aufgelegten Aufsätze in Lepsius (1990), besonders die Seiten 44-62.

Funktionelle Subsysteme haben eine Grenze, eine Identität und ein bestimmtes Maß an Autonomie – und zwar per definitionem, wenn man den Systembegriff ernst nimmt. Ein Minimum an Subsystemautonomie ist bereits vorhanden (und für Autoren wie Niklas Luhmann das entscheidende Kriterium), wenn eindeutig unterschiedene Wert- oder Handlungsorientierungen auf der Ebene von Situationen oder Rollen zugelassen sind, also z.B. dort, wo „heilende" Tätigkeiten ihrer besonderen Logik gemäß ablaufen können oder dort, wo die Berufsrolle des Arztes sich herausgebildet hat. Ein höheres Maß an Subsystemautonomie, das auch kollektive Handlungsfähigkeit einschließt, ist in Gesellschaften mit Millionen von Mitgliedern nur erreichbar, wenn formale Organisationen vorhanden sind, die die Handlungen vieler Einzelpersonen koordinieren und damit große Quasi-Gruppen repräsentieren können, d.h. wenn es korporative Akteure gibt, die agieren und reagieren können und durch eine solche Interaktion ein bestimmtes Maß an sektoraler Selbstregulierung erreichen (Mayntz 1988: 22-23). Beispiele lassen sich leicht finden, wenn man an die Rolle denkt, die Arbeitgeber- und Arbeitnehmerorganisationen für die geregelte Teilnahme der betreffenden Quasi-Gruppen am Prozeß der neo-korporatistischen Politikentwicklung spielen, oder sich die Bedeutung der Kassenverbände und Kassenärztlichen Vereinigungen für die Selbstverwaltung des deutschen Gesundheitssystems vergegenwärtigt; ähnlich bedeutsam sind Forschungsorganisationen wie die britischen Science Councils, der französische CNRS und die Deutsche Forschungsgemeinschaft für die Steuerung bzw. Selbstverwaltung des Wissenschaftssystems. Das Wachstum formaler Organisationen ist somit nicht bloß eines von vielen strukturellen Merkmalen moderner Gesellschaften; ohne formale Organisationen hätten die gesellschaftlichen Subsysteme nicht jenen Grad an (relativer) Autonomie erreicht, über den funktionelle Subsysteme wie der Staat, das Wirtschafts-, das Gesundheits-und das Wissenschaftssystem in den hoch entwickelten westlichen Demokratien charakteristischerweise verfügen.[5]

Die Autonomie von Subsystemen und somit auch die funktionelle Differenzierung sind jedoch keine automatischen Folgen der Zunahme von Organisationen. Vielmehr handelt es sich, wie im Falle der Policy-Netzwerke, auch hier wieder nur um eine notwendige, aber keine hinreichende Bedingung. Nur dort, wo verschiedenen funktionellen Bereichen u.a. durch die Befreiung von politischer oder religiöser Kontrolle eine Sphäre selbstbestimmten Handelns zugestanden wird, besitzen auch die formalen Organisationen in diesen Subsystemen eine relative Autonomie als korporative Akteure. Dies wird schnell deutlich, wenn wir die osteuropäischen sozialistischen Gesellschaften betrachten, die kürzlich eine revolutionäre Transformation erlebt haben. Die soziologische Systemtheorie, die die Konzepte der funktionellen Differenzierung und des (relativ autonomen) funktionellen Subsystems entwickelt hat, wurde implizit durch das Bild moderner westlicher Gesellschaften, insbesondere der amerikanischen, geformt; wir werden uns dieser Befangenheit heute bewußt, wo der Zusammenbruch der sozialistischen Regime zum Vergleich zwischen östlichen und westlichen („kapitalistischen") Ländern mit einem ähnlich hohen Organisationsgrad anregt. Ein grundlegender Unterschied liegt in dem viel geringeren Maß an funktioneller Differenzierung

---

5 Wie ich an anderer Stelle dargelegt habe (Mayntz 1987), kann ein hochorganisiertes funktionelles Subsystem unter bestimmten Bedingungen gleichzeitig leichter gelenkt oder schwerer politisch kontrolliert werden; die Fähigkeit zum Handeln, ein Kernelement der Autonomie, macht sowohl Konformität als auch Widerstand möglich.

(auf gesellschaftlicher Makro-Ebene!) in den sozialistischen Ländern, in denen eine dominante Staatspartei alle funktionellen Bereiche einschließlich der Wirtschaft, der Bürokratie, des Unterrichtswesens und der Wissenschaft durchdrungen und auch das Aufkommen von autonomen, nichtstaatlichen Verbänden verhindert hat. Diese Art politischer Vormachtstellung ist gewöhnlich im Sinne von vertikaler, hierarchischer Kontrolle, d.h. als Merkmal politischer Repression oder des Totalitarismus interpretiert worden, nicht aber in makrosoziologischen Begriffen als kritisches Modernisierungsdefizit. Heute wird jedoch zumindest die Erosion des sozialistischen Regimes in Ostdeutschland in eben diesen Termini erklärt: nicht als gewalttätige Revolte gegen politische Repression, sondern als Folge verhinderter Innovation, fehlender Flexibilität und Reaktionsfähigkeit – kurz, als Folge unterbliebener Modernisierung (Pollack 1990; Glaeßner 1991; Wiesenthal 1992).[6]

Die Fähigkeit, ohne Zwang verantwortungsbewußt zu handeln, ist die generelle Vorbedingung kollektiver Entscheidungsfindung in allen Arten interorganisatorischer Netzwerke.[7] Policy-Netzwerke mit einem Potential für freiwillige und bewußte kollektive Aktion bilden sich dementsprechend nur in Gesellschaften, in denen es korporative Akteure gibt, die imstande sind, strategische Entscheidungen zu fällen, mit anderen korporativen Akteuren zu verhandeln und Kompromisse zu schließen. Die Existenz von Policy-Netzwerken ist deshalb nicht nur ein Indikator einer bestimmten, auf der Dimension politischer *Herrschaft* eingeschränkten Rolle des Staates, sondern gleichzeitig auch ein Indikator gesellschaftlicher Modernisierung.

Die Bedeutung, die Netzwerken aus korporativen Akteuren in gesellschaftstheoretischer Perspektive zugeschrieben wird, zeigt sich auch in der Diskussion über Formen von „governance". Dort wurde die ursprüngliche Dichotomie von Markt und Hierarchie (Williamson 1975) allmählich durch die Berücksichtigung weiterer Ordnungsformen, und hier insbesondere von Netzwerken, differenziert (z.B. Johanson/Mattson

---

6 Glaeßner (1991: 81-82) schreibt: „Die parteizentrierte Struktur von Gesellschaft und Politik verhinderte einen erfolgreichen Modernisierungs- und Anpassungsprozeß und führte letztlich zum Zusammenbruch des alten Systems". In ziemlicher Übereinstimmung mit dieser Interpretation wird der Zusammenbruch des ostdeutschen Regimes manchmal eher als Implosion denn als Revolution beschrieben.

7 In gewissem Sinne impliziert der Netzwerkbegriff selbst den Zusammenhang zwischen der Autonomie des Handelnden und der Netzwerkbildung. Im allgemeinen ist ein Netzwerk eine Struktur bestehend aus mehreren Knoten – anders gesagt, eine Gesamtheit, die aus untereinander verbundenen, aber nicht fest gekoppelten Teilen besteht. Sobald die Teile eines Ganzen in der Art und Weise einer Maschine fest verkoppelt sind, sei es technisch oder aufgrund einer Befehlskette, läßt sich das Netzwerkkonzept nicht mehr anwenden. Somit ist die relative Autonomie – nicht aber die Gleichheit! – der Elemente ein Definitionsmerkmal von Netzwerken. Dagegen schließt der Netzwerkbegriff die Möglichkeit von hierarchischen Beziehungen zwischen Knoten nicht aus. Sogar in hierarchischen Organisationen wie z.B. einem Unternehmen oder einer staatlichen Bürokratie können die Einheiten der unteren Ebenen über diejenige relative Autonomie verfügen, die vom Netzwerkkonzept auf jeden Fall verlangt wird. Häufig ist das Netzwerkverständnis aber enger und impliziert dann eine grundsätzliche Gleichheit der Handelnden. Diese Verwendung des Begriffs, welche auf den normativen oder auch ideologischen Hintergrund eines Gutteils des heutigen Interesses für Netzwerkphänomene verweist, ist weder praktikabel (sie würde z.B. den Gebrauch des Netzwerkansatzes in der Erforschung der Politikverflechtung zwischen lokalen, regionalen und nationalen Einheiten ausschließen) noch empirisch haltbar, da es in den bisher untersuchten Politiknetzwerken deutliche und häufig sehr wesentliche Machtunterschiede zwischen den Akteuren gibt.

1987; Powell 1990). Im Rahmen dieser Diskussion wurden Netzwerke manchmal als Hybride betrachtet (z.B. Williamson 1985) und irgendwo in der Mitte einer Dimension angesiedelt, deren einander gegenüberliegende Extreme Markt und Hierarchie sind. Dies ist tatsächlich richtig, wenn das Ausmaß der Kopplung die zugrundeliegende analytische Dimension ist: Märkte sind durch das Nicht-Vorhandensein von struktureller Kopplung zwischen den Elementen gekennzeichnet, Hierarchie durch feste Kopplung, und Netzwerke, per definitionem lose gekoppelt, liegen dazwischen. Aber Netzwerke können mehr als eine Zwischenstation zwischen Markt und Hierarchie sein: sie können auch einen qualitativ anderen Typus von Sozialstruktur repräsentieren, der durch eine Kombination von Elementen der beiden anderen grundlegenden Ordnungsformen charakterisiert wird, nämlich auf der einen Seite das für Märkte typische Vorhandensein einer Vielzahl von autonom Handelnden (oder Subjekten) und auf der anderen Seite die für Hierarchien typische Fähigkeit, gewählte Ziele durch koordiniertes Handeln zu verfolgen.

Analytisch gesehen stellt sich das Netzwerk somit als eine *Synthese* dar. Dies legt die Vermutung nahe, daß die Entstehung von Netzwerken die Folge eines dialektischen Prozesses ist. Die abstrakte Logik eines solchen Prozesses könnte folgendermaßen formuliert werden: Das Aufkommen von formalen Organisationen zerstört zunächst unstrukturierte Quasi-Gruppen (sozusagen die These) und setzt an ihre Stelle formale Hierarchien (Antithese); letztlich aber zerstören die zunehmende Anzahl und die wachsende Größe von Organisationen die Hierarchien und ersetzen sie durch Netzwerke. Die politische Macht wurde so zuerst im modernen Staat konzentriert und zentralisiert; dieser begann sich aber mit zunehmender Expansion intern zu differenzieren und ist nun ebenfalls ein komplexes System, das aus vielen korporativen Akteuren besteht, Akteure, die nicht länger eine einzige, integrierte Hierarchie bilden. Zur selben Zeit formieren sich politische und andere gesellschaftliche Teilsysteme übergreifende Policy-Netzwerke. Ein ähnlicher dialektischer Prozeß läßt sich in der Wirtschaft beobachten. Hier wurden zunächst stärker atomistische Märkte durch das Aufkommen und das Wachstum großer Firmen in Oligo- und Monopole transformiert. Aber mit der Expansion von Großunternehmen wurden diese intern dezentralisiert und in „lose gekoppelte Systeme" umgewandelt[8]; auf der interorganisatorischen Ebene werden sie gleichzeitig horizontal miteinander verbunden.

Es ist jedoch nicht nur die Kombination von funktioneller Differenzierung und organisatorischem Wachstum, die Druck in Richtung auf Dezentralisierung erzeugt. Sowohl die Hierarchie als auch der Markt implizieren dysfunktionale Konsequenzen, die destabilisierend wirken, weil sie Protest bei Mitgliedern oder relevanten Außengruppen auslösen;[9] die Hierarchie tut das, weil sie Unterwerfung bedeutet, der Markt, weil er

---

8 Die Verwendung dieses Begriffs in der Organisationsforschung, welche gewöhnlich Weick (1976) zugeschrieben wird, signalisiert somit nicht nur einen Wandel der Perspektive, sondern gleichzeitig auch eine tatsächliche Tendenz – genauso wie bei der Entdeckung von Politiknetzwerken und den Beziehungen zwischen Unternehmen.

9 Die Dysfunktionen hierarchischer Organisation wie Rigidität, mangelnde Flexibilität usw. wurden in der Organisationssoziologie und der Verwaltungswissenschaft ausführlich diskutiert (Bürokratie! – siehe z.B. Mayntz 1978: 115-121); die Dysfunktionen des Marktes wurden unter dem Oberbegriff des Marktversagens in breitem Rahmen analysiert. Während alle Dysfunktionen das Überleben sozialer Formen aus evolutionärer Sicht gefährden können, müssen sie nicht alle notwendigerweise Protest hervorrufen, durch den sie endogen instabil werden.

nicht imstande ist, die Produktion von negativen Externalitäten zu kontrollieren.[10] Demgegenüber scheint das Netzwerk zumindest potentiell in der Lage zu sein, beide Dysfunktionen zu vermeiden, indem es die für Marktteilnehmer typische Autonomie mit der Fähigkeit von Hierarchien kombiniert, bewußt Ziele zu verfolgen und ihre Handlungen im Hinblick auf ihre antizipierten Folgen bewußt zu kontrollieren. In der Tat laufen zumindest einige der Gründe, die man für die Genese von Policy-Netzwerken angeführt hat, auf entsprechende Vermeidungsimperative hinaus.

Damit ist jedoch nicht gesagt, daß Policy-Netzwerke auch eine besonders leistungsfähige Ordnungsform sind, wenn man als Kriterium z.B. die Innovativität oder Problemlösungsfähigkeit kollektiv produzierter Entscheidungen nimmt. Das Vorhandensein von strategisch handlungsfähigen formalen Organisationen[11] in relevanten gesellschaftlichen Regelungsbereichen ist keine Garantie dafür, daß korporative Akteure tatsächlich in Policy-Netzwerken zusammenarbeiten werden, um *systemrationale* kollektive Entscheidungen zu treffen. Formale Organisationen können genauso selbstsüchtig und kurzsichtig handeln wie der individuelle Mensch, der ja Hobbes zufolge nur vom Leviathan gezähmt werden kann. Dies wirft die Frage nach der für interorganisatorische Netzwerke im allgemeinen und für Policy-Netzwerke im besonderen typischen „Handlungslogik" auf. Hier erst wird sich entscheiden, ob das Entstehen von Policy-Netzwerken als Folge gesellschaftlicher Modernisierung auch eine evolutionär erfolgreiche Strukturveränderung ist.

Da Policy-Netzwerke aus Akteuren mit unterschiedlichen, aber gegenseitig abhängigen Interessen bestehen (Marin/Mayntz 1991: 18), bieten sich zunächst Tausch und Aushandlung (bargaining) als Kandidaten für eine spezifische Netzwerklogik an – im Unterschied zur Marktlogik des Wettbewerbs und der Logik von Autorität und Gehorsam, die für Hierarchien typisch ist. Kenis und Schneider argumentieren zum Beispiel in diesem Sinne (1991: 42). Tauschbeziehungen stehen auf jeden Fall in der Literatur zur angewandten Netzwerkanalyse (siehe z.B. Rogers/Lawrence 1981) im Vordergrund. Wichtig sind Tauschbeziehungen aber auch in Modellen neo-korporatistischer Entscheidungsfindung, in denen das organisierte Kapital und die organisierten Arbeitnehmer die staatliche Politik unterstützen, die von ihnen ein gewisses Maß an Selbstbeschränkung fordert und im Austausch dafür politische Partizipation und die staatliche Unterstützung der eigenen Machtposition bietet (Schmitter 1974). Tausch ist auch das Kernelement in Colemans formalisiertem Modell kollektiver Entscheidungsfindung, in dem an gegebenen politischen Entscheidungen unterschiedlich interessierte Akteure Einflußquanten miteinander tauschen (Coleman 1986). Pizzorno hat, derartige Ansätze fortführend, den Begriff des „politischen Tauschs" geprägt, der in der Folge insbesondere durch Marin (1990a) zum Begriff des „generalisierten politischen Tauschs (generalized political exchange)" weiterentwickelt wurde. Generalisierter Tausch kann bedeuten, daß Tausch eher multilateral als bilateral ist, daß er eher indirekt (z.B.

---

10 Diese Überzeugung scheint derzeit an Boden zu gewinnen. Siehe z.B. folgende Formulierung Bernd Marins: „... to the extent that governance in a centerless society cannot be achieved by hierarchical control and without complex configurations of horizontal coordination and synchronization, interorganizational networks become the focus of attention" (Marin 1990b: 14).
11 Diese Fähigkeit hat sowohl einen internen wie einen externen Aspekt; siehe Flam (1990), Wiesenthal (1990).

Ringtausch) als direkt erfolgt, und vor allem, daß er den Tausch einer Vielzahl von Ressourcen (insbesondere auch Unterstützung) ohne Marktpreise beinhaltet und somit Aushandeln erforderlich macht. Da Tausch per se auch in reinen Markttransaktionen vorkommt, könnte es diese besondere, nicht-marktförmige Art von Tausch sein, die für Policy-Netzwerke charakteristisch ist.

Ohne zu bestreiten, daß Tausch eine wichtige Interaktionsform in Policy-Netzwerken darstellt, wird hier jedoch die These vertreten, daß mit einer reinen „Tauschlogik" zentrale Aspekte des Handelns in Policy-Netzwerken (aber auch in Netzwerken sektoraler Selbstregulierung bzw. überall dort, wo in interorganisatorischen Netzwerken ein gemeinsames Ergebnis hervorgebracht werden soll) verfehlt werden. Das wird leichter erkennbar, wenn man zwischen Policy-Netzwerken als relativ überdauernden, sektorspezifischen Strukturen auf der einen Seite und den in ihnen fallweise ablaufenden, konkreten Interaktionen auf der anderen Seite unterscheidet. So läßt sich z.B. in der Bundesrepublik empirisch ein relativ überdauerndes forschungspolitisches Netzwerk identifizieren, zu dem neben Akteuren aus dem politisch-administrativen System (u.a. der zuständige Bundestagsausschuß, das Forschungsministerium, die Bund-Länder-Kommission für Bildungsplanung und Forschungsförderung) die großen Wissenschaftsorganisationen (Deutsche Forschungsgemeinschaft, Max-Planck-Gesellschaft, Fraunhofer Gesellschaft und Großforschungseinrichtungen), der Wissenschaftsrat und die Rektorenkonferenz gehören. Zwischen diesen korporativen Akteuren, die auch personell miteinander verflochten sind, bestehen stabile Beziehungen, die durch einen (in langen Auseinandersetzungen historisch entstandenen – vgl. Hohn/Schimank 1990) institutionellen Konsens hinsichtlich der jeweiligen Domänen und funktionellen Besonderheiten gestützt werden. Fallweise finden in diesem Netzwerk Tauschprozesse und strategische Interaktionen statt, in denen die beteiligten Akteure ihre jeweiligen Interessen verfolgen. Ab und zu jedoch wird das Netzwerk durch ein Problem aktiviert, das kollektives Handeln zu seiner Lösung verlangt – wie es etwa der Fall war, als im Zuge der deutschen Vereinigung über die Zukunft der Akademieforschung in der ehemaligen DDR zu entscheiden und diese Entscheidung anschließend zu implementieren war. In solchen Fällen bildet sich, zeitlich begrenzt, ein sogenanntes „issue network", das keineswegs sämtliche Mitglieder des stabilen Policy-Netzwerks einschließen muß; in ihm wird die kollektive Entscheidung, ein Output auf Systemebene, hergestellt (Mayntz 1993).

Auch multilaterale Austauschprozesse führen selbstverständlich auf der Systemebene zu Ergebnissen, aber solange alle Akteure im Netz nur bestrebt sind, ihre eigenen individuellen Interessen intensiv zu verfolgen, ist dieses Ergebnis nicht mehr als ein unbeabsichtigter Aggregateffekt, nicht wesentlich verschieden von den aggregierten Wirkungen von Marktprozessen oder von Prozessen ökologischer Anpassung. Dem wird Rechnung getragen, wenn, wie Windhoff-Héritier und Czada (1991: 12) ausführen, in der Theorie nicht-kooperativer Spiele die Wahl der Interaktionsstrategien nur in Termini individueller Gewinne erklärt wird. Wo dagegen interorganisatorische Netzwerke im Stande sind,

– durch Interaktion
– ungeachtet divergierender Interessen ihrer Mitglieder
– absichtsvoll kollektive Outputs zu produzieren,

könnte man ihre dominante Logik am besten als Verhandlung beschreiben. Während

Tausch und strategische Interaktion durch ein Kalkül aus individuellem Interesse geleitet werden und das Ergebnis der Interaktion aus derselben „egoistischen" Perspektive evaluiert wird, zielen Verhandlungen typischerweise auf ein gemeinsames Ergebnis ab. Dieses gemeinsame Produkt kann eine forschungs- oder gesundheitspolitische Entscheidung, ein Bebauungsplan, aber auch (etwa in den Netzwerken der Verbundforschung – vgl. Lütz 1992) eine technische Innovation sein: das gemeinsame Ergebnis ist jedenfalls das „Thema" der Interaktion, die Absicht beim Eintritt in die Verhandlungen und oft der explizite Grund, ein bestimmtes Verhandlungssystem oder „issue network" überhaupt zu bilden. Die Interaktionspartner sind natürlich nicht nur daran interessiert, ein gemeinsames Ergebnis zu erzielen, sondern sie interessieren sich auch für Einzelheiten des Ergebnisses, die ihre je individuellen Belange berühren. Das gemeinsam zu erzielende Ergebnis ist für sie jedoch ein eigener Wert, der zumindest als Restriktion für die Verfolgung ihrer Eigeninteressen fungiert. Im Zuge der Verhandlungen kann strategische Interaktion stattfinden, und Tausch kann als Mittel eingesetzt werden, um einen für alle Beteiligten annehmbaren Kompromiß zu erzielen. Dasselbe gilt aber auch für Drohung und Überredung; die Logik von Verhandlungen läßt sich somit nicht auf eine dieser Interaktionsformen reduzieren.

Wenn die Verhandlungslogik typisch für Netzwerke ist, muß es dafür einen strukturellen Grund geben, weil wir sonst nur über unterschiedliche Handlungsorientierungen sprechen würden, die auch in Dyaden und in großen Gruppen vorkommen. Ein solcher struktureller Grund existiert in der Tat; er besteht – wie bereits in der Formulierung des Problems angedeutet – in der beschränkten Zahl autonom Handelnder, aus der Netzwerke per definitionem zusammengesetzt sind. Eine sehr große Gruppe von Handelnden könnte eine kollektive Entscheidung nie durch direkte Interaktion erreichen (obwohl sie das durch eine Abstimmung sehr wohl könnte). Andererseits sind Verhandlungen in einer Dyade sehr wohl denkbar; jedoch würde selbst ein geringer Machtunterschied zwischen den beiden Akteuren diese Form der Interaktion sehr unstabil machen und zu einer Beziehung stabiler, asymmetrischer Dependenz führen.[12] In pluralen Akteurskonstellationen finden wir im Gegensatz dazu sowohl die Möglichkeit zur Verhandlung (weil die begrenzte Zahl der Teilnehmer eine direkte, wiewohl teilweise sequentielle Interaktion erlaubt) als auch gleichzeitig eine geringe Wahrscheinlichkeit von Hierarchisierung, da sich Koalitionen ohne Schwierigkeiten bilden können, um der überlegenen Macht jedes bestimmten Einzelakteurs zu begegnen.[13] Die Verhandlung ist also eine Interaktionsform, die in der Tat interorganisatorischen Netzwerken und wieder vor allem Policy-Netzwerken besonders angepaßt scheint. Verhandlungen mit dem Ziel einer gemeinsamen Entscheidung können entweder primär in der Perspektive des Interessenausgleichs (bargaining) oder primär in der Per-

---

12 Stabile, asymmetrische Abhängigkeit kommt z.B. sehr häufig unter verheirateten Paaren vor und wird in der Regel von beiden Partnern akzeptiert. Asymmetrische Abhängigkeit ist natürlich nicht mit einseitiger Abhängigkeit gleichzusetzen, die eine Beziehungsform darstellt, welche ziemlich selten in dyadischen Face-to-face-Beziehungen vorkommt (und auch ziemlich instabil ist); siehe Emerson 1962.
13 Zur Bildung von Koalitionen in interorganisatorischen Netzwerken siehe Mayntz (1990). Natürlich gibt es Umstände, unter denen sich Koalitionen in einem Kontext mit mehreren Akteuren eher nicht herausbilden, z.B. im Falle eines einzelnen dominanten Akteurs, von dem alle anderen abhängig sind. Jedoch ist die Netzwerkbildung in einer solchen Konstellation überhaupt schwierig.

spektive optimaler Aufgabenerfüllung (problem-solving) geführt werden. Die Unterscheidung zwischen diesen beiden Handlungsorientierungen ist in der sozialwissenschaftlichen Entscheidungstheorie schon lange geläufig (vgl. March/Simon 1958; Scharpf 1985). In der (spieltheoretisch formalisierten) Verhandlungstheorie allerdings wird gewöhnlich vorausgesetzt, daß alle Beteiligten nur den eigenen Nutzen im Auge haben, weshalb Verhandlungsprobleme auch primär als *Verteilungs*probleme analysiert werden (Benz/Scharpf/Zintl 1992: 21, Kap. 4). Ein kollektives Entscheidungs*ergebnis* entsteht natürlich auch in diesem Fall, aber der Unterschied zwischen den beiden Orientierungen ist gravierend: für den Interessenausgleich ist lediglich negative Koordination erforderlich, für Problemlösung dagegen ein kooperatives Zusammenwirken im Interesse eines Systems, dem die einzelnen Akteure angehören können, das jedoch einen eigenen Referenzpunkt für die Beurteilung des Ergebnisses darstellt.[14] Die Ergebnisse des Interessenausgleichs und der sachlichen Problemlösung divergieren tendenziell um so mehr, je weniger die *systemrationale* Problemlösung mit einer möglichst hohen Summe individueller Nutzen identisch ist. Das ist selbstverständlich immer dann der Fall, wenn das System, *für* das eine Entscheidung getroffen wird, nicht mit dem Verhandlungssystem der Entscheider identisch ist – eine in der Politik allgemein häufige, aber gerade für Policy-Netzwerke nicht typische Situation. Systemnutzen und individuell zurechenbare Nutzen fallen aber auch in Policy-Netzwerken, in denen die Entscheider zugleich die Betroffenen sind, dann tendenziell auseinander, wenn individueller Nutzen kurzfristig kalkuliert wird, das Systeminteresse dagegen langfristig. Vor allem aber ist zu bedenken, daß der „Systemnutzen" sachlich auf einer anderen Dimension liegen kann als die entscheidungsrelevanten individuellen Nutzen; z.B. könnte in einem forschungspolitischen Verhandlungssystem der „Systemnutzen" in einem innovationsfördernden, radikalen Strukturwandel bestehen, während die entscheidungsbeteiligten korporativen Akteure auf Domänensicherung und Ressourcengewinne aus sind. Unter solchen Bedingungen stellt ein individuelles Nutzenstreben, das andernfalls über mögliche Ausgleichszahlungen das egoistische Streben nach einem optimalen kollektiven Ergebnis motivieren könnte, keine Basis für die Erzielung der besten Problemlösung dar. Gerade für die Untersuchung von Entscheidungsprozessen in Policy-Netzwerken ist es aus diesen Gründen wichtig, den – wenn auch nicht immer dominanten – Bezug auf Problemlösung explizit als Element der Verhandlungslogik zu definieren. Damit stellt sich dann auch die wichtige Frage nach den Voraussetzungen, unter denen Verhandlungssysteme nicht nur *überhaupt* zu einer gemeinsamen Entscheidung kommen, sondern ein möglichst *problemadäquates* Ergebnis erzielen.

Betrachten wir zunächst die sozialen Mechanismen, die in Verhandlungssystemen wirksam sind. Mit anderen in Verhandlungen einzutreten setzt die Bereitschaft voraus, Kompromisse zu schließen. Die Entscheidung, überhaupt Verhandlungen aufzunehmen, mag, wie Benz gezeigt hat, sehr wohl primär durch Eigeninteresse motiviert gewesen sein, aber wenn die Verhandlungen einmal begonnen haben, verstärkt der folgende Austausch von Informationen über die Ziele und Interessen der Interaktionspartner und die Zwänge, unter denen sie operieren, die Bereitschaft zum Kompromiß

---

14 Fritz W. Scharpf unterscheidet in ähnlichem Sinne in seinem Beitrag in diesem Band zwischen negativer und positiver Koordination.

bzw. zur „gerechten" Verteilung ungleich verteilter Werte (Benz 1991). Benz meint sogar, daß dort, wo vorher keine Regeln für gerechte Verteilung existierten, sich solche im Verlauf der Verhandlungen zu entwickeln beginnen.
Verhandlungssysteme werden stabilisiert, wenn es Regeln gibt, die bei der Definition annehmbarer Kompromisse behilflich sein können. Die Einhaltung bestimmter Spielregeln ist natürlich auch in einem funktionierenden idealen Markt sowie in einer hierarchischen Ordnung erforderlich. Das Unterscheidungsmerkmal ist daher nicht die Einhaltung von Regeln per se, sondern eher der substantielle Gehalt der Regeln, die speziell Verhandlungen im Unterschied zu Märkten oder hierarchischen Beziehungen regulieren. Diese Regeln mögen sich an einem fairen Austausch orientieren, an Reziprozität oder an einer gerechten Verteilung von Kosten und Nutzen einer gemeinsamen Entscheidung; in jedem Fall verlangen sie grundsätzlich von jedem Teilnehmer eine freiwillige Beschränkung seiner Handlungsfreiheit, indem er die möglicherweise divergierenden Interessen anderer Teilnehmer sowie die Auswirkungen der jeweils eigenen Handlungen auf sie berücksichtigt – nicht nur, um ihre eventuellen Sanktionen zu antizipieren und zu vermeiden, sondern auch, weil man jedem Akteur den legitimen Anspruch auf eine solche Respektierung seiner Interessen zugesteht. Als Handlungsmaxime gleicht diese Forderung Max Webers Verantwortungsethik, eine Handlungsorientierung, die aus einer voll entwickelten Zweckrationalität[15] hervorgeht und für Weber den Kern des zur abendländischen Moderne führenden Rationalisierungsprozesses darstellt. Eine solche Handlungsorientierung ist zugleich äußerst funktional für stark differenzierte Gesellschaften. Wie Willke hervorhebt, ist das Hauptproblem von komplexen Interdependenzen, wie sie typischerweise durch funktionelle Differenzierung entstehen, nicht Antagonimus, sondern die Gleichgültigkeit der Handelnden gegenüber den negativen Externalitäten, die von ihnen bei der Verfolgung ihrer eigenen Interessen verursacht werden (Willke 1990). In einer solchen Situation werden Regeln gebraucht, welche die Akteure dazu anhalten, solche Externalitäten zu beachten und zu versuchen, sie zu minimieren, d.h. ihre eigenen spontanen Neigungen verantwortungsvoll zu zügeln.
Die Respektierung der als legitim akzeptierten Interessen der Verhandlungspartner ist kennzeichnend für Verhandlungen, die in kooperative Dauerbeziehungen sozial eingebettet sind (vgl. Fritz W. Scharpf in diesem Band). Derartige kooperative Dauerbeziehungen können entstehen, wenn eine begrenzte Zahl korporativer Akteure in einem Politiksektor sich auf ein bestimmtes Muster von gegenseitig akzeptierten organisatorischen Identitäten, Kompetenzen und Interessensphären einigt. Tatsächlich geht es in den Verhandlungen zwischen den korporativen Akteuren in einem Politiksektor keineswegs nur um einzelne politische Entscheidungen, sondern auch um das institutionelle Arrangement als solches. Nach möglicherweise lang andauernden Zuständigkeitskonflikten zwischen mächtigen Organisationen können solche „konstitutionellen Verhandlungen" zu einem stabilen Policy-Netzwerk führen[16], wobei das

---

15 Eher als aus einer Einstellung von Wertrationalität, die statt dessen die Basis für eine Gesinnungsethik bildet. Es wird somit nicht impliziert, daß eine „moralische" Orientierung bereits das *Fundament* von Verhandlungssystemen ist.
16 Obwohl etwas irreführend in die Tausch-Terminologie gekleidet, ist ein solcher Begriff auch in Bernd Marins Konzept des „generalized political exchange" implizit enthalten, wenn er über die „... production of surplus-value through the very regulation of the transaction

spezifische Arrangement natürlich mit den historischen Umständen variiert, die die Bedingungen solcher Verhandlungen definieren.[17] Ein gutes Beispiel für derartige Verhandlungsprozesse liefert die Entstehungsgeschichte des forschungspolitischen Netzwerks in der Bundesrepublik (Hohn/Schimank 1990).

Der institutionelle Grundkonsens erleichtert ohne Zweifel die Einigung im Fall von Interessenkonflikten und verhindert eine rücksichtslose Nutzenmaximierung auf Kosten der anderen Akteure im Netz. So haben zentrale Akteure des forschungspolitischen Netzwerks in der Situation der deutschen Vereinigung darauf verzichtet, die Gelegenheit zur Erweiterung ihrer Domänen zu nutzen, und statt dessen ganz im Sinne ihrer gegenseitig akzeptierten organisatorischen Identitäten und im Interesse der Erhaltung des bestehenden institutionellen Arrangements gehandelt. Diese Orientierung wirkt allerdings auch politisch gewollten Veränderungen entgegen. So war der vorgängige institutionelle Konsens im westdeutschen Wissenschaftssystem mit dafür verantwortlich, daß bei der deutschen Vereinigung der vom westdeutschen Muster stark abweichende ostdeutsche Forschungssektor demontiert und nach westlichem Muster rekonstruiert wurde, anstatt einen Prozeß institutioneller Innovation in Gang zu bringen (Mayntz 1992a). Ein anderes Beispiel derselben konservativen Tendenz bietet der überraschend starke Widerstand des westdeutschen Gesundheitssystems gegen eine lange Reihe von politischen Reformversuchen (Rosewitz/Webber 1990; Manow-Borgwardt 1993).

Die institutionelle Konsolidierung eines Policy-Netzwerks, die aus Verhandlungen über Zuständigkeiten hervorgeht, ist also kein ungetrübter Segen. Die Logik von Verhandlungen unter der Prämisse der gegenseitigen Respektierung von akzeptierten Domänen und funktionellen Identitäten bleibt eine Logik des Kompromisses. Sie mag den Interessenausgleich gewährleisten und sicherstellen, daß, wenn kollektiv verbindliche Entscheidungen in Verhandlungssystemen zu treffen sind, keine Entscheidungsblockade eintritt. Man muß jedoch fragen, ob Koordination und Interessenausgleich im Sinne der Begrenzung negativer Externalitäten nutzenorientierten Handelns ausreichen, wenn es um die Lösung von Systemproblemen auf der gesellschaftlichen Makroebene geht – ganz ähnlich wie in einem anderen Kontext gefragt wird, ob das „Gemeinwohl" bereits als gesichert gelten kann, wenn organisierte Interessen derartige Nebenwirkungen etwa im Sinne von Umwelt- oder Sozialverträglichkeit einschränken (Mayntz 1992b). Wenn man dem Mechanismus des Interessenausgleichs nicht zutraut, mit dem Kompromiß auf wunderbare Weise zugleich die sachlich beste Problemlösung zu produzieren, es andererseits aber nicht von vornherein für utopisch hält, daß eine Gruppe von korporativen Akteuren ohne äußeren Zwang gemeinsam nach solchen Problemlösungen sucht, dann muß also weiter nach Bedingungen gefragt werden, unter denen in Verhandlungssystemen die Problemlösungsorientierung den Interessenausgleich dominieren könnte.

Auf eine mögliche Bedingung macht die Organisationssoziologie aufmerksam, obwohl sie – da sie sich typischerweise mit *hierarchischen* Ordnungsformen befaßt – auf den

---

process ..." und über die „... re-balancing of given power differentials ... in order to keep a precarious network equilibrium" schreibt (Marin 1990b: 53).

17 Dies wird nachhaltig von Gerhard Lehmbruch betont, der z.B. auf den institutionellen Rahmen, auf Assoziierungstraditionen, kulturelle Werte und Staatsphilosophien als wichtige Faktoren in der Gestaltung von Politiknetzwerken hinweist. Siehe z.B. Lehmbruch (1991).

ersten Blick kaum etwas zur Analyse der Handlungslogik horizontaler Netzwerke beitragen können sollte. Schon Chester Barnard (1950) hat mit dem Begriff der „zone of indifference", ebenso wie später Niklas Luhmann (1964) mit dem Konzept der Mitgliedschaftsrolle, auf die Möglichkeit hingewiesen, die aktuellen Handlungsmotive der Mitglieder von den Zwecken, die die Organisation verfolgt, zu entkoppeln. Das heißt, daß Akteure unter bestimmten Bedingungen und innerhalb gewisser Grenzen bereit sind, zugewiesene Aufgaben nach extern gesetzten Regeln und Kriterien zu erfüllen, ohne bei jeder Handlung (Entscheidung) eventuelle Kosten oder Nutzen für sich selbst in Betracht zu ziehen. An die Stelle des Organisationszwecks könnte man auch eine vorgegebene politische Gestaltungsaufgabe setzen. Wenn eine solche Aufgabe allerdings durch Akteure in einem Policy-Netzwerk erfüllt werden soll, müssen bestimmte Voraussetzungen gegeben sein, um eine Entkopplung von Handlungszielen und individuellem Nutzenstreben zu erreichen. Zum einen müssen die Akteure sich (normativ) mit dieser Aufgabe identifizieren, d.h. sich zumindest „zuständig" für sie halten und in ihr einen eigenen Referenzpunkt für ihr Tun und Lassen sehen; das hat bekannte Parallelen im professionstypischen Handeln, für das der Arzt als Beispiel stehen mag. Zugleich jedoch ist es für die Entkopplung von Aufgabenerfüllung und Eigeninteresse wichtig, daß dem Handelnden sein Kriterien optimaler Aufgabenerfüllung entsprechendes Tun *keine Kosten verursachen* darf; ein „Erfolgshonorar" kann dagegen durchaus als zusätzlicher Leistungsanreiz eingesetzt werden. Übertragen auf Verhandlungssysteme entspräche dem die Regel, daß die Beteiligten durch ein „besseres" Ergebnis auf der Dimension der Aufgabenerfüllung zwar möglicherweise individuelle Vorteile, aber keine Nachteile haben dürften – wie es überhaupt eher der Wunsch, Kosten zu vermeiden, als das Streben nach einem möglichst großen Anteil des gemeinsamen Kuchens ist, wodurch Verhandlungen blockiert bzw. auf den kleinsten gemeinsamen Nenner hin gesteuert werden.

In der Praxis politischen Handelns ist man sich dieser Zusammenhänge durchaus bewußt und versucht daher gelegentlich, Vorkehrungen für eine Entkopplung von Mitentscheidungskompetenz und Betroffenheit zu treffen. So gilt bei der Besetzung von Sachverständigengremien, von denen man nicht Interessenausgleich, sondern problemorientierte Ratschläge erwartet, oft die Regel, keine Person zu berufen, die einen der unmittelbar entscheidungsbetroffenen korporativen Akteure repräsentiert. Ganz ähnlich ging der Wissenschaftsrat bei der Entwicklung der Empfehlungen für die Neustrukturierung der Akademieforschung der DDR vor; um die potentiell negativen Auswirkungen für die Forschung in den neuen Bundesländern zu minimieren, die eine direkte (negative) Betroffenheit der Sachverständigen durch die eigenen Empfehlungen vorsehbar haben müßte, besetzte man die mit dieser Aufgabe befaßten Arbeitsgruppen möglichst nur mit Sachverständigen, die von den Empfehlungen weder in ihren persönlichen noch in den von ihnen repräsentierten institutionellen Interessen unmittelbar betroffen waren.

Eine Entkopplung von Mitentscheidungskompetenz und Betroffenheit ist in der Politik allgemein (wegen der Verknüpfung von Entscheidungsverhalten und Wiederwahlchancen) nicht leicht zu erreichen. Für Policy-Netzwerke gilt das erst recht. Hier sind Entscheider und Betroffene (insbesondere als Kostenträger im konkreten wie im übertragenen Sinn) nicht nur faktisch in der Regel identisch – die Identität zwischen der Gruppe der Entscheider und dem entscheidungsbetroffenen System ist vielmehr geradezu *der Kern* horizontaler Kooperation in Policy-Netzwerken, im Gegensatz zu hierarchischen Strukturen der Aufgabenbewältigung. Aus diesem Grund waren die Akteure im forschungspolitischen Netzwerk der Bundesrepublik auch nur so lange bereit, sich rückhaltlos für die Bestandssicherung der ostdeutschen Forschungspotentiale einzusetzen, wie das für sie noch keine nennenswerten Kosten mit sich brachte, was wiederum nur so lange der Fall war, als man nicht für das gemeinsame deutsche, sondern für ein Forschungssystem zu entscheiden meinte, dem man nicht selbst angehörte (Mayntz 1992a). Als sich diese Situationsdefinition der Nichtbetroffenheit änderte, erschien den forschungspolitischen Akteuren die personelle Entkopplung von Betroffenheit und Beteiligung in den Arbeitsgruppen des Wissenschaftsrates nur deshalb tragbar, weil ihre Repräsentation im Evaluationsausschuß selbst wie auch im Plenum des Wissenschaftsrats gewährleistet war, wo sie ihre jeweiligen institutionellen Interessen zur Geltung bringen konnten. So könnte aus der für Policy-Netzwerke charakteristischen Spannung zwischen Interessenausgleich und Problemlösung eine Tendenz zur institutionellen Differenzierung zwischen Arenen oder Gremien resultieren, in denen entweder die eine oder die andere Orientierung legitim dominiert. Je nach der Art ihrer Verknüpfung kann dadurch allerdings der Interessenausgleich am Ende doch wieder Priorität besitzen.

Neben der Gremiendifferenzierung gibt es auch die Möglichkeit einer *situativen* Differenzierung, durch die eine Problemlösungsorientierung *auch* bei potentiell negativ betroffenen Entscheidern dominant werden kann. So bildete sich – um noch einmal auf dieses Beispiel aus einem laufenden Projekt zurückzugreifen – in der Ausnahmesituation der deutschen Vereinigung unter den Mitgliedern des Wissenschaftsrats eine informelle Norm heraus, die ein Beharren auf den eigenen institutionellen Interessen als unangemessen abstempelte. Das verweist auf die Möglichkeit, kollektive Entscheidungssituationen als solche zu *definieren,* die entweder das Verfolgen eigener Interessen erlauben oder aber ein mehr oder weniger großes Maß an Selbstverleugnung *im Interesse der Sache* verlangen.

Gerade in Policy-Netzwerken dürfte allerdings auf den ersten Blick eine Situationsdefinition, die die Beteiligten zur primären Orientierung am „Systeminteresse" motiviert, nur ausnahmsweise wirksam werden können, denn schließlich sind zumindest die nicht-staatlichen korporativen Akteure in Policy-Netzwerken mehr oder weniger explizit auf die Vertretung partikularer Interessen bzw. die Verfolgung relativ eng definierter Organisationszwecke festgelegt. Das würde heißen, daß hinsichtlich der Problemlösungsfähigkeit von Policy-Netzwerken dieselbe Skepsis angebracht ist, die Fritz W. Scharpf (1985) ausführlich für den speziellen Modus der Politikverflechtung begründet hat. Das ist jedoch nicht zwingend. Korporative Akteure besitzen als Organisationen eine Mehrebenenstruktur, innerhalb derer es charakteristische Unterschiede in der Handlungsorientierung der Mitglieder gibt. Diese – in der Analyse von Policy-Netzwerken meist vernachlässigte – Tatsache eröffnet die Möglichkeit einer Differenzierung von Identifikationsebenen. In der Organisationssoziologie hat man schon vor langer Zeit festgestellt, daß Angehörige der Managementhierarchie eher „locals", professionelle Experten dagegen eher „cosmopolitans" sind, d.h. die ersteren identifizieren sich stärker mit der Organisation, die letzteren mit ihrer Profession bzw., als Wissenschaftler, mit der betreffenden Scientific Community und ihren Standards (Gouldner 1957-1958). Da Verhandlungen zwischen korporativen Akteuren immer zwischen Vertretern dieser Organisationen stattfinden, und da Organisationen, selbst wenn sie wie ein Ministerium oder ein Unternehmen formal hierarchisch strukturiert sind, tatsächlich relativ lose gekoppelte Systeme sind, brauchen in realen Verhandlungsprozessen nicht unbedingt die jeweiligen organisatorischen Eigeninteressen zu dominieren. In Forschungsverbünden, an denen konkurrierende Unternehmen beteiligt sind, können z.B. die faktisch miteinander interagierenden Techniker aus den F&E-Abteilungen die zwischen den Firmen aus Gründen des Wettbewerbs herrschenden Informationsbarrieren überwinden und zu einer innovationsträchtigen Zusammenarbeit finden (Lütz 1992). Wenn also auf der Basis ihrer professionellen Identität an sachlichen Optimalitätskriterien orientierte Experten miteinander verhandeln, haben systemrationale Problemlösungen eine größere Chance als dort, wo durch ihre Leitungsfunktion auf die Eigeninteressen der entsendenden Organisation festgelegte Personen die Verhandlungen führen.

Ein politikrelevantes Beispiel hierfür bieten die Verhandlungen in internationalen Standardisierungsorganisationen der Telekommunikation, in denen Herstellerunternehmen und nationale Telefonbetreiber, durch technische Experten vertreten, sich auf technische Standards zur Sicherung der Kompatibilität verschiedener Systemelemente einigen (vgl. Schmidt/Werle 1993). In diesen Gremien, deren Struktur der von sektoralen Policy-Netzwerken vergleichbar ist, gilt als Norm, daß eine technisch optimale Lösung angestrebt wird und daß dementsprechend nur technische Argumente zählen. Die miteinander verhandelnden Ingenieure identifizieren sich erst in zweiter Linie mit den (ihnen auch nicht immer klar bewußten bzw. verständlichen) ökonomischen oder politischen Interessen der korporativen Akteure, die sie vertreten, was die Konsensbildung in den zur Verhandlung stehenden technischen Sachfragen erleichtert. Voraussetzung ist allerdings nicht nur die organisatorische Differenzierung standort- bzw. sozialisationsgeprägter Handlungsorientierungen, sondern auch die Existenz von Handlungsspielräumen für Organisationsmitglieder auf nachgeordneten Ebenen, die den korporativen Akteur in Verhandlungen repräsentieren. Daß eine Engführung möglich und oft tatsächlich anzutreffen ist, steht außer Frage. Eine lockere Kopplung zwischen Prinzipal und Agent, Organisation und Vertreter wird man vorzugsweise dann finden, (1) wenn die normativ-ideologische Integration einer Organisation schwach ausgeprägt ist; (2) wenn der korporative Akteur Wert auf flexible Umweltanpassung legt; (3) wenn die Interessen des korporativen Akteurs unklar, schwach ausgeprägt, ja überhaupt erst zu definieren sind. Nur wenn es tatsächlich eine definierte „Politik des Hauses" gibt, kann der korporative Akteur diejenigen, die für ihn handeln, auf eine bestimmte Linie festlegen. Oft jedoch sind die Implikationen einer Verhandlungslösung für die tatsächlich vielfach definitionsbedürftigen Organisationsinteressen hinreichend unklar oder ambivalent, sodaß vom korporativen Akteur post hoc akzeptiert wird, was er ex ante nicht als Ziel formuliert hätte.

Es ist also die Kombination von (1) lockerer Kopplung in Mehrebenensystemen, (2) der (sozialisations- und standortbedingten) Differenzierung von primären Identifikationen und Handlungsorientierungen und (3) der Definitionsbedürftigkeit von strategischen Interessen, die eine Chance bietet, daß bei Verhandlungen in Policy-Netzwerken der Ausgleich divergierender Interessen der beteiligten Entscheider in den Hintergrund tritt gegenüber dem Versuch, eine sachlich adäquate Problemlösung zu finden, d.h. den Bezugspunkt der strategischen Bemühungen vom Akteur auf ein System zu verlagern. Die Achillesferse dieser Lösung ist die Akzeptanz der im Verhandlungssystem erzielten Ergebnisse bei nachgeschalteten Instanzen, die stärker partikularistisch orientiert sind, bzw. bei den (ebenfalls primär auf Interessensicherung erpichten) Adressaten. Völlig ausgeblendet wurden außerdem die Schwierigkeiten, die mit der Bestimmung dessen zusammenhängen, was im Einzelfall eine sachlich adäquate bzw. systemrationale Lösung darstellt.[18] Hier eröffnen sich normative und kognitive Konfliktquellen, die die Verhandlungen am Ende ebenso blockieren bzw. zu faktisch ineffektiven Problemlösungen führen können, wie im Fall von Interessenkonflikten. Dennoch ist es wichtig, daß unter den hier herausgearbeiteten Bedingungen immerhin eine Chance besteht, daß Policy-Netzwerke systemrationale Ergebnisse produzieren und so einen über die Konfliktregelung durch Kompromißbildung hinausgehenden Beitrag zur Bewältigung der Herausforderungen leisten, mit denen die gesellschaftliche Entwicklung uns konfrontiert.

Literaturverzeichnis

Barnard, Chester I., 1950: The Functions of the Executive. Cambridge, Mass.: Harvard University Press.
Benz, Arthur, 1991: Umverteilung durch Verhandlungen? Kooperative Staatspraxis bei Verteilungskonflikten, in: Staatswissenschaften und Staatspraxis 2, 46-75.
Benz, Arthur/Scharpf, Fritz W./Zintl, Reinhard, 1992: Horizontale Politikverflechtung: Zur Theorie von Verhandlungssystemen. Frankfurt a.M.: Campus.
Coleman, James S., 1986: Social Action Systems, in: James S. Coleman, Individual Interests and Collective Action. Selected Essays. Cambridge: Cambridge University Press, 85-136.
Emerson, Richard M., 1962: Power-Dependence Relations, in: American Sociological Review 27, 31-41.
Evan, William M. (Hrsg.), 1976: Interorganizational Relations. Harmondsworth: Penguin.
Flam, Helena, 1990: Corporate Actors: Definition, Genesis, and Interaction. MPIfG Discussion Paper 90/11.
Flora, Peter, 1975: Quantitative Historical Sociology, in: Current Sociology 23, 2, 7-249.
Glaeßner, Gert-Joachim, 1991: Der schwierige Weg zur Einheit, in: BISS public, Wissenschaftliche Mitteilungen aus dem Berliner Institut für Sozialwissenschaftliche Studien 1, 65-97.
Gouldner, Alvin W., 1957-1958: Cosmopolitans and Locals: Toward an Analysis of Latent Social Roles, in: Administrative Science Quarterly II, 281-306, 444-80.
Hohn, Hans-Willy/Schimank, Uwe, 1990: Konflikte und Gleichgewichte im Forschungssystem: Akteurkonstellationen und Entwicklungspfade in der staatlich finanzierten außeruniversitären Forschung. Frankfurt a.M.: Campus.
Hollingsworth, Rogers J., 1990: The Governance of American Manufacturing Sectors: The Logic of Coordination and Control. MPIFG Discussion Paper 90/4.
Johanson, Jon/Mattson, L.G., 1987: Inter-organizational Relations in Industrial Systems: A Network Approach Compared with the Transaction-Cost Approach, in: International Studies of Management and Organisation 18, 34-48.
Karpik, Lucien (Hrsg.), 1978: Organization and Environment. London: Sage.

---

18 Damit wird ein hier nicht mehr zu behandelndes Thema berührt – der Zusammenhang zwischen der kognitiven (oder theoretischen) Struktur eines Problems und der sozialen Organisationsform, in der es sich am besten bearbeiten läßt. Möglicherweise ist die Organisationsform des Verhandlungssystems dazu nur unter recht restriktiven Bedingungen wie einer übereinstimmenden Problemdefinition und eines gleichartigen Lösungsansatzes bei allen Beteiligten geeignet, also gewissermaßen bei ausgeprägter kognitiver Integration – quasi als Pendant zur sozialen Integration, die ein institutioneller Konsens vermittelt.

Kenis, Patrick/Schneider, Volker, 1991: Policy Networks and Policy Analysis: Scrutinizing a New Analytical Toolbox, in: B. Marin/R. Mayntz (Hrsg.), Policy Networks: Empirical Evidence and Theoretical Considerations. Frankfurt a.M.: Campus, 25-54.
Lehmbruch, Gerhard, 1991: The Organization of Society, Administrative Strategies, and Policy Networks, in: R.M. Czada/A. Windhoff-Héritier (Hrsg.), Political Choice – Institutions, Rules, and the Limits off rationality. Frankfurt a.M.: Campus, 121-158.
Lepsius, M. Rainer, 1990: Interessen, Ideen und Institutionen. Opladen: Westdeutscher Verlag.
Lütz, Susanne: Steuerung industrieller Forschungskooperation. Funktionsweise und Erfolgsbedingungen des staatlichen Förderinstruments Verbundforschung. Schriftenreihe des Max-Planck-Instituts für Gesellschaftsforschung Köln, Band 13. Frankfurt a.M.: Campus (im Erscheinen).
Luhmann, Niklas, 1964: Funktion und Folgen formaler Organisation. Berlin: Duncker & Humblot.
Manow-Borgwardt, Philip, 1993: Gesundheitspolitische Entscheidungen im Prozeß der deutschen Einigung. Dissertation Berlin.
March, James G./Simon, Herbert A., 1958: Organizations. New York: Wiley.
Marin, Bernd (Hrsg.), 1990a: Generalized Political Exchange. Antagonistic Cooperation and Integrated Policy Circuits. Frankfurt a.M.: Campus.
Marin, Bernd, 1990b: Generalized Political Exchange. Preliminary Considerations, in: B. Marin (1990a), Generalized Political Exchange. Antagonistic Cooperation and Integrated Policy Circuits. Frankfurt: Campus, 37-65.
Marin, Bernd/Mayntz, Renate (Hrsg.), 1991: Policy Networks: Empirical Evidence and Theoretical Considerations. Frankfurt a.M.: Campus.
Mayntz, Renate, 1978: Soziologie der öffentlichen Verwaltung. Heidelberg: C.F. Müller.
Mayntz, Renate, 1987: Politische Steuerung und gesellschaftliche Steuerungsprobleme – Anmerkungen zu einem theoretischen Paradigma, in: Jahrbuch zur Staats- und Verwaltungswissenschaft 1, 89-110.
Mayntz, Renate, 1988: Funktionelle Teilsysteme in der Theorie sozialer Differenzierung, in: R. Mayntz/B. Rosewitz/U. Schimank/R. Stichweh, Differenzierung und Verselbständigung. Zur Entwicklung gesellschaftlicher Teilsysteme. Frankfurt a.M.: Campus, 11-44.
Mayntz, Renate, 1990: Politische Steuerbarkeit und Reformblockaden: Überlegungen am Beispiel des Gesundheitswesens, in: Staatswissenschaften und Staatspraxis 1, 283-307.
Mayntz, Renate, 1992a: Die außeruniversitäre Forschung im Prozeß der deutschen Einigung, in: Leviathan 20 (1), 64-82.
Mayntz, Renate, 1992b: Interessenverbände und Gemeinwohl – Die Verbändestudie der Bertelsmann Stiftung, in: R. Mayntz (Hrsg.), Verbände zwischen Mitgliederinteressen und Gemeinwohl. Gütersloh: Bertelsmann Stiftung, 11-35.
Mayntz, Renate, 1993: Networks, Issues, and Games: Multiorganizational Interactions in the Restructuring of a National Research System, in: Fritz W. Scharpf (Hrsg.), Games in Hierarchies and Networks. Frankfurt a.M.: Campus, 189-209.
Pizzorno, Alessandro, 1977: Scambio politico e identita collettiva nel conflitto di classe, in: Rivista Italiana di Scienza Politica 7, 165-198.
Pollack, Detlef, 1990: Das Ende einer Organisationsgesellschaft. Systemtheoretische Überlegungen zum gesellschaftlichen Umbruch in der DDR, in: Zeitschrift für Soziologie 19, 292-307.
Powell, Walter W., 1990: Neither Market nor Hierarchy: Network Forms of Organization, in: Research in Organizational Behavior 12, 295-336.
Rogers, Everett M./Lawrence, Kincaid D., 1981: Communication Networks. Toward a New Paradigm for Research. New York: Free Press.
Rosewitz, Bernd/Webber, Douglas, 1990: Reformversuche und Reformblockaden im deutschen Gesundheitswesen. Frankfurt a.M.: Campus.
Scharpf, Fritz W., 1985: Die Politikverflechtungs-Falle: Europäische Integration und deutscher Föderalismus im Vergleich, in: Politische Vierteljahresschrift 26, 323-355.
Schmidt, Susanne/Werle, Raymund, 1993: Technical Controversy in International Standardization. Discussion Paper 93/5. Köln: Max-Planck-Institut für Gesellschaftsforschung.
Schmitter, Phillippe C., 1974: Still the Century of Corporatism?, in: Review of Politics 36, 85-131.
Stokman, Frans N./Ziegler, Rolf/Scott, John (Hrsg.), 1985: Networks of Corporate Power – A Comparative Analysis of Ten Countries. Cambridge: Polity Press.

Weick, Karl E., 1976: Educational Organizations as Loosely Coupled Systems, in: Administrative Science Quarterly 21, 1-19.

Wellman, Barry, 1988: Structural Analysis: From Method and Metaphor to Theory and Substance, in: B. Wellman/S.D. Berkowitz (Hrsg.), Social Structures: A Network Approach. Cambridge: Cambridge University Press, 19-61.

Wiesenthal, Helmut, 1990: Unsicherheit und Multiple-Self-Identität: Eine Spekulation über die Voraussetzungen strategischen Handelns. MPIfG Discussion Paper 90/2.

Wiesenthal, Helmut, 1992: Sturz in die Moderne. Der Sonderstatus der DDR in den Transformationsprozessen Osteuropas, in: Michael Brie/Dieter Klein (Hrsg.), Zwischen den Zeiten. Hamburg, 162-188.

Williamson, Oliver E., 1975: Markets and Hierarchies: Analysis and Antitrust Implications. A Study of the Economics of Internal Organization. New York: Free Press.

Williamson, Oliver E., 1985: The Economic Institutions of Capitalism. New York: Free Press.

Willke, Helmut, 1990: Political Intervention – Operational Preconditions for Generalized Political Exchange, in: B. Marin (Hrsg.), Governance and Generalized Exchange. Self-Organizing Policy Networks in Action. Frankfurt a.M.: Campus, 235-254.

Windhoff-Héritier, Adrienne/Czada, Roland, 1991: Introduction, in: R. Czada/A. Windhoff-Héritier (Hrsg.), Political Choice. Institutions, Rules, and the Limits of Rationality. Frankfurt a.M.: Campus, 9-23.

Positive und negative Koordination in Verhandlungssystemen

Fritz W. Scharpf

Ein Charakteristikum der modernen Welt ist die zunehmend turbulente Interdependenz von Ereignissen und Entscheidungen. Ihre Antriebskräfte sind der wissenschaftlich-technische Fortschritt und der Zwang ökonomischer Konkurrenz. Ihre Begleiterscheinungen sind die immer raschere Innovation, die immer weiter differenzierte Arbeitsteilung und die immer vollständigere Mobilität von Kapital, Waren, Informationen und Personen. Zu ihren Folgeproblemen gehört die globale Umweltzerstörung ebenso wie die immer schnellere Entwertung vorhandener ökonomischer Kapazitäten, vorhandener Wissensbestände und kultureller Orientierungen und dementsprechend die Verarmung und Entwurzelung derer, die in den Turbulenzen der modernen Welt nicht mitschwimmen können.

Unter turbulenten Bedingungen wird die wechselseitige Abhängigkeit von Ereignissen und Handlungen nicht mehr durch stabile Ordnungen und kulturell gleichgerichtete Orientierungen unter Kontrolle gehalten. Die intentionale Koordination divergenter Erwartungen und kontingenter Pläne ist deshalb überlebenswichtig wie nie zuvor in der menschlichen Geschichte. Mit diesem Bedeutungszuwachs hat das wissenschaftliche Verständnis der Voraussetzungen und Wirkungsweisen von Koordination nicht Schritt gehalten. Die Ökonomie hat die theoretischen Grenzen der funktionsfähigen Marktkoordination so eng gezogen, daß der überwiegende Teil tatsächlichen Wirtschaftens auf dem weiten Feld des Marktversagens stattfindet; die Politikwissenschaft beschreibt eher die Erosion der hierarchischen Koordinationskapazität nationalstaatlicher oder hegemonialer Politik als die Effizienz supranationaler Steuerungskapazitäten; und die soziologische Theorie liefert plausiblere Argumente für die prinzipielle Unmöglichkeit der Kommunikation über Systemgrenzen hinweg als für die effektive Koordinationsleistung von Diskursen.

Im Vergleich zum gegenwärtigen Stand der Theorie scheint also weniger die allseits zunehmende Unordnung erklärungsbedürftig zu sein als das trotz allem real existierende Maß an intra- wie interorganisatorischer, intra- wie intersektoraler und intra- wie internationaler Abstimmung und wechselseitiger Erwartungssicherheit. Offenbar gibt es jenseits der Grenzen von reinem Markt, hierarchischem Staat und herrschaftsfreien Diskursen in intern differenzierten und international verflochtenen modernen Gesellschaften mehr und wirksamere Koordinationsmechanismen als die Wissenschaft bisher empirisch erfaßt und theoretisch begriffen hat. Mein Beitrag geht deshalb der Frage nach, wie das angesichts zunehmend turbulenter Verhältnisse immer noch erstaunlich hohe Maß tatsächlicher Handlungskoordination in modernen Gesellschaften theoretisch erklärt werden könnte.

1. Das Koordinationsproblem

Koordination wird hier als ein wohlfahrtstheoretisches Konzept verstanden. Anders gesagt, der Koordinationsbegriff soll hier Formen der Abstimmung bezeichnen, deren wohlfahrtstheoretisches Anspruchsniveau über das durch wechselseitige Antizipation in nicht-kooperativen Spielen erreichbare Nash-Gleichgewicht hinausgeht. Zwar habe ich in einem früheren Aufsatz gezeigt, daß auch nicht-kooperative Spiele auf keineswegs selbstverständliche soziale Voraussetzungen der wechselseitigen Vorhersehbarkeit angewiesen bleiben. Aber koordiniertes Verhalten in dem hier gemeinten Sinn setzt darüber hinaus spezifische Einstellungen und institutionelle Mechanismen voraus, die inzwischen auch die Aufmerksamkeit institutionell orientierter Sozial- und Wirtschaftswissenschaftler finden (Lindberg et al. 1991).

Die theoretische Literatur hat sich vor allem auf die klassischen Mechanismen des Marktes und der Hierarchie (innerhalb von Organisationen oder im Staat) konzentriert. Darüber hinaus wird traditionellerweise auch „Gemeinschaft" (oder „Solidarität") noch zu den Koordinationsmechanismen gerechnet, und neuerdings haben auch „relationale Verträge" (Macneil 1978; Williamson 1985), „Clans" (Ouchi 1984), „Assoziationen" (Streeck/Schmitter 1985) und „Netzwerke" wissenschaftliche Aufmerksamkeit gefunden. Analytisch scheinen einige dieser neueren Entdeckungen noch nicht eindeutig definiert. „Clans" könnte man als eine betriebswirtschaftliche Variante von „Gemeinschaft" verstehen und zugleich haben sie Ähnlichkeiten mit den „relationalen Verträgen"; andererseits erscheinen „Assoziationen" als schwache Variante einer hierarchischen Koordination, welche (wie der demokratische Verfassungsstaat) von der Zustimmung der Koordinierten abhängt. Schließlich könnte man auch „relationale Verträge" als charakteristische Form der Interaktion in Netzwerken interpretieren.

Es würde sich lohnen, diese Unklarheiten in einer systematischen Klassifikation auszuräumen. Dies kann hier ebensowenig geleistet werden wie ein vollständiger deskriptiver Überblick über die verfügbaren Koordinationsmechanismen. Im folgenden werde ich deshalb die Koordination durch traditionsgestützte (ethnische, sprachliche, religiöse oder auf Klassensolidarität basierende) „Gemeinschaften" ebenso vernachlässigen wie die (analytisch weitgehend geklärte) Marktkoordination. Statt dessen werde ich mich auf die Klärung der Voraussetzungen und Funktionsweisen bestimmter Formen der Nicht-Marktkoordination konzentrieren. Im Prinzip können diese auf Varianten der (demokratisch oder vertraglich legitimierten oder autoritären) *hierarchischen Koordination* und der (freiwilligen oder zwangsweisen) *vertraglichen Koordination* reduziert werden. Ich beginne zunächst mit einer Diskussion des Koordinationsproblems zwischen zwei Akteuren (Abbildung 1).

Vorausgesetzt werden zwei egoistisch-rationale Akteure (X und Y) mit voneinander unabhängigen (orthogonalen) Nutzenvektoren und eine Reihe von Handlungsoptionen (A), (B), (C), (D) und (E), die sich jeweils in ihrer Auswirkung für die Akteure unterscheiden. Der Status Quo wird durch den Ursprung des Koordinationssystems bezeichnet. Wenn man unterstellt, daß jeder der Akteure jede dieser Handlungsoptionen durch einseitige Entscheidung verwirklichen könnte, dann werden nur Vorhaben, die rechts von der Y-Achse liegen, für (X) akzeptabel sein und nur Vorhaben oberhalb der X-Achse für (Y). Dementsprechend würde (X) die Projekte (D) und (E) ignorieren, und

Abbildung 1: Das Koordinationsproblem

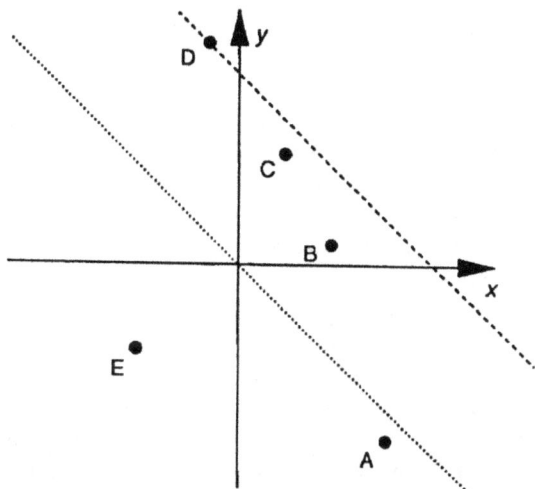

er hätte eine Präferenz für Projekt (A), während (Y) die Projekte (A) und (E) ignorieren und das Projekt (D) präferieren würde.

Wenn man nun diese einseitig präferierten Lösungen wohlfahrtstheoretisch bewertet, dann wären unter dem Pareto-Kriterium beide nicht akzeptabel, weil jede von ihnen Verbesserungen gegenüber dem Status Quo für die eine Seite mit einer Verschlechterung für die andere Seite erkaufen würde. Zu einer differenzierenden Bewertung käme man dagegen bei Anwendung des (utilitaristischen) Kaldor-Kriteriums (Kaldor 1939).[1] Der Unterschied wird deutlich, wenn beide Projekte aus der Perspektive eines idealen hierarchischen Koordinators betrachtet werden – beispielsweise des Eigentümers eines Unternehmens mit zwei Abteilungen. Angesichts seiner Nutzenfunktion ($U_C = U_X + U_Y$) wäre offensichtlich kein Projekt unterhalb der Nordwest-Südost-Diagonalen überhaupt akzeptabel, und Vorhaben wären um so attraktiver, je weiter nordöstlich von der Diagonalen sie lokalisiert sind. Dementsprechend müßte der hierarchische Koordinator das von (X) präferierte Projekt (A) verhindern; er würde jedoch das von (Y) präferierte Projekt (B) billigen, obwohl dadurch die Interessen von (X) verletzt werden. Was aber würde sich ändern, wenn die Koordination durch Verhandlungen zwischen (X) und (Y) statt durch hierarchische Entscheidung herbeigeführt werden müßte? Wenn wir von einem Zwangsverhandlungssystem ausgehen (so daß einseitige Aktionen ausgeschlossen sind), und wenn es ausschließlich um eindeutig fixierte Vorhaben geht, bei denen auch Ausgleichszahlungen nicht zugelassen werden, dann würde (X) selbstverständlich alle Lösungen ablehnen, die links von der Y-Achse liegen, während (Y) gegen alle unterhalb der X-Achse lokalisierten Projekte sein Veto einlegen müßte.

---

[1] Der utilitaristische Maßstab, der einen interpersonellen Nutzenvergleich voraussetzt, wird in der modernen Wohlfahrtsökonomie kritisch betrachtet (vgl. aber Selten 1986). Bei der Evaluierung von politischen oder organisatorischen Entscheidungen, welche die Wohlfahrt des Gemeinwesens oder den Gesamtgewinn eines Unternehmens maximieren sollen, kann man auf diesen Maßstab jedoch keineswegs verzichten (Hardin 1988; Hausman 1991).

Für eine Einigung kämen also überhaupt nur pareto-superiore Optionen innerhalb des nordöstlichen Quadranten in Betracht. Unter diesen würde freilich (X) das Projekt (B) und (Y) das Projekt (C) präferieren, und für keinen von beiden gäbe es einsichtige Gründe dafür, warum gerade er den Wünschen des anderen nachgeben sollte. Der Versuch einer Koordination durch Verhandlungen stieße also auf zwei charakteristische Schwierigkeiten: Lösungen, welche die aggregierte Wohlfahrt (oder das „Gemeinwohl") maximieren, werden systematisch ignoriert, wenn sie nicht gleichzeitig auch für jeden einzelnen der Verhandlungspartner eine Verbesserung gegenüber dem Status Quo versprechen (d.h. wenn sie nicht innerhalb des nordöstlichen Quadranten der Abbildung lokalisiert sind); und wenn es mehr als eine pareto-superiore Lösung geben sollte, dann besteht immer auch die Gefahr, daß die Verhandlungen durch den Streit über die Wahl zwischen diesen Lösungen blockiert werden. Daraus scheint zu folgen, daß das durch hierarchische Koordination erreichbare Wohlfahrtsniveau in der Regel höher liegt als das durch Verhandlungen erreichbare Ergebnis. Überdies kommt es, wenn die Zahl der Beteiligten zunimmt, zu einer Kumulation von Veto-Positionen, welche die Wahrscheinlichkeit rasch vermindert, daß überhaupt Wohlfahrts-Verbesserungen durch multilaterale Verhandlungen zwischen egoistisch-rationalen Akteuren erreicht werden können.[2]

Freilich haben wir bisher unterstellt, daß es bei den Verhandlungen ausschließlich um eindeutig fixierte (also nicht kontinuierlich variable) Lösungen geht, und daß Ausgleichszahlungen, mit denen die Gewinner die Verlierer entschädigen könnten, nicht zugelassen sind. Wenn eine dieser Annahmen fallengelassen wird und wenn man überdies Transaktionskosten und Verteilungsprobleme vernachlässigt, dann folgt aus dem berühmten Coase-Theorem, daß alle Wohlfahrtsgewinne, die durch ideale hierarchische Koordination erreichbar wären, auch durch freiwillige Vereinbarungen zwischen autonomen und ausschließlich egoistisch-rationalen Akteuren realisiert werden können (Coase 1960). Bei freiwilligen Verhandlungen müßte die Partei, welche von einem Vorhaben Nachteile zu befürchten hätte, die daran Interessierten für den Verzicht bezahlen,[3] während in einem Zwangsverhandlungssystem (etwa, wenn Eigentumsrechte gegen negative Externalitäten rechtlich geschützt sind) die Ausgleichzahlungen in die andere Richtung fließen müßten. In beiden Fällen aber würde das Ergebnis von Verhandlungen zwischen egoistisch-rationalen Akteuren die aggregierte Wohlfahrt der Beteiligten maximieren. In Abbildung 1 beispielsweise hätte (Y) durch die Verwirklichung des Vorhabens (A) mehr zu verlieren als (X) dabei gewinnen würde; er könnte also in einem freiwilligen Verhandlungssystem dieses Projekt durch das Angebot von Ausgleichszahlungen verhindern. Umgekehrt hätte (Y) bei Projekt (D) mehr zu gewinnen als (X) verlieren würde, und er könnte deshalb in einem Zwangsver-

---

[2] Wie man aus Abbildung 1 entnehmen kann, wäre in einem Verhandlungssystem mit zwei Akteuren, orthogonalen Präferenz-Vektoren und zufallsverteilten Optionen die Wahrscheinlichkeit, daß die für einen Akteur attraktive Option auch für den anderen wenigstens akzeptabel wäre, $p = 1/2$. Bei drei Akteuren fiele diese Wahrscheinlichkeit auf $1/4$, bei vier auf $1/8$, und bei (N) Akteuren wäre die Wahrscheinlichkeit der Einigung nur noch $p = 1/2^{N-1}$.

[3] Allerdings ist die Gültigkeit des Coase-Theorems für den N-Personen-Fall und freiwillige Verhandlungen, die nicht durch den Schutz von Eigentumsrechten beschränkt werden (bei denen also auch partielle Koalitionen zum Nachteil Dritter zulässig sind), nach wie vor umstritten (Aivazian/Callen 1981; Coase 1981; Aivazian et al. 1987).

handlungssystem dessen potentielles Veto abkaufen. Unter beiden Bedingungen (und bei vernachlässigbaren Transaktionskosten) würden also nur Vorhaben oberhalb der Diagonalen überhaupt realisiert, und egoistisch-rationale Akteure würden sich überdies auf Lösungen einigen, die auf der am weitesten nordöstlich gelegenen Nutzen-Isoquante lokalisiert sind, und die demgemäß die aggregierte Wohlfahrt der Beteiligten (also deren „Gemeinwohl")[4] maximieren würden.

Nun beruhen freilich die Schlußfolgerungen des Coase-Theorems auf der Verfügbarkeit kontinuierlich variabler Lösungen oder der Möglichkeit von Ausgleichszahlungen. Beides sind plausible Annahmen unter Marktbedingungen oder jedenfalls in ökonomischen Kontexten, in denen Geld als gemeinsamer Maßstab für alle Arten von Werten fungiert. Dementsprechend können Ausgleichszahlungen oder Schattenpreise in der Tat die Koordination zwischen Unternehmen oder zwischen semi-autonomen Einheiten innerhalb von Unternehmen ermöglichen, und sie mögen auch für manche Arten von Verhandlungen unter öffentlichen Einrichtungen oder zwischen staatlichen Stellen und Akteuren im Privatsektor als adäquater Ausgleich akzeptabel sein. In vielen politischen Konstellationen lassen sich die relevanten Bewertungen jedoch nicht in Geldwerte übersetzen, oder Ausgleichszahlungen wären unter normativen Gesichtspunkten nicht akzeptabel (Baldwin 1990; Scharpf 1992; Zintl 1992). Aber auch dann wäre eine Annäherung an die Wohlfahrtseffekte des Coase-Theorems noch möglich, wenn separate Projekte mit komplementären Kosten-Nutzen-Bilanzen zu komplexen Verhandlungspaketen kombiniert werden können, durch die eine im ganzen ausgeglichene Interessenbilanz erreicht wird (Scharpf 1992). Dementsprechend wird sowohl in den internationalen Beziehungen als auch in der Innenpolitik die Bedeutung von „issue-linkage" und „log-rolling" als Strategie zur Überwindung von Verhandlungsblockaden seit langem anerkannt (Haas 1980; Stein 1980; Sebenius 1983; MacGinnis 1986; Weingast 1989).

Aber auch wenn Hierarchie und Verhandlungen unter den postulierten idealen Bedingungen genau das gleiche Wohlfahrtsmaximum erreichen können, so folgt daraus noch lange nicht, daß beide Mechanismen auch unter realen Bedingungen wechselseitig substituierbar wären. In beiden Fällen kann das Optimum nur unter idealisierten Annahmen erreicht werden, für die praktikable Approximationslösungen allenfalls unter besonderen Bedingungen erreichbar erscheinen. Deshalb müssen zunächst einmal die praktischen Voraussetzungen erörtert werden, unter denen eine Annäherung an das Wohlfahrtsoptimum einerseits für die hierarchische Koordination und andererseits für die ausgehandelte Koordination erwartet werden könnte.

2. Grenzen der hierarchischen Koordination

Die Transaktionskosten-Ökonomie, so wurde jüngst behauptet, liefert zwar viele theoretische Gründe für das Versagen der Markt-Koordination, aber kaum Gründe gegen die Zusammenfassung aller ökonomischen Aktivitäten unter einheitlicher hierarchischer Leitung in einem einzigen riesigen Unternehmen (Milgrom/Roberts 1990: 78).

---

4 Sobald die Kompensation der Verlierer in Betracht gezogen wird, verliert die utilitaristische Definition des Gemeinwohls ihre autoritären Schrecken und könnte, so denke ich, von der normativen politischen Theorie mit erheblichem analytischen Gewinn eingesetzt werden.

Dies erscheint vor allem deshalb bemerkenswert, weil ein anderer Zweig der neuen institutionellen Ökonomie, die Public-Choice-Theorie, jede Rechtfertigung für die Ausübung hierarchischer Autorität im öffentlichen Sektor in Frage zu stellen scheint. Aber obwohl sich die strukturellen Bedingungen unterscheiden, unter denen hierarchische Autorität im Unternehmen und im Staat ausgeübt wird, hängt doch die Effizenz der hierarchischen Koordination in beiden Sektoren von genau den gleichen funktionalen Voraussetzungen ab (Miller 1992)[5]. Auf höchster Abstraktionsebene formuliert, setzt hierarchische Koordination sowohl die Lösung eines Motivationsproblems als auch die Lösung eines Informationsproblems voraus. Hierarchische Autorität ist nur dann normativ akzeptabel, wenn sie im Gesamtinteresse des Unternehmens oder des politischen Gemeinwesens (und nicht im privaten Interesse der jeweiligen Positionsinhaber) ausgeübt wird. Zugleich müssen die hierarchischen Koordinatoren, da realer Nutzen nur von den Bürgern oder den Organisationsmitgliedern an der Basis produziert werden kann, sich auf valide Information über die lokalen Bedingungen auf den unteren Ebenen der Hierarchie stützen und verlassen können. Beide Voraussetzungen sind grundsätzlich problematisch.

Das Motivationsproblem

Die erste Voraussetzung ist zum zentralen Thema der positiven Public-Choice-Theorie geworden. In ihren pessimistischen Varianten unterstellt sie auf allen Seiten nicht nur Egoismus, sondern amoralischen „Opportunismus" („self-interest seeking with guile": Williamson/Ouchi 1981: 351); und dessen Wirkung wird im politischen Prozeß noch verschärft durch allfällige Informationsasymmetrien und Kollektivhandelns-Probleme der Betroffenen. Deswegen, so wird gefolgert, sind Ausbeutung und Unterdrückung selbst in Demokratien charakteristisch für den öffentlichen Sektor. Wählermehrheiten werden die staatliche Macht gegen Minderheiten einsetzen; Interessentengruppen werden sich auf Kosten der Steuerzahler und der Verbraucher bereichern; politische Parteien und Parlamentsfraktionen werden die Tagesordnung der Politik und die Abstimmungsverfahren manipulieren; Bürokraten werden ihre Budgets und die Privilegien ihres Amtes maximieren; und Regierungen verfolgen ihren Machterhalt auf Kosten des Gemeinwohls. Unter solchen Annahmen können auch demokratische Verfahren die Steigerung der Wohlfahrt nicht gewährleisten; allenfalls können sie die chaotische Instabilität von Herrschaft sichern und dadurch vielleicht die Chancen nachhaltiger Ausbeutung (Riker 1982) vermindern.

---

5 Das Desinteresse der Transaktionskosten-Ökonomie für die Effizienzprobleme der hierarchischen Koordination läßt sich vermutlich auf die konventionelle Gleichsetzung des Unternehmensinteresses mit dem Eigeninteresse der Inhaber oberster Leitungspositionen (die als „residual claimants" modelliert werden – Alchian/Demsetz 1972) zurückführen. Wo diese Gleichsetzung in Frage gestellt wird, verweist man üblicherweise auf die externen Restriktionen des Marktes und auf die Exit-Optionen, die nicht nur Kunden und Zulieferern, sondern auch den Beschäftigten und Investoren des Unternehmens offen stehen. Demnach würde also ironischerweise die Effizienz der *hierarchischen* Koordination gerade dann zweifelhaft, wenn *Marktversagen* den Wettbewerb auf den Faktor- und Produktmärkten des Unternehmens beeinträchtigt. Nach derselben Logik müßte überdies die politische Konkurrenz auch ausreichen, um die Effizienz der Hierarchie im öffentlichen Sektor zu sichern.

Aber die Public-Choice-Theorie ist in sich widersprüchlich (Dryzek 1992). Wenn Opportunismus und Informationsasymmetrien generell unterstellt werden müßten, dann wären auch die von der normativen Variante dieser Theorie postulierten verfassungsrechtlichen Sicherungen (Brennan/Buchanan 1985) völlig unwirksam. Schon aus Gründen der internen Konsistenz ist darum die normative politische Theorie und auch jede andere institutionalistische Theorie zu der Annahme gezwungen, daß menschliches Verhalten im Prinzip – wenn auch unvollkommen – an Normen orientiert sei. So beruht ja die Möglichkeit von Markttransaktionen im Privatsektor nicht nur auf der rechtlichen Durchsetzbarkeit von Eigentumsrechten und vertraglichen Ansprüchen, sondern auch auf sozialen Normen, welche die „normale" (aber eben gerade nicht die „opportunistische") Verfolgung von Eigeninteressen in Markt-Situationen legitimieren. Im Gegensatz dazu gelten für das Verhalten in Organisationen (und zwar auch in Wirtschaftsunternehmen) ganz andere Normen, welche die direkte Verfolgung privater Eigeninteressen bei der Wahrnehmung von Organisationsrollen eng beschränken und Organisationsmitglieder dazu anhalten, innerhalb der „zone of indifference" ihres Beschäftigungsvertrages (Simon 1952/1957; 1991) ihre Anstrengungen zur Förderung der Organisationsinteressen einzusetzen. Erst recht steht im demokratischen Verfassungsstaat die Ausübung öffentlicher Ämter unter der Norm der „Fremdnützigkeit" (Mirbach 1992). Regierungsmitglieder und Beamte sind durch ihren Amtseid auf die Verfolgung des Gemeinwohls verpflichtet; Parlamentsmitglieder sind gehalten, das wohlverstandene Interesse ihrer Wähler dem eigenen Interesse voranzustellen; und die gleichen Normen gelten im Verhältnis zwischen Funktionsträgern und Mitgliedern in politischen Parteien oder Interessengruppen. Ähnliche Ansprüche folgen aus Normen der professionellen Ethik in den freien Berufen, in der Wissenschaft oder in den Medien.

Theorien, welche diese normative „logic of appropriateness" (March/Olsen 1989) völlig ignorieren sind also sowohl in ihrer empirischen Erklärungskraft[6] als auch in ihrer präskriptiven Plausibilität defizitär. Aber auch wenn Normen von Bedeutung sind, so folgt daraus keineswegs die praktische Irrelevanz von Eigeninteressen. Die Möglichkeiten des Mißbrauchs hierarchischer Autorität bleiben eine immer gegenwärtige Gefahr. Wir haben deshalb allen Grund, nach institutionellen Strukturen zu suchen, deren Anreize eine größere Übereinstimmung zwischen persönlichen oder organisatorischen Eigeninteressen und normativen Verpflichtungen bewirken können. Dies ist die Logik des demokratischen Verfassungsstaates mit seiner Institutionalisierung der „checks and balances", des politischen Wettbewerbs und der Freiheiten der Meinungsäußerung, der Versammlung und der Vereinigung. Trotz vieler Parallelen bleibt aber der Unterschied zwischen der Public-Choice-Theorie und der theoretischen Tradition des demokratischen Verfassungsstaates von kritischer Bedeutung: Institutionen, welche die vorhandenen normativen Orientierungen von Akteuren stärken und deren

---

6 Der empirische Einwand wird von Brennan und Buchanan (1985: 51-53) konzediert. Sie verteidigen deshalb die Unterstellung opportunistischen Verhaltens in erster Linie als „skeptische Fiktion" (Schuessler 1988) zur Anleitung risikoaverser Verfassungsgeber (1985: 55-59) – die aber selbst einer normativen Gemeinwohl-Orientierung bedürfen (1985: 146-150). Im Rahmen des „Principal-Agent"-Ansatzes ist jedoch nachgewiesen worden, daß auch diese Rechnung nicht aufgehen kann: Es gibt keine Institution, die trotz opportunistischer Hierarchien Effizienz garantieren könnte (Bianco/Bates 1990; Miller 1992).

eigene Festlegung auf öffentliche Zwecke gegen allfällige Versuchungen schützen sollen, sind eine Sache; eine ganz andere Sache wäre der Versuch, mit den Mitteln einer geschriebenen Verfassung unüberwindbare Sicherungen gegen Amtsinhaber zu schaffen, denen man eine ausschließliche Orientierung an den eigenen Privatinteressen und entschlossenen Opportunismus unterstellt. Die Geschichte vieler demokratischer Verfassungsstaaten hat gezeigt, daß es für das erste Problem praktikable Lösungen gibt. Im Gegensatz dazu wären institutionelle Vorkehrungen gegen das zweite Problem nicht nur nach den eigenen theoretischen Prämissen zum Scheitern verurteilt, sondern sie müßten gerade im Erfolgsfall jene Steuerungskapazität staatlicher Institutionen zerstören, auf welche moderne Gesellschaften in einer turbulenten Umwelt mehr denn je angewiesen sind.

Das Informationsproblem

Trotzdem bleibt die hierarchische Koordination auch unter günstigen Umständen eine gefährliche Lösung. Zugleich wird weithin befürchtet, daß sie auch eine ineffiziente Lösung sein müsse. Für zentrale Entscheidungsinstanzen sei es schwierig oder sogar unmöglich, zutreffende Informationen über die lokalen Bedingungen von Problemen und Lösungsmöglichkeiten zu gewinnen; und selbst wenn diese Schwierigkeit zu überwinden wäre, könnte das kumulierte lokale Wissen in der Zentrale nicht effektiv verarbeitet und genutzt werden. Kurz, das wahrscheinliche Ergebnis von Zentralisierung wäre entweder extreme Informationsknappheit oder Informationsüberlastung der Zentrale – mit der Folge schlecht informierter und nicht problemgerechter Entscheidungen oder unendlicher Verzögerungen (Hayek 1945).
In der Transaktionskosten-Theorie wird diese Hayeksche Fundamental-Kritik an der Möglichkeit hierarchischer Koordination mit dem Verweis auf das Prinzip der „selektiven Intervention" beantwortet, demzufolge Vorgesetzte ihre Weisungen strikt auf Angelegenheiten beschränken sollten, die auf ihrer eigenen Organisationsebene entschieden werden müssen, während alles übrige Akteuren auf den unteren Ebenen mit ihrem vermutlich besseren Zugang zu lokaler Information zu überlassen sei (Williamson 1985: 133-135; Milgrom/Roberts 1990). Dabei wird jedoch regelmäßig die strukturelle Vorbedingung einer effektiven hierarchischen Koordination übersehen, die Herbert Simon (1962; 1973) als „näherungsweise Zerlegbarkeit" („near decomposability") konzeptualisiert hat. Sie impliziert ein bestimmtes Muster von Interaktionsbeziehungen, bei dem Interaktionen zwischen Akteuren, die einem gemeinsamen Vorgesetzten unterstellt sind, wesentlich wichtiger sein und häufiger auftreten müssen als Interaktionen mit Mitgliedern anderer Einheiten. Eine solche „modulare" Ordnung herzustellen, ist die primäre Aufgabe der Organisationsentwicklung (Scharpf 1977).
Aber die Konstruktion modularer Organisationen wird immer schwieriger und schließlich unmöglich, wenn die Interaktionen zwischen den Aufgabenbereichen wichtiger, häufiger und variabler werden. Wo dies der Fall ist, da stehen hierarchische Organisationen vor der unattraktiven Wahl, entweder die hierarchische Kompetenzverteilung trotzdem aufrecht zu erhalten oder den zentralen Koordinationsanspruch zu reduzieren und sich statt dessen auf die horizontale Selbstkoordination zwischen den Untereinheiten zu verlassen. Im ersten Falle werden Aufgabeninterdependenzen zwischen Organisationseinheiten auf gleicher Ebene ignoriert, und die Koordinationsprobleme

werden bis zum ersten gemeinsamen Vorgesetzten nach oben verlagert. Im Ergebnis werden dabei die Vorteile der Dezentralisierung und der selektiven Interaktion preisgegeben, die Tagesordnung der höheren Leitungsebenen wird überlastet und deren Informationsverarbeitungsfähigkeit überfordert. Wo dies geschieht, da werden die Voraussetzungen einer effizienten hierarchischen Koordination systematisch verletzt, und die Organisation leidet unter den wohlbekannten Übeln der Überzentralisierung. Im zweiten Falle dagegen, wenn die Untergebenen auf eigene Faust mit der zunehmenden Aufgabeninterdependenz zwischen den Einheiten fertig werden müssen, verliert die Organisation alle Vorteile der hierarchischen Koordination und sieht sich statt dessen mit den zwar andersartigen, aber keineswegs weniger gefährlichen Problemen der horizontalen Selbstkoordination konfrontiert.

3. Grenzen der Verhandlungskoordination

Innerhalb und zwischen Organisationen wird Selbstkoordination typischerweise durch Verhandlungen erreicht. Deren motivationale Voraussetzungen sind im Vergleich zu denen der hierarchischen Koordination wesentlich weniger anspruchsvoll. Die Geltung des Coase-Theorems ist nicht auf moralisch integere, gemeinwohlorientierte Koordinatoren angewiesen; zur Erreichung des Wohlfahrtsoptimums bedarf es hier nur egoistisch-rationaler Parteien. Die Beteiligten haben jedoch mit zwei Problemen von vergleichbarer Schwierigkeit zu kämpfen, dem Verhandlungsdilemma und dem Problem der großen Zahl.

Das Verhandlungsdilemma

Aus wohlfahrtstheoretischer Sicht hängt der Erfolg von Verhandlungen davon ab, daß die Parteien eine gemeinsame Vorgehensweise definieren können, durch welche ihre aggregierten Nutzen maximiert werden, und daß sie sich überdies auf die Verteilung der dabei anfallenden Kosten und Erträge einigen können. Offensichtlich handelt es sich hierbei aber um Aufgaben ganz unterschiedlicher Art, die in der hier gewählten graphischen Darstellung (Abbildung 1) als Bewegungen in zwei zueinander senkrecht stehenden Dimensionen erscheinen. Einerseits haben die Parteien bei ihrer Suche nach besseren Lösungen ein gemeinsames Interesse daran, sich (in der Südwest-Nordost-Dimension) auf eine Nutzen-Isoquante hinzubewegen, die dem Status Quo möglichst weit überlegen ist. In dieser Hinsicht befinden sie sich also in einem reinen Koordinationsspiel, in dem optimale Ergebnisse von subjektiven Einstellungen abhängen, die Kreativität, offene Kommunikation, und vertrauensvolle Zusammenarbeit begünstigen (Pruitt 1981; Groom 1991; Häusler/Hohn/Lütz 1993). Gleichzeitig werden aber eigennützige Verhandlungsteilnehmer sich (in der Nordwest-Südost-Dimension) über die Lokalisierung einer koordinierten Lösung auf jeder Nutzen-Isoquante streiten. Wenn die Auseinandersetzung um feststehende Lösungen geführt werden muß, kann sie die Einigung überhaupt verhindern. Wenn Ausgleichszahlungen möglich sind, kann zwar jede feststehende Lösung so transformiert werden, daß das Ergebnis in einem Abschnitt der Nutzen-Isoquante innerhalb des nordöstlichen Quadranten zu liegen kommt, aber auch dann werden die Parteien sich noch über die Lokalisierung auf diesem Abschnitt streiten, und dieser Streit hätte immer noch alle Eigenschaften eines Nullsummen-Konflikts.

Nun gibt es zwar eine Reihe von normativen Lösungen für die Regelung von Verteilungskonflikten in Verhandlungssituationen (Nash 1950; Kalai/Smorodinsky 1975; Osborne/Rubinstein 1990), die bei vollständiger Information rationalen Akteuren akzeptabel erscheinen sollten. Aber dies ändert nichts an der Tatsache, daß für das praktische Verhandlungsverhalten unter unvollständiger Information die „kompetitiven" Orientierungen und verhandlungstaktischen Manöver, die den Erfolg im Verteilungsstreit begünstigen, psychologisch inkompatibel sind mit den „kooperativen" Einstellungen und Verhaltensweisen, die der kreativen Suche nach insgesamt besseren Lösungen dienlich wären. Schlimmer noch, Akteure, die gutwillig zu dieser Suche beitragen, laufen Gefahr, in der Verteilungsfrage übervorteilt zu werden. Hier liegt der Kern des „Verhandlungsdilemmas" (Lax/Sebenius 1986), welches oft zu suboptimalen Verhandlungsergebnissen führt oder eine Einigung sogar in Situationen verhindert, in denen koordiniertes Vorgehen für alle Beteiligten höchst vorteilhaft sein könnte.

Das Problem der großen Zahl

Die Schwierigkeiten der ausgehandelten Koordination steigen mit der Zahl der selbständig Beteiligten und ihrer interdependenten Handlungsoptionen und dementsprechend mit der Zahl der Transaktionen, die gleichzeitig zustande kommen müssen.[7] Während die Theorie der kooperativen Spiele eine ganze Reihe analytischer Lösungskonzepte für multilaterale Verhandlungs- oder Koordinationsprobleme entwickelt hat (Gastel/Paelinck 1992), sind die meisten dieser Lösungswege von einer mathematischen Komplexität, die für reale Anwendungsfälle selbst von Analytikern nicht bewältigt werden kann (Dinar et al. 1992). Im Vergleich dazu ist die Erweiterung der Nash-Verhandlungslösung von zwei Personen- auf den N-Personen-Fall analytisch vergleichsweise leichter zu handhaben. Freilich werden dabei Zwangsverhandlungen unterstellt, welche die Bildung von Partial-Koalitionen ausschließen. Aber selbst diese Lösung verlangt, wenn sie sich aus den Verhandlungsprozessen selbst ergeben soll (und nicht von einem externen Analytiker vorgegeben wird), immer noch ($N \times (N-1)/2$) paarweise Vereinbarungen, von denen jede die jeweiligen Auswirkungen auf alle anderen Beteiligten berücksichtigen muß (Harsanyi 1977: 196-203). Jenseits sehr enger Grenzen müssen deshalb multilaterale Verhandlungen an prohibitiven Anforderungen an die Informationsverarbeitungs- und Konfliktregelungskapazität schei-

---

[7] Hier ist die Unterscheidung zwischen „pooled interdependence" und „reciprocal interdependence" (Thompson 1967: 54-55) von kritischer Bedeutung. Im ersten Fall braucht die Koordination nicht über „Standardisierung" hinauszugehen. Zwar mag es auch dabei Konflikte über die Wahl zwischen konkurrierenden Standards geben, aber wenn ein Standard einmal akzeptiert ist, können die Parteien über die verbleibenden Optionen autonom entscheiden. Der Zahl der Akteure, die sich an einem solchen Standard orientieren können, sind deshalb auch keine intrinsischen Grenzen gesetzt. Die große Zahl wird also nur unter den Bedingungen reziproker Interdependenz zum Problem, wenn das Gesamtergebnis von den Entscheidungen aller Beteiligten über ihre interdependenten Optionen abhängt. Wenn jeder von (N) Beteiligten zwischen (S) Optionen zu wählen hat, dann erfordert die Identifikation eines Gesamt-Optimums die Überprüfung von (S^N) Gesamt-Lösungen oder von [$N \times (N-1)/2 \times S^2$] Paaren von Optionen (Scharpf 1972).

tern. Anders gesagt: Das Problem der großen Zahl beschränkt die Zahl der Beteiligten, unter denen komplexe Aufgabeninterdependenz durch Verhandlungskoordination bewältigt werden kann.

4. Strukturell eingebettete Selbstkoordination

Die hierarchische Koordination scheint für das Problem der großen Zahl weit weniger anfällig zu sein, weil hier ja die Handlungsoptionen der Untergebenen von einem gemeinsamen Vorgesetzten zu einer insgesamt optimalen Lösung verarbeitet werden können. Wenn also die Kontrollspanne eines jeden Vorgesetzten auf ein praktikables Maß beschränkt wird, dann müßten Mehr-Ebenen-Hierarchien das Handeln einer prinzipiell unbegrenzten Zahl von Akteuren koordinieren können. Die kritische Vorbedingung dieses komparativen Vorteils bleibt freilich die Möglichkeit einer modularen Organisationsstruktur. Daraus folgt umgekehrt, daß auch die hierarchische Koordination auf engere Schranken stößt in einer Welt, in der reziproke Interdependenzen sich ausweiten und verdichten, und in der deshalb Interaktionen über intra- und interorganisatorische, intra- und intersektorale, intra- und internationale Grenzen hinweg nicht nur an Häufigkeit, sondern auch an kurzfristiger Veränderlichkeit zugenommen haben.

Wir befinden uns also offenbar in einer theoretischen Sackgasse. Sowohl die hierarchische Koordination als auch die Verhandlungskoordination sind anfällig für opportunistisches Verhalten, das im ersten Falle Autoritätsmißbrauch und Ausbeutung, im zweiten das Verhandlungsdilemma zur Folge hat. Sollten diese Motivationsprobleme irgendwie bewältigt werden, dann wäre die potentielle Reichweite der Selbstkoordination durch Verhandlungen begrenzt durch den explosiven Anstieg der Komplexität multilateraler Verhandlungen bei einer steigenden Zahl von Beteiligten. Hierarchische Koordination wäre zwar im Prinzip auch bei einer sehr großen Zahl von Beteiligten wirksam – aber nur, wenn der gesamte Aufgabenbestand tatsächlich in voneinander näherungsweise unabhängige Module aufgeteilt werden kann. Mit zunehmender Häufigkeit und Veränderbarkeit von Interdependenz-Beziehungen stoßen jedoch modulare Organisationsformen – und damit auch die hierarchische Koordination – ebenfalls an unübersteigbare Grenzen. Aber wenn das so ist, wie soll man dann die Tatsache erklären, daß auch in hochkomplexen Konstellationen immer noch ein erstaunlich hohes Maß an Koordination erreicht werden kann? Die Antwort, die ich auf den folgenden Seiten skizzieren will, basiert auf dem Begriff der „Einbettung" („embeddedness"). Insbesondere möchte ich zeigen, daß die engen Schranken der Verhandlungskoordination wesentlich erweitert werden können, wenn solche Verhandlungen entweder in hierarchische oder in netzwerkartige Strukturen eingebettet sind.

4.1 Selbstkoordination im Schatten der Hierarchie

In unseren Untersuchungen der Entscheidungprozesse in der Ministerialorganisation haben Renate Mayntz und ich vor zwanzig Jahren keine Belege dafür gefunden, daß hierarchische Koordination in dem hier definierten Sinne[8] in der ministeriellen Praxis eine erhebliche Rolle spielte, jedenfalls soweit es um die Leitungsebene der Ministerien und des Kanzleramtes ging. Statt dessen fanden wir vertikale Interaktionsbeziehungen, die einem „Dialogmodell" entsprachen, in dem Politiker und politische Beamte sich in erster Linie auf Fragen der politischen Realisierbarkeit und Wünschbarkeit der diskutierten Lösungen konzentrierten, während Fragen der technischen Wirksamkeit und administrativen Praktikabilität in erster Linie von den Berufsbeamten in die Diskussion eingebracht wurden (Mayntz/Scharpf 1975: 100-107). Selbstverständlich hatten die Politiker gegenüber den Beamten das letzte Wort. Aber diese Möglichkeit spielte so gut wie keine Rolle, weil ja die Entscheidungsprämissen, die von den Beamten repräsentiert wurden, im Dialog nicht ignoriert werden konnten und auch nicht ignoriert wurden. Im Prozeß der Politikvorbereitung hatten Lösungsvorschläge überhaupt nur dann eine Chance, wenn sie nach beiden Kriterien mindestens akzeptabel waren (Simon 1964) – was auch bedeutet, daß der Politikdialog in der Regel durch Einvernehmen und nicht durch hierarchischen Oktroi beendet wurde.

Wenn in der vertikalen Interaktionsbeziehung einvernehmliche Entscheidungen die Regel waren, so galt dies erst recht für die horizontalen Verhandlungen zwischen Referaten und Abteilungen innerhalb des gleichen Ministeriums oder zwischen den Ministerien. Faktisch sind ja alle wichtigen Programminitiativen, die innerhalb einer Organisationseinheit erwogen werden, funktional abhängig von Beiträgen anderer Einheiten, oder sie haben Auswirkungen auf den Zuständigkeitsbereich oder die Klientelgruppen anderer Einheiten, oder die Verwirklichung von übergreifenden Programmzielen ist von vornherein auf gemeinsame Anstrengungen mehrerer Einheiten angewiesen. Unter solchen Bedingungen ist Koordination offensichtlich wünschenswert und oft unerläßlich für eine erfolgreiche Regierungspolitik. Aber angesichts der „selektiven Perzeption" spezialisierter Organisationseinheiten (Dearborn/Simon 1958) und ihrer Identifikation mit den Interessen ihrer jeweiligen Klientelgruppen, sind Programminitiativen innerhalb der Bürokratie in aller Regel umstritten. Nun könnte zwar bei solchen Konflikten in jedem einzelnen Fall eine koordinierte Lösung von dem nächsten gemeinsamen Vorgesetzten und schließlich vom Kabinett oktroyiert werden; aber der Versuch, alle interministeriellen Konflikte „streitig ins Kabinett" zu bringen, wäre in jedem Fall zum Scheitern verurteilt – und das gleiche gilt für die Leitungsebene im Ressort. Mit anderen Worten: hierarchische Koordination ist zwar nicht ausgeschlossen, aber sie muß – wenn nicht Entscheidungsüberlastung zum Stillstand der Regierung führen soll – eine seltene Ausnahme bleiben. Die Minister und das Kabinett können ihre Funktionen überhaupt nur dann erfüllen, wenn die auf ihre Tagesordnung kommenden Entscheidungsvorschläge in aller Regel aus intra- und interministeriellen Abstimmungsprozessen hervorgehen, in denen bereits Einvernehmen zwischen den beteiligten Einheiten erreicht wurde. Das Überraschende ist, daß angesichts komplexer Interdependenzen und allfälliger Konflikte diese Übereinstimmung zwischen den Arbeitseinheiten in der Regel auch erreicht wird.

---

8 Das soll selbstverständlich nicht heißen, daß auch in allen anderen Angelegenheiten – etwa Personalfragen, Organisationsfragen oder Einzelfallentscheidungen in der Sache – hierarchische Entscheidungen selten seien. Unsere These bezieht sich nur auf den Versuch der hierarchischen Koordination zwischen interdependenten Einzelprogrammen.

Positive und negative Koordination

In unseren Untersuchungen haben wir das vorgefundene Lösungsmuster als Kombination zweier klar unterschiedener Formen der Selbstkoordination beschrieben, für die wir die Bezeichnungen „positive" und „negative" Koordination vorgeschlagen haben (Scharpf 1972). Die beiden Formen unterscheiden sich in ihrem inhaltlichen Anspruchsniveau und in ihren prozeduralen Anforderungen.

Inhaltlich kann man die positive Koordination als Versuch beschreiben, die Effektivität und Effizienz der Regierungspolitik insgesamt durch die Nutzung der gemeinsamen Handlungsoptionen mehrerer Abteilungen oder Ressorts zu steigern. Analytisch ist das Ziel der positiven Koordination also identisch mit der Maximierung aggregierter Wohlfahrtseffekte durch die idealisierten Modelle der hierarchischen Koordination und der Verhandlungskoordination. Im Gegensatz dazu erscheint das Anspruchsniveau der negativen Koordination begrenzter. Ihr Ziel ist die Vermeidung der Störungen, welche die ausschließlich an den eigenen Zielen orientierten Programminitiativen einer spezialisierten Einheit in den Zuständigkeitsbereichen anderer Einheiten auslösen könnten. Wohlfahrtstheoretisch formuliert sichert die erfolgreiche Negativkoordination also die Pareto-Superiorität neuer Politikinitiativen, während die positive Koordination das anspruchsvollere Kaldor-Optimum zu erreichen versucht.

Prozedural läuft positive Koordination fast immer auf multilaterale Verhandlungen in intra- oder interministeriellen Projektgruppen hinaus, deren Mandat die Berücksichtigung aller Handlungsoptionen aller beteiligten Einheiten einschließt. Im Gegensatz dazu erfolgt negative Koordination typischerweise durch bilaterale „Abstimmung" zwischen der an einer Programminitiative arbeitenden Einheit und anderen Einheiten, deren Zuständigkeitsbereich potentiell betroffen werden könnte – wobei deren eigene Handlungsoptionen in der Regel nicht zur Disposition stehen. Weil dies so ist, reduziert sich die Abstimmung oft auf eine bloße Formalität, wenn die initiierende Einheit die Einwände der „Mitzeichnungsberechtigten" antizipiert und bei der Formulierung ihres Programmvorschlags schon berücksichtigt hat.

Aus alledem folgt, daß die negative Koordination die Komplexität der horizontalen Selbstkoordination und damit die Bedeutung des Problems der großen Zahl drastisch reduziert (Abbildung 2).[9] Ebenso klar ist allerdings, daß der Spielraum für Programminnovationen vermindert wird, wenn nur die Handlungsoptionen der initiierenden Einheit zur Disposition stehen, während bei allen mitzeichnenden Einheiten der jeweilige Status Quo ihrer Programme als unveränderliche Gegebenheit vorausgesetzt wird. Bei einer steigenden Zahl von Beteiligten führt negative Koordination deshalb zu einer Kumulation von Veto-Positionen, welche die erreichbaren Wohlfahrtsgewinne unter das Niveau drückt, das durch positive Koordination erreicht werden könnte (Anmerkung 2 oben). Wenn man freilich die Ergebnisse der negativen Koordination mit den Wohlfahrtsverlusten vergleicht, die bei unkoordiniertem Vorgehen zu erwarten wären, so erscheint sie immer noch durchaus attraktiv; und wenn positive und negative

---

9 Bei (N) Einheiten mit jeweils (S) Programm-Optionen erfordert die positive Koordination die gleichzeitige Überprüfung von $[N \times (N-1)/2 \times S^2]$ Beziehungen zwischen interdependenten Optionen. Die negative Koordination erfordert dagegen nur die Überprüfung von $[S \times (N-1)]$ Interaktionsbeziehungen, die überdies sequentiell abgearbeitet werden können.

Abbildung 2: Positive und negative Koordination

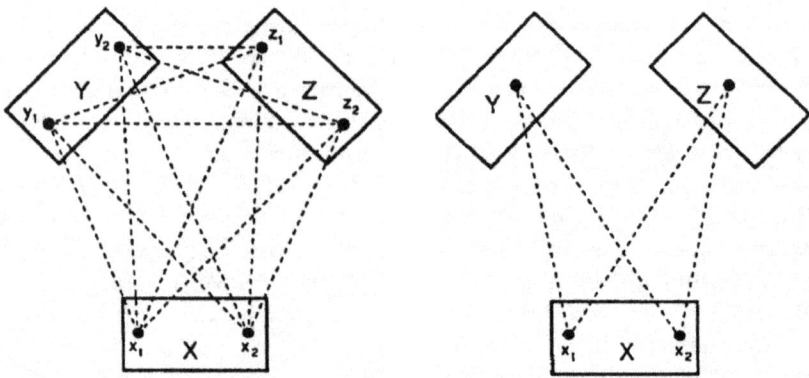

Koordination kombiniert werden können, dann sind Annäherungen an das Wohlfahrtsoptimum durchaus möglich. In der Ministerialorganisation jedenfalls liegt hier die Erklärung dafür, wie trotz eines sehr hohen Grades komplexer Aufgaben-Interdependenz ein brauchbares Niveau effektiver Programmkoordination erreicht werden kann.

Die Bedeutung der Hierarchie

Technisch kann man die positive wie die negative Koordination als Formen der horizontalen Selbstkoordination (und nicht der hierarchischen Koordination) beschreiben. Aber eine solche Beschreibung ignoriert die fortdauernde Bedeutung hierarchischer *Strukturen* im ministeriellen Entscheidungsprozeß. Der Erfolg der positiven Koordination wird wesentlich begünstigt durch die Tatsache, daß die Verhandlungen zwischen den Untereinheiten typischerweise im Auftrag der Leitung stattfinden und daß ihre Ergebnisse entweder vom Minister oder vom Kabinett und vom Kanzler akzeptiert werden müssen. Deshalb ist es allen Beteiligten klar, daß der relative Erfolg oder Mißerfolg der Verhandlungen nach den übergreifenden Nutzenkriterien der höheren Ebene beurteilt werden. Überdies haben, da die Ergebnisse auf der höheren Ebene überprüft werden, auch unredliche Verhandlungstaktiken zwischen den Beteiligten weniger Aussicht auf Erfolg. Dementsprechend wird das „Verhandlungsdilemma", an dem Versuche der Verhandlungskoordination so oft scheitern, zumindest wesentlich gemildert, wenn die Verhandlungen innerhalb einer hierarchischen Organisationsstruktur stattfinden. Ebenso verdankt die Negativkoordination in der Ministerialbürokratie ihre Wirksamkeit zum großen Teil autoritativ vorgegebenen Verfahrensregeln und letzten Endes der Erwartung, daß das letzte Wort beim Minister oder beim Kabinett liegen wird, und daß diese einseitige Programminitiativen kaum ratifizieren werden, solange intra-ministerielle und interministerielle Programmkonflikte noch nicht ausgeräumt sind.

Hierarchische Strukturen, auch wenn sie eine wirksame hierarchische Koordination nicht leisten können, definieren also immerhin den Kontext, innerhalb dessen Verhandlungen stattfinden müssen. Einerseits schafft die hierarchische Organisation Be-

dingungen für Zwangsverhandlungen, durch die einseitige Aktionen aus dem Handlungsrepertoire der Akteure eliminiert werden; andererseits schafft sie Bedingungen, welche die Versuchungen beseitigen oder jedenfalls mindern, die andernfalls die Parteien in der Falle des „Verhandlungsdilemmas" festhalten würden.
Kurz: die effektive Koordinationsleistung von Verhandlungen kann wesentlich gesteigert werden, wenn diese in die hierarchische Struktur der Ministerialbürokratie eingebettet sind. Und da hierarchische Organisationsstrukturen in der modernen Welt allgegenwärtig sind, kann man auch mit guten Gründen vermuten, daß hierarchisch eingebettete Verhandlungen weithin verfügbar sind, um Probleme der komplexen Aufgaben-Interdependenz innerhalb formaler Organisationen zu bewältigen.
Überdies kann die Logik des Modells von Verhandlungen innerhalb hierarchischer Organisationen auf Beziehungen übertragen werden, die unter der hierarchischen Autorität des Staates stehen. In den meisten westlichen Demokratien wurde zwar in der Politik-Formulierung ebenso wie in der Politik-Implementierung die einseitige Ausübung staatlicher Autorität weithin verdrängt durch formelle oder informelle Verhandlungen zwischen staatlichen Akteuren und den betroffenen Individuen oder Organisationen. Zugleich werden wichtige Bereiche von öffentlichem Interesse durch Verhandlungen innerhalb pluralistischer oder korporatistischer „Politiknetzwerke" gestaltet (Scharpf 1991). Während das erste Muster dem vertikalen „Dialogmodell" entspricht, das oben beschrieben wurde, entspricht das zweite der horizontalen Selbstkoordination. Aber in beiden Dimensionen geht es hier typischerweise um Verhandlungen im Schatten hierarchischer Autorität. In vielen Bereichen werden die ausgehandelten Kompromisse auf höherer Ebene überprüft, und oft müssen die Vereinbarungen zwischen den organisierten Interessen letztlich durch administrative oder legislative Entscheidung in bindendes Recht umgesetzt werden. Ebenso wie in der Ministerialbürokratie impliziert hier die staatliche Zustimmung oder Ratifikation auch die Möglichkeit einer Ablehnung und damit die Fähigkeit, faire Verhandlungen zu erzwingen und offensichtlich opportunistische Strategien zu blockieren. Oft hat überdies der Staat die Gruppen und kooperativen Akteure bestimmt (oder sogar geschaffen), auf deren Zustimmung es bei den Verhandlungen ankommt; und ebenso werden die Verfahrensregeln, unter denen die Einigung erzielt werden muß, oft vom Staat bestimmt (Czada 1991; Lindberg/Campbell 1991).

4.2 Selbstkoordination in Netzwerken

Zwar wird die Reichweite der Selbstkoordination erheblich erweitert, wenn Verhandlungen in hierarchische Autoritätsstrukturen eingebettet sind, aber damit wäre in allen jenen Fällen noch nichts gewonnen, wo der Koordinationsbedarf die Grenzen hierarchischer Zuständigkeiten überschneidet. Viele der kritischen Interdependenzen sind interorganisatorischer, intersektoraler oder zwischenstaatlicher Art, und wenn sie überhaupt bewältigt werden können, so sind sie auf die Möglichkeit einer „Koordination ohne Hierarchie" (Chisholm 1989) angewiesen. Im folgenden möchte ich zeigen, daß einige Funktionen, die ich der Existenz hierarchischer Strukturen zugeschrieben habe, auch von selbst-organisierenden Netzwerken vertrauensvoller Dauerbeziehungen erfüllt werden können.

Netzwerke als emergente Strukturen

Ebenso wie der Begriff der Hierarchie wird auch der des Netzwerks zur Beschreibung bestimmter Interaktionsarten wie bestimmter Beziehungsstrukturen verwandt. Da es hier um ein funktionales Äquivalent für hierarchische Organisationsformen geht, interessiert vor allem die strukturelle Bedeutung. In der Literatur variieren zwar die Definitionen, aber die Betonung liegt im allgemeinen auf dem informellen (nicht-organisierten) und reziproken (nicht-hierarchischen)[10] Charakter von relativ dauerhaften Beziehungen zwischen mehr als zwei Akteuren. Unklar bleibt dabei, ob der Begriff auf Akteur-Konstellationen beschränkt bleiben soll, deren dyadische Beziehungen durch ein hohes Niveau gegenseitigen Vertrauens charakterisiert sind, oder ob das Vorhandensein oder Fehlen von Vertrauen als eine empirische Variable behandelt werden soll. In jedem Falle ist jedoch zu unterscheiden zwischen den (möglicherweise höchst unterschiedlichen) Eigenschaften der einzelnen Interaktionen und den Eigenschaften der dauerhaften Netzwerk-Beziehung, in der diese Interaktionen stattfinden. Relativ dauerhafte Netzwerkstrukturen können auf Familien- oder Freundschaftsbindungen beruhen. Sie können aber auch durch Gesetz oder Verwaltungsakt oder durch (relationalen) Vertrag begründet werden. Von größerem theoretischem Interesse ist die Frage, ob sich solche Strukturen auch zwischen auf andere Weise unverbundenen Akteuren allein aus wiederholten und auch künftig erwartbaren Interaktionen entwickeln können. Dies wäre nicht gleichzusetzen mit der spieltheoretischen Begründung einer möglichen „Evolution von Kooperation" (Axelrod 1984), welche die unbegrenzte Wiederholung der gleichen (dem Gefangenendilemma entsprechenden) Interaktion voraussetzt. Derart exakte Wiederholungen treten ja in der Realität nur selten auf. Aber etwas Wichtiges wird in der Tat wiederholt, wenn in einer Dauerbeziehung die gleichen Akteure immer wieder miteinander zu tun haben. In einem früheren Artikel habe ich vorgeschlagen, diesen Aspekt im Konzept eines Zwei-Ebenen-Spiels zu erfassen, in dem zwar auf der ersten Ebene die konkreten Optionen und Payoffs von Mal zu Mal wechseln, während auf der zweiten Ebene ein und dasselbe Spiel unverändert wiederholt wird. Dort geht es nämlich immer wieder um die gleiche Frage, welcher „Typ von Spieler" der Akteur in dem eben anstehenden Primär-Spiel sein will, und als welchen er seinen Partner einschätzt (Scharpf 1990).

Gemeint sind mit dem spieltheoretischen Begriff des Spielertyps drei Aspekte der Vertrauenswürdigkeit: Wird der Spieler in den dem eigentlichen Spielzug vorausgehenden Verhandlungen lügen oder die Wahrheit sagen; wird er gegebene Versprechen halten oder brechen; und wird er drittens Spielzüge in Betracht ziehen oder ausschließen, die den Partner schädigen müßten? Auch wenn die Bedeutung dieser drei Aspekte der Vertrauenswürdigkeit von Fall zu Fall variieren mag, sind zumindest die ersten

---

10 Die Aussage gilt nicht für den „Network-Exchange"-Ansatz, der auf der Grundlage der „Power-Dependence"-Theorie (Emerson 1962) die Implikationen unterschiedlicher Netzwerk-Strukturen für die Symmetrie oder Asymmetrie von Tauschbeziehungen untersucht (Cook/Yamagishi 1992). Im gegenwärtigen Kontext müßte man stark asymmetrische Beziehungen als hierarchische Struktur charakterisieren. Darin liegt eine Vereinfachung. Im Rahmen dieses Aufsatzes können jedoch die Koexistenz symmetrischer und asymmetrischer Netzwerk-Beziehungen und ihre Implikationen für das Koordinationsproblem nicht weiter untersucht werden.

beiden konstitutiv für alle Arten sozial produktiver Interaktionen. Ihre Bedeutung ergibt sich aus einem grundlegenden Dilemma der menschlichen Existenz: Einerseits haben Akteure keine direkte Kenntnis der Situationsdeutungen und Absichten ihrer Partner, während die objektive Fähigkeit zur wechselseitigen Schädigung potentiell unbegrenzt erscheint. Wenn aber die Akteure in Reaktion auf die gefährliche Ungewißheit niemandem über den Weg trauen (also nur noch Maximin-Strategien anwenden) würden, so müßten sie andererseits auch auf alle Vorteile der Kooperation und des wechselseitig vorteilhaften Austauschs verzichten (Luhmann 1968; Scharpf 1990). Vertrauen impliziert also nicht nur lebensgefährliche Risiken, sondern auch lebenswichtige Chancen.

Nun besagen spieltheoretische „Folk-Theorems" in der Tat, daß schon die unbefristete Wiederholung von Spielen ausreiche, um Kooperation zu ermöglichen. In den Spielen auf der zweiten Ebene würden demnach rationale Egoisten die Wahrheit sagen und Versprechen halten, weil anderenfalls der Partner den Vertrauensbruch bei der nächsten Begegnung bestrafen könnte. Unklar bleibt freilich innerhalb des theoretischen Bezugsrahmens die Rationalität (oder die „subgame-perfectness") der dabei unterstellten Sanktionsbereitschaft der Partner (Güth et al. 1991). Wenn Sanktionen kostspielig sind, dann ist nicht einzusehen, weshalb egoistisch-rationale Akteure (die also nicht von einem emotionalen Bedürfnis nach Rache getrieben werden: Frank 1988) Ressourcen aufwenden oder auf potentielle Vorteile verzichten sollten, nur um alte Rechnungen mit einem früheren Übeltäter zu begleichen.

Plausibel erscheint deshalb die Vertrauensbildung zwischen egoistisch-rationalen Akteuren nur in Situationen, wo eine hochwirksame Sanktion nur geringe Kosten verursacht. Auf Wettbewerbsmärkten und unter Bedingungen hoher Sichtbarkeit können die Käufer mit geringen Kosten einem Verkäufer aus dem Weg gehen, von dem sie einmal betrogen wurden, oder von dem sie wissen, daß er andere betrogen hat (Tullock 1985), und spezialisierte Informationsdienste können auch unter weniger günstigen Umständen hohe Sichtbarkeit erzeugen (Milgrom et al. 1990). Wo das zutrifft, haben rationale Akteure guten Grund, ihre Reputation für Vertrauenswürdigkeit nicht zu gefährden, selbst wenn im konkreten Fall Betrug vorteilhafter wäre. Insofern können also stabile Marktbeziehungen durchaus von wechselseitigem Vertrauen geprägt sein, das auch keineswegs „parasitär" von nicht erneuerbaren traditionalen Normbeständen leben muß (so Bell 1976), sondern sich aus den ökonomischen Kalkülen selbst regenerieren kann.

Aber es gibt viele andere Konstellationen, in denen die Akteure einander nicht mit geringen Kosten aus dem Weg gehen können. Das gilt nicht nur für Interaktionen zwischen Ehepartnern und Nachbarn und zwischen Unternehmen bei hoher „AssetSpecificity" (eine Bedingung, auf die sich die Transaktionskosten-Ökonomie konzentriert), sondern es gilt auch zwischen territorial oder funktional spezialisierten und verhältnismäßig immobilen Organisationen wie Gewerkschaften, Interessenverbänden, politischen Parteien und Staaten. In all diesen Konstellationen könnte in der Modell-Welt der Reputationsmechanismus für sich allein nicht wechselseitiges Vertrauen garantieren. Überdies wissen wir ja auch, daß in der realen Welt die Beziehungen zwischen Akteuren, die einander nicht aus dem Weg gehen können, nicht immer durch wechselseitiges Vertrauen, sondern oft auch durch besonderes Mißtrauen geprägt sind. Erklärungsbedürftig ist also das Nebeneinander von Vertrauen und Mißtrauen in dauerhaften Beziehungen. Was kann das Netzwerk-Konzept dazu beitragen? Die Antwort, die ich anzubieten habe, basiert auf der spekulativen Extrapolation begrenzter empirischer Befunde. In einer Untersuchung der horizontalen Koordination zwischen deutschen Bundesländern (Scharpf/Benz 1991) fiel uns auf, daß die Akteure generell dazu neigten, ihre besonders bedeutsamen Beziehungen dichotomisch als *entweder „kooperativ" oder „kompetitiv"* zu definieren. Daraus leite ich die Vermutung ab, daß von den in sozialpsychologischen Experimenten identifizierten möglichen „Interaktionsorientierungen" (MacCrimmon/Messick 1976; Kelley/Thibaut 1978; Schulz/May 1989) in realen Interaktionen nicht alle mit gleicher Häufigkeit auftreten. Insbesondere scheint die (von der ökonomischen Theorie und von der Spieltheorie als Norm unterstellte) „egoistisch-rationale" Orientierung, nach der Akteure sich nur um den eigenen Nutzen kümmern ($U = U_X$) und gegenüber dem Nutzen ihrer Partner indifferent sind, in bedeutsamen Dauerbeziehungen nicht die Regel zu sein. Bei den kooperativen bzw. kompetitiven Orientierungen dagegen interessieren sich die Akteure durchaus für die Gewinne und Verluste der anderen Spieler – im ersten Fall zählt für sie der gemeinsame Nutzen der Partner ($U = U_X + U_Y$), im zweiten der eigene Vorsprung vor dem Konkurrenten ($U = U_X - U_Y$).

Die Neigung, wichtige Beziehungen entweder als kompetitiv oder als kooperativ zu definieren, mag in der evolutionär geprägten menschlichen Natur begründet sein (Messick 1985); sie hat aber auch, wie ich an anderer Stelle gezeigt habe, den Vorteil der radikalen kognitiven Vereinfachung komplexer und ambivalenter Spielsituationen. Mixed-Motive-Konstellationen wie das Prisoner's Dilemma, das Chicken Game oder Battle-of-the-Sexes, die bei egoistisch-rationaler Orientierung schwierige Kalküle erfordern und dennoch keine befriedigende Lösung haben, werden durch die kompetitive Orientierung in einfache Nullsummenspiele, durch die kooperative Orientierung in ebenso einfache Koordinationsspiele transformiert (Scharpf 1988; 1989). Hinzu kommt, so denke ich, ein zweiter Mechanismus, den man als Reaktion begrenzt-rationaler Akteure auf die fundamentale Ungewißheit menschlicher Interaktionen interpretieren kann.

Dauerbeziehungen werden ja fast immer Einzelinteraktionen einschließen, die sich in ihren spieltheoretischen Eigenschaften erheblich voneinander unterscheiden. Einige davon mögen einem Nullsummenspiel entsprechen, einige einem reinen Koordinationsspiel, und viele werden die Struktur von „Mixed-Motive"-Spielen haben, also etwa dem Prisoner's Dilemma, dem Chicken-Game oder auch dem Assurance-Game entsprechen. Wenn alle diese Spiele jeweils unter vollständiger Information egoistisch-rational gespielt würden, dann würden die Partner manchmal einander unterstützen und manchmal einander schädigen. Bei prinzipiell unvollständiger Information über die Präferenzen und Perzeptionen der anderen Seite freilich wären die Akteure oft nicht in der Lage, die eine Konstellation von der anderen sicher zu unterscheiden. Dann aber brauchte es nur ein geringes Maß an „Risikoaversion" oder eine Tendenz zur Überbewertung möglicher Verluste im Vergleich zu möglichen Gewinnen (Kahneman/Tversky 1984), um wiederum die extreme Vorsicht als plausibelste Verhaltensregel erscheinen zu lassen.

Weil aber das generalisierte Mißtrauen zu so unattraktiven Ergebnissen führen muß, kann man in der Tat ein universelles menschliches Interesse am Aufbau vertrauensvoller Beziehungen postulieren (Sabel 1992). Angesichts der potentiellen Vielfalt von

Spiel-Konstellationen, die von den Akteuren nur unvollständig durchschaut werden können, kann ein solches Interesse seinen Ausdruck freilich nur in der Ausbildung *generalisierter* Erwartungen finden – und es kann nur verwirklicht werden, wenn diese Erwartungen sich in den nachfolgenden Interaktionen auch regelmäßig bestätigen. Derartige Erwartungen können nicht über alle Beziehungen hinweg einheitlich sein, aber es erscheint ebenso unwahrscheinlich, daß sie vollständig individualisiert werden könnten. Statt dessen scheint es plausibel, sie als empirische Generalisierungen zu interpretieren, die aus den realen Bedingungen besonders häufiger oder besonders wichtiger Interaktionen abgeleitet wurden.

Für kompetitive oder sogar feindselige[11] Orientierungen erscheint die Vermutung besonders naheliegend, daß sie ihre Grundlage in realen Konstellationen haben, in denen die Partner objektiv inkompatible Ziele verfolgt haben. Wenn solche Erfahrungen mit einer gewissen Häufigkeit auftreten, dann gibt es in der Tat gute Gründe dafür, auch bei allen anderen Begegnungen darauf zu achten, ob der Konkurrent durch das Ergebnis gestärkt oder geschwächt werden könnte (Powell 1991). Die Akteure werden also Vorkehrungen gegen die Möglichkeit treffen, daß der andere sie ungestraft schädigen könnte, und sie werden davon ausgehen, daß auch dieser Gegner auf das gleiche „Sicherheitsdilemma" reagieren muß (Jervis 1978; 1985). Indem sie sich aber gegen „worst-case"-Szenarien zu schützen versuchen, transformieren sie alle einzelnen Interaktionen, unabhängig von deren „objektiv gegebenem" Charakter, in „effektive" Nullsummenspiele. Die Beziehung wird dann insgesamt durch generalisierte Erwartungen der Konkurrenz oder der Feindseligkeit definiert; und diese Erwartungen werden in aller Regel auch durch die nachfolgende Erfahrung bestätigt.

Während aber das generalisierte Mißtrauen sich aus objektiven Interessenkonstellationen gewissermaßen von selbst entwickeln kann, reicht es für die Etablierung generalisierten Vertrauens noch nicht aus, daß Akteure in wichtigen Fällen gemeinsame Interessen verfolgt haben. Schon beim nächsten Spiel könnten ja die Interessen ganz anders liegen. Da die Akteure im Prinzip nicht über wechselseitig zuverlässige Kenntnis ihrer Situationsdeutungen und Absichten verfügen können, verlangt vertrauensvolle Kooperation immer von neuem die Bereitschaft, sich auf verwundbare Positionen einzulassen. Schlimmer noch, bei allfälligen Enttäuschungen könnte die verletzte Partei nicht einmal hinterher zuverlässig wissen, ob es sich um einen kontingenten Interessenkonflikt gehandelt hat (der künftige Kooperation unter günstigeren Umständen nicht hindern würde), oder ob eine böswillige Schädigung vorliegt, die darauf schließen läßt, daß der vermeintliche Partner zum Konkurrenten oder Feind geworden ist (Jervis 1988).

Angesichts des mit der Gewährung von Vertrauen verbundenen hohen Risikos erscheint es deshalb plausibel, daß Akteure auf das unaufhebbare Informationsdefizit zwar nicht mit generalisiertem Mißtrauen reagieren, aber doch mit höheren Anforderungen an die Kriterien der „Vertrauenswürdigkeit" oder, was auf das gleiche hinausläuft, mit einer Absenkung der Schwelle, von der an das Vertrauen entzogen wird. Anstatt sich auf unsichere Erklärungen einzulassen, hätten sie guten Grund, schon

---

11 Die feindselige Orientierung unterscheidet sich von der kompetitiven dadurch, daß der Schaden des anderen auch ohne Rücksicht auf den eigenen Vorteil gesucht werden kann; also nicht (U = $U_X - U_Y$), sondern (U = – U_Y).

auf die tatsächliche Schädigung ihrer Interessen mit Vertrauensentzug zu reagieren. Dementsprechend würden also „kooperative" Beziehungen definiert durch die generalisierte Erwartung, daß die Partner die Schädigung ihrer wechselseitigen Interessenpositionen vermeiden werden. Angesichts der Variabilität ihrer realen Spiel-Konstellationen wären solche Erwartungen selbstverständlich völlig unrealistisch, wenn die Partner entsprechend der egoistisch-rationalen Orientierung jeweils nur den eigenen Nutzen maximieren würden.[12] Generalisiertes Vertrauen erfordert vielmehr die Bereitschaft der Partner, im Interesse der Aufrechterhaltung einer kooperativen Dauerbeziehung im Einzelfall auf eigene Vorteile zu verzichten und sogar Verluste hinzunehmen. Wenn diese Definition die wechselseitigen Erwartungen bestimmt, dann mögen unbeabsichtigte Fehler nach ausreichender Klärung immer noch verziehen werden, aber alle anderen Enttäuschungen würden in aller Regel als Aufkündigung der kooperativen Beziehung selbst interpretiert, die auf der anderen Seite auch den allgemeinen Vertrauensentzug rechtfertigt.

Generalisiertes Vertrauen kann also leicht zerstört werden. Wo es aber existiert, bringt es den Beteiligten außerordentliche Vorteile. Es erlaubt ihnen, verwundbare Positionen einzunehmen und sich auch unter Bedingungen der unvollkommenen Information auf hochriskante (aber potentiell auch hochprofitable) „Mixed-Motive"-Transaktionen einzulassen. Aber trotz dieser außerordentlichen Vorteile erscheint es unwahrscheinlich, daß in der Mehrzahl der Dauerbeziehungen generalisiertes Vertrauen herrschen könnte. Angesichts der unaufhebbaren Ungewißheit bleibt Vertrauen eine riskante Entscheidung, die man nicht leichthin treffen wird (Sabel 1993). Noch wichtiger erscheint die Tatsache, daß eigene Vertrauenswürdigkeit nur durch aufwendige und leichtverderbliche Investitionen erworben werden kann, deren Kosten überdies steil ansteigen müßten, wenn ein Akteur sich mit konfligierenden Erwartungen von zwei oder mehr Vertrauensgebern zur gleichen Zeit konfrontiert sieht. Der Versuch, „everybody's darling" sein zu wollen, würde in aller Regel durch die hohen Opportunitätskosten kooperativer Beziehungen vereitelt.

Aus diesem Grund bleibt durchaus Raum für eine dritte, „indifferente" Kategorie von Beziehungen, in denen die Akteure sich wechselseitig weder als Freunde noch als Feinde definieren. Während sie einander große Opfer nicht zumuten können, wären hier kleinere reziproke Gefälligkeiten durchaus erwartbar. Deshalb können die Partner indifferenter Dauerbeziehungen auch erwarten, daß der andere die eigenen Interessen nicht gedankenlos und unnötigerweise verletzen werde (Colman 1982: 38); und sie werden vermutlich auf eine „kompetitive" Orientierung umschalten, wenn selbst diese Minimalerwartungen verletzt werden. In anderen Worten: die Interaktionsorientierungen in indifferenten Dauerbeziehungen werden in etwa den Standardannahmen eines eigeninteressierten, aber nicht-opportunistischen Rationalverhaltens entsprechen, wie es in der ökonomischen Theorie gemeinhin unterstellt wird.

Das resultierende Beziehungsmuster wird also vermutlich eine stark selektive Struktur haben. Angesichts ihrer hohen Kosten werden kooperative Bindungen nicht leichthin eingegangen, und das gleiche wird auch für kompetitive Beziehungen gelten, deren

---

12 In der sozialpsychologischen Literatur wird zwischen einer „kooperativen" ($U = U_X + U_Y$) und einer „altruistischen" Interaktionsorientierung ($U = U_Y$) unterschieden. Die hier abgeleitete Definition ist weniger anspruchsvoll. Sie erlaubt die Verfolgung eigener Interessen unter der Voraussetzung, daß der Partner dadurch nicht geschädigt wird.

Unterhaltung ebenfalls dauernde Aufmerksamkeit und Anstrengung erfordert. Dementsprechend werden sowohl kooperative als auch kompetitive Orientierungen sich vor allem in Beziehungen von hoher intrinsischer Bedeutung, mit potentiell hohen Vorteilen oder hoher Verwundbarkeit herausbilden – also in Beziehungen, für welche die Unterstellung „Wer nicht für mich ist, muß wider mich sein" eine erhebliche Plausibilität besitzt. Rationale Indifferenz dagegen wird eher in Beziehungen von geringerer intrinsischer Bedeutung auftreten. Darüber hinaus besagen psychologische Theorien des „strukturellen Gleichgewichts", daß sich in Populationen von interdependenten Akteuren Cliquen herausbilden werden, deren interne Beziehungen positiv (vertrauensvoll) sind, während zwischen diesen Cliquen negative oder indifferente Beziehungen vorherrschen.[13] In der experimentellen Prüfung haben diese analytisch gewonnenen Hypothesen nicht besonders gut abgeschnitten (Hummell/Soudeur 1987), und auch historische Studien haben in Systemen internationaler Allianzen keine dauerhafte Tendenz zum „strukturellen Gleichgewicht" entdecken können (McDonald/Rosecrance 1985).[14] Generell können wir deshalb nur davon ausgehen, daß kooperative Beziehungen höchst selektive Netzwerk-Strukturen bilden werden, die jedoch nicht isoliert existieren. Die Mitglieder solcher Netzwerke werden auch mit anderen Akteuren interagieren, mit denen sie durch indifferente oder kompetitive Beziehungen verbunden sind.

Positive und negative Koordination in Netzwerken

Damit kehre ich zu der Ausgangsfrage zurück: Was kann die Existenz kooperativer Netzwerke zur Effektivität der nicht-hierarchischen Koordination in der modernen Gesellschaft beitragen? Für die *positive Koordination* liegt die Antwort auf der Hand: sie wird wesentlich erleichtert, wenn Verhandlungen zwischen Parteien geführt werden können, deren Dauerbeziehung durch kooperative Orientierungen definiert wird. Generalisiertes Vertrauen und ein generalisierter Willen zur Vertrauenswürdigkeit schließen opportunistische Verhandlungsstrategien aus, die den Kern des „Verhandlungsdilemmas" ausmachen; und wenn Verteilungskonflikte nicht ohnehin durch die Erwartung von „diffuser Reziprozität" (Keohane 1986) verdrängt werden, werden sie doch zumindest abgemildert durch das weithin vorauszusetzende Einvernehmen über die anwendbaren Normen der Verteilungsgerechtigkeit. Klar ist freilich auch, daß diese wohltätigen Wirkungen nur dann eintreten können, wenn der aktuelle Koordinationsbedarf übereinstimmt mit der gegebenen Struktur eines kooperativen Netzwerks.

---

13 Die Heidersche Gleichgewichtstheorie läßt nur positive oder negative Beziehungen zu. Sie unterstellt eine psychologische Tendenz zur Stress-Vermeidung, nach welcher der Freund eines Freundes als Freund, der Feind eines Freundes als Feind, der Freund eines Feindes als Feind und der Feind eines Feindes als Freund definiert werden. Im Ergebnis würde durch diese Regeln die Population in zwei feindliche Lager geteilt (Heider 1946; Cartwright/Harary 1956). Wenn auch indifferente Beziehungen zugelassen werden, dann teilt sich die Population in mehrere Cliquen von Freunden, die von anderen durch negative oder indifferente Beziehungen getrennt sind (Hummell/Soudeur 1987).
14 Die Untersuchungen zur Struktur europäischer Allianzen im letzten Drittel des neunzehnten Jahrhunderts zeigen aber doch eine sozusagen „natürliche" Tendenz zur Polarisierung, das der Heiderschen Theorie entspricht. Diese Tendenz wurde nur zeitweilig überdeckt durch Bismarcks Strategie der sich überkreuzenden Allianzen, die von seinen Nachfolgern nicht mehr durchgehalten werden konnte.

In anderen Worten, die „näherungsweise Zerlegbarkeit" oder „Modularität" ist nicht nur für hierarchische Organisation ein Grundproblem, sondern auch für Netzwerkstrukturen. Zwar ist in Netzwerken, deren Struktur von der perzipierten Intensität bilateraler Interdependenzen geprägt wird, die Kongruenz zwischen Struktur und tatsächlichem Koordinationsbedarf vermutlich größer als in formalen Organisationen. Aber angesichts der zunehmenden Veränderlichkeit realer Interdependenz-Beziehungen kann dies keineswegs die vollkommene Übereinstimmung garantieren. Auch in Netzwerkstrukturen gibt es erhebliche Veränderungswiderstände, und Freunde könnten nicht Freunde sein, wenn Freundschaftsbeziehungen nach dem jeweils neuesten Stand des perzipierten Koordinationsbedarf wechseln müßten.

Deshalb ist es wahrscheinlich, daß immer wenigstens einige der Akteure, auf deren Zustimmung man für erfolgreiche positive Koordination angewiesen wäre, nicht zu den Mitgliedern eines bereits existierenden kooperativen Netzwerks gehören werden. Dies ist gewiß noch nicht das Todesurteil für die Chancen der positiven Koordination. Aber die Beteiligung von „Außenseitern" wird nun wieder die Transaktionskosten von Verhandlungen erhöhen und die Einigung erschweren – und sie wird zugleich, als Folge des Problems der großen Zahl, die Ausdehnung der Gruppe begrenzen, innerhalb der erfolgreiche positive Koordination durch Verhandlungen erreicht werden kann.

Im Gegensatz dazu wird die *negative Koordination* gerade dann an Bedeutung gewinnen, wenn die Struktur kooperativer Netzwerke und das Muster aktueller Probleminterdependenzen sich überkreuzen. Die Rechtsordnung bietet ja außerhalb der Grenzen formaler Organisationen nur einen sehr begrenzten Schutz gegen die externen Effekte einseitigen Handelns. Das Strafrecht und das Privatrecht der unerlaubten Handlung bieten nur Abhilfe gegen Eingriffe in Leben, körperliche Unversehrtheit und Freiheit und in gewisse wohldefinierte eigentumsähnliche Rechte. Darüber hinaus gibt es keine allgemeine Rechtspflicht, sich um die Interessen potentiell betroffener Dritter zu kümmern. Private Organisationen sind rechtlich nicht gehindert, sich wechselseitig Kunden, Klienten, Mitglieder oder Investoren abzuwerben; und öffentliche Organisationen können ihre eigene Politik ohne Rücksicht auf deren externe Effekte für andere Zuständigkeitsbereiche verfolgen. Erst recht trifft dies auf der internationalen Ebene zu. Und selbst wenn die einzelnen Akteure gerne Rücksicht üben würden, wird der kollektive Egoismus sich in aller Regel dann durchsetzen, wenn Entscheidungen im Rahmen multilateraler Verhandlungen getroffen werden müssen. Da Einvernehmen unter den unmittelbar beteiligten Verhandlungspartnern schon schwer genug zu erreichen ist, wird die „unnötige" Rücksicht auf die Interessen von Außenseitern kaum eine Chance erhalten.

So gesehen ist es ein Glück, daß der Kreis der Verhandlungsteilnehmer üblicherweise nicht mit den Grenzen existierender kooperativer Netzwerke übereinstimmt und daß deshalb viele Verhandlungspartner auch kooperative Beziehungen zu Dritten unterhalten, die an den Verhandlungen nicht unmittelbar beteiligt sind. Wo immer das der Fall ist, wird der mit dem Versuch der positiven Koordination implizierte kollektive Egoismus konterkariert durch das individuelle Eigeninteresse von Verhandlungspartnern, die ihre Vertrauensbeziehung zu außenstehenden Dritten schützen müssen. Sie müssen, während sie das bestmögliche Ergebnis in den aktuellen Verhandlungen zu erreichen suchen, zugleich immer die Auswirkungen einer möglichen Einigung auf die Interessenposition ihrer externen Partner im Blick haben. Wenn diese verletzt werden sollte, so könnte dies Vertrauensbeziehungen gefährden, die durch kostspielige Investitionen in der Vergangenheit aufgebaut wurden und von denen noch ein dauerhafter Strom künftigen Nutzens erwartet werden kann.[15] Es wird vermutlich nicht viele Fälle geben, in denen der in aktuellen Verhandlungen erreichbare Vorteil einen so hohen Preis wert wäre.

Mit anderen Worten, negative Koordination funktioniert in Netzwerkstrukturen mehr oder minder ebenso wie in hierarchischen Strukturen. Sie sichert die Vermeidung (mancher) negativer Externalitäten, und sie begrenzt zugleich den Handlungsraum und damit die erreichbaren Wohlfahrtsgewinne der durch Verhandlungen angestrebten positiven Koordination. Trotzdem sollte man die Opportunitätskosten der Negativkoordination nicht überschätzen. Sie werden einmal begrenzt durch die Tatsache, daß kooperative Netzwerke nicht hierarchisch oktroyiert werden, sondern durch Selbstorganisation entstehen. Da die Beziehungen von den unmittelbar beteiligten Akteuren selbst geschaffen werden, werden sie in der Regel die von den Akteuren perzipierten wichtigsten strukturellen Interdependenzen repräsentieren; und da ihre Veränderung nicht von formellen Vereinbarungen abhängt, wird ihre Struktur sich der Entwicklung tatsächlicher Interdependenzen im Laufe der Zeit anpassen. Überdies ist ja auch der Kreis der Verhandlungsteilnehmer, unter denen positive Koordination angestrebt wird, keineswegs unveränderlich. Seine Zusammensetzung wird sich von vornherein an den perzipierten Interdependenzen orientieren, aber er kann notfalls auch ad hoc erweitert oder verändert werden.

5. Zusammenfassung

Die Existenz kooperativer Netzwerk-Strukturen ermöglicht Formen der positiven und negativen Selbstkoordination, die durchaus vergleichbar sind mit der Selbstkoordination in hierarchischen Organisationen. In beiden Fällen reduziert die Einbettung von Verhandlungen in einen vorhandenen strukturellen Rahmen die Transaktionskosten und erhöht damit die Reichweite und die Wirksamkeit von positiver Koordination. Noch wichtiger scheint es, daß die Einbettung negative Koordination ermöglicht und so auch die Interessen von Akteuren schützt, die nicht unmittelbar an aktuellen Verhandlungen beteiligt sind. In der Kombination erhöhen die erörterten Mechanismen deshalb die potentielle Reichweite koordinierten Verhaltens weit über die Grenzen hinaus, innerhalb der hierarchische Koordination oder Verhandlungskoordination für sich allein Erfolg haben könnten.

Freilich bedeutet die strukturelle Einbettung auch, daß die Ergebnisse der Koordination von der jeweiligen strukturellen Konfiguration bestimmt werden. Selbstkoordination durch Verhandlungen im Schatten der Hierarchie ist abhängig von der jeweils gegebenen Struktur von Autoritätsbeziehungen (oder asymmetrischen Machtbeziehungen)

---

15 Ähnliche Restriktionen können auch aus der Existenz kompetitiver Beziehungen resultieren, die einige Verhandlungspartner veranlassen mag, Lösungen zu vermeiden, die den Konkurrenten stärken könnten. Das ist offenbar gemeint, wenn man sagt, daß die Bundesrepublik immer als „stiller Verhandlungspartner" dabei war, wenn die DDR internationale Vereinbarungen anstrebte.

und von den Grenzen formaler Organisationen. Und auch wo Netzwerkstrukturen über Organisationsgrenzen hinausreichen, ist ihre Wirksamkeit doch mindestens ebenso selektiv. Sie hängt ab von der jeweils gegebenen Verteilung starker und schwacher Dauerbeziehungen zwischen formell unabhängigen individuellen und korporativen Akteuren. Auch wenn das Gesamtniveau der Koordiniertheit wesentlich erhöht wird, gibt es also keinen Grund für die Annahme, daß alle oder auch nur die meisten Chancen zur Optimierung auch tatsächlich genutzt werden oder daß alle oder die meisten Interessen gegen die negativen Externalitäten von Entscheidungen an anderer Stelle geschützt werden. Mit anderen Worten, auch das Konzept der eingebetteten Verhandlungen verspricht nicht die Verwirklichung eines Wohlfahrtsoptimums unter realen Bedingungen. Aber es verspricht doch eine bessere Erklärung für den überraschend hohen Grad an tatsächlich wirksamer Handlungskoordination und Erwartungssicherheit jenseits der engen Grenzen, in denen Markt und Hierarchie allein die Turbulenz interdependenter Interaktionen bewältigen könnten.

Literaturverzeichnis

Aivazian, Varouj A./Callen, Jeffrey L., 1981: The Coase Theorem and the Empty Core, in: Journal of Law and Economics 24, 175-182.
Aivazian, Varouj A./Callen, Jeffery L./Lipnowski, Irwin, 1987: The Coase Theorem and Coalitional Stability, in: Econometrica 54, 517-520.
Alchian, Armen A./Demsetz, Harold, 1972: Production, Information Costs, and Economic Organization, in: American Economic Review 62, 777-795.
Axelrod, Robert, 1984: The Evolution of Cooperation. New York: Basic Books.
Baldwin, David A., 1990: Politics, Exchange, and Cooperation, in: *Bernd Marin* (ed.), Generalized Political Exchange. Antagonistic Cooperation and Integrated Policy Circuits. Frankfurt a.M.: Campus, 101-118.
Bell, Daniel, 1976: The Cultural Contradictions of Capitalism. London: Heinmann.
Bianco, William T./Bates, Robert H., 1990: Cooperation by Design: Leadership, Structure, and Collective Dilemmas, in: American Political Science Review 84, 133-147.
Brennan, Geoffrey/Buchanan, James M., 1985: The Reason of Rules. Constitutional Political Economy. Cambridge: Cambridge University Press.
Cartwright, Dorwin/Harary, Frank, 1956: Structural Balance: A Generalization of Heider's Theory, in: Psychology Review 63, 277-293.
Chisholm, Donald, 1989: Coordination Without Hierarchy. Informal Structures in Multiorganizational Systems. Berkeley: University of California Press.
Coase, Ronald H., 1960: The Problem of Social Cost, in: Journal of Law and Economics 3, 1-44.
Coase, Ronald H., 1981: The Coase Theorem and the Empty Core: A Comment, in: Journal of Law and Economics 24, 183-187.
Colman, Andrew M., 1982: Game Theory and Experimental Games. The Study of Strategic Interaction. Oxford: Pergamon Press.
Cook, Karen S./Yamagishi, Toshio, 1992: Power in Exchange Networks: A Power-Dependence Formulation, in: Social Networks 14, 245-267.
Czada, Roland, 1991: Regierung und Verwaltung als Organisatoren gesellschaftlicher Interessen, in: *Hans-Hermann Hartwich/Göttrik Wewer* (Hrsg.), Regieren in der Bundesrepublik III. Systemsteuerung und „Staatskunst". Opladen: Leske + Budrich, 151-173.
Dearborn, DeWitt C./Simon, Herbert A., 1958: Selective Perception: A Note on the Departmental Identification of Executives, in: Sociometry 21, 140-144.
Dinar, Ariel/Ratner, Aharon/Yaron, Dan, 1992: Evaluating Cooperative Game Theory in Water Resources, in: Theory and Decision 32, 1-20.
Dryzek, John R., 1992: How Far is it from Virginia and Rochester to Frankfurt? Public Choice as Critical Theory, in: British Journal of Political Science 22, 397-418.

Emerson, Richard M., 1962: Power-Dependence Relations, in: American Sociological Review 27, 31-41.
Frank, Robert H., 1988: Passion Within Reason. The Strategic Role of Emotions. New York: W.W. Norton.
Gastel, M.A.J.J. van/Paelinck, J.H.P., 1992: Generalization of Solution Concepts in Conflict and Negotiation Analysis, in: Theory and Decision 32, 65-77.
Groom, A.J.R., 1991: No Compromise: Problem-Solving in a Theoretical Perspective, in: International Social Science Journal 127, 77-86.
Güth, Werner/Leininger, Wolfgang/Stephan, Gunter, 1991: On Supergames and Folk Theorems: A Conceptual Discussion, in: Reinhard Selten (ed.), Game Equilibrium Models II. Methods, Morals, and Markets. Berlin: Springer, 56-70.
Haas, Ernst B., 1980: Why Collaborate? Issue Linkage and International Regimes, in: World Politics 32, 357-405.
Häusler, Jürgen/Hohn, Hans-Willy/Lütz, Susanne, 1993: The Architecture of an R & D Collaboration, in: Fritz W. Scharpf (ed.), Games in Hierarchies and Networks. Analytical and Empirical Approaches to the Study of Governance Institutions. Frankfurt a.M.: Campus, 211-249.
Hardin, Russell, 1988: Morality within the Limits of Reason. Chicago: University of Chicago Press.
Harsanyi, John C., 1977: Rational Behavior and Bargaining Equilibrium in Games and Social Situations. Cambridge: Cambridge University Press.
Hausman, Daniel M., 1991: Is Utilitarianism Useless?, in: Theory and Decision 30, 273-278.
Hayek, Friedrich A. von, 1945: The Use of Knowledge in Society, in: American Economic Review 95, 519-530.
Heider, Fritz, 1946: Attitudes and Cognitive Organization, in: Journal of Psychology 21, 197-112.
Hummell, Hans J./Soudeur, Wolfgang, 1987: Triaden- und Triplettzensus als Mittel der Strukturbeschreibung, in: Franz Urban Pappi (Hrsg.), Methoden der Netzwerkanalyse. München: Oldenburg, 129-161.
Jervis, Robert, 1978: Cooperation Under the Security Dilemma, in: World Politics 30, 167-214.
Jervis, Robert, 1985: From Balance to Concert: A Study of International Security Cooperation, in: World Politics 38, 58-79.
Jervis, Robert, 1988: Realism, Game Theory, and Cooperation, in: World Politics 40, 317-349.
Kahneman, Daniel/Tversky, Amos, 1984: Choices, Values, and Frames, in: American Psychologist 39, 341-350.
Kalai, Ehud/Smorodinsky, Meir, 1975: Other Solutions to Nash's Bargaining Problem, in: Econometrica 43, 513-518.
Kaldor, Nicholas, 1939: Welfare Propositions of Economics and Interpersonal Comparisons of Utility, in: The Economic Journal 49, 549-552.
Kelley, Harold H./Thibaut, John W., 1978: Interpersonal Relations. A Theory of Interdependence. New York: John Wiley.
Keohane, Robert O., 1986: Reciprocity in International Relations, in: International Organization 40, 1-27.
Lax, David A./Sebenius, James K., 1986: The Manager as Negotiator. Bargaining for Cooperation and Competitive Gain. New York: Free Press.
Lindberg, Leon N./Campbell, John L., 1991: The State and the Organization of Economic Activity, in: John L. Campbell/J. Rogers Hollingsworth/Leon N. Lindberg (eds.), Governance of the American Economy. Cambridge: Cambridge University Press, 356-395.
Lindberg, Leon N./Campbell, John L./Hollingsworth, J. Rogers, 1991: Economic Governance and the Analysis of Structural Change in the American Economy, in: John L. Campbell/J. Rogers Hollingsworth/Leon N. Lindberg (eds.), Governance of the American Economy. Cambridge: Cambridge University Press, 3-34.
Luhmann, Niklas, 1968: Vertrauen. Ein Mechanismus der Reduktion sozialer Komplexität. Stuttgart: Ferdinand Enke.
MacCrimmon, Kenneth R./Messick, David M., 1976: A Framework for Social Motives, in: Behavioral Science 21, 86-100.
MacGinnis, Michael D., 1986: Issue Linkage and the Evolution of International Cooperation, in: Journal of Conflict Resolution 30, 141-170.

Macneil, Ian R., 1978: Contracts: Adjustment of Long-term Economic Relations Under Classical, Neoclassical, and Relational Contract Law, in: Northwestern University Law Review 72, 854-905.
March, James G./Olsen, Johan P., 1989: Rediscovering Institutions. The Organizational Basis of Politics. New York: Free Press.
Mayntz, Renate/Scharpf, Fritz W., 1975: Policy-Making in the German Federal Bureaucracy. Amsterdam: Elsevier.
McDonald, H. Brooke/Rosecrance, Richard, 1985: Alliance and Structural Balance in the International System, in: Journal of Conflict Resolution 29, 57-82.
Messick, David M., 1985: Social Interdependence and Decision Making, in: *George Wright* (ed.), Behavioral Decision Making. New York: Plenum Press, 87-109.
Milgrom, Paul/Roberts, John, 1990: Bargaining Costs, Influence Costs, and the Organization of Economic Activity, in: *James E. Alt/Kenneth A. Shepsle* (eds.), Perspectives on Positive Political Economy. Cambridge: Cambridge University Press, 57-89.
Milgrom, Paul/North, Douglass C./Weingast, Barry R., 1990: The Role of Institutions in the Revival of Trade: The Law Merchant, Private Judges, and the Champagne Fairs, in: Economics and Politics 2, 1-23.
Miller, Gary J., 1992: Managerial Dilemma. The Political Economy of Hierarchy. Cambridge: Cambridge University Press.
Mirbach, Thomas, 1992: Eine kybernetische Auflösung des Repräsentationsproblems?, in: Zeitschrift für Parlamentsfragen 23, 658-672.
Nash, John F., Jr., 1950: The Bargaining Problem, in: Econometrica 18, 155-162
Osborne, Martin J./Rubinstein, Ariel, 1990: Bargaining and Markets. San Diego: Academic Press.
Ouchi, William G., 1984: The M-Form Society. How American Teamwork Can Recapture the Competitive Edge. Reading, Mass.: Addison-Wesley.
Powell, Robert, 1991: Absolute and Relative Gains in International Relations Theory, in: American Political Science Review 85, 1303-1320.
Pruitt, Dean G., 1981: Negotiation Behavior. New York: Academic Press
Riker, William H., 1982: Liberalism Against Populism. A Confrontation Between the Theory of Democracy and the Theory of Social Choice. San Francisco: W.H. Freeman.
Sabel, Charles F., 1992: Studied Trust: Building New Forms of Co-Operation in a Volatile Economy, in: *Frank Pyke/Werner Sengenberger* (eds.), Industrial Districts and Local Economic Regeneration. Geneva: International Institute for Labour Studies, 215-250.
Sabel, Charles F., 1993: Constitutional Ordering in Historical Context, in: *Fritz W. Scharpf* (ed.), Games in Hierarchies and Networks. Analytical and Empirical Approaches to the Study of Governance Institutions. Frankfurt a.M.: Campus, 65-123.
Scharpf, Fritz W., 1972: Komplexität als Schranke der politischen Planung, in: Politische Vierteljahresschrift, Sonderheft 4. Gesellschaftlicher Wandel und politische Innovation, 168-192.
Scharpf, Fritz W., 1977: Does Organization Matter? Task Structure and Interaction in the Ministerial Bureaucracy, in: Organization and Administrative Sciences 8, 149-168.
Scharpf, Fritz W., 1988: Verhandlungssysteme, Verteilungskonflikte und Pathologien der politischen Steuerung, in: *Manfred G. Schmidt* (Hrsg.), Staatstätigkeit. International und historisch vergleichende Analysen. Politische Vierteljahresschrift, Sonderheft 19/1988, 61-87.
Scharpf, Fritz W., 1989: Decision Rules, Decision Styles, and Policy Choices, in: Journal of Theoretical Politics 1, 149-176.
Scharpf, Fritz W., 1990: Games Real Actors Could Play: The Problem of Mutual Predictability, in: Rationality and Society 2, 471-494.
Scharpf, Fritz W., 1991: Die Handlungsfähigkeit des Staates am Ende des zwanzigsten Jahrhundert, in: Politische Vierteljahresschrift 32, 621-634.
Scharpf, Fritz W., 1992: Koordination durch Verhandlungssysteme: Analytische Konzepte und institutionelle Lösungen, in: *Arthur Benz/Fritz W. Scharpf/Reinhard Zintl* (Hrsg.), Horizontale Politikverflechtung. Zur Theorie von Verhandlungssystemen. Frankfurt a.M.: Campus, 51-96.
Scharpf, Fritz W./Benz, Arthur, 1991: Kooperation als Alternative zur Neugliederung? Zusammenarbeit zwischen den norddeutschen Ländern. Baden-Baden: Nomos.
Schuessler, Rudolf, 1988: Der homo oeconomicus als skeptische Fiktion, in: Kölner Zeitschrift für Soziologie und Sozialpsychologie 40, 447-463.

Schulz, Ulrich/May, Theo, 1989: The Recording of Social Orientations with Ranking and Pair Comparison Procedures, in: European Journal of Social Psychology 19, 41-59.

Sebenius, James K., 1983: Negotiating Arithmetic: Adding and Subtracting Issues and Parties, in: International Organization 97, 281-316.

Selten, Reinhard, 1986: Institutional Utilitarianism, in: *Franz-Xaver Kaufmann/Giandomenico Majone/Vincent Ostrom* (eds.), Guidance, Control, and Evaluation. The Bielefeld Interdisciplinary Project. Berlin: de Gruyter, 251-263.

Simon, Herbert A., 1951/1957: A Formal Theory of the Employment Relation, in: *Herbert A. Simon* (Hrsg.), Models of Man. Social and Rational. New York: John Wiley, 183-195.

Simon, Herbert A., 1962: The Architecture of Complexity, in: Proceedings of the American Philosophical Society 106, 467-482.

Simon, Herbert A., 1964: On the Concept of Organizational Goal, in: Administrative Science Quarterly 9, 1-22.

Simon, Herbert A., 1973: The Organization of Complex Systems, in: *Howard H. Pattee* (ed.), Hierarchy Theory. The Challenge of Complex Systems. New York: Braziller, 1-27.

Simon, Herbert A., 1991: Organizations and Markets, in: Journal of Economic Perspectives 5, 25-44.

Stein, Arthur, 1980: The Politics of Linkage, in: World Politics 32, 62-81.

Streeck, Wolfgang/Schmitter, Philippe C., 1985: Community Market, State – and Associations?, in: European Sociological Review 1, 119-138.

Thompson, James D., 1967: Organizations in Action. Social-Science Bases of Administrative Theory. New York: McGraw-Hill.

Tullock, Gordon, 1985: Adam Smith and the Prisoners' Dilemma, in: Quarterly Journal of Economics C, Supplement, 1073-1081.

Weingast, Barry, 1989: The Political Institutions of Representative Government: Legislatures, in: Zeitschrift für die gesamte Staatswissenschaft 145, 693-703.

Williamson, Oliver E., 1985: The Economic Institutions of Capitalism. New York: Free Press.

Williamson, Oliver E./Ouchi, William G., 1981: The Markets and Hierarchies and Visible Hand Perspectives, in: *Andrew H. Van de Ven/William F. Joyce* (eds.), Perspectives on Organization Design and Behavior. New York: John Wiley, 347-370.

Zintl, Reinhard, 1992: Kooperation und Aufteilung des Kooperationsgewinns bei horizontaler Politikverflechtung, in: *Arthur Benz/Fritz W. Scharpf/Reinhard Zintl* (Hrsg.), Horizontale Politikverflechtung. Zur Theorie von Verhandlungssystemen. Frankfurt a.M.: Campus, 97-146.

Policy-Netze: Erscheinungsform moderner Politiksteuerung oder methodischer Ansatz?

Franz Urban Pappi

In der europäischen Politikwissenschaft haben momentan *Policy*-Netze Konjunktur. Pars pro toto sei das Schwerpunktheft des European Journal of Political Research vom Februar 1992 erwähnt, das ganz dem Thema der *Policy Networks* gewidmet war. Einer der Autoren, Frans van Waarden, bemerkte in diesem Heft, daß die Policy-Netze den Begriff des Korporatismus abgelöst hätten als „the fashionable catch phrase in the study of interest group politics" (van Waarden 1992: 30). Der enge Zusammenhang mit der Thematik des Korporatismus könnte auch erklären, warum das Thema in der amerikanischen Politikwissenschaft augenblicklich weniger Konjunktur hat, wo auch die Korporatismus-Problematik vor einigen Jahren nicht die Aufmerksamkeit gefunden hat wie in Europa. Andererseits sollte man nicht außer acht lassen, daß Heclo bereits Ende der 70er Jahre den Begriff der *Issue Networks* prägte (1978) und damit, in Abhebung von der zu einfachen und nur kleinere Ausschnitte der Wirklichkeit erfassenden Vorstellung der *Iron Triangles* oder *Subgovernments*, eine mehr Mitglieder umfassende Gruppierung meinte, die auf der Basis gleicher Informationsquellen ein gemeinsames Problemverständnis für einen Politikbereich entwickelt haben, ohne notwendig dieselben Lösungen zu favorisieren (103-104). Wie später in der europäischen Politikwissenschaft wird die Nützlichkeit des Begriffs mit bestimmten Änderungen der sozialen Wirklichkeit in Zusammenhang gebracht, so daß Netzwerke als besondere Erscheinungsform der Interessenvertretung oder der Politiksteuerung gesehen werden.
Mit dieser Auffassung kontrastiert eine andere, nach der Netzwerke relativ neutral als durch Beziehungen eines bestimmten Typs verbundene Akteure verstanden werden. Als Beziehung könnte man zum Beispiel die Weisungserteilung einer Behörde verstehen, so daß sich die Behörde als Ganzes als Weisungsnetzwerk operationalisieren läßt. Dieser formale Begriff kann natürlich auch auf Interessenverbände, Parteien und Behörden als die Einheiten eines *Policy*-Netzes angewandt werden, zwischen denen Beziehungen verschiedenen Typs wie zum Beispiel Ressourcenabhängigkeiten oder Kommunikationsverbindungen bestehen. *Policy*-Forschung und Netzwerk-Analyse in diesem formalen Sinn werden eher in der politischen Soziologie in Zusammenhang gebracht, so zum Beispiel in dem Buch von Laumann und Knoke (1987) über den *Organizational State*.
Im folgenden soll zunächst dieser formale Ansatz dargestellt werden. Dann wird im zweiten Abschnitt auf die Literatur eingegangen, die *Policy*-Netze als besondere Erscheinungsform politischer Steuerung oder des Einflusses von Interessenverbänden auf die Politik versteht. Das unbefriedigende Nebeneinander zwischen diesen beiden Ansätzen, dem formalen und dem inhaltlichen, wird schließlich im dritten Teil auf-

Policy-Netze: Erscheinungsform moderner Politiksteuerung oder methodischer Ansatz?

gehoben. Dort werden Politikfelder als Sozialsysteme mit einer als Netzwerk beschreibbaren Struktur vorgestellt.

1. Netzwerkanalyse: Eine Methode

In der allgemeinsten Definition kann ein Netzwerk definiert werden als eine durch Beziehungen eines bestimmten Typs verbundene Menge von Einheiten. Ein soziales Netzwerk ist dann ein durch Sozialbeziehungen verbundenes System von sozialen Einheiten. Im allgemeinsten Sinn lassen sich z.B. auch Texte als Netzwerke konstruieren, wobei die wichtigen Begriffe als die Einheiten fungieren und Beziehungen zwischen den Einheiten durch Verben oder bestimmte Satzstrukturen hergestellt werden. Im folgenden sollen aber ausschließlich soziale Netzwerke behandelt werden. Hier sind die Einheiten am häufigsten entweder Personen oder Organisationen.

Zentral ist für jede Netzwerkanalyse die genaue Bestimmung der Beziehung, die die Verbindung zwischen den Einheiten herstellen soll. Im Unterschied zur normalen Vorgehensweise in der empirischen Sozialforschung steht im Mittelpunkt nicht die Einheit, die mit bestimmten Individualmerkmalen beschrieben wird, sondern die Beziehung zwischen den Einheiten. Diese Beziehungen lassen sich dann formal beschreiben, wobei man bei den formalen Eigenschaften entweder auf Relationen im Sinne der Mengenlehre oder auf die Systeme zur Beschreibung von Kanten in der Graphentheorie zurückgreifen kann (vgl. dazu Pappi 1987). Um einige Beispiele zu nennen: Eine Beziehung kann reflexiv oder nicht reflexiv sein, was im sozialen Kontext die Eigenschaft der Selbstwahl bedeutet. So macht es in der Regel wenig Sinn, bei einer Frage nach den häufigsten Kommunikationspartnern zu antworten, am häufigsten kommuniziere man mit sich selber. Andererseits kann man sich selbst durchaus nennen, wenn die Frage lautet, wen man von den im Netzwerk vertretenen Personen für besonders einflußreich hält. Eine weitere Eigenschaft einer Beziehung ist, ob sie symmetrisch oder asymmetrisch ist. Asymmetrische Beziehungen sind gerichtet; so kann eine Einheit eine andere als einflußreich bezeichnen, ohne daß diese Nennung von der anderen Einheit erwidert würde. Sind dagegen zum Beispiel zwei Parteien in einer Koalition verbunden, so kann man dies – unabhängig davon, von wem ursprünglich die Initiative zur Bildung der Koalition ausging – als symmetrische Koalitionsbeziehung verstehen. Die Reflexivität der Beziehung ist eine Eigenschaft, bei der nur eine Einheit eine Rolle spielt, Symmetrie und Asymmetrie sind eine Eigenschaft, die für eine Beziehung zwischen zwei Einheiten gilt, und schließlich gibt es noch formale Eigenschaften wie die Transitivität, die für drei Einheiten in Frage kommt. Wenn A der Koalitionspartner von B ist und B der Koalitionspartner von C, so würde man normalerweise auch in empirischen Systemen annehmen, daß A auch der Koalitionspartner von C ist. Ähnlich würden auch Einflußwahrnehmungen transitiv sein, wenn aus der Wahrnehmung des A, B sei einflußreich, und der Wahrnehmung des B, C sei einflußreich, geschlossen werden könnte, A halte auch C für einflußreich.

Zentral für jede Netzwerkanalyse ist, um diese wichtige Einsicht zu wiederholen, die Bestimmung der Beziehungen, die untersucht werden sollen. Sehr häufig versucht man, tatsächliche Interaktionen als Beziehungen festzumachen, wie Kommunikation oder bestimmte Tauschvorgänge. Darüber hinaus spielen aber auch potentielle Interaktionen eine Rolle. Die Tatsache, daß A und B im selben Aufsichtsrat sitzen, schafft für sie eine Gelegenheitsstruktur für Kommunikation, ohne daß diese Möglichkeit immer ausgeschöpft werden muß. Dieser potentiellen Interaktion objektiver Art kann man eine potentielle Interaktion subjektiver Art gegenüberstellen. Soziometrische Wahlen sind zum Beispiel eher Kommunikationswünsche als tatsächliche Kommunikationen. In *Policy*-Netzen spielt eine weitere potentielle Interaktion subjektiver Art eine besondere Rolle, nämlich daß Inrechnungstellen von dritten Personen bei bestimmten Einflußversuchen.

Jede soziale Beziehung spannt ein eigenes Netzwerk auf, das deswegen als partielles Netzwerk bezeichnet werden soll. Betrachtet man mehrere Netzwerke für dieselbe Menge von Einheiten gleichzeitig, kann man auch untersuchen, inwieweit Multiplexität vorliegt, d.h. Mehrfachbeziehungen zwischen zwei Einheiten. So kann A den B sowohl als Tauschpartner nennen als auch mit ihm in einer Koalition verbunden sein.

Die traditionelle Stärke der Netzwerkanalyse als Methode ist die Strukturbeschreibung. Man kann die Netzwerkanalyse sogar als Hauptmethode der Sozialstrukturanalyse ansehen, wenn man als Sozialstruktur die dauerhaften Beziehungen zwischen den Einheiten eines sozialen Systems ansieht. Eine besonders häufige Darstellungsart einer Sozialstruktur ist eine räumliche Darstellung der sozialen Distanzen zwischen den Einheiten. So könnte man als Beziehung das Bestehen von Kommunikationskanälen auswählen, also eine symmetrische Beziehung, und im zweiten Schritt dann die sogenannten Pfaddistanzen zwischen allen Einheiten im Netz bestimmen. Wenn A und B direkt verbunden sind und B und C ebenfalls direkt, so braucht zwischen A und C, trotz der vermuteten Geltung des Transitivitätsprinzips, keine direkte Beziehung zu bestehen. A kann C aber eine Nachricht zukommen lassen, indem er diese zunächst B gibt, der sie an C weiterreicht. Hier sind A und C durch einen Pfad der Länge 2 verbunden. Verwendet man nun derartige Pfaddistanzen als Eingabedaten für eine multidimensionale Skalierung, so ergibt sich häufig eine klar gegliederte Struktur der Art, daß im Zentrum der Struktur die wichtigen Einheiten anzutreffen sind, die die Integration des Systems herstellen, und die Peripherie in Sektoren zerfällt, deren Einheiten untereinander besonders eng verbunden sind, während direkte Beziehungen zu den Einheiten anderer Sektoren fehlen. Konkret für *Policy*-Netzwerke würde man also erwarten, daß die politischen Organisationen in der Mitte angesiedelt sind, Organisationen wie Gewerkschaften in einem bestimmten Sektor von der Mitte nach außen gehend und die Organisationen der Arbeitgeber in einem anderen Sektor, der dem Sektor der Gewerkschaften diametral gegenüber plaziert ist (vgl. zu dieser Methode Laumann und Pappi 1976).

Der Nachteil dieser Methode ist, daß jeweils nur ein Netzwerk untersucht werden kann. Es gibt andere, algebraische Verfahren, die nach dem Prinzip der strukturellen Äquivalenz arbeiten. Zwei Einheiten des Netzes sind strukturell äquivalent, wenn sie dieselben Beziehungen zu den anderen Einheiten im Netz haben, wobei diese Beziehungen explizit verschiedener Art sein können. So macht es zum Beispiel unter der Perspektive der Untersuchung einer Machtstruktur Sinn, Einflußnennungen, Koalitionsbeziehungen und Kommunikationsbeziehungen gleichzeitig zu untersuchen. Die entsprechende Methode ist die sogenannte Blockmodell-Analyse (vgl. dazu Kappelhoff 1987).

Für welche Art sozialer Systeme eignet sich nun die Netzwerkanalyse als Methode zur Bestimmung der Struktur? Allgemein läßt sich sagen, daß viele sehr kleine Gruppen dann nicht besonders geeignet für den Netzwerkansatz sind, wenn sie sogenannte Vollstrukturen aufweisen. Nehmen wir eine Gruppe von fünf Freunden an, von denen jeder jeden als Freund bezeichnet, von denen jeder mit jedem gleich intensiv kommuniziert usw. In dieser Vollstruktur gibt es keine Löcher in dem Sinn, daß zwischen Teilen des Netzwerkes Beziehungen unterbrochen wären. Auf *Policy*-Netze übertragen könnte das z.B. heißen, daß sogenannte *Iron Triangles*, die bekanntlich aus einem Unterausschuß im amerikanischen Kongreß, einer Behörde und dem wichtigsten Nutznießer dieser Art Politik bestehen, eventuell eine Vollstruktur darstellen, die somit zwar formal als Netzwerk faßbar ist, aber ohne großen Erkenntnisgewinn. Die besondere Stärke der Netzwerkanalyse liegt in der Darstellung von Sozialstrukturen mit Beziehungsunterbrechungen. Dies dürften in der Regel größere Systeme mit mehreren Teilnehmern sein, wobei der Ausdruck Sozialstruktur in diesem Sinn genau darauf hinweist, daß – anders als zum Beispiel am vollkommenen Markt – nicht jeder mit jedem tauschen kann, sondern Interaktionsbarrieren bestehen. Diese Einschätzung des Erklärungs- oder Beschreibungspotentials der Netzwerkanalyse geht über den rein formalen Begriff hinaus. Natürlich ist auch eine Vollstruktur ein Netzwerk. Was hier behauptet werden soll, ist: Die Netzwerkanalyse liefert dort überzeugende Ergebnisse, wo es Einschränkungen in den sozialen Beziehungen gibt oder, positiv ausgedrückt, wo in soziale Beziehungen in dem Sinn investiert wird, daß man eine dauerhaftere Beziehung aufbaut. In diesem Sinn kann die Einbettung von Tauschvorgängen in dauerhaftere soziale Beziehungen untersucht werden. Die Transaktionskosten in solchen Systemen sind dann zu beachten.

Wie oben gesagt wurde, ist die Auswahl der für eine bestimmte Fragestellung zentralen sozialen Beziehungen eines der schwierigsten Probleme bei der Netzwerkanalyse. Das soll allerdings nicht heißen, daß die Abgrenzung der Menge der Einheiten, zwischen denen die Beziehungen untersucht werden sollen, vernachlässigt werden kann. Die Netzwerkanalyse als Methode eignet sich sowohl für relativ geschlossene Systeme mit festen Grenzen als auch für Systeme mit relativ offenen Grenzen. Das Problem der Grenzziehung leitet sich nicht aus der Methode ab, sondern muß von der jeweiligen inhaltlichen Fragestellung her gelöst werden.

Formal ist noch zu berücksichtigen, daß die Einheiten eines sozialen Netzwerkes als voneinander unabhängig und insofern als Akteure mit eigenem Handlungspotential auch als gleich angesehen werden können. In diesem Fall wird man konkrete Netzwerkfragen an alle Teilnehmer des Netzes in der gleichen Weise stellen. Es kann aber auch Sinn machen, ein sogenanntes bipartites Netz aufzuspannen. Hier werden die Einheiten der Analyse aus zwei Teilmengen entnommen. Ein sehr häufiger Fall ist, daß die eine Teilmenge Personen sind und die andere Teilmenge Organisationen. Die Verbindung zwischen beiden wird durch Mehrfachmitgliedschaften hergestellt (vgl. Pappi 1992). Betrachtet man als die Einheiten eines *Policy*-Netzwerkes nicht natürliche Personen, sondern Organisationen wie Interessenverbände oder politische Parteien, so werden diese Organisationen zum Beispiel durch gemeinsame Mitgliedschaften verbunden. Man könnte so ein Netzwerk der Verbindungen von Interessengruppen und politischen Parteien aufspannen, indem man zum Beispiel die Verbandsmitgliedschaften von Bundestagsabgeordneten als Kennzahl der Personalverflechtung zwischen der jeweiligen Fraktion und den jeweiligen Interessenverbänden verwendet.

Entscheidet man sich für korporative Akteure oder Organisationen als Einheiten eines Netzes, so kann andererseits natürlich die Befragung auch nur natürliche Personen einbeziehen. In der Regel wird hier eine Person als Agent einer Organisation aufgefaßt, und es wird von einer eindeutigen Zuordnung ausgegangen, so daß eine Person jeweils nur eine Organisation vertreten kann.

2. Policy-Netze: Ein Phänomen

Die inhaltliche Auseinandersetzung mit dem Begriff der *Policy*-Netze geht oft davon aus, daß wir es hier mit einer besonderen Erscheinungsform von Interessengruppeneinfluß auf die Politik oder von politischer Steuerung zu tun haben, die nur in modernen politischen Systemen auftritt. Am explizitesten hat Renate Mayntz diese Auffassung vertreten in einem Aufsatz mit dem Titel „Modernisierung und die Logik von innerorganisatorischen Netzwerken" (1992). Die These läßt sich in zwei Teile zerlegen. Die Grundannahme ist erstens, daß moderne Gesellschaften immer stärker von Großorganisationen beherrscht werden, so daß auch die entsprechenden Netzwerke Beziehungen zwischen Organisationen sind und nicht zwischen Personen. Dies gilt zum Beispiel für den wirtschaftlichen Bereich, wo Unternehmensverflechtungen im Laufe der wirtschaftlichen Entwicklung eine zunehmend größere Bedeutung erhielten, wobei Einzelunternehmen nicht als atomistische Marktteilnehmer auftreten, sondern je nach ihren Ressourcen-Abhängigkeiten von ihren Zulieferern oder ihren Abnehmern versuchen, die unsichere Umwelt zu stabilisieren, indem sie dauerhaftere Verbindungen mit den Organisationen eingehen, von denen sie selbst abhängig sind. Im politischen Bereich der Entwicklung und Implementation von *Policies* sind die Organisationen außerhalb des Staates wichtiger geworden, so daß man hier nicht mehr länger von einer klaren Trennung von Staat und Gesellschaft sprechen kann. Politiknetzwerke seien insofern auch nicht „so sehr eine neue analytische Sichtweise", sondern signalisierten „eher eine tatsächliche Veränderung in der Struktur der politischen Ordnung. Anstatt von einer zentralen Autorität hervorgebracht zu werden – sei dies die Regierung oder die gesetzgebende Gewalt –, entsteht Politik heute in einem Prozeß, in den eine Vielzahl von sowohl öffentlichen als auch privaten Organisationen eingebunden ist" (Mayntz 1992: 20). Dies ist die zweite Annahme nach der Hervorhebung des Entstehens mächtiger Organisationen. Politische Steuerung ist, vor allem im Bereich der Implementation von Politiken, nur noch in netzwerkartigen Gebilden durchsetzbar, in die die mächtigen privaten Akteure mit eingebunden sind. Im Steuerungskontext ist es auch üblich, den alternativen Steuerungsformen Markt und Hierarchie Netzwerke als dritte Art der Steuerung hinzuzufügen. Für Mayntz ist das Aufkommen von Politiknetzwerken sowohl ein Zeichen für einen schwachen Staat, aber gleichzeitig auch für die erhöhte Komplexität politischer Herrschaft unter modernen Bedingungen. Diese Auffassung wird auch von Kenis und Schneider vertreten, die unter *Policy*-Netzwerken „Mechanismen der Mobilisierung politischer Ressourcen in Situationen, in denen die Entscheidungsgewalt und die Fähigkeit zur Problemformulierung und Implementation auf private und staatliche Akteure weit ... gestreut ist" verstehen (1991: 41).
Mit der Fokussierung der Aufmerksamkeit allein auf die politische Steuerung ergibt sich eine relativ einseitige Auffassung von Politik-Netzwerken. Verbreiteter ist eine

andere Auffassung, die in *Policy*-Netzen einen Oberbegriff für verschiedene Arten der Beziehungen zwischen Interessengruppen und Staat sieht. So behandeln zum Beispiel Jordan und Schubert (1992) oder van Waarden (1992) ausschließlich dieses Problem der Beziehungen zwischen Interessengruppen und Staat und verwenden hier den Begriff des *Policy*-Netzes in allgemeinerer Bedeutung als Renate Mayntz. Jordan und Schubert übernehmen von Hanf (1978: 12) den folgenden Begriff: „... der Ausdruck 'Netzwerk' beschreibt nur ... die Tatsache, daß mit *Policy*-Entwicklung und -Durchführung eine Vielzahl öffentlicher und privater Akteure mit breiter Streuung über verschiedene Ebenen und funktionale Bereiche von Regierung und Gesellschaft befaßt sind."

Auch bei dieser Begriffsbestimmung kann es sich um ein besonderes modernes Phänomen handeln, besonders wenn man es idealtypisch von angeblichen Bedingungen des demokratischen Staates im 19. Jahrhundert abgrenzt, als es noch keine mächtigen Interessengruppen gab und die Politikformulierung eher auf die Kerninstitutionen eines Regierungssystems beschränkt war.

Dieser Oberbegriff ist auch so allgemein, daß man *Policy*-Netze nicht auf den Bereich der Implementation von Politiken beschränken muß, sondern speziell auch die Politikformulierung mit einbeziehen kann. Insbesondere kann man diesen allgemeinen Begriff auch so deuten, daß er unabhängig ist davon, wer die letztendliche kollektivverbindliche Entscheidung zur Festlegung einer *Policy* trifft. Viele Fallstudien über *Policy*-Netzwerke behandeln nämlich einseitig nur Arten von Politik, die man abschätzig als Subventionspolitik bezeichnen könnte. Konkret schlägt sich diese Politik gar nicht in Gesetzen oder Verordnungen nieder, sondern wird häufig, auf deutsche Verhältnisse übertragen, in der rechtlichen Form von Verwaltungsvorschriften abgewickelt. Diese Einschränkung scheint für den Begriff allgemein nicht sinnvoll zu sein. Wenn man eine Beziehung zu den klassischen Fragestellungen der vergleichenden Regierungslehre aufrechterhalten will, muß man darauf bestehen, daß auch die in Gesetzesform verabschiedeten *Policies* Gegenstand dieser Art von Untersuchung sein können. Die Milchwirtschaft oder die Telekommunikation als relativ bereichspezifische *Policies* in Ehren, politische Entscheidungsbedingungen und die Wichtigkeit von Interessengruppen können nicht nur in solchen Teilbereichen untersucht werden.

Hat man einen relativ allgemeinen Begriff eines Policy-Netzes als Ausgangspunkt akzeptiert, wird als nächster Schritt in der politikwissenschaftlichen Forschung oft versucht, die besonderen Bedingungen der Beziehungen zwischen Interessengruppen und Staat dann mit einem spezielleren Begriff zu fassen. Dies ist die Vorgehensweise von Jordan und Schubert (1992) oder auch von Frans van Waarden (1992). Andere Autoren schließen sich dem nicht an und halten den Netzwerkbegriff nur für relativ losere Gebilde für geeignet, zum Beispiel in der Form der sogenannten *Issue-Networks*, denen sie Gebilde mit festeren Grenzen gegenüberstellen, wie die vor allem in der englischen *Policy*-Forschung als besondere Form herausgearbeiteten *Policy Communities* (vgl. Rhodes und Marsh 1992). Die Verwendung eines allgemeinen Oberbegriffes scheint vorteilhaft, weil man so von der Frage: Gibt es *Policy*-Netze? zu der konkreteren Frage fortschreitet: Welche Form von *Policy*-Netzen gibt es? Von hier ist der Schritt kleiner zu der Thematik, die im dritten Abschnitt, quasi als Synthese, behandelt wird, nämlich die Frage: Welche Struktur haben *Policy*-Netze?

In der Literatur wird eine Vielfalt von Ausgestaltungen der Beziehungen von Interes-

sengruppen zu staatlichen Behörden diskutiert. Einschlägige Begriffe sind hier die Großbegriffe Pluralismus und Korporatismus, die durch eine Reihe von spezielleren Begriffen wie Parentela-Beziehung, *Iron Triangles, Pressure Pluralism* oder *State Corporatism* ergänzt werden.
Bei der Vielzahl solcher Begriffe ist der Eigenschaftsraum, in den sie systematisch eingeordnet werden können, wichtiger als eine Aufzählung und Begriffsbestimmung im einzelnen. Van Waarden z.B. (1992) spannt einen solchen Eigenschaftsraum auf mit Hilfe von drei Dimensionen, die er aber nicht systematisch ableitet, sondern nur wegen ihrer besonderen Plausibilität für besonders wichtig hält. Diese Dimensionen sind:
1. Zahl und Art der gesellschaftlichen Akteure,
2. Hauptfunktion der Netzwerke und
3. Machtverteilung zwischen privaten und staatlichen Akteuren.
Bei der Funktion wird unterschieden zwischen dem reinen Zugangsaspekt (Zugang der gesellschaftlichen zu den staatlichen Akteuren) und einer Perspektive, die zusätzlich die Delegation staatlicher Autorität beachtet. Betrachtet man der Einfachheit halber nur die Funktion des Zugangs zu den staatlichen Akteuren und läßt die Machtbalance zunächst ebenfalls außer Betracht, zeigt sich ein Hauptproblem der Typologie in den Ausprägungen der ersten Dimension, die Zahl und Art der gesellschaftlichen Gruppen und ihres Zugangs zu den staatlichen oder öffentlichen Akteuren systematisieren will. Dabei werden folgende Ausprägungen unterschieden: hauptsächlich staatliche Behörden, eine größere gesellschaftliche Gruppe, zwei Gruppen im Konflikt, auch Parteien und Parlamentsausschüsse, große Zahl gesellschaftlicher Repräsentanten. In dieser Abfolge wird kein durchgängiges Ordnungsprinzip sichtbar. Insgesamt fällt auf, daß die Beziehungen innerhalb des öffentlichen oder staatlichen Bereichs als *Black Box* behandelt werden. So möchte man zum Beispiel wissen, ob die dominante Partei die Behörden beherrscht oder ob das Umgekehrte der Fall ist oder sich eine Art Machtbalance herausstellt. Wenn man sich zu früh auf die Darstellung eines bestimmten Typs wie zum Beispiel des Klientelismus festlegt, erliegt man einer in qualitativen Fallstudien häufig auftretenden Gefahr, alternativen Modellen nicht genügend Spielraum gegeben zu haben, so daß sich eine Reifizierung des ausgewählten Beziehungstyps ergibt. Allgemein empfiehlt es sich, die weiteste Systemabgrenzung zu wählen und die Frage der Gestaltung der Beziehungen zwischen den einzelnen Einheiten im Netz nicht typologisch zu lösen, sondern als Problem der Strukturbeschreibung unter Einsatz der Netzwerkanalyse. Dies sei nun im nächsten Abschnitt ausgeführt.

3. Politikfeldnetze: Politikfelder als Sozialsysteme mit einer als Netzwerk beschreibbaren Struktur

Die Frage, welches System man untersuchen will, und die Frage, wie man seine Struktur dann beschreibt, sind zwei verschiedene Fragen, die man nicht vermischen sollte. Insofern muß bei jeder Untersuchung zunächst entschieden werden, welches System untersucht werden soll, bevor man sich dann auf eine Strukturbeschreibung dieses Systems einläßt. So wie *Policy*-Netze in der Literatur behandelt werden, gehen beide Fragen oft ineinander über, ohne daß klar geschieden würde.
In der Soziologie wird weniger häufig von *Policy*-Netzen gesprochen, dafür aber von

sogenannten *Policy domains* oder Politikfeldern. Sie können als soziale Einheiten oder Sozialsysteme konstruiert werden, deren Struktur dann mit Hilfe der Netzwerkanalyse analysierbar ist. Der Begriff des Politikfelds kommt relativ nahe an den des *Policy*-Netzes heran, weil ein Teilbereich aus dem größeren politischen Zusammenhang herausgegriffen wird mit der Behauptung, die Entscheidungsbedingungen hätten eine gewisse Unabhängigkeit von den Bedingungen in anderen Teilbereichen. Dieser mehr soziologische Ansatz wird zum Beispiel von Paul Burstein vertreten, der 1991 einen Literaturüberblick über die einschlägige Forschung auf diesem Gebiet veröffentlicht hat. Er definiert Politikfelder, amerikanisch *Policy domains*, als Teile des politischen Systems, die um inhaltliche Fragen organisiert sind. Die Abgrenzung eines solchen Systems kann zum einen nach inhaltlichen Kriterien aus der Sicht des jeweiligen Forschers vorgenommen werden, die Abgrenzung kann als Konstrukt der beteiligten Akteure zustandekommen oder sie kann kulturell erfolgen. Als Gründe für die Zunahme solcher Politikfeldstudien führt Burstein dieselben Gründe an, die im Bereich der Politikwissenschaft für das Auftreten von *Policy*-Netzen als Phänomene moderner Politik aufgeführt werden. Burstein sieht hier eine Ursache in der Ausweitung der Staatstätigkeit allgemein und damit zweitens in der stärkeren Spezialisierung der Politikformulierung in einzelnen Teilgebieten, die mehr oder weniger autonom sind. Um die Bedingungen der Politikformulierung in einem Politikfeld zu untersuchen, sei das allgemeine Wissen um gesellschaftliche Faktoren oder Bedingungen eines Regierungssystems im allgemeinen, wie z.B. das Parteiensystem, von nur geringem Erklärungswert. Den Politikfeldern müsse also eine gewisse Autonomie zugeschrieben werden.

Mit dieser Auffassung von Politikfeldern kann man nun versuchen, konkrete Systemabgrenzungen vorzunehmen. Traditionellerweise faßt man diejenigen Politiken zu einem Politikfeld zusammen, die eine gewisse inhaltliche oder funktionale Ähnlichkeit haben. So wird niemand bestreiten, daß Felder wie Energiepolitik, Gesundheitspolitik, Verkehrspolitik oder Agrarpolitik diesen inneren Zusammenhang besitzen. Anders mag es schon bei neuen Politikfeldern sein, wie z.B. der Geschlechterpolitik, die traditionellerweise in verschiedenen politischen Bereichen wie der Familienpolitik oder der Arbeits- und Sozialpolitik beheimatet war und nun aus bestimmten analytischen Gesichtspunkten heraus quer über die traditionellen Politikfelder hinweg zu einem neuen Politikfeld zusammengefaßt wird. Hier kann man dann die Fragestellung anschließen, ob diese zunächst analytisch bestimmten Politikfelder auch von den Systembeteiligten selbst als zusammengehörig wahrgenommen werden. Burstein unterscheidet hier zwei empirische Ansätze. Zum einen kann man versuchen, ein Politikfeld als soziales Konstrukt der beteiligten Akteure zu konstruieren, ein Ansatz, den er Laumann und Knoke (1987) zuschreibt. Zum anderen können Politikfelder auch als kulturelle Konstrukte gesehen werden. „Wenn Organisationen bestimmte Bedingungen als Probleme definieren, dafür *policy*-Optionen entwickeln und entscheiden, mit welchen anderen Organisationen sie zusammenarbeiten wollen, sind sie stark beeinflußt von kulturellen Theorien über die Art und Weise, wie Gesellschaften funktionieren. Politikfelder sind kulturelle Konstrukte, an denen Organisationen und Individuen ihre Handlungen orientieren" (Burstein 1991: 328).

Empirisch kann man auch versuchen, Politikfelder dann gleich als soziale Systeme zu konstruieren, wobei der kulturelle und der soziale Bezug gekoppelt werden. In dem

Schaubild 1: Sinnbezüge von Politikfeld- und *Policy*-Netzen

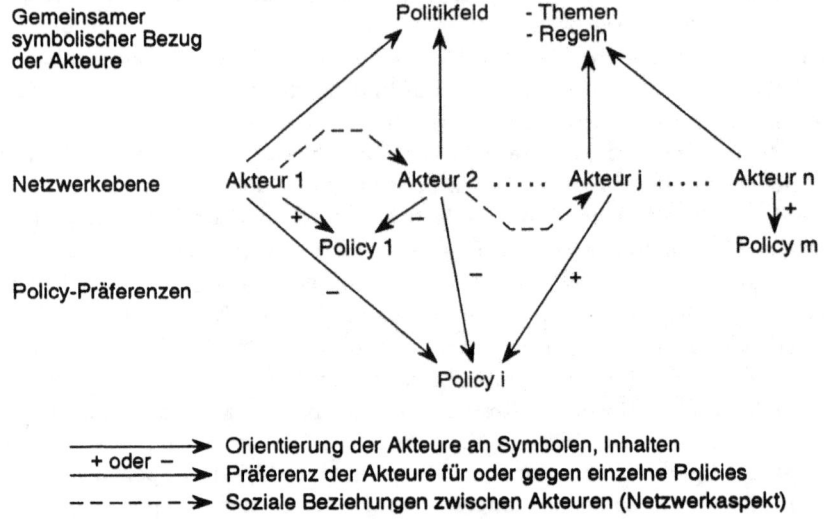

ursprünglich von Parsons (1951) definierten Sinn sind Sozialsysteme Akteursmengen, die auf der Basis eines gemeinsamen Symbolsystems interagieren. Dieses gemeinsame Symbolsystem ist in Politikfeldern häufig ein bestimmtes für das Politikfeld herausragendes Gesetzeswerk wie z.B. das Sozialgesetzbuch für die deutsche Sozialpolitik. Solche Symbolsysteme garantieren Gemeinsamkeiten der Problemsicht, die die Interaktionen der Beteiligten erleichtern, ohne daß sie Interessenkonflikte hinsichtlich der konkreten *Policies* verhinderten. Auf der Akteursebene kommen im Hinblick auf das allgemeine Symbolsystem Interaktionen zustande, die für das Politikfeld als Ganzes Sinn machen, weil sie z.B. Investitionen in soziale Beziehungen darstellen, die nicht eng auf bestimmte *Policies* bezogen sind. Andererseits können zwei Akteure eine Koalition zur Durchsetzung einer bestimmten *Policy* eingehen. Nur Interaktionen mit Bezug auf eine bestimmte *Policy* spannen streng genommen *Policy*-Netze auf. Allgemeinere Beziehungen zwischen den Akteuren mit Bezug auf das Symbolsystem sollen deshalb konsequenterweise als Politikfeld-Netze bezeichnet werden. Schematisch sind die möglichen Sinnbezüge der Interaktionen in Politikfeldern in Schaubild 1 dargestellt.

Ein Kriterium für die Auswahl der Akteure in einem Politikfeld muß noch zusätzlich berücksichtigt werden: die Phase *im Policy*-Zyklus, die von der Fragestellung der Untersuchung her von Interesse ist.

So wird man bei einer Frage, die sich primär mit dem *Agendasetting* beschäftigt, andere Akteure auswählen müssen als bei einer Frage, bei der die Verabschiedung bestimmter Gesetze im Zentrum der Aufmerksamkeit steht. Geht es um letztere Fragestellung, wird man nur einflußreiche Akteure in das System aufnehmen, in der Erwartung, daß sie bei ihren Einflußversuchen und Entscheidungen einander gegenseitig in Rechnung stellen, was zu einer gewissen Geschlossenheit führt. Zum Kriterium der interessierenden Phase im *Policy*-Zyklus kann so als weiteres Kriterium der Systemabgrenzung noch die Art der institutionellen Arena, z.B. der Gesetzgebungsprozeß, herangezogen werden. Ist ein Sozialsystem in diesem Sinne abgegrenzt, kann man eine empirische Untersuchung beginnen und als Mittel der Strukturbeschreibung dieses Systems die Netzwerkanalyse einsetzen. Anspruchsvoller sind Ansätze, die nicht nur die Struktur des Systems beschreiben wollen, sondern auch die Entstehungsbedingungen bestimmter Strukturen herausarbeiten wollen. Hier kann man auf allgemeinere Theorien wie z.B. die Tauschtheorien zurückgreifen. Dabei wird häufig auch dort von dem Bestehen bestimmter dauerhafter Beziehungen ausgegangen, die dann Begrenzungen für die Realisierung von Tauschmöglichkeiten sind (vgl. z.B. Kappelhoff 1993: 154-188).

Schlußfolgerung

Policy-Netze können also sowohl eine besondere Erscheinungsform moderner Politiksteuerung als auch eine Thematisierung der Strukturbeschreibung mit den Mitteln der Netzwerkanalyse sein. Wichtiger als die Inanspruchnahme des Begriffs für die eine oder andere Richtung ist die Unterscheidung der Fragestellungen, die durch diese Entgegensetzung im Titel angesprochen wurden. Dabei geht es zum einen um die Herausarbeitung neuer Formen der Beziehungen zwischen Interessengruppen und staatlichen und öffentlichen Akteuren und auf der anderen Seite um die neuen Methoden der Strukturbeschreibung, die die Netzwerkanalyse liefert. Beide Zielsetzungen können gleichzeitig in derselben Untersuchung verfolgt werden. Die Einschränkung auf Probleme der politischen Steuerung ist die weitestgehende Einschränkung des Begriffs der Policy-Netze, die allgemeinere Begriffsbestimmung auf Beziehungsstrukturen zwischen staatlichen und privaten Akteuren in verschiedenen institutionellen und funktionalen Bereichen ist für die Forschung weniger einschränkend. Inhaltlich kann man die neuen Formen der Beziehung zwischen staatlichen und privaten Akteuren auch mit dem Begriff des Politikfelds, verstanden als soziales System, fassen. Dann bleibt die Netzwerkterminologie für die speziellere Fragestellung der Strukturbeschreibung dieser Systeme erhalten. Um von Anfang an die soziale Einbettung der Akteure in soziale Beziehungen relativ dauerhaften Charakters stärker zu betonen, wird hier der Begriff der Politikfeldnetze vorgeschlagen. Policy-Netze in einem engen Sinn wären nur die an einer bestimmten Policy interessierten Akteure, die verschiedene Arten von Beziehungen eingehen können, wie z.B. Koalitionen.

Literaturverzeichnis

Burstein, Paul, 1991: Policy Domains: Organization, Culture and Policy Outcomes, in: Annual Review of Sociology 17, 327-350.
Hanf, Kenneth, 1978: Introduction, in: *Kenneth Hanf/Fritz W. Scharpf* (Hrsg.), Interorganizational Policy Making. London/Beverly Hills: Sage, 1-15.
Heclo, Hugh, 1978: Issue Networks and the Executive Establishment, in: *Anthony King* (Hrsg.), The New American Political System. Washington, D.C.: American Enterprise Institute, 87-125.
Jordan, Grant/Schubert, Klaus, 1992: A Preliminary Ordering of Policy Network Labels, in: European Journal of Political Research 91, 7-27.

Kappelhoff, Peter, 1987: Blockmodellanalyse: Positionen, Rollen und Rollenstrukturen, in: *Franz Urban Pappi* (Hrsg.), Methoden der Netzwerkanalyse. München: Oldenbourg, 101-128.

Kappelhoff, Peter, 1993: Soziale Tauschsysteme. München: Oldenbourg.

Kenis, Patrick/Schneider, Volker, 1991: Policy Networks and Policy Analysis: Scrutinizing a New Analytical Toolbox, in: *Bernd Marin/Renate Mayntz* (Hrsg.), Policy Networks. Frankfurt a.M.: Campus und Boulder, Colorado: Westview, 25-59.

Laumann, Edward O./Knoke, David, 1987: The Organizational State. Social Choice in National Policy Domains. Madison: University of Wisconsin Press.

Laumann, Edward O./Pappi, Franz U., 1976: Networks of Collective Action. A Perspective on Community Influence Systems. New York: Academic Press.

Mayntz, Renate, 1992: Modernisierung und die Logik von interorganisatorischen Netzwerken, in: Journal für Sozialforschung 32, 19-32.

Pappi, Franz Urban, 1987: Die Netzwerkanalyse aus soziologischer Perspektive, in: *Franz Urban Pappi* (Hrsg.), Methoden der Netzwerkanalyse. München: Oldenbourg, 11-37.

Pappi, Franz Urban, 1992: Personelle Verflechtungen, in: *E. Frese* (Hrsg.), Handwörterbuch der Organisation. Stuttgart: Poeschel, 1962-1977.

Parsons, Talcott, 1951: The Social System. Glencoe, Ill.: The Free Press.

Rhodes, R.A.W./Marsh, David, 1992: New Directions in the Study of Policy Networks, in: European Journal of Political Research 21, 181-205.

Waarden, Frans van, 1992: Dimensions and Types of Policy Networks, in: European Journal of Political Research 21, 29-52.

2. Argumente, Ideen und Überzeugungen als Faktoren des Policy-Prozesses

Wann ist Policy-Deliberation wichtig?

Giandomenico Majone

Zunehmend wird in der Literatur argumentiert, daß Ideen eine wichtige Rolle bei der Gestaltung von Politik und institutionellem Wandel spielen. Die empirische Evidenz, die diese Literatur präsentiert, ist oft überzeugend, jedoch stark fallorientiert. Ein theoretisches Verständnis der allgemeinen Bedingungen, die den Gebrauch rationaler Argumente fördern, sowie der Faktoren, die die Rezeption solcher Argumente bestimmen, fehlt hingegen. Im Zentrum dieses Beitrags steht die These, daß Policy-Ideen und Policy-Deliberation dann am wichtigsten sind, wenn staatliche Entscheidungen sich auf Fragen der Effizienz erstrecken, d.h. auf die Fragen, die sich mit der Erhöhung der Wohlfahrt der Gesamtbevölkerung befassen, im Unterschied zu Fragen, die sich auf die Umverteilung von Ressourcen von einer gesellschaftlichen Gruppe hin zu einer anderen beziehen. Ideen sind machtlos, wenn politische Entscheidungen ein Null-Summen-Spiel implizieren. Wenn der Nutzengewinn einer Gruppe den Nutzenverlust einer anderen Gruppe nach sich zieht, fallen nur Macht und Interesse ins Gewicht. Jedoch kann Politik auch ein kooperatives Positiv-Summen-Spiel darstellen, in dem die Mitglieder einer politischen Gemeinschaft zum wechselseitigen Nutzen engagiert sind. In einem solchen Kontext sind Analyse und Deliberation wichtig, um kollektiv vorteilhafte Lösungen zu identifizieren. Natürlich werden Argumente auch verwendet, um redistributive Maßnahmen zu unterstützen oder zu bekämpfen. Wenn man diese Argumente jedoch näher betrachtet, wird deutlich, daß sich diese meist mit Effizienzfragen beschäftigen. So werden diese ins Spiel gebracht, um zu zeigen, daß eine spezifische Methode der Einkommens-Umverteilung durch – sagen wir – Globalsummen-Transfers – effizienter ist als eine Methode, die die relativen Preise verändert; oder aber sie werden verwendet, um Methoden vorzuschlagen, die die Umverteilungswirkungen von effizienzerhöhenden Maßnahmen abschwächen sollen.
Die Tatsache, daß „Politik mittels Ideen" in der Vergangenheit, insbesondere durch Neopluralisten und Neokorporatismus-Theoretiker, vernachläßigt wurde, ist als die natürliche Konsequenz einer fast ausschließlichen Konzentration auf redistributive Politik zu verstehen. Entsprechend spiegelt die gegenwärtige Faszination für die Politik-Deliberation ein wachsendes Bewußtsein für die Bedeutung von Effizienzfragen in der Politik wider. Die Akzentverschiebung von einer redistributiven Orientierung hin zu einer Effizienzorientierung ist eine der herausragenden Merkmale der politischen Veränderungen des letzten Jahrzehnts.

Die Wiederentdeckung der Effizienz

Policy-Analytikern wurde häufig vorgeworfen, ihre Argumentation sei zu abstrakt, sie seien zu stark auf einen synoptischen Rationalismus festgelegt und würden sich nicht ausreichend an der politischen und institutionellen Wirklichkeit orientieren. Kurz, ihre Argumentation sei irrelevant für praktische staatliche Maßnahmen. Tatsächlich scheint der praktische Einfluß der Policy-Analyse während der 60er Jahre und während des größten Teils der 70er Jahre ziemlich begrenzt gewesen zu sein. So zeigten mehrere Fallstudien, daß von Policy-Analytikern vorgelegte Kosten-Nutzen-Analysen durch die politischen Entscheidungsträger systematisch vernachlässigt wurden, wenn es galt, politische Prioritäten zu setzen und die Wahl zwischen Alternativen zu treffen, oder aber dazu benutzt wurden, um *ex post* Entscheidungen zu rechtfertigen, die aus anderen Gründen gefällt worden waren. Ebenso scheint die wissenschaftliche Politikevaluation für die Entscheidung über die Verlängerung oder Beendigung von Programmen relativ unwichtig gewesen zu sein.

Dann wandelte sich die Stimmung. In den späten 70er Jahren wurde deutlich, daß Analysen, die durch eine wachsende Zahl von Policy-„Denkfabriken" vorgelegt wurden, einen nachweisbaren Einfluß hatten. So gingen sowohl in Europa als auch in den Vereinigten Staaten der Deregulierung, der Privatisierung, den regulativen Reformen und den Wohlfahrtsreformen intensive intellektuelle Debatten voraus, die diese vorbereiteten. Policy-Instrumenten wie Umweltsteuern oder der Handel mit Verschmutzerrechten, lange Zeit von Politikern, Bürokraten und Umweltschützern gleichermaßen abgelehnt, wurde über wissenschaftliche Kreise hinaus ernsthafte Aufmerksamkeit zuteil. In einigen Fällen kamen sie auch wirklich zur Anwendung. Gerichte in den USA und – wenn auch etwas zögerlicher – in Westeuropa fingen an, die Entscheidungen von Verwaltungsbehörden in substantiellen sowie in prozeduralen Fragen zu überprüfen. Zunehmend breitete sich die Überzeugung aus, daß staatliche Politik „richtig" sein soll und nicht einfach das Ergebnis eines Gruppenkonfliktes. Dies zog die Forderung nach sich, daß Beamte einen ethischen Diskurs mit praktisch-technischer Expertise verbinden sollten, um synoptische Entscheidungen zu fällen, die sowohl substantiell korrekt als auch demokratisch legitimiert sind (Shapiro 1988). Von hier aus war es nur noch ein kleiner Schritt, vorzuschlagen, daß die Gerichte die Regierungsbehörden auffordern sollen, nachzuweisen, daß diese – im Rahmen der gesetzlichen, budgetmäßigen und informationellen Möglichkeiten – das gesellschaftliche Wohlfahrtsoptimum zu maximieren suchten (Rose-Ackermann 1992; Sunstein 1990).

Parallel zu diesen Entwicklungen bei staatlichen Programmen und im öffentlichen Recht kamen Begriffe wie „Issue"-Netzwerke, Policy-Lernen, „Politik der Ideen", Professionalismus bei der Politikgestaltung, „Erkenntnis-Gemeinschaften" (epistemic communities), konsensuelles Wissen und – insbesondere – Policy-Deliberation in politikwissenschaftlichen Arbeiten und der Literatur über Internationale Beziehungen zu einer breiten Anwendung. Ideen und Argumente wurden nicht mehr einfach als Ausdruck von Gruppeninteressen und materiellen Bedingungen verstanden. Vielmehr akzeptierte man immer mehr, daß Ideen in der Lage sind, die Sicht, die eine Gruppe von ihren eigenen Interessen hat, zu verändern und neue Handlungsmöglichkeiten zu eröffnen, die die gesellschaftlichen Lebensbedingungen selbst verändern (Hall 1989). Gleichzeitig erfreute sich der Begriff des öffentlichen Interesses in dieser Periode einer bemerkenswerten neuen Beliebtheit. Und dies, obwohl die ökonomische Theorie der Regulierung – und allgemeiner die Public Choice-Schule der 70er Jahre, wie man dachte –, die Theorien, die Politik als Handeln im öffentlichen Interesse interpretierten, endgültig ad acta gelegt hatte. Diese Theorien – so die These – bringen eher normative Wunschvorstellungen zum Ausdruck, als daß sie Wirklichkeitsphänomene erklären. Während beispielsweise die normative oder Public Interest-Theorie der Regulierung das Marktversagen als die wesentliche Rechtfertigung oder den Beweggrund für staatliche Regulierung betrachtete, argumentierte George Stigler in einem bahnbrechenden Artikel, daß „... die staatliche Regulierung durch die Industrie angestrebt wurde und diese primär zu deren Nutzen gestaltet und praktiziert wird" (Stigler 1971: 3). Stiglers positive Theorie geht davon aus, daß für jeden Teilnehmer am „Regulierungsspiel" sein eigener Reichtum oder Nutzen ausschlaggebend ist und nicht die aggregierte gesellschaftliche Wohlfahrt. Daher sei das wirkliche Ziel staatlicher Regulierung eine Umverteilung und nicht die Steigerung allokativer Effizienz, die aus der Korrektur des Marktversagens fließt.

Trotz der Beliebtheit, deren sich die ökonomische Theorie der Regulierung in akademischen Kreisen erfreute, wurde deren begrenzte Voraussagekraft bald deutlich. Denn im Hinblick auf wichtige regulative Politikbereiche, wie die Anti-Kartell-, Umwelt-, Konsumenten- und Arbeitsschutz-Gesetzgebung, kann man wirklich nicht behaupten, daß diese primär im Interesse der Produzenten verabschiedet wurden und angewendet werden (Wilson 1980; Kalt/Zupan 1984; Majone 1989). Noch größere Probleme erwuchsen Stiglers Theorie aus dem Umstand, daß diese nicht erklären kann, warum die meisten konkurrierenden Industrien keiner Preis- oder Marktzugangsregulierung unterliegen, obwohl die Hersteller eine solche Regulierung als ihren Interessen dienlich beurteilen würden. Peltzman weist auf diesen Mangel der positiven Theorie hin und bemerkte, daß „... wenn es eine empirische Basis für die andauernde Attraktivität der normativen Theorie für Ökonomen gibt, dann liegt dies an ihrem offensichtlichen Erfolg, die Entstehung regulativer Politik zu erklären. Die Übereinstimmung zwischen der normativen Theorie und der faktischen Anwendung regulativer Bemühungen in der Praxis ist frappierend" (Peltzman 1989: 17).

Die aufgezeigten Entwicklungen sind klar miteinander verbunden: Da eine effiziente Politik bestrebt ist, das Wohlfahrtsoptimum aller und nicht die Wohlfahrt einzelner Gruppen zu fördern, ist es unmöglich, effiziente Lösungen zu entwickeln, ohne an das öffentliche Interesse zu appellieren, so wie dieses im konkreten Fall durch politische Beratung oder Policy-Deliberation bestimmt wird. Daher zeigt das sich ausbreitende Verständnis von Politik als Positiv-Summen-Spiel, von dem alle profitieren, beträchtliche Kohärenz. Obwohl diese Sicht – verankert in der Philosophie von Locke und der Vertragstheoretiker – die Zentralität redistributiver Fragen zurückweist und dagegen die Bedeutung der Korrektur von Marktversagen und der Vorhaltung rein öffentlicher Güter betont, kann sie nicht ohne weiteres auf dem traditionellen Links-Rechts-Spektrum angesiedelt werden. In den USA gingen sowohl die Progressiven als auch die Reagan-Konservativen davon aus, daß die staatliche Intervention in die Wirtschaft damit gerechtfertigt werden soll, daß man auf Marktversagen hinweist, und daß – soweit dies möglich ist – Kosten-Nutzen-Analysen verwendet werden sollen, um regulative Politik zu gestalten. Auch gab es eine Annäherung zwischen den beiden Gruppen in der Befürwortung von Marktstrategien und der Verwendung ökonomischer Anreize bei der Durchführung staatlicher Maßnahmen (Rose-Ackerman 1992). Diese Positionen werden heute auch durch die Linke in Westeuropa weithin akzeptiert. Historisch gesehen ist diese ideologische Konvergenz nicht schwer zu erklären. Noch nie dagewesene Kostensteigerungen bei den redistributiven Programmen während der 60er Jahre und frühen 70er Jahre (Geiger 1978) und die schnelle Zunahme mächtiger partikularer Interessengruppen – das zentrale Thema von Mancur Olsons umstrittenem Buch über „The Rise and Decline of Nations" (1982) wurden – sowohl von der Linken als auch der Rechten, sowohl in Europa als auch den USA – weithin als ernste Bedrohung nicht nur der Effizienz, sondern auch der Legitimität des demokratischen Staates betrachtet. Die verschiedenen Denktraditionen konvergierten in der Kritik des Pluralismus.

Vom pluralistischen Gleichgewicht zu Interessengruppen-Stasis

Aus der Sicht der Begründer der modernen Pluralismustheorie ergibt sich staatliches Handeln aus dem Gleichgewicht, das im Konflikt zwischen widerstreitenden Interessen in einem bestimmten Zeitpunkt erreicht wird. Die parlamentarische Abstimmung in irgendeiner Sachfrage widerspiegelt direkt das Kräftegleichgewicht zwischen diesen Gruppen. Wenn die Gruppen richtig beschrieben werden, liegt alles fest, schrieb Bentley 1908. Dahl argumentierte noch 1956, daß die Funktionsweise demokratischer Gesellschaften nicht auf der Basis des Gegensatzes von Mehrheiten und Minderheiten interpretiert werden kann: „Wir können nur Gruppen unterschiedlichen Typs und unterschiedlicher Größe unterscheiden, die alle bestrebt sind, auf vielfältige Weise ihre Ziele zu befördern, in der Regel – zumindest teilweise – auf Kosten anderer Gruppen" (Dahl 1956: 131).
Eine direkte Folge dieses pluralistischen Reduktionismus ist, daß weder Ideen noch Institutionen ins Gewicht fallen und daher in einem formalen Modell des Policy-Prozesses nicht berücksichtigt zu werden brauchen. Um nochmals Bentley zu zitieren: „... die einzige Wirklichkeit von Ideen ist deren Widerspiegelung von Gruppen(interessen – A.H.), nur dies und nicht mehr" (Bentley 1967: 169). Eine Gruppe mag zwar an das „Gemeinwohl" appellieren, um ihre Forderungen zu unterstreichen, aber dies ist nicht mehr als eine an die Öffentlichkeit gerichtete Strategie, um die Popularität ihrer Forderungen zu erhöhen. Was Institutionen anbetrifft, so erkannten Bentley, Truman und insbesondere Latham, daß Behörden und Gruppen von Beamten zuweilen eine unabhängige Rolle spielen können, aber nur als Interessengruppen unter anderen Interessengruppen. Die wichtigsten Akteure im Prozeß der Politikgestaltung sind aus pluralistischer Sicht private Gruppen (Lindblom 1965: 13). Ohne irgendwelche Einbettung in einen institutionellen Rahmen oder einen ideologischen Zusammenhang wird „Policy-Making" als eine Reihe von Null-Summen-Spielen zwischen ungleichen Spielern dargestellt.
Natürlich waren sich die Pluralisten des Umstandes bewußt, daß Gruppen über ungleiche Macht verfügen und daß der Zugang zum Policy-Prozeß entsprechend unterschiedlich ist. Dennoch zogen sie den allgemeinen Schluß daraus, daß alle aktiven und legitimen Gruppen in der Bevölkerung in der Lage sein würden, sich in irgendeiner Phase des Prozesses Gehör zu verschaffen. Die Kontrollmöglichkeiten über die Poli-

tikinhalte mögen zwar ungleich verteilt sein, ein gewisses Maß an Zugang sei jedoch vorhanden. Dies – so die Schlußfolgerung Dahls – ist keine „Gemeinheit" (mean thing) eines politischen Systems (Dahl 1956: 150). So war bis zu Beginn der 60er Jahre die Pluralismustheorie nicht nur eine Beschreibung dessen, was ist, sondern ein Modell dessen, was sein soll.
Diese wohlwollende Sicht der Interessengruppenkonkurrenz wurde durch Mancur Olsons Nachweis, daß gemeinsame Interessen keine ausreichende Bedingung für die Herausbildung von aktiven und legitimen Interessengruppen sind, ins Wanken gebracht. Im Gegenteil, aufgrund der Allgegenwart des Trittbrettfahrens können spezielle Interessen tendenziell leichter organisiert werden als die inklusiven Interessen der vielen (Olson 1965). Dieser Logik folgend entschließen sich spezielle Interessen, wenn vor die Wahl gestellt, effizienzsteigernde oder redistributive Maßnahmen zu unterstützen, den Kuchen insgesamt zu vergrößern oder sich auf Umverteilung zu konzentrieren, für das letztere, weil dies ihre Chancen erhöht, einen größeren Teil des gesellschaftlich erwirtschafteten Reichtums zu erlangen. Auch verzerrt im Verlaufe der Zeit der wachsende Einfluß spezieller Interessengruppen die Preise, schränkt den Wettbewerb ein, verlangsamt das ökonomische Wachstum und führt zu einem Zustand, der von Andrew McFarland „Interessengruppen-Stasis" genannt wurde, im besten Fall zu einer statischen Ökonomie, im schlimmsten Fall zu einem wirtschaftlichen Niedergang (McFarland 1992: 60-65). Weiterhin läßt die zunehmende Betonung von Umverteilungsfragen und die sich damit verbindende Häufung spezieller Interessengruppen das politische Leben konflikthafter werden, weil sie die Bedeutung weit verbreiteter, gemeinsamer Interessen schwächen. Im Falle von Umverteilungskonflikten kann keine Gruppe gewinnen, ohne daß andere Gruppen ebensoviel oder mehr verlieren, ein Umstand, der bei den Verlierern Groll und Verstimmung hervorruft (Olson 1982: 41-47). Daß eine Gruppe mehr verlieren kann als die andere gewinnt, liegt darin begründet, daß Umverteilung nicht kostenlos ist, sondern in der Regel einen „deadweight loss" mit sich bringt, d.h. es entstehen soziale Kosten für die Einrichtung und das Aufrechterhalten von Umverteilungssystemen oder aber für den Versuch, diese zu umgehen.
Die erste Antwort auf die Pluralismus-Kritik war – in den Worten von Martin Shapiro – „... die fast frenetische Verfolgung eines immer perfekteren Pluralismus" (Shapiro 1988: 49): In den 60er und 70er Jahren hatte der Pluralismus einen starken Einfluß auf das amerikanische Verwaltungsrecht. Immer mehr Gruppen erhielten das Recht, sich am Entscheidungsprozeß von Regulierungsbehörden zu beteiligen und bei Gericht Klagen gegen behördliche Entscheidungen, die ihnen nicht gefielen, einzulegen. Die Behörden waren verpflichtet, Kommentare zu von ihnen vorgeschlagenen Regelungen von seiten des interessierten Publikums zu akzeptieren und darauf zu reagieren. Sie waren jetzt aufgefordert, öffentliche Mittel für finanzschwache Gruppen vorzusehen, um gleiche Zugangschancen zum behördlichen Regulierungsprozeß zu eröffnen. Bestehende Regelungen wurden so ausgeweitet, daß auch Personen einbezogen wurden, die wirklich kein spezifisches Interesse an einer behördlichen Entscheidung hatten, sondern nur dasjenige eines pflichtbewußten Bürgers, eines „good citizen". „Vielleicht am wichtigsten aber, fingen die Gerichte an, sich mit den Aktenbeständen des Regulierungsprozesses zu befassen. Sie setzten Regulierungen außer Kraft, wenn sie befanden, daß die regulierende Behörde auf irgendein, wenn auch nur das geringste

Widerstandsgemurmel aus der kleinsten Gruppe, nicht reagiert hatte" (Shapiro 1988: 49/50).

Gleichzeitig mit diesen Bemühungen, die Gruppenpolitik zu perfektionieren, setzte jedoch schon die Desillusionierung mit dem Pluralismus ein. Auf der einen Seite war es angesichts der unterschiedlichen Ressourcen, über die einzelne Gruppen verfügen, fraglich, ob der Zugang zum behördlichen Entscheidungsprozeß von Behörden je effektiv gleich gestaltet werden kann. Darüber hinaus zeigte die Erfahrung, daß die Forderung nach einem „Dialog" von mächtigen ökonomischen Interessengruppen benutzt werden konnte, um regulative Entscheidungen in Bereichen wie dem Umweltschutz und dem Arbeitsschutz hinauszuzögern. Auf der anderen Seite wiesen empirische Erfahrungen mit den „deadweight losses" der Gruppenpolitik zunehmend darauf hin, daß es so etwas wie ein öffentliches Interesse oder eine „richtige" öffentliche Politik jenseits der Summe der Gruppeninteressen gibt. Wenn die Prozesse der Gruppenpolitik Policies hervorbringen, die ökonomisch nicht effizient sind, wie beispielsweise Zuschüsse für Farmer oder den Bergbau, dann sind diese politischen Maßnahmen in der Sache falsch, auch wenn alle betroffenen Interessengruppen sich an einer aktiven Auseinandersetzung beteiligen.

Die Politik der Effizienz

Eine Lösung für viele Kritiker der Gruppenkonflikte war es, sich für Rationalität oder Effizienz als Kriterien staatlicher Politik und für rationale oder „synoptische" Entscheidungsprozesse als die besten Entscheidungsprozesse auszusprechen. „Gute" Politik sollte nicht mehr länger das Resultat von Gruppenauseinandersetzungen sein, sondern das Resultat einer rationalen Policy-Analyse (Shapiro 1988: 15/16). Natürlich sind nicht alle Policy-Fragen für solche Effizienzerwägungen geeignet. Ja, Effizienzüberlegungen können dann in der Politik überhaupt nicht von Bedeutung sein, wenn es zutreffen sollte, daß eine politische Situation „... dann gegeben ist, wenn die Parteien nicht über wechselseitig nützliche Tauschprozesse streiten, sondern über die Legitimität der Ausgangsposition des jeweils anderen" (Barry 1965: 313). Danach wären Effizienzgesichtspunkte Diskussionsgegenstand in der Ökonomie, während Politik sich mit Umverteilung, einschließlich der autoritativen Allokation von Eigentumsrechten, befaßt. Oder wie einige Autoren es formulierten: Die meisten ökonomischen Aktivitäten sind Positiv-Summen-Spiele, während die meisten politischen Aktivitäten ein Null-Summen-Spiel (oder Negativ-Summen-Spiel) darstellen (Riker 1962).

Aber wie oben schon angedeutet, entspricht dieses Verständis einer überholten Sicht von Politik, weil es die politische Bedeutung der wachsenden Zahl staatlicher Maßnahmen übersieht, die verschiedene Arten des Marktversagens zu korrigieren suchen. So ist die Umweltpolitik bestrebt, negative externe Effekte zu mindern, indem sie Produzenten und Konsumenten dazu zwingt, die sozialen Kosten der Umweltverschmutzung in ihre Kalküle einzubeziehen. Wenn es der Politik gelingt, die Lücke zwischen privaten und sozialen Kosten zu reduzieren, bedeutet dies eine Verbesserung der allokativen Effizienz; d.h. ein Schritt wird gemacht von einer Position, die von der Effizienz-Grenze (Pareto) entfernt liegt, hin zu einer Position auf dieser Linie. Dieselbe Rationalität ist bei den meisten sozialregulativen Policies, wie dem Konsumentenschutz, dem Risikomanagement und dem Arbeitsschutz gegeben. Es ist kein Zufall, daß alle Beispiele, die Shapiro für jüngste Entwicklungen nennt, die sich von Gruppenkonflikten weg hin zu „rationalen" Entscheidungen bewegen – so die Umweltverträglichkeitsprüfung und Wirkungsanalysen von Regulierungen, Forderungen nach Kosten-Nutzen-Analysen von Behördenentscheidungen sowie Gesetze, die bestimmen, daß behördliche Regulierungen auf der Basis der „besten verfügbaren Informationen" oder „substantieller Erkenntnisse über die gesamten Erfahrungen mit der Regulierung" – aus dem Bereich der sozialregulativen Politik stammen (Shapiro 1988: 15).

Sozialregulative Politik zieht politische Aufmerksamkeit auf sich, und ist – im Unterschied zu vielen Umverteilungsmaßnahmen der Vergangenheit – (potentiell) effizienzerhöhend (Majone 1993). Daher wird es immer wichtiger, zu verstehen, wie die Politik der Effizienz sich von der Umverteilungspolitik unterscheidet, mit der sich Politikwissenschaftler traditionell beschäftigt haben. Ein nützlicher Startpunkt, um die Politik der Effizienz zu analysieren, ist Dennis Muellers Vergleich von Bedingungen, die jeweils Mehrheitsregel und Einstimmigkeitsregel begünstigen, und George Tsebelis' Unterscheidung zwischen effizienten und redistributiven Institutionen (Mueller 1989: 96-111; Tsebelis 1990: 104-118).

Institutionen werden als effizient bezeichnet, wenn sie im Verhältnis zum Ist-Zustand die Situation aller (oder fast aller) Individuen oder Gruppen in einer Gesellschaft verbessern. Das Beispiel, das Tsebelis nennt, ist eine Institution, die Koordinationsprobleme oder Gefangenen-Dilemma-Probleme löst; ein für unsere Diskussion wichtigeres Beispiel stellt jedoch die Einstimmigkeitsregel dar. Diese Regel ist effizient, weil sie garantiert, daß das Resultat einer Entscheidung eine pareto-optimale Position ist, d.h. jeder, der durch die kollektive Entscheidung negativ betroffen wird, kann – nach der Einstimmigkeitsregel – diese mit einem Veto belegen.

Redistributive Institutionen hingegen verbessern die Bedingungen einer gesellschaftlichen Gruppe auf Kosten einer anderen. Das wichtigste Beispiel dafür ist die Mehrheitsregel. Die Befürworter der Mehrheitsregel haben konflikthafte Wahlentscheidungen zu gewärtigen, die keine wechselseitig nutzenbringende Handlungsmöglichkeiten enthalten, wie dies typischerweise bei Umverteilungsentscheidungen oder Fragen der Eigentumsrechte der Fall ist. Die Anhänger der Mehrheitsregel gehen auch davon aus, daß die Alternativen, zwischen denen eine politische Gemeinschaft wählen kann, eindimensional sind und sich wechselseitig ausschließen, so daß Kompromißvorschläge nicht möglich sind (Buchanan/Tullock 1962: 253).

Im Unterschied dazu ist „... der politische *Prozeß*, den die Einstimmigkeitsregel impliziert, ... ein Prozeß der Diskussion, des Kompromisses und der Verbesserung, der sich fortsetzt, bis eine Formulierung der Frage erreicht ist, die allen nützt. Die Grundannahme, die dieser Sicht von Politik unterliegt, ist eine doppelte: Das Spiel ist kooperativ und stellt ein Positiv-Summen-Spiel dar, das heißt es existiert eine Formulierung der Entscheidungsfrage, die für alle nutzbringend ist; *und* der Prozeß kann innerhalb einer vernünftigen Zeitspanne abgeschlossen werden, so daß die Transaktionskosten der Entscheidungsfindung nicht prohibitiv hoch werden" (Mueller 1989: 102; Hervorhebung im Original).

Der Vergleich effizienter und redistributiver Institutionen zeigt sehr klar, wie zentral die öffentliche Deliberation für eine Politik der Effizienz ist. Argumente und Überzeugung sind notwendig, um Chancen der gemeinsamen Nutzenrealisierung zu entdecken, und Unterstützung dafür zu gewinnen, solche Möglichkeiten möglichst effizient auszuschöpfen. Natürlich repräsentiert die Einstimmigkeitsregel nur ein Idealmodell, birgt dieses Entscheidungsprinzip doch – wenn man von sehr kleinen Kollektiven absieht – prohibitive Transaktionskosten. Sogar Buchanan und Tullock, die enthusiastischsten Befürworter dieser Regel, geben zu, daß die Kosten im Hinblick auf die Entscheidung so hoch sein können, daß sich die reine Einstimmigkeitsregel als praktische Möglichkeit verbietet. Vor ihnen hatte sich Wicksell (1896) bereit erklärt, die Fast-Einstimmigkeits-Regel oder ein hohes Zustimmungs-Quorum (von beispielsweise 75%) als zweitbeste Lösung zu akzeptieren. Sowohl Wicksell als auch Buchanan und Tullock (1962) – auf einer formaleren Ebene – bemühen sich, einige Vorteile der Einstimmigkeit zu erhalten, indem sie sich für eine optimale „Nichteinstimmigkeits"-Regel aussprechen. Dies bleibt jedoch nicht die einzige Option. Im Hinblick auf die Policy-Deliberation erfüllen bestimmte, nicht der Mehrheitsentscheidung unterworfene Institutionen wie Gerichte und Verwaltungsbehörden mit Expertenwissen, Funktionen, die denen der Einstimmigkeitsregel nahekommen.

Policy-Deliberation und nicht-mehrheitsgebundene Institutionen

Definitionsgemäß sind Institutionen, die nicht einer demokratischen Mehrheitsentscheidung unterworfen sind, den Bürgern gegenüber nicht direkt über den Wahlmechanismus oder andere politische Prozesse verantwortlich. Die populistische Demokratieauffassung (Dahl 1956) war gegenüber solchen Institutionen, eben aufgrund deren Unabhängigkeit von Wahlen oder der direkten Überwachung durch gewählte Beamte, immer sehr mißtrauisch. Sogar die demokratische Legitimität des U.S. Supreme Court wurde mit dieser Argumentation in Frage gestellt (Freedman 1978), und ähnliche Vorbehalte haben in Europa die Entwicklung der Kontrolle durch die Gerichte behindert (Volcansek 1992). Dennoch spielen Gerichte, administrative Schiedsgerichte, unabhängige administrative Behörden, Untersuchungskommissionen, unabhängige Zentralbanken und andere nicht mehrheitsabhängige Institutionen in allen demokratischen politischen Systemen eine zentrale Rolle. Das heißt in der Praxis war es immer selbstverständlich, daß man zur Erfüllung vieler Aufgaben eher auf Qualitäten wie Expertise, Professionalismus, Unabhängigkeit und Kontinuität bauen muß als auf direkte demokratische Verantwortlichkeit.
Diese „Common Sense"-Sicht wird, inbesondere in den Vereinigten Staaten, durch verschiedene politische Denktraditionen abgestützt. Eine der wichtigen Beiträge von James Madison in *The Federalist* enthielt die Argumentation, daß Mehrheitsentscheidungen allein keine Regierungsinstitutionen schaffen können, die in der Lage sind, eine kohärente Politik im öffentlichen Interesse zu verfolgen. Vielmehr bietet – aus der Sicht von Madison – eine gewisse Abschottung der Regierung von episodischen Meinungsumschwüngen in der Öffentlichkeit einen wichtigen Schutz gegen den „Faktionalismus" – die Usurpierung staatlicher Gewalt durch mächtige und selbst-interessierte Gruppen –, damit auch gegen die Gefahren, die der Faktionalismus für den republikanischen Glauben an eine deliberative Demokratie enthält. Auch die Tradition der Progressiven Bewegung, repräsentiert durch Politiker wie Theodore Roosevelt und

Woodrow Wilson, betonte die Notwendigkeit einer gewissen Isolierung der Regierung von der kurzfristigen Parteipolitik und kurzfristigen Wählerinteressen als eine Methode, um sowohl Effizienz als auch Ehrlichkeit in öffentlichen Angelegenheiten zu sichern (Hofstadter 1955).
Ebenso verteidigten die Theoretiker der New Deal-Politik die Unabhängigkeit der regulierenden Kommissionen als eine notwendige Voraussetzung, um Expertise – die *raison d'être* dieser Gremien – zu erwerben und effektiv nutzen zu können. Die Regierungsbehörden entstanden und entwickelten sich zu wichtigen Instrumenten, um die Industrie zu steuern, gerade weil der Kongreß und die Gerichte sich als unfähig erwiesen, dem „großen funktionalen Imperativ" der Spezialisierung zu genügen. Das Eintreten von Regulierungsbehörden empfahl sich – in den Worten von Merle Fainsod – „... weil sie die Möglichkeit boten, Expertenwissen in der Behandlung spezieller Probleme zu entwickeln, in ihren Überlegungen relativ frei von Forderungen der Parteipolitik waren und eine zweckmäßig-effektive Haltung ermöglichten" (Fainsod 1940: 313).
Die Regulierung durch unabhängige Behörden, um negative Folgen des Marktversagens aufzufangen, ist nicht länger ein rein amerikanisches Phänomen. Seit den 70er Jahren werden regulierende Behörden – auch in Europa – immer wichtigere Akteure der öffentlichen Verwaltung (Majone 1991, 1992, 1993). Die funktionalen Erklärungen, die von europäischen Wissenschaftlern für den Aufstieg der unabhängigen Behörden genannt werden, erinnern stark an die damaligen Argumente amerikanischer Autoren. So wird betont, daß unbhängige Behörden wegen des Bedarfs an Expertise in hochkomplexen und technischen Fragen gerechtfertigt sind, daß eine unabhängige Behördenstruktur die Teilnahme des Publikums an Entscheidungsprozessen fördern kann, während Ministerien die Durchführung von öffentlichen Anhörungen oft verwehrt ist; auch wird argumentiert, daß die Trennung zwischen Behörden und Regierung nützlich ist, wenn man wünscht, die öffentliche Verwaltung von parteipolitischem Einfluß zu befreien. Unabhängige Behörden sollen auch eine größere Kontinuität und Stabilität gewährleisten, als dies Regierungen möglich ist, weil die ersten von Wahlergebnissen relativ unabhängig sind. Auch sind sie – dank ihrer Unabhängigkeit – in der Lage, Bürger vor bürokratischer Arroganz und Geheimniskrämerei zu schützen; überdies können sie die öffentliche Aufmerksamkeit auf kontroverse Fragen lenken und dadurch die öffentliche Debatte bereichern (Baldwin/McCrudden 1987: 4-9; Teitgen-Colly 1988: 37-47; Guédon 1991: 16-27).
Diese Argumente greifen viele der zentralen Fragen einer effizienz-orientierten Politik auf: Sie bringen zum Ausdruck, daß ein Mißverhältnis zwischen gegebenen institutionellen Kapazitäten und der wachsenden Komplexität von Policy-Problemen besteht, und widerspiegeln die Auffassung, daß Verwaltungsakteure Vertreter des öffentlichen Interesses sind, anstatt bloß Gruppenpräferenzen zu aggregieren oder gar „Gefangene" mächtiger Interessen zu sein; insbesondere betonen sie die Bedeutung der Policy-Beratung oder Policy-Deliberation als Methode, um „wahre" öffentliche Werte zu identifizieren und die besten Wege auszuwählen, um diese Werte umzusetzen. Die Tatsache, daß auf eine Beteiligung der Öffentlichkeit positiv Bezug genommen wird, und Bürger vor bürokratischer Arroganz und Verdunkelung geschützt werden sollen, zeigt, daß demokratische Werte nicht in Frage gestellt werden. Ja, viele derjenigen, die das Modell der deliberativen Behörde befürworten, die einen ethischen Diskurs mit technischer

Expertise verbindet, um Policy-Entscheidungen, die sowohl substantiell korrekt als auch politisch legitimiert sind, herbeizuführen, räumen ein, daß solche nicht-mehrheitsgebundene Institutionen strengen demokratischen Kontrollen unterworfen werden müssen.

Um Martin Shapiro (1988: 34) zu zitieren: „Alle Interessengruppen sollen soweit wie möglich gleichen Zugang zu den Deliberatoren haben. Auch sollte es ein öffentliches Protokoll über die Policy-Deliberation geben. Die Berater sollen ihre Entscheidung gegenüber dem Publikum begründen und erklären. In ihrer Suche nach Werten sollen die administrativen Akteure die Werte, die durch die geltenden Gesetze der demokratisch gewählten Körperschaften vorgegeben sind, als handlungsleitend betrachten. Die Gerichte engagieren sich in der rechtlichen Kontrolle der Verwaltungsentscheidungen, um sicherzustellen, daß sie mit den Werten und Zielen des Parlamentes übereinstimmen."

Die bisherige Argumentation läßt sich wie folgt zusammenfassen: Politische Beratung im Sinne von Policy-Deliberation ist dann am wichtigsten, wenn die Probleme, um die es geht, Fragen der Effizienz und nicht der reinen Umverteilung sind. Eine öffentliche Entscheidung nach der Einstimmigkeitsregel bietet den idealen institutionellen Rahmen für eine öffentliche Beratung. Aber dieses Modell ist in der Regel nicht zu verwirklichen, weil es hohe Entscheidungskosten involviert; jedoch kann in einigen wichtigen Entscheidungsbereichen eine mit Experten besetzte Behörde, die durch strenge prozedurale und substantielle Anforderungen kontrolliert wird, als machbare, zweitbeste Lösung betrachtet werden. Im zweiten Teil dieses Aufsatzes sollen zwei typische Weisen diskutiert werden, in denen Ideen und Argumente Policy-Resultate beeinflussen.

Argumente der Durchführbarkeit

Wie Michael Polanyi sagte, hat in der jüngeren Geschichte die Existenz von gesellschaftlichen Aufgaben, die sowohl wünschenswert als auch machbar erscheinen, in Wirklichkeit aber undurchführbar sind, den Boden für viele Konflikte bereitet. Alle Kämpfe um soziale Reformen bewegten sich partiell auf dieser Ebene, wobei die Konservativen die Grenzen des Möglichen bei der Politikgestaltung überschätzten und die Progressiven diese unterschätzten (Polanyi 1951: 169). Dies erklärt, warum die Argumente über die Machbarkeit der unterschiedlichsten Policy-Vorschläge eine solch zentrale Position in der Policy-Deliberation einnehmen (Majone 1989).

Kausale Zusammenhänge werden am besten in der Form von Restriktionen oder einschränkenden Bedingungen ausgedrückt. Dies ist der Fall, weil alle Theorien eine Art von Regelmäßigkeit oder Invarianz ausdrücken und damit die Spannbreite beobachtbarer Phänomene eingrenzen. Die Wirklichkeit, so hat Einstein einmal bemerkt, schränkt den Reichtum der logischen Möglichkeiten ein, und die Wissenschaft versucht diese Einschränkungen zu entdecken. Wissenschaftliche Gesetze „... behaupten nicht, daß etwas existiert oder der Fall ist; sie stellen es in Abrede. Sie beharren auf der Nicht-Existenz gewisser Dinge oder Zustände, indem sie jenachdem diese Dinge oder Zustände ächten oder ausschließen" (Popper 1968: 69). Diese Auffassung von Theorien als Einschränkungen ist wichtig, um zu verstehen, wie theoretisches Wissen auf praktische Probleme angewendet werden kann. Man denke daran, wie wissenschaftliche Erkenntnisse im Bereich der Technologie angewendet werden. Wissenschaftliche Theorien geben Ingenieuren keine Informationen darüber, wie bestimmte Ziele zu erreichen sind. Vielmehr zeigen sie ihnen, warum scheinbar vernünftige Ziele in Wirklichkeit nicht realisierbar sind, warum es beispielsweise unmöglich ist, Maschinen zu konstruieren, die zu 100% effizient sind, oder eine Reibung vollständig zu eliminieren. Im Prinzip können und sollten sozialwissenschaftliche Theorien in der gleichen Art und Weise verwendet werden. Auch wenn sozialwissenschaftliche Erkenntnisse nicht aus sorgfältig kontrollierten Experimenten abgeleitet werden, kodifizieren diese oft viel praktische Erfahrungen darüber, wie etwas auf viele verschiedene Weisen in Angriff genommen wurde und alle diese Versuche scheiterten. Unser Wissen über Bürokratien und andere Arten sozialer Organisationen zum Beispiel, ist weitgehend dieser Art (Downs 1967; Wilson 1989).

Jedoch besteht erstens ein wichtiger Unterschied zwischen sozialen und physikalischen Restriktionen darin, daß die Folgen der Verletzung der ersteren in der Regel nicht unmittelbar zutage treten wie im Fall der physischen Nichtmachbarkeit. Aus diesem Grunde ist es politisch oft schwierig, der Versuchung zu widerstehen, ökonomische oder institutionelle Hindernisse zu übergehen. Die Mietkontrolle ist ein klassisches Beispiel dafür: Obwohl es das Ziel der Mietkontrollen ist, den Konsumenten vor schnell steigenden Mieten zu schützen, die mit einem Wohnungsmangel einhergehen, ist die langfristige Wirkung, daß fast alle Beteiligten schlechter gestellt sind, weil Mietkontrollen Investoren vom Neubau von Mietwohnungen und der Instandhaltung von existierenden Wohnungen abschrecken, ja sie ermutigen zur Aufgabe alter Wohneinheiten und deren Umwandlung in Büroeinheiten, um den Kontrollen zu entgehen. Diese Konsequenzen sind seit längerer Zeit bekannt, und doch haben einige Städte, die die Mietkontrolle in den 50er Jahren aufgaben, angefangen, dieses Instrument mit beginnender Inflation in den 70er Jahren wieder zu verwenden. Die Argumente über die negativen Folgen der Mietkontrolle gewannen in den 80er Jahren im Zuge einer allgemeinen Entwicklung hin zu effizienteren Maßnahmen wieder zunehmend Gehör. Um die Rolle von Argumenten, die sich auf die Durchführbarkeit beziehen, in der Policy-Deliberation zu verstehen, ist es zweitens wichtig, zwischen objektiven und selbst auferlegten Restriktionen zu unterscheiden (Majone 1989: 82-84). Objektive Schranken wie physische oder technologische Restriktionen hängen nicht von unseren Zielen und Werten ab. Wir wählen sie nicht; sie werden uns auferlegt. Aber viele der wichtigsten Schranken der Politikgestaltung werden uns nicht von außen aufgezwungen; vielmehr sind sie selbstauferlegt und das Resultat einer freien Wahl oder einer Selbstverpflichtung. Sind sie jedoch einmal gewählt, schränken sie die Spannbreite der verfügbaren Alternativen in derselben Weise ein, wie physische, technische und andere objektive Restriktionen dies tun. So ist beispielsweise die Macht, sich selbst zu binden, eine der wichtigsten Verhandlungstaktiken. Der Verhandlungspartner, der sich unwiderruflich auf einen bestimmten Handlungsverlauf festlegt, und dem es gelingt, dies überzeugend der anderen Partei zu vermitteln, hat willentlich und irreversibel die objektive Situation, in der die Verhandlung stattfindet, verändert (Schelling 1963). Die Vielfalt der selbstauferlegten Restriktionen ist ziemlich groß, wie die folgende partielle Systematisierung zeigt:

a) Restriktionen, die für einen begrenzten Zweck, eine begrenzte Zeit oder „bis auf weiteres" akzeptiert werden (wie beispielsweise vertragliche Verpflichtungen, Spielregeln, Versprechungen, konventionelle Definitionen oder Interpretationen bestimmter Begriffe in einem Dokument, administrative Verfahren und Routinen, strategische Selbstverpflichtungen, durch die man sich selbst in einer laufenden Verhandlung bindet).
b) Restriktionen, die für die Erreichung bestimmter Policy-Ziele als unerläßlich betrachtet werden (z.B. Verteilungsrestriktionen, Reziprozitätsregeln, „due process"-Vorschriften, Konsistenz, Präzedenzfälle, Rücksichtnahme auf andere Policy-Akteure).
c) Restriktionen, die implizit akzeptiert werden, deren Existenz aber nur anerkannt wird, wenn sie in Frage gestellt oder verletzt werden (z.B. kulturelle Normen, Anstandsregeln, professionelle Standards, stillschweigende Vereinbarungen).

Eine dritte wichtige Unterscheidung bezieht sich auf die Kurzfristigkeit bzw. Langfristigkeit von Restriktionen. Kurzfristig gesehen müssen der Stand der Technologie, gegebene Institutionen, administrative Kapazität, finanzielle Ressourcen – und sehr kurzfristig –, gar physische Inputs und personelle Ressourcen als unveränderte Vorgaben betrachtet werden. Wenn jedoch genügend Zeit vorhanden ist, können technische Hindernisse überwunden, Gesetze verändert, Kapazitäten erhöht und neue Fertigkeiten und Kenntnisse erworben werden, was in der Regel mit Kosten verbunden ist. Die Zeitdimension ist wichtig, weil Faktoren, denen kurzfristig keine Beachtung geschenkt wird, auf lange Zeit gesehen zu bindenden Restriktionen werden können. So zieht die Notwendigkeit, kontinuierliche kooperative Beziehungen zwischen Policy-Akteuren aufrechtzuerhalten, Restriktionen für das akzeptierte Verhalten nach sich, welche nur dann ignoriert werden können, wenn ein Einverständnis nur einmal oder nur für eine einzige Frage erforderlich ist.

Wegen der Vielfalt möglicher Policy-Restriktionen sind gemeinsame Wertvorstellungen über die Grenzen des Möglichen in der Politikgestaltung zentral, wenn Möglichkeiten des kollektiven Nutzengewinns gesucht werden. Argumentieren und Überzeugen spielen eine Schlüsselrolle, wenn Einschränkungen identifiziert, deren Bedeutung für verschiedene Implementationsstrategien bewertet, Kosten und Nutzen eingeschätzt und die Restriktionen gelockert werden, die nicht absolut feststehen. Die Restriktionen – sowohl objektiver als auch subjektiver Natur –, über die Einverständnis herrscht, konstituieren die Regeln des Policy-Spiels. Jedoch sind diese nie ganz bekannt, wenn das Spiel beginnt. Dies liegt darin begründet, daß es bei Spielbeginn unmöglich ist, alle relevanten einschränkenden Faktoren zu kennen, und es ist oft schwierig zu sagen, welche der angenommenen Restriktionen wirklich auch bindend sein werden. In dem Maße, in dem sich die Policy von der Entscheidungs- zur Implementationsebene bewegt, tauchen Einschränkungen auf, die zunächst verborgen geblieben sind und dann mehr oder weniger umfassende Veränderungen erfordern. Dieser iterative Prozeß des Entdeckens von Restriktionen und entsprechender Zielmodifikation ist der Kern der Politikimplementation.

Die Unsicherheit, die den Implementationsprozeß umgibt, läßt es als sinnvoll erscheinen, eine Policy als einen *unvollständigen Vertrag* (Milgrom/Roberts 1992) zwischen den Hauptakteuren zu verstehen. Wie Garrett und Weingast (1991) und Goldstein und Keohane (1993) argumentieren, können Ideen als Lösungen für Probleme dienen, die sich mit einem unvollständigen Vertragsabschluß verbinden: Wenn Vereinbarungen unvollständig sind, erfüllen gemeinsame Wertvorstellungen über den „Sinn der Vereinbarungen" eine wichtige Rolle, soll die Kooperation aufrechterhalten werden. Man denke beispielsweise an das Problem der Unterscheidung zwischen wirklichen Restriktionen und fiktiven Hindernissen oder Pseudo-Restriktionen, die durch eine geistige oder institutionelle Trägheit, Risikoaversion und Einfallsarmut gesetzt werden oder aufgrund ideologischer Scheuklappen vorgegeben werden, um „vested interests" zu schützen. Das Problem der Unterscheidung zwischen wirklichen und scheinbaren Einschränkungen existiert sogar, wenn man annimmt, daß alle Akteure in gutem Glauben handeln. Ja, ob eine Einschränkung bei einem bestimmten Problem wirklich verbindlich ist oder nicht, kann oft erst bestimmt werden, nachdem das Problem gelöst worden ist. Auch wenn es a priori Gründe gibt zu glauben, daß die Restriktion nicht unüberwindlich ist, wäre es unklug, dies zu ignorieren, denn sie könnte bindend werden, wenn sich einige der Daten und Parameter des Problems verändern. Alle diese Probleme des unvollständigen Vertragsabschlusses können nur gelöst werden, wenn im Rahmen gemeinsamer Überzeugungen nach Möglichkeiten gesucht wird, für alle Beteiligten vorteilhafte Lösungen zu finden.

Ideen sind nicht nur wichtig für die Identifizierung und Systematisierung von Policy-Restriktionen, sondern auch zur Ausweitung der möglichen Grenzen staatlicher Politik. Was innerhalb gewisser Schranken politisch machbar ist und welches gar die Schranken selbst sind, hängt beides von den Grenzen des allgemeinen Wissens und der Relation zwischen allgemein akzeptierten Werten und akzeptabler Praxis zusammen. Daher können die politischen Restriktionen der Politikgestaltung nur gelockert werden, nachdem auf die öffentliche Meinung so eingewirkt wurde, daß sie ein verändertes Denken aufnimmt, neue Symbole und neue und breitere Konzepte des öffentlichen Interesses akzeptiert (Heller 1967: 27). Keynes Beitrag zur öffentlichen Debatte über die Probleme der Kriegsfinanzen in den späten 30er Jahren bietet ein sehr gutes Beispiel dafür. Von Anfang an, so schreibt ein Biograph, „... beschäftigte sich Keynes mit den Problemen der Kriegsfinanzierung auf zwei Ebenen: indem er das Mögliche unter den existierenden Restriktionen maximierte und die Restriktionen selbst lockerte" (Moggridge 1976: 116). Keynes Argumente schufen ein Meinungsklima, das für die politischen Entscheider das Führen eines Krieges und billiges Geld als kompatibel erscheinen ließ. Um die Überlegungen, die seinem Plan zugrundelagen, zu vermitteln, und um Wege zu finden, diesen zu einer breiteren Akzeptanz zu verhelfen, engagierte sich Keynes in massiven Anstrengungen, um zu informieren und zu überzeugen. Mit einigen Modifikationen fanden Keynes Vorschläge dann weite Unterstützung und wurden zur Basis der Kriegsfinanzpolitik in Großbritannien.

Rationalisierung

Argumente werden auch benutzt, um Policy-Entscheidungen zu rechtfertigen, die schon gefallen sind. Wenn Argumente auf anderen Überlegungen basieren als denjenigen, die zu der Entscheidung führten, wird dies gewöhnlich als Versuch einer „Rationalisierung" abgetan. Es soll gezeigt werden, daß diese Kritik, auch wenn sie in manchen Fällen gerechtfertigt ist, wichtige Aspekte des Prozesses ausblendet, durch welchen Ideen Politikinhalte beeinflussen.

Die häufige Verwendung von Post-Entscheidungs-Argumenten in ganz unterschiedlichen Zusammenhängen deutet darauf hin, daß solche Argumente wichtige gesell-

schaftliche Funktionen erfüllen, die über die reine Rechtfertigung politisch oder bürokratisch festgelegter Positionen hinausgehen. Man denke an den Fall eines Richters oder einer Richterin, die einen Fall auf der Basis seines oder ihres subjektiven Verständnisses von Gerechtigkeit entscheidet, der Eingebung folgend, daß eine spezifische Entscheidung richtig ist; gleichzeitig realisiert er oder sie, daß Erwägungen dieser Natur für die Rechtfertigung einer verbindlichen Entscheidung nicht zählen. Aus diesem Grund kleidet der Richter oder die Richterin seine oder ihre Auffassung in die objektiven Kategorien eines rechtlichen Argumentes, und jede nachfolgende Entwicklung in dem Fall (wie zum Beispiel ein Einspruch) wird sich auf diese veröffentlichte Meinung beziehen und nicht auf den wirklichen Ablauf, der der Entscheidung des Richters oder der Richterin zugrundelag. Faktisch erlauben es die meisten Rechtssysteme, daß die Meinungsäußerung, die die Gründe für eine richterliche Entscheidung nennt, der Entscheidung folgt, anstatt dieser vorauszugehen. Auch können unterschiedliche Richter in einer Entscheidung übereinstimmen, aber sich über den besten Weg, diese zu rechtfertigen, uneinig sein. Im amerikanischen Rechtssystem haben sie Gelegenheit, ihre Positionen in getrennten Argumenten zu präsentieren.
Solche prozeduralen Vorschriften müssen all denen als absurd erscheinen, die davon ausgehen, daß eine richterliche Meinung eine genaue Beschreibung des Entscheidungsprozesses ist, dem der Richter oder die Richterin folgt, wenn er oder sie zu einer Entscheidung kommt. Wenn jedoch die Meinungsäußerung als ein Bericht über ein Rechtfertigungsverfahren betrachtet wird, das von dem Richter oder der Richterin verwendet wurde, dann wird die Berufung auf gesetzliche und logische Überlegungen, die möglicherweise im wirklichen Entscheidungsprozeß keine Rolle spielten, ganz verständlich (Wasserstrom 1961). Tatsächlich ist die Meinungsäußerung des Richters oder der Richterin nicht die Prämisse eines Syllogismus, die in die Entscheidung mündet; vielmehr ist sie ein Mittel, um rational Schlußfolgerungen zu kontrollieren, die durch außergesetzliche Überlegungen nahegelegt werden, und um die Kommunikation zwischen den am Rechtsprozeß Beteiligten zu erleichtern.
Innerhalb der akademischen Gemeinschaft spielen wissenschaftliche Berichte eine ähnliche kommunikationserleichternde Rolle wie die richterliche Meinungsäußerung. Nach der Einschätzung eines berühmten Physikers und Wissenschaftsphilosophen sind wissenschaftliche Berichte „... nicht Tagebücher oder Reiseberichte, die uns exakt sagen, was sich in einem spezifischen Labor an einem bestimmten Tag ereignet hat. Sie geben eher eine sorgfältig edierte Version solcher Ereignisse wieder und informieren uns darüber, was passieren sollte, wenn man das Experiment selbst unter den vorgeschriebenen Bedingungen zu wiederholen versucht" (Ziman 1968: 35). Die Kommunikation zwischen dem Experimentierenden und seinen Kollegen ist nicht bloß eine Exposition dessen, was geschehen ist, als bestimmte Operationen durchgeführt wurden; vielmehr stellt es einen Versuch dar, diese zu überzeugen, daß die Ergebnisse plausibel und interessant sind, und daß sie eine weitere Diskussion verdienen.
Als drittes Beispiel für die Bedeutung von Post-Entscheidungs-Argumenten wähle ich eine bekannte Episode aus der Geschichte der Diffusion ökonomischer Ideen. Franklin D. Roosevelts Politik steigender öffentlicher Ausgaben mit dem Ziel, Arbeitslosigkeit zu reduzieren und die Wirtschaftskrise zu überwinden, wurde als keynesianische Politik bezeichnet. Aber Roosevelt hatte es nicht nötig, in Fragen der öffentlichen Ausgabenpolitik von Keynes zu lernen. Dennoch hatte die Idee, daß der britische

Ökonom die New Deal-Politik beeinflußt hat, recht früh Wurzeln geschlagen. Sie ist aber nur eine Legende (Winch 1969). Vielmehr boten die Theorien von Keynes nur eine anspruchsvolle Rechtfertigung für das, was Roosevelt schon vorher praktiziert hatte. Die Antworten, die diese Theorien über die Ursachen der langfristigen Arbeitslosigkeit und die Wirksamkeit öffentlicher Ausgaben anboten, waren nicht die Voraussetzungen für Roosevelts expansive fiskalische Politik. In dem Maße jedoch wie diese Antworten das Denken von Ökonomen und Politikern zu dominieren begannen, trugen sie dazu bei, die expansive Fiskalpolitik für mehrere Jahrzehnte zur Kernidee einer (im amerikanischen Sinn) liberalen Wirtschaftspolitik zu machen. Mit den Worten eines früheren Vorsitzenden des Council of Economic Advisers von F. D. Roosevelt: „Ohne Keynes und insbesondere ohne die Interpretation von Keynes durch seine Anhänger hätte die expansive Fiskalpolitik eine vorübergehende Dringlichkeitsmaßnahme bleiben können und wäre nicht zum 'way of life' geworden" (Stein 1984: 39).
Diese Beispiele weisen auf drei zentrale Funktionen von Post-Entscheidungs-Argumenten hin. Erstens dienen sie der *Rechtfertigung von Politik*, indem sie eine konzeptionelle Fundierung für eine Anzahl ansonsten isolierter und unzusammenhängender Entscheidungen bieten. Politische Entscheider handeln oft unter dem Druck externer Ereignisse oder persönlicher Überzeugungen. Gerade deshalb werden Argumente benötigt, nachdem die Entscheidung gefallen ist, um diese zu erklären und zu zeigen, daß sie in den Rahmen der bestehenden Politik paßt, um die gesellschaftliche Zustimmung dazu zu erhöhen, um etwaige, noch nicht gesehene, Konsequenzen dieser Politik zu entdecken, und um Kritik zu antizipieren und zu widerlegen. Weil politische Maßnahmen darüber hinaus von einiger Dauer sind, muß die politische Unterstützung für sie kontinuierlich erneuert werden. Zu diesem Zweck müssen immer neue Argumente präsentiert werden, um diese abzustützen, den einzelnen Maßnahmen eine größtmögliche interne Kohärenz zu verleihen und eine möglichst große Übereinstimmung mit den Anforderungen einer sich stetig wandelnden Umwelt zu erzielen.
Zweitens dienen Post-Entscheidungs-Argumente dazu, *Ideen zu institutionalisieren*. Steins Bemerkung über die Bedeutung der Keynesianischen Ideen für die Entwicklung der expansiven Fiskalpolitik hin zu einem „way of life" erfaßt den Kern dieses Prozesses. Ähnlich haben Garrett und Weingast (1991) gezeigt, wie die Idee der „wechselseitigen Anerkennung", die schon in den Römischen Verträgen der Europäischen Wirtschaftsgemeinschaft vorhanden war, durch die Rechtsprechung des Europäischen Gerichtshofes und durch mehrere Dokumente der Europäischen Kommission institutionalisiert wurde. Damit gewann die Idee großen Einfluß auf die Entwicklung und Durchführung des Programmes eines integrierten Marktes. Wichtig ist es zu sehen, daß die Beziehung zwischen politischen Maßnahmen und institutionalisierten Ideen (oder einer *Meta-Policy*) eine dialektische ist. Anstatt neue Möglichkeiten zu erschließen, kodifizieren solche Ideen nur eine schon existierende Praxis; gleichzeitig dienen sie dazu, diese Praxis zu rechtfertigen, zu evaluieren und zu transformieren. Daher kann unser Verständnis darüber, wie eine Policy sich entwickelt, nicht getrennt werden von den institutionalisierten Ideen und den Theorien, durch die sich eine Policy leiten und bewerten läßt (Majone 1989: 146-9).
Die dritte und vielleicht wichtigste Funktion von Post-Entscheidungs-Argumenten ist es, *ein Einmal-Spiel in ein sequentielles Spiel zu transformieren*, indem es Kommunikation und Überwachung erleichtert. Nur die geschriebene Meinung des Richters oder der

Richterin, nicht deren Entscheidung als solche, erlaubt es interessierten Parteien, weitere Schritte zu unternehmen, wie beispielsweise gegen die Entscheidung Berufung einzulegen. Es ist wichtig, sich in Erinnerung zu halten, daß in diesem wie in anderen rechtlichen Vorgehensweisen, wie der Überprüfung der Verfassungsmäßigkeit einer politischen Maßnahme, es immer darum geht, welche Gründe angegeben werden *können*, auch wenn diese gänzlich einen Post-Entscheidungs-Charakter haben. Dies macht deutlich, daß der eigentliche Zweck der Aufforderung, Gründe anzugeben, nicht ist, die Qualität einer einzelnen Entscheidung zu verbessern, sondern die Entwicklung eines ganzen argumentativen Prozesses einzuleiten und zu erleichtern.

Aufschlußreich ist in diesem Zusammenhang auch die obige Diskussion der gerichtlichen Überprüfung von Regulierungs-Behörden. Die Forderung, daß administrative Akteure Gründe für ihre Entscheidungen angeben sollen (wie dies das U.S. Verwaltungsverfahrensgesetz oder der Artikel 190 des Vertrags der Europäischen Wirtschaftsgemeinschaft tut), schafft eine Sammlung nicht nur all derjenigen Gründe, die wirklich genannt wurden, sondern auch der Gesetze oder Vertragsartikel, die durch diese Gründe abgestützt und entwickelt werden. Auf diese Weise eröffnet die Vorschrift, Gründe zu nennen, einen Dialog über konkurrierende gesetzliche Interpretationen durch Gerichte und Behörden. Eine Beteiligung der Öffentlichkeit und eine Policy-Deliberation sind nur möglich, wenn administrative Akteure Gründe für ihre Entscheidungen nennen müssen.

Wie wichtig es ist, eine einzige Spielrunde in ein iteratives Spiel zu verwandeln, wurde durch die Spieltheorie gezeigt. In einer Gefangenendilemma-Situation erlaubt eine Wiederholung, daß kompliziertere Strategien einfach als „Kooperation" oder „Verweigerung" angewendet werden. Wird das Spiel wiederholt, ergeben sich Strategien der Zusammenarbeit, die in einer einzigen Spielrunde höchst unwahrscheinlich sind. Der Zwang, Gründe zu nennen, verändert Ein-Mal („one-shot")-Situationen in iterative oder sequentielle Spiele. Der Begründungszwang erweist sich daher als eine effiziente Institution, die die Kooperation zwischen den Policy-Akteuren erleichtern soll.

Schlußfolgerung: die neue Aktualität des Regierens durch Diskussion

Policy-Deliberation steht so sehr im Zentrum demokratischer Politik, daß Demokratie als „Regieren qua Diskussion" beschrieben wurde. Die politischen Parteien, die Wähler, das Parlament, die Exekutive, die Gerichte, die Medien, die Interessenverbände und unabhängige Experten – alle sind in einen kontinuierlichen Prozeß der Debatte und wechselseitigen Überzeugung involviert. Dieser Prozeß, wie liberale Theoretiker von John Stuart Mill und Walter Bagehot bis zu Lord Lindsay und Ernest Barker ihn beschrieben haben, beginnt mit der Formulierung allgemeiner Probleme und mündet in konkrete Entscheidungen. Jede Phase der Deliberation hat ihre eigene Funktion und eigens dafür vorgesehene Organe. Parteien identifizieren Probleme und formulieren Programme; die Wähler diskutieren Sachfragen und Kandidaten und unterstützen eines der Parteiprogramme durch ein Mehrheitsvotum; in kontinuierlicher Diskussion mit der Opposition übersetzt die gesetzgeberische Mehrheit die Programme in Gesetze; schließlich wird die Diskussion weiter getragen zur Spitze der Exekutive und dem Kabinett, wo sie in konkrete politische Maßnahmen umgesetzt wird. Jede dieser Phasen und jedes dieser politischen Organe der öffentlichen Policy-Deliberation ist für sich unabhängig, aber dies nur in Grenzen und als integraler Teil des Gesamtprozesses. Liberale Theoretiker realisierten, daß eine nicht gelenkte Diskussion leicht in einen endlosen Disput oder gar in Gewalt münden kann. Alle möglichen Formen des Zusammenbruchs oder der Blockade des Entscheidungsprozesses, wie beispielsweise das „Filibustering", gefährden die Arbeit einer schlecht organisierten, beratenden politischen Körperschaft. Um diesen Gefahren zu wehren, war man bestrebt, die öffentliche Policy-Deliberation in allen modernen Demokratien sorgfältig zu institutionalisieren. Die heute existierenden elaborierten Codes parlamentarischer, elektoraler, administrativer und justizieller Verfahren sind die Früchte von Erfahrungen, die im Laufe von Jahrhunderten im Umgang mit den praktischen Problemen der öffentlichen Policy-Deliberation gesammelt wurden. Der Zweck dieser Verfahren ist es, sicherzustellen, daß viele Meinungen gehört werden, ohne die Möglichkeit einer abschließenden Entscheidung zu kompromittieren. Die Bedeutung dieser Verfahren ist so groß, daß sich die Geschichte demokratischer Regierungen als Geschichte unterschiedlicher Prozeduren verstehen läßt, die entwickelt wurden, um die öffentliche Politikberatung zu institutionalisieren und zu steuern.

Während in den traditionellen Foren der öffentlichen Policy-Deliberation die Debattenregeln institutionalisiert wurden, fehlen in neueren Entscheidungs-Arenen wie der Umwelt- und Gesundheitsregulierung oder dem Risiko-Management angemessene Verfahren und Standards der Argumentation. Der Grund dafür liegt in der Komplexität dieser Fragen, aber auch darin, daß die Diskussion dieser Fragen sich zunehmend transnational vollzieht, und damit die Etablierung supranationaler Regeln und supranationaler Verwaltungskapazität erfordert. Wie schwierig diese Aufgabe ist, zeigt sich in dem Widerstand, den die Mitgliedstaaten der Europäischen Gemeinschaft gegen die Einrichtung europäischer Regulierungsbehörden leisten. Der traditionelle Widerstand gegen die Auflösung einzelstaatlicher Entscheidungskompetenzen, die regulative Entscheidungsrechte weitgehend an demokratisch nicht legitimierte Institutionen abtritt, verstärkt sich in diesem Fall durch die Befürchtung, an nationaler Souveränität zu verlieren.

Aber auch auf der nationalen Ebene wurde die Notwendigkeit, die Institutionen der öffentlichen Policy-Deliberation neu zu durchdenken, um diese der zunehmenden Komplexität der sich stellenden Policy-Probleme anzupassen, weitgehend vernachlässigt. Ja, bis vor kurzer Zeit erschien die Idee des Regierens durch Diskussion hoffnungslos veraltet. Das zentrale Argument dieses Beitrags ist es, daß die gegenwärtige Faszination mit Policy-Deliberation eng damit verknüpft ist, daß die Politik der Effizienz und der Grenzen des Möglichen in der Politikgestaltung als wichtige Fragen des politischen Diskurses wieder entdeckt wurden. Dies erklärt, warum liberale Theoretiker auf der Bedeutung der deliberativen Politik beharren, deren Bedeutung auf der Unterscheidung zwischen effizienter und redistributiver Politik beruht, einer Unterscheidung, die bei ihnen jedoch meist unausgesprochen bleibt. Wie Dennis Mueller hervorhebt, war es eine der wichtigen Einsichten von Wicksell, explizit den Unterschied zwischen allokativen und redistributiven Entscheidungen herauszuarbeiten und die Notwendigkeit zu betonen, diese Entscheidungen in getrennten kollektiven Entscheidungsprozessen zu behandeln. Die Vernachlässigung distributiver Fragen bei der ökonomischen und sozialen Regulierung heißt nicht, daß diese Fragen unwichtig sind, sondern nur, daß politische Maßnahmen, die Marktversagen korrigieren sollen, gleichzeitig ungeeignete Instrumente für die Durchführung redistributiver Politik sind. Paradoxerweise hatte die vergangene Betonung von Gerechtigkeit und die gleichzeitige Ausblendung von Effizienz oft zur Folge, daß die Ärmsten am schlechtesten behandelt wurden. Um solche unerwünschte Konsequenzen in Zukunft zu vermeiden, gilt es zu beachten, daß Politik sowohl Effizienz als auch Umverteilung anstrebt. Diese beiden unterschiedlichen politischen Maßnahmen sollten in getrennten und unterschiedlichen politischen Gestaltungsprozessen behandelt werden.

Literaturverzeichnis

Baldwin, Robert/McCrudden, Christopher, 1987: Regulation and Public Law. London: Weidenfeld & Nicholson.
Barry, Brian, 1965: Political Argument. London: Routledge and Kegan Paul.
Bentley, Arthur F., (1908) 1967: The Process of Government. Cambridge, MA: Belknap Press.
Buchanan, James M./Tullock, Gordon, 1962: Calculus of Consent. Logical Foundations of Constitutional Democracy. University of Michigan Press.
Dahl, Robert A., 1956: A Preface to Democratic Theory. Chicago, Ill.: The University of Chicago Press.
Downs, Anthony, 1967: Inside Bureaucracy. Boston: Little, Brown.
Fainsod, Merle, 1940: Some Reflections on the Nature of the Regulatory Process, in: C. J. Friedrich/Edward S. Mason (Hrsg.), Public Policy. Cambridge, MA: Harvard University Press.
Freedman, James O., 1978: Crisis and Legitimacy. Cambridge, England: Cambridge University Press.
Garrett, Geoffrey/Weingast, Barry R., 1991: Ideas, Interests and Institutions: Constructing the EC's Internal Market. Berkeley, CA: Center for German and European Studies, University of California at Berkeley, Working Paper 1.2.
Geiger, Theodore, 1978: Welfare and Efficiency. Washington, D.C.: NPA Committee on Changing International Realities.
Goldstein, Judith/Keohane, Robert O., 1993: Ideas and Foreign Policy: An Analytical Framework. Cambridge, MA: Department of Government, Harvard, Mskt.
Guédon, Marie-José, 1991: Les Autorités Administratives Indépendantes. Paris: Librairie Générale de Droit et de Jurisprudene.
Hall, Peter A. (Hrsg.), 1989: The Political Power of Economic Ideas. Princeton, N.J.: Princeton University Press.
Heller, Walter W., 1967: New Dimensions of Political Economy. New York: W. W. Norton.
Hofstadter, Richard, 1955: The Age of Reform. New York: Vintage Books.
Kalt, Joseph, P./Zupan, Mark A., 1984: Capture and Ideology in the Economic Theory of Politics, in: The American Economic Review 74, Nr. 3, 279-300.
Lindblom, Charles E., 1965: The Intelligence of Democracy. New York: Free Press.
McFarland, Andrew S., 1992: Interest Groups and the Policymaking Process: Sources of Countervailing Power in America, in: Mark P. Petrarca (Hrsg.), The Politics of Interests. Boulder, Colorado: Westview Press, 58-79.
Majone, Giandomenico, 1989: Evidence, Argument and Persuasion in the Policy Process. New Haven, CT: Yale University Press.
Majone, Giandomenico, 1991: Cross-National Sources of Regulatory Policymaking in Europe and the United States, in: Journal of Public Policy 11, Nr. 1, 79-106.
Majone, Giandomenico, 1992: Regulatory Federalism in the European Community, in: Government and Policy 10, 299-316.
Majone, Giandomenico, 1993: The European Community Between Social Policy and Social Regulation, in: Journal of Common Market Studies 31, Nr. 2, 153-170.
Milgrom, Paul/Roberts, John, 1992: Economics, Organization and Management. Englewood Cliffs, N.J.: Prentice Hall.
Moggridge, D. E., 1976: Keynes. London: Macmillan.

Mueller, Dennis C., 1989: Public Choice II. Cambridge, England: Cambridge University Press.
Olson, Mancur, 1965: The Logic of Collective Action. Cambridge, MA: Harvard University Press.
Olson, Mancur, 1982: The Rise and Decline of Nations. New Haven, CT: Yale University Press.
Peltzman, Sam, 1989: The Economic Theory of Regulation After a Decade of Deregulation, in: Brookings Papers on Economic Activity. Washington, D.C.: Brookings Institution, 1-41.
Polanyi, Michael, 1951: The Logic of Liberty. London: Routledge and Kegan Paul.
Popper, Karl R., 1968: The Logic of Scientific Discovery, rev. Ed., London: Hutchinson.
Riker, W. H., 1962: The Theory of Political Coalitions. New Haven, CT: Yale University Press.
Rose-Ackerman, Susan, 1992: Rethinking the Progressive Agenda. New York: The Free Press.
Schelling, Thomas C., 1963: The Strategy of Conflict. New York: Oxford University Press.
Shapiro, Martin, 1988: Who Guards the Guardians? Athens, GA: The University of Georgia Press.
Stein, Herbert, 1984: Presidential Economics. New York: Simon and Schuster.
Stigler, George J., 1971: The Theory of Economic Regulation, in: Bell Journal of Economics and Management Science 6, Nr. 2, 114-141.
Sunstein, Cass R., 1990: After the Rights Revolution. Cambridge, MA: Harvard University Press.
Teitgen-Colly, Catherine, 1988: Les Autorités Administratives Indépendantes: Historie d'une Institution, in: *Claude-Albert Colliard/Gérard Timsit* (Hrsg.), Les Autorités Administratives Indépendantes. Paris: Presses Universitaires de France.
Tsebelis, George, 1990: Nested Games. Berkeley/Los Angeles, CA: University of California Press.
Volcansek, Mary L., 1992: Judges, Courts and Policy-Making in Europe, in: West European Politics 15, Nr. 3, 1-8.
Wasserstrom, Richard A., 1961: The Judicial Decision. Stanford, CA: Stanford University Press.
Wicksell, Karl, 1896: A New Principle of Taxation. Neudruck 1967, in: *Richard A. Musgrave/Alan T. Peacock* (Hrsg.), Classics in the Theory of Public Finance. London: Macmillan, 72-118.
Wilson, James Q. (Hrsg.), 1980: The Politics of Regulation. New York: Basic Books.
Wilson, James Q., 1989: Bureaucracy. New York: Basic Books.
Winch, Donald, 1969: Economics and Policy. London: Hodder and Stoughton.
Ziman, John, 1968: Public Knowledge. Cambridge, England: Cambridge University Press.

Advocacy-Koalitionen, Policy-Wandel und Policy-Lernen: Eine Alternative zur Phasenheuristik*

Paul A. Sabatier

In den letzten 25 Jahren verwandten viele Policy-Forscher sowohl in den Vereinigten Staaten als auch in Westeuropa eine Phasenheuristik, um den Policy-Prozeß zu erklären (Nakamura 1987). In der von Jones (1970, 1977) popularisierten Form wird der Politikprozeß in Abschnitte aufgeteilt, die die Problemdefinition, die Agendagestaltung, die Politikformulierung, die Politikimplementation, die Politikevaluation und die Reformulierung umfassen.

In dem ersten Teil meines Beitrags stelle ich die These auf, daß die Phasenheuristik zwar wichtige Verdienste aufzuweisen hat, daß sie jedoch an gravierenden logischen und empirischen Mängeln leidet und daher durch einen anderen Ansatz ersetzt werden sollte. Im Hauptteil des vorliegenden Aufsatzes wird eine alternative Konzeptualisierung des Policy-Prozesses, der Advocacy-Koalitionsansatz skizziert. Der Schlußteil diskutiert die Anwendbarkeit des Advocacy-Koalitionansatzes in westeuropäischen Ländern.

1. Die Phasenheuristik und ihre Grenzen[1]

Die Phaseneinteilung beruhte weitgehend auf den Arbeiten von David Easton und Harold Lasswell. Easton (1965) entwickelte ein „Systemmodell" der Politik, das die verschiedenen Funktionsmechanismen Input, Throughput, Output und Feedback innerhalb einer weiteren Umgebung (ökologischer, biologischer, sozialer und personaler etc. Art) herausarbeitete. Lasswell (1951) entwickelte ein stärker beratungsorientiertes Set von Phasen, das Informationssammlung, Empfehlung, Präskription, Ratschläge, Anrufung, Anwendung, Zustimmung und Beendigung einschließt.

Die Funktionen und Phasen, die von Easton und Lasswell unterschieden wurden, verbreiteten sich durch die ganze Public Policy-Literatur, wobei die Spezifizierung und der Inhalt der Phasen jedoch beträchtlich variieren. Zu den wichtigsten Darstellungen gehören die von Jones (1970) und Anderson (1975).[2] Andere Public Policy-Texte, die stark mit der Phasenmetaphorik arbeiten, sind diejenigen von Brewer und deLeon (1983), Peters (1986) und Palumbo (1988). Ripley (1985) verbindet die Phasenmetaphorik

---

* Der Autor dankt A. Héritier für die Einladung, sich an diesem Band zu beteiligen und Hank Jenkins-Smith für die Unterstützung bei der Entwicklung vieler der Ideen, die diesem Beitrag zugrundeliegen.
1 Dieser Teil basiert weitgehend auf dem ersten Kapitel von Sabatier/Jenkins-Smith 1993.
2 Jones' Text wurde 1977 überarbeitet und Andersons 1984; die hier vorgebrachte Kritik bezieht sich auch auf die späteren, ebenso wie auf die ersten Versionen.

mit Lowis Arbeit über Politikarenen. Beide Arbeiten bauen auf Lasswell und Easton auf und unterscheiden die Phasen der Problemidentifizierung, der Agendagestaltung, der Politikformulierung, der Implementation und der Policy-Evaluation. Beide situieren diese Phasen in einem allgemeinen Kontext, der durch die politischen Institutionen, die öffentliche Meinung, die politische Kultur und andere Bedingungen geprägt wird. Jede funktionale Phase in dem Prozeß impliziert eine unterschiedliche Zeitphase, unterschiedliche politische Institutionen und Policy-Akteure.
Die weit verbreitete Akzeptanz des Phasenmodells resultiert aus wichtigen Verdiensten, die dieses sich erworben hat. Indem es sich auf die Arbeiten von Easton (1965) und anderen bezieht, eröffnet es eine *Prozeß*-Sicht von Policy Making, die über verschiedene politische Institutionen hinweg operiert, und damit eine Alternative zum institutionellen Ansatz in der traditionellen Politikwissenschaft, der sich auf die Analyse spezifischer Institutionen, wie beispielsweise der gesetzgebenden Körperschaft, des Kabinetts, der Gerichte oder der öffentlichen Meinung konzentriert. Indem die Aufmerksamkeit auf den Policy-Prozeß geleitet wird, ermutigt das Phasenmodell die Analyse von Phänomenen, die über eine einzelne Institution hinausgehen. Die Implementation der nationalen Gesetzgebung in den meisten westlichen Ländern involviert beispielsweise in der Regel eine oder mehrere nationale Behörden, mehrere parlamentarische Ausschüsse, mehrere Gerichtsinstanzen, eine Vielzahl subnationaler Behörden und die Intervention von Interessengruppen auf verschiedenen politischen Ebenen. Die Rekonzeptualisierung, die durch das Phasenmodell bewirkt wurde, hat also die Analyse von Fragen ermöglicht, die aus der institutionellen Sicht nicht ins Blickfeld traten. Die größte Bedeutung kam vielleicht der Fokussierung von Policy-Wirkungen zu, das heißt der Fähigkeit der politischen Institutionen, die Policy-Ziele in der Praxis umzusetzen, wie beispielsweise das Ziel, die Luftqualität oder die Energieversorgung zu verbessern. Die traditionellen institutionellen Analysen hörten dahingegen beim Output einer spezifischen Institition auf, ob es sich um ein Gesetz, eine Gerichtsentscheidung oder eine behördliche Entscheidung handelte, ohne dem letztendlichen Ergebnis der Politik besondere Aufmerksamkeit zu widmen.
Schließlich hat das Phasenmodell eine sinnvolle konzeptionelle Disaggregation des komplexen und heterogenen Policy-Prozesses in einzelne handhabbare Segmente ermöglicht. Das Ergebnis war eine Reihe sehr nützlicher „phasen-fokussierter" Forschungen, insbesondere was die Agendagestaltung anbetrifft (beispielsweise Cobb u.a. 1976; Nelson 1984; Kingdon 1984) und der Politik-Implementation (z.B. Pressman/Wildavsky 1973; Bardach 1978; Barrett/Fudge 1981; Mazmanian/Sabatier 1989).
Über den Umstand hinaus, daß das Phasenmodell eine Basis für eine naheliegende wissenschaftliche Arbeitsteilung bot, fühlten Forscher sich zu dem Phasenmodell hingezogen, weil es zu der rationalen Methode der an der Policy Science beteiligten Policy Science-Disziplinen paßt. Bürokraten finden es attraktiv, weil es von einer rationalen Arbeitsteilung zwischen exekutiven und legislativen Institutionen ausgeht und dadurch die Rolle der Bürokratie innerhalb des demokratisch-repräsentativen Systems legitimiert, und für politische Entscheider bietet das Phasenmodell eine Sicht des Politikprozesses, die sich in Übereinstimmung mit der demokratischen Theorie befindet. Danach erhalten die Entscheidungsträger in Parlament und Kabinett ihre Inputs aus der weiteren Gesellschaft, führen dann politische Entscheidungen herbei, die

ihrerseits an administrative Einrichtungen und die Gerichte zur Implementation überantwortet werden.

Trotz seiner konzeptionellen Stärken und seiner breiten Akzeptanz weist die Phasenmetaphorik als eine Basis für Forschung und Lehre ernsthafte Schwächen auf:

1. Zunächst und am wichtigsten ist das Phasenmodell in Wirklichkeit gar kein *Kausalmodell*. Es mangelt an identifizierbaren Faktoren, die den Politikprozeß von einer Phase zur anderen vorantreiben und die Aktivitäten innerhalb einer spezifischen Phase bedingen. Zwar hat es einen heuristischen Wert, weil es den Politikprozeß in handhabbare analytische Einheiten aufteilt, jedoch arbeitet es nicht die Verbindungen, Faktoren und Einflüsse heraus, die den zentralen Kern theoretischer Modelle ausmachen. Das Fehlen der zentralen Komponente eines Kausalmodelles ist der Grund, warum ich den Begriff „Phasenheuristik" benutze.[3]

2. Weil sie nicht von Kausalannahmen ausgeht, bietet die „Phasenheuristik" keine klare Basis für das Testen empirischer Hypothesen. Ohne eine solche Grundlage fehlen die Mittel für eine empirische Bestätigung, Veränderung oder Elaboration des Modells. So bietet beispielsweise Jones (1977) auch in seiner jüngsten Ausgabe keine kohärenten Hypothesen über die Bedingungen an, unter denen sich der politische Prozeß von einer Phase zur nächsten bewegt.

3. Die „Phasenheuristik" leidet bei ihrer Beschreibung einer Abfolge von Phasen, die mit der Agendagestaltung beginnt, dann zur Politikformulierung, Implementation und Evaluation gelangt, auch an einer *deskriptiven Ungenauigkeit*. Zwar haben die Verteidiger dieses Ansatzes Abweichungen von der Abfolge der Phasen in der Praxis mehrfach zugestanden (vgl. z.B. Jones 1977: 28/29), jedoch legt eine große Zahl jüngerer empirischer Studien nahe, daß Abweichungen recht häufig sein können: So beeinflussen die Evaluationen existierender Programme oft das Agenda-Setting, und die Politikgestaltung vollzieht sich als ein bürokratischer Versuch, eine vage Gesetzgebung zu implementieren (Lowi 1969; Majone/Wildavsky 1978; Nakamura/Smallwood 1980; Barret/Fudge 1981; Hjern/Hull 1982; Kingdon 1984; vgl. auch Sabatier 1986: 31).

4. Die „Phasenheuristik" leidet weiter an einer eingebauten *legalistischen Sicht „von-oben-nach-unten"*. Sie richtet die Aufmerksamkeit auf einen spezifischen Zyklus von Problemidentifikation, wichtiger Policy-Entscheidungen und der Implementation dieser Entscheidungen, und lenkt damit den Fokus auf die Absichten des Gesetzgebers und das Schicksal einer spezifischen Policy-Initiative. Diese Perspektive von oben tendiert damit dazu, andere wichtige Spieler (z.B. Street-Level-Bürokraten) zu vernachlässigen, beschränkt die Sicht von Policy auf eine spezifische Gesetzgebung und ist dann gänzlich ungeeignet, wenn eine Policy aus einer Vielzahl von sich überlappenden Maßnahmen und Akteur-Interaktionen fließt, von denen keine dominiert (Hanf 1982; Sabatier 1986; Hull/Hjern 1987).

5. Die Phasenmetaphorik betont auch in unangemessener Weise den *Policy-Zyklus als*

---

[3] Websters Unabridged Dictionary definiert „Heuristik" als „Hilfe zu entdecken oder zu lernen". So ist die „Phasenheuristik" ein konzeptionelles Werkzeug, das uns dabei behilflich war, bestimmte Züge des Policy-Prozesses herauszuarbeiten, die vom institutionellen Ansatz überdeckt wurden. Es hat diesen Zweck erfüllt und muß jetzt durch ein expliziteres Kausalmodell ersetzt werden.

die zeitliche Einheit der Analyse. Jedoch zeigt die Untersuchung mehrerer Policy-Gebiete, daß eine Policy-Entwicklung oft mehrere Zyklen involviert, die durch Akteure auf verschiedenen politischen Ebenen initiiert werden. Verschiedene Problemformulierungen oder Problemlösungen werden durch konkurrierende Policy-Eliten vor dem Hintergrund sich wandelnder exogener Ereignisse und vorhandener Policy Issues konzipiert, partiell getestet und reformuliert (Heclo 1974; Jones 1975; Hand/Scharpf 1978; Nelson 1984). Anstatt den Fokus daher auf einen einzelnen Zyklus zu legen, der durch eine bestimmte politische Ebene (gewöhnlich die Bundesebene) initiiert wird, würde ein angemesseneres Modell den Schwerpunkt auf *mehrere interagierende Zyklen, die verschiedene politische Ebenen umfassen,* setzen.

6. Ebensowenig ist die „Phasenheuristik" in der Lage, als Instrument zu dienen, um die Rolle der Policy-Analyse und die *Rolle des policy-orientierten Lernens durch den ganzen öffentlichen Policy-Prozeß hindurch* analytisch zu integrieren. Sie tendiert dazu, die Rolle der Analyse auf die Evaluation und eine Post-hoc-Beurteilung der Wirkungen einer bestimmten Policy-Initiative zu begrenzen. Das ist jedoch viel zu einfach, denn die beratende Analyse spielt auch bei der Annahme einer Policy (Jenkins-Smith 1990), der Agendagestaltung (Kingdon 1984) und in anderen Phasen eine große Rolle. Eine praktische Folge war es, in Policy-Studien die Rolle der beratenden Policy-Analyse und des Lernens zu „ghettoisieren". Dies wird durch die Entwicklung von zwei unterschiedlichen Forschungszweigen deutlich: eine Forschungsrichtung, die auf das Wechselspiel von eigeninteressierten politischen Akteuren abhebt, die rationale Strategien bei der Verfolgung prädeterminierter Ziele anwenden (Riker 1962; Niskanen 1971), und eine andere Richtung, die die Prozesse elaboriert, durch die die wissenschaftliche Beratung, Analyse und das Lernen in die Politikgestaltung integriert werden (Weiss 1977a, b; Dunn 1980; Mazur 1981; Webber 1983).

Im allgemeinen diente die „Phasenheuristik", so läßt sich sagen, in den 70er und den frühen 80er Jahren einem nützlichen Zweck, insbesondere durch die Konzipierung eines Policy-Prozesses, der Problemdefinition(en), zentrale Entscheidung(en), die Implementation dieser Entscheidungen und Policy-Wirkungen einschließt; aber die Heuristik hat ihren Zweck erfüllt und muß ersetzt werden. Glücklicherweise zeichnen sich im letzten Jahrzehnt mehrere Nachfolge-Kandidaten einschließlich des institutionellen Rational Choice-Ansatzes von Elinor Ostrom (1990; Ostrom et al. 1993) und des Advocacy-Koalitionsansatzes (Sabatier 1991) ab, der im nächsten Teil präsentiert wird.

II. Der Advocacy-Koalitionsansatz und Policy-Wandel[4]

A) Überblick

Der Advocacy-Koalitionsansatz basiert auf drei grundlegenden Annahmen: Erstens, daß der Prozeß des Policy-Wandels und die Rolle des policy-orientierten Lernens, auf dem dieser beruht, nur in einer Zeitperspektive von einem Jahrzehnt oder mehr

---

4 Der ACF hatte seinen Ursprung in a) einem einjährigen Forschungsjahr, das von Prof. Dr. Franz-Xaver Kaufmann am Zentrum für interdisziplinäre Forschung an der Universität Bielefeld 1981/82 geleitet wurde, und b) in meiner Arbeit über Policy-Implementation

verstanden werden kann. Zweitens, daß die sinnvollste Art und Weise, Policy-Wandel im Rahmen einer solchen Zeitspanne zu erfassen, darin besteht, daß man „Policy-Subsysteme" betrachtet, d.h. die Interaktionen von Akteuren verschiedener Institutionen, die an einem Policy-Bereich interessiert sind. Drittens, daß staatliche Maßnahmen in der gleichen Art konzeptualisiert werden können wie handlungsleitende Orientierungen oder „belief systems", d.h. als Sets von Wertprioritäten und kausalen Annahmen darüber, wie diese zu realisieren sind.

Die Einsicht, sich auf Zeitspannen von einem Jahrzehnt oder mehr zu konzentrieren, ergibt sich aus Befunden über die Bedeutung der „enlightenment function" der Policy-Forschung. Weiss (1977a, b) hat überzeugend argumentiert, daß die Fokussierung von kurzzeitigen Entscheidungsprozessen zur Folge hat, daß der Einfluß der Policy-Analyse unterschätzt wird, weil eine solche Forschung in erster Linie die Funktion hat, die Perzeptionen und die Begrifflichkeit politischer Entscheider im Verlauf der Zeit zu verändern. Daraus läßt sich folgern, daß es der kumulative Effekt von Befunden aus verschiedenen Studien und Alltagswissen ist (Lindblom/Cohen 1979), der den größten Einfluß auf die Policy-Gestaltung hat. Auch die Policy-Implementationsforschung verweist auf die Notwendigkeit, einen Zeitrahmen von einem Jahrzehnt und länger zu verwenden, sowohl um mindestens einen Politikformulierungs-, Implementations- und Reformulierungszyklus zu durchlaufen als auch um ein einigermaßen genaues Bild des Programmerfolgs oder des Programmscheiterns zu gewinnen (Mazmanian/Sabatier 1983). Viele Studien haben gezeigt, daß ehrgeizige Programme, die nach einigen Jahren als hoffnungslose Mißerfolge betrachtet wurden, im Rahmen eines längeren Zeitraums eine günstigere Bewertung erfuhren; umgekehrt können anfängliche Erfolge über die Zeit hinweg verpuffen (Bernstein 1955; Kirst/Jung 1982; Hogwood/Peters 1982).

Die zweite Grundannahme des analytischen Ansatzes ist es, daß die zweckmäßigste aggregierte analytische Einheit, um den Policy-Wandel zu verstehen, in modernen industriellen Gesellschaften nicht eine spezifische politische oder administrative Einrichtung ist, sondern eher ein Policy-Subsystem, d.h. diejenigen Akteure oder Anzahl öffentlicher und privater Organisationen, die aktiv mit einem Policy-Problem oder Policy-Fragen, wie beispielsweise der Luftreinhaltepolitik, Fragen der psychischen Gesundheit oder Transportproblemen, befaßt sind. Einige Autoren fordern in jüngerer Zeit, daß die Konzeption eines Policy-Subsystems erweitert wird und sich von der traditionellen Vorstellung der „iron triangles", die sich auf administrative Behörden, legislative Ausschüsse und Interessenverbände auf einer einzigen politischen Ebene beschränken, entfernen sollte, um Akteure verschiedener Ebenen des politischen Systems zu erfassen, die aktiv am Politikformulierungs- und Politikimplementationsprozeß beteiligt sind, ebenso wie Journalisten, Forscher und Policy-Analytiker, die eine wichtige Rolle bei der Generierung, Verbreitung und Evaluation von Policy-Ideen spielen (Heclo 1978; Dunleavy 1981; Sharpe 1984; Jordan/Richardson 1985).

Die dritte wichtige Annahme ist, daß staatliche Programme implizite Theorien darüber enthalten, wie bestimmte Ziele zu erreichen sind (Pressman/Wildavsky 1973; Majone

---

(Sabatier 1986). Ursprünglich publiziert in Sabatier (1987, 1988) wurde er in der Folge auf der Basis von sechs Fallstudien (Sabatier/Jenkins-Smith 1993; Jenkins-Smith/Sabatier 1993) überarbeitet. Die Version, die in diesem Papier präsentiert wird, enthält die meisten dieser Überarbeitungen.

1980), und in ähnlicher Weise wie handlungsleitende Orientierungen oder „belief systems" verstanden werden können. Diese enthalten Wertvorstellungen, Annahmen über wichtige Kausalbeziehungen, Perzeptionen von Weltzuständen (einschließlich der Größenordnung von Problemen), eine Auffassung über die Wirksamkeit von Policy-Instrumenten, etc. Der Advocacy-Koalitions-Ansatz geht davon aus, daß Akteure sich wenigstens zum Teil im politischen Prozeß engagieren, um ihre handlungsleitenden Orientierungen in öffentliche Maßnahmen umzusetzen. Die Möglichkeit, handlungsleitende Orientierungen und Policies nebeneinander darzustellen, dient als ein Instrument, um den Einfluß verschiedener Akteure über die Zeit hinweg zu ermessen. Schaubild 1 präsentiert einen Überblick über die Fragestellungen dieses analytischen Ansatzes. Auf der linken Seite finden sich zwei Sets exogener Variablen – die einen sind relativ stabiler, die anderen mehr dynamischer Natur –, die die Restriktionen und Handlungschancen der Subsystemakteure beeinflussen. Luftreinhaltepolitik wird beispielsweise stark durch die Natur der Luftqualität als kollektives Gut, durch die geographischen Gegebenheiten der „air basins" und durch politische Kompetenzabgrenzungen, die in der Regel über die Zeit relativ stabil sind, beeinflußt. Aber es gibt auch dynamische Faktoren einschließlich sich wandelnder sozioökonomischer Bedingungen (wie ein Umschwung in der öffentlichen Meinung und eine Veränderung der Ölpreise), der regierenden Koalition, welche wichtige Ursachen von Policy-Wandel sind.

Innerhalb des Subsystems – so die Annahme – werden die Akteure in einer Anzahl von Advocacy-Koalitionen aggregiert; diese setzen sich aus Personen aus verschiedenen Organisationen zusammen, die gemeinsame normative und kausale Vorstellungen haben und ihre Handlungen oft abstimmen. Jede Koalition wendet zu jedem Zeitpunkt Strategien an, deren Ziel eine oder mehrere institutionelle Innovationen sind, von denen angenommen wird, daß sie den Policy-Zielen förderlich sind. Zwischen den konfligierenden Strategien verschiedener Koalitionen wird normalerweise durch eine dritte Gruppe von Akteuren vermittelt, die hier „Policy Brokers", „Policy-Vermittler", genannt werden; deren wesentliches Anliegen ist es, einen vernünftigen Kompromiß zu finden, der die Intensität eines Konflikts reduziert. Das Ergebnis sind eine oder mehrere staatliche Maßnahmen, die ihrerseits wiederum Policy Outputs auf der operationalen Ebene (z.B. behördliche Genehmigungsentscheidungen) hervorbringen. Diese Outputs, beeinflußt durch eine Anzahl von anderen Faktoren, münden in eine Vielfalt von Wirkungen auf Problemparameter, die Zielobjekt des Handelns sind (z.B. Luftqualität), ebenso wie in Nebeneffekte. Aufgrund ihrer Perzeption der Angemessenheit politischer Entscheidungen und/oder der sich daraus ergebenden Wirkungen ebenso wie neuer Informationen, die sich aus Suchprozessen und einer externen Veränderung ergeben, kann jede Advocacy-Koalition ihre handlungsleitenden Orientierungen und/oder ihre Strategie modifizieren. Letzteres kann den Versuch implizieren, größere institutionelle Veränderungen auf der Ebene kollektiver Entscheidungen herbeizuführen oder kleinere Veränderungen auf der operationalen Ebene zu realisieren oder gar die Ebene des Subsystems zu verlassen, um Veränderungen in der dominanten Wählerkoalition auf der systemischen Ebene herbeizuführen (Kiser/Ostrom 1982).

Innerhalb des allgemeinen Prozesses des Policy-Wandels hat der analytische Ansatz ein besonderes Interesse an policy-orientiertem Lernen. In Anlehnung an Heclo (1974: 306) läßt sich policy-orientiertes Lernen als relativ stabile Veränderung des Denkens

Schaubild 1: Überarbeitetes Diagramm des Advocacy-Koalitionsansatzes

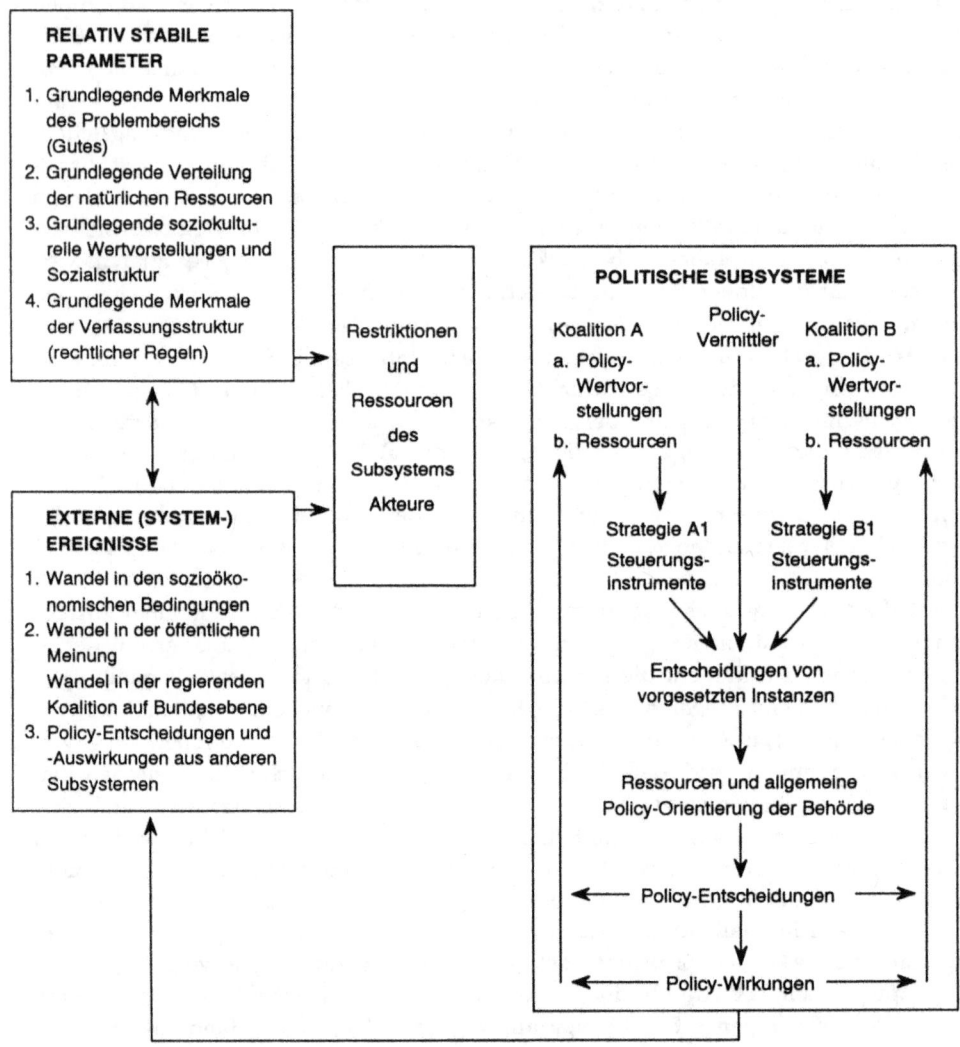

oder von Verhaltensintentionen verstehen, die aus Erfahrungen resultieren und die sich mit der Realisierung oder der Veränderung von Policy-Zielen befassen. Policy-orientiertes Lernen impliziert die internen feedback loops, die in Schaubild 1 abgebildet werden, ebenso wie die Perzeption der externen Dynamik und das verbesserte Wissen über den Zustand der Problemparameter und der Faktoren, die diese beeinflussen. Der Fokus des Policy-Lernens richtet sich auf die Verbindung dieses Wissens mit den grundlegenden Wertvorstellungen und Kausalannahmen, die die „core beliefs" der Advocacy-Koalitionen ausmachen. Der analytische Ansatz geht davon aus, daß solch ein Lernen instrumentell ist, d.h., daß die Mitglieder verschiedener Koalitionen versuchen, die Welt besser zu verstehen, um ihre Policy-Ziele zu erreichen. Sie lernen es,

Informationen zurückzuweisen, die nahelegen, daß ihre Grundannahmen ungültig und/oder nicht realisierbar sind, und verwenden formale Policy-Analysen in erster Linie, um diese „beliefs" zu untermauern und zu elaborieren (oder diejenige ihrer Gegner anzugreifen). Unter der Annahme, daß eine „Advocacy-Analyse" dominiert, identifiziert der analytische Rahmen mehrere Faktoren, die nichtsdestoweniger das Lernen *über verschiedene Advocacy-Koalitionen hinweg* erleichtern können. Dieses Lernen umfaßt jedoch nur *einen* der Faktoren, die den Policy-Wandel über die Zeit hinweg beeinflussen. Über diese kognitive Aktivität hinaus gibt es Prozesse in der wirklichen Welt, die sich verändern. Diese beziehen sich in erster Linie auf die Systemdynamik (vgl. Schaubild 1): Es sind Veränderungen in den sozioökonomischen Bedingungen und den politischen Koalitionen auf gesamtstaatlicher Ebene, wie beispielsweise der arabische Ölboykott von 1973 oder die Wahl von Margret Thatcher 1974, die die Zusammensetzung und die Ressourcen verschiedener Koalitionen dramatisch beeinflußten und ihrerseits die Politik innerhalb des Subsystems prägten. Personelle Umschichtungen – die manchmal aus externen Veränderungen folgen, manchmal auch nur aufgrund von Tod oder Pensionierung – stellen eine zweite nicht-kognitive Quelle des Wandels dar, die die politischen Ressourcen von verschiedenen Advocacy-Koalitionen wesentlich verändern können und damit die Policy-Entscheidungen auf der zentralen politischen und nachgeordneten administrativen Ebene.

Das Hauptargument dieses analytischen Ansatzes ist es, daß das policy-orientierte Lernen zwar ein wichtiger Aspekt des Policy-Wandels ist und die sekundären Apekte des „belief system" einer Koalition oft verändern kann, daß die Veränderungen in den Kernaspekten einer Policy jedoch in der Regel das Resultat von Veränderungen oder „perturbations" in nicht-kognitiven Faktoren darstellen, die außerhalb des Subsystems existieren, so beispielsweise der makro-ökonomischen Bedingungen oder des Amtsantritts einer neuen regierenden Koalition. Um die Kontinuität der Darstellungen zu erleichtern, werden Konzepte und Hypothesen anhand von Beispielen aus der amerikanischen Luftreinhaltepolitik illustriert. Der Advocacy-Koalitionsansatz wurde jedoch entwickelt, um Policy-Veränderungen in den meisten industriellen Polyarchien (Dahl 1971) zu erklären. Mögliche Unterschiede zwischen den USA und Westeuropa werden im Schlußteil diskutiert.

B. Externe Faktoren, die den Policy-Wandel innerhalb von Subsystemen beeinflussen

Die Politikgestaltung in jedem politischen System oder Policy-Subsystem wird durch eine Vielfalt sozialer, rechtlicher und ressourcenmäßiger Aspekte der Gesellschaft eingeschränkt, in die es eingebettet ist (Heclo 1974; Hofferbert 1974).
Bei der Analyse des Policy-Wandels müssen stabile externe Faktoren von dynamischen unterschieden werden. Die Fokussierung von Policy-Subsystemen bedeutet, daß die Beziehung zu anderen Subsystemen und zum weiteren politischen System in Betracht gezogen werden müssen. So unterscheidet der analytische Rahmen zwischen (A) (über mehrere Jahrzehnte) relativ stabilen Parametern und (B) den Aspekten des Systems, die gegenüber bedeutsamen Veränderungen im Verlauf von einigen Jahren empfänglich sind und damit als größere Stimuli für einen Policy-Wandel fungieren.

Die folgende Zahl von *relativ stabilen Parametern* ist sehr schwer zu verändern und variiert gewöhnlich von Land zu Land und zwischen Policy-Bereichen innerhalb eines Landes. Sie schränken einerseits die Spannbreite der wählbaren Alternativen ein und beeinflussen andererseits die Ressourcen und handlungsleitenden Orientierungen der Akteure des Subsystems.

1) Wesentliche Eigenschaften des Problembereichs (oder „Gutes"). Public Choice-Theoretiker haben gezeigt, wie verschiedene Merkmale von Gütern, wie beispielsweise die Ausschließbarkeit von der Inanspruchnahme eines Gutes, die institutionellen Policy-Optionen beeinflussen. Zum Beispiel verursachen die Hochseefischerei und die großen unterirdischen Wasserbecken Kollektivgut-Probleme, die Märkte nicht effizient lösen können und die sie für staatliche Regulierung geeignet erscheinen lassen (Ostrom 1990). Andere Aspekte eines Problembereichs beeinflussen den Grad des wahrscheinlichen policy-orientierten Lernens. So prägt beispielsweise die quantitative Meßbarkeit eines Problems die Möglichkeit, Leistungslücken festzustellen. Weiter ist das Ausmaß des Lernens abhängig vom Schwierigkeitsgrad, gute Kausalmodelle über die Faktoren zu entwickeln, die ein Problem beeinflussen. So würde man einen Lernprozeß eher im Bereich der Luftreinhaltepolitik als im Bereich psychischer Gesundheitsprogramme erwarten.

2) Die grundlegende Verteilung natürliche Ressourcen. Die gegenwärtige und/oder vergangene Verteilung von natürlichen Ressourcen bedingt wesentlich den allgemeinen Reichtum einer Gesellschaft und die Vitalität verschiedener ökonomischer Sektoren, viele Aspekte der Kultur und die Machbarkeit von Handlungsoptionen in vielen Politikbereichen. So konnten die Vereinigten Staaten beispielsweise die Energieunternehmen dazu ermuntern, in der Mitte der 70er Jahre von Öl auf Kohle umzusteigen, während die Franzosen, die keine reichhaltigen Kohlereserven haben, sich der Nuklearpolitik als einer alternativen Energiequelle zuwandten.

3) Fundamentale kulturelle Wertvorstellungen und soziale Strukturen. Eine weitreichende Verstaatlichung der Produktionsmittel ist eine mögliche Policy-Option in vielen europäischen Ländern, aber nicht in den Vereinigten Staaten. Solche Wertvorstellungen sind zwar nicht unveränderbar; es erfordert jedoch in der Regel Jahrzehnte, sollen sie geändert werden. Auf ähnliche Weise erfordern normalerweise bedeutsame Veränderungen in der sozialen Situation verschiedener gesellschaftlicher Gruppen – wie den Schwarzen und Chicanos in den Vereinigten Staaten, den Farbigen in Großbritannien, den Armen auf dem Land praktisch überall – mehrere Jahrzehnte. Die verfügbaren politischen Ressourcen (oder der Mangel an denselben) vieler Interessengruppen sind Bedingungen, die sich nur langsam wandeln; sie müssen von den Akteuren innerhalb eines Subsystems, wenn sie ihre Strategien formulieren, in Betracht gezogen werden.

4) Grundlegende Rechtsstrukturen. In den meisten politischen Systemen sind grundlegende rechtliche Strukturen gegenüber Wandel relativ resistent. Die amerikanische Verfassung wurde, seit 1920 das Wahlrecht der Frauen eingeführt wurde, nicht bedeutend geändert. Die Einrichtungen der 5. Republik in Frankreich sind praktisch während 25 Jahren unverändert geblieben, diejenigen von Großbritannien fast ein Jahrhundert, diejenigen der Bundesrepublik Deutschland vor der jüngsten Veränderung über 35 Jahre hinweg.

Konstitutionelle und andere fundamentale gesetzliche Normen können auch die Reichweite des policy-orientierten Lernen beeinflussen. So hat beispielsweise Ashford (1981: 16/17) argumentiert, daß die Konzentration der Kompetenz der Politikgestaltung im britischen Kabinett und der höheren Beamtenschaft – verbunden mit der Abschottung, die für das ganze System typisch ist – verhindern, daß Außenseiter kritische Evaluationen der jeweils praktizierten Politik vornehmen. Auf der anderen Seite erleichtern dezentralisierte politische Systeme mit relativ autonomen lokalen politischen Systemen das Lernen, indem sie Arenen für Policy-Experimente und realistische Vergleichsmöglichkeiten bieten, um verschiedene Policy-Instrumente zu bewerten (vgl. Ostrom et al. 1961).

Das folgende Set *externer Systemereignisse* steht weitgehend außerhalb der Kontrolle von Akteuren des Subsystems (d.h. sie werden im Verhältnis zum Subsystem als exogen definiert) und können sich im Verlauf von einigen Jahren oder einem Jahrzehnt wesentlich wandeln. Indem sie die Restriktionen und Handlungsmöglichkeiten, mit denen Subsystemakteure konfrontiert werden, verändern, stellen sie eines der grundlegenden dynamischen Elemente dar, die den Policy-Wandel beeinflussen. Sie präsentieren auch eine kontinuierliche Herausforderung für die Akteure des Subsystems; diese müssen lernen, diese zu antizipieren und auf diese in einer Art und Weise zu reagieren, die mit ihren zentralen handlungsleitenden Orientierungen und Interessen konsistent ist. Dieser Prozeß kann manchmal frustrierend sein, so, wenn Akteure, die jahrelang daran gearbeitet haben, einen Vorteil gegenüber ihren Konkurrenten zu gewinnen, ihre Pläne in einem Subsystem plötzlich durch externe Ereignisse, über die sie wenig Kontrolle haben, in Frage gestellt sehen, wie zum Beispiel durch den Ölboykott der Golfstaaten.

1) Veränderungen in den sozioökonomischen Bedingungen und der Technologie. Diese können ein Subsystem wesentlich beeinflussen, entweder, indem sie die kausalen Annahmen der gegenwärtigen Policies in Frage stellen oder indem sie die politische Unterstützung verschiedener Advocacy-Koalitionen deutlich unterminieren. Die Prosperität der 50er und 60er Jahre war dabei behilflich, die öffentlichen Prioritäten in vielen westlichen Ländern zu verändern (Inglehart 1977), hat aber auch die Zuwanderung ausländischer Arbeitskräfte gebracht, die Belastungen in vielen Policy-Bereichen nach sich zog. Fortschritte in der analytischen Chemie während der gleichen Zeit versetzten Forscher in die Lage, immer kleinere Dosen unterschiedlicher Elemente zu überwachen, was es Rachel Carson (1965) ermöglichte, eine Beziehung zwischen DDT-Konzentrationen und dem Überleben von Vogelpopulationen zu entdecken.

2) Veränderungen in der öffentlichen Meinung. Ein Wandel in der öffentlichen Meinung kann die Ressourcen und die Handlungsrestriktionen von Akteuren in einer breiten Vielfalt von Subsystemen beeinflussen. Die in den letzten 25 Jahren zunehmende öffentliche Sorge über die Umweltqualität hat beispielsweise die Luftreinhaltepolitik, die Abwasserpolitik, die Energiepolitik etc. in vielen Ländern beeinflußt, obwohl die breite Öffentlichkeit in der Regel über wenig Wissen über die unterschiedlichen Policy-Optionen und deren wahrscheinliche Folgen verfügt (Ingram 1978; Lowe/Goyder 1983).

3) Veränderungen in den Regierungskoalitionen auf gesamtstaatlicher Ebene. Ein Wechsel in der regierenden Parteienkoalition auf einer bestimmten Ebene des politischen Systems, d.h. eine „kritische Wahl", kann viele politische Handlungsbereiche beeinflussen, sogar diejenigen, die nicht durch Wahlkampf-Issues berührt wurden. So hat beispielsweise die 79er-Wahl der Thatcher-Regierung in Großbritannien dazu geführt, daß der Grüngürtel-Schutz ernsthaft gefährdet wurde, obwohl dies nie ein Wahlkampfthema gewesen war (Elson 1986).

4) *Policy-Entscheidungen und Policy-Wirkungen aus anderen Subsystemen.* Subsysteme sind nur zum Teil autonom. Tatsächlich sind die Entscheidungen und Wirkungen aus anderen Politiksektoren eines der wichtigen dynamischen Elemente, die die einzelnen Subsysteme beeinflussen. Dafür gibt es vielzählige Beispiele. Die Suche nach Unabhängigkeit in der Energiefrage in der Mitte der 70er Jahre hatte wichtige Rückwirkungen auf die Luftreinhaltepolitik der USA, indem die Nixon- und Ford-Administrationen versuchten, die Energieunternehmen dazu zu zwingen, von dem relativ emissionsarmen Erdgas auf die reichlicher vorhandene Kohle umzusteigen. Großbritanniens Eintritt in den gemeinsamen Markt (der weitgehend durch außenpolitische und wirtschaftliche Gründe motiviert war) hatte Rückwirkungen auf die Steuerpolitik bis hin zur Luftreinhaltepolitik, weil das Land sich gezwungen sah, den Auflagen der Europäischen Gemeinschaft zu entsprechen.

C. Policy-Subsysteme: Interne Struktur

Die Komplexität der modernen Gesellschaften, die Ausdehnung der staatlichen Funktionen und die technische Natur der meisten Policy-Probleme schaffen einen enormen Bedarf an Spezialisierung. Es wird, abgesehen von kleinen Gemeinschaften, immer schwieriger, Expertenwissen in mehr als einem oder zwei Policy-Sektoren zu haben. Wenn Spezialisierung die Regel ist, wie dies in großen politischen Systemen der Fall ist, können Generalisten kaum mithalten. So ist seit langem bekannt, daß die politischen Eliten, die sich aktiv mit einem bestimmten Policy-Bereich befassen, dazu tendieren, relativ autonome Subsysteme zu bilden (Griffith 1961; Hamm 1983). Aber die traditionelle Vorstellung der „whirlpools" und der „iron triangles" wurde in Frage gestellt, weil sie sich in der Regel auf Interessengruppen, Verwaltungsbehörden und Ausschüsse der Legislative auf einer einzigen politischen Ebene beschränken. Sie wurden um Journalisten, Analytiker, Forscher und andere erweitert, die eine wichtige Rolle in der Generierung, der Verbreitung und der Evaluation von Policy-Ideen spielen, ebenso wie um Akteure auf anderen Regierungsebenen, die in der Politikgestaltung und Politikimplementation bedeutsam sind (Heclo 1978; Kingdon 1984; Sabatier/Pelkey 1987).

Policy-Subsystem wird hier definiert als ein Set von Akteuren, die sich mit einem Policy-Problem, wie beispielsweise der Luftreinhaltepolitik, Programmen zur Förderung psychischer Gesundheit oder Energiepolitik auseinandersetzen. Es ist oft analytisch zweckmäßig, mit einem Netzwerkansatz zu beginnen, um die beteiligten Akteure zu einem bestimmten Zeitpunkt zu identifizieren (Hjern/Porter 1981); jedoch muß der Analytiker auch latente Akteure feststellen, die eingreifen würden, wenn sie ausreichend Informationen hätten. Dieser Gesichtspunkt ist wichtig, um die Rolle von tech-

nischen Informationen im Policy-Wandel über die Zeit hinweg zu verstehen. So identifizierten beispielsweise Umweltschutzbeamte des Bundes in den späten 60er Jahren eine Anzahl potentieller Befürworter strengerer Umweltmaßnahmen, entwickelten mehrere Informations- und Beteiligungsprogramme, um deren Mitwirkung zu ermutigen (Sabatier 1975). Diese expliziten Bemühungen, Informationen zu benutzen, um die Spannbreite der Subsystem-Akteure wesentlich zu erweitern, veränderte die Luftreinhaltepolitik in Chicago und mehreren anderen Städten fundamental. Dies wäre jedoch nie möglich gewesen, hätten die Beamten (oder die Policy-Analytiker, die den Fall untersuchten) sich damit zufriedengegeben, die Subsystem-Teilnehmer auf diejenigen zu beschränken, die bereits aktiv waren. Die Identifikation latenter Interessen ist also zentral, weil diese Informationen dazu dienen, Interessen zu aktivieren und so das Gleichgewicht der Kräfte innerhalb des Subsystems zu verändern.
Subsysteme enthalten in der Regel eine große Anzahl unterschiedlicher Akteure. So umfaßt das amerikanische Luftreinhalte-Subsystem die folgenden Akteure:
1. die Bundesumweltschutzbehörde (E.P.A. Environmental Protection Agency);
2. die zuständigen Kongreßausschüsse;
3. Einheiten aus anderen zuständigen Behörden, wie dem Department of Energy, die häufig auch mit Umweltschutz befaßt sind;
4. umweltverschmutzende Unternehmen, ihre Industrieverbände, Gewerkschaften und gelegentlich Konsumentenverbände;
5. die Produzenten von Umwelttechnologien;
6. Umweltgruppen und public health groups;
7. staatliche und lokale Umweltschutzbehörden;
8. Forschungseinrichtungen und Beratungsfirmen mit einem starken Interesse an der Luftreinhaltepolitik;
9. einflußreiche Journalisten, die häufig über die Frage berichten;
10. in einigen Fragen, wie beispielsweise der Frage des Sauren Regens, Akteure in anderen Ländern.

In Anbetracht der enorm großen Zahl und Spannbreite beteiligter Akteure scheint es geboten, Mittel und Wege zu finden, um diese in schmalere und theoretisch zweckmäßige Kategorien zu aggregieren. Nach der Überprüfung mehrerer Alternativen kam ich zu der Schlußfolgerung, daß der sinnvollste Weg, Akteure zusammenzufassen und den Policy-Wandel über eine relativ lange Zeitperiode hinweg zu verstehen, ist, mit dem analytischen Konzept der „Advocacy-Koalition" zu arbeiten. Diese besteht aus Personen in unterschiedlichen Positionen (gewählten Beamten, Politikern und Verwaltungsbeamten, Vorsitzenden von Interessengruppen, Wissenschaftlern), die ein spezifisches „belief system" teilen – d.h. ein Set von grundlegenden Wertvorstellungen, Kausalannahmen und Problemperzeptionen – und die über längere Zeit einen durchschnittlichen Grad koordinierter Handlungen aufweisen.
Dieser Denkansatz ist der naheliegendsten Alternative – d.h. die formalen Institutionen als die dominanten Akteure zu betrachten – überlegen, weil es in den meisten Policy-Subsystemen mindestens 20-30 Organisationen auf den verschiedenen politisch-administrativen Ebenen gibt, die über längere Zeit aktiv sind. Modelle zu entwickeln, die die Veränderungen in den Positionen und Interaktionsmustern so vieler Einheiten über die Dauer von 10 Jahren oder mehr erfassen, wäre eine *außerordentlich* komplexe Aufgabe (Sabatier/Pelkey 1987). Darüber hinaus haben institutionelle Modelle Schwie-

rigkeiten, die Bedeutung einzelner Individuen zu erklären, die sich innerhalb desselben Subsystems von Organisation zu Organisation bewegen (Heclo 1978). Auch können institutionelle Modelle die große Variation im Verhalten von Individuen innerhalb der gleichen Institution nicht erklären, also beispielsweise im Kongreß oder in den Bundesdistriktgerichten, der AFL-CIO oder sogar innerhalb der gleichen staatlichen Behörde (Mazmanian/Nienaber 1979; Liroff 1986). Daher scheint es angemessener, Advocacy-Koalitionen als einen leichter handhabbaren analytischen Fokus zu verwenden; jedoch wird es als selbstverständlich betrachtet, daß Institutionen kritische Ressourcen einbringen, beispielsweise das Recht, bestimmte verbindliche Entscheidungen für die Mitglieder einer Koalition zu fällen.

In „ruhigen" Subsystemen kann es sein, daß nur eine einzige Koalition existiert. In den meisten Fällen finden wir jedoch zwei bis vier wichtige Koalitionen; deren Zahl wird durch all die Faktoren beschränkt, die die Akteure dazu veranlassen, Koalitionen zu bilden, wenn sie effektive Koalitionen eingehen sollen (Jenkins-Smith, persönliche Kommunikation; Kingdon 1984). Wenn die politischen Gegner eines Akteurs ihre Ressourcen unter dem Dach einer gemeinsamen Position bündeln, käme es einer Niederlage gleich, wenn man ohne Verbündete bliebe; von Alliierten aber geht ein vielfältiger Druck aus, gemeinsame Positionen zu formulieren, die sich über die Zeit tendenziell verfestigen. Diese Konsolidierung von Standpunkten wird durch die Bedeutung organisatorischer Akteure verstärkt, deren Positionen sich in der Regel nur langsam wandeln, sowie durch die Tendenz, seine eigenen Gegner als feindlicher und mächtiger zu perzipieren als sie es wahrscheinlich sind (Sabatier/Pelkey 1987). Dieses Argument legt die Annahme nahe, daß es eine größere Fragmentation von Wertvorstellungen in jungen Subsystemen gibt als in etablierten Subsystemen. Da die meisten Subsysteme seit Jahrzehnten bestehen, ist jedoch zu erwarten, daß die Zahl der Koalitionen jeweils begrenzt ist. So war das Subsystem der amerikanischen Luftreinhaltepolitik in den 70er Jahren offensichtlich in zwei ziemlich unterschiedliche Advocacy-Koalitionen aufgeteilt. Die eine Koalition, die als die „Saubere-Luft"-Koalition bezeichnet werden könnte, wurde durch Public Health-Gruppen und ihre Verbündeten im Kongreß, d.h. (z.B. Senator Muskie), eine große Zahl von Umweltinspektoren in der EPA, einige Gewerkschaften, viele staatliche und lokale Umweltschutzbeamte (insbesondere aus den großen Städten mit ihren gravierenden Problemen) und einige Forscher geprägt. Für diese Koalition waren handlungsleitende Orientierungen typisch, die erstens den Vorrang der menschlichen Gesundheit vor der ökonomischen Entwicklung und ökonomischer Effizienz betonen, zweitens die Sichtweise vertraten, daß Luftverschmutzung in vielen städtischen Gebieten ein ernsthaftes Gesundheitsproblem ist; drittens wird die Unfähigkeit von Märkten betont, mit „negativen externen Effekten" wie Luftverschmutzung fertigzuwerden; viertens wird von der Kausalannahme ausgegangen, daß die Sorge einzelstaatlicher und lokaler Regierungen um ihren relativen ökonomischen Vorteil sie bei der Ansiedlung von Industrie gegenüber einer „Erpressung" seitens der Industrie empfänglich macht und daher eine starke Rolle des Bundes erforderlich sei; fünftens ist für dieses „belief system" ein tiefes Mißtrauen gegenüber den Motiven von Industriemanagern typisch sowie die daraus folgende Annahme, daß die Notwendigkeit besteht, das Tempo der technologischen Innovation zu beschleunigen; und sechstens schließlich existiert eine starke Präferenz für einen gesetzlichen Command-and-Control-Ansatz statt einer Betonung ökonomischer Anreizinstrumente. Die damit konkurrierende wirtschaftliche Machbarkeits-Koalition („economic feasibility coalition") wurde durch industrielle Emittenten, die Energieunternehmen, deren Verbündete im Kongreß, verschiedene Gewerkschaften (insbesondere nach dem arabischen Öl-Boykott), einige einzelstaatliche und kommunale Umweltschutzbehörden, Beamte aus Umweltschutzbehörden und einige Ökonomen geprägt. Ihr „Belief-System" betonte erstens die Notwendigkeit, die Aspekte der menschlichen Gesundheit gegen ökonomische Entwicklung und Effizienz abzuwägen; zweitens stellt es die angebliche Ernsthaftigkeit der Gesundheitsprobleme mit Ausnahme von einigen isolierten Fällen in Frage; drittens wird davon ausgegangen, daß die gesellschaftliche Wohlfahrt ganz allgemein durch die Befolgung von Marktmechanismen erhöht wird; viertens wird im Rahmen dieser handlungsleitenden Orientierungen ganz generell eine starke Rolle des Bundes mißbilligt (weitgehend aufgrund der Annahme, daß der eigene Einfluß bei lokalen Beamten größer ist); fünftens wurde großer Nachdruck darauf gelegt, daß gesetzlich nur gefordert wird, was technologisch machbar ist; und sechstens wird (zumindest im Prinzip) die Unterstützung für die Flexibilität und die Kosteneffektivität von ökonomischen Anreizen im Unterschied zu allgemeinen hoheitlichen Eingriffen betont (Downing 1984). Nicht jeder Akteur, der in einem Policy-Subsystem aktiv ist, „gehört" zu einer Advocacy-Koalition oder teilt eine der zentralen „belief systems". Einige Forscher und andere Akteure beteiligen sich nur deswegen, weil sie bestimmte Fähigkeiten und bestimmtes Wissen anbieten können, verhalten sich im übrigen aber gegenüber den Policy-Disputen neutral (Meltsner 1976). Darüber hinaus gibt es fast immer eine Kategorie von Akteuren – hier bezeichnet als „policy brokers" oder Policy-Vermittler – deren dominantes Anliegen es ist, das Niveau des politischen Konfliktes innerhalb akzeptabler Grenzen zu halten und zu einer „vernünftigen" Lösung für das Problem zu kommen. Das ist die traditionelle Funktion einiger gewählter Positionsträger (insbesondere Regierungschefs) und in einigen europäischen Ländern wie Großbritannien und Frankreich von hohen Beamten (Doggan 1975). Auch Gerichte, „blue ribbon"-Kommissionen und andere Akteure können die Rolle des Policy-Vermittlers spielen. Die Unterscheidung zwischen „Advocate" und „Broker" ist jedoch als ein Kontinuum zu betrachten. Viele Vermittler haben eine Präferenz für eine bestimmte Policy, während die Advocates gleichzeitig ernsthaft um die Erhaltung eines Gesamtinteresses besorgt sein können. Der analytische Rahmen betont nur, daß dies eine empirische Frage ist, die mit einer institutionellen Zugehörigkeit korrelieren kann: Hohe Beamte können Vermittler sein, verstehen sich jedoch auch oft als Policy Advocates – insbesondere, wenn ihre Behörde eine klar definierte Mission hat.

Das Konzept der „Advocacy-Koalition" geht davon aus, daß die gemeinsamen „beliefs" im wesentlichen für die Kohärenz von Politik verantwortlich sind. Weiterhin, wie in Kürze diskutiert werden soll, wird angenommen, daß die Kern-Überzeugungen gegenüber Veränderungen ziemlich resistent sind.

Daraus folgt

> Hypothese 1: Im Hinblick auf größere Auseinandersetzungen innerhalb eines Policy-Subsystems (d.h. wenn Kern-Überzeugungen auf dem Spiel stehen) ist die Anordnung der Verbündeten und der Gegner über Perioden von rd. einem Jahrzehnt relativ stabil.

Der Advocacy-Koalitionsansatz weist explizit die Sicht zurück, daß Akteure primär durch ihre kurzfristigen Eigeninteressen motiviert werden und daß „coalitions of convenience" von stark wechselnder Zusammensetzung auf dieser Basis die Politikgestaltung über längere Zeit dominieren. Das stimmt mit der empirischen Evidenz aus einer Anzahl von Untersuchungen überein: erstens der Analyse der Entwicklung der amerikanischen Energiepolitik durch Wildavsky und Tenenbaum 1981, zweitens Marmors (1970) Untersuchung der Medicare-Politik in den Vereinigten Staaten und drittens zahlreichen Untersuchungen über die Zusammensetzung von Mehrheitskoalitionen in Vielparteien-Parlamenten in Europa in den letzten Jahrzehnten. Diese fanden, daß – im Unterschied zu Rikers (1962) These über die „minimal winning coalition" – die Koalitionsbildung ziemlich stark durch ideologische Sichtweisen eingeschränkt wird (Dodd 1976; Browne/Dreijamis 1982; Franklin/Mackie 1984; Zariski 1984). Natürlich könnte die Stabilität einer Koalition nicht aus stabilen Überzeugungen, sondern anstatt dessen aus konstanten ökonomischen und organisatorischen Interessen resultieren. Dies wirft dornige methodologische Fragen auf, zum Teil, weil handlungsleitende Orientierungen normalerweise hoch mit Eigeninteressen korrelieren und die Kausalität reziprok ist. Zum Beispiel haben die Führer von Umweltgruppen und Stahlindustrielle typischerweise sehr unterschiedliche Sichten über den Umweltschutz; aber ist dies, weil a) ihre Organisationen unterschiedliche (ökonomische) Interessen verfolgen oder weil b) sich Leute Organisationen anschließen – und sich bemühen, in ihnen zu Prominenz aufzusteigen –, weil sie eine Affinität mit den deklarierten Zielen der Organisation haben? Der vorliegende analytische Ansatz verwendet „belief systems" anstelle von Interessen als Fokus, weil handlungsleitende Orientierungen inklusiver sind und sich besser zur Überprüfung eignen. Interessenmodelle müssen noch ein Set von Mitteln und Leistungsindikatoren identifizieren, die für die Zielerreichung notwendig sind; dieses Set von Interessen und Zielen, perzipierten Kausalbeziehungen und perzipierten Parameterzuständen machen das „belief system" aus. „Belief system"-Modelle können damit Eigeninteressen und organisatorische Interessen integrieren und erlauben den Akteuren gleichzeitig auch, Ziele auf ganz andere Art und Weise zu entwickeln (beispielsweise als ein Resultat von Sozialisation) und sind daher inklusiver. Darüber hinaus habe ich persönlich große Schwierigkeiten, *a priori* ein klares und falsifizierbares Set von Interessen für die meisten Akteure in Policy-Konflikten zu spezifizieren. Statt dessen scheint es angemessener, die „belief systems" der Akteure (durch Befragungen und Inhaltsanalyse von Dokumenten) zu ermitteln und dann empirisch das Ausmaß zu überprüfen, in dem sich diese über die Zeit hinweg verändern.

D. Advocacy-Koalitionen und staatliche Politik

Koalitionen versuchen, ihre handlungsleitenden Orientierungen in staatliche Maßnahmen zu übersetzen. Da es in einem Subsystem gewöhnlich eine dominierende Koalition gibt, wird die Gesetzgebung im allgemeinen deren Überzeugungen stärker widerspiegeln als diejenigen der Minderheitskoalitionen. In jedem dezentralisierten System können jedoch verschiedene Koalitionen unterschiedliche politische Einheiten kontrollieren. Ja, es ist eine der grundlegenden Strategien jeder Koalition, die Zuordnung von Programmzuständigkeiten so zu manipulieren, daß die politischen Einheiten, die sie kontrolliert, über die meisten Programmkompetenzen verfügen (Schattschneider 1960).

„Belief systems" bestimmen die *Richtung,* in die eine Advocacy-Koalition (oder irgendein anderer politischer Akteur) versuchen wird, staatliche Programme zu bewegen, aber *ihre Fähigkeit, das zu tun,* hängt zentral von ihren Ressourcen ab. Diese umfassen Geld, Expertise, die Zahl der politischen Unterstützer und rechtliche Autorität (Wilson 1973; Berry 1977). Was die letzte anbetrifft, anerkennt der analytische Ansatz eines der zentralen Merkmale der institutionellen Modelle, nämlich daß Regeln Autorität und Macht beschaffen, betrachtet jedoch diese Regeln als das Ergebnis eines Wettbewerbs zwischen Advocacy-Koalitionen und die Mitglieder von Institutionen als Akteure, die Ressourcen für verschiedene Koalitionen einbringen.

E. Policy-orientierte „belief systems"

Bei der Konzipierung von handlungsleitenden Orientierungen von Kollektivitäten und Gruppen legt der analytische Ansatz drei Annahmen zugrunde. Der erste ist Ajzens und Fishbeins (1980) „Theorie der begründeten Aktion", das in seinen Grundzügen ein Modell des erwarteten Nutzens ist, in dem die Akteure unterschiedliche Handlungsalternativen im Hinblick auf ihren Beitrag zu einem Set von Zielen abwägen, in welchem aber den Präferenzen der Bezugsgruppen (sowie der Mitglieder der eigenen Koalition) eine wichtigere Rolle zugewiesen wird als in den meisten nutzenorientierten Modellen. Zweitens wird von einer begrenzten und nicht perfekten Rationalität ausgegangen. Damit basiert der analytische Ansatz stark auf den Arbeiten von Simon (1979), Nisbett und Ross (1980) und Kahnemann et al. (1982) und betont die „satisficing" Rationalität und die kognitiven Grenzen von Rationalität, begrenzte Suchprozesse etc. Drittens, weil Subsysteme aus Policy-Eliten und nicht aus einzelnen Bürgern bestehen, gibt es gute Gründe anzunehmen, daß die meisten Akteure *relativ* komplexe und intern konsistente „belief systems" in den Policy-Bereichen haben, die für sie von Interesse sind (Axelrod 1976; Putnam 1976).

Dies markiert jedoch nur Ausgangspunkte, denn es wird wenig darüber gesagt, was passiert, wenn die Erfahrung Anomalien, d.h. interne Inkonsistenzen, ungenaue Voraussagen, ungültige Behauptungen in dem System handlungsleitender Orientierungen enthüllt. Angenommen, daß ein gesellschaftlicher und psychologischer Druck besteht, eine Konsistenz und Gültigkeit von Überzeugungen herzustellen, werden dann Konflikte im wesentlichen durch einen Zufallsprozeß gelöst, indem beispielsweise allen handlungsleitenden Orientierungen der gleiche logische Status zugeordnet wird, oder

Tabelle 1: Überarbeitete Struktur der „belief systems"/handlungsleitenden Orientierungen der Policy-Eliten

	Hauptkern	Policy Kern	Sekundäre Aspekte
Charakteristische Merkmale	Fundamentale normative und ontologische Axiome	Fundamentale Policy-Positionen in bezug auf die grundlegenden Strategien, um Kern-Wertvorstellungen innerhalb des Subsystems zu verwirklichen.	Instrumentelle Entscheidungen und Informationssuche, die notwendig sind für die Durchsetzung des Policy-Kerns.
Reichweite:	Erstreckt sich über alle Policy-Subsysteme	Abhängig von Subsystem	Spezifisch für ein Subsystem
Veränderbarkeit:	Sehr gering; ähnlich einer religiösen Konversion	Schwierig, sie sind aber möglich, wenn die Erfahrung schwerwiegende Anomalien zeigt	Verhältnismäßig leicht; dies ist der Gegenstand der meisten administrativen und legislativen Politik-Gestaltung
Illustrative Komponente:	1. Die Natur des Menschen ist: a) von Natur aus schlecht vs. sozial beeinflußbar b) Teil der Natur vs. Herrschaft über Natur c) an Eigennutz orientiert vs. vertragstheoretisch orientiert 2. Die relative Priorität verschiedener höchster Werte: Freiheit, Sicherheit, Macht, Wissen, Gesundheit, Liebe, Schönheit 3. Grundlegende Merkmale der Verteilungsgerechtigkeit: Wessen Wohlfahrt ist entscheidend? Relatives Gewicht der Person selbst, primärer Gruppen, aller Menschen, zukünftiger Generationen, nichtmenschlicher Lebewesen etc.	Fundamentale normative Lehrmeinungen 1. Orientierung an grundlegenden Wertvorstellungen 2. Identifikation von Gruppen und anderen Einheiten, deren Wohlfahrt am wichtigsten erscheint 3. Grundlegende Bedrohlichkeit des Problems 4. Richtige Verteilung von Funktionen zwischen Markt und Staat 5. Angemessene Verteilung von Kompetenzen zwischen verschiedenen Regierungsebenen 6. Priorität für verschiedene Policy-Instrumente (z.B. Regulierung, Versicherung, Bildung, direkte Zahlungen, Steuererleichterungen) 7. Fähigkeit der Gesellschaft, das Problem zu lösen (z.B. Null-Summen-Wettbewerb vs. Möglichkeit zur Einigung; technologischer Optimismus vs. Pessimismus)	1. Ernsthaftigkeit spezifischer Aspekte des Problems unter spezifischen örtlichen Bedingungen 2. Bedeutung verschiedener Kausalzusammenhänge an verschiedenen Orten über die Zeit hinweg 3. Die meisten Entscheidungen, die Verwaltungsregeln betreffen: Haushaltsansätze, Entscheidung über Fälle, Gesetzesinterpretation und Gesetzesrevision 4. Information über den Erfolg spezifischer Programme oder Institutionen

sind einige wichtiger als andere und aus diesem Grunde gegenüber Wandel resistenter? Was, mit anderen Worten, so stellt sich die Frage, ist die *Struktur* des „beliefs system" der Policy-Eliten?
Stellt man diese Frage, stößt man auf ein Minenfeld konfligierender Theorien und empirischer Ergebnisse. Einen analytisch nützlichen Ansatz bietet die Synthese von Putnams (1976: 81-89) Kritik der normativen und kognitiven Orientierungen politischer Eliten, Axelrods Arbeit (1976) über die Komplexität der zugrundeliegenden Kausalannahmen, eine Übernahme von Lakatos' (1971) Unterscheidung zwischen „Kern"- und anderen Elementen wissenschaftlicher „belief systems" und die Behauptung von Converse (1964), daß abstrakte politische Überzeugungen gegenüber Wandel resistenter sind als spezifische Wertvorstellungen (vgl. auch Peffley/Hurwitz 1985).
Weil der Advocacy-Koalitionsansatz die Struktur von „belief systems" benutzt, um Veränderungen in Wertvorstellungen und die Umgestaltung von Politik langfristig vorauszusagen, muß die Struktur *a priori* dargestellt werden, wenn das Argument, das in Hypothese 2 und 3 präsentiert wird, falsifizierbar sein soll. Die gering strukturierte Natur des Feldes läßt dies als riskantes Unterfangen erscheinen; dennoch schlägt der analytische Ansatz, weil Klarheit – auch wenn widerlegt – mehr Klarheit schafft und allmählich das Verständnis des Phänomens verbessert, eine Struktur von handlungsleitenden Orientierungen, wie sie in Tabelle 1 dargestellt wird, vor.
Tabelle 1 enthält drei strukturelle Kategorien – einen Hauptbestandteil normativer und ontologischer Axiome, die die allgemeine politische Philosophie eines Akteurs über verschiedene Politikbereiche hinweg bestimmen, einen Policy-Kern von grundlegenden Wertvorstellungen und Kausalannahmen, um „deep core beliefs" in einem spezifischen Policy-Subsystem zu realisieren, sowie ein Set von sekundären Aspekten, die eine Vielzahl von instrumentellen Entscheidungen und Informationssuchprozessen erfordern, um den Policy Core in einem bestimmten Politikfeld zu implementieren. Die drei strukturellen Kategorien sind so angeordnet, daß sie einen abnehmenden Widerstand gegenüber Wandel zum Ausdruck bringen; so ist der „deep core" sehr viel resistenter gegenüber Wandel als dies bei sekundären Aspekten der Fall ist.
Die Struktur der „belief systems" wird anhand der amerikanischen Luftreinhaltepolitik illustriert; die „Saubere-Luft-Koalition" und die „Ökonomische-Effizienz-Koalition" waren in der Frage, in welchem Ausmaß individuelle Freiheit in einer Marktwirtschaft eingeschränkt werden soll, um die Gesundheit von „gefährdeten Bevölkerungsgruppen" (die z.B. an Erkrankungen der Atemwege leiden) zu schützen, fundamental gespalten. Die Mitglieder der „Sauberen-Luft-Koalition" argumentieren, daß der Schutz gefährdeter Bevölkerungsgruppen in fast absoluter Form garantiert werden sollte, während die Mitglieder der „Ökonomischen-Effizienz-Koalition" eher bereit sind, gewisse Risiken im Interesse individueller Freiheit und einer erhöhten Produktion zu akzeptieren. Diese normativen Unterschiede in dem Policy-Kern der beiden Koalitionen reflektierte wahrscheinlich einen „deep core"-Unterschied in der relativen Priorität, die Freiheit (oder Effizienz) im Verhältnis zu Gleichheit eingeräumt wird, ein Konflikt, der vielen Policy-Auseinandersetzungen zugrundeliegt (Rokeach 1973; Okun 1975).
Unterschiedliche Überzeugungen in dieser oder anderen Fragen waren dafür verantwortlich, daß Mitglieder der beiden Koalitionen ziemlich unterschiedliche Positionen in solchen Policy-Kern-Fragen wie der angemessenen Reichweite staatlicher (versus

Markt-) Aktivitäten, der angemessenen Rolle der Bundesregierung, dem Vorteil der Anwendung von Zwang im Unterschied zu anderen Policy-Instrumenten und insgesamt der Ernsthaftigkeit des Luftverschmutzungsproblems in den USA etc. einnahmen. Diese Art von Fragen wurden in der Novellierung des Clean Air Act von 1970 entschieden und blieben dann trotz vielfältiger Kritik im Gesetz weitgehend unverändert (Mazmanian/Sabatier 1983: Kap. 4). Zwar gibt es seit 1970 einige Fragen (in erster Linie die Frage der „non-degradation" und des Sauren Regens), die Kern-Auseinandersetzungen involvieren, aber die Mehrheit der Policy-Aktivitäten konzentrierte sich auf sekundäre Aspekte, wie die Bestimmung von Luftqualitätsstandards, um besonders gefährdete Bevölkerungsgruppen zu schützen, die Möglichkeit der Einführung zusätzlicher Parkgebühren, um den Autoverkehr zu reduzieren, die Senkung von Emissionsstandards für Automobile, ohne die heimische Autoindustrie zu ruinieren, und den Nutzen verschiedener Techniken, um die Emissionen in die Luft zu überwachen. Es wäre jedoch absurd anzunehmen, daß alle Mitglieder einer Advocacy-Koalition genau dieselben handlungsleitenden Orientierungen haben. Von der Annahme von Converse (1964) ausgehend, daß abstrakten Überzeugungen mehr Sichtbarkeit zukommt und daß diese widerstandsfähiger gegenüber Wandel sind als spezifischere Wertvorstellungen, läßt sich vermuten, daß die meisten Mitglieder einer Koalition wahrscheinlich eine weitgehende Übereinstimmung in den „Policy Core"-Fragen zeigen, die in Tabelle 1 dargestellt wurden. Überdies verändern sich Positionen im Hinblick auf diese Fragen langsamer als diejenigen, die sekundäre (Implementationsaspekte) eines „belief systems" betreffen. Dies führt zu den folgenden abgeleiteten Hypothesen:

Hypothese 2: Akteure in einer Advocacy-Koalition zeigen einen substantiellen Konsensus in Fragen, die zu dem Policy-Kern gehören, weniger Konsensus im Hinblick auf sekundäre Aspekte.

Hypothese 3: Ein Akteur (oder eine Koalition) gibt Sekundäraspekte seines (ihres) „belief system" auf, bevor Schwächen in dem Policy-Kern zugestanden werden.

Dies läßt offen, wie ausgeprägt der Konsensus über den Policy-Kern sein muß, damit man von der Existenz einer Advocacy-Koalition sprechen kann. Dennoch sollte die grundlegende Stoßrichtung des Argumentes klar sein. Dieses ist keineswegs selbstevident, widerspricht es doch der These vom Ende der Ideologien (Bell 1960), ebenso wie der Behauptung der kurzfristigen „coalitions of convenience" (Riker 1962; Ackerman/Hassler 1981) und der Sicht, daß spezifische Überzeugungen sichtbarer sind als abstrakte (Wilker/Milbrath 1972), sowie der Auffassung, daß Policy-Wandel als ein „muddled process" zu verstehen ist, der von Policy-Technokraten dominiert wird (Heclo 1978).
Als Methoden zur Untersuchung des Inhalts von handlungsleitenden Orientierungen sind Elitenbefragungen, Panels informierter Beobachter (Hart 1976) und die Inhaltsanalyse einschlägiger Dokumente geeignet (Axelrod 1976). In Anbetracht der technischen Natur vieler sekundärer Aspekte und der Konzentration auf den Wandel von Wertvorstellungen über ein Jahrzehnt oder länger bieten Inhaltsanalysen der Programme politischer Parteien, parlamentarischer und administrativer Anhörungen sowie die

Publikationen von Interessenverbänden wahrscheinlich die besten Möglichkeiten für eine systematische empirische Arbeit über die Veränderung in Wertvorstellungen von Eliten (Sabatier/Jenkins-Smith 1993; Klingemann et al. 1993).

Der gesamte Begriff der handlungsleitenden Orientierungen, die sich um ein Set zentraler Wertvorstellungen und Policy-Strategien plus Implementationsaktivitäten kristallisieren, geht davon aus, daß Policy-Eliten eine Vorliebe für instrumentelle Rationalität und kognitive Konsistenz haben. Der Advocacy-Koalitionsansatz nimmt an, daß Policy-Eliten sich bemühen, die Welt innerhalb eines spezifischen Policy-Bereiches besser zu verstehen, um Mittel und Wege zu identifizieren, die geeignet sind, fundamentale Ziele zu erreichen. Ein solcher Gedanke produziert einen Druck in Richtung evaluativer Konsistenz (Tesser 1978: 295). Innerhalb des Subsystems gibt es einen Auswahldruck zugunsten derjenigen, die in der Lage sind, einen begründeten, argumentativen Diskurs zu führen. Akteure, die offensichtlich inkonsistente oder nicht begründete Positionen vertreten, verlieren bald ihre Glaubwürdigkeit. Obwohl das ihre Position nicht vollständig schwächen muß, sehen sie sich verpflichtet, knappe politische Ressourcen zur Unterstützung dieser Position zu verwenden, was allmählich zu ihrem kompetitiven Nachteil führt (Brewer/deLeon 1983).

Wenn eine Position als *Kern*überzeugung einmal angenommen worden ist, schaffen jedoch mächtige Tendenzen der Selbstverteidigung und organisatorische Kräfte einen beträchtlichen Widerstand gegenüber einem Wandel, auch wenn widersprechende empirische Daten oder interne Inkonsistenzen (Festinger 1957; Argyris/Schon 1978; Janis 1983) auftauchen. Die Literatur über kognitive Dissonanzen und selektive Wahrnehmung ist sehr umfangreich und bietet keine eindeutigen Schlußfolgerungen (Wicklund/Brehm 1976; Innis 1978). Aber *wenn* sichtbare Überzeugungen und/oder das Selbstverständnis von Policy-Eliten auf dem Spiel stehen, sind eine selektive Perzeption und eine parteiische Analyse so evident, daß ihnen in jedem Modell ein prominenter Rang zukommen sollte (Schiff 1962; Steinbrunner 1974; Lord et al. 1979; Nelkin 1979; Fiske/Taylor 1984; Etheredge 1985).

F. Policy-Wandel innerhalb des Subsystems: die bisherige Sicht

Policy-Wandel innerhalb eines Subsystems kann somit als das Resultat zweier Prozesse verstanden werden: erstens der Bestrebungen der Advocacy-Koalitionen innerhalb des Subsystems, die Policy-Kerne und die sekundären Aspekte ihrer handlungsleitenden Orientierungen in politische Maßnahmen zu übersetzen. Die meisten Policies stellen bis zu einem gewissen Grad Kompromisse zwischen Koalitionen dar, jedoch gibt es in der Regel eine dominante Koalition oder eine oder mehrere Minderheitskoalitionen, die versuchen, ihre Ziele längerfristig zu verwirklichen, indem sie ihre politischen Ressourcen erhöhen und sich in einem Prozeß des Policy-Lernens engagieren (der im nächsten Abschnitt diskutiert werden soll). Der zweite Prozeß basiert auf externen Störungen, wie beispielsweise Effekten *systemischer* Ereignisse auf die Ressourcen und die Restriktionen der Akteure des Subsystems, d.h. Veränderungen in den sozioökonomischen Bedingungen, Auswirkungen von Entscheidungen aus anderen Subsystemen und Veränderungen in der regierenden Koalition auf gesamtstaatlicher Ebene.

Aus der Tatsache, daß die Policy „Core Beliefs" einer Advocacy-Koalition gegenüber dem Wandel in der Zeit relativ resistent sind, läßt sich folgern:

Hypothese 4: Der Policy-Kern eines politischen Programms in einer spezifischen politischen Einheit wird solange nicht signifikant verändert, als die Subsystem-Advocacy-Koalition, die das Programm ins Leben gerufen hat, in dieser politischen Einheit an der Macht bleibt – es sei denn, der Wandel wird ihr durch eine übergeordnete politische Einheit aufgezwungen.

Damit wird behauptet, daß eine Koalition Macht sucht, um ihre zentralen Wertvorstellungen in praktische Politik zu übersetzen. Wenn eine dominante Koalition durch eine Minderheitskoalition bedroht wird, gibt sie diese „core beliefs" nicht auf, nur um an der Macht zu bleiben, obwohl sie sehr wohl „sekundäre Aspekte" opfern und sogar versuchen mag, einige der „core beliefs" der politischen Gegner als *sekundäre* Aspekte des Programms zu integrieren. In Systemen mit mehreren politischen Ebenen kann die dominante Koalition auf einer politischen Ebene jedoch durch eine übergeordnete Ebene gezwungen werden, ihre offizielle Politik zu verändern. Dies wurde am Beispiel der Bundesbemühungen, das Schulsystem in den Südstaaten zu desegregieren deutlich; jedoch ist dies meist ein langer und holpriger Prozeß (Rodger/Bullock 1976; Stewart 1991). Ähnlich wird die relative Stärke verschiedener Advocacy-Koalitionen innerhalb eines Subsystems durch interne Ereignisse selten so stark verändert, als daß die dominante Koalition verdrängt würde.
Daraus leitet sich Hypothese 5 ab:

Hypothese 5: Die Veränderungen der Policy-Kern-Merkmale eines politischen Handlungsprogramms setzen zum einen bedeutsame Störungen/Ereignisse, die außerhalb des Subsystems liegen, voraus, wie beispielsweise Veränderungen in den sozioökonomischen Bedingungen, der regierenden Koalition auf gesamtstaatlicher Ebene oder Policy-Effekte aus anderen Subsystemen, zum anderen ein geschicktes Ausnutzen dieser Handlungsgelegenheiten durch die (vorherige) Minderheitskoalition innerhalb des Subsystems.

Diese Hypothesen legen nahe, daß Minderheitskoalitionen zwar versuchen können, ihre relative Position zu verbessern, indem sie ihre Ressourcen erhöhen und „schneller lernen" als ihre Gegner; jedoch ist ihre grundlegende Hoffnung, innerhalb des Subsystems an die Macht zu gelangen davon abhängig, daß ein externes Ereignis ihre politischen Ressourcen signifikant erhöht. Wenn diese Gelegenheit auftaucht, müssen sie in der Lage sein, diese auszunützen und zu erweitern; die externen Ereignisse an und für sich führen den Policy-Wandel innerhalb des Subsystems noch nicht herbei (Mawhinney 1993; Brown/Stewart 1993).
Wenn die fünfte Hypothese zutrifft, dann ist es unwahrscheinlich, daß die Art des Policy-Lernens, die im nächsten Abschnitt erörtert wird, an und für sich die *Policy-Kern*-Eigenschaften eines politischen Handlungsprogramms tangieren. Aber es kann zu substantiellen Veränderungen in den sekundären Aspekten führen. Auch kann Policy-Lernen die Begründung für eine bestimmte Policy so schwächen, daß sie gegenüber externen Störungen verletzlich wird. So unterminierten beispielsweise die

Bemühungen von Ökonomen in den 50er und 60er Jahren, die Ineffizienz der staatlichen Regulierung von Flugtarifen und des Marktzugangs nachzuweisen, diese Politik in den Vereinigten Staaten dermaßen, daß, als sie mit externen Ereignissen wie der Inflation und dem Wachstum der Konsumentenbewegung zusammentrafen, diese in dem Airline Deregulation Act von 1978 von Grund auf verändert wurde (Derthick/ Quirk 1985; Brown/Stewart 1993).

III. Der Advocacy-Koalitionsansatz und policy-orientiertes Lernen

A. Grundlegendes

Policy-orientiertes Lernen involviert relativ dauerhafte Veränderungen von Denkweisen oder Verhaltensintentionen, die aus Erfahrungen resultieren. Es befaßt sich mit der Realisierung oder der Revision von Lehrmeinungen innerhalb der „belief systems" von Individuen und Gruppen, so beispielsweise Advocacy-Koalitionen.
Aufgrund der Konzentration auf Advocacy-Koalitionen befaßt sich policy-orientiertes Lernen in erster Linie mit langfristigen Veränderungen in der Verteilung von Wertvorstellungen von Menschen innerhalb einer Koalition oder innerhalb eines breiteren Policy-Subsystems. Solche Veränderungen in der Verteilung von „belief systems" sind eine Funktion verschiedener Prozesse. Die schließen erstens individuelles Lernen und Verhaltensveränderungen, zweitens die Diffusion neuer Überzeugungen unter Individuen, drittens eine Fluktuation von Individuen innerhalb einer Kollektivität, viertens eine Gruppendynamik wie die Polarisierung zwischen homogenen Gruppen, und fünftens Regeln für die Aggregierung von Präferenzen und die Förderung oder das Verhindern von Kommunikation zwischen Mitgliedern ein (Petty/Cacioppo 1981; Jannis 1983; Pierce/Rochon 1984; Ostrom 1990).
Policy-orientiertes Lernen kann eine Vielfalt von Themen beinhalten, von denen folgende die wichtigsten sind:

1. *Die Verbesserung des eigenen Verständnisses über den Status von Zielen und andere Variablen, die für das eigene „belief system" als wichtig erachtet werden.* Von besonderer Bedeutung ist die Überwachung des Status von Wertvorstellungen im Kernbereich, um zu prüfen, ob sie unterhalb eines akzeptablen Niveaus fallen und Leistungslücken anzeigen. So haben beispielsweise Mitglieder der Clean Air-Koalition sehr viele Anstrengungen darauf verwendet, die Luftqualität zu überwachen, weil dadurch einige ihrer zentralen Wertvorstellungen, wie der Schutz der öffentlichen Gesundheit berührt werden. Umgekehrt haben sich Mitglieder der „Ökonomischen-Effizienz-Koalition" darauf konzentriert, die ökonomischen Kosten der Luftüberwachungsprogramme einzuschätzen, weil diese ihre zentralen Wertvorstellungen der wirtschaftlichen Machbarkeit berühren.

2. *Die Verbesserung des eigenen Verständnisses über logische und kausale Beziehungen innerhalb eines „belief systems".* Dieses konzentriert sich typischerweise auf die Suche nach verbesserten Methoden, um zentrale Wertvorstellungen zu verwirklichen. So sind beispielsweise Automobilemissionen eine Funktion von a) Emissionen pro Autokilometer und b) der Autokilometer, die zurückgelegt werden. Die Mitglieder der

Clean-Air-Koalition bemühten sich während der 70er Jahre sehr, effektive Mittel zu finden, um beides zu reduzieren. Das erste umfaßte Forschungsaktivitäten über Transportsysteme, die wenig emittieren, sowie die Entwicklung sauberer Brennstoffe. Das zweite involvierte Untersuchungen und Experimente in Zusammenhang mit dem „car pooling", Extragebühren für das Parken und andere „Transportkontrollen" (Mazmanian/Sabatier 1989: Kap. 4).

3. *Die Identifizierung von und die Reaktion auf Herausforderungen des eigenen Wertesystems.*
Exogene Ereignisse, ein Verlust politischer Ressourcen, die Aktivitäten politischer Gegner oder eine Vielfalt anderer Faktoren können die Befürworter zwingen, ihre Wertvorstellungen zu verändern, indem sie sich einige Elemente der Wertvorstellungen der Gegner zu eigen machen. Jedoch wird jede Anstrengung unternommen, diesen Wandel auf sekundäre Aspekte zu reduzieren, so daß der Kern intakt bleibt. Seit den frühen 70er Jahren haben Ökonomen beispielsweise die Ineffizienz des rechtlichen Gebots- und Verbots-Ansatzes des novellierten Luftreinhaltegesetzes von 1970 kritisiert und sich anstelle dessen dafür ausgesprochen, eine Vielfalt ökonomischer Anreize, wie zum Beispiel Emissionsgebühren und übertragbare Umweltverschmutzungsrechte, zu verwenden (Schulze 1977; White 1981). Die Kritik gewann im Laufe der Zeit an Bedeutung und konnte nicht mehr ignoriert werden. Statt den grundlegenden Ansatz des 1970er Clean Air Act neu zu konzipieren, integrierten jedoch EPA-Beamte und ihre politischen Verbündeten im Kongreß bei der Novellierung des Clean Air Act einfach einige ökonomische Anreize wie Ausgleiche und „bubbles" als freiwillige Instrumente in das Gesetz mit seinem grundlegenden Command-and-Control-Ansatz (Liroff 1986). Policy-orientiertes Lernen ist ein anhaltender Prozess der Suche und der Anpassung, der durch den Wunsch motiviert wird, Policy-Wertvorstellungen zu realisieren. Wenn mit Restriktionen und Handlungsgelegenheiten konfrontiert, suchen Akteure in einer Weise zu reagieren, die mit ihrer Kernüberzeugung konsistent ist. Obwohl externe Ereignisse oder die Aktivitäten von Gegnern allmählich die Überprüfung von Kern-Wertvorstellungen erzwingen können, hat die Abneigung, dies zu tun, zur Folge, daß das meiste Lernen sich in den sekundären Aspekten von Wertvorstellungen und/oder staatlichen Maßnahmen vollzieht. Die Veränderung des Policy-Kerns jedoch ist schwierig, weil dieser weitgehend auf in der Kindheit gelernten Wertvorstellungen basiert, an denen zäh festgehalten wird und die von empirischer Evidenz weitgehend unberührt bleiben. Sekundäre Aspekte können leichter verändert werden, weil sie sowohl eher der empirischen Widerlegung unterliegen, als auch für das Individuum weniger sichtbar sind.

Policy-orientiertes Lernen impliziert normalerweise das langfristige Experimentieren mit einer Vielfalt von Führungsinstrumenten mit dem Ziel, das Verhalten verschiedener Regierungsinstitutionen und allmählich auch von Zielgruppen zu verändern (Campbell 1977; Sabatier/Pelkey 1987). Die Unzufriedenheit mit der Leistung eines spezifischen Instrumentes – sei es im Hinblick auf dessen Policy Outputs auf der operationalen Ebene einer Behörde oder der daraus folgenden Unfähigkeit, ein Problem zu verbessern – wird die Befürworter eines Programms dazu veranlassen, ihre Strategie zu überprüfen (vgl. Schaubild 1).

Aber das Lernen aus Erfahrungen erweist sich als sehr schwierig in einer Welt, in der Erfolge schwer zu messen sind, anerkannte entwickelte Kausaltheorien oft fehlen, kontrollierte Experimente faktisch unmöglich sind, Gegner alles tun, um die Situation unklar zu gestalten und auch auf andere Weise versuchen, einen am Lernen zu hindern, und in der sogar die Motive der Verbündeten aufgrund personeller und organisatorischer Rivalitäten oft mißtrauisch betrachtet werden. Kein Wunder also, daß Advocacy-Koalitionen immer Konflikte über die Angemessenheit unterschiedlicher Strategien austragen oder daß viele versuchen, gleichzeitig mehrere Strategien zu erproben, in der Hoffnung, daß einige auf fruchtbaren Boden fallen.

Dennoch vollzieht sich policy-orientiertes Lernen. In einer Welt der knappen Ressourcen haben diejenigen, die nicht lernen, einen Lernnachteil, wenn sie ihre Ziele realisieren wollen. Ein Mehr an politischer Macht kann zwar den kurzfristigen Sieg gegenüber überlegener Evidenz davontragen, aber die Kosten für die eigene Glaubwürdigkeit in einer demokratischen Gesellschaft können beträchtlich sein. Darüber hinaus sind die Ressourcen, die aufgewendet werden – insbesondere für politische Gefallen, um die man gebeten wird –, nicht mehr für einen künftigen Gebrauch verfügbar. Daher haben diejenigen, die am effektivsten überzeugende Evidenz beibringen können und dadurch ihre politischen Ressourcen sparen, eine größere Chance, langfristig die Oberhand zu gewinnen als die, die technische Argumente vernachlässigen.

B. Bedingungen, die policy-orientiertes Lernen über „belief systems" hinweg fördern

Policy-orientiertes Lernen bedeutet Lernen innerhalb der handlungsleitenden Orientierungen einer Koalition sowie Lernen *über* die „belief systems" verschiedener Koalitionen *hinweg*. Das Erstere ist relativ unproblematisch: Mitglieder einer Advocacy-Koalition sind immer bestrebt, ihr Verständnis von veränderbaren Zuständen und Kausalbeziehungen, die mit ihren Policy-Kernvorstellungen konsistent sind, zu verbessern. In ähnlicher Weise finden sie es leicht, sich wechselseitig davon zu überzeugen, daß eine Kritik ihrer Kern-Programme auf einem falschen Verständnis der Welt basieren. Wenn jedoch zwei Kerne im Konflikt stehen, besteht für jede Koalition die Tendenz, an der anderen vorbeizureden und sich in einem „Dialog der Tauben" zu engagieren, der so lange dauert, bis externe Bedingungen dramatisch das Kräfteverhältnis innerhalb des Subsystems verändern.[5]

Die Aufgabe ist es dann, die Bedingungen zu identifizieren, unter denen sich eine produktive analytische Debatte zwischen den Mitgliedern *unterschiedlicher* Advocacy-Koalitionen vollziehen kann. Indikator für eine solche Debatte ist es, daß eine oder beide Koalitionen sich veranlaßt sehen, als ein Resultat des geführten Dialogs und nicht infolge eines Wandels in den externen Bedingungen Policy-Kernaspekte ihrer „belief systems" oder wenigstens wichtige sekundäre Aspekte zu verändern.

Die erste Bedingung erstreckt sich auf die Ebene eines informierten Konfliktes. Auf der einen Seite müssen beide Parteien über ausreichende technisch-wissenschaftliche Ressourcen verfügen, um in der Lage zu sein, das Kausalmodell der anderen und

---

5 Ein Beispiel dafür bietet die Kontroverse zwischen Befürwortern einer „weichen" bzw. „harten" Energiepolitik in den Vereinigten Staaten (Robinson 1982; Wildavsky/Tenenbaum 1981).

deren empirische Daten zu kritisieren. Sie müssen auch einen Anreiz haben, knappe Ressourcen auszugeben, um sich in einer solchen analytischen Debatte zu engagieren. Damit kommen wir zur ersten Bedingung:

> Hypothese 6: Policy-orientiertes Lernen über „belief systems" hinweg ist dann am wahrscheinlichsten, wenn es eine mittlere Ebene des informierten Konfliktes zwischen den beiden gibt. Dies setzt voraus, daß a) jede Koalition die technischen Ressourcen hat, um sich auf eine solche Debatte einzulassen, und daß b) der Konflikt sich auf sekundäre Aspekte des eigenen „belief system" und Kernelemente des anderen bezieht oder – alternativ – sich auf wichtige sekundäre Aspekte beider „belief systems" erstreckt.

Ein Frontalangriff der beiden Koalitionen auf den jeweiligen Kern der anderen erzeugt solch defensive Reaktionen, daß mehr Hitze als Erhellung generiert wird. Der Konflikt zwischen unwichtigen Aspekten der jeweiligen „belief systems" führt jedoch nicht zur nötigen Allokation von Ressourcen, die erforderlich ist, um eine informierte technisch-wissenschaftliche Debatte zu führen. Daher ist eine mittlere Ebene des Konfliktes für ein policy-orientiertes Lernen am förderlichsten (Sabatier 1978: 409; Argyris/Schon 1978: 112).

Die zweite und wahrscheinlich wichtigste Bedingung für eine informierte analytische Debatte zwischen Koalitionen, in der Policy-Kernaspekte wenigstens eines „belief system" zur Debatte stehen, involviert die Existenz eines relativ apolitischen Forums, indem die Experten der jeweiligen Koalitionen gezwungen werden, sich wechselseitig zu konfrontieren:

> Hypothese 7: Policy-orientiertes Lernen über „belief systems" hinweg ist am wahrscheinlichsten, wenn ein Forum existiert, das
> a) über genügend Reputation verfügt, um professionelle Akteure aus verschiedenen Koalitionen zur Teilnahme zu veranlassen,
> und
> b) durch eine professionelle Orientierung geprägt wird.

Der Zweck des Unterfangens ist es, eine Debatte unter professionellen Akteuren aus unterschiedlichen „belief systems" zu erzwingen, in der vor Angehörigen der Profession die Gesichtspunkte erörtert werden müssen. Unter solchen Voraussetzungen führen der Wunsch nach professioneller Glaubwürdigkeit und die Standards der wissenschaftlichen Debatte zu einer ernsthaften Analyse methodologischer Annahmen, der allmählichen Eliminierung der unwahrscheinlicheren Kausalannahmen und nicht haltbaren Daten und damit wahrscheinlich längerfristig zu einer größeren Konvergenz der Perspektiven über die Natur des Problems und die Konsequenzen verschiedener Policy-Alternativen.

Solche Foren können unterschiedliche Gestalt annehmen. Es kann sich um recht spezialisierte Institutionen wie beispielsweise die National Academy of Sciences (Boffey 1975) handeln. Einige Policy-Subsysteme werden durch eine einzige wissenschaftliche Zeitschrift dominiert oder eine jährliche Konferenz, an der die Forscher sich verpflichtet fühlen, ihre Perspektiven zu präsentieren. Als ideale Einrichtungen können die schwedischen Kommissionen betrachtet werden, die die Möglichkeit einer analytischen Debatte unter professionellen Akteuren in einer Institution ermöglichen, der beträchtliche politische Legitimität zukommt (Anton 1980; Premfors 1983). So läßt sich voraussagen, daß die Debatte zwischen den Befürwortern einer „weichen" und einer „harten" Energiepolitik in Schweden effektiver zu einem Konsens geführt werden kann als in den Vereinigten Staaten, wo es kein solch prestigereiches Energieforum gibt.

Über diese beiden Bedingungen einer informierten wissenschaftlichen Debatte über „belief systems" hinweg gibt es eine dritte Gruppe von Faktoren, die die Wahrscheinlichkeit des policy-orientierten Lernens (sei es innerhalb oder zwischen Koalitionen) erhöhen. Diese beziehen sich auf das, was als die analytische Handhabbarkeit eines Problems (Jenkins-Smith 1990) bezeichnet werden könnte. Von besonderer Bedeutung sind in diesem Zusammenhang das Vorhandensein meßbarer Leistungsindikatoren und die Möglichkeit, ein Kausalmodell zu entwickeln.

Hypothese 8: Probleme, für die akzeptierte quantitative Erfolgsindikatoren existieren, eignen sich mehr für policy-orientiertes Lernen als diejenigen, bei denen die Erfolgsindikatoren eher qualitativen und recht subjektiven Charakter haben.

Hypothese 9: Probleme, die sich auf die natürliche Umgebung beziehen, eignen sich eher zum policy-orientierten Lernen als diejenigen, die sich auf soziale Systeme beziehen, weil bei den ersten viele der kritischen Variablen nicht *selbst* aktive Strategen sind und weil kontrollierte Experimente in ihrem Fall eher durchgeführt werden können.

Aus den beiden genannten Gründen kann beispielsweise ein höheres Maß an policyorientiertem Lernen in der Luftreinhaltepolitik als im Bereich psychischer Gesundheitsprogramme erwartet werden. Jedoch garantiert auch die Erfüllung der beiden Bedingungen nicht ein kontinuierlich besseres Verständnis des Problems, weil es immer noch Fragen geben kann, wie beispielsweise die Auswirkungen von extrem kleinen Dosierungen von pathogenen Substanzen auf die Entstehung von Krankheiten mit langen Latenzperioden, die von der Wissenschaft nur *außerordentlich* schwer zu lösen sind (Weinberg 1972).

IV. Ist der Advocacy-Koalitionsansatz im europäischen Kontext anwendbar?

Der Advocacy-Koalitionsansatz geht davon aus, daß das Verhalten vieler administrativer Akteure nicht mit dem traditionellen Weberschen Rollenmodell des neutralen Beamten übereinstimmt, daß diese sich vielmehr als Mitglieder einer Advocacy-Koalition verstehen. Dies ist keine radikale Annahme, wenn man vom amerikanischen Kontext ausgeht, wo es eine lange Denktradition gibt, die akzeptiert, daß die meisten Behörden – sei es im Bereich der Agrarverwaltung, der Umweltschutzbehörden oder der Sozialbehörden – einen Auftrag erfüllen, der sie in der Regel zum Bestandteil einer spezifischen Koalition werden läßt. Dieser Auftrag gründet sich in der Regel auf eine gesetzlich definierte Aufgabe und wird durch die Mitgliedschaft des Behördenpersonals in professionellen Organisationen und den Wunsch der Behörde verstärkt, der dominanten Koalition in seinem Subsystem Leistungen zukommen zu lassen (Elmore 1978; Meier 1993; Knott/Miller 1987). Es gibt im amerikanischen Kontext auch empirische Hinweise darauf, daß unterschiedliche Abteilungen ein- und derselben Behörde, die gewöhnlich unterschiedliche Aufgaben wahrnehmen oder unterschiedlichen Professionen angehören, sich mit verschiedenen Koalitionen verbinden können.[6]

Schließlich kann es auch vorkommen, daß die offizielle Position der Behörde, die von den politischen Beamten vertreten wird, von Beamten auf den unteren Ebenen der behördlichen Hierarchie nicht geteilt wird.[7]

Bei der kritischen Prüfung des Advocacy-Koalitionsansatzes haben mehrere Forscher die Frage aufgeworfen, ob die relativ „politisierte" Tradition der amerikanischen Bürokratie auf die politischen Systeme Westeuropas und Kanadas anwendbar ist, wo die Beamten traditionell ein höheres Prestige genießen und unter strengeren Maßgaben der Neutralität arbeiten.

Darauf möchte ich zwei Antworten geben. Erstens haben empirische Untersuchungen, die den Advocacy-Koalitionsansatz testeten, gezeigt, daß adminstrative Akteure in Behörden eine etwas andere Position innerhalb der Koalitionen einnehmen als Verbandsvertreter (Sabatier et al. 1987; Jenkins-Smith/St. Clair 1993). Oder genauer:

> Hypothese 10: Akteure aus Behörden nehmen innerhalb einer Koalition mehr vermittelnde („centrist") Positionen ein, als dies für ihre Verbündeten aus Interessenverbänden zutrifft.

Dies ist wahrscheinlich auf die Tatsache zurückzuführen, daß die meisten Behörden in den USA (was ihr Budget und die rechtliche Überwachung anbetrifft) verschiedenen Instanzen unterstellt sind, die unterschiedliche Sichtweisen einer Politik haben können. So sehen sich Behörden kontinuierlich gezwungen, nach einem Kompromiß zu suchen, der in den Augen ihrer verschiedenen Vorgesetzten akzeptabel ist. Interessenverbände hingegen sind nur ihren Mitgliedern gegenüber verantwortlich, die häufig relativ homogene und extremere Perspektiven vertreten. Daher zeigen Behördenvertreter meist gemäßigtere Positionen als ihre Verbündeten von den Interessenverbänden, obwohl sie keine neutrale Policy-Position vertreten.

Die zweite Antwort lautet, daß es viele empirische Hinweise darauf gibt, daß das Bild vom neutralen Beamten zumindest im Europa der Gegenwart oft ein Mythos ist. Die international vergleichende Untersuchung von Aberbach et al. (1981: 97, 140) aus den frühen 80er Jahren zeigt, daß die bürokratische Rollenorientierung in Abhängigkeit

---

6 In der lang andauernden Debatte über den Gebrauch von ökonomischen Anreizen in der Umweltpolitik beispielsweise war die Bundesumweltbehörde in den USA tief gespalten. Während das Office of Policy Analysis im allgemeinen den erweiterten Verkauf von Emissionsrechten befürwortete, war das Office of Air and Water Programs diesen gegenüber sehr skeptisch eingestellt (Liroff 1986; Cook 1988). Beispiele aus anderen Behörden bieten Bell (1985) sowie Eisner/Meier (1990).

7 Woods Untersuchung (1988) zeigt, um wiederum die EPA als Beispiel zu verwenden, daß Präsident Reagan in der Lage war, das Verhalten der politischen Beamten der Behörde – einschließlich deren Aussagen vor Kongreßausschüssen – zu beeinflussen, jedoch nahezu unfähig war, die Entscheidungen der Behörde im Hinblick auf die Überwachung und Durchsetzung von Entscheidungen in der Emissionskontrolle zu verändern. Wood/Waterman 1991 bieten einen Vergleich von sieben Behörden.

vom jeweiligen Land und – innerhalb des Landes in Abhängigkeit von der politischen ideologischen Orientierung – variiert. Meine eigene Forschung über die Flächennutzungsplanung in Küstengebieten in Großbritannien und Frankreich während der 60er und 70er Jahre ergab, daß a) die Landschaftsplaner in Großbritannien lange eine einheitliche und sehr klare Zielorientierung verfolgten, die eine zerstreute Siedlungsweise auf dem Land verbot, und die erklärt, warum in diesem Land eine einheitliche Politik verfolgt wurde, obwohl es in dieser Frage keine klare nationale Gesetzgebung gab, und daß b) die lokalen Unterschiede in Frankreich weitgehend auf unterschiedliche Policy-Perspektiven der lokalen Planer und deren Wunsch, auf die Sichtweisen der lokalen gewählten Beamten Rücksicht zu nehmen, zurückzuführen waren (Sabatier/Wertheimer 1993). Darüber hinaus gibt es weitere empirische Belege dafür, daß in Großbritannien die professionelle Ausbildung oft das Behördenverhalten prägt und faktisch Allianzen mit externen Gruppen schafft (Sharpe 1984; Laffin 1986; Rhodes 1988). Schließlich ermutigt auch der korporatistische Politikstil in vielen europäischen Ländern Behörden dazu, Kompromisse zwischen ihren Zielgruppen zu arrangieren und „ihre" Klientele in Konflikten mit anderen Behörden zu mobilisieren (Jordan/Richardson 1983).

Das Fazit lautet daher, daß sich der Advocacy-Koalitionsansatz in den meisten europäischen Ländern in vielen Politikbereichen sehr gut anwenden läßt.

V. Schlußfolgerungen

Forscher sind darauf bedacht, die Welt zu verstehen. Um dies zu erreichen, benötigen sie konzeptionelle und analytische Interpretationsansätze, die ihnen sagen, was – aller Wahrscheinlichkeit nach – wichtig ist und was ohne Folgen ignoriert werden kann (Kuhn 1970; Lakatos 1971). Die Policy-Forschung wurde in den letzten Jahren oft durch einen bestimmten konzeptionellen Rahmen, die Phasen-Heuristik, die durch Jones (1970) und Anderson (1975) weite Verbreitung fand, angeleitet.

Das zentrale Argument dieses Beitrags lautet, daß der Advocacy-Koalitionsansatz der Phasen-Heuristik aus folgenden Gründen überlegen ist:

1) Der Advocacy-Koalitionsansatz geht von zwei *primären kausalen Faktoren* aus, a) den Wertvorstellungen der Mitglieder einer Koalition und b) externen Ereignissen (shocks), die auf das Subsystem einwirken.
2) Er ist empirisch *überprüfbar/widerlegbar*. Der Advocacy-Koalitionsansatz schlägt eine Anzahl überprüfbarer Aussagen vor, und die bisherige empirische Forschung legt verschiedene Verbesserungen und Ergänzungen nahe (Sabatier/Jenkins-Smith 1993: Kap.10).
3) Er richtet seinen Blick nicht *von oben nach unten*, sondern befaßt sich mit multiplen, interagierenden Policy-Zyklen, die sich auf verschiedene Ebenen des politischen Systems erstrecken. Es wird nicht davon ausgegangen, daß ein einziges Bundesgesetz den Policy-Prozeß dominiert.
4) Der Advocacy-Koalitionsansatz befaßt sich explizit mit der *Rolle des Policy-Lernens während des ganzen Policy-Prozesses*. Er geht – im Unterschied zu der Phasen-Heuristik – nicht von der Annahme aus, daß dieses Lernen sich auf die Evaluations-Phase beschränkt.

Der größte Teil der Forschung, die den Advocacy-Koalitionsansatz verwendet, bezieht sich gegenwärtig auf die Vereinigten Staaten. Wissenschaftler in der Bundesrepublik und anderen europäischen Ländern sollten sich jedoch ermutigt fühlen, den Ansatz in dem Politikfeld ihres Interesses anzuwenden und ihre Erfahrungen hinsichtlich der Stärken und Schwächen des Ansatzes uns allen zur Kenntnis bringen.

Literaturverzeichnis

Aberbach, Joel/Putnam, Robert/Rockman, Bert, 1981: Bureaucrats and Politicians in Western Democracies. Cambridge: Harvard University Press.
Ackerman, Bruce/Hassler, William, 1981: Clean Coal, Dirty Air. New Haven: Yale University Press.
Ajzen, Icek/Fishbein, Martin, 1980: Understanding Attitudes and Predicting Social Behavior. Englewood Cliffs: Prentice Hall.
Anderson, James, 1975: Public Policy-Making. New York: Praeger.
Anton, Thomas, 1980: Administered Politics. Boston: Martinus Nijhoff.
Argyris, Chris/Schon, Donald, 1978: Organizational Learning. New York: Wiley.
Ashford, Douglas, 1981: Policy and Politics in Britain. Philadelphia: Temple University Press.
Axelrod, Robert (Hrsg.), 1976: Structure of Decision. Princeton: Princeton University Press.
Bardach, Eugene, 1977: The Implementation Game. Cambridge: MIT Press.
Barrett, Susan/Fudge, Colin (Hrsg.), 1981: Policy and Action. London: Methuen.
Bell, Daniel, 1960: The End of Ideology. New York: Free Press.
Bell, Robert, 1985: Professional Values and Organizational Decision Making, in: Administration and Society 17, 21-60.
Bernstein, Marver, 1955: Regulating Business by Independent Commission. Princeton: Princeton University Press.
Berry, Jeffrey, 1977: Lobbying for the People. Princeton: Princeton University Press.
Boffey, Philip, 1975: The Brain Bank of America. New York: MacGraw-Hill.
Brewer, Garry/deLeon, Peter, 1983: Foundations of Policy Analysis. Homewood, Ill.: Dorsey.
Brown, Anthony/Stewart, Joseph, 1993: Competing Advocacy Coalitions and Airline Deregulation, in: *Paul Sabatier/H. Jenkins-Smith* (Hrsg.), Policy Change and Learning. Boulder, CO: Westview Press, 83-104.
Browne, Eric/Dreijamis, John (Hrsg.), 1982: Government Coalitions in Western Democracies. London: Longmans.
Bulmer, Martin, 1980: Social Research and Royal Commissions. London: Allen and Unwin.
Burnham, Walter Dean, 1970: Critical Elections and the Mainsprings of American Politics. New York: Norton.
Campbell, Donald, 1977: Reforms as Experiments, in: *Francis Caro,* Readings in Evaluation Research. New York: Russell Sage, 172-204.
Cobb, Roger/Ross, Jennie-Keith/Ross, Marc, 1976: Agenda Building as a Comparative Political Process, in: American Political Science Review 70, 126-138.
Converse, Phillip, 1964: The Nature of Belief Systems in Mass Publics, in: *D. Apter* (Hrsg.), Ideology and Discontent. New York: Free Press, 206-261.
Cook, Brian, 1988: Bureaucratic Politics and Regulatory Reform: The EPA and Emissions Trading. Westport, CT: Greenwood Press.
Dahl, Robert, 1971: Polyarchy. New Haven: Yale University Press.
Derthick, Martha/Quirk, Paul, 1985: The Politics of Deregulation. Washington, D.C.: Brookings.
Dodd, Lawrence, 1976: Coalitions in Parliamentary Governments. Princeton: Princeton University Press.
Doggan, Mattei, 1975: The Mandarins of Western Europe. New York: Wiley.
Downing, Paul, 1984: Environmental Economics and Policy. Boston: Little, Brown & Co.
Dunleavy, Patrick, 1981: The Politics of Mass Housing in Britain, 1945-1975. Oxford: Clarendon Press.
Dunn, William, 1980: The Two-Communities Metaphor and Models of Knowledge Use, in: Knowledge 1, 515-536.
Easton, David, 1965: A Systems Analysis of Political Life. New York: Wiley.

Eisner, Marc/Meier, Kenneth, 1990: Presidential Control versus Bureaucratic Power, in: American Journal of Political Science 34, 269-287.
Elmore, Richard, 1978: Organizational Models of Social Program Implementation, in: Public Policy 26, 185-228.
Elson, Martin, 1986: Green Belts. London: Heinemann.
Etheredge, Lloyd, 1985: Can Governments Learn? American Foreign Policy and Central American Relations. New York: Pergamon Press.
Festinger, Leon, 1957: A Theory of Cognitive Dissonance. Evanston: Row, Peterson.
Fiske, Susan/Taylor, Shelley, 1984: Social Cognition. Reading, Mass.: Addison-Wesley.
Franklin, Mark/Mackie, Thomas, 1984: Reassessing the Importance of Size and Ideology for the Formation of Governing Coalitions in Parliamentary Democracies, in: American Journal of Political Science 28, 671-692.
Griffith, Ernest, 1961: Congress: Its Contemporary Role, 3. Auflage. New York: New York University Press.
Hamm, Keith, 1983: Patterns of Influence among Committees, Agencies and Interest Groups, in: Legislative Studies Quarterly 8, 379-426.
Hanf, Kenneth, 1982: The Implementation of Regulatory Policy: Enforcement as Bargaining, in: European Journal of Political Research 10, 159-172.
Hanf, Kenneth/Scharpf, Fritz W. (Hrsg.), 1978: Interorganizational Policy-Making. London: Sage.
Hart, Jeffrey, 1976: Comparative Cognition: Politics of International Control of the Oceans, in: R. Axelrod (Hrsg.), Structures of Decision. Princeton: Princeton University Press, Kap. 8.
Heclo, Hugh, 1974: Social Policy in Britain and Sweden. New Haven: Yale University Press.
Heclo, Hugh, 1978: Issue Networks and the Executive Establishment, in: A. King (Hrsg.), The New American Political System. Washington: AEI.
Hjern, Benny/Porter, David, 1981: Implementation Structures, in: Organizational Studies 2, 211-227.
Hjern, Benny/Hull Chris, 1982: Implementation Research as Empirical Constitutionalism, in: European Journal of Political Research 10, 105-116.
Hofferbert, Richard, 1974: The Study of Public Policy. Indianapolis: Bobbs-Merrill.
Hull, Christopher/Hjern, Benny, 1987: Helping Small Firms Grow: An Implementation Approach. London: Croom Helm.
Inglehart, Ronald, 1977: The Silent Revolution. Princeton: Princeton University Press.
Ingram, Helen, 1978: The Political Rationality of Innovation: The Clean Air Act Amendments of 1970, in: Ann Friedlaender (Hrsg.), Approaches to Controlling Air Pollution. Cambridge: MIT Press, 12-67.
Innis, J. M., 1978: Selective Exposure as a Function of Dogmatism and Incentive, in: Journal of Social Psychology 106, 261-265.
Janis, Irving, 1983: Groupthink, 2. Auflage. Boston: Houghton Mifflin.
Jenkins-Smith, Hank, 1990: Democratic Politics and Policy Analysis. Monterey, CA: Brooks/Cole.
Jenkins-Smith, Hank/St. Clair, Gilbert, 1993: The Politics of Offshore Energy, in: Paul Sabatier/Hank Jenkins-Smith (Hrsg.), Policy Change and Learning. Boulder, CO: Westview Press, 149-176.
Jenkins-Smith, Hank/Sabatier, Paul, 1993: Evaluating the Advocacy Coalition Framework: Assessment, Revisions, and Implications for Policy Scholars. Submitted to Journal of Public Policy.
Jones, Charles O., 1970, 1977: An Introduction to the Study of Public Policy. Belmont, CA: Wadsworth.
Jones, Charles O., 1975: Clean Air. Pittsburgh: University of Pittsburgh Press.
Jordan, A. G./Richardson, J. J., 1983: Policy Communities: The British and European Style, in: Policy Studies Journal 11, 603-615.
Kahneman, Daniel/Slovic, Paul/Tversky, Amos, 1982: Judgment Under Uncertainty. Cambridge: Cambridge University Press.
Kingdon, John, 1984: Agendas, Alternatives, and Public Policies. Boston: Little, Brown.
Kirst, Michael/Jung, Richard, 1982: The Utility of a Longitudinal Approach in Assessing Implementation: Kapitel I, ESEA, in: Walter Williams (Hrsg.), Studying Implementation. Chatham, N.J.: Chatham House, 119-148.
Klingemann, Hans-Dieter/Hofferbert, Richard/Budge, Ian, 1993: Parties, Policies, and Democracy. Boulder, CO: Westview Press.
Knott, Jack/Miller, Gary, 1987: Reforming Bureaucracy. Englewood Cliffs, N.J.: Prentice Hall.

Kuhn, Thomas, 1970: The Structure of Scientific Revolutions. Chicago: University of Chicago Press.
Laffin, Martin, 1986: Professionalism and Policy: The Role of Professions in the Central-Local Government Relationship. Aldershot, UK: Gower.
Lakatos, Imre, 1971: History of Science and Its Rational Reconstruction, in: Boston Studies in the Philosophy of Science 8, 42-134.
Lasswell, Harold, 1951: The Policy Orientation, in: D. Lerner/H. Lasswell (Hrsg.), The Policy Sciences. Stanford: Stanford University Press.
Lindblom, Charles/Cohen, David, 1979: Usable Knowledge. New Haven: Yale University Press.
Liroff, Richard, 1986: Reforming Air Pollution Regulation: The Toil and Trouble of EPA's Bubble. Washington, D.C.: Conservation Foundation.
Lord, Charles/Ross, Lee/Lepper, Mark, 1979: Biased Assimilation and Attitude Polarization: The Effects of Prior Theories on Subsequently Considered Evidence, in: Journal of Personality and Social Psychology 37, 2098-2109.
Lowe, Philip/Goyder, Jane, 1983: Environmental Groups in Politics. London: George Allen & Unwin.
Lowi, Theodore, 1969: The End of Liberalism. New York: W. W. Norton.
Majone, Giandomenico, 1980: Policies as Theories, in: Omega 8, 151-162.
Majone, Giandomenico, 1989: Evidence, Argument, and Persuasion in the Policy Process. New Haven: Yale University Press.
Majone, Giandomenico/Wildavsky, Aaron, 1978: Implementation as Evolution, in: H. Freeman (Hrsg.), Policy Studies Review Annual. Beverly Hills: Sage.
Margolis, Howard, 1974: Technical Advice on Policy Issues. Sage Professional Paper on Administrative and Policy Studies. Beverly Hills: Sage.
Marmor, Theodore, 1970: The Politics of Medicare. Chicago: Aldine.
Mawhinney, Hanne, 1993: An Advocacy Coalition Approach to Change in Canadian Education, in: Paul Sabatier/Hank Jenkins-Smith (Hrsg.), Policy Change and Learning. Boulder, CO: Westview Press, 59-82.
Mazmanian, Daniel/Nienaber, Jeanne, 1979: Can Organizations Change? Washington, D.C.: Brookings Institution.
Mazmanian, Daniel/Sabatier, Paul, 1989: Implementation and Public Policy, überarb. Auflage. Lanham, MD: University Press of America.
Mazur, Allan, 1981: The Dynamics of Technical Controversy. Washington, D.C.: Communications Press.
McGuire, William, 1968: Theory of the Structure of Human Thought, in: R. Abelson et al. (Hrsg.), Theories of Cognitive Consistency. Chicago: Rand McNally, 148-162.
Meier, Kenneth, 1993: Politics and the Bureaucracy, 3. Auflage. Monterey, CA: Brooks/Cole.
Meltsner, Arnold, 1976: Policy Analysts in the Bureaucracy. Berkeley: University of California Press.
Nakamura, Robert/Smallwood, Frank, 1980: The Politics of Policy Implementation. New York: St. Martin's.
Nakamura, Robert, 1987: The Textbook Policy Process and Implementation Research, in: Policy Studies Review 1, 142-154.
Nelkin, Dorothy, 1979: Controversy: Politics of Technical Decisions. Beverly Hills: Sage.
Nelson, Barbara, 1984: Making an Issue of Child Abuse. Chicago: University of Chicago Press.
Nisbett, Richard/Ross, Lee, 1980: Human Inference: Strategies and Shortcomings of Social Judgment. Englewood Cliffs, N.J.: Prentice Hall.
Niskanen, William, 1971: Bureaucracy and Representative Government. Chicago: Rand McNally.
Okun, Arthur, 1975: Equality and Efficiency: The Big Tradeoff. Washington, D.C.: Brookings.
Ostrom, Elinor, 1990: Governing the Commons. Cambridge: Cambridge University Press.
Ostrom, Elinor/Schroeder, Larry/Wynne, Susan, 1993: Institutional Incentives and Sustainable Development. Boulder, CO: Westview Press.
Ostrom, Vincent/Tiebout, Charles/Warren, Robert, 1961: The Organization of Government in Metropolitan Areas, in: American Political Science Review 55, 831-842.
Palumbo, Dennis, 1988: Public Policy in America. New York: Harcourt, Brace, Jovanovich.
Peffley, Mark/Hurwitz, Jon, 1985: A Hierarchial Model of Attitude Constraint, in: American Journal of Political Science 29, 871-890.
Peters, B. Guy, 1986: American Public Policy, 2. Auflage. Chatham, N.J.: Chatham House.

Petty, Richard/Cacioppo, John, 1981: Attitudes and Persuasion. Dubuque: Wm. C. Brown.
Pierce, Roy/Rochon, Thomas, 1984: Attitudinal Change and Elite Conversion: French Socialist Candidates in 1967 and 1978, in: American Journal of Political Science 28, 379-398.
Premfors, Rune, 1983: Governmental Commissions in Sweden, in: American Behavioral Scientist 26, 623-642.
Pressman, Jeffrey/Wildavsky, Aaron, 1973: Implementation. Berkeley: University of California Press.
Putnam, Robert, 1973: The Beliefs of Politicians. New Haven: Yale University Press.
Putnam, Robert, 1976: The Comparative Study of Political Elites. Englewood Cliffs: Prentice Hall.
Rajecki, D. W., 1982: Attitudes: Themes and Advances. Sunderland, Mass.: Sinauer.
Rhodes, R. A. W., 1988: Beyond Westminster and Whitehall. London: Unwin.
Riker, William, 1962: The Theory of Political Coalitions. New Haven: Yale University Press.
Ripley, Randall, 1985: Policy Analysis in Political Science. Chicago: Nelson Hall.
Robinson, John B., 1982: Apples and Horned Toads: On the Framework-Determined Nature of the Energy Debate, in: Policy Sciences 15, 23-45.
Rodger, Harrell/Bullock, Charles, 1976: Coercion to Compliance. Lexington, Mass.: D. C. Heath.
Rokeach, Milton, 1973: The Nature of Human Values. New York: MacMillan.
Rokkan, Stein, 1970: Citizens, Elections, and Parties, Oslo: Universitaetsforlaget.
Sabatier, Paul, 1975: Social Movements and Regulatory Agencies, in: Political Science 6, 301-342.
Sabatier, Paul, 1978: The Acquisition and Utilization of Technical Information by Administrative Agencies, in: Administrative Science Quarterly 23, 386-411.
Sabatier, Paul, 1986: Top-Down and Bottom-Up Models of Policy Implementation: A Critical Analysis and Suggested Synthesis, in: Journal of Public Policy 6, 21-48.
Sabatier, Paul, 1987: Knowledge, Policy-Oriented Learning, and Policy Change, in: Knowledge 8, 649-692.
Sabatier, Paul, 1988: An Advocacy Coalition Framework of Policy Change and the Role of Policy-Oriented Learning Therein, in: Policy Sciences 21, 129-168.
Sabatier, Paul, 1991: Toward Better Theories of the Policy Process, in: PS: Political Policy Science and Politics 24, 147-156.
Sabatier, Paul/Pelkey, Neil, 1987: Incorporating Multiple Actors and Guidance Instruments into Models of Regulatory Policy-Making: An Advocacy Coalition Framework, in: Administration and Society 19, 236-263.
Sabatier, Paul/Hunter, Susan/McLaughlin, Susan, 1987: The Devil Shift: Perceptions and Misperceptions of Opponents, in: Western Political Quarterly 41, 449-476.
Sabatier, Paul/Wertheimer, Ellen, 1993: Une analyse comparative du mitage sur le littoral en France et en Angleterre, 1960-82. Etudes foncieres. Im Erscheinen.
Sabatier, Paul/Jenkins-Smith, Hank (Hrsg.), 1993: Policy Change and Learning: An Advocacy Coalition Approach. Boulder, CO: Westview Press.
Scharpf, Fritz W., 1982: The Political Economy of Inflation and Unemployment in Western Europe. An Outline. Diskussions-Papier 81-21. Berlin: International Institute of Management.
Schattschneider, E. E., 1960: The Semi-Sovereign People. New York: Holt, Rinehart and Winston.
Schiff, Ashley, 1962: Fire and Water: Scientific Heresy in the Forest Service. Cambridge: Harvard University Press.
Schultze, Charles, 1977: The Public Use of Private Interest. Washington, D.C.: Brookings.
Sharpe, L. J., 1984: National and Subnational Government and Coordination, in: F.-X. Kaufmann/V. Ostrom/G. Majone (Hrsg.), Guidance, Control and Evaluation in the Public Sector. Berlin: de Gruyter.
Simon, Herbert, 1979: Models of Thought. New Haven: Yale University Press.
Steinbruner, John, 1974: The Cybernetic Theory of Decision. Princeton: Princeton University Press.
Stewart, Joseph, 1991: Policy Models and Equal Educational Opportunity, in: PS: Political Science and Politics 24, 167-173.
Tesser, Abraham, 1978: Self-Generated Attitude Change, in: Advances in Experimental Social-Psychology 11, 289-338.
Webber, David, 1983: Obstacles to the Utilization of Systematic Policy Analysis, in: Knowledge 4, 534-560.
Weinberg, Alvon, 1972: Science and Trans-Science, in: Minerva 10, 209-222.

Weiss, Carol, 1977a: Using Social Research in Public Policy Making. Lexington: D. C. Heath.
Weiss, Carol, 1977b: Research for Policy's Sake: The Enlightenment Function of Social Research, in: Policy Analysis 3, 531-545.
White, Lawrence, 1981: The Regulation of Air Pollution Emissions from Motor Vehicles. Washington, D.C.: American Enterprise Institute.
Wicklund, Robert/Brehm, Jack, 1976: Perspectives on Cognitive Dissonance. Hillsdale, N.J.: Lawrence Erlbaum Assoc.
Wildavsky, Aaron, 1979: Speaking Truth to Power. Boston: Little Brown.
Wildavsky, Aaron/Tenenbaum, Ellen, 1981: The Politics of Mistrust. Beverly Hills: Sage.
Wilker, Harry/Milbrath, Lester, 1972: Political Belief Systems and Political Behavior, in: *D. Nimmo/ C. Bonjean* (Hrsg.), Political Attitudes and Public Opinion. New York: David McKay, 41-57.
Wilson, James Q., 1973: Political Organizations. New York: Basic Books.
Wood, B. Dan, 1988: Principals, Bureaucrats, and Responsiveness in Clean Air Enforcements, in: American Political Science Review 82, 213-234.
Wood, B. Dan/Waterman, Richard, 1991: The Dynamics of Political Control of Bureaucracy, in: American Political Science Review 85, 800-828.
Zariski, Raphael, 1984: Coalition Formation in the Italian Regions, in: Comparative Politics 16, 403-420.

Policy Communities und Diskurs-Koalitionen: Experten und Expertise in der Wirtschaftspolitik

Otto Singer

> „It tends to be true of government, as of philosophy, that old questions are not answered – they only go out of fashion." (D. Schon)

1. Einleitung

Das Verhältnis von Politik und Wissenschaft ist Gegenstand vielfältiger Debatten und Kontroversen (Knott 1986; Nelson 1987; DeLeon 1989; Majone 1989; Beck und Bonß 1989). Das ursprüngliche Bild eines logisch gesicherten Wissenstransfers zwischen Wissenschaft und politischem System ist heute der Vorstellung einer sozialen Interaktion zwischen verschiedenen Systemen gewichen.[1] Dabei wird festgestellt, daß die zunehmende Verwendung sozialwissenschaftlichen Wissens in außerwissenschaftlichen Bereichen eine paradoxe Situation entstehen läßt: Die Verbreitung wissenschaftlichen Wissens führte zwar zur Delegitimation von traditionellen Wissensbeständen in Politik und Alltag, gleichzeitig ist aber mit der Herstellung vielfältiger Kontexte die Autorität der Wissenschaft selbst mehr und mehr in Frage gestellt worden. Ein Beispiel ist der Siegeszug der Wirtschaftswissenschaft als Policy Science: Die Wirtschaftswissenschaft definiert zwar die Standards für die meisten Bereiche der Wirtschaftspolitik,[2] gleichzeitig hat ihre Reputation in der öffentlichen Diskussion merklich abgenommen. Dies heißt nun keineswegs, daß wirtschaftswissenschaftliches Wissen deshalb irrelevant geworden sei. Im Gegenteil, es ist zunächst ein Zeichen des Erfolgs der Wissenschaft: Die wirtschaftswissenschaftliche Perspektive erhielt ihr Pendant in Alltag und Politik, wo sie als praktische Expertise ihren Niederschlag fand. In diesem Prozeß ist jedoch die wissenschaftliche Exklusivität in Frage gestellt worden. Die „Verwissenschaftlichung der Politik" war insofern begleitet von einer Ausdifferenzierung der Wissenstypen und der Rationalitätsansprüche und Wertsphären. Der berühmte Hinweis von Keynes – Politiker seien zumeist „slaves of some defunct economist" (Keynes 1961: 383) – trifft deshalb nur einen Teil des Problems. Schon die Betrachtung einiger

---

1 „Eine Gesellschaft, die sich Wissenschaft leistet, (unterliegt) der Dauertherapie im Prozeß der Ausbreitung wissenschaftlichen Wissens in außerwissenschaftliche Kontexte, des Akzeptierens und Rejizierens nach Maßgabe einer jeweils systemeigenen Autopoiesis und der für sie (einstweilen) unentbehrlichen Strukturen" (Luhmann 1990: 653).
2 Dies betrifft nicht nur die Durchsetzung makroökonomischer Stabilisierungskonzeptionen nach dem Zweiten Weltkrieg, sondern vor allem die Verbreitung der Wohlfahrtsökonomie als normative Grundlage für die Wirtschaftspolitik (Weimer und Vining 1989).

relativ erfolgreicher Volkswirtschaften offenbart hier eine Merkwürdigkeit: Ihre Wirtschaftspolitik ist relativ erfolgreich, obwohl die akademische (politikorientierte) Wirtschaftswissenschaft vergleichsweise gering entwickelt ist. Offensichtlich ist wirtschaftliche Expertise nicht notwendigerweise vom Stand der jeweiligen akademischen Forschung abhängig. Umgekehrt gibt es aber auch Fälle, in denen das vorschnelle Vertrauen in die Expertise akademischer Wissenschaftler in einem wirtschaftlichen Desaster endet.[3]

Festzustellen ist hier zunächst, daß die traditionelle Forschung den Rahmen zumeist zu eng gezogen hat:[4] Nicht nur wirtschaftswissenschaftliche Experten tragen zum kognitiven Fundament für wirtschaftspolitische Entscheidungen bei, andere Experten – und nicht nur wissenschaftliche – sind daran ebenso beteiligt. Eine Frage ist deshalb, wie das Feld der wirtschaftspolitischen Expertise im Hinblick auf die Beteiligung der verschiedenen Expertengruppen strukturiert ist. Hier stellt sich nun das Problem, wie und inwieweit die unmittelbaren Akteure im wirtschaftspolitischen Entscheidungsprozeß mit Experten kommunizieren. Dies betrifft vor allem die institutionelle Ausformung von politikorientierten Expertengremien und Forschungskapazitäten, die Veränderung der politischen Aktionsfelder durch spezifische Prozesse der Professionalisierung und die „Verwissenschaftlichung" der öffentlichen Diskurse. Die akademische Wissenschaft ist dabei nur ein Teil der „interpretive communities" (Fish 1979), die in der Auseinandersetzung um die kognitive Kanalisierung politischer Prozesse beteiligt sind.

Viele wissenschaftshistorische Darstellungen der Zeit nach dem Zweiten Weltkrieg weisen die Wirtschaftswissenschaft – vor allem in den USA und in Großbritannien – als nahezu exklusive Policy-Science aus. In der Literatur über Wirtschaftspolitik – nicht nur aus der Perspektive der Wirtschaftswissenschaft – wird dabei besonders die Durchsetzung des Keynesianismus als wirtschaftspolitischer Doktrin des Staatsinterventionismus betont. Die Ausweitung der staatlichen Einflußnahme in der Wirtschaft – Konjunktursteuerung, Industriepolitik, Regulierungen – erscheint als Folge der Ausbreitung und Entwicklung der wirtschaftswissenschaftlichen Expertise. In gleicher Weise wird die Neuorientierung der staatlichen Wirtschaftspolitik nach dem Ende der keynesianischen Ära interpretiert: Die Politik der Deregulierung und Entstaatlichung wurde wiederum als ein – möglicherweise zeitlich verzögerter – Nachvollzug der veränderten wirtschaftswissenschaftlichen Präskriptionen interpretiert.

Demgegenüber hat die politikwissenschaftliche Forschung der siebziger und achtziger Jahre die Rolle der Wirtschaftswissenschaft im Politikprozeß eher vernachlässigt. Einer funktionalistisch-evolutionären Sicht zufolge werden die Veränderungen im Wissenschaftssystem als Ausdruck einer Anpassung an die funktionalen Imperative des politischen Systems oder anderer gesellschaftlichen Bereiche begriffen. Wissenschaftliche Diskurse werden damit als abhängige Größe betrachtet: Sie gelten als instrumentali-

---

3 Am japanischen Beispiel (Coats 1981) läßt sich zeigen, daß erfolgreiche Wirtschaftspolitik (gemessen am Wohlfahrtsziel einer Gesellschaft) nicht notwendigerweise die Expertise von Wirtschaftswissenschaftlern benötigt. Die Entwicklung in Osteuropa ist dagegen ein guter Anschauungsfall für das ungerechtfertigte Vertrauen in die Wirtschaftswissenschaft (Etzioni 1991).

4 Beispiele dafür sind etwa die Aussagen zur Rolle des deutschen Sachverständigenrates zur Begutachtung der gesamtwirtschaftlichen Entwicklung (Kloten 1989; Wegner 1985).

sierbare kognitive Elemente, die in den Dienst der vorhandenen Interessen genommen werden. Überraschenderweise sind die Untersuchungen über die Anwendung wissenschaftlicher Expertise im politischen Prozeß zumeist ohne Bezug zur Politikforschung im engeren Sinn entstanden, wie umgekehrt die politikwissenschaftliche Forschung nur in wenigen Fällen der Wissensbasis im politischen Prozeß eine besondere Rolle zugewiesen hat: „Until recently, the largely untested orthodoxy was that public policies, like other state actions, were driven by social pressures. Whether found in its pluralist, neo-pluralist, corporatist or Marxist guise, this view presupposed a relatively passive government whose actions were driven by social forces and conflicts" (Bennett und Howlett 1992: 275).

2. Policy-Analyse und der politische Prozeß: Die notwendige Verknüpfung mehrerer Forschungsfelder

Wissenschaftliche Expertise wird seit langem als eine wichtige Ressource politischen Handels angesehen und besonders die Forschung über das politik-relevante Wissen in der Wirtschaftspolitik hat dies nachdrücklich bestätigt (Schneider 1967; Coats 1981; Pechman 1989; Colander und Coats 1990; Furner und Supple 1990). Die Literatur über die wissenschaftliche Beratung der Wirtschaftspolitik ist jedoch in der politikwissenschaftlichen Forschung über die Neuorientierungen der Wirtschaftspolitik während der siebziger und achtziger Jahre nur vereinzelt aufgegriffen worden, und die Rolle wirtschaftswissenschaftlicher Expertise blieb dabei oft unklar. Wirtschaftspolitisches Handeln von staatlichen Akteuren wurde entweder im Kontext der veränderten ökonomischen Rahmenbedingungen untersucht oder als Ergebnis unmittelbarer Interessenverfolgung interpretiert.[5]

In einer ökonomisch-deterministischen Perspektive erscheinen Policies als die direkte Reaktion auf ökonomische Probleme. Von unterschiedlichen Perzeptionen der Probleme wird hier gänzlich abgesehen: Wirtschaftspolitik gilt als Reaktion auf objektiv gegebene Probleme. Auch der Bezug zu den Interessen von gesellschaftlichen Gruppen ändert daran nichts Entscheidendes, immer noch sind es gegebene objektive Problemstellungen, die zur Formulierung von wirtschaftspolitischen Programmen führen. Unterschiede in den Erklärungen der Policy-Outputs – beispielsweise bei fiskalpolitischen Richtungswechseln – hängen dann nur noch von der Konzeptualisierung der Interessenstruktur ab: In allen Fällen – in pluralistischen, neo-pluralistischen, klassenanalytischen oder korporatistischen Ansätzen – resultieren die wirtschaftspolitischen Entscheidungen aus dem Wettbewerb oder Konflikt unterschiedlicher gesellschaftlicher Interessen.[6]

---

5 Die keynesianischen Wirtschaftspolitik beschreibt Przeworski (1985: 210) „as the established ideologies of class compromise, under which different groups could conflict within the confines of a capitalist and democratic system." Scharpf (1987: 195) interpretiert in ähnlicher Weise die wirtschaftswissenschaftlichen Neuorientierungen der siebziger Jahre als „ideologischen Ausdruck einer neuen Interessenkonstellation".

6 Darin eingeschlossen sind auch die Analysen aus der Perspektive der Public-Choice-Theorie: Diese betonen individuelle Interessen und Präferenzen und interpretieren wirtschaftspolitische Programme als Resultat kurzfristig organisierbarer politischer Koalitionen (Dunleavy 1991).

Eine andere analytische Richtung betont dagegen die besondere Rolle von institutionellen Faktoren und staatlicher Strukturen.
Jeder dieser Ansätze betont einen bestimmten Aspekt der Situation der Akteure im Hinblick auf den jeweiligen politischen Prozeß. Die Ursachen für die Unterschiede in den Inhalten staatlicher Politik werden vor allem in den international divergierenden institutionellen Strukturen und den prozessualen Interaktionsmerkmalen gesucht, während die Rolle von Ideen im Prozeß der Entstehung und Implementation von politischen Interventionsprogrammen (Policies) sich weitgehend auf die politisch-kulturellen Orientierungen beschränkt hat (Staatsideologien und Verwaltungskulturen) (Douglas und Wildavsky 1982; Jann 1983; Aberbach u.a. 1990). Die vergleichende Policy-Forschung hat die Frage: Do Ideas Matter? bisher nur vereinzelt gestellt. Vielfach ist (wissenschaftliche) Expertise einfach als eine weitere Ressource angesehen worden, die die politischen Akteure in ihrer Interessenverfolgung benutzt haben (Sabatier 1978). Eine stärkere Betonung von Wissen und Ideen als erklärenden Faktoren für die Herausbildung von Policies besitzen dagegen die Arbeiten, die den Prozessen des „Policy Learning" gewidmet sind (Heclo 1974; Sabatier 1988; Hall 1989b; Rose 1991).[7] Policy-Wechsel, entweder als Innovation oder als inkrementale Änderung bestehender Programme (Hogwood und Peters 1983; Polsby 1984), werden in dieser Perspektive als Prozesse kollektiven Lernens interpretiert. Damit wird das Problem der Allokation und Verwendung von Wissen im politischen Prozeß zu einem zentralen Problem der Analyse. Peter Hall verweist in diesem Zusammenhang auf das jeweilige „network of institutionalized relations that structure the flow of information, resources and pressure between public and private sectors. They include: established networks for interested intermediation, institutional arrangements for the provision of public finance, and organizational ties to private centers of knowledge" (Hall 1989b: 380).
Soweit Policy-Forschung den Aspekt des *Policy Learning* untersucht, wird sie sich deshalb nicht nur darauf beschränken können, Aussagen über den Zusammenhang zwischen Politikinhalten, kontextuellen Faktoren und den Merkmalen des Akteurssystems zu formulieren,[8] sondern muß vor allem die Knotenpunkte der Wissensvermittlung in einem gegebenen Politikbereich identifizieren. Kognitive Aspekte können so als eigenständige Faktoren für die Entstehung von Policies betrachtet werden. Laumann und Knoke (1987: 46) haben deshalb die Notwendigkeit betont, „to synthesize cognitive or cultural approaches with institutional modes of analysis." Die jüngere Debatte in der Policy-Forschung hat diesen Gedanken weitergeführt. Sabatier und Jenkins-Smith (1988) versuchen beispielsweise, die Ergebnisse der Literatur über die Verwendung

---

7 „Cognitive Theories" sind zunächst vereinzelt in der Forschung über internationale Politik wirksam geworden – vgl. zum Beispiel Odell (1982) – und haben dort heute eine große Bedeutung erlangt, während sie in der vergleichenden Forschung über Wirtschaftspolitik erst in jüngerer Zeit aufgegriffen worden sind (Colander und Coats 1990; Hall 1989a; Furner und Supple 1990; Singer 1990).
8 *Policy Analysis* ist ein Sammelbegriff für eine Reihe unterschiedlicher Forschungsperspektiven, die sich dem Problem kollektiver Entscheidungsprozesse widmen (Jann 1985; Windhoff-Héritier 1987). Die wirtschaftswissenschaftlich orientierte Policy-Forschung begrenzt das Forschungsfeld zumeist auf die Frage der normativen Grundlagen staatlicher (Wirtschafts-)Politik und der darauf bezogenen Instrumente: *Policy Analysis* ist damit „essentially applied economics" (Weimer 1991: ix). In diesem Sinn hat sich *Policy Analysis* in den USA zu einer eigenständigen Profession mit speziellen Universitätszweigen entwickelt.

von politikrelevantem Wissen mit der politikwissenschaftlichen Analyse des politischen Prozesses zu verbinden. Das grundsätzliche Forschungsziel ist dabei, die „belief systems" (Converse 1964) der politischen Akteure als politik-determinierenden Faktor zu untersuchen: Politik-Wechsel werden daraufhin geprüft, inwieweit sie – bei Berücksichtigung veränderter politischer und ökonomischer Bedingungen – sich auf die spezifische Wirkung von Policy-Diskursen zurückführen lassen. In diesem Zusammenhang richtet sich die Aufmerksamkeit auf die jeweiligen „policy subsystems" (Sabatier 1987), in denen das kollektive Lernen als Prozeß der Veränderung und Anpassung von politikrelevantem Wissen stattfindet.

Eine Grundannahme ist dabei, daß Ideen zwar nicht unabhängig von Interessen sind, sich jedoch nicht auf diese zurückführen lassen.[9] Ideen haben komplexe Ursprünge und sie haben Auswirkungen: Ökonomische und politische Interessen werden von den politischen Akteuren nicht direkt perzipiert, sie werden vielmehr interpretiert durch den Filter der vorhandenen ökonomischen und politischen Ideologien. Die Auswahl von „plausiblen" oder „rationalen" Alternativen in der Wirtschaftspolitik ist deshalb abhängig davon, wie die vorhandenen Ideen das Verständnis der politischen und anderer Akteure darüber strukturiert, was wünschbar und möglich erscheint. Ideen offenbaren ihren Einfluß, indem sie die „cognitive maps" (Axelrod) der politischen Akteure bestimmen. Diese wiederum sind ein entscheidender Faktor für die Auswahl und Verarbeitung neuer Informationen. Ein Beispiel ist die „Fiscal Revolution" (Stein 1969): Der Keynesianismus wurde im Lauf dieses Jahrhunderts in einer Reihe von Ländern zu einer einflußreichen wirtschaftspolitischen Doktrin.[10] Während der fünfziger und sechziger Jahre dominierte die keynesianische Theorie die wirtschaftspolitischen Orientierungen der politischen Akteure. Die Grundvorstellung war, daß sich mit makroökonomischen Maßnahmen die Gesamtwirtschaft stabilisieren ließe. Am Ende der sechziger Jahre wurden diese zunächst allgemein akzeptierten Grundlinien der Wirtschaftspolitik zunehmend abgelehnt: Die wirtschaftspolitischen Probleme und die Lösung dieser Probleme sind in einem neuen Licht gesehen worden (Hicks 1974).

Dieses Beispiel wirft natürlich die Frage auf, inwieweit die Änderungen der wirtschaftspolitischen Orientierungen der politischen Akteure sich auf die wissenschaftlichen Innovationen zurückführen lassen, wie überhaupt schon die Adoption der keynesianischen Doktrin in der Wirtschaftspolitik nicht ohne weiteres als Übernahme wissenschaftlicher Weltbilder interpretiert werden kann. Das Problem ist: Die Kon-

---

9 Die Überlegung geht auf Max Weber zurück, der die Wirkung von Ideen von den unmittelbaren Interessen unterscheidet: „Die 'Weltbilder', welche durch 'Ideen' geschaffen werden, haben sehr oft als Weichensteller die Bahnen bestimmt, in denen die Dynamik der Interessen das Handeln fortbewegte" (Weber 1978: 252). Douglas North hat in einer Kritik des neoklassischen Standardmodells ebenfalls – in Anlehnung an Schumpeter (1949) – *Belief Systems* als einen wichtigen Faktor für die Richtungsänderungen angesehen: „Secular economic change has occurred not only because of the changing relative prices stressed in neoclassical models but also because of evolving ideological perspectives that have led individuals and groups to have contrasting views of the fairness of their situation and to act upon those views" (North 1981: 58).

10 Herbert Stein betont dabei die Rolle veränderter Sichtweisen: „The policy changed because the view of the economic and political world changed. (...) Changes in the factual situation and accumulating experience seldom lead unequivocally to particular changes in policy. The fact and experience have to be interpreted in some way" (Stein 1969: 4f.).

zeptualisierung von *Policy Learning* als ein wesentlicher Aspekt der Entwicklung politischer Programme erfordert die Unterscheidung von kognitiven und nicht-kognitiven Faktoren. Diese Unterscheidung ist jedoch nicht unabhängig von der Festlegung des Bereichs und Umfangs der als relevant betrachteten Akteure zu leisten. So hat beispielsweise Heclo (1974) in einer vergleichenden Untersuchung über Sozialpolitik in Schweden und Großbritannien betont, daß Makro-Faktoren wie die Änderungen der sozialen Bedingungen und die makroökonomischen Verschiebungen (Inflation und Arbeitslosigkeit) nur zum Teil für Inhalt und Richtung der politischen Entscheidungen verantwortlich seien.[11] Ebenso wichtig ist seiner Meinung nach die Form der Interaktion von Experten und Spezialisten innerhalb der jeweiligen Politikfelder, wo in einem spezifischen Lernprozeß die jeweiligen Probleme interpretiert und entsprechende Lösungen formuliert werden.

Demgegenüber versucht das Konzept der *Advocacy Coalition* mit Bezug auf „policy-oriented belief systems" (Sabatier) eine genauere Klärung der Substanz politischer Lernprozesse innerhalb eines Politik-Subsystems. Ziel der Analyse ist dabei „the manner in which elites from different advocacy coalitions gradually alter their belief systems over time" (Sabatier 1988: 130). Dabei werden nicht nur die Akteure formeller Organisationen des politischen Systems berücksichtigt, sondern die Gesamtheit der Akteure, die aktiv oder latent an einem Policy-Problem beteiligt sind. Entscheidend ist in diesem Zusammenhang der Vorschlag zur Aggregation der Akteure in *Advocacy Coalitions*, die in der Auseinandersetzung um ein politisches Programm jeweils unterschiedliche Ideologien aufweisen. Gleichzeitig lassen sich innerhalb der jeweiligen Koalition eine Reihe unterschiedlich stark ausgeprägter Policy-Orientierungen ausmachen, die die Akteure zu neutralen Experten und ideologisch geprägten Advokaten machen.[12] Neben dem Problem der Konzeptualisierung des Akteurssystems (das Subjekt des kollektiven Lernprozesses) bleibt deshalb die Frage nach dem Objekt dieses Prozesses, d.h. die Konzeptualisierung des politikrelevanten Wissens.[13]

3. Die Wirtschaftswissenschaft als Policy Science? Wissenschaftliches Wissen und die kognitiven Strukturen der Wirtschaftspolitik

Wirtschaftswissenschaftler besitzen zumeist eine extrem idealisierte Vorstellung des wirtschaftspolitischen Prozesses. Ausgangspunkt ist ein ökonomisches System, daß aus den Handlungen individueller Akteure besteht und durch marktliche Selbststeuerung gekennzeichnet ist. Wirtschaftspolitik wird durch Marktversagen legitimiert, sie

---

11 Auch die jüngere makroökonomische Forschung kommt zum Ergebnis, daß die Politikwechsel der achtziger Jahre nur zum Teil mit der Änderung der ökonomischen Bedingungen erklärt werden können (OECD 1988; Roubini und Sachs 1989; Grilli, Masciandaro, Tabellini 1991).
12 Das Konzept der „epistemic communities" (Adler und Haas 1992) weist ähnliche Züge auf: „Epistemic communities play an evolutionary role as a source of policy innovations and a channel by which these innovations diffuse internationally" (374).
13 Die Frage, „wie Organisationen denken" (Mary Douglas), ist in den letzten Jahren zunehmend als Problem der institutionellen Konfiguration interpretiert worden (Dunleavy 1981; Sims und Gioia 1986; Laumann und Knoke 1987; Lehmbruch et al. 1988; March und Olsen 1990).

gilt deshalb als notwendige Korrekturleistung des Staates oder anderer kollektiver Entscheidungsträger, wenn die selbstorganisierende Kapazität des ökonomischen Systems als ungenügend angesehen wird.[14] Die Wohlfahrtstheorie (*Welfare Economics*) und makroökonomische Theorien des Marktversagens liefern den normativen Rahmen für wirtschaftspolitische Interventionen: Die jeweils gewählte Regierung bestimmt die Ziele der Politik im Licht der von ihr ausgewählten Wohlfahrtsfunktion. Ökonomen sind – neben Ökonometrikern – in dieser Sicht die notwendigen Policy-Experten für die Bereitstellung der für die Maximierung der Wohlfahrtsfunktion notwendigen Informationen und technischen Verfahren.

Die Wirtschaftspolitik schien dieser Vorstellung zu folgen: Die stabilisierungspolitischen Innovationen der fünfziger und sechziger Jahre folgten der Botschaft der „neoklassischen Synthese" (Samuelson 1967) und gleichzeitig sind eine Reihe von Verfahrensweisen entwickelt worden, die heute als unverzichtbares technisches Instrumentarium für wirtschaftspolitisches Handeln angesehen werden (Ökonometrie, volkswirtschaftliche Gesamtrechnung, statistische und prognostische Verfahren). Hinzu kam: Im Zuge der Durchsetzung keynesianischer Wirtschaftspolitiken wurden neue Institutionen geschaffen, die zum einen eine Koordination keynesianischer Stabilisierungspolitik gewährleisten und zum andern die wissenschaftliche Beratung und Konsultation der wirtschaftspolitischen Akteure ermöglichen sollten. Wissenschaftliche Beratung wurde zu einer unmittelbaren Voraussetzung keynesianischer Wirtschaftspolitik. Damit wandelte sich der Charakter der Wirtschaftswissenschaften „von einer philosophisch-essentialistischen Rationalisierung des Laissez-Faire-Prinzips zu einer praktisch-technologischen Entscheidungsvorbereitung für die Akteure der staatlichen Wirtschaftspolitik" (Engelhardt 1973: 188).

Die jüngere international vergleichende Literatur über wissenschaftliche Beratung der Wirtschaftspolitik hat nun aber ein durchaus zwiespältiges Bild dieser Entwicklung geliefert. Die Ergebnisse legen es nahe, die Verwendungsansprüche wissenschaftlicher Forschung nicht nur aus der engen Perspektive der jeweiligen Fachwissenschaft zu beurteilen. Zwar betonen Furner und Supple (1990: 15) auf der einen Seite, daß „economic theory provides the best, conceivably the only level at which a persuasive rationale for state policies can be found." Andererseits erkennen sie „variety and disputation (...) even *within* the disciplinary realm of discourse" (ebd.: 16).[15] Offenbar spielt auch die ideologische und institutionelle Verfaßtheit des wissenschaftlichen Bereichs eine Rolle. Dies betrifft zunächst die Struktur ihrer kognitiven Orientierungen. Im Hinblick auf die *Core Beliefs* innerhalb der Profession der Wirtschaftswissenschaften zeigen sich zwar weitgehend Übereinstimmungen (Colander 1984; Goodwin 1988), dennoch existieren auch heute noch spezifische Forschungstraditionen, die im Hinblick

---

14 Die wirtschaftswissenschaftlichen Analysen des Marktversagens lieferten eine Reihe von normativen Rechtfertigungen für Staatshandeln (Weimer und Vining 1989; Barr 1992).

15 Unsicherheit ist ein generelles Kennzeichen der Wissensbasis für Wirtschaftspolitik und dies ist nicht nur eine Frage der Komplexität „realer" Phänomene. Dies wird auch anhand der Geschichte ökonomischen Ideen verdeutlicht: Wirtschaftswissenschaftliches Wissen ist wie anderes Wissen sozial konstruiert. Eine Reihe neuerer wirtschaftswissenschaftlicher Arbeiten ist in diesem Zusammenhang seit McCloskeys „Rhetoric of Economics" (McCloskey 1983) entstanden (Klamer, McCloskey, Solow 1988; Weintraub 1991). Vgl. dazu auch die Debatte in der neueren „post-Kuhnschen" Wissenschaftsforschung (Whitley 1984; Bonß und Hartmann 1985; Woolgar 1988; Wagner 1990).

auf die Wirtschaftspolitik von Bedeutung sind: Ein Beispiel ist die ordo-liberale Orientierung vieler deutscher Wirtschaftswissenschaftler, die sich als äußerst beständig erwiesen hat und auch heute eine starke Position vor allem in den politikrelevanten wirtschaftswissenschaftlichen Diskussionen einnimmt (Barry 1989). Darüber hinaus sind im Bereich der Makroökonomie deutliche Differenzierungen festzustellen: Die „Confusion of Economists" (Kearl et al. 1979), die in den siebziger Jahren festgestellt wurde, ist auch in den neunziger Jahren noch vorhanden (Alston, Kearl, Vaughn 1992).[16] Auch nach zehn Jahren „Economics in Disarray" (Wiles und Routh 1984) wird von Wirtschaftswissenschaftlern noch immer auf den fehlenden Konsens in der Makroökonomie verwiesen (Mankiw 1992).

Es darf aber nicht übersehen werden, daß der Streit zwischen Post-Keynesianern, Fiskalisten, Monetaristen und Angebotstheoretikern um die zutreffende Erklärung makroökonomischer Prozesse und der angemessenen Stabilisierungspolitik eine Debatte mit Beteiligung von nichtwissenschaftlichen Akteuren ist: Was in der Öffentlichkeit als wirtschaftspolitischer Diskurs erscheint, ist nicht die fachwissenschaftliche Debatte, sondern ein Diskurs, an dem vor allem die öffentlichen Medien und wissenschaftsferne Institutionen beteiligt sind (Parsons 1989; Grewenig 1993). Nur so ist es verständlich, daß die seit den sechziger Jahren konstatierte „Krise der Wirtschaftswissenschaften" (Bell und Kristol 1981) so folgenlos für die Wirtschaftswissenschaft geblieben ist: Die Kernstruktur des (walrasianischen) allgemeinen Gleichgewichtsmodells ist immer noch der „Zement" der wirtschaftswissenschaftlichen Forschung, und die Kontroversen finden vornehmlich auf peripheren Feldern statt. Whitley (1984) spricht in diesem Zusammenhang von einer „partitioned bureaucracy" als typischer Organisationsstruktur der Wirtschaftswissenschaften.[17] Die peripheren Bereiche der Wirtschaftswissenschaften sind im Gegensatz zu den esoterischen Diskursen im Kernbereich mit einer Vielzahl von externen Gruppen verbunden (Journalisten, Interessengruppen, Politiker, Forschungsinstitute). In vergleichender Perspektive zeigen sich im Hinblick auf die institutionellen Strukturen große Unterschiede. Beratungsinstitutionen und ihre Einbindung in den politischen Prozeß sowie ihre kognitiven Orientierungen haben in der Nachkriegszeit spezifische Muster herausgebildet und gleichzeitig Politik-Traditionen entwickelt, die jedoch unterschiedlich stabil waren und sich im Zeitablauf in unterschiedlicher Geschwindigkeit veränderten.

Noch mehr sind es aber die Spannungen der „fused horizons" (Bernstein 1983) in der Verwendungssituation von wissenschaftlicher Expertise, die eine neue Orientierung

---

16 In der Folgestudie stellen die Autoren erneut fest, „that consensus is stronger on microeconomic than on macroeconomic propositions" (Alston, Kearl, Vaughn 1992: 207). Sie verweisen auch darauf, daß die Auffassungen der Ökonomen in Wirtschaft und öffentlichen Verwaltungen häufiger die *Economic Beliefs* aus ihrer eigenen Studienzeit widerspiegeln, während die Wissenschaftler in der Forschung sich (nicht überraschend) eher an den aktuellen Trends im Wissenschaftssystem orientieren. Dieser Befund gilt auch für die europäischen Ökonomen (Frey und Eichenberger 1992). Er zeigt im übrigen, daß die wirtschaftswissenschaftlichen Experten in Politik, Wirtschaft und Verwaltung keine ausgeprägte Professionalisierung aufweisen.

17 Ein Kennzeichen der internationalen wirtschaftswissenschaftlichen Forschung ist die Dominanz der „Economics" amerikanischen Typs (Whitley 1986) mit der weitgehenden „mathematization of economic theory" (Debreu 1991). Die praktische Brauchbarkeit dieser Wissenschaft wird heute auch innerhalb der Profession bezweifelt, und zunehmend werden alternative Forschungsansätze eingeklagt (Etzioni und Lawrence 1991).

nahelegen. So zeigen die Beiträge in Colander und Coats (1990) und Hall (1989), daß die jeweiligen Ergebnisse nicht zuletzt von der grundsätzlichen Konzeptualisierung von Ideen und Wissen im politischen Prozeß geprägt sind. Die Frage „is knowledge policy-driven, or is policy knowledge-driven? Do people know in order to act or act in order to know?" (Furner und Supple 1990: 11) wird nicht nur als Ergebnis der Untersuchungen beantwortet, sondern ist bereits als Vorentscheidung in die Auswahl des jeweiligen Forschungsdesigns eingegangen. Während im Licht der traditionell vorherrschenden Leitidee des sozialtechnologischen Modells der Politikberatung, wo die Übernahme wissenschaftlicher Erkenntnisse in geschlossenen Verwendungsprozessen stattfindet, nach einem direkten Wissenstransfer gefragt wird, läßt das Modell offener Verwendungsprozesse komplexe Interaktionsmuster zu. Wirtschaftswissenschaftliches Wissen wird danach nicht einfach in direkter Weise – sei es in der technokratischen oder dezisionistischen Variante – übertragen, sondern das jeweilige Muster des politikrelevanten Wissens wird als Resultat eines Diskurses interpretiert. Mit dieser Perspektivenverschiebung werden Arena und Teilnehmerkreis der Policy-Diskurse als prinzipiell offen betrachtet. Dies hat zunächst Konsequenzen für die Betrachtung der unterschiedlichen Kategorien von Expertise und Wissen und ebenso um die verschiedenen Rollen von Experten im politischen Prozeß (Knott 1986; Nelson 1987; Throgmorton 1991).[18]

Die Schwierigkeiten der quantitativen Erforschung von Wissensbeständen – z.B. bei Machlup (1967) – haben gezeigt, daß Wissen immer kontextabhängig konstituiert wird, d.h. Wissensbestände sind immer nur auf spezifische Diskurse bezogen, innerhalb derer sie angesprochen und beurteilt werden. In dieser Perspektive ist auch eine andere Typisierung, die häufig vorgenommen wird, wenig hilfreich: Die Trennung von wissenschaftlichem und nichtwissenschaftlichem Wissen – Furner und Supple (1991: 12) unterscheiden „professional, or disciplinary knowledge; informed opinion, or practical knowledge; and cultural beliefs and values" – ist nicht von vornherein gegeben, sondern wird erst im Rahmen diskursiver Prozesse konstituiert. Damit wird gleichzeitig deutlich, daß die Konstitution kognitiver Strukturen ein sozialer Prozeß darstellt, der nicht nur durch den Anspruch wissenschaftlicher Rationalität geprägt wird. Dies bedeutet auch: Die Definitionsmacht der Wissenschaft innerhalb politischer Diskurse ist nur im Rahmen einer Analyse des argumentativen Kontextes festzustellen. Da auch der Handlungsraum der politischen Akteure durch eine prinzipielle kognitive Unsicherheit gekennzeichnet ist,[19] wird der Prozeß des *Policy Learning* zu einem konstruktiven Vorgang. Der argumentative Kontext ist dabei Veränderungen, Neubewertungen und Erweiterungen zugänglich. Dies allerdings nicht beliebig, da die Teilnehmer eines Policy-Diskurses vielfach durch institutionelle Festlegungen organisiert sind, d.h. die Diskurs-Situation wird durch Verfahren der Konsultation und der Beratung mehr oder weniger geregelt. Ebenso ist der Grad der öffentlichen Bezugnahme ein weiterer Kon-

---

18 Zum Teil wird die verzögerte oder verhinderte Anwendung von Expertenwissen festgestellt, teilweise wird wissenschaftliche Expertise auch als sehr einflußreich eingestuft. Letzteres wird vor allem bei der Wirtschaftswissenschaft festgestellt, wo sogar von einer „intellectual hegemony in economic policy" (Lindberg, Scharpf, Engelhardt 1987: 348) gesprochen wird.
19 Dies wird durch das Konzept der „bounded rationality" (Simon) betont, das viele Politikanalysen in Abgrenzung zu Rational-Choice-Theorien kennzeichnet (March und Olsen 1990; Kahnemann, Slovic, Tversky 1982).

text des Policy-Diskurses, der die kognitiven Strukturierungen beeinflußt. In diesem Sinn wird – in Anlehnung an Giddens' Vorstellung der „duality of structuration" – der politische Prozeß in zwei wesentlichen Aspekten durch die Allokation von Wissen bestimmt: Erstens bestimmt die Verteilung des Wissens die unmittelbaren Handlungen der politischen Akteure. Dazu gehören die Definitionen der (ökonomischen) Wirklichkeit, die Wahrnehmung von Ereignissen, die Problemperzeptionen und die Bewertungen der Handlungsalternativen. Dieser Prozeß der kollektiven Sinngebung strukturiert das Handlungswissen der Akteure („knowledgeability"). Zweitens wird mit der Allokation des Wissens der Handlungsrahmen re-konstruiert: Policy-Debatten verändern damit zugleich den kognitiven Kontext.[20]

Der kognitive Kontext gründet nicht auf beliebigen Sinngebungsprozessen, sondern ist an die jeweils historisch gegebenen Institutionalisierungen des Wissens gebunden. Das Ausmaß des argumentativen Einflusses wissenschaftlicher Wissensangebote auf die kognitive Schneidung wirtschaftspolitischer Probleme und Problemlösungen variiert beispielsweise mit der jeweils gegebenen disziplinären Zuständigkeit für bestimmte Problembereiche. Die Frage ist hier: Für welche Politikbereiche besitzt die Wirtschaftswissenschaft Definitionsmacht? Die Wirtschaftswissenschaft muß hier mit anderen wissenschaftlichen Disziplinen und anderen gesellschaftlichen Erklärungsangeboten konkurrieren. Die Anwendungsfähigkeit wissenschaftlicher Aussagen hängt dabei nicht zuletzt von der kognitiven Verträglichkeit mit dem Alltagswissen der politischen Akteure (und ebenso der weiteren Öffentlichkeit) ab. Der Policy-Diskurs übernimmt vielfach Versatzstücke aus der Wirtschaftswissenschaft (vor allem, wenn die Wirtschaftswissenschaft in der Öffentlichkeit eine hohe Reputation genießt), konstruiert jedoch ein Argumentationsmuster, das einer eigenen Rationalität folgt (Meier und Durrer 1992: 247f.).

Beispielsweise haben sich die „cognitive maps" (Axelrod 1976) von wesentlichen Akteuren der Wirtschaftspolitik im Lauf der siebziger Jahre grundlegend geändert. Ebenso hat der wirtschaftswissenschaftliche Diskurs seine Gestalt verändert. Der neue wirtschaftspolitische Konservatismus, der den politischen Akteuren eine neue Sicht der wirtschaftlichen Probleme und der Handlungsmöglichkeiten des Staates nahelegte (Waligorski 1990), veränderte die kognitive Struktur und verschob die Grenzen des wirtschaftspolitischen Universums: Wirtschaftspolitische Planung und makroökonomische Stabilisierung, vor dem wesentliche Bereiche der Wirtschaftspolitik, verloren an Bedeutung und wurden in die Verantwortung der unmittelbar ökonomischen Akteure (die „Wirtschaftssubjekte") zurückverwiesen. Dagegen wurde die monetäre Steuerung – in einigen Fällen außerhalb der unmittelbaren Entscheidungsgewalt der gewählten Regierungen – zum entscheidenden Faktor der makroökonomischen Stabilisierung. Die Schlußfolgerung ist: Kognitive Strukturen sind nicht nur bestimmend für die Präferenzen und Optionen der politischen Akteure, sie haben gleichermaßen Auswirkungen auf die Definition des Akteurssystems selbst.[21]

---

20 Vgl. dazu die grundlegenden Arbeiten von Goodman (1978), Berger und Luckmann (1986) und Giddens (1984). Laumann and Knoke (1987: 46) betonen ebenfalls diesen Grundgedanken: „At any given point in history, policy debates and political struggles may be perceived in terms of a preestablished institutional and cognitive or symbolic context that will, in turn, be transformed over the course of these struggles."
21 Ein Indikator dafür ist die abnehmende Bedeutung oder die Abschaffung von wirtschafts-

Es wäre jedoch verfehlt, diese Entwicklung vorschnell als Resultat wissenschaftlicher Diskurse zu interpretieren. Die zunächst als weitgehend isomorph erscheinenden Argumentationsmuster lösen sich bei näherer Betrachtung in gänzlich unterschiedliche Diskurse auf. Vor allem: Was als wissenschaftlicher Diskurs in der disziplinfremden Welt ausgewiesen wird, ist in der Regel schon ein Teil des politischen Diskurses, die disziplinären Eigenrationalitäten der Wirtschaftswissenschaft bleiben ausgeblendet (Weinstein 1992; Parsons 1989). Dennoch ist von der Annahme auszugehen, daß mit der „Verwissenschaftlichung" der wirtschaftspolitischen Institutionen die wirtschaftswissenschaftlichen Argumentationen einen hohen Stellenwert bekommen haben und im politischen Diskurs eingesetzt werden: „Technical 'truths' and arguments become political resources that can be and are used in gaining acceptance for a policy of programme and 'making a difference in the world'. But the logic of 'making truth' differs from the logic of 'discovering truth'" (Burns und de Man 1987: 360). Je verläßlicher und vertrauenswürdiger die Informationsquellen erscheinen, desto eher können die mit ihnen in Verbindung gebrachten Argumente im politischen Diskurs bestehen.[22] Die Wissensbasis wirtschaftspolitischer Entscheidungsprozesse scheint deshalb in hohem Maße durch wissenschaftliche Diskurse bestimmt zu werden. Darauf deuten schon die vielfältigen formellen Arrangements der wissenschaftlichen Politikberatung hin, die gerade auf dem Gebiet der Wirtschaftspolitik existieren (Pechman 1989). Ebenso wichtig sind indessen die informellen Formen der Interaktion zwischen wissenschaftlichen Experten und politischen Akteuren: „Policy Experts within the political system develop and shape the understanding of policy issues and alternatives" (March und Olsen 1990: 18).

4. Wirtschaftspolitik als Diskurs: Politikwechsel und das Konzept der Diskurs-Koalitionen

Das Akteurssystem der Wirtschaftspolitik besteht aus einer Reihe von aktuellen und latenten Akteuren, die entsprechend der historisch etablierten Organisationsprinzipien und den herrschenden „rule systems" (Burns und Flam 1987) in die Policy-Debatten und Entscheidungsprozesse involviert sind.[23] Das Konzept der Institutionen verweist auf die Bestände der Regeln und Verfahren, die die Beziehungen und Positionen der Akteure strukturieren. Dabei hängt es in entscheidendem Maß von den Machtpositionen - d.h. von der Verfügung über Ressourcen - ab, in welchem Umfang und an welcher Stelle eine Beteiligung am politischen Prozeß stattfindet. Institutionelle Arrangements definieren in dieser Weise das Akteurs-System des politischen Prozesses und sie sorgen gleichzeitig für die Transformation von Präferenzen in Policies (Scharpf

---

politischen Institutionen (Ministerien, Kommissionen, Räte, Institute); ein Beispiel ist der Bedeutungsverlust des Bundeswirtschaftsministerium im Laufe der siebziger und achtziger Jahre.
22 Dies kann sogar die Form der Entstellung und Verzerrung wissenschaftlicher Aussagen annehmen. Ein Beispiel ist die Kommentierung der Gutachten des Sachverständigenrats zur Begutachtung der gesamtwirtschaftlichen Entwicklung in den Jahreswirtschaftsberichten der Bundesregierung.
23 Vgl. dazu etwa die Darstellungen bei Katzenstein (1978); Hall (1986), Scharpf (1987), Burns, De Ville und Flam (1987) und Eisner (1991).

1987). So gesehen, konstituieren die institutionellen Faktoren die Identität der Akteure und ermöglichen damit überhaupt erst den Bezugsrahmen für die Entwicklung und auch für die Bewertung von Policy-Optionen (March und Olsen 1990).

Die Vorstellung einer organisationellen Restriktion des Handelns im politischen Prozeß ist nicht nur bei den institutionalistischen Ansätzen zu beobachten, sondern bestimmt im Prinzip auch die Rational-Choice-Theorie (Granovetter 1985). In den utilitaristisch geprägten Ansätzen führen Veränderungen der Präferenzen und Ressourcen zur kurzfristigen Veränderung des Verhaltens, während in institutionellen Ansätzen vor allem auf die langfristig gegebenen Handlungsoptionen verwiesen wird.[24] In dieser Hinsicht ist es vor allem der Zeithorizont, der den Unterschied zwischen den beiden Forschungsperspektiven markiert: In beiden Fällen werden die (individuellen oder kollektiven) Handlungen durch institutionelle oder organisationelle Bedingungen erklärt (Krasner 1988). Ebenso strukturieren die institutionellen Faktoren die Verwendung des politikrelevanten Wissens.[25] Hall (1986: 277) macht dies deutlich: „Not only does organization alter the power of a social group, it also can affect the interpretation they put on their own interests, and thus the direction of their influence. In this case, the ideas and perceptions of the relevant actors are not an exogenous variable but a component of their rational action as it is situationally determined." Wie auch schon das Konzept der „bounded rationality" nahelegt, überlagern kognitive Unsicherheiten und Mehrdeutigkeiten die institutionellen Strukturen. Hall greift diese Überlegung anhand der unterschiedlichen Handlungsorientierungen von Finanzinstitutionen in verschiedenen Ländern auf: „One could say that this is (...) a matter of the perception of interest (...) and perception of interest seems to be deeply affected by organizational position. It should be apparent, however, that this does not exhaust the range of ideas that play a role in politics. Some attitudes have a more exogenous character in the sense that they derive from fundamental beliefs about politics or economics whose origins are not to be found in any immediate institutional situation. We might call these 'ideologies' to refer to any well developed network of ideas that prescribe the course of economic and political action" (Hall 1986: 278).

Dies heißt: Auch wenn wir von der Annahme ausgehen, daß die Akteure nutzendmaximierend handeln, bleibt der entscheidende Punkt, daß sie es nicht im Rahmen einer für alle gleichermaßen gültigen objektiven Realität tun, sondern auf der Grundlage ihrer eigenen Konstruktion der Wirklichkeit (Adler 1987; Haas 1990; Stern 1990). Die wesentliche Schlußfolgerung aus dieser Annahme besteht darin, daß politische Aktivitäten nur mit Bezug auf diese Konstruktionen der Wirklichkeit gedeutet werden können. Peter Hall hat dies in einer neueren Arbeit betont: „It is ideas, in the form of economic theories and the policies developed from them, that enable national leaders to chart a course through turbulent economic times, and ideas about what is efficient, expedient, and just that motivate the movement from one line of policy to another" (Hall 1989b: 362). Zunächst sind dies die grundlegenden Definitionen und die Vor-

---

24 Eine andere Argumentation betont den Zusammenhang von Mikro- und Makrophänomenen, indem sie auf die dynamischen Effekte der institutionellen Bedingungen verweist (Giddens 1984; Burns und Flam 1987).
25 In ähnlicher Weise wird die Transmission von Wissen von Social-Choice-Theoretikern in der Tradition von Arrow und Sen als Funktion der organisationellen Struktur des Entscheidungsprozesses interpretiert (Hammond und Miller 1985).

stellungen über die Funktionsweise der Ökonomie: „Wirtschaft" ist konzeptualisiert in einem Basis-Modell als ein spezifisches Netzwerk von materiellen und sozialen Beziehungen; die Konzepte von „Kapitalismus" und „Marktwirtschaft" konstituieren die *Beliefs* über kausale Beziehungen innerhalb dessen, was als ökonomische Sphäre gilt. Rohrlich (1987) hat diese Basis-Orientierungen über den Marktprozeß als „ökonomische Kultur" der jeweiligen Gesellschaft bezeichnet. Dieses Set von Ideen bildet die kognitiven Voraussetzungen für bestimmte Policy-Paradigmen.

Nun kann mit der Feststellung, daß die kognitiven Strukturen ein wichtiger Aspekt für die Entwicklung politischer Programme darstellen, noch nicht erklärt werden, warum manche Ideen erfolgreich sind und andere nicht. Notwendig bleibt also weiterhin eine Analyse der Bedingungen, die den Erfolg einer wirtschaftspolitischen Doktrin ermöglichen oder ihn verwehren. Darüber hinaus werden die Policy-Optionen durch die grundlegenden normativen Orientierungen nicht eindeutig determiniert. Sabatier (1988: 143ff.) verweist in diesem Zusammenhang auf weitere kognitive Ebenen („fundamental policy positions", „secondary aspects"), die ebenfalls die Struktur der *Belief Systems* der politischen Akteure bestimmen. Die grundlegenden, (relativ stabilen) normativen Orientierungen verbinden sich so mit einem innerhalb von Policy-Debatten veränderbaren Set von Policy-Paradigmen und weiteren policy-orientierten Informationen. Ein Beispiel mag dies verdeutlichen: Keynesianische Grundüberzeugungen haben in der Nachkriegszeit die *Belief Systems* vieler politischer Akteure bestimmt. Das Set der *Core Beliefs* umfaßte zunächst die Betonung von Vollbeschäftigung und Verteilungsgerechtigkeit, zweitens die Annahme, daß die Marktwirtschaft keine endogene Stabilität aufweise und drittens, daß der Staat korrigierend eingreifen könne. Die makroökonomischen Strategien, die mit diesen Grundgedanken verbunden waren (die „neoclassical synthesis"), und die unterschiedlichen prozeduralen Regeln spezifizierten die grundlegenden Überzeugungen. Sie waren im internationalen Vergleich und im Zeitablauf durch beträchtliche Unterschiede geprägt (Hall 1989a).

Die Unterschiede in den wirtschaftspolitischen Vorgehensweisen können sicherlich nicht ausschließlich im Rahmen der Betrachtung kognitiver Faktoren erläutert werden. Letztere müssen deshalb vor dem Hintergrund exogener Variabler in einen breiteren Kontext integriert werden.[26] Dazu gehören relativ stabile Parameter (Problemeigenschaften oder „asset specificity"; die Grundregeln des politischen Systems; die Grundregeln des Rechtssystems; kulturelle Grundlagen) und die Wirkungen externer Ereignisse (die Änderung der sozio-ökonomischen Bedingungen; Regierungswechsel; Entscheidungen in anderen Politikbereichen). Die beiden Sets exogener Variabler beeinflussen die Bedingungen und Möglichkeiten für politische Akteure im jeweiligen Politikbereich, sie erklären jedoch nicht unmittelbar die Änderungen der Policy-Orientierungen. Es ist eher anzunehmen, daß die in politische Debatten involvierten Akteure versuchen werden, ihre Grundüberzeugungen und Policy-Orientierungen in Policies zu transformieren.[27]

---

26 Gourevitch (1986: 21) betont diesen Aspekt: „Economic conditions rarely operate directly on policy disputes. Other factors mediate them (...). Economic actors are influenced by ideology, which provides models of the economy and of the economic motives of the other actors."

27 Beispielsweise zeigt die vergleichende Studie von Weir und Skocpol (1985) die unterschiedliche Bereitschaft der politischen Akteure, keynesianische Ideen als Grundlage für die Diagnose und Lösung ökonomischer Probleme zu verwenden.

Die festgestellten policy-orientierten Lernprozesse verweisen in diesem Zusammenhang auf eine relativ langsame Änderung der Policy-Orientierungen, d.h. Ideen generieren nicht nur Policy-Änderungen, sondern umgekehrt können sie auch dafür sorgen, daß die politischen Innovationen ausbleiben. Zum Beispiel wurde in einer OECD-Studie die Auffassung vertreten, daß durch die Wirkung der vorherrschenden (keynesianischen) ökonomischen Ideen die in den siebziger Jahren notwendigen wirtschaftspolitischen Kurskorrekturen verhindert worden seien: „Although neo-classical and monetarist ideas were well established by the mid-1970s, actual policy-making in many countries continued to be much influenced by *ideas and views* around which a broad consensus had developed during the 1960s" (OECD 1988).[28] Reale Problemänderungen beziehen sich nicht nur auf ökonomische Phänomene wie beispielsweise das Problem der Stagflation der siebziger Jahre, sondern ebenso auf die politischen Machtverschiebungen, die zur Änderung des Akteurssystems führen. Letzteres verändert unmittelbar die Bedingungen für policy-orientierte Lernprozesse, die auf ideologisch spezifisch ausgerichteten Koalitionen innerhalb und außerhalb der politischen Entscheidungsstrukturen gründen.

Die Debatte über Policy-Communities und Policy-Networks (Kingdon 1984; Wright 1988; Scharpf 1993) hat in diesem Zusammenhang eine Reihe von Ansatzpunkten geliefert. Ein entscheidender Punkt ist dabei die Betonung ideologischer Variablen, die – im Unterschied zur Betonung der Verteilung von organisationellen Ressourcen in der Netzwerk-Literatur – unter dem Community-Aspekt zunehmend in den Mittelpunkt gerückt worden sind (Heclo 1978; Dunleavy 1981; Walker 1981, 1989; Sabatier 1987; Atkinson und Coleman 1992). Damit war es möglich, die engen Grenzen der traditionellen Institutionen-Analyse zu überwinden, indem die ideologischen und organisationellen Ressourcen der für einen politischen Bereich entscheidenden Akteure gleichermaßen berücksichtigt wurden. Ideologische Variablen können nun unter dem Gesichtspunkt der Entwicklung und Wirkung von „Diskurs-Koalitionen" genauer betrachtet werden. Die entscheidende Frage ist, den „analytical core" (Sabatier) von Diskurs-Koalitionen zu identifizieren, d.h. die wesentlichen Akteure festzustellen, deren Aktivitäten auf die Verbreitung der Ideen der Diskurs-Koalition in den Policy-Debatten gerichtet sind. In diesem Zusammenhang stellt sich zunächst das Problem der Eingrenzung eines Policy-Subsystems. Nun läßt sich feststellen, daß die Gesamtheit der Akteure, die mit einem wirtschaftspolitischen Policy-Problem beschäftigt sind, einen großen Teil des gesamten Policy-Arsenals einer gegebenen Gesellschaft ausmachen: Interessengruppen, Politiker und Vertreter öffentlicher Verwaltungen sind eingebunden in Debatten über spezifische Regulierungen von Kapital-, Güter- und Arbeitsmarkt, Diskussionen über makroökonomische Programme und ebenso Auseinandersetzungen über wachstums-, industrie- und strukturpolitische Strategien. Wirtschaftswissenschaftler und andere Spezialisten sind dabei in unterschiedlichen Rollen in diese Debatten einbezogen. In dieser Hinsicht bleibt eine Analyse des Universums

---

28 Ein Problem fällt hier auf: Die Änderungen der externen Bedingungen werden ebenfalls im Licht der unterschiedlichen kognitiven Muster betrachtet und interpretiert. Und deshalb ist die Wahrnehmung der OECD-Ökonomen nicht einfach nur ein empirischer Befund veränderter realer Bedingungen, sondern (in diesem Fall) eine Problemdiagnose eines den neuen liberalen Paradigmen verschriebenen Expertengremiums. Bekanntlich stellt sich dieses Problem auch in der Wissenschaftsdebatte (Woolgar 1988).

der Wirtschaftspolitik abhängig von einer Analyse der spezifischen Organisation der Beziehungen zwischen Staat und Gesellschaft.

Die verschiedenen vergleichenden Studien sind in diesem Sinn jeweils von einem spezifischen Netzwerk von institutionalisierten Beziehungen, das den Fluß von Information und Wissen und Ressourcen zwischen öffentlichen und privaten Akteuren strukturiert, ausgegangen. Sie haben entsprechend die wirtschaftspolitischen Akteurssysteme, Problemschneidungen und Grundmuster der wirtschaftspolitischen Programme als Resultate solcher Konfigurationen staatlicher und nichtstaatlicher Akteure interpretiert (Katzenstein 1985; Hall 1986; Gourevitch 1986; Hayward 1986; Scharpf 1987). Wenn jedoch Wirtschaftspolitik in einzelne Bereichs-Komponenten oder in verschiedene prozessuale Aspekte desaggregiert wird, ist es kaum noch möglich, von einem stabilen und exakt abgrenzbaren Akteurssystem auszugehen. Wir stellen beispielsweise fest, daß es in einem Teilbereich der Wirtschaftspolitik, der gesamtwirtschaftlich ausgerichteten Makroökonomie, verschiedene Politikbereiche gibt: „The three major types of economic policy – that is expenditure policy, tax policy, and monetary policy – are less coordinated that most economists would recommend, because different 'subgovernments' with different policy processes control these policy areas" (Peretz 1987: 139). Wir sehen auch: Die Grenzen zwischen diesen Bereichen sind unterschiedlich strikt gezogen. Es gibt Überschneidungen, Komplementaritäten und Konkurrenzbeziehungen. Ein Beispiel aus der jüngsten Zeit sind die Versuche zu einer ökologisch orientierten Steuerpolitik, in die verschiedene Bereiche der Wirtschaftspolitik involviert sind (Hansmeyer und Ewringmann 1990).

Was die einzelnen Akteure betrifft, stellen wir fest, daß in den verschiedenen wirtschaftspolitischen Debatten eine Reihe höchst unterschiedlicher Institutionen und Personen involviert ist. Dazu gehören: Ministerien, Zentralbanken, Parlamentsausschüsse, Parteien, Verbände, Forschungsinstitutionen, Vertreter der Medien. Wenn nun die Rolle von ideologischen Variablen in das Zentrum der Analyse gestellt wird, erscheint es sinnvoll, diese Akteure – wie dies etwa von Sabatier (1988) vorgeschlagen worden ist – im Hinblick auf ihre Orientierung an bestimmten *Belief Systems* in kleinere analytische Einheiten zu aggregieren. Der Vorteil dieser Vorgehensweise gegenüber der Analyse formaler Organisationen liegt auf der Hand: Rein institutionalistisch ausgerichtete Ansätze haben Schwierigkeiten, die Bedeutung von Akteuren zu veranschlagen, die ihre Position innerhalb eines Netzwerkes wechseln (Knott 1986) und ebenso besteht das Problem, unterschiedliche Handlungsorientierungen innerhalb einer Institution zu erklären (Laumann und Knoke 1987). Es wird vielmehr angenommen, daß in einem gegebenen Politik-Bereich immer eine Reihe Diskurs-Koalitionen existieren, deren Angehörige (relativ unabhängig von der Zugehörigkeit zu bestimmten formalen Organisationen) sich an übereinstimmenden *Belief Systems* orientieren. Neben den ideologisch eher indifferenten Akteuren – von Meltsner (1976) als „policy brokers" bezeichnet –, die sich nicht eindeutig einer Diskurs-Koalition zurechnen lassen, sind es vor allem die „knowledge-based networks of individuals with a claim to policy-relevant knowledge based upon common professional beliefs and standards of judgment" (Bennett und Howlett 1992: 282), die für Verlauf und das Resultat einer Policy-Debatte entscheidend sind.[29]

---

29 Das Konzept der Diskurs-Koalitionen unterscheidet sich deshalb von der rein pluralisti-

Um die Rolle dieses policy-orientierten Wissens zu beurteilen, ist eine genauere Klärung der verschiedenen Interaktionsmöglichkeiten zwischen den zentralen Akteuren notwendig: „Analysts specialize in one or more complex policy areas, and become members of the relevant 'policy subsystem' made up of those actors who play important roles in the identification of 'problems', the development, dissemination and evaluation of policy options, and the implementation of policies" (Jenkins-Smith 1988: 170). In diesem Zusammenhang werden Diskurs-Koalitionen auf eine Reihe von Legitimations-Basen Bezug nehmen, die innerhalb der Gesellschaft existieren. Vor allem können wir feststellen, daß dabei in gewissem Umfang wissenschaftliches Wissen aktiviert wird oder eine wissenschaftliche Legitimierung der politischen Argumente versucht wird.[30] Eine Frage ist deshalb, inwieweit „epistemic communities" (Haas) für die Entwicklung von policy-relevantem Wissen veranwortlich sind. Dabei können unterschiedliche Aspekte der kognitiven Strukturierung untersucht werden. Beispielsweise kann die Entstehung der keynesianischen Diskurs-Koalitionen der sechziger Jahre mit spezifischen organisationellen und kognitiven Eigenschaften als ein Resultat der Entwicklung von neuen „meta-rules" (Burns und Flam 1987) interpretiert werden: „Diskurs-Strukturierung" (Wagner 1990) ist dabei ein Aspekt der Entwicklung von gesellschaftlichen und akademischen Institutionen auf einer Makro-Ebene.[31] Die Reichweite der Argumentation von Hall (1989b) ist etwas geringer, aber auch er untersucht die langfristigen Effekte von Ideen im politischen Prozeß im Hinblick auf ihre institutionenbildende Funktion. Demgegenüber ist das Konzept der Diskurs-Koalitionen enger gefaßt. Hier stehen die Genese und Änderung von wirtschaftspolitischen Programmen im Mittelpunkt.

---

schen Sichtweise, die den Wettbewerbsgedanken vom politischen Akteurssystem auf die Institutionen der Wissensvermittlung übertragen (Polsby 1984). Es ist ebenso abzugrenzen von „power structure research" (Domhoff und Dye 1987) in der Tradition von Mills and Hunter. Dort werden die Ergebnisse des politischen Prozesses in den Kontext eines Machtkampfes verschiedener Elite-Gruppen gestellt, deren Expertise- und Wissensgrundlagen Ausdruck der gesellschaftlichen Machtverteilung sind (Domhoff und Dye 1987; Peschek 1987).

30 Wissenschaftliche Experten können dabei verschiedenartige Rollen in der politischen Debatte spielen; es ist deshalb unmöglich, von einem einzigen Muster des Einflusses dieser Experten auszugehen; Knott (1986) beschreibt deshalb Experten als hybride Wissens-Produzenten, die in der Lage sind, verschiedene Rollen im politischen Prozeß wahrzunehmen. Darüber hinaus enthält ihre Incentive-Struktur auch das Interesse an der Ausweitung des politisch definierten Raums für die Anwendung ihrer Expertise gegenüber anderen Experten-Gruppen. Unter wissenschaftlichen Experten gibt es deshalb Bemühungen, *öffentliche* Reputation zu gewinnen. Dies zeigt sich bei den Versuchen von Wirtschaftswissenschaftlern, sich für möglichst viele gesellschaftliche Probleme zuständig zu erklären oder überhaupt erst Probleme in öffentlichen Debatten zu definieren. Tom Gieryn (1983) hat diese Aktivität als „boundary work" bezeichnet. Ein Beispiel sind die Versuche, Definitionsgewalt über die Probleme der osteuropäischen Ökonomien zu gewinnen.

31 Vgl. dazu auch die Darstellung bei Bulmer (1987); ein interessanter Aspekt dieser Debatte sind Zyklen in der ideologisch-gesellschaftlichen Entwicklung, die von Hirschman (1982) und Schlesinger (1986) angesprochen werden.

5. Offene und geschlossene Diskurse: Die unterschiedlichen Bedingungen für Policy-Learning

Festzuhalten bleibt, daß sich für die Abgrenzung des Akteurssystems die gleichen Probleme ergeben, wie sie auch bei der Analyse von Policy-Communities und Policy-Networks existieren (Bennett und Howlett 1992: 280). Bei Sabatier bleibt in diesem Zusammenhang offen, worauf sich das analytische Interesse bei der Betrachtung von Diskurs-Koalitionen letztlich bezieht: Nicht die Entstehung von neuen Ideen wird untersucht, sondern die Verteilung der existierenden kognitiven Orientierungen auf politisch relevante organisationelle Einheiten. *Policy-Learning* ist in diesem Zusammenhang das Ergebnis der Policy-Diskurse, innerhalb derer die politischen Akteure Probleme neu definieren, bewerten und deshalb zu neuen Lösungen gelangen. Bennett und Howlett (1992: 289) haben in diesem Zusammenhang zu Recht auf das Problem aufmerksam gemacht, daß je nach der angesprochenen Problemdimension (Ideen, Instrumente, Verfahren) unterschiedliche Policy-Dimensionen und Akteurssysteme aktiviert werden. Beispielsweise geht es bei den Analysen der keynesianischen Diskurs-Koalitionen der Nachkriegszeit um die langfristigen Wirkungen ökonomischer Ideen, die vornehmlich im Zusammenhang mit den Änderungen der Organisationsstruktur der staatlichen Wirtschaftspolitik und der wirtschaftspolitischen Kultur – d.h. die Entwicklung der „mixed economy" (Shonfield 1965) – untersucht werden. Einzelne wirtschaftspolitische Programme und Maßnahmen lassen sich dagegen erst vor dem Hintergrund solcher langfristigen Verschiebungen kognitiver und organisationeller Grundmuster erklären.

Wenn nun das Interesse sich auf die kognitiven Strukturen im Zusammenhang mit der Entstehung einzelner politischer Programme richtet, steht die Analyse der strategischen Interaktion innerhalb policy-relevanter Debatten im Mittelpunkt (Jenkins-Smith 1988): Neben der Abgrenzung von externen Faktoren geht es um die Analyse der endogenen Faktoren, die die Policy-Optionen der Akteure konstituieren, kanalisieren und popularisieren. Ein Beispiel für die Aktivierung einer Diskurs-Koalition ist die Formierung der „Supply-Side-Community" als einer wesentlichen intellektuellen Basis der Wirtschaftspolitik während der Präsidentschaft Reagans. Am Ende der siebziger Jahre existierten zwei verschiedene wirtschaftspolitische Diskurse: Zum einen gab es die traditionelle, durch kognitive Unsicherheiten geprägte Debatte, die einen relativ engen Bezug zur akademischen Wirtschaftswissenschaft aufwies. Daneben verstärkte sich die vor allem durch öffentliche Diskurse getragene anti-staatliche Linie, die im akademischen Bereich minoritär blieb und von einigen wenigen Forschungsinstitutionen getragen wurde. Dieser populäre Anti-Keynesianismus hatte seine institutionelle Basis vor allem in den öffentlichen Medien (Parsons 1989) und in relativ universitätsfernen policy-orientierten Forschungsinstitutionen (Smith 1991).

Vor dem Hintergrund der wirtschaftspolitischen Probleme der siebziger Jahre (Stagflation, Investitionsrückgang) hat die Wahl Reagans die Struktur des wirtschaftspolitischen Akteurssystems grundlegend geändert: Die Vertreter der „Supply-Side-Koalition" erhielten Schlüsselpositionen in der Regierung, während die keynesianisch ausgerichteten Policy-Experten und Institutionen zurückgedrängt worden sind. Eine wichtige Feststellung ist dabei, daß die politikwirksame Version der „Supply-Side-Economics" keine Übereinstimmung mit den wissenschaftlichen Diskursen aufwies: Die wirtschaftswissenschaftliche Welt und der öffentliche wirtschaftspolitische Diskurs rückten zunehmend auseinander. Ließ sich die keynesianische Revolution in der Wirtschaftspolitik noch als Resultat wissenschaftlicher Diskurse deuten, stand mit Beginn der siebziger Jahre die wissenschaftliche Wirtschaftsforschung nicht mehr im Zentrum der wirtschaftspolitischen Debatte.

Die „Supply-Side"-Episode offenbart eine neue Etappe in der Entwicklung der amerikanischen wirtschaftspolitischen Diskurse: Sie kann als Beispiel für die neue Rolle öffentlicher Diskurse in der Wirtschaftspolitik interpretiert werden. In den Medien entwickelte und popularisierte wirtschaftspolitische Ideen sind nun relativ unabhängig vom wissenschaftlichen Diskurs als politische Strategien verwendet worden. Die „Supply-Side-Revolution" (Paul Craig Roberts) zeigt damit – zumindest für eine gewisse Zeitspanne – eine gewachsene Bedeutung von öffentlichen Diskursen für die Entwicklung von wirtschaftspolitischen Konzeptionen (Parsons 1989). Die „Supply-Side"-Episode ist deshalb auch ein Beleg für die Abkehr von der Wissenschaftsgläubigkeit der sechziger und siebziger Jahre. Dieser Prozeß wurde verstärkt durch die wirtschaftlichen Instabilitäten, die nach 1970 in das öffentliche Bewußtsein traten. Die Annahme der Beherrschbarkeit der wirtschaftlichen Entwicklung durch wissenschaftlich geleitete politische Steuerung ist in der öffentlichen Meinung zunehmend zurückgewiesen worden. Mit dem Niedergang der keynesianischen Hegemonie in der Wirtschaftspolitik ist gleichzeitig die bis dahin existierende Vorherrschaft der Wirtschaftswissenschaft als intellektuellem Zentrum der Wirtschaftspolitik in Frage gestellt worden.

Für die Wirtschaftspolitik ist deshalb keine Wissenslücke entstanden: Bei der Verwendung von Wissen muß nicht unbedingt auf die wissenschaftlichen Forschungsresultate zurückgegriffen werden, es steht eine Vielfalt von kognitiven Quellen zur Auswahl. Ein entscheidender Faktor für die Möglichkeit der Auswahl von Policy-Konzeptionen ist dabei die Komplexität des Problembereichs: Ein hoher Grad an perzipierter Unsicherheit in der Analyse und Bewertung von Problemen erhöht die Möglichkeit, daß neue Policy-Optionen in der politischen Debatte an Plausibilität gewinnen. Ein Beispiel dafür ist die perzipierte kognitive Unsicherheit im Hinblick auf die erwarteten ökonomischen Probleme der deutschen Wiedervereinigung: In einer durch externe Schocks gekennzeichneten Situation hatte sich im wirtschaftspolitischen Diskurs das zunächst von allen wesentlichen Akteuren abgelehnte Konzept der Währungsintegration durchgesetzt (Singer 1992).

Die in makroökonomischen Fragen generell gegebene analytische Unsicherheit zeigt sich auch in anderen Policy-Debatten, wo die Experten unterschiedlicher Diskurs-Koalitionen ihre Positionen im Rahmen der Logik der jeweiligen Grundüberzeugungen vertreten können, ohne daß dies zu einem neuen Konsens führen muß. Es hat sich aber auch gezeigt, daß gerade in Bereichen hoher Komplexität die jeweilige Aktivierung von Policy-Expertise zu asymmetrischen Formen der kognitiven Schneidung der Policy-Probleme geführt hat: Die Mitglieder der einen Koalition sehen wirtschaftswissenschaftlichen Expertisebedarf, wo die andere Seite überhaupt kein politisches Problem erkennen kann. Ein Beispiel ist die Debatte über die Stimulierung langfristigen Wachstums: Die Variation von marginalen Steuersätzen ist nicht nur ein Thema makroökonomischen Wachstums, sondern wurde von den Teilnehmern der Debatte auch im Hinblick auf die Arbeitsmärkte, industrielle Modernisierung, die sozialen Auswirkungen und die Staatseinnahmen geführt. Damit scheitert ein Konsens zwischen der „Angebots-Koalition" (Senkungen der marginalen Steuersätze) und der staatsinterventionistischen „Modernisierungs-Koalition" (Industrie-Politik) nicht nur aufgrund gegensätzlicher Grundüberzeugungen, sondern auch angesichts der unterschiedlichen Reichweite der jeweiligen Politikoptionen und der damit verbundenen Aktivierung von Diskurs-Teilnehmern.

Sabatier (1988) sieht im Grad der Fragmentation und des Konflikts im Hinblick auf eine bestimmtes Policy-Problem einen wesentlichen Faktor für *Policy-Learning*, während Hall (1989b: 375) sich in diesem Zusammenhang auf die Frage nach der Durchsetzungsfähigkeit von ökonomischen Ideen in ihrem ökonomischen, politischen und administrativen Kontext beschränkt: „A new set of economic ideas must be seen to have a minimum of viability on all three of these dimensions – economic, administrative, and political – in order to be incorporated into policy." Unklar bleibt dabei, wie die Konkurrenz von Ideen den politischen Diskurs selbst beeinflussen kann. Ein hohes Ausmaß an Konfliktpotential ist beispielsweise dann gegeben, wenn in Policy-Diskursen die jeweiligen Grundüberzeugungen in Frage gestellt werden: Der Erfolg der einen Koalition ist dann mit wesentlichen ideologischen Verlusten bei der anderen verbunden. Ein Policy-Konsens ist in diesem Fall kaum möglich. Ein Beispiel für Policy-Debatten mit hohem Konfliktpotential ist die Auseinandersetzung um das Steuersenkungs-Programm der ersten Reagan-Administration: Auf der einen Seite war die „Supply-Side"-Koalition, deren Policy-Experten aus Vertretern einiger Unternehmerverbände, konservativen Think-Tanks (Heritage Foundation, American Enterprise Institute, Manhattan-Institute), Kongreß-Ausschüssen (vor allem das Joint Economic Committee), Vertretern der Medien (Wallstreet Journal) und – nach der Wahl von 1980 – die Experten in der Reagan-Administration. Der herausragende *Core Belief* war die Überzeugung, daß drastische Steuersenkungen zu einem raschen Wirtschaftsaufschwung mit hohen Neuinvestitionen und damit auch steigenden Steuereinnahmen führen würden (Anderson 1988; Bartley 1992). Auf der anderen Seite war eine Koalition mit weniger kohäsiven Grundüberzeugungen im Hinblick auf die makroökonomischen Wirkungen von steuerpolitischen Maßnahmen, die jedoch die Steuerprobleme im Kontext einer umfassenden Reform diskutierte. Diese Koalition konnte erst nach dem offensichtlichen Scheitern der „Economics of Joy" (Herbert Stein) eine zentrale Rolle in der Durchsetzung der Steuerreform von 1986 spielen (Birnbaum und Murray 1987; Minarik 1989).

Neben der kognitiven Komplexität im jeweiligen Politikfeld (Sicherheit vs. Unsicherheit) und dem Umfang der Fragmentation der Diskurse (Konsens vs. Konflikt) sind Policy-Debatten durch Unterschiede in der relativen Offenheit der Diskurse (offene vs. geschlossene Foren) gekennzeichnet. Auch hier sind sowohl die internen strukturellen Eigenschaften als auch die kontextuellen Besonderheiten zu berücksichtigen. Der Grad der Offenheit besitzt zwei Dimensionen: Einmal geht es um die organisationelle Kontrolle der Beteiligung an einer Policy-Debatte, zum andern besitzen die Charakteristika des Diskurses selbst eine strukturierende Funktion im Hinblick auf Inklusion oder Exklusion von Teilnehmern (Rein 1987; Hancher und Moran 1989).[32]

---

32 Dabei spielen auch die diskursiven Praktiken selbst eine spezifische Rolle für Ein- oder Ausschluß von Teilnehmern: Edelman (1988) hat in diesem Zusammenhang auf die Konstruktion von Feindbildern aufmerksam gemacht.

In offenen Foren können prinzipiell alle interessierten Experten teilnehmen, da es keine verbindlichen Normen über wissenschaftliche oder professionelle Standards und keine festgelegten formellen Prozeduren und Strukturen gibt. Wissenschaftliche Expertise wird in diesem Fall analog dem Pressure-Group-Modell in die politische Debatte eingebracht (Polsby 1984). Die Netzwerk-Struktur ist schwach integriert (große Anzahl von Teilnehmern mit geringem Grad an organisationeller Interdependenz). Ein Beispiel für solche Foren sind der US-Kongreß oder auch die Expertise-Struktur im Deutschen Bundestag (Petermann 1990). Andere Foren haben einen begrenzten ideologischen Horizont, indem der Zugang der Teilnehmer durch professionelle und wissenschaftliche Normen geregelt wird. Während in einer Reihe von Policy-Bereichen relativ stabile Foren existieren, die ein anerkanntes Arsenal an Wissen und Techniken bereitstellen (Beck und Bonß 1989), ist das wirtschaftspolitische Feld nur in einigen Bereichen durch professionalisierte Foren gekennzeichnet.[33]

Darüber hinaus sind die Foren, in denen Experten wirken, durch bürokratische Festlegungen und Prozeduren gekennzeichnet. Ein Beispiel sind die Wirtschaftswissenschaftler in Whitehall, die im britischen Regierungssystem eine eigenständige professionelle Kultur entwickelt haben (Heclo und Wildavsky 1974; Smith 1987). Auch rechtliche Regelungen kennzeichnen den Zugang zu analytischen Foren. Ein Beispiel ist der deutsche „Sachverständigenrat zur Begutachtung der gesamtwirtschaftlichen Entwicklung". Dieses Expertengremium, das 1963 eingerichtet wurde, hat der wirtschaftspolitischen Expertise in der wirtschaftspolitischen Debatte eine deutliche Verschiebung zur wirtschafts*wissenschaftlichen* Seite hin gegeben. Der SVR wurde durch die institutionelle Stellung, die durch die Anforderungen und Möglichkeiten der Rekrutierung, die Aufgabenstellung und Konsultationsverfahren im politischen Prozeß gekennzeichnet war, zum wesentlichen Beratungsgremium in der deutschen Wirtschaftspolitik. Damit hat das System wirtschaftspolitischer Expertise in der Bundesrepublik durch die starke Position des SVR ein deutliches Übergewicht der externen Beratung erhalten. Ein weiterer Aspekt ist zu nennen. Neben der spezifischen institutionellen Konstruktion des Rates, die – im Unterschied etwa zum CEA in den USA – die Etablierung einer wirtschaftspolitischen Tradition ermöglichte, ist auch eine eigentümliche Dualität in der wirtschaftswissenschaftlichen Forschung der Bundesrepublik festzustellen. Sie erklärt, warum die „Angebotsseite" des Marktes für wirtschaftspolitische Ideen so wenig keynesianisch gewirkt hatte: Während die theoretisch orientierte Forschungspraxis in den sechziger und siebziger Jahren fast ausnahmslos in das US-dominierte Weltsystem der Wirtschaftswissenschaften integriert war, fand die internationale Forschung in den praxisorientierten Bereichen der akademischen Forschung relativ wenig Zugang: „Teutonomics" (Helmstädter) in der ordoliberalen Tradition hatte auch während der keynesianischen Hochzeit ein deutliches Gewicht.

---

33 In der Bundesrepublik Deutschland gilt dies besonders für die Policy-Debatten in der Steuerpolitik und bei den föderalen Finanzbeziehungen, die jeweils durch ein hohes Ausmaß an technischer Komplexität gekennzeichnet sind. Im übrigen gilt: Die Wirtschaftswissenschaft besitzt keine klare Unterscheidung zwischen der wissenschaftlichen Disziplin und einer Profession, die Dienstleistungen für öffentliche und private Institutionen anbietet: Obwohl das Publikum für die meisten „professionellen" Ökonomen nicht die akademische Wissenschaft ist, ist doch eine deutliche Orientierung an den wissenschaftlichen Standards feststellbar (Whitley 1986; Klamer und Colander 1990).

6. Schlußfolgerungen

Eine Grundannahme von „cognitive theories" ist, daß Ideen zwar nicht unabhängig von Interessen sind, sich jedoch nicht auf diese zurückführen lassen. Ideen können als eigenständige Faktoren gesehen werden, die nicht einfach auf die jeweiligen Interessen der Akteure im politischen Prozeß reduziert werden können. Diese Ideen, die auf komplexe Ursprünge zurückgeführt werden müssen, offenbaren ihren Einfluß, indem sie die Weltbilder und Wertvorstellungen der Akteure bestimmen. Dies wiederum ist ein entscheidender Faktor dafür, wie neue Informationen und neues Wissen ausgewählt, interpretiert und verwendet werden. Die individuellen kognitiven Strukturen sind indessen nur ein Teil des Problems: Im politischen Prozeß finden Problemdefinitionen und Interpretationen der Situation in einem kollektiven Sinngebungsprozeß statt, der durch spezifische institutionellen Bedingungen gekennzeichnet ist. Je nach der Spezifik des politischen Prozesses, des Politikfeldes und auch des zeitlichen Ablaufes unterschiedlicher Wirkungsweisen der „Logics of Action" und dabei „multiple and ambiguous roles of professionals in public policymaking" (Knott 1986: 131) ergeben.

Im Hinblick auf die kognitive Komplexität im jeweiligen Politikfeld (Sicherheit vs. Unsicherheit), der Umfang der Fragmentation der Diskurse (Konsens vs. Konflikt) und der relativen Offenheit der Diskurse (offene vs. geschlossene Foren) lassen sich verschiedene Typen von analytischen Foren unterscheiden, die für Policy-Diskurse unterschiedliche Bedingungen der Einbindung wissenschaftlichen Expertise schaffen. Damit ist prinzipiell die Möglichkeit gegeben, daß sich im Policy-Prozeß auch andere Wissenssysteme Geltung verschaffen können. Dies ist besonders dort der Fall, wo die Forschungspraxis der Wissenschaft eine „kognitive Kanalisierung" ihrer Forschungsergebnisse in die politische Debatte erschweren. Gerade am Beispiel der Wirtschaftswissenschaft zeigt sich eine deutliche Distanz zwischen Politik-Diskursen und der wirtschaftswissenschaftlichen Forschung. Dies begünstigt wiederum, wie die „Supply-Side"-Koalition in USA zeigt, die Enstehung von pseudo-wissenschaftlichen Argumentationen in der Policy-Debatte. Ein weiterer Aspekt ist der „economic imperialism" der neoklassischen Wirtschaftswissenschaft, der auch die übrigen sozialwissenschaftlichen Forschungsprogramme mit der „universal grammar" (Jack Hirshleifer) der Wirtschaftswissenschaft zu dominieren versucht.[34]

Die institutionalisierten Formen der Politikberatung sind nur ein Teilbereich der kognitiven Basis der Wirtschaftspolitik. Wie die Analysen der Policy-Communities und Diskurs-Koalitionen im internationalen Vergleich zeigen, verbinden sich die für wirtschaftspolitische Entscheidungen relevanten politischen Akteure mit Experten-Netzwerken, die in der wirtschaftspolitischen Debatte jeweils verschiedene, oftmals konkurrierende wirtschaftspolitische Konzeptionen vertreten. In vergleichender Perspektive ist festgestellt worden, daß mit der Etablierung wirtschaftspolitischer Beratungsinstitutionen während der keynesianischen Ära jeweils unterschiedliche und relativ dauerhafte Formen der Interaktion zwischen wirtschaftswissenschaftlicher Forschung und politischem Prozeß hervorgebracht worden sind. Diese „Logics of Action" (Burns

---

34 Dagegen stellt beispielsweise Swedberg (1990: 37) die Notwendigkeit von „Socio-Economics", die „multiple approaches to ecomomic problems" zuläßt (vgl. auch Etzioni 1988).

und Flam 1987) haben in unterschiedlicher Weise die Durchsetzung neuer wirtschaftspolitischer Konzeptionen begünstigt bzw. restringiert. Soweit Policy-Learning angesprochen ist, kann die Policy-Forschung sich deshalb nicht darauf beschränken, nur Aussagen über die prozessuale und institutionelle Seite des politischen Prozesses zu formulieren. Ebenso wichtig sind die Knotenpunkte der Wissensvermittlung in einem gegebenen Politikbereich.[35] Die jüngere Debatte in der Policy-Forschung hat diesen Gedanken weitergeführt. Dabei wird versucht, die Ergebnisse der Literatur über die Verwendung von politikrelevantem Wissen mit der politikwissenschaftlichen Analysen des politischen Prozesses zu verbinden: Politik-Wechsel werden daraufhin geprüft, inwieweit sie – bei Berücksichtigung veränderter politischer und ökonomischer Bedingungen – sich auf die spezifische Wirkung von Policy-Diskursen zurückführen lassen. Allerdings ist auch zu berücksichtigen: Die neuere Wissenschaftsforschung hat die Hoffnung in eine wissenschaftliche Instanz des „Richtigen" und „Wahren" nachhaltig erschüttert.[36]

Literaturverzeichnis

Aberbach, J./Derlien, H.-U./Mayntz, R./Rockman, B., 1990: American and German Federal Executives – Technocratic and Political Attitudes, in: International Social Science Journal 123, 3-18.
Adler, E., 1987: The Power of Ideology. Berkeley.
Adler, E./Haas, P., 1992: Conclusion: Epistemic Communities, World Order, and the Creation of a Reflective Research Programme, in: International Organization 46, 367-390.
Alston, R./Kearl, J.R./Vaughn, M.B., 1992: Is there a Consensus Among Economists in the 1990's?, in: American Economic Review, Papers and Proceedings 82, 203-209.
Anderson, M., 1988: Revolution. San Diego/New York.
Atkinson, M./Coleman, W., 1992: Policy Networks, Policy Communities and the Problems of Governance, in: Governance 5, 154-180.
Axelrod, R. (Hrsg.), 1976: The Structure of Decision – The Cognitive Maps of Political Elites. Princeton.
Barr, N., 1992: Economic Theory and the Welfare State: A Survey and Interpretation, in: Journal of Economic Literature 30, 741-803.
Barry, N., 1989: Political and Economic Thought of German Neo-Liberals, in: *A. Peacock/H. Willgerodt* (Hrsg.), German Neo-Liberals and the Social Market Economy. London, 105-124.
Bartley, R., 1992: The Seven Fat Years and how to Do it Again. New York.
Beck, U./Bonß, W. (Hrsg.), 1989: Weder Sozialtechnologie noch Aufklärung? Frankfurt a.M.

---

35 Die methodischen Probleme der vergleichenden Policy-Forschung (Feick und Jann 1988) werden damit nicht geringer: Institutionelle und kognitive Faktoren lassen sich nicht einfach unterscheiden und ebenso ist der Einfluß spezifischer Ideen auf das Zustandekommen politischer Interventionsprogramme nicht ohne weiteres festzustellen: „One of the major problems involves finding solid empirical work that unequivocally demonstrates that X would not have happend had 'learning' not taken place" (Bennett und Howlett 1992: 290); vgl. dazu auch Sabatier (1988: 142).
36 Verwissenschaftlichung von Politik und Alltag war zunächst ein Zeichen der zweckrationalen „Entzauberung" der Welt, die von Max Weber (1973) als unilinearer Fortschritt gedeutet wurde. Ebenso wurde in dieser Tradition der wissenschaftliche Fortschritt als kumulativ fortschreitende Erkenntnis der Welt interpretiert – eine Betrachtungsweise, die spätestens seit den Analysen von Thomas Kuhn ins Wanken geraten ist (Bonß und Hartmann 1985). Für die Policy-Forschung stellt sich in diesem Zusammenhang das Problem, wie in einer „postpositivist perspective" (Frank Fischer) partizipative Formen der Wissensvermittlung im politischen Prozeß gedacht werden können (Hawkesworth 1988; Fischer 1990; Dryzek 1990).

Bell, D./Kristol, I. (Hrsg.), 1981: The Crisis in Economic Theory. New York.
Bennett, C./Howlett, M., 1992: The Lessons of Learning: Reconciling Theories of Policy Learning and Policy Change, in: Policy Sciences 25, 275-294.
Berger, P./Luckmann, T., 1986: Die gesellschaftliche Konstruktion der Wirklichkeit. Eine Theorie der Wissenssoziologie. (5. Aufl.), Frankfurt a.M.
Bernstein, R., 1983: Beyond Objectivism and Relativism: Science, Hermeneutics, and Praxis. Philadelphia.
Birnbaum, J./Murray, A., 1987: Showdown at Gucci Gulch. Lawmakers, Lobbyists and the Unlikely Triumph of Tax Reform. New York.
Bonß, W./Hartmann, H. (Hrsg.), 1985: Entzauberte Wissenschaft (Soziale Welt, Sonderband 3). Göttingen.
Bulmer, M. (Hrsg.), 1987: Social Science Research and Government. Cambridge.
Burns, T./de Man, R., 1987: Science and Practical Action: Studies in Competing Logics, in: T. Burns/H. Flam (Hrsg.), The Shaping of Social Organization. London, 348-365.
Burns, T./de Ville, P./Flam, H., 1987: Inflation and Distributional Struggles in Capitalist Economies, in: International Social Science Journal 113, 310-321.
Burns, T./Flam, H., 1987: The Shaping of Social Organization: Social Rule System Theory with Applications. London.
Coats, A.W. (Hrsg.), 1981: Economists in Government: An International Comparative Study. Durham.
Colander, D.C. (Hrsg.), 1984: Neoclassical Economics. Cambridge.
Colander, D./Coats, A.W. (Hrsg.), 1990: The Spread of Economic Ideas. Cambridge.
Converse, P., 1964: The Nature of Belief Systems in Mass Publics, in: D. Apter (Hrsg.), Ideology and Discontent. New York, 206-261.
Debreu, G., 1991: The Mathematization of Economic Theory, in: American Economic Review 81, 1-7.
DeLeon, P., 1989: Advice and Consent: The Development of the Policy Sciences. New York.
Domhoff, G./Dye, T. (Hrsg.), 1987: Power Elites and Organizations. Beverly Hills.
Douglas, M./Wildavsky, A., 1982: Risk and Culture. Berkeley.
Dryzek, J., 1990: Discursive Democracy. Politics, Policy, and Political Science. Cambridge.
Dunleavy, P., 1981: Professionals and Policy Change: Notes towards a Model of Ideological Corporatism, in: Public Administration Bulletin 36, 3-16.
Dunleavy, P., 1991: Democracy, Bureaucracy and Public Choice. New York.
Edelman, M., 1988: Constructing the Political Spectacle. Chicago.
Eisner, M., 1991: Antitrust and the Triumph of Economics: Institutions, Expertise, and Policy Change. Chapel Hill.
Engelhardt, G., 1973: Vom Expertenmonolog zum gesellschaftlichen Dialog, in: R. Molitor (Hrsg.), Zehn Jahre Sachverständigenrat. Frankfurt a.M., 187-209.
Etzioni, A., 1988: The Moral Dimension. Toward a New Economics. New York.
Etzioni, A., 1991: Eastern Europe: The Wealth of Lessons, in: Challenge Juli/August, 4-16.
Etzioni, A./Lawrence, P. (Hrsg.), 1991: Socioeconomics. Toward a New Synthesis. New York.
Feick, J./Jann, W., 1988: „Nations Matter" - Vom Eklektizismus zur Integration in der vergleichenden Policy-Forschung?, in: M.G. Schmidt (Hrsg.), Staatstätigkeit. International und historisch vergleichende Analysen. Opladen, 196-220.
Fischer, F., 1990: Technocracy and the Politics of Expertise. Newbury Park.
Fish, S., 1979: Is There a Text in This Class? The Authority of Interpretive Communities. Cambridge.
Frey, B.S./Eichenberger, R., 1992: Economics and Economists: A European Perspective, in: American Economic Review, Papers and Proceedings 82, 216-220.
Furner, M./Supple, B. (Hrsg.), 1990: The State and Economic Knowledge. The American and British Experiences. Cambridge Ma.
Giddens, A., 1984: The Constitution of Society. Cambridge.
Gieryn, T., 1983: Boundary-Work and the Demarcation of Science from Non-Science: Strains and Interests in Professional Ideologies of Scientists, in: American Sociological Review 48, 781-795.
Goodman, N., 1978: Ways of World Making. Indianapolis.

Goodwin, C., 1988: The Heterogeneity of Economists' Discourse: Philosopher, Priest, and Hired Gun, in: *A. Klamer/D. McCloskey/R. Solow* (Hrsg.), The Consequences of Economic Rhetoric. Cambridge Ma., 207-220.
Gourevitch, P., 1986: Politics in Hard Times. Comparative Responses to International Crisis. Ithaca.
Granovetter, M., 1985: Economic Action, Social Structure and Embeddedness, in: American Journal of Sociology 73, 1350-1380.
Grewenig, A. (Hrsg.), 1993: Inszenierte Information. Opladen.
Grilli, V./Masciandaro, D./Tabellini, G., 1991: Institutions and Policies, in: Economic Policy 13, 343-392.
Haas, E., 1990: When Knowledge is Power. Berkeley.
Hall, P., 1986: Governing the Economy. New York.
Hall, P., (Hrsg.), 1989a: The Political Power of Economic Ideas. Keynesianism across Nations. Princeton.
Hall, P., 1989b: Conclusion: The Politics of Keynesian Ideas, in: *P. Hall* (Hrsg.), The Political Power of Economic Ideas. Keynesianism across Nations. Princeton, 361-391.
Hammond, T./Miller, G., 1985: A Social Choice Perspective on Expertise and Authority in Bureaucracies, in: American Journal of Political Science 29, 1-28.
Hancher, L./Moran, M. (Hrsg.), 1989: Capitalism, Culture and Economic Regulation. Oxford.
Hansmeyer, H.H./Ewringmann, D., 1990: Das Steuer- und Abgabensystem unter der ökologischen Herausforderung, in: Staatswissenschaften und Staatspraxis 1, 34-49.
Hawkesworth, M., 1988: Theoretical Issues in Policy Analysis. Albany.
Hayward, J., 1986: The State and the Market Economy – Industrial Patriotism and Economic Intervention in France. Brighton.
Heclo, H., 1974: Modern Social Politics in Britain and Sweden. New Haven.
Heclo, H., 1978: Issue Networks and the Executive Establishment, in: *A. King* (Hrsg.), The New American System. Washington, 87-124.
Heclo, H./Wildavsky, A., 1974: The Private Government of Public Money. London.
Hicks, J., 1974: The Crisis in Keynesian Economics. New York.
Hirschman, A.O., 1982: Shifting Involvements: Private Interest and Public Action. Oxford.
Hogwood, B./Peters, G., 1983: Policy Dynamics. Brighton.
Jann, W., 1983: Staatliche Programme und Verwaltungskultur. Opladen.
Jann, W., 1985: Policy-Forschung als angewandte Sozialforschung, in: *H. Klages* (Hrsg.), Arbeitsperspektiven angewandter Sozialwissenschaft. Opladen, 64-111.
Jenkins-Smith, H., 1988: Analytical Debates and Policy Learning: Analysis and Change in the Federal Bureaucracy, in: Policy Sciences 21, 169-211.
Kahnemann, D./Slovic, P./Tversky, A. (Hrsg.), 1982: Judgment under Uncertainty: Heuristics and Biases. Cambridge Ma.
Katzenstein, P., 1978: Conclusion: Domestic Structures and Strategies of Foreign Economic Policy, in: *P. Katzenstein* (Hrsg.), Between Power and Plenty. Madison, 295-336.
Katzenstein, P., 1985: Small States in World Markets. Ithaca.
Keynes, J.M., 1961: The General Theory of Employment, Interest and Money. London.
Kingdon, J., 1984: Agendas, Alternatives, and Public Policy. Boston.
Klamer, A./Colander, D., 1990: The Making of an Economist. Boulder Co.
Klamer, A./McCloskey, D./Solow, R. (Hrsg.), 1988: The Consequences of Economic Rhetoric. Cambridge.
Kloten, N., 1989: West Germany, in: *J. Pechman* (Hrsg.), The Role of the Economist in Government. An International Perspective. New York, 47-68.
Knott, J., 1986: The Multiple and Ambiguous Roles of Professionals in Public Policymaking, in: Knowledge 8, 131-153.
Krasner, S., 1988: Sovereignty: An Institutional Perspective, in: Comparative Political Studies 21, 66-94.
Laumann, E./Knoke, D., 1987: The Organizational State. Social Choice in National Policy Domains. Madison.
Lindberg, L./Scharpf, F./Engelhardt, G., 1987: Economic Policy Research: Challenges and a New Agenda, in: *M. Dierkes* et al. (Hrsg.), Comparative Policy Research. Aldershot, 347-378.
Luhmann, N., 1990: Die Wissenschaft der Gesellschaft. Frankfurt a.M.

Machlup, F., 1967: The Production and Distribution of Knowledge in the United States. Princeton.
Majone, G., 1989: Evidence, Argument and Persuasion in the Policy Process. New Haven.
Mankiw, G., 1992: Macroeconomics in Disarray, in: Society, Mai/Juni, 19-24.
March, J./Olsen, J., 1990: Rediscovering Institutions: The Organizational Basis of Politics. New York.
McCloskey, D., 1983: The Rhetoric of Economics, in: Journal of Economic Literature 21, 481-517.
Meier, A./Durrer, K., 1992: Ein kognitiv-evolutionäres Modell des wirtschaftspolitischen Prozesses, in: U. Witt (Hrsg.), Studien zur Evolutorischen Ökonomik II. Berlin, 229-254.
Meltsner, A., 1976: Policy Analysts in the Bureaucracy. Berkeley.
Minarik, J., 1989: How the Tax Reform Came About, in: D. Colander/A.W. Coats (Hrsg.), The Spread of Economic Ideas. Cambridge, 141-154.
Nelson, R., 1987: The Economics Profession and the Making of Public Policy, in: Journal of Economic Literature 24, 49-91.
North, D., 1981: Structure and Change in Economic History. New York/London.
Odell, J., 1982: U.S. International Monetary Policy. Markets, Power, and Ideas as Sources of Change. Princeton.
OECD, 1988: Why Economic Policies Change Course. Eleven Case Studies. Paris.
Parsons, W., 1989: The Power of the Financial Press. Journalism and Economic Opinion in Britain and America. Aldershot.
Pechman, J. (Hrsg.), 1989: The Role of the Economist in Government: An International Perspective. New York.
Peretz, P. (Hrsg.), 1987: The Politics of American Economic Policy Making. New York/Armonk.
Peschek, J., 1987: Policy-Planning Organizations: Elite Agendas and America's Rightward Turn. Philadelphia.
Petermann, T. (Hrsg.), 1990: Das wohlberatene Parlament. Orte und Prozesse der Politikberatung. Berlin.
Polsby, N., 1984: Political Innovation in America. New Haven.
Przeworski, A., 1985: Capitalism and Social Democracy. Cambridge Ma.
Rein, M., 1987: Frame-Reflective Policy Discourse, in: Österreichische Zeitschrift für Soziologie 12, 27-45.
Rohrlich, P.E., 1987: Economic Culture and Foreign Policy: The Cognitive Analysis of Economic Policy Making, in: International Organization 41, 61-92.
Rose, R., 1991: What is Lesson-Drawing?, in: Journal of Public Policy 11, 3-30.
Roubini, N./Sachs, J., 1989: Government Spending and Budget Deficits in the Industrial Countries, in: Economic Policy 8, 100-132.
Sabatier, P. 1978: The Acquisition and Utilization of Technical Information by Administrative Agencies, in: Administrative Science Quarterly 23, 396-417.
Sabatier, P., 1987: Knowledge, Policy-Oriented Learning, and Policy Change: An Advocacy Coalition Framework, in: Knowledge 8, 649-692.
Sabatier, P., 1988: An Advocacy Coalition Framework of Policy Change and the Role of Policy-Oriented Learning therein, in: Policy Sciences 21, 129-168.
Sabatier, P./Jenkins-Smith, H., 1988: Symposium Editors' Introduction, in: Policy Sciences 21, 123-127.
Samuelson, P., 1967: Economics: An Introductory Analysis. (7. Aufl.) New York.
Scharpf, F., 1987: Sozialdemokratische Krisenpolitik in Europa. Frankfurt a.M.
Scharpf, F. (Hrsg.), 1993: Games in Hierarchies and Networks. Frankfurt a.M./Boulder.
Schlesinger, A., 1986: The Cycles of American History. Boston.
Schneider, H.K. (Hrsg.), 1967: Grundsatzprobleme wirtschaftspolitischer Beratung. Berlin.
Schumpeter, J., 1949: Science and Ideology, in: American Economic Review 29, 345-259.
Shonfield, A., 1965: Modern Capitalism: The Changing Balance of Public and Private Power. London.
Sims, H./Gioia, D. (Hrsg.), 1986: The Thinking Organization: Dynamics of Organizational Social Cognition. San Francisco.
Singer, O., 1990: Policy Communities and Discourse Coalitions: The Role of Policy Analysis in Economic Policy Making, in: Knowledge 11, 428-458.
Singer, O., 1992: Constructing the Economic Spectacle: The Role of Currency Union in the German Unification Process, in: Journal of Economic Issues 26, 1095-1115.

Smith, C., 1987: Networks of Influence, in: M. Bulmer (Hrsg.), Social Science Research and Government. Cambridge, 61-75.
Smith, J.A., 1991: The Idea Brokers. Think Tanks and the Rise of the New Policy Elite. New York.
Stein, H., 1969: Fiscal Revolution in America. Chicago.
Stern, P., 1990: The Social Construction of the Economy, in: Challenge, Feb., 38-45.
Swedberg, R., 1990: A New „Battle of Methods", in: Challenge, Feb., 33-38.
Throgmorton, J., 1991: The Rhetoric of Policy Analysis, in: Policy Sciences 24, 153-179.
Wagner, P., 1990: Sozialwissenschaften und Staat – Frankreich, Italien und Deutschland 1870 – 1980. Frankfurt a.M.
Waligorski, C., 1990: The Political Theory of Conservative Economists. Lawrence.
Walker, J., 1981: The Diffusion of Knowledge – Policy Communities and Agenda Setting: The Relationship of Knowledge and Power, in: J. Tropman/M. Dluhy/R. Lind (Hrsg.), New Strategic Perspectives on Social Policy. New York, 75-96.
Walker, J., 1989: Introduction: Policy Communities as Global Phenomena, in: Governance 2, 1-4.
Weber, M., 1973: Wissenschaft als Beruf, in: J. Winckelmann (Hrsg.), Gesammelte Aufsätze zur Wissenschaftslehre. (4. Aufl.) Tübingen, 582-613.
Weber, M., 1978: Gesammelte Aufsätze zur Religionssoziologie Bd. I. Tübingen.
Wegner, K., 1985: Im Blickpunkt: Sachverständigenrat und Konjunktur- und Wachstumpolitik der Bundesregierung seit 1964. (2. Aufl.) Frankfurt a.M.
Weimer, D. (Hrsg.), 1991: Policy Analysis and Economics. Boston/Dordrecht/London.
Weimer, D./Vining, A., 1989: Policy Analysis: Concepts and Practice. Englewood Cliffs.
Weinstein, M., 1992: Economists and the Media, in: Journal of Economic Perspectives 6, 73-77.
Weintraub, R., 1991: Stabilizing Dynamics. Constructing Economics Knowledge. Cambridge.
Weir, M./Skocpol, T., 1985: State Structures and the Possibilities for „Keynesian" Responses to the Great Depression in Sweden, Britain, and the United States, in: P. Evans et al. (Hrsg.), Bringing the State back in. Cambridge, 107-163.
Whitley, R., 1984: The Intellectual and Social Organisation of the Sciences. Oxford.
Whitley, R., 1986: The Structure and Context of Economics as a Scientific Field, in: W.J. Samuels (Hrsg.), Research in the History of Economic Thought and Methodology (Bd. 4). Greenwich CT., 179-209.
Wiles, P./Routh, G. (Hrsg.), 1984: Economics in Disarray. Oxford.
Windhoff-Héritier, A., 1987: Policy-Analyse – Eine Einführung. Frankfurt a.M.
Woolgar, S. (Hrsg.), 1988: Knowledge and Reflexivity: New Frontiers in the Sociology of Knowledge. London.
Wright, M., 1988: Policy Community, Policy Network and Comparative Industrial Policies, in: Political Studies 36, 593-612.

Wissen und Policy-Forschung.
Wissenspolitologie und rhetorisch-dialektisches Handlungsmodell

Frank Nullmeier

1. Interpretative Policy-Forschung und tradierte Analyseschemata

Es ist das Ziel der folgenden Ausführungen, der Policy-Forschung ein „interpretatives" Vorgehen unter dem Titel „wissenspolitologischer Ansatz"[1] zu empfehlen: Realitätsdefinitionen und Wirklichkeitskonstruktionen der politischen Akteure wären danach ebenso wie die kognitive Strukturierung der Handlungspläne, Ziele, Werte und Interessen unter dem Oberbegriff „Wissen" ins Zentrum der politikwissenschaftlichen Analyse zu rücken. Ein solches Bemühen muß allerdings mit zwei Denktraditionen brechen, die den konzeptionellen Umgang mit „Wissen" in diversen Policy-Analysen prägen. Das erste dieser tradierten Schemata ist die (implizite oder explizite) Erklärung von politischen Entscheidungsprozessen mit Hilfe eines *Zwei-Filter-Modells*. Die Gegenüberstellung von Wissen und Politik, die Wissen zu einem (weiteren) politikbeeinflussenden Faktor macht, daher hier als *Faktorentheorie des Wissens* bezeichnet, bildet das zweite problematische Analysemuster.

1.1 Das Zwei-Filter-Modell

Die Metapher „Zwei-Filter-Prozeß" geht zurück auf ein älteres Modell der Handlungserklärung bei Jon Elster,[2] wonach „jede realisierte Handlung als das Ergebnis zweier aufeinanderfolgender Filtrierungsprozesse angesehen werden kann. Erstens gibt es objektive Zwänge, die die Menge der abstrakt möglichen Handlungsweisen auf eine

---

[1] Erste Überlegungen zu einem Konzept wissenspolitologischer Policy-Forschung sind im Laufe eines DFG-Forschungsprojektes an der Universität Hannover zur bundesdeutschen Rentenpolitik der 80er Jahre von Friedbert W. Rüb und mir entwickelt und unter dem Titel „Die Transformation der Sozialpolitik. Vom Sozialstaat zum Sicherungsstaat" veröffentlicht worden (Nullmeier/Rüb 1993). Siehe außerdem zu den ideengeschichtlichen und kategorialen Hintergründen des Ansatzes: Nullmeier (1990).

[2] Z.B. Elster (1981: 259, 1987: 106). Jon Elster vertritt inzwischen ein an die Begrifflichkeit (desire, belief) von Donald Davidson (1990: 324ff.) angelehntes Modell der rationalen Wahlhandlung bestehend aus drei Wahlakten, das trotz seines normativen Charakters für explanatorische Zwecke nutzbar gemacht werden kann (Elster 1989a: 3f.). An die Stelle der „opportunities" des Zwei-Filter-Modells treten hier die „beliefs about the opportunities" (Elster 1989b: 20). Der zweite und dritte Wahlakt neben der eigentlichen Mittelwahl sind die Auswahl der bestbegründeten Überzeugungen bei gegebenen Evidenzen, Belegmaterialien etc. und die Wahl der optimalen Höhe der aufzusuchenden „evidence" bzw. zu beschaffenden Information angesichts gegebener Überzeugungen und Wünsche (Elster 1989a: 4, 1989b: 30, 37ff.).

kleine Teilmenge reduzieren, also auf die konkret mögliche Menge. Zweitens müssen wir irgendeinen Mechanismus feststellen, um zu erklären, warum von der konkret möglichen Menge eher die eine als die andere Handlung umgesetzt wird" (Elster 1981: 261). Die Policy-Forschung in der Bundesrepublik hatte sich schon implizit an einem derartigen zweistufigen Modell von strukturellen, institutionellen bzw. situativen Randbedingungen und meist als interessenorientiert, instrumental rational gedachten Entscheidungen ausgerichtet (z.B.: Grande/Schneider 1991; generell: Kiser/Ostrom 1982, dazu der Beitrag von H. Heinelt in diesem Band), bevor die Begrifflichkeit des Elsterschen Zwei-Filter-Modells zur theoretischen Stützung dieses Denk- und Forschungsschemas herangezogen wurde (Windhoff-Heritier 1991; Merkel 1993). Auch ohne Einbindung in ein strenger gefaßtes Rational Choice-Konzept wurden Präferenzen und Interessen der Akteure samt der ihnen als Mittel zur Verfügung stehenden Ressourcen gegen die Institutionen, Systeme, Strukturen und sozioökonomischen Bedingungen, Rahmendaten und externen Einflüsse gesetzt. Die innerpolitologische Debatte erstreckte sich eher auf die relative Gewichtung von Rahmenbedingungen und objektiven situativen Vorgaben einerseits, die Bedeutung der (rationalen) individuellen und kollektiven Entscheidungen andererseits. Variiert wurde dieser Fragenkomplex in der alternativen Darstellung der ökonomischen, institutionellen, technischen, physischen oder sozialstrukturellen Rahmenbedingungen als constraints *oder* als Ressourcen *oder* als handlungsbegrenzende wie handlungsermöglichende Strukturen (Windhoff-Héritier 1991: 40ff.).

In interpretativer Sicht gehen Institutionen, Ressourcen, Zwänge und Chancen jedoch nur als akteurseigene Interpretationskonstrukte in politisches Handeln ein. Handlungsleitend ist z.B. nicht die – von der Politikwissenschaft konstatierte – Verfügung über Machtressourcen, sondern das Wissen des Akteurs über seine Ressourcen und deren Verfügbarkeit. Der Raum der erreichbaren Handlungsalternativen ist nicht institutionell, ökonomisch und sozialstrukturell vorgegeben, er muß durch Deutungsleistungen des Akteurs selbst konstruiert werden. Gegenüber objektivistischen Ansätzen wird damit ein Kontingenzraum behauptet, den die politischen Akteure durch die Suche nach angemessenen Deutungen erst füllen müssen. Ein an *Handlungsrekonstruktion* interessiertes Vorgehen wird deshalb auf das Wissen über die je eigenen Handlungsmöglichkeiten und -ziele abstellen und wird sich vor allem für die Entscheidungen zugunsten bestimmter Deutungsangebote und Zielformulierungen interessieren.

1.2 Die Faktorentheorie des Wissens

Ein zweites Analyseschema prägt die Policy-Forschung: die Trennung und Gegenüberstellung von Wissen und Politik vor dem Hintergrund einer (weitgehenden) Identifikation von Wissen mit wissenschaftlichem Wissen. Das Verhältnis von „(social) knowledge" und „policy" wird entsprechend als Interaktion von Wissenschaftsinstitutionen/WissenschaftlerInnen und politischen Akteuren modelliert, zum Teil auch im Anschluß an die Kategorien der Politikberatungs-Debatte der 60er Jahre (Hampel 1991). Ausgehend von Debatten um Technokratie und Aufklärungs- sowie Kritikfunktion der (Sozial-)Wissenschaft hat sich diese Denkweise über die nachfolgende „Verwendungsforschung" (Policy Analysis Utilization-Forschung: Weiss 1991; Wittrock 1991; für die Bundesrepublik: Wingens 1988; Beck/Bonß 1989) hinaus fortgesetzt. Auch wenn deren Ausgangsannahmen und Modellvorstellungen in den 80er Jahren einer intensiven Kritik unterzogen wurden, an deren vorläufigem Ende erstens die Einsicht stand, daß statt Verwendung „Verwandlung" (Beck/Bonß 1989: 26f.) die angemessene Bezeichnung für den Prozeß der Aufnahme wissenschaftlichen Wissens sei, und zweitens, daß indirekte, langfristige, ungeplante und diffuse Wirkungen im Sinne der „enlightment function" von Wissen politisch weit bedeutsamer sind als die „engineering function" mit direkten Effekten auf der Basis von Daten, Fakten und einzelnen Forschungsergebnissen (Wittrock/Wagner 1992: 227), so setzte sich politikanalytisch die Vorstellung einer Separierbarkeit des Wissens als Gegenüber von Politik fort. Wissen und Wissenschaft werden entsprechend nur als ein weiterer Faktor in die politikwissenschaftliche Kausal-Analyse eingeführt.

Dabei ging insbesondere verloren, daß (kollektive) politische Akteure zur eigenständigen Wissensproduktion, zur Entfaltung von Deutungsmustern und zur kognitiven Repräsentation von eigenem Erleben fähig sind. Diese bündeln auf alltagsweltlicher Ebene Erfahrungen zu generalisierenden Urteilen und Situationsschilderungen, sie reformulieren wissenschaftliches Wissen durch neue Kontexte und höchst selektive Übernahmen, sie entfalten Wissen über kausale Folgen auch dort, wo wissenschaftliche Untersuchungen fehlen (so vor allem im Bereich der Mikrostruktur politischer Prozesse, z.B.: Ablauf von Gremiensitzungen, Kommunikationsaufnahme mit Gegnern, Intrige etc.). Die Produktion von Wissen auf allen Ebenen und bei allen Akteuren des politischen Prozesses mit der Folge wechselseitiger „Geltungs-Konkurrenz" der Deutungsmuster sollte daher an die Stelle der „Verwendung" extern erzeugten wissenschaftlichen und policy-analytischen Wissens treten, womit die Fassung von Wissen als einem Faktor in politischen Prozessen zusammenbricht. Entsprechend ist die Wissenschaftszentrierung der Policy-Forschung zu vermindern, zugleich aber die komplementäre Einseitigkeit z.B. ethnomethodologischer Ansätze (dazu: Patzelt 1991) mit ihrer Konzentration auf Alltagswissen und Alltagshandeln zu vermeiden.

2. Politische Deutungsprozesse – Neuere Analyseansätze

In den letzten Jahren haben sich die Bemühungen verstärkt, kognitionsorientierte Ansätze der Politikforschung zu entwickeln und anzuwenden. Diese Konzepte sind oft zugleich Stellungnahmen in der Selbstverständigungsdebatte der Policy Analysis in den USA und ihres Verhältnisses zur Politik. Hier wird von diesem Kontext abgesehen und lediglich zu prüfen sein, ob die ausgewählten Konzeptionen Kategorien zur Erkundung aller politisch relevanten Deutungsprozesse in einem Politikfeld bereitstellen.

2.1 Diskurse und Diskurskoalitionen

Der in spannenden historisch-vergleichenden Arbeiten ausgeführte Ansatz von P. Wagner und B. Wittrock (kurzgefaßt in: Wittrock/Wagner 1992) setzt auf der Ebene grundlegender politischer Wandlungen und wissenschaftlicher Paradigmata an. Als kognitive Einheit dienen aufgrund ihrer in der Verwendungsforschung nachgewiesenen vorrangigen Wirksamkeit intellektuelle Traditionen, Disziplinen und Diskurse. Erklärungsobjekt von Wagner/Wittrock ist das Verhältnis von Sozialwissenschaft zur politisch-staatlichen Entwicklung und dessen grundlegende Transformationen in den letzten hundert Jahren. Dieser makroskopische Blick läßt die internen Strukturen des jeweiligen Wissens gegenüber den grundlegenden kognitiven Affinitäten zur staatlichen Entwicklung, zu den institutionellen Veränderungen im Bereich „Politikberatung" und den Akteurskonstellationen in den Hintergrund treten. Grundbegriff ist der an A. Giddens angelehnte Terminus *Diskursstrukturierung*, der politisch-wissenschaftliche Transformationen aus der „Interaktion von Wissenschaftlern untereinander und mit nicht dem wissenschaftlichen Feld angehörenden Akteuren" (Wagner 1990: 496) erklären soll. *Diskurskoalitionen*,[3] wie sie sich in den 60er Jahren bei intensiver Interaktion zwischen einer policy-orientierten Sozialwissenschaft und wissenschaftsoptimistischen Reformpolitikern ergaben, sind inzwischen in der Phase der Pluralisierung von Expertise mit ihrem enormen Anstieg der intermediären Institutionen zwischen Wissenschaft und Politik von Tendenzen der *Diskursregulierung* und asymmetrischen Interaktion (Wittrock/Wagner/Wollmann 1991: 78) bei Vorrang staatlicher Interessen abgelöst worden.[4] Die makrostrukturelle und (sozial-)wissenschaftszentrierte Ausrichtung dieses Ansatzes mit ihren weitreichenden Einsichten in die historische Politikentwicklung einzelner Nationen begrenzt zugleich die Generalisierbarkeit als Analysekonzept für alle policy-relevanten Deutungsprozesse. Weder ist eine detaillierte Analyse einzelner Wissensbestandteile kategorial angeleitet, noch gerät das Alltagswissen politischer Akteure ins Blickfeld. Auch bieten sich keine Begrifflichkeiten für die Analyse geringfügiger Wandlungen im Politikfeld an.

2.2 Probleme, Lösungsalternativen und Policy Entrepreneurs

In einer breit rezipierten Arbeit zu Prozessen des Agenda-Setting und der Politikformulierung differenziert J.W. Kingdon (1984) vor dem Hintergrund eines Garbage Can-Modells der Politik mit drei unabhängigen, ein Eigenleben führenden „streams of processes" (problems, policy, politics) das Universum der politisch relevanten Deutungen in zwei „Ströme": das der Diagnose von Problemen und das der Problemlösungen, Policy-Vorschläge, Handlungsalternativen oder kurz „ideas". Komplementiert wird das Modell durch den Strom der politischen Ereignisse, der die Sphäre von Einfluß und Druck verkörpert gegenüber der „world of ideas", die von „persuasion" und „diffusion of ideas" beherrscht ist (Kingdon 1984: 18). Kingdon kann für die USA zeigen, daß die Problemebene von den „visible participants", dem Präsidenten und seinem Stab, Kongreßmitgliedern, Medien und Parteienvertretern beherrscht wird, die Policyebene dagegen von „hidden participants" in ihren SpezialistInnen-Gemeinschaften: Akademikern aller Disziplinen, Bürokraten, Abgeordnetenassistenten und Poli-

---

3 Vgl. dagegen den an Sabatier angelehnten generalisierenden Gebrauch bei Singer (1990: 440).
4 Die Dominanz wissenschaftlichen Wissens im politischen Handeln kann daher durchaus mit einer Machtkonstellation einhergehen, in der Gesellschaft und Politik die Wissenschaft „vor ihren Karren spannen" (Braun/Schimank 1992: 332).

cy-Forschern. Während die politische Agenda überwiegend von den Deutungsmustern der politisch Verantwortlichen geprägt wird, liefern die Wissenschaft und das angrenzende Feld spezialisierter Politikberatung die politischen Handlungsalternativen. Nur wenn sich auf Problem- oder Politikebene neue Bedingungen ergeben, so daß „policy windows" entstehen und diese Gelegenheiten auch noch von „policy entrepreneurs"[5] zur Stützung einzelner politischer Ideen genutzt werden, kann neues Wissen Politikwandel herbeiführen.

Die Metaphern der Policy Windows und Policy Streams können verständlich machen, daß Konzepte und Ideen, die lange unbeachtet geblieben waren, plötzlich eminente politische Relevanz erhalten, wenn sie sich mit veränderten Interessenlagen verbinden. Wissenschafts-Politik-Koalitionen haben in Kingdons Analyse lediglich vorübergehenden Charakter, feste politische Blöcke mit gemeinsamen Überzeugungen müssen danach als unwahrscheinlich gelten, da sie ein dauerhaftes „coupling" der drei Ströme voraussetzen. Aussagen zu den internen Strukturen der Deutungsmuster und den potentiellen Gründen ihrer politischen Überzeugungs- und Durchsetzungsfähigkeit – z.B. aufgrund untergründiger Affinitäten zu bestimmten politischen Kräften – fehlen in diesem Konzept allerdings.

2.3 Belief Systems und Advocacy Coalitions

P.A. Sabatier hat 1988 einen Analyserahmen vorgeschlagen, der mittelfristigen Policy-Wandel vor allem durch „fluctuations in the dominant belief system" bestimmt sieht (Sabatier 1988: 158), ohne doch den zweistufigen Erklärungsansatz zu verlassen: Grundlegende Unterscheidung ist die zwischen exogenen Variablen, die die Beschränkungen, Ressourcen und den Möglichkeitsraum eines Politikfeldes vorgeben, und dem Policy Subsystem. Innerhalb dieses recht konventionellen Rahmens (entsprechend Kiser/Ostrom 1982) entfaltet sich die Spezifität seines Ansatzes in der internen Konzeptualisierung der Akteure eines Policy Subsystems. Politikfelder werden danach von einer geringen Anzahl (meist 2 bis 4; Sabatier 1988: 140) von *„advocacy coalitions"* sowie zwischen diesen vermittelnden „policy brokers" beherrscht. Sabatier (1991: 151) definiert Advocacy Coalitions über einen von mehreren Akteuren aus verschiedenen Organisationen und von diversen Positionen geteilten „set of basic beliefs (policy goals plus causal and other perceptions)" und deren Absicht, ihre Ziele im Politikprozeß durchzusetzen. Diese in Koalitionen „organisierten" Eliten mit jeweils relativ einheitlichen Zielobjekten, Deutungsmustern und Strategien gelangen zu politischen Lösungen (Gesetzgebung, Verwaltungsprogramme) jedoch nicht ohne die Vermittlungstätigkeit der Policy Broker, deren „principle concern is to find some reasonable compromise which will reduce intense conflict" (Sabatier 1988: 133). Wissen tritt in diesem Konzept nicht als „neutrale" Information auf, sondern findet Zugang zum politischen Feld in „anwaltlicher" oder in vermittelnder Fassung: zur Stützung und Verteidigung bestimmter Positionen, zum Angriff auf die gegnerischen Positionen (Sabatier 1991: 148) oder zur stabilitätsorientierten Konfliktminderung. Die Besonderheit dieses *Modells der konfliktgebremsten Elitenkonkurrenz* liegt darin, die einzelnen Eliten nach „shared

---

5 Auf den USA-Zentrismus dieses Begriffes und der Vorstellung schwacher Verkopplungen und Koalitionen hat Döhler (1990: 539) hingewiesen.

belief systems" als „the principal 'glue' of politics" (Sabatier 1988: 141) und nicht nach Institutionen, ökonomischen Interessen, Gruppen- oder Organisationszugehörigkeiten bzw. sozialstrukturellen Merkmalen zu bestimmen. Sabatier wendet sich z.B. gegen eine institutionelle Aufschlüsselung der politischen Akteurskonstellation, weil die Variationsbreite des individuellen Verhaltens in Institutionen zu groß sei, als daß sich mit Institutionen Politik erklären ließe.

Die Belief Systems politischer Eliten – ein Konzept (Converse, Putnam), dessen bisherige Anwendung von einer „preoccupation ... with normative orientations" (Sabatier/Hunter 1989: 230) geprägt war –, differenziert Sabatier mit dem Begriff „core" (Lakatos) zur Konstruktion von drei Ebenen mit abnehmenden Grad des Widerstandes gegenüber Veränderung: Dem „deep normative core" als Gesamtheit der normativen und ontologischen, philosophisch-weltbildhaften Überzeugungen folgen der „near policy core", der die grundlegenden policy-spezifischen Anschauungen enthält, und die „secondary aspects" mit ihrer Vielzahl von Informationen und Daten zu spezifischen Entscheidungsfragen im Politikfeld. Politisches Lernen zwischen wie innerhalb der Belief Systems findet mit größerer Wahrscheinlichkeit auf der Ebene dieser sekundären Wissenselemente statt.

Im Gegensatz zu Kingdon arbeitet Sabatier mit starken Verkoppelungen – sowohl zwischen Belief Systems und politischen Kräftekonstellationen als auch zwischen den einzelnen Elementen von Belief Systems. Mit der Einbeziehung normativer wie deskriptiv-kausaler Momente und einer entwickelten inneren Differenzierung von Belief Systems sowie der Fortsetzung der Wissensanalyse in einer Koalitionskonzeption bietet Sabatier sicherlich das momentan weitreichendste Modell der Einbeziehung einer Deutungsdimenion in die Policy-Forschung. Wie sich an Unsicherheiten in der Relationsbestimmung von Belief System und Interesse deutlich macht, bleibt zu fragen, ob nicht doch in bestimmten Umfang sozialstrukturelle oder institutionelle Faktoren für die Ausbildung von Belief Systems und Koalitionen verantwortlich sind.

2.4 Frames

Im Bereich der Policy-Forschung ist jüngst von Rein/Schon (1991) der Begriff „frame" aufgegriffen worden, um die Rolle von Wissen im Politikprozeß aufzuzeigen. Das Konzept „Rahmen" – verstanden als soziale Interpretationsschemata, die die Erfahrung einer Situation grundlegend organisieren (Goffman 1980: 19) – hatte in der Nachfolge von G. Bateson in Erving Goffmans Rahmen-Analyse (1980) einen prominenten Stellenwert erhalten, ohne daß dessen Fassung jedoch innerwissenschaftlich allgemeine Verbindlichkeit erreichte. In entscheidungstheoretischen Arbeiten von Tversky/Kahneman (1988) wird z.B. gezeigt, daß ein logisch-mathematisches Entscheidungsproblem je nach Art seiner Formulierung (frame) in negativer oder positiver Ausdrucksweise zu unterschiedlichen Wahlhandlungen führt. Einen Integrationsversuch des eher „interpretativen" Rahmen-Konzeptes in ausgefeilte Varianten der Rational Choice-Theorie hat H. Esser (1990) unternommen, wobei Frames bei ihm die Funktion haben, Situationen „durch die Benennung von dominierenden Zielen" zu vereinfachen (Esser 1990: 238) – mit der Folge, daß Essers Theorie einen stark institutionalistischen Bias erhält (Esser 1990: 245; zur Kritik: Srubar 1992: 163).

In der Forschung über soziale Bewegungen wird „frame" bereits seit einigen Jahren zur Untersuchung von Mobilisierungsprozessen politischer Öffentlichkeit verwendet (Snow et. al. 1986; Snow/Benford 1988, 1992; Tarrow 1992; Gerhards 1993). Allerdings kann das Rahmenkonzept in Gefahr geraten, mit „Thema" bzw. „issue" gleichgesetzt zu werden (Schmidtke/Ruzza 1993) oder eine empirische Ideologieanalyse auf recht generellem Niveau anzuleiten (Gerhards 1993: 128ff.). Nicht allein die Vielfältigkeit der Definition und Verwendung erzeugt Unwohlsein. Zudem scheinen die Chancen des Rahmenkonzeptes in seiner „ursprünglichen" Fassung von Goffman (Hettlage 1991; kritisch: Soeffner 1989: 143ff.) - z.B. für die Analyse von Täuschung und Selbsttäuschung - in der Policy-Forschung noch nicht genutzt zu werden. Im Unterschied zu Snow/Benford (1988), die spezielle Differenzierungen für die Bindung der Bewegungsmitglieder an die Bewegungsframes einschließlich wissensinterner Ursachen entwickeln, heben Rein/Schon lediglich auf politische Kontexte und die spezifischen Akteursrollen in „public forums" ab: die „sponsors" und „policy intellectuals" (Rein/Schon 1991: 275). Eine Übernahme von kategorialen Anstrengungen der Bewegungsforschung in die Policy-Analyse wäre mithin ebenso zu prüfen wie ein relativ direkter Anschluß an die Arbeiten von Goffman. Eine Begrenzung von Rahmenanalyse dürfte jedoch darin liegen, daß „frames" auf ganzheitliche Erfassung und Deutung von Situationen zielen, dagegen einzelnes Tatsachenwissen, Informationen und Daten aus seinem Definitionsbereich herausfallen.

3. Wissen und Wissenspolitologie

Die Verwendung der Begriffe „Wissen" und - hier bedeutungsgleich gesetzt - „Deutung" bzw. „Deutungsmuster"[6] bietet gegenüber den Konzepten des „belief systems" und des „frame" den Vorteil, keine Annahmen über Kohärenz, Ganzheitlichkeitsgrad und inneren Zusammenhang der Wirklichkeitsinterpretationen zu treffen. Denn es verkürzt die Analyse von politisch relevanten Deutungsprozessen, wenn nur die paradigmatischen, ideologisch zentralen Konflikte in den Vordergrund gestellt werden. Von mindestens ebenso großer politischer Bedeutung können Auseinandersetzungen über Prognosen, statistische Daten oder kleinräumige Wirkungszusammenhänge sein. Ob der politische Deutungskonflikt als „Tatsachenkonflikt", „Geschichtsauseinandersetzung", „Prognosenstreit", „Theoriendebatte" oder quasi ideologische Auseinandersetzung über „policy cores" und „master-frames" (Snow/Benford 1992) geführt wird, ist durchaus den Diskursstrategien der politischen und wissenschaftlichen Akteure überlassen. Nur darf terminologisch in der Policy-Forschung keine Vorentscheidung für eine Form von Deutungskonflikten getroffen werden. Folge einer selektiven Erfassung von Deutungsprozessen kann nur die Selbstbeschränkung bzw. -marginalisierung des jeweiligen Ansatzes sein - so bei Rein/Schon: „Policy can change without a frame choice, and we can debate frame choice without any political change. ... Much policy change consists simply in adaptation to changing situations" (1991: 269). Letz-

---

6 Neben den genannten Kategorien sind außerhalb der Policy Analysis u.a. Begriffe wie „cognitive maps" (Axelrod), „kognitive Schemata" (Abelson), „Denkbild" (Opp de Hipt) und „ideological packages" (Gamson) als grundlegende Kategorien einer politikwissenschaftlichen Wissensanalyse vorgeschlagen und angewendet worden.

teres verkennt zudem, daß die Feststellung von veränderten Situationen, an die man sich anpassen kann oder muß, selbst ein komplizierter und häufig strittiger Deutungsprozeß ist, der aber von einer solchen Frame Analysis ausgeklammert wird. Insofern dient der Wissensbegriff hier vor allem dazu, den analytischen Zugang zu allen Formen von Deutungen und Deutungsprozessen offen zu halten.

Der Terminus *Wissenspolitologie* steht für den noch sehr vorläufigen und unfertigen Versuch eines stärker interpretativen Ansatzes der Policy-Forschung.[7] Mit der Wissenssoziologie Karl Mannheims hat dieser Ansatz gemein, nicht wie eine „Ideologienlehre" auf die Täuschungen, Verhüllungen, die bewußten Lügen und Fälschungen von Deutungen gerichtet zu sein (Mannheim 1965: 228). Auch jenseits und durch die immer partikular bleibenden Täuschungen hindurch ist die *konstitutive soziale Strukturierung des Denkens und Wissens* aufzuzeigen. Von Wissenspolitologie statt -soziologie ist jedoch nicht nur aufgrund der thematischen Verschiebung der Wissensanalyse auf das Feld des Politischen die Rede, sondern auch aufgrund der Behauptung, daß die sozialstrukturelle Prägung von Wissen in modernen Gesellschaften durchgehend Prozessen politischer Vermittlung unterliegt.

Ein wissenspolitologischer Ansatz arbeitet mit einem weiten Wissensbegriff, der sowohl normatives wie deskriptives, implizites wie explizites Wissen erfaßt. In der Tradition der neueren Wissenschaftssoziologie (Bonß/Hartmann (Hg.) 1985) bedeutet ihm Wissen nicht mehr als kognitives System.[8] Vorgängige Ansprüche an den Geltungscharakter eines Wissens als wahres Wissen jenseits des Fürwahrhalten stellt er nicht (kritisch dazu: Peters 1993: 383). Die als Einwand häufig angeführte Differenz von sozialer Geltung und Gültigkeit (z.B.: Habermas 1983: 27) wäre wissenspolitologisch als Differenz unterschiedlicher Modi sozialer Geltung zu rekonstruieren: Alltagspraktische Geltungszuschreibung kann im Kontext einer Konversation, einer politischen Interaktion oder auch einer weltgesellschaftlich vernetzten „scientific community" auftreten. Gültigkeit ist lediglich ein *reflexives Verfahren sozialer Geltungszuschreibung*, das einen faktischen Konsens auf potentiell entkontextualisierte, universalisierbare Begründbarkeit prüft, dazu aber als Prüfinstanz nur die *aktuelle Erwartung* – in der Regel von Wissenschaftlergemeinschaften – über den gedankenexperimentell abgeschätzten Ausgang eines idealtypischen Begründungsdiskurses verwenden kann.

4. Kategorien wissenspolitologischer Analyse

Der wissenspolitologische Ansatz soll ein Analyseschema liefern, das den politologischen Zugang sowohl zu den politisch relevanten *Deutungsprozessen* als auch zu den *internen Strukturen* der Wissenssysteme und Deutungsprozesse ermöglicht.

Das zentrale Phänomen in Deutungsprozessen nach dem Verlust religiöser, metaphysischer oder lebensweltlicher Gewißheiten ist die *Konkurrenz* unterschiedlichen Wissens um Geltung. Im Anschluß an Karl Mannheims berühmten Vortrag auf dem 6. Deut-

---

[7] Ein derartiger Ansatz steht ebenso wie die institutionalistischen (March/Olsen 1989) oder kontextualistisch-historischen Ansätze (Ashford 1992) in Opposition zu behavioralistischen und quantitativen (zur Übersicht: Schubert 1991) Konzepten.

[8] Schon im Wissensbegriff ergeben sich Differenzen zu Berger/Luckmann, die auf „die Gewißheit, daß Phänomene wirklich sind" (1980: 1), zielen.

schen Soziologentag 1928 „Die Bedeutung der Konkurrenz im Gebiete des Geistigen" (Mannheim 1982) stützt sich diese Analysestrategie auf ökonomische Kategorien, wie sie in der Marktanalyse üblich sind. Von *Wissensmärkten* soll gesprochen werden, wenn mehrere Deutungsmuster und Wissensangebote mit dem Anspruch auf legitime Geltung konkurrieren. In allen Organisationen, Institutionen und sozialen Bewegungen, in denen sich eigene Öffentlichkeiten herausbilden, in den spezialisierten Fachöffentlichkeiten der Wissenschaft und der einzelnen Policies sowie in der massenmedial dominierten Öffentlichkeit können derartige Wissens- oder Deutungsmärkte entstehen.[9] Das jeweilige *Wissensangebot* wird bereitgestellt von den problematisch gewordenen Elementen des lebensweltlichen Wissens, von wissenschaftlichen Konzepten mit der vorgängig höchsten, weil generalisiert zugesprochenen Legitimität, konkurrierenden alltagspraktischen Deutungen anderer (Experten-) und (Sub-)Kulturen und weltanschaulichen Wissenskomplexen von philosophischen Systemen bis hin zur Esoterik. Diese in innerer Struktur und genereller Legitimität höchst unterschiedlichen Angebotsformen sollen *Wissensarten* heißen.

Komplexere Deutungen führen die eigene Situierung in Hierarchien zwischen einzelnen Wissensarten mit sich. Die Ableitung oder Begründung eines generellen Überlegenheitsanspruches wird oft in höchst kunstvollen Selbstinszenierungen zu einem wesentlichen Inhalt von Theoriegebäuden, die zugleich die Standards ihrer privilegierten Stellung proklamieren. Der Begriff „Wissen" selbst verkörpert noch heute zwei Hierarchisierungen: die zwischen Wissen und Meinung und die zwischen Wissen und Glauben. *Wissenshierarchien* (Livingston 1992) sind generalisierte, auf ganze Wissensarten (Wissenschaft-Alltagswissen; Disziplinen; Natur-, Sozial-, Geisteswissenschaft) bezogene, gesellschaftlich weithin anerkannte Zuschreibungen höherer oder niederer Legitimität. Die Interpretationskämpfe auf einzelnen Politikfeldern sind nicht unbeeinflußt von den Kämpfen auf der legitimitätsmäßig höchsten Ebene: der Auseinandersetzung über Existenz und Gestalt von Wissenshierarchien selbst, die vornehmlich in den Begriffen von Wahrheit, Vernunft, Dezisionismus, Relativismus und Aufklärung geführt wird. Hierin liegt die politische Fernwirkung (sozial-)philosophischer, wissenschaftstheoretischer und -soziologischer Theoriebildung.

Für die Strukturanalyse von Wissensmärkten ist die *Marktformenlehre* mit ihrer Unterscheidung von Monopol, Oligopol und Polypol auf der Seite der angebotenen Deutungsmuster bzw. Wissensarten wie auf der Seite der um Orientierung suchenden Nachfrage anzuwenden: So ist z.B. das zu Zeiten der reformorientierten Diskurskoalitionen in den 60er Jahren erreichte Wissenschaftsmonopol auf zentralen politischen Wissensmärkten durch inner- und interdisziplinäre Auseinandersetzungen, aber auch durch die wissenschaftliche Infragestellung des generellen Legitimitätsvorsprungs von Wissenschaft zugunsten innerer Pluralisierung aufgebrochen worden. Das Analyseschema von Kingdon unterstellte generell voneinander unabhängige, offene Deutungsmärkte mit anarchischer Konkurrenzsituation, während Sabatier mit der Vorstellung oligopolistisch vermachteter Wissensmärkte im politischen Raum arbeitete. Beides ist möglich und sollte daher in einem einheitlichen Bezugsrahmen analysierbar sein.

---

9 Die Rede von Wissens- oder Deutungsmärkten (siehe auch: Gellner 1991) verweist auf einen höheren Grad an Spezialisierung und Fragmentierung der Deutungsprozesse als dies bereits bei Kingdon zugestanden war.

Debatten erzeugen Querverbindungen und Interdependenzen zwischen Wissensmärkten auf der Basis von Netzwerken „familenähnlicher" Argumentationen und Deutungen, die sich lose um ein Kernthema, eine Grundthese oder ein Frame gruppieren. Sie vermögen zugleich auf mehreren Wissensmärkten Veränderungsdynamiken auszulösen, finden aber durchaus auch Grenzen in der *Marktmacht* einzelner Akteure. Diese beruht sowohl auf der generellen Rechts- und Machtstellung im politischen Raum als auch auf der Verfügung über spezielle *Interpretations- und Wissensressourcen*. Darunter sind zum einen die materiellen, personellen und organisatorischen Mittel zur Produktion und Prüfung von Wissen, zum anderen die kognitive Fähigkeit zur Mobilisierung guter Gründe zu verstehen. Je nach Ressourcenumfang wird ein höherer oder niedrigerer Grad an interpretativer Aktions- und argumentativer Konfliktfähigkeit erreicht. Wissensrelevante Ressourcen werden mit der Verdrängung sozial abgeschotteter Milieus und den ihnen eigenen Ideologien durch allgemein zugängliche Wissensmärkte politisch wichtiger. Zum einen benötigen (kollektive) Akteure mehr Zeit und Aufwand für die Eigenorientierung in einer weder lebensweltlich-sozialkulturell noch wissenschaftlich oder ideologisch vorgeformten Welt. Zum anderen verlegen sich politische Konflikte in Verhandlungen zwischen Organisationen wie in öffentlichen Debatten verstärkt auf Auseinandersetzungen über die Wahrheit von Aussagen, die Angemessenheit von Risikoabschätzungen und die Richtigkeit von normativen Annahmen. Interpretationsressourcen in Deutungsprozessen, aber auch deren Gegenstand, sind Art und *interne Struktur* einzelner Wissensangebote. Hier ist zunächst an die *Zeitform* des Wissens zu denken. Jenseits von situativem Gegenwarts- und tatsachenbezogenem Vergangenheitswissen spielt Zukunftswissen eine zunehmend größere Rolle gerade im Gefolge verwissenschaftlichter Politik. In Prognosen, Wahrscheinlichkeits- und Risikoanalysen, in Sozial- und Umweltverträglichkeitsstudien, immer geht es um die Eroberung, meist jedoch um die „Schließung" der Zukunft. Denn nur ein Handlungshorizont, in dem vieles nicht mehr möglich ist, scheidet eine Vielzahl von Handlungs-Alternativen bereits vor der eigentlichen Kosten-Nutzen-Kalkulation aus.
Diese auf Schließung des Deutungshorizontes und auf Ausschließung von Konkurrenz gerichtete „interne Polemik" einzelner Deutungsmuster findet ihren besonderen Halt in der jeweiligen *Modalitätsform*: der des Notwendigen und Unmöglichen. Kategorien der Modalität regulieren die Grenzen des akzeptablen politischen Handelns, sie schirmen den inneren Kreis politischer Netzwerke gegen „Randakteure" und externe Oppositionen ab. Vorrangig ist dies die Aufgabe für ein Wissen vom Unmöglichen bzw. von den Grenzen des Möglichen (Majone 1989: 69ff.). Der durch Unmöglichkeitskonstrukte abgegrenzte Raum läßt eine Mehrzahl politischer Optionen zu, die jedoch nicht gegeben, sondern durch Akte kreativer Wissensentwicklung noch zu entfalten sind. Um die Vernichtung dieser Optionen bis auf genau eine geht es *Notwendigkeitskonstruktionen*. Sie haben die Funktion, den eigentlichen politischen Wahl- und Entscheidungsakt entfallen zu lassen. Die Welt gilt wie in einer strukturalistischen Erklärung als soweit festgelegt, daß angesichts des Notwendigen für Eigenentscheidungen und wiederständiges intentionales Handeln kein Raum mehr bleibt.
Der rationalen Kalkulation einer Handlung vorgelagert ist die Beantwortung der Frage, wer man denn eigentlich sei. Dies gilt für natürliche ebenso wie für kollektive Akteure. Letztere entstehen erst durch die Herausbildung *kollektiver Identitäten*, die sich in rechtlichen Regelungen und Ressourcen-Poolungen einen Rahmen dauerhafter Iden-

titätsstützung zulegen können, aber nicht müssen. Die Reichweite kollektiver Identitäten erstreckt sich mithin von Kleingruppen über soziale Kategorien („die Alten"), Schichten und Klassen hin zu sozialen Bewegungen, Organisationen und Institutionen, erfaßt „Nation", „Rasse" und „Ethnie" ebenso wie „Beamte", „Angestellte" oder „Steuerzahler" und basiert auf sozialen Klassifikationen sowie den sie regulierenden Klassifikationskämpfen (Bourdieu).[10] Einer stark institutionell geprägten Politikwissenschaft muß insbesondere die Rolle von *Institutions-Identitäten* am Herzen liegen. Dies sind um den Institutionsnamen zentrierte, oft systematisierende Interpretationen des Selbstverständnisses einer Institution. Die Durchsetzung von Institutions- und Organisationsidentitäten sowie entsprechenden Loyalitäten gegenüber richtungspolitischen, sozialstrukturellen, klientelistischen, ethnischen oder clanmäßigen Bindungen der Organisationsmitglieder ist für die institutionelle Existenz von elementarer Bedeutung. Von daher zeichnet das Konzept der Advocacy Coalition mit ihren quer zu Institutionen verlaufenden dominanten Koalitionen ein Bild stark geschwächter Institutions- und Organisationsbindungen.

Eine spezifische Form der *Zuschreibung kollektiver Identität* haben Schneider/Ingram (1993) hervorgehoben: die soziale Konstruktion von Zielgruppen, *„target populations"*, von Seiten der politischen Eliten und Bürokratien. Die differentielle Repräsentation potentiell von einer politischen Maßnahme Begünstigter oder Benachteiligter strukturiert die Kalkulation und Bewertung der Handlungsfolgen. Noch vor der Imagezuweisung und Bewertung ist dabei die „Schneidung" der Zielgruppen das Politikum. *Koalitionen* zwischen den so konstituierten kollektiven Akteuren können auf der Entwicklung einer neuen übergreifenden Identität beruhen, ergeben sich in der Regel aber nur auf der Basis eines Interessen- oder Wertekonsens. Meist übersehen wird aber die Möglichkeit, daß auch Übereinstimmungen im Bereich deskriptiven Wissens (Situationsdeutung, Vergangenheitsinterpretation, Kausalannahmen), d.h. ein *kognitiver Konsens*, koalitionsbildend wirken kann.[11]

Identität und Stabilität eines ganzen Politikfeldes verkörpert sich in *Policy-Prinzipien* als der Gesamtheit der – in speziellen Legitimationsfiguren repräsentierten – Gestaltungsgrundregeln dieses Feldes. Oft als „gewachsene Prinzipien" einer Policy bezeichnet, bilden sie den ideologischen Kern, die paradigmatische Grundlage einer bestimm-

---

10 Das interessenpartikularistische Vorgehen in der bundesdeutschen Wirtschafts-, Steuer- und Sozialpolitik lebt von der institutionell (z.B. sozialversicherungsrechtlich) abgesicherten Existenz von Kollektivitäten (darunter auch: „Freiberufler"). Ein Privilegien-Abbau scheitert hier weniger an der Möglichkeit, den Betroffenen relativ günstige Auffang- und Übergangsregelungen zu gewähren, als an der Fähigkeit von Verbänden, selbst minimale Verschlechterungen erfolgreich in direkten Zusammenhang mit der kollektiven Identität und deren potentieller Zerstörung zu bringen. Die strategische Mobilisierung kollektiver Identität durch Verbände zum Zwecke der Privilegienwahrung ist solange „authentisch" und kein Täuschungsmanöver, wenn auch vielleicht dramatisierend inszeniert, wie sich das Privileg als positiver Bestandteil oder Kern kollektiver Identität erweist, Privileg und Identität mithin ineinanderfallen.
11 Rüb/Nullmeier (1993) haben zu zeigen versucht, daß der kognitive Konsens über die drohenden demographischen Belastungen (ein prognostischer Konsens) einen wichtigen Teil der Integrationslast bei der Schaffung einer Koalition aus CDU/CSU, FDP und SPD zur gemeinsamen Verabschiedung des Rentenreformgesetzes 1992 getragen hat, obwohl manifeste Differenzen in den normativen Kernüberzeugungen der politischen Akteure gegeben waren.

ten Regelungsstruktur im Politikfeld. Sabatiers „policy cores" und Rein/Schons „frames" fallen vielleicht am ehesten mit dem zusammen, was hier Policy-Prinzip genannt wird.

Wie sind aber diese eher mikro- und mesopolitischen Kategorien auf ganze *Politikfelder und deren Entwicklungsgang* – zunächst beschreibend – zurückzubeziehen? In Rüb/Nullmeiers Analyse der bundesdeutschen Rentenpolitik (1993) ist dies mit dem Begriff des *politischen Eigenzyklus* exemplarisch versucht worden. Ein Eigenzyklus entsteht bei Dominanz der Modalität Notwendigkeit in einem Politikfeld. Entwickelt sich innerhalb einer policy community ein Verständnis der eigenen Institutions- und Organisationsinteressen als schlechthin notwendig und verliert sich Politik in einem Gehäuse selbstgeschaffener Zwänge, findet eine eigenzyklische Schließung und Abschottung statt. Der zentrale politische Wissensmarkt wird beherrscht von Hochstilisierungen der institutionellen Forderungen zu schlechthin notwendigen Bedürfnissen, die keine Handlungsalternativen mehr zulassen. Die Dominanz von Wissenstypen wie z.B. hier bestimmten Modalitäten, kann die Entwicklung von Politikfeldern in einer eher strukturellen und formalen Weise charakterisieren. In Verbindung mit der materialen Analyse der jeweils dominanten Deutungssysteme ergeben sich differenzierte Beschreibungsformen des inneren Funktionierens stagnierender, reformorientierter oder in Umbruch geratender Politikverläufe.

5. Dreistufiges Erklärungsmodell oder:
Von der Wissenssoziologie zur Wissenspolitologie

Um *Policy-Wandel* allerdings *erklären* zu können, ist letztlich auf die Gründe und Ursachen zu rekurrieren, die Veränderungen in den Wissenssystemen herbeiführen. Eine Einbeziehung der subjektiven Interpretationen von Situation, Handlungsmöglichkeiten, Ressourcen und potentiellen Handlungsfolgen verlagert die Erklärung von Policy-Entscheidungen auf die Frage der Bestimmung und des Wandels der Deutungsmuster. In dem Maße, wie sich die Akzeptanz eines Wissens nicht mehr traditionalem Glauben an seine Legitimität verdankt, wie sich Wissen aus der Unbewußtheit einer als selbstverständlich erlebten Welt und Wirklichkeit löst, seinen impliziten Charakter verliert und die Möglichkeit von Wissens-Alternativen erkannt wird, ist eine rein kausale Erklärung inadäquat. Wissen wird variabel, „wählbar". Mit dieser Verschiebung des Wissens in den Bereich des Intentionalen und Entscheidbaren muß sich der Prozeß der Handlungserklärung verändern: er wird *dreistufig*. Auf der ersten Stufe findet die Filterung jener Präferenzen, Kriterien und Wissenssysteme statt, die die Auswahl oder Akzeptanz eines handlungsrelevanten Wissens steuern. Die zweite Stufe erfaßt die Filterungsprozesse der als legitim erachteten Deutungen über Situation, Handlungsalternativen, Präferenzen und Normen (*Deutungswahl*), bevor auf der dritten Stufe die Festlegung auf genau eine Handlungsalternative erfolgt (*Handlungswahl*). Wollte man auch den Prozeß der ersten Stufe reflexiv aufklären, ergäbe sich kein grundlegend neues Muster, der Regreß erhöhte nur die Anzahl jener Prozesse der Deutungswahl, vernichtete aber nicht die vorgängige Bindung und intentionale Uneinholbarkeit der ursprünglichen Festlegung. Tradiertes, nicht hinterfragtes, implizites Wissen regiert letztlich Wissenswahlen und rationale Entscheidungen über Akzeptanz von Gründen, Argumenten, Begriffen und Theorien. Der lebensweltliche Hintergrund mit seinem *im ganzen* niemals problematisierbaren Wissen behält auf der ersten Stufe eine steuernde Funktion. Die „Seinsverbundenheit" dieser Letztfestlegungen aufzuschlüsseln, bleibt Aufgabe eines jeden in der Tradition der Wissenssoziologie stehenden Ansatzes.

Dieser *dreistufige Erklärungsgang*, der die Determinierung des Hintergrundwissens und der lebensweltlich eingespielten Evaluationskriterien für Wissenswahlen mit den Entscheidungsvorgängen der Wissenswahl und der eigentlichen Handlungs- und Mittelwahl verbindet, hat auch *materiale Implikationen*: In dem Maße, wie die Alternativhaftigkeit von Wissen erkannt wird und sich die Ebene der Wahl zwischen Deutungsmustern ausbildet, schwindet die Durchschlagskraft vorgängiger Strukturierungen wie Klassenlage, Institutionszugehörigkeit etc. Zwischen die ökonomische Situation, Sozialstruktur, Gruppenzugehörigkeit, Institution einerseits und das individuelle oder kollektive Handeln schiebt sich ein zunehmend breiterer Raum für Deutungsprozesse, die zudem weniger von unmittelbaren Erfahrungsevidenzen geprägt werden. Je mehr die Selbst- und Weltdeutung zu einem Entscheidungsproblem wird, desto eher wird sie politischen Aushandlungs- und Steuerungsprozessen zugänglich.

Eine *wissenssoziologische Analyse* legte nahe, die Akzeptanz von Wissen oder das Denken gemäß eines intuitiven, eingelebten Wissens als Ausdruck *sozialer* „Seinsverbundenheit", als Resultat der Zugehörigkeit zu sozialen Gruppierungen, Schichten, Klassen, Eliten, Rollenträgergruppen etc. zu deuten (Mannheim) oder der funktionalen Differenzierung moderner Gesellschaften zuzurechnen (Luhmann). Die Deutungsprozesse, in denen sich soziale Gruppen Identitäten mit tiefgreifender Prägung kollektiver Denksysteme geben, sind aber bereits das Ergebnis politisch vermittelter Auseinandersetzungen. Im Wissen von Akteuren spiegeln sich – und daran muß sich noch immer ein Stück kritisch-zeitdiagnostischer Kompetenz der Wissensanalyse bewähren (dazu: Engler 1992: 24) – sowohl die ursprüngliche sozialstrukturelle Bindung an spezifische Erfahrungen als auch die Ergebnisse und Ablagerungen einer langen historischen Reihe von politischen Interpretationskämpfen. Selbst auf der ersten Stufe der Handlungsmotivierung kann man nicht auf etwas vorpolitisch Konstituiertes rekurrieren. Wissenssoziologie geht in *Wissenspolitologie* über, da auch die lebensweltlich abgesunkenen Bestandteile des Wissens einer basalen politischen Prägung unterstehen.

6. Rhetorisch-dialektisches Handlungsmodell als Alternative

Mit der Reflexivität des Situationswissens und der Handlungsziele wird der Weg zu habituellen und normativ-institutionellen bzw. rituell-symbolischen Handlungsmodellen (z.B. March/Olsen 1989, zur (harschen) Kritik: Sjöblom 1993) endgültig versperrt. Zwar wird die Existenz derart geleiteter Handlungen nicht bezweifelt, doch taugen sie keineswegs mehr als generelle Handlungsmodelle oder als hervorgehobene Eckwerte von Handlungstypologien. Will man die Deutungsprozesse als offene, mithin auch anders mögliche Entscheidungen betrachten, bietet sich – auch in der Konsequenz der verwendeten ökonomischen und Marktkategorien – an, in Analogie zu den Prozessen der Handlungswahl auch die Deutungswahl als „rationale Wahl" verständlich zu machen.

Daß der Umgang mit Interpretationen und Wissen von strategisch-rationalen Überlegungen getragen werden kann, wird bereits zugestanden, wenn von *Diskursstrategien* (Gerhards 1992) die Rede ist. In der Konsequenz eines derartigen Denkens liegt es, die Wissensübernahme und -akzeptanz durch einen individuellen wie kollektiven Akteur als (zweck-)*rationale Wissenswahl* zu verstehen (Nullmeier 1990). Der Ansatz des ökonomischen, strategisch-instrumentellen Handlungsmodells in den fortgeschrittenen Varianten der Rational Choice-Schule ist in dieser Denkbewegung auch auf das Feld von Deutungsmustern und Realitätskonstruktionen zu erstrecken. Der Unterschied zwischen Handlungswahl und Wissenswahl liegt allerdings darin, daß bei einer Wissenswahl die Kosten-/Nutzen-Abschätzung sich nur auf den Bereich legitimer Geltung von Deutungen erstreckt, ansonsten liegen Fälle von Manipulation, Täuschung und Lüge vor, d.h. der scheinbaren Anerkennung eines Wissens als gültig zum Zwecke der Irreführung Dritter.[12] Die Deutungswahl ist jedoch auch in dieser Rational Choice-Fassung kein voluntaristischer Akt freier Entscheidung, da das Wissensangebot, sei es lebensweltlicher, alltagspraktischer oder wissenschaftlicher Art, selbst als vorgegeben gelten muß und einen Rahmen „passiver Rezeptivität" vorgibt.[13]

Die rationalistischen Implikationen eines solchen Modells sowie seine Unfähigkeit, den kreativen Umgang mit Wissensangeboten als „Verwandlung" begreiflich zu machen, lassen die Zweifel, die bereits gegen einfachere Rational Choice-Konzepte bestehen, noch weiter steigen. Als Alternativen zu einer Konzeption von Deutungsprozessen in Begriffen rationaler Entscheidungen stehen momentan hauptsächlich die Konzeptionen *kommunikativen* und *dramaturgischen Handelns* zur Verfügung.

Das *Modell kommunikativen Handelns* von Jürgen Habermas blockiert sich mit seiner Dichotomisierung in verständigungsorientiertes und strategisch-instrumentelles Handeln weitgehend für empirische Politikanalysen, zumal strategisches Verhalten im Bereich von Deutungskonflikten stark in die Richtung von Lüge und Täuschung, List und absichtliches Verschweigen gerückt wird (Habermas 1986: 363). Auch wenn Habermas vor der Behauptung zurückschreckt, das rhetorische Politikerverhalten ließe sich „Punkt für Punkt nach dem Muster latent strategischen Verhaltens analysieren" (Habermas 1986: 401), ist mit seiner Formel von einer Mischung kommunikativen und strategischen Handelns nicht viel gewonnen. Vor allem läßt sich damit kein direkter Zugang zu jenem Phänomen der inneren Verschränkung von Macht und Wissen, der Doppelstruktur von Wissen als Orientierungs- und Kampfinstrument (Engler 1992: 17) und der in Deutungsprozessen wirksamen „Gleichzeitigkeit von 'strategischen' und 'diskursiven' Lerneffekten" (Beck/Bonß 1989: 10) gewinnen.

---

12 Täuschungen lassen sich nur auf der Basis zweier Wissenssysteme durchführen. Der Akteur verfügt über ein *strategisch-manipuliertes Wissen*, von dessen nach außen bekundeter Geltung er sich „intern" distanziert. Handlungsleitend ist vielmehr das als Ausgangspunkt der manipulativen Anstrengungen dienende *„eigentlich" anerkannte Wissen*, dessen Rekonstruktion meist auf empirische Belegmaterialien verzichten muß.

13 Der Handlungsspielraum steigt dagegen, wenn entweder eine *Steuerung des Wissensangebotes* (z.B. durch Subventionierung) oder die *Wissensproduktion* in Eigenregie (vom Einbringen individuellen Erfahrungswissens als einem legitimen Bestandteil öffentlicher Debatten bis zum eigenen Forschungsinstitut oder Think Tank (dazu: Gellner 1991) oder staatlicher Institutionen) möglich ist. Zur zentralen politischen Frage auf der Angebotsseite wird die Relation der Fähigkeit von Eliten zur Strukturierung des öffentlichen Wissensangebotes einerseits, der Bedeutung eigenproduzierten Erfahrungs-Wissens andererseits.

Im *dramaturgischen Handlungskonzept*, das sich zu Recht oder Unrecht auf die Arbeiten Erving Goffmans gründet (dazu: Hettlage/Lenz 1991), wird die „zuschauerbezogene Stilisierung des eigenen Ausdrucks" (Habermas 1981I:128), die expressive Darstellung, Inszenierung und Vorführung des Selbst sowie die Erzeugung von Eindrücken zum Leitfaden sozialen Handelns. Einen angemessenen Analyserahmen für derartiges Handeln bietet die Theateranalogie. Der „Goffmensch", wie ihn R. Hitzler jüngst bezeichnet hat, lebt in einer prekären, Schwierigkeiten und Unsicherheiten produzierenden Welt, in der „Inszenierung .. demnach gar keine besondere Sache, Alltagsdramaturgie keine außergewöhnliche Art von Verhalten, Schauspielen keine spezifische Form menschlichen Zusammenlebens, sondern eine Grundgegebenheit der 'conditio humana' zum einen, und eine recht banale, alltägliche Angelegenheit zum anderen" ist (Hitzler 1992: 457). Die Einbeziehung auch manipulativen „impression managements" rückt dieses Modell in die Nähe strategischen Handelns (Habermas 1981I, 141), sei es in Richtung des homo eoconomicus (so: Schimank 1992: 188), sei es in Richtung eines als politisch oder „proto-politisch" interpretierten Machtbegriffs Webers (Hitzler 1992: 455), läßt Argumentation und Verständigung aber in den Hintergrund treten.
Von größerer Fruchtbarkeit für die Politikforschung wäre demgegenüber ein Handlungsmodell, das auch *argumentative Macht* erfassen könnte, ohne so erzeugtes Wissen als Täuschung oder Inszenierung zu denunzieren. Die Disziplin, in der dies traditionell gedacht werden konnte, ist die *Rhetorik*. Diese müßte aber wieder von ihrem Mißverständnis als manipulative Kunstlehre befreit und für den Modus des Argumentierens geöffnet werden, ein Werk, das insbesondere von Chaim Perelman (z.B. 1980) schon weit vorangetrieben worden ist. In der angelsächsischen Literaturwissenschaft (Paul de Man), Geschichtswissenschaft (Hayden White), Wissenschaftsforschung (dazu: Nelson/Megill/McCloskey 1987) und Anthropologie (Clifford Geertz, James Clifford; dazu: Berg/Fuchs 1993) hat sich im letzten Jahrzehnt eine Fülle von Ansätzen rhetorischer Interpretation literarischer und wissenschaftlicher Texte entwickelt, die in der Kernthese der unhintergehbar rhetorischen Struktur allen Schreibens ihre entscheidende Referenzthese findet (Hammersley 1993).
Das Vorhaben einer Rehabilitierung der Rhetorik als „first science of politics" (Nelson 1987: 209) und ihrer Nutzung für aktuelle politikwissenschaftliche Zwecke muß einerseits die Text-, Literatur- und Wissenschaftszentrierung der angelsächsischen Rhetorik-Renaissance überwinden. Andererseits bietet sich nicht jede Fassung von Rhetorik als Anschlußpunkt an, hier kommt dem Rückgriff auf den Verweisungszusammenhang von Dialektik und Rhetorik bei Aristoteles (in den Werken „Topik" und „Rhetorik") erhöhte Bedeutung zu. Rhetorik gilt Aristoteles als „korrespondierendes Gegenstück" (Aristoteles 1993: I.1.1 1354a) zur Dialektik, die es mit Schlußverfahren auf der Basis des nur Wahrscheinlichen im Unterschied zum Gewissen (Analytik) zu tun hat. Erst durch diese Verkoppelung einer Argumentationstheorie mit einer Theorie rednerischer Überzeugung, wie sie in der Überführung vom dialektischen Schlußverfahren Syllogismus als Enthymem und von Induktion als Beispiel in die Rhetorik verkörpert ist (Aristoteles 1993: I.2.8./9. 1356b), ermöglicht die Überwindung der geschilderten Barrieren.
Im folgenden soll angedeutet werden, wie das politische Verhalten von Individuen und kollektiven Akteuren nach einem Muster *rhetorisch-dialektischen Handelns* interpretiert und analysiert werden kann. Dies hat Rückwirkungen auf die Kategorien

wissenspolitologischer Analyse: Deutungsprozesse im politischen Raum sind komplementär zu den Handlungsentwürfen der einzelnen Akteure als rhetorisch-argumentative Auseinandersetzungen zu betrachten.
Auch wenn sich in der jüngeren Soziologie und Politikwissenschaft kein rhetorisches Handlungsverständnis als theoretische Grundposition entfaltet und etabliert hat, so findet sich in der Selbstverständigungsdebatte der Policy Analysis doch ein bemerkenswerter Versuch: Giandomenico Majone (1989) rekurriert in seiner Kritik der Policy-Analyse und ihrer Selbstdarstellung als logisch-rationalistisches Unternehmen auf das Aristotelische Begriffspaar Rhetorik und Dialektik. Gegen die „overintellectualized version of policy analysis" (Majone 1989: 19) will er mit einer „dialectic conception" (ebd.: 7) „a more realistic view of the uses of knowledge and analysis in policy deliberation" (ebd.: 20) setzen. Statt formaler Techniken der Problemlösung, statt Beweisen, Fakten, Informationen liefert Policy-Analyse als „rhetorical project" (Throgmorton 1991: 153) danach lediglich Argumente und Evidenzen, die in der öffentlichen Debatte persuasive, aber nicht manipulative Kraft entfalten. Mit der Betonung von Argumentation entzieht sich Majone dem etablierten Denkmuster von Rhetorik als wirkungsorientiertem Zusatz, als Ornament und Instrument der Manipulation und Propaganda. Allerdings bleibt die Anwendung des rhetorisch-dialektischen Modells bei Majone auf Wirkung und Selbstverständnis der Policy-Analyse beschränkt, es wird weder zu einer allgemeinen Konzeption von Deutungsprozessen und der Rolle von Wissen in der Politik weiterentwickelt noch gar zu einem grundlegenden Handlungsmodell mit spezifischer Nähe zum politischen Raum.
Ein generalisierter rhetorisch-dialektischer Ansatz wird die Kategorien von Präferenzen, Kosten/Nutzen, Eintrittswahrscheinlichkeiten, Kalkulations- und Entscheidungsregeln durch das der aristotelischen und auch klassischen Rhetorik und Dialektik (Tropen, Figuren, Topoi) entspringende Kategoriengerüst ersetzen. Die Folgen eines derartigen, auf recht unterschiedliche Weise durchführbaren[14] begrifflichen Umbaus sind hier nicht abzuschätzen. Ein rhetorisch-dialektischer Ansatz würde aber z.B. verständlich machen können, daß die kognitive Affinität einer neuen Deutung zum bestehenden Wissenssystem eines Akteurs wie seine argumentative Wirksamkeit in öffentlichen Debatten nicht von logischer Paßfähigkeit abhängt, sondern von der Akzeptabilität und Kohärenz einer in die neue Deutung konstitutiv eingeschlossenen *Metapher, Analogie*[15] oder *Allegorie* zum bestehenden Arsenal metaphorischen Wissens. In dem Maße, wie sich die Vorstellungen über die Struktur der Wissenssysteme und der argumentativen Auseinandersetzungen von einem logisch-deduktiven Modell löst,

---

14 Welch diametral entgegengesetzte Folgerungen man aus einer Rückbeziehung auf die aristotelische Dualität von Logik und Dialektik ziehen kann, zeigt sich im Vergleich der Hennisschen Interpretation von Topik und der „Ironikerin" Richard Rortys, die ebenfalls dialektische Argumentationsweisen logischen vorzieht: Während bei Wilhelm Hennis das topisch-dialektische Verfahren seinen „Ausgang immer von den herrschenden Meinungen der Menschen" nimmt, „an 'Einsicht' und 'gesunden Menschenverstand'" appelliert und „keine eigentlich 'neuen' Erkenntnisse" erzeugt (Hennis 1963: 96), geht es in der Dialektik Rortys darum, „Vokabulare gegeneinander auszuspielen" (Rorty 1989: 135) bei einer „ironischen" Grundhaltung, die von der Kontingenz der jeweiligen zentralen Überzeugungen ausgeht, – mit der Konsequenz: „Das Gegenteil von Ironie ist gesunder Menschenverstand" (ebd.: 128).
15 Hier in der „Begriffsbestimmung" durch Hans Blumenberg (1979: 88): „Die Analogie ist der Realismus der Metapher."

wird die Bedeutung derartiger rhetorischer Formen als innerer Kern und nicht bloß als „Schmuck" und wirkungsbedachter „Zusatz" erkennbar. Metaphern sind entsprechend nicht dem bloß manipulatorischen Raum einer symbolischen Politik zuzurechnen, die auf Mobilisierung von Massenloyalität spekuliert. Sie sind als „eine authentische Leistungsart der Erfassung von Zusammenhängen" (Blumenberg 1979: 77) genuines und in bestimmten Fragen unhintergehbares Moment der Weltdeutung.
Ganze Politikfelder können sich auch argumentativ (nicht allein „symbolisch") in „metaphorische" Auseinandersetzungen verstricken, wie das Beispiel der Rentenversicherung mit den Bildern vom „Rentenberg", der „Rentenlast" und dem „Krieg der Generationen" zeigt (Nullmeier/Rüb 1993; zur Bilanz der bisherigen politikwissenschaftlichen Rhetorik- und Semantikforschung siehe: Schumann 1991; zum Ansatz einer „sprachgeleiteten Policy-Analyse": Lang-Pfaff 1991). Der Begriff „Generationenvertrag", der zugleich ein Bild des Irrealen bietet wie einen Mythos erzählt, zwingt den Akteuren die schon vorbewertete alternative Situationsdarstellung als „Erhalt" oder „Bruch" des Generationenvertrages auf. Das, was gewollt wird, die Formulierung von Interessen und Programmen, ist bereits metaphorisch vorgeprägt.[16] Die Entwicklung eines Politikfeldes würde mithin mißinterpretiert, erschiene sie nur als Ergebnis interessenrationaler Auseinandersetzung bei informationell begrenztem Wissen der Akteure. Nicht Kalkulation und rationale Interessenabwägung herrschen im politischen Raum. Die Akteure sind in ihrer Plänen, Strategien und Überlegungen, aber auch in ihren Handlungen und Interaktionen eingebunden in ein Netz von Metaphern, Situationsschilderungen und Normen mythischen Charakters, von Notwendigkeitskonstruktionen und Unmöglichkeitsannahmen, von bruchstückhaftem Gegenwartswissen und Zukunftsdeutungen, das Handlungsorientierung per Kalkulation (d.h. Anwendung logisch-mathematischer Regeln) gar nicht zuläßt.
An die Stelle der Entscheidungsregel, diejenige Handlungsalternative zu wählen, die den größten subjektiven Nutzen verspricht, tritt eine *persuasive Handlungsorientierung*. Gewählt wird diejenige Handlungsalternative, für die sich die größte argumentativrhetorische Stützungsleistung innerhalb des Wissenssystems des jeweiligen Akteurs mobilisieren läßt. Für den Bereich der *Deutungswahl* bedeutet dies, daß sich kognitive Affinitäten auf der Ebene rhetorischer Figuren, dialektischer Argumentationsweisen und auch logischer Beziehungen ergeben.
Konstitutiv für den Gegenstand der Rhetorik ist zudem die Präsenz eines Publikums oder *Auditoriums*. Ziel von Argumentationen ist es, die Übereinstimmung eines Publikums mit den Thesen des Redners hervorzurufen oder zu verstärken (Perelman 1980: 18). Übertragen in ein Modell rhetorisch-dialektisches Handelns einer einzelnen Person ist die virtuelle Präsenz der Anderen als potentielles Publikum der eigenen Entscheidungen ein Referenzpunkt für die Weise, in der diese zu treffen sind. Handlungsleitend werden jene Gründe und Deutungen, die für den Handelnden *in gedachter Anwesenheit eines Publikums die größte persuasive Kraft auf ihn selbst* entfalten können.

---

16 In welch hohem Maße dies auch für wissenschaftliches Wissen gilt, dürfte die obige Diskussion des „Zwei-Filter-Schemas", der „frames", „packages" und „cognitive maps", der „policy windows" und „policy streams" zeigen. Die Kritik jener „Begriffe" – trotz ihres bildlichen Charakters werden sie zu solchen allein durch den wissenschaftlichen Kontext, auch wenn Bildlichkeit traditionell gerade Vorbegrifflichkeit bedeutet – diente hier der Vorbereitung eines auf Analogie – der des Marktes – beruhenden Ansatzes.

Die Einbeziehung der Anderen in die eigene Handlungsorientierung nicht als Gegner, Feinde oder Hindernisse der eigenen Pläne, sondern als Auditorium von Meinungsträgern, deren Übereinstimmung mit den eigenen Deutungen zu bedenken ist, galt Hannah Arendt als Spezifikum des politischen Denkens: „... in allen Überlegungen das, was andere denken und meinen, mit zu berücksichtigen, ist das Zeichen politischen Denkens" (Arendt 1987: 61).

7. Rhetorik, Manipulation und symbolische Politik

Die Konstruktion eines rhetorisch-dialektischen Modells politischen Handelns wird die gängige Identifikation von Rhetorik mit Manipulation und Täuschung, wie sie sich im Konzept symbolischer Politik (Edelman 1976; Sarcinelli 1987; Meyer 1992) verfestigt, ebenso zurückzuweisen haben wie die Parallelisierung der Begriffspaare Überzeugen – Überreden und Argumentation – Rhetorik (dazu: Kopperschmidt 1989: 115ff.). Ein Rückgriff auf die aristotelische Rhetorikkonzeption, die sehr wohl zwischen Überzeugungstätigkeit (auf der Basis dialektischer Schlüsse) und manipulativem Einsatz sprachlicher Mittel (sophistischen, undialektischen Schlüssen) zu unterscheiden weiß (dazu: Göttert 1991: 89f.), bildet dabei einen wichtigen Zwischenschritt, um Rezeptionsblockaden zu überwinden.

Deutungsprozesse und Deutungswahlen nach dem Modell dramaturgischen, zweckrationalen oder rhetorisch-dialektischen Handelns zu verstehen, trifft in allen drei Fällen auf den Einwand, hier werde Wissen konzeptionell der Manipulation und Täuschung, bestenfalls der Selbsttäuschung unterworfen.

Jede Anwendung der Kategorien „Strategie", „instrumentell", „zweckrational" auf Wissen bedeutet zumindest im deutschen Kontext die Ausschaltung der Geltungsdimension wahr/falsch. Ein strategischer Zugriff auf Wissen kann nicht mit dessen Wahrheit kompatibel sein. Wissen zeigt sich als wahr nur dann, wenn es aus strategischen Kontexten befreit ist. Demnach wären Deutungsstrategien Täuschungsmanöver, die auf Zwiedenken beruhen. In der politischen Öffentlichkeit werden Aussagen von kollektiven Akteuren wie Parteien als wahr dargestellt, von deren Falschheit diese intern überzeugt sind, ja, die diese gar nicht propagieren könnten, wenn sie an deren Wahrheit glaubten.[17]

Dramaturgisches und rhetorisches Handeln erscheinen genau als solche Akte gezielter Täuschung der Öffentlichkeit durch Inszenierung und Beredsamkeit und gelten daher als Varianten strategisch-zweckrationalen Handelns. Vor allem unter dem Begriff „*symbolische Politik*" mit den Elementen Mythos, Ritual, Rhetorik, Metapher, Symbol, Inszenierung, Personalisierung, Dramatisierung, Emotion wird heute eine strategisch manipulierte Scheinwelt verstanden, hinter der sich je nach Analyse politische Unfähigkeit und Stillstand verbirgt oder sich ein allein von partikularen Interessen be-

---

17 Derartige Täuschungen können jedoch eine Eigendynamik erzeugen, so daß sich Akteure in die eigenen Täuschungen verstricken. Die Täuschung schlägt auf ihren Erfinder zurück, wenn das propagierte Deutungsmuster öffentliche Dominanz gewinnt und alle Akteure gezwungen sind, es auch ihrem realen Handeln als Ausgangswissen zugrundezulegen. Als nicht-intendierter Nebeneffekt bindet eine Deutung auch den, der sie als Täuschung aller anderen in die Welt gesetzt hat.

stimmter Kampf um materielle Vorteile abspielt. Mit seinem ursprünglichen Konzept von zwei Seiten oder Dimensionen von Politik, der symbolischen zur Beruhigung und Befriedung der Massen und der „eigentlichen" der Interessenkonflikte zwischen Eliten um Geld und Macht, dem die Differenz von Verweisungssymbolen (bezogen auf objektive Merkmale, allgemeine Identifizierbarkeit) und Verdichtungssymbolen (emotionserzeugend) entsprach, hat Murray Edelman (1976) eine äußerst wirksame Neufassung der Dualität von Vernunft/Rationalität – Emotion/Irrationalität entfaltet. Die irrationale Seite gilt dabei als rational im Interesse der Eliten gesteuert,[18] ist „Schein", der in dem Maße wichtiger und unabhängiger von instrumentellem politischen Tun und sozialer Realität wird, wie sich die Möglichkeiten der Eigenerfahrung angesichts von Komplexitätszuwachs und Medienvermittlung allen Geschehens verringern (Meyer 1992: 58). Die Dualisierung „'materielle' Politik" versus „'rhetorische' Politik" (Sarcinelli 1987: 117f.), „Entscheidungspolitik" versus „Schaupolitik" (Käsler 1989: 316) legt schließlich nahe, auch wissenschaftsintern den Politikprozeß zwischen Symbolischer Politik-Forschung und Policy-Analyse aufzuteilen (ebd.: 317). Analytisch angemessener als die strikte Dualisierung mit ihren allgemein politikkritischen Effekten scheint ein Vorgehen zu sein, daß die bis ins Innerste reichende Prägung materieller Politik und der sie leitenden Interessen durch rhetorische Figuren und Symbolismen empirisch aufzeigt. Dann wären allerdings die Linien zwischen Manipulation und fairer politischer Auseinandersetzung auf dem Felde des Symbolischen selbst zu ziehen statt den bilderfreien, rein argumentativen Diskurs der „Hinterlist" (Meyer 1992: 191) symbolischer Politik gegenüberzustellen und als grundlegendste politische Konfliktlinie die zwischen Wahrheit und Täuschung anzusehen. Erst jenseits dieses Generalvorbehalts geriete die ideologische, richtungspolitische und soziale Spezifik des jeweiligen Wissens in den Blick.

Literaturverzeichnis

Arendt, Hannah, 1987: Wahrheit und Lüge in der Politik. Zwei Essays. München.
Aristoteles, 1968: Topik (Organon V). Übersetzt und mit Anmerkungen versehen von *Eugen Rolfes.* Hamburg.
Aristoteles, 1993: Rhetorik. Übersetzt, mit einer Bibliographie, Erläuterungen und einem Nachwort von *Franz G. Sieveke.* 4. Aufl., München.
Ashford, Douglas E. (Hrsg.), 1992: History and Context in Comparative Public Policy. Pittsburgh/London.
Beck, Ulrich/Bonß, Wolfgang (Hrsg.), 1989: Weder Sozialtechnologie noch Aufklärung? Analysen zur Verwendung sozialwissenschaftlichen Wissens. Frankfurt a.M.
Beck, Ulrich/Bonß, Wolfgang, 1989: Verwissenschaftlichung ohne Aufklärung? Zum Strukturwandel von Sozialwissenschaft und Praxis, in: *Ulrich Beck/Wolfgang Bonß* (Hrsg.), Weder Sozialtechnologie noch Aufklärung? Analysen zur Verwendung sozialwissenschaftlichen Wissens. Frankfurt a.M., 7-45.
Benford, Robert D., 1993: Frame Disputes within the Nuclear Disarmament Movement, in: Social Forces 71, 677-701.
Berg, Eberhard/Fuchs, Martin (Hrsg.), 1993: Kultur, soziale Praxis, Text. Die Krise der ethnographischen Repräsentation. Frankfurt a.M.

---

18 Dort, wo Edelman dagegen die Vermutung bewußter Manipulation und intendierter Mythenbildung als generelles Phänomen zurückweist (1976: 16), wird seine Analyse zu „a sort of functionalist ideology criticism" (Eriksen 1987: 268).

Berger, Peter L./Luckmann, Thomas, 1980: Die gesellschaftliche Konstruktion der Wirklichkeit. Eine Theorie der Wissenssoziologie. Frankfurt a.M.
Blumenberg, Hans, 1979: Ausblick auf eine Theorie der Unbegrifflichkeit, in: *Hans Blumenberg,* Schiffbruch mit Zuschauer. Paradigma einer Daseinsmetapher. Frankfurt a.M., 75-93.
Bonß, Wolfgang/Hartmann, Heinz (Hrsg.), 1985: Entzauberte Wissenschaft. Zur Relativität und Geltung soziologischer Forschung. Göttingen.
Braun, Dietmar/Schimank, Uwe, 1992: Organisatorische Koexistenzen des Forschungssystems mit anderen gesellschaftlichen Teilsystemen: Die prekäre Autonomie wissenschaftlicher Forschung, in: Journal für Sozialforschung 32, 319-336.
Davidson, Donald, 1990: Handlung und Ereignis. Frankfurt a.M.
de Man, Paul, 1988: Allegorien des Lesens. Frankfurt a.M.
Döhler, Marian, 1990: Gesundheitspolitik nach der „Wende". Policy-Netzwerke und ordnungspolitischer Strategiewechsel in Großbritannien, den USA und der Bundesrepublik Deutschland. Berlin.
Ebbighausen, Rolf/Neckel, Sighard (Hrsg.), 1989: Anatomie des politischen Skandals. Frankfurt a.M.
Edelman, Murray, 1976: Politik als Ritual. Die symbolische Funktion staatlicher Institutionen und politischen Handelns. Frankfurt a.M./New York.
Elster, Jon, 1981: Logik und Gesellschaft. Widersprüche und mögliche Welten. Frankfurt a.M.
Elster, Jon, 1987: Subversion der Rationalität. Frankfurt a.M./New York.
Elster, Jon, 1989a: Solomonic Judgements. Studies in the Limitations of Rationality. Cambridge.
Elster, Jon, 1989b: Nuts and Bolts for the Social Sciences. Cambridge.
Engler, Wolfgang, 1992: Selbstbilder. Das reflexive Projekt der Wissenssoziologie. Berlin.
Eriksen, Erik Oddvar, 1987: Symbols, Stratagems, and Legitimacy in Political Analysis, in: Scandinavian Political Studies 10, 259-278.
Esser, Hartmut, 1990: „Habits", „Frames" und „Rational Choice". Die Reichweite von Theorien der rationalen Wahl (am Beispiel der Erklärung des Befragtenverhaltens), in: Zeitschrift für Soziologie 19, 231-247.
Gellner, Winand, 1991: Politikberatung und Parteienersatz: Politische „Denkfabriken" in den USA, in: Zeitschrift für Parlamentsfragen 22, 134-149.
Gerhards, Jürgen, 1992: Dimensionen und Strategien öffentlicher Diskurse, in: Journal für Sozialforschung 32, 307-318.
Gerhards, Jürgen, 1993: Neue Konfliktlinien in der Mobilisierung der öffentlichen Meinung. Eine Fallstudie. Opladen.
Goffman, Erving, 1980: Rahmen-Analyse. Ein Versuch über die Organisation von Alltagserfahrungen. Frankfurt a.M.
Göttert, Karl-Heinz, 1991: Einführung in die Rhetorik. Grundbegriffe – Geschichte – Rezeption. München.
Grande, Edgar/Schneider, Volker, 1991: Reformstrategien und staatliche Handlungskapazitäten. Eine vergleichende Analyse institutionellen Wandels in der Telekommunikation in Westeuropa, in: Politische Vierteljahresschrift 32, 452-478.
Habermas, Jürgen, 1981: Theorie des kommunikativen Handelns, 2 Bände. Frankfurt a.M.
Habermas, Jürgen, 1983: Moralbewußtsein und kommunikatives Handeln. Frankfurt a.M.
Habermas, Jürgen, 1986: Entgegnung, in: *Axel Honneth/Hans Joas* (Hrsg.), Kommunikatives Handeln. Beiträge zu Jürgen Habermas' „Theorie des kommunikativen Handelns". Frankfurt a.M., 327-405.
Hammersley, Martyn, 1993: The Rhetorical Turn in Ethnography, in: Social Science Information 32, 23-37.
Hampel, Frank, 1991: Politikberatung in der Bundesrepublik: Überlegungen am Beispiel von Enquête-Kommissionen, in: Zeitschrift für Parlamentsfragen 22, 111-133.
Hennis, Wilhelm, 1963: Politik und praktische Philosophie. Eine Studie zur Rekonstruktion der politischen Wissenschaft. Neuwied/Berlin.
Hettlage, Robert, 1991: Rahmenanalyse – oder die innere Organisation unseres Wissens um die Ordnung der sozialen Wirklichkeit, in: *Robert Hettlage/Karl Lenz* (Hrsg.), Erving Goffman – ein soziologischer Klassiker der zweiten Generation. Bern/Stuttgart, 95-154.
Hettlage, Robert/Lenz, Karl (Hrsg.), 1991: Erving Goffman – ein soziologischer Klassiker der zweiten Generation. Bern/Stuttgart.

Hitzler, Ronald, 1992: Der Goffmensch. Überlegungen zu einer dramatologischen Anthropologie, in: Soziale Welt 43, 449-461.
Käsler, Dirk 1989: Der Skandal als „Politisches Theater". Zur schaupolitischen Funktionalität politischer Skandale, in: *Rolf Ebbighausen/Sighard Neckel* (Hrsg.), Anatomie des politischen Skandals. Frankfurt a.M., 307-333.
Kingdon, John W., 1984: Agendas, Alternatives, and Public Policies. Boston/Toronto.
Kiser, Larry/Ostrom, Elinor, 1982: The Three Worlds of Action, in: *Elinor Ostrom* (Hrsg.), Strategies of Polical Inquiry. Beverly Hills, 179-222.
Klandermans, Bert/Kriesi, Hanspeter/Tarrow, Sidney (Hrsg.), 1988: International Social Movement Research. A Research Annual 1. Greenwich/London.
Kopperschmidt, Josef, 1989: Methodik der Argumentationsanalyse. Stuttgart/Bad Cannstatt.
Lang-Pfaff, Christa, 1991: „Dem Gen auf der Spur": Biotechnologiepolitik und Sprache in der Bundesrepublik Deutschland, in: *Manfred Opp de Hipt/Erich Latniak* (Hrsg.), Sprache statt Politik? Politikwissenschaftliche Semantik- und Rhetorikforschung. Opladen, 91-121.
Livingston, Steven G., 1992: Knowledge Hierarchies and the Politics of Ideas on American International Commodity Policy, in: Journal of Public Policy 12, 223-242.
Majone, Giandomenico, 1989: Evidence, Argument, and Persuasion in the Policy Process. New Haven.
Mannheim, Karl, 1965: Ideologie und Utopie. 4. Aufl., Frankfurt a.M.
Mannheim, Karl, 1982: Die Bedeutung der Konkurrenz im Gebiete des Geistigen, in: *Volker Meja/Nico Stehr* (Hrsg.), Der Streit um die Wissenssoziologie, Band 1. Frankfurt a.M., 325-370.
March, James G./Olsen, Johan P., 1989: Rediscovering Institutions. The Organizational Basis of Politics. New York.
Merkel, Wolfgang, 1993: Machtressourcen, Handlungsrestriktionen und Strategiewahlen. Die Logik sozialdemokratischer Wirtschaftspolitik, in: Politische Vierteljahresschrift 34, 3-28.
Meyer, Thomas 1992: Die Inszenierung des Scheins. Voraussetzungen und Folgen symbolischer Politik. Essay-Montage. Frankfurt a.M.
Morris, Aldon D./McClurg Mueller, Carol (Hrsg.), 1992: Frontiers in Social Movement Theory. New Haven/London.
Nelson, John S., 1987: Stories of Science and Politics. Some Rhetorics of Political Research, in: *John S. Nelson/Allan Megill/Donald N. McCloskey* (Hrsg.), The Rhetorics of the Human Sciences. Language and Argument in Scholarship and Public Affairs. Madison, 198-220.
Nelson, John S./Megill, Allan/McCloskey, Donald N. (Hrsg.), 1987: The Rhetorics of the Human Sciences. Language and Argument in Scholarship and Public Affairs. Madison.
Nullmeier, Frank, 1990: Von Max Weber zu Konzepten einer Intelligenz- und Wissenspolitologie. Hamburg (Diss.).
Nullmeier, Frank/Rüb, Friedbert W., 1993: Die Transformation der Sozialpolitik. Vom Sozialstaat zum Sicherungsstaat. Frankfurt a.M./New York.
Opp de Hipt, Manfred/Latniak, Erich (Hrsg.), 1991: Sprache statt Politik? Politikwissenschaftliche Semantik- und Rhetorikforschung. Opladen.
Patzelt, Werner J., 1991: Analyse politischen Sprechens: Die Möglichkeit der Ethnomethodologie, in: *Manfred Opp de Hipt/Erich Latniak* (Hrsg.), Sprache statt Politik? Politikwissenschaftliche Semantik- und Rhetorikforschung. Opladen, 156-187.
Perelman, Chaim, 1980: Das Reich der Rhetorik. Rhetorik und Argumentation. München.
Peters, Bernhard, 1993: Die Integration moderner Gesellschaften. Frankfurt a.M.
Rein, Martin/Schon, Donald, 1991: Frame-Reflective Policy Discourse, in: *Peter Wagner/Carol H. Weiss/Björn Wittrock/Hellmut Wollmann* (Hrsg.), Social Sciences and Modern States. National Experiences and Theoretical Crossroads. Cambridge, 262-289.
Rorty, Richard, 1989: Kontingenz, Ironie und Solidarität. Frankfurt a.M.
Sabatier, Paul A., 1988: An Advocacy Coalition Framework of Policy Change and the Role of Policy-oriented Learning therein, in: Policy Sciences 21, 129-168.
Sabatier, Paul A., 1991: Toward Better Theories of the Policy Process, in: PS: Political Science & Politics 24, 147-156.
Sabatier, Paul A./Hunter, Susan, 1989: The Incorporation of Causal Perceptions into Models of Elite Belief Systems, in: The Western Political Quarterly 42, 229-261.
Sarcinelli, Ulrich, 1987: Symbolische Politik. Zur Bedeutung symbolischen Handelns in der Wahlkampfkommunikation der Bundesrepublik Deutschland. Opladen.

Schimank, Uwe, 1992: Erwartungssicherheit und Zielverfolgung. Sozialität zwischen Prisoner's Dilemma and Battle of the Sexes, in: Soziale Welt 43, 182-200.
Schmidtke, Oliver/Ruzza, Carlo E., 1993: Regionalistischer Protest als „Life Politics". Die Formierung einer sozialen Bewegung: die Lega Lombarda, in: Soziale Welt 44, 5-29.
Schneider, Anne/Ingram, Helen, 1993: Social Construction of Target Populations: Implications for Politics and Policy, in: American Political Science Review 87, 334-347.
Schubert, Klaus, 1991: Politikfeldanalyse. Eine Einführung. Opladen.
Schumann, Hans-Gerd, 1991: Politikwissenschaftliche Semantik- und Rhetorikforschung – Anmerkungen zu einer defizitären Bilanz, in: *Manfred Opp de Hipt/Erich Latniak* (Hrsg.), Sprache statt Politik? Politikwissenschaftliche Semantik- und Rhetorikforschung. Opladen, 14-22.
Singer, Otto, 1990: Policy Communities and Discourse Coalitions. The Role of Policy Analysis in Economic Policy Making, in: Knowledge: Creation, Diffusion, Utilization 11, 428-458.
Sjöblom, Gunnar, 1993: Some Critical Remarks on March and Olsen's „Rediscovering Institutions", in: Journal of Theoretical Politics 5, 397-407.
Snow, David A. et al., 1986: Frame Alignment Processes, Micromobilization, and Movement Participation, in: American Sociological Review 51, 464-481.
Snow, David A./Benford, Robert D., 1988: Ideology, Frame Resonance, and Participant Mobilization, in: *Bert Klandermans/Hanspeter Kriesi/Sidney Tarrow* (Hrsg.), International Social Movement Research. A Research Annual 1. Greenwich/London, 197-217.
Snow, David A./Benford, Robert D., 1992: Master Frames and Cycles of Protest, in: *Aldon D. Morris/Carol McClurg Mueller* (Hrsg.), Frontiers in Social Movement Theory. New Haven/London, 133-155.
Soeffner, Hans-Georg, 1989: Auslegung des Alltags – Der Alltag der Auslegung. Zur wissenssoziologischen Konzeption einer sozialwissenschaftlichen Hermeneutik. Frankfurt a.M.
Srubar, Ilja, 1992: Grenzen des „Rational Choice"-Ansatzes, in: Zeitschrift für Soziologie 21, 157-165.
Tarrow, Sidney, 1992: Mentalities, Political Culture, and Collective Action Frames: Constructing Meanings through Action, in: *Aldon D. Morris/Carol McClurg Mueller* (Hrsg.), Frontiers in Social Movement Theory. New Haven/London, 174-202.
Throgmorton, J.A., 1991: The Rhetorics of Policy Analysis, in: Policy Sciences 24, 153-179.
Tversky, Amos/Kahneman, Daniel, 1988: Rational Choice and the Framing of Decisions, in: *Daniel E. Bell/Howard Raiffa/Amos Tversky* (Hrsg.), Decision Making. Descriptive, Normative, and Prescriptive Interactions. Cambridge.
Wagner, Peter, 1990: Sozialwissenschaften und Staat. Frankreich, Italien, Deutschland 1870-1980. Frankfurt a.M./New York.
Wagner, Peter/Weiss, Carol H./Wittrock, Björn/Wollmann, Hellmut (Hrsg.), 1991: Social Sciences and Modern States. National Experiences and Theoretical Crossroads. Cambridge.
Weiss, Carol H., 1991: Policy Research: Data, Ideas, or Arguments?, in: *Peter Wagner/Carol H. Weiss/Björn Wittrock/Hellmut Wollmann* (Hrsg.), Social Sciences and Modern States. National Experiences and Theoretical Crossroads. Cambridge, 307-332.
White, Hayden, 1986: Auch Klio dichtet oder Die Fiktion des Faktischen. Studien zur Tropologie des historischen Diskurses. Stuttgart.
Windhoff-Héritier, Adrienne, 1991: Institutions, Interests and Political Choice, in: *Roland M. Czada/Adrienne Windhoff-Héritier* (Hrsg.), Political Choice. Institutions, Rules, and the Limits of Rationality. Frankfurt a.M./Boulder, 27-52.
Wingens, Matthias, 1988: Soziologisches Wissen und politische Praxis. Neuere theoretische Entwicklungen der Verwendungsforschung. Frankfurt a.M./New York.
Wittrock, Björn, 1991: Social Knowledge and Public Policy: Eight Models of Interaction, in: *Peter Wagner/Carol H. Weiss/Björn Wittrock/Hellmut Wollmann* (Hrsg.), Social Sciences and Modern States. National Experiences and Theoretical Crossroads. Cambridge, 333-353.
Wittrock, Björn/Wagner, Peter, 1992: Policy Constitution Through Discourse: Discourse Transformations and the Modern State in Central Europe, in: *Douglas E. Ashford* (Hrsg.), History and Context in Comparative Public Policy. Pittsburgh/London, 227-246.
Wittrock, Björn/Wagner, Peter/Wollmann, Hellmut, 1991: Social Science and the Modern State: Policy Knowledge and Political Institutions in Western Europe and the United States, in: *Peter Wagner/Carol H. Weiss/Björn Wittrock/Hellmut Wollmann* (Hrsg.), Social Sciences and Modern States. National Experiences and Theoretical Crossroads. Cambridge, 28-85.

3. Akteurtheoretische Differenzierungsanalyse und Policy-Forschung

Zur Steuerbarkeit funktionaler Teilsysteme: Akteurtheoretische Sichtweisen funktionaler Differenzierung moderner Gesellschaften

Dietmar Braun

1. Einleitung[1]

Trotz aller theoretischen Differenzen beginnt sich in der deutschen, durch die Systemtheorie wiederbelebten Staatsdiskussion (Ellwein u.a. 1987) ein Konsens über die abnehmende Bedeutung einseitig-hoheitlicher Entscheidungen des Staates in modernen, funktional differenzierten Industriegesellschaften und die zunehmende Bedeutung von mit der Gesellschaft vernetzten Handlungssystemen für die staatliche Entscheidungsproduktion abzuzeichnen (s. beispielhaft Hesse 1987; Fürst 1987; Hartwich 1988; Willke 1983; Scharpf 1991). Die Meinungen gehen allerdings bezüglich der hieraus folgenden Konsequenzen für die Steuerungsfähigkeit der politisch Handelnden und die Steuerbarkeit gesellschaftlicher Bereiche auseinander. Während mehr empirisch orientierte und in der Theoriebildung eher auf eine mittlere Reichweite von Aussagen abstellende Policy-Analysen die Beantwortung dieser Frage offenhalten und nach den historischen und nationalen Bedingungen fahnden, die den Policy-Output des „kooperativen Staates" (Ritter 1979) bestimmen (siehe als Überblick Schmidt 1988), erklären systemtheoretisch geprägte Differenzierungstheorien von vornherein, daß ein Steuerungsverlust des politischen Systems in funktional differenzierten Gesellschaften unausweichlich sei (so z.B. Luhmann 1981). Die Gesellschaft würde sich insgesamt besser stellen, so diese Autoren, wenn sich der Staat dieser Einsicht beugen würde, seinen umfassenden Steuerungsanspruch aufgäbe und als „Supervisor" (so Willke 1992) den Teilsystemen zur Verbesserung der eigenen Steuerungsleistungen verhelfen würde. Zur Herleitung dieser Thesen werden zwei „Master Variables" verwendet: die *funktionale Differenzierung der Gesellschaft in Teilsysteme* und die *autopoietische Operationsweise dieser Teilsysteme*.

Obwohl dieses Argument immer mehr Aufmerksamkeit in soziologisch geprägten Steuerungsdiskussionen findet (s. z.B. Görlitz 1989; Görlitz und Druwe 1990; Bußhoff 1992), scheitert seine Akzeptanz in der Policy-Forschung bisher. Wie die marxistische Staatsdiskussion der 70er Jahre, so zeigt die deutsche Systemtheorie ein Unvermögen, sich auf das die Politikwissenschaft interessierende *Meso-Niveau* der Analyse zu begeben (von Beyme 1991a: 337-359). Dieses Unvermögen wird durch die für die deutsche Systemtheorie typische theoretische Vorentscheidung konstituiert, Handlung durch

---

[1] Ich danke Klaus von Beyme, Wolfgang Merkel und Uwe Schimank für ihren Kommentar zu einer früheren Version. Die Verantwortung für den Text trage ich selbst.

Kommunikation zu ersetzen und damit von den empirisch beobachtbaren Akteuren zu abstrahieren. Auf diese Weise verliert die systemtheoretisch geprägte Differenzierungstheorie in der Bundesrepublik an Anschlußfähigkeit in der Politikwissenschaft, die gerade heute durch intensive akteur- und institutionentheoretische Debatten geprägt ist (Stichwort: Rational Choice, Neuer Institutionalismus). Politikwissenschaft verweigere sich, so von Beyme, einer radikalen Alternative von System- oder Handlungstheorie. Eine Verschmelzung beider Theorietraditionen sei fruchtbarer (idem: 345).

Ich möchte mich in diesem Artikel von Beymes Suche nach Ansätzen, die eine Synthese von Handlungs- und Systemtheorie anstreben (siehe z.B. von Beyme 1991: 341), anschließen. Man kann meines Erachtens wichtige Gedanken der Systemtheorie in politikwissenschaftlichen Steuerungsdiskussionen bewahren, wenn man Luhmanns „methodologischen Antihumanismus" (von Reese-Schäfer 1992) aufgibt und systemtheoretische Gedanken mit einer akteurorientierten Differenzierungstheorie verbindet. Politische Steuerung in funktional differenzierten Gesellschaften – so meine These – vollzieht sich im Spannungsfeld von Akteurinteressen einerseits und teilsystemischen Zumutungen an diese Akteure andererseits. In diesem Spannungsfeld entstehen Steuerungsrestriktionen (soziale Schließungsmechanismen verschiedenster Art) und Steuerungschancen (strukturierte Kommunikationskanäle) für die Politik.

Mein Argument wird sich in folgenden Schritten vollziehen: Im ersten Abschnitt wird kurz die Steuerungsthese Luhmanns, deren Reichweite und Bedeutung für politikwissenschaftliche Steuerungsanalysen kritisch gewürdigt. Als Fazit gilt: In der Form, in der Luhmann seine Steuerungsthese präsentiert, kann sie zu politikwissenschaftlichen Analysen nicht beitragen.

Das Theorem einer selbstreferentiellen Geschlossenheit funktionaler Teilsysteme macht aber trotzdem Sinn, so die These des zweiten Abschnitts, wenn man sich an akteurtheoretische Differenzierungsanalysen hält. Anhand von Analysen des *Neofunktionalismus, des Max-Planck-Instituts für Gesellschaftsforschung* und *eigenen Studien zu den Leistungsrollen in Teilsystemen* wird der Versuch unternommen, das „Prinzip operative Geschlossenheit" im Sinne akteurgebundener, sozialer Schließungsmechanismen zu verstehen.

2. Funktionale Differenzierung und herabgesetzte Steuerbarkeit: Die Sichtweise der systemtheoretisch orientierten Differenzierungstheorie

Differenzierungstheorie läßt sich analytisch in zwei Strömungen auffächern, die seit jeher das Gedankengut der Sozialwissenschaften geprägt haben: in eine systemgerichtete Variante und in eine akteurorientierte Variante (Dawe 1978; Schmid 1982). Die systemisch orientierte Differenzierungstheorie, die sich von Spencer, über Durkheim und Parsons bis zu Luhmann, Münch und Willke entwickelte (siehe ausführlich von Beyme 1991a), ist in erster Linie eine Theorie des sozialen Wandels von Gesellschaft. Sie stellt aber auch den Versuch dar, ein Strukturmerkmal moderner Gesellschaften, nämlich *funktionale Differenzierung*[2], in seiner Bedeutung für individuelle Freiheit, po-

---

2 Smelser definiert (1959 zitiert bei Rüschemeyer 1977: 280) funktionale Differenzierung als

litisches Handeln und gesellschaftlichen Fortschritt zu thematisieren (siehe auch Tyrell 1978: 176)[3]. Die systemisch orientierte Differenzierungstheorie beobachtet und argumentiert auf der analytischen Makroebene und ist, als Systemtheorie, dem funktionalistischen Denken verhaftet.

Die Ausdifferenzierung der Gesellschaft in *Teilsysteme*[4] ist bei Luhmann das evolutionäre Ergebnis eines Prozesses der Komplexitätsreduzierung. Nur indem sich sinnhafte und spezialisierte Zusammenhänge herausbilden, die aus der unendlichen Vielfalt von Handlungsmöglichkeiten „sinnhaft" selektieren und damit innerhalb dieses Zusammenhangs Komplexität reduzieren, ist gesellschaftlicher Fortbestand, Ordnung und Stabilität vorstellbar (Luhmann 1989b: 7). Die Ausdifferenzierung sinnhafter Bereiche ermöglicht „eine Steigerung der Optionenvielfalt" (siehe Willke 1989: 61-65). Die hierdurch bedingte Unübersichtlichkeit und die Gefahr einer nicht an der gesellschaftlichen Gesamtrationalität orientierten Handlungsweise der Teilsysteme steigert aber gleichzeitig die „Riskiertheit" moderner Gesellschaften (Willke 1992: 315).

Die systemtheoretischen Debatten über die Steuerungsfähigkeit des Staates beschäftigen sich meist mit diesem Spannungsmoment von effizienzsteigernder Autonomisierung durch Differenzierung auf der einen Seite („Independenz von Teilsystemen") und Gefährdung der gesellschaftlichen Integration auf der anderen Seite („Interdependenz") und der Rolle der Politik hierin. Diese wird von den Differenzierungstheoretikern durchaus unterschiedlich gewürdigt (von Beyme 1991a). Luhmann knüpft eher an Spencers skeptischer Haltung gegenüber der integrativen Leistungsfähigkeit des modernen Staates an. Er vertritt die These einer grundsätzlichen Steuerungsbeschränktheit des modernen Staates in funktional differenzierten Gesellschaften. Zwei Gründe seien hierfür ausschlaggebend: Wie in jedem anderen Teilsystem auch bilden sich im politischen System Selektionsmechanismen heraus, die am eigenen Kommunikationszusammenhang orientiert sind und nicht an einer gesamtgesellschaftlichen Verantwortung. Das „Interesse des Staates an sich selbst" (Offe 1975) gefährde die Wahrnehmung gesamtgesellschaftlicher Interessen durch ständige Expansion der Tätigkeiten, selektive Verteilung und unnötigen Verbrauch von Ressourcen (siehe hierzu Luhmann 1981). Es sei dem Staat – und dies ist die zweite und uns hier ausschließlich interessierende Tendenz – nur sehr begrenzt möglich, politisch regulierend in den Ablauf von Teilsystemen einzugreifen. Es gibt, so Luhmann (1981: 84), eine „natürliche

---

einen Prozeß, „bei dem eine soziale Rolle oder Organisation ... sich in zwei oder mehr Rollen oder Organisationen differenziert, die in neuen historischen Umständen effektiver funktionieren können. Die neuen sozialen Einheiten unterscheiden sich strukturell voneinander, aber zusammengenommen sind sie funktional äquivalent zur ursprünglichen Einheit" (meine Übersetzung; DB).

3 Funktionale Differenzierung wird als das Strukturmerkmal höher entwickelter und komplexerer Gesellschaften sehen, das sich vor allem im Westen seit dem 18. Jahrhundert herauszubilden begann. Funktionale Differenzierung bildet den vorläufigen Abschluß – siehe aber auch Willke, der meint, seit den 70er Jahren eine qualitativ neue „organisierte Differenzierung" entdecken zu können (Willke 1992: 183) – einer Geschichte, die seit Spencer als die Entwicklung von einfachen, eher segmentär differenzierten zu hochkomplexen, funktional differenzierten Formen interpretiert wird (siehe z.B. Luhmann 1990: 423).

4 Dies sind funktional spezifizierte Bereiche mit relativ eindeutigen „Leitorientierungen", die sich als eigene Systeme mit relativ stabilen Grenzen gegenüber der Gesellschaft und anderen ausdifferenzierten Bereichen etabliert haben. Als Beispiele Luhmanns gelten allgemein die Religion, Wissenschaft, das Militär, Recht, die Politik, das Bildungssystem oder Wirtschaft.

Autonomiesicherung" in den Teilsystemen, die ihren Grund in den unterschiedlichen Kommunikationsmedien von Politik und restlichen Teilsystemen der Gesellschaft (wie Erziehung, Wissenschaft, Gesundheit, Wirtschaft, Religion, Sport) findet. Teilsysteme seien deswegen „operational geschlossen", weil es in jedem funktionalen Teilsystem eine nur dort gültige „Leitdifferenz", einen „binären Code" gibt, mit dem Ereignisse selektiert und verarbeitet werden. Über die Leitdifferenz nehmen die Systeme „in der Konstitution ihrer Elemente und ihrer elementaren Operationen" primär Bezug auf sich selbst (Luhmann 1984: 25). Damit ist keine grundsätzliche Schließung der Systeme verbunden, diese sind durchaus „offen", aber die internen Verarbeitungsmechanismen externer Ereignisse stehen ganz im Zeichen der „internen Konditionalitäten" (Willke 1992: 126)[5]. Politik kann mit den Steuerungsmedien Recht und Geld versuchen, die Abläufe in Teilsystemen zu steuern, wird aber immer wieder feststellen müssen, daß bindende Entscheidungen nicht verwirklicht werden können (Luhmann 1981: 84). Neben das „Prinzip funktionale Differenzierung" tritt das *„Prinzip operative Geschlossenheit"* (Willke 1992: 60).

Luhmanns und Willkes Vorstellungen über den zukünftigen Staat in funktional differenzierten Gesellschaften führen zwar nicht so weit wie die von Spencer, eine neue Selbstbescheidenheit wird aber verlangt. Für Luhmann gilt es, die Politik wieder auf ihre genuine Funktion, „auf Befriedigung des Bedarfs für kollektiv-bindende Entscheidungen" (1981: 122) zurechtzustutzen, damit sie nicht ständig der Diskrepanz von wachsenden Ansprüchen und beschränkten Handlungsmöglichkeiten ausgeliefert sei (idem: 144). Maßvolle Zurückhaltung, Überprüfung der eigenen Handlungsmöglichkeiten, bevor Aufgaben übernommen, Steuerungsansprüche aufgebaut werden (idem: 156), dies ist Luhmanns Empfehlung für politisches Handeln in funktional differenzierten Gesellschaften. Willke will dem Staat eine „therapeutische Aufgabe" zuzuweisen, die es den funktionalen Teilsystemen ermöglichen soll, ihre Autonomie beizubehalten und gleichzeitig über Selbststeuerung das integrierende Element funktional differenzierter Gesellschaft zu stärken. Der Staat ersetzt so nicht mehr die Entscheidungen von Teilsystemen durch eigene, sondern weist sie, falls für den Gesamtprozeß unzulänglich, zur Neubearbeitung an die Teilsysteme zurück (Willke 1992: 192).

Müssen wir also akzeptieren, daß die Politik zur Selbstbescheidenheit aufgrund dieser von funktionalen Teilsystemen aufgestellten „Tätigkeitsgrenzen" aufgerufen ist? Sind Teilsysteme tatsächlich so „unzugänglich" für die politischen Entscheidungsträger und die Vollzugsverwaltung wie es in der deutschen Version der systemisch orientierten Differenzierungstheorie behauptet wird?

Im Grunde thematisiert Luhmann einen Bereich staatlicher Steuerung, der in den heutigen westlichen Demokratien praktisch seine Bedeutung verloren hat. Luhmanns Thesen über die Steuerbarkeit funktionaler Teilsysteme sind offensichtlich historisch zu spezifizieren. In den heutigen demokratischen Industriegesellschaften[6] ist eine

---

5 „Selbstreferentielle Systeme sind auf der Ebene dieser selbstreferentiellen Organisation *geschlossene Systeme,* denn sie lassen in ihrer Selbstbestimmung keine anderen Formen des Prozessierens zu" (Luhmann 1984: 60; Hervorhebung im Text).

6 Dies ist anders in den autoritären Systemen des Nationalsozialismus oder des sowjetischen Marxismus. Hier erwies sich die Politik durchaus in der Lage, funktionale Teilsysteme zu „kolonialisieren", indem die Leitdifferenzen zumindest in Teilbereichen und für eine Zeitlang außer Kraft gesetzt wurden.

Akzeptanz der Leitorientierungen in Teilsysteme seitens der Politik selbstverständlich. Steuerungsversuche, die Wissenschaftler z.B. zur Aufgabe der Unterscheidung von „wahr/unwahr" oder dem Rechtssystem Interpretationen aufzwingen wollen, kommen so gut wie nicht vor und unterliegen teilweise sogar verfassungsrechtlichen Beschränkungen (Beispiel: Artikel 5 des Grundgesetzes zur Freiheit der Wissenschaft). Der die Autopoiesis konstituierende Operationsmodus der Teilsysteme ist kein Steuerungsobjekt der heutigen Politik (Luhmann 1989: 5)[7].
Wenn die Politik demnach keinen Eingriff in selbstreferentielle Mechanismen der Teilsysteme anstrebt, kann politische Steuerung eo ipso aber auch nicht zur Diskrepanz von Anspruch und Wirklichkeit staatlicher Steuerung führen. Luhmanns und Willkes Forderung nach einer neuen Selbstbescheidenheit des Staates läßt sich so nicht stützen. Zur Diskrepanz zwischen Anspruch und Wirklichkeit kommt es tatsächlich nicht bei Steuerungsversuchen, die die Autonomie der Teilsysteme hinterfragen, sondern in den Bereichen, in denen es, im Luhmannschen Sinne, „nur" um „Differenzminderung", also um staatliche Bemühungen zur Reduzierung der Differenz von politisch Gewünschtem und gegebenen Tatsachen unterhalb der Schwelle eines Eingriffes in die Autopoiesis, geht[8]. Hier kann die Politik steuern. „Niemand wird bestreiten, daß dies möglich ist und in weitem Umfang praktiziert wird" (Luhmann 1991: 143). Gerade über diesen Bereich unterhalb der Schwelle „Autopoiesis" hat die deutsche Systemtheorie aber keine weiterführenden Gedanken anzubieten, sondern begnügt sich mit der Feststellung, daß Steuerung möglich ist, wenn auch Mißerfolge und „beträchtliche Nebenfolgen in Rechnung" gestellt werden müssen (idem). Für die politikwissenschaftlich geführten Policy- und Steuerungsanalyse fängt auf dieser Ebene aber erst die Debatte an.
Läßt sich der Gedanke der „operationalen Geschlossenheit" also als irrelevant für die Steuerungsdebatten zu den Akten legen?
Ich plädiere dafür, diesen Gedanken als zentralen Bestandteil einer politikwissenschaftlichen Steuerungstheorie beizubehalten, weil ich meine, daß auch in den Steuerungsbereichen, die unterhalb der Schwelle eines Eingriffes in die Leitdifferenz liegen, aber strikt an solchen Problemen orientiert sind, die aus dem Innenleben und der Interpenetration der Teilsysteme entstehen[9], „soziale Schließungsmechanismen" funktionaler

---

7   Schimank kommt zu der gleichen Schlußfolgerung: „Das Bild scheinbar unüberwindbarer Steuerungsbarrieren ist freilich nur solange stimmig, wie man davon ausgeht, daß politische Gesellschaftssteuerung tatsächlich direkt auf die basalen Operationen des zu steuernden gesellschaftlichen Teilsystems einzuwirken versucht. Genau besehen erklärt die systemtheoretische Perspektive damit etwas für unmöglich, was in der gesellschaftlichen Realität normalerweise sowieso von niemanden zu tun versucht wird" (Schimank 1990: 506).
8   In neueren Analysen konzediert Luhmann, daß die Politik „spezifische Differenzen" verringern könne (Luhmann 1989a: 5, 8; siehe auch 1991: 144). Politik kann beispielsweise Maßnahmen ergreifen, die helfen, einer Erkrankung durch das Rauchen vorzubeugen. Die Leitdifferenz des Gesundheitswesens „krank/nicht-krank" wird hierdurch offensichtlich nicht in Frage gestellt. Im Gegenteil, der Abstand zwischen „krank" und „nicht-krank" verringert sich durch diese politischen Maßnahmen und trägt zur Reproduktion des Gesundheitswesens bei.
9   Hierzu zähle ich Störungen, die *erstens* aufgrund ungenügender Leistung von Teilsystemen in bezug auf die Außenwelt („Publikum" und andere Anwendersysteme), *zweitens* aufgrund negativer Externalitäten (zu hohe Kosten, die der Gesellschaft aufgebürdet werden (Stichwort: Effizienz) oder Folgekosten für die Umwelt (Stichwort: ökologische Gefähr-

Teilsysteme eine wesentliche Rolle spielen. Bei diesen Mechanismen handelt es sich allerdings um akteurgebundene Interessen und Dynamiken. Über eine akteurorientierte Interpretation der Differenzierungstheorie werde ich im nächsten Kapitel versuchen darzulegen, inwiefern „selbstreferentielle Systeme" auch mit Rückbesinnung auf Handlungstheorien Restriktionen für politisches Handeln setzen.

3. Die akteurtheoretisch orientierte Differenzierungstheorie

Akteurtheoretische Differenzierungsgedanken finden sich schon deutlich bei Georg Simmel und Norbert Elias. Ihnen fehlt aber das Bestreben, systemtheoretische und akteurtheoretische Gedanken miteinander zu verweben. Die im folgenden drei dargestellten Ansätze haben es sich dagegen zum Ziel gesetzt – einmal aus der Tradition Parsons heraus, zum anderen in Anknüpfung an Luhmanns Theorie – den Systemgedanken als brauchbares Analysekonzept stehenzulassen, die Elemente der Systeme aber in den Begriffen von Akteurinteressen und Akteurhandeln zu beschreiben. Erst hierdurch wird es möglich, das „Prinzip operationale Geschlossenheit" beizubehalten, es aber gleichzeitig empirisch und politikwissenschaftlich handhabbar zu machen.

3.1 Funktionale Differenzierung und politische Steuerung im Machtkampf „traditionaler" und „innovativer Eliten"

Unter dem Label *Neofunktionalisten* sind eine Reihe in sich sehr unterschiedlicher Ansätze zusammengefaßt, deren Schnittpunkt in der Absicht liegt, aus der Differenzierungstheorie eine auch empirisch gesättigte Theorie sozialer Veränderung zu machen und den systemtheoretischen Ansatz Parsons mit einem „Interessenmodell", also einem akteurtheoretischen Bezug zu verbinden (siehe hierzu auch Schimank 1991; als Übersicht Alexander 1985; Alexander und Colomy 1990; Eisenstadt 1985: 109).
Soziale Veränderungsprozesse werden in der Konzeption der *Neofunktionalisten* nicht als quasi-automatischer Reproduktionsprozeß der Systeme (Stichwort: Gleichgewicht und Stabilität von Systemen), sondern als ein Wechselspiel von systemischen Bedingungen und Interaktionsprozessen zwischen Akteuren verstanden. Dabei ist allerdings zu beachten, daß „System" in der Parsonsschen Tradition nicht gleichbedeutend ist mit Luhmanns Teilsystemen, sondern auf verschiedensten gesellschaftlichen Niveaus angesiedelt sein kann[10].
Der *Neofunktionalismus* will erklären, so Colomy (1990: 492), wie Konfigurationen von systemischen Bedingungen mit Handlungsmustern korporativer und individueller

---

dung)), *drittens* aufgrund ungenügender Akzeptanz gesellschaftlicher Zentralwerte (wie z.B. Menschenrechte) entstehen.

10 Die empirische Vielfalt der Analysen der *Neofunktionalisten* resultiert gerade daraus, daß man Imperien, Kulturkreise, Volksstämme, Familien, Universitäten, Institutionen im allgemeinen, formale Organisationen oder das politische System als in der Analyse gleichrangige Systeme behandelt. Horizontale und vertikale Differenzierung auf den unterschiedlichsten Ebenen findet so Eingang in die empirische Analyse, während die deutsche Diskussion überwiegend auf der Ebene der horizontalen Differenzierung und hier auf der Ebene der Teilsysteme verläuft.

Akteure verbunden sind, um schließlich historisch spezifische institutionelle Veränderungen zustandezubringen. Systeme, so führt Eisenstadt im Unterschied zu Parsons aus (1985: 110), können keine Stabilität haben, da sie fortwährend über soziale Prozesse aufrechterhalten werden müssen. Es sind die Akteure und Akteurgruppen in Systemen, ihre Beziehungen zueinander, die Koalitionen, die sie eingehen und die Interessen, die sie jeweils verfolgen, die entweder zur Aufrechterhaltung bestehender Systeme bzw. Institutionen beitragen oder aber diese gerade bedrohen und damit mögliche Veränderungsprozesse einleiten. Im Mittelpunkt dieser Analysen stehen *Eliten* oder *Akteurgruppen*, die sich von der Ausdifferenzierung eines Systems oder aber der Entdifferenzierung spezifische Vorteile versprechen[11] und solche Eliten, die von dem bestehenden Zustand der institutionellen Landschaft profitieren. Die Anpassung und Expansion von Systemen wird damit in bedeutendem Maße eine Variable des Kräftespiels zwischen Akteuren, die um die Verteilung von Machtchancen innerhalb von Systemen streiten (siehe auch Champagne 1990). Ob Differenzierung entsteht oder nicht, so Smelser (1959; siehe auch Colomy 1985), hängt von strukturellen Bedingungen ab, die einen Veränderungsimpuls mit Streßwirkung auf das System erzeugen können, von den „institutionellen Trägern", die den Veränderungsimpuls aufnehmen, den Beharrungstendenzen, die von bestimmten Akteurgruppen durchgesetzt werden, sowie den Strukturbedingungen, wie z.B. politische Strukturen, unter denen die Akteure gegeneinander um die Neuverteilung von Machtchancen streiten. Differenzierung *kann* das Produkt dieses Prozesses sein. Sie erfolgt dann, wenn „innovative" Eliten erfolgreich über eine neue Institutionalisierung ihre Interessen durchgesetzt haben und damit ein neues System etabliert haben. Als Resultat des Interessenkampfes ist es aber auch durchaus möglich, daß neue und alte Institutionen in einem System nebeneinander fortbestehen oder es zu Kompromissen zwischen den „traditionalen und innovativen Eliten" kommt (siehe vor allem Eisenstadt 1985). „The ultimate 'fate' of the emerging structural arrangements, therefore, depends only in part on their relative 'effectiveness'; it depends on the kinds and levels of resources that continue to be made available to it and on the relative position and strength of the contending political groupings whose interests are accomodated (and those whose interests are not) by the new structural arrangements" (Smelser 1985: 123). Die *Neofunktionalisten* plädieren deshalb dafür, das Argument der Systemtheorie, Differenzierung in direktem Zusammenhang mit Leistungseffizienz zu sehen, zwar nicht aufzugeben, es aber zumindest durch ein Interessenmodell zu ergänzen (idem).

Interessen, Macht und Konflikt werden bei den *Neofunktionalisten* zu Schlüsselvariablen für gesellschaftliche Veränderungsprozesse (siehe vor allem Rüschemeyer 1974, 1977). Dies schafft eine wichtige theoretische und empirische Schnittstelle zu Policy-Analysen. Die systemischen *Schließungsmechanismen*, die der Neofunktionalismus erkennt, hängen dann auch nicht mit Kommunikation, sondern mit Machtprozessen zusammen. Zwei Dimensionen sozialer Schließung werden angesprochen, die in letzter Instanz auf die Auseinandersetzungen von Eliten zurückgeführt werden können: So wird gesehen, daß Institutionen, wenn sie einmal geschaffen sind, ein hohes Beharrungsvermögen gegenüber Veränderung aufweisen. Wesentlich für das Beharrungsvermö-

---

11 Bei Eisenstadt sind dies z.B. die „institutionellen Unternehmer", die häufig von „institutionellen Anhängern" in anderen Systemen unterstützt werden.

gen sind die Akteurinteressen, die mit diesen Institutionen verbunden sind. Je mächtiger diese Interessen sind und je stärkere Verbündete sie innerhalb und außerhalb des Systems finden können, um so schwieriger wird es für innovative Gegen-Eliten, aber auch für politische Akteure, diese Institutionen durch neue abzulösen (siehe auch Colomy 1990: 483). Ausdifferenzierte Systeme bzw. Institutionen werden zu Machtbasen für Interessengruppen[12].

Eine Reihe von neofunktionalistischen Analysen – und hiermit kommen wir zur zweiten Dimension – geht auf die Schließungsmechanismen ein, die durch zunehmende Rollendifferenzierung, insbesondere in bezug auf Spezialisten und Experten, entsteht. Rüschemeyer (1977) z.B. sieht die Gefahr, daß diese Experten ihr Wissen monopolisieren und damit ihre Position gegenüber politischen oder anderen Eingriffen schützen können (idem: 10). Diese Argument werde ich bei der Darstellung professionalisierter Leistungssysteme wieder aufgreifen.

Durch die Verquickung von ausdifferenzierten Systemen und über Institutionen gefestigte Akteurinteressen entstehen relativ geschlossene gesellschaftliche Bereiche, die politischer Steuerung nicht ohne weiteres zugänglich sind. Das Interesse am Erhalt der erworbenen Machtchancen wie auch die Monopolisierung von Informationen erschwert politische Steuerung. Grundlegende Veränderungen lassen sich nur – und dies ist der *Zugangspfad* der Politik zu den funktionalen Bereichen, der von den Neofunktionalisten hervorgehoben wird – über Koalitionsbildungen mit innovativen Eliten innerhalb dieser Systeme bewirken. Politische Steuerung wird so vom Machtkampf institutioneller Eliten und dem Machtpotential der Politik in diesem Kampf abhängig. Diese Sichtweise erkennt also, daß es systemische Schranken politischen Einflusses in der Gesellschaft gibt, die durch die Institutionalisierung der Macht von bestimmten Funktionsträgern in funktional ausdifferenzierten Bereichen entstehen. „Differenzminderung" ist aber möglich, weil die Aufrechterhaltung der Macht dieser Funktionsträger und die Erbringung der spezifischen Funktion dieses Bereiches (beide Seiten sind untrennbar miteinander verknüpft) Teil eines sozialen Prozesses sind, in dem eine ganze Reihe von Eliten (außer der Gegen-Elite gibt es noch die „accomodationists", die zwischen Elite und Gegen-Elite stehen; hinzu kommen die unterstützenden Eliten aus anderen funktionalen Bereichen usw.) miteinander und gegeneinander um Machtchancen innerhalb des funktionalen Bereiches kämpfen. Die Politik kann sich die Offenheit dieses sozialen Prozesses zunutze machen, um die eigenen Interessen durch Koalitionsbildung, Sanktionierung bestimmter Eliten usw. durchzusetzen.

3.2 Der Gebildecharakter funktionaler Teilsysteme

Die deutsche Diskussion über den Stellenwert der Differenzierung als Mastertrend gesellschaftlicher Veränderung und damit zusammenhängende Steuerungsprobleme ist durch die Luhmannsche Konzeption der Teilsysteme geprägt, während dieses bei den amerikanischen *Neofunktionalisten* keine besondere Bedeutung besitzt. Die Sichtweise des *„Max-Planck-Institut für Gesellschaftsforschung"* modifiziert aber an entschei-

---

[12] „Structural differentiation typically produces a distinctive institutional substratum for the formation of relatively autonomous elites" (Colomy 1985: 152).

denden Stellen das Teilsystemkonzept und führt es an eine Akteurtheorie heran (siehe insbesondere Mayntz u.a. 1988, Schimank 1985, 1992a).

System und Handlung werden in ähnlicher Weise in Beziehung zueinander gesetzt wie es in Elsters (1979) „Zwei-Filter-Modell" rationaler Wahl geschieht.

Eine Reihe von *handlungsprägenden* Ebenen erzwingt von den Akteuren innerhalb der Teilsysteme eine Selektion:

- Die *Teilsystemebene* definiert dem Akteur – ganz im Sinne Luhmanns –, was er als Information aufzunehmen hat und was nicht. Sie strukturiert die Erfahrungswelt der Akteure.
- *Institutionen* sind auf einer Stufe darunter angesiedelt und vermitteln die Spielregeln, unter denen die Akteure innerhalb der Teilsysteme in Kontakt zueinander treten und welche Handlungen akzeptiert oder nicht akzeptiert, positiv oder negativ sanktioniert werden.
- Die Ebene der *Akteurkonstellationen* erinnert an das Machtkonzept von Elias: In interdependenten Beziehungen üben alle Akteure Macht aufeinander aus und strukturieren so die Handlungsmöglichkeiten der anderen Akteure. Es entsteht ein strategisch kalkulierendes Miteinander[13].

Aus dem verbliebenen „Alternativenset" wählen die handlungsfähigen Akteure dann nach Maßgabe ihres „Wollens" eine Handlungsstrategie aus (Hohn und Schimank 1990: 29).

Durch die so an Rational-Choice Überlegungen angelehnte Akteurperspektive wird es plausibel, den Akteuren *„reflexive Interessen"* (Schimank 1992: 174-175)[14], bzw. einen *„Eigen-Sinn"* (Mayntz 1988: 31) zu unterstellen. Das Mittel, um diese reflexiven Interessen zu befriedigen – und dies gilt vorbehaltlos für individuelle und korporative Akteure[15] – ist in den meisten Fällen der Besitz von finanziellen und anderen Ressourcen. Die Befriedigung der reflexiven Interessen in einer interdependenten Welt kann, muß aber nicht, in Konflikt zur Erfüllung teilsystemischer Ziele stehen (siehe hierzu Rosewitz und Schimank 1988: 310-312), so etwa, wenn es einem Chefarzt in der Klinik um die Summierung seiner Bezüge von Privatpatienten geht anstatt um das Wohl aller Patienten im Krankenhaus.

Reflexive Interessen können für die Politik zur Steuerungsressource oder zur Steuerungsrestriktion werden: Da viele Rollenträger und korporative Akteure in Teilsystemen von der Steuerfinanzierung durch das politische System abhängen (man nehme nur das Bildungssystem, das Wissenschaftssystem, die Religion, das Militär oder die Kunst), eröffnet sich hier eine Steuerungsmöglichkeit für die politischen Entschei-

---

13 „Aus der Beobachtung der anderen Akteure, ihrer Situationsdeutungen und ihres Handelns, erhält der Akteur Informationen darüber, was von den anderen zu erwarten ist, wie sie möglicherweise beeinflußbar sind und welche Auswirkungen ihr Handeln deshalb auf die Realisierung seiner eigenen Intentionen haben kann" (Schimank 1992b: 172).

14 „Reflexiv sind solche Interessen, die sich auf die generellen Bedingungen der Möglichkeiten der Realisierung spezifischer substantieller Interessen beziehen" (Schimank 1992a: 174-175). Hierzu gehören die Ausdehnung der Reichweite der eigenen Interessenrealisierung, das Streben nach Dominanz in einem Interessenbereich und nach Kontrolle über die eigene Interessenrealisierung.

15 Korporative Akteure lassen sich in diesem Zusammenhang der Einfachheit halber (siehe aber Flam 1990) als auf Mitgliederbasis beruhende Organisationen verstehen, die rechtlich als autonome Körperschaften anerkannt sind, eigene Ressourcen besitzen und *eigene Interessen* verfolgen.

dungsträger über die Kürzung finanzieller Ressourcen oder eine redistributive Verteilung von Ressourcen. Damit ist der „selbstreferentielle Modus" des Handelns in Teilsystemen selbstverständlich nicht durchbrochen, die Politik besitzt aber eine Sendefrequenz, um ihre Signale an die Akteure in Teilsystemen weiterzugeben. Schimank sieht aber noch einen anderen Zugang der Politik zu teilsystemischem Handeln aufgrund der Anwesenheit von reflexiven Interessen. Weil von politischen Akteuren unterstellt werde, daß reflexive Interessen bei allen Akteuren in Teilsystemen zu finden sei, könne, ohne Informationen über die „operationalen Ereignisse" innerhalb der Teilsyteme zu haben, zielgerichtet, und nicht „blind" durch einfache Mittelkürzungen, auf die Akteure zugegangen werden. Man verfüge, so Schimank (1992: 175), über eine „Sprache", in der man sich verständigen, einen „Generalschlüssel" (idem: 176), über den man Verhaltensparameter der Akteure in Teilsystemen steuern könne. Man kann finanzielle Belohnungen oder Kompetenzerweiterungen für bestimmte Akteure in Aussicht stellen, wenn sie bereit sind, auf politische Wünsche einzugehen. Zumindest Steuerung im Sinne der „Differenzminderung" wird durch reflexive Interessen möglich.

Die Dialektik der Beziehung von reflexiven Interessen und politischen Steuerungsmöglichkeiten liegt aber darin, daß reflexive Interessen Ansatzpunkte für politische Einflußnahme, aber auch Katalysatoren von *Schließungsmechanismen* sein können. Reflexive Interessen werden dann zu Hemmnissen politischer Steuerung, wenn, so Schimank, politische Steuerungsabsichten und reflexive Interessen der Adressaten weit auseinanderliegen. Die Bedrohung von Kompetenzen durch politische Maßnahmen – und dies haben die *Neofunktionalisten* ebenso erkannt – erzeugen ebensoviel Widerstand bei den betroffenen Akteurgruppen wie sie Zuspruch bei den begünstigten Akteuren erhalten. Während die Neofunktionalisten hier aber stehenbleiben, versuchen die deutschen Autoren stärker die Auswirkungen der *Organisiertheit von Teilsystemen* und die *Meso-Ebene* teilsystemischen Handelns in ihrem Einfluß für politische Steuerungsmöglichkeiten zu untersuchen. So wird vorgeschlagen, erst dann von einem Teilsystem zu sprechen, wenn die sinnhafte Spezialisierung einer Tätigkeit auf drei Ebenen realer sozialer Phänomene vollzogen sei, nämlich auf der Ebene der einzelnen Handlung, der Ebene von Funktionsrollen und vor allem auf der Ebene *„spezialisierter größerer sozialer Gebilde"*, wie z.B. formale Organisationen (Mayntz 1988: 20). Mit der Hervorhebung des *„Gebildecharakters"* von Teilsystemen (idem: 21) geraten die Beziehungen von formalen Organisationen und korporativen Akteuren, die „komplexe Binnendifferenzierung" von Teilsystemen ins Blickfeld (idem: 24).

Der Blick auf die Organisiertheit von Teilsystemen ermöglicht die Beobachtung eines Spannungsmoments in Teilsystemen, das von einer rein kommunikationstheoretischen Denkweise her nicht erfaßt werden kann: Teilsystemisches Handeln kann in unterschiedlichen „sozialen Trägerschaften" (Mayntz 1988: 31) stattfinden. Diese Trägerschaften können nicht nur ein Eigeninteresse haben, das nicht identisch mit der Leitorientierung des Teilsystems zu sein braucht, in dem die Trägerschaft eingelagert ist (so sind kommerzielle Forschungseinrichtungen eher am Verkauf ihrer Produkte denn an der Steigerung des Leitwerts „Wahrheit" interessiert), sie können auch an einen anderen Leitwert angeschlossen sein (so wird sich der Forscher in Ressortforschungseinrichtungen der Vereinnahmung durch politische Verwertungsinteressen ausgesetzt sehen; siehe Braun und Schimank 1992) oder aber mehrere Leitwerte umfassen, die koordiniert werden müssen (wie z.B. die Universitätskliniken, die Forschung, Lehre und Patientenversorgung unter einem organisatorischen Dach vereinen und systematische Ungleichgewichte in der Ressourcenverteilung erzeugen; siehe Braun 1992). Der Gebildecharakter der Teilsysteme strukturiert die Zugangspfade der Politik zu den Teilsystemen: Es eröffnen sich Möglichkeiten der Kommunikation, die für politische Zwecke instrumentalisiert werden können. Die Inanspruchnahme von kommerziellen Forschungseinrichtungen umgeht Schließungsmechanismen im Wissenschaftssystem, die den Transfer von Wissen in Anwendersysteme erschweren. Kommerzielle Forschungseinrichtungen stellen sich auf die Informationswünsche der Politik ein, wenn ihnen die organisatorische Reproduktion hierdurch ermöglicht wird. Die Gründung von Ressortforschungseinrichtungen schafft zunächst einmal einen exklusiven Zugang zu verwertbaren wissenschaftlichen Informationen. Universitätskliniken bieten auf den ersten Blick ganz einzigartige synergetische Effekte der Vernetzung verschiedener teilsystemischer Leistungen zum Wohle der Patienten, die zum politischen Klientel zählen. Diese zusätzlichen Möglichkeiten politischer Einflußnahme sind aber ebenso immer mit spezifischen Schließungsmechanismen konfrontiert: Kommerzielle Forschungseinrichtungen liefern zwar schnelle Informationen, sie tun dies aber häufig nicht anhand der von der Wissenschaft akzeptierten Verfahren und Normen. Die Engländer sagen, sie arbeiten „quick", aber „dirty". Die Informationen, die man erhält, entsprechen so möglicherweise nicht dem Stand der Wissenschaft und bieten nur eine suboptimale Handlungsgrundlage für die Politik (siehe hier auch Braun 1993a). Ein ähnlicher Mechanismus läßt sich auch bei der Arbeit der Ressortforscher zeigen: die Vereinnahmung durch die Politik, die sich in knappen Zeitressourcen für eigene Forschungstätigkeiten ausdrückt, führt bei längerer Dauer zu einer Abkopplung vom Wissensstand der Wissenschaft. Die „organisatorische Koexistenz" (Braun und Schimank 1992) von Patientenversorgung, Lehre und Forschung schließlich schafft in den meisten Fällen gerade keine synergetischen, sondern fragmentierende Effekte, wobei die Patientenversorgung die anderen beiden Funktionen aufgrund des hohen gesellschaftlichen Stellenwertes und der „Knappheit der Zeit" dominiert (Braun 1992). In aller Regel treten so Differenzierungstendenzen innerhalb der formalen Organisationen auf, die den Zugang der Politik zu diesen Organisationen oder die synergetischen Effekte bedrohen.

Reflexive Interessen und die Organisiertheit von Teilsystemen bieten Steuerungschancen und -restriktionen für die Politik, die schließlich zum „Grad der Differenzminderung" beitragen können. Die „Meso-Ebene" korporativer Akteure bildet aber häufig die direkte Schnittstelle zwischen politischen Akteuren und Akteuren in Teilsystemen. Die Herausbildung institutionalisierter Sinn- und Tätigkeitszusammenhänge impliziert in modernen Gesellschaften eine hohe Bedeutung solcher korporativen Akteure. Auch diese sind Steuerungsressourcen und Steuerungshemmnisse für die Politik (siehe hierzu Mayntz 1987, Schimank 1992a: 178- 183). Korporative Akteure, die in der Lage sind, ihre Mitglieder zu einheitlichem kollektiven Handeln zu bewegen, reduzieren die Komplexität des Implementationsfeldes für die Politik erheblich. Es kann jetzt reichen, in Verhandlungen mit diesen Akteuren zu treten, um, abhängig von den Machtressourcen, dem Drohpotential der Politik und der Selbststeuerungsfähigkeit dieser korporativen Akteure, zu durchaus respektablen Steuerungserfolgen zu kommen (Mayntz 1987: 105). Je höher also der Organisationsgrad eines Teilsystems ist, um so bessere Zugangsmöglichkeiten bieten sich für die Politik. Die Korporatismusdiskussion hat diesen Aspekt ja, wenn auch mit der typischen Schlagseite zur politikökonomischen Analyse hin, detailliert untersucht.

Korporative Akteure können aber ebensogut, und dies wurde bei der Darstellung der reflexiven Interessen bereits erwähnt, zur Schließung von Teilsystemen führen: Gerade hochgradig zentralisierte Organisationen besitzen auch ein erhebliches Veto- und Desorganisationspotential, um Steuerungsanforderungen der Politik abzuwehren (idem: 103). Ein solches Vetopotential kann aber auch in Konstellationen vorkommen, in denen die Politik mit Netzwerken von vielen Akteuren oder mit wenig organisierten Akteuren zu tun hat. In einer Reihe von Analysen hat das „Max-Planck-Institut für Gesellschaftsforschung" z.B. gezeigt, wie sich in Netzwerken oder Akteurkonstellationen Eigendynamiken herausbilden, die suboptimale Resultate für alle Beteiligten oder aber suboptimale Steuerungsleistungen für die Politik erzeugen (siehe z.B. Mayntz 1991, 1992; Hohn und Schimank 1990; Stucke 1992; Schimank 1992b; Rosewitz und Webber 1990).

Der Eigen-Sinn von Akteuren, die organisatorische Einbettung der teilsystemischen Aktivitäten, die Organisierung der Interessen über korporative Akteure und die jeweils historisch kontingenten Akteurkonstellationen bilden zugleich Steuerungsmöglichkeiten wie Steuerungsrestriktionen für die Politik. „Zusammengefaßt läßt sich also argumentieren, daß die unbestreitbaren Steuerbarkeitsprobleme weniger mit dem grundsätzlich autopoietischen Charakter sozialer Teilsysteme als (1) mit der besonderen Dynamik komplex strukturierter Gesellschaften und (2) mit der Widerstandsfähigkeit durchorganisierter Regelungsfelder zusammenhängen – daß aber gerade die organisierte Handlungsfähigkeit gesellschaftlicher Akteure *unter bestimmten Voraussetzungen* eine politische Steuerung wie auch die Lösung der aus der sozialen Komplexität erwachsenden Realprobleme *begünstigen* kann" (Mayntz 1987: 106; Hervorhebungen im Text).

3.3 Professionalisierte Leistungsrollen als Schließungsmechanismus von Teilsystemen

Die Organisiertheit von Teilsystemen sowie korporative Akteure sind zwar in den heutigen Gesellschaften sehr wichtige Dimensionen zum Verständnis von Dynamiken in Teilsystemen, sie stellen aber nur einen Teil des „Gebildecharakters" von Teilsystemen dar. Ein weiteres wichtiges Strukturierungsmerkmal der Teilsysteme aus akteurtheoretischer Sicht ist die *professionalisierte Leistungsrolle*:
Die Aktivitäten in ausdifferenzierten Teilsystemen werden in vielen Fällen nicht so sehr von korporativen Akteuren oder formalen Organisationen, sondern von individuellen Akteuren in Leistungsrollen getragen. Es gilt die Ebene der Leistungsrolle sorgfältig von den beiden anderen Ebenen zu unterscheiden. Die Ausübung der Leistungsrolle kann im Rahmen formaler Organisationen stattfinden. Sie muß es aber nicht wie das Beispiel des niedergelassenen Arztes und des Rechtsanwaltes zeigen. Schon im vorigen Abschnitt war zudem auffällig, daß es zu Diskrepanzen in der formalen Organisation teilsystemischer Tätigkeiten und der Ausübung von Leistungsrollen kommen konnte. Ausdifferenzierungen und Entdifferenzierungen von Organi-

sationen entwickeln sich keineswegs komplementär zur Ausbildung von Funktionsrollen. Beide folgen einer eigenen Entwicklungsdynamik. Die Entwicklung der Beziehungen beider Ebenen ist unter anderem auch von politischen Interventionen abhängig[16].

Der Gebildecharakter von Teilsystemen wird – in interdependenter Weise – von Leistungsrollen, korporativen Akteuren und formalen Organisationen gemeinsam bestimmt. Es ist darum aber auch sinnvoll, die Eigendynamiken der in Leistungsrollen eingebundenen Handlungen individueller Akteure verstehen zu lernen, um die Chancen politischer Steuerung unter Bedingungen funktionaler Differenzierung zu erheben. Ich werde zeigen, daß die Leistungsrolle die entscheidende Vermittlungsstelle zwischen den handlungsprägenden Ebenen in Teilsystemen und individuell-rationalen Kalkülen von Akteuren in Teilsystemen darstellt. Sie ist gleichsam ein teilsystemischer, komplexitätsreduzierender Selektionsmechanismus, über den Funktionalität und individuelle Nutzenmaximierung miteinander vereinbart werden können. Durch diesen dualen Charakter der Leistungsrolle wird die Reproduktion von Teilsystemen gleichsam „autopoietisch" möglich. Gleichzeitig fungiert die Leistungsrolle einerseits als Schließungsmechanismus gegenüber Zumutungen von außen, also politischen Übergriffen wie auch als Schnittstelle zwischen politischen und teilsystemischen Akteuren.

Teilsysteme ohne sinnhaft spezialisierte Leistungsrollen existieren nicht. Es war schon Durkheim, der den „Beruf" als das „Milieu" bezeichnete, das den Platz des Individuums in einer funktional differenzierten Gesellschaft anstelle der Geburt bestimmt (Durkheim 1988: 238). Die Untersuchung über Professionen nahm einen zentralen Platz bei Parsons ein (Parsons 1954). Schelsky bezeichnet die Berufstätigkeit als den „wichtigsten Faktor für die soziale Bestimmung des menschlichen Lebens in unserer Kultur" (1972: 27; siehe auch Wilensky 1972: 332; Eisermann 1992: 222). Sie ist die soziale Form, in der Leistung in modernen Industriegesellschaften realisiert wird, aber auch der kohäsive Faktor, der zur gesellschaftlichen Integration der Menschen beiträgt. Durch die hohe gesellschaftliche Bedeutung des Berufs erlangt er nicht nur einen prominenten, sondern geradezu einen sinngebenden und verhaltensstabilisierenden Charakter unter den zahlreichen Rollen, die der moderne Mensch täglich zu spielen hat. „So ist der Beruf heute zwar nur eine Lebenssachse neben anderen, aber für die meisten Menschen ist er immer noch die lebensnotwendigste" (Schelsky 1972: 32). Auf der Ebene des Berufs vereinen sich so einerseits die Funktionalität einer leistungsbezogenen Tätigkeit für die Gesellschaft wie andererseits die soziale Integration individuell nutzenmaximierender Akteure.

Berufe sind Ausdruck der sich differenzierenden Gesellschaft. Sie sind identisch mit einer Spezialisierung von Tätigkeiten. Nicht jede Berufsrolle kann aber als Kern eines Teilsystems angesehen werden. Nur wenige Berufsrollen haben sich anhand einer Leitorientierung entwickelt. So wie Luhmann Teilsysteme konzipiert hat – mit ihren Charakteristiken von Leitdifferenz, geschlossener Kommunikation, Selbstreferentiali-

---

16 Siehe beispielhaft und ausgezeichnet Ben-Davids Beschreibung der Entstehung von Wissenschaftssystemen, in denen nicht nur die Entstehung der organisatorischen Bedingungen der Wissenschaft in der Interaktion mit politischen und Klasseninteressen dargestellt wird, sondern auch die Wechselseitigkeit von institutioneller Umgebung und Leistungsrolle für die Leistungen der Wissenschaft in verschiedenen Ländern dargestellt wird (Ben-David 1971; siehe aber auch allgemeiner Johnson 1972).

tät – erscheint es mir aus einer akteurtheoretischen Sichtweise heraus plausibel, die *professionalisierte Leistungsrolle*, den Beruf als *Profession*, als den funktionalen Mikrokern von Teilsystemen anzusehen (s. auch ähnlich Pokol 1990)[17].

Professionen sind nach Parsons Berufe mit einer besonders starken Systematik des Wissens und einer ausgeprägten Kollektivorientierung (Hartmann 1972: 37)[18]. Das Informationsmonopol über einen gesellschaftlich wichtigen Bereich, das von den Professionen verwaltet wird (man muß hier also in erster Linie an Ärzte, Rechtsanwälte, Priester, Militärs oder Wissenschaftler denken), hat sich in einer bestimmten Institutionalisierung niedergeschlagen, die häufig mit einer Zunftstruktur verglichen wird. Die wichtigen und für die Professionen relativ vergleichbaren Merkmale dieser Strukturen sind etwa die Selbstkontrolle der Bereitstellung ihrer spezialisierten Leistungen für ein Publikum über ein „Kollegium", die hohen Zutrittsschwellen zur Profession, die Selektions- und Rekrutierungsmacht der Profession, die starke Integration neuer Mitglieder über Einflußnahme auf die Sozialisation, die hierdurch bedingte Entwicklung einer gemeinsamen Rolleninterpretation und von Wertvorstellungen und die Entwicklung einer gemeinsamen Sprache, die von Außenstehenden oft als „Geheimsprache" empfunden wird (siehe Goode 1972). Professionen haben, deutlicher als Berufe, erkennbare Grenzen gegenüber der Außenwelt gezogen. Sie sind somit für die Bevölkerung leicht erkennbar. Erst diese Möglichkeit der Zuschreibungen von außen berechtigt ja dazu, von einem System zu sprechen. Professionen haben schließlich ein höheres Prestige als andere Berufe und damit verbunden, einen hohen Status und höhere Einkommen.

Die funktionale Differenzierung in Teilsysteme bedeutet also, neben der Differenzierung auf Organisationsniveau auch immer die Herausbildung einer professionalisierten Leistungsrolle, die über eine Reihe sozialer und institutioneller Mechanismen in ein relativ geschlossenes Gebilde von Professionen eingegliedert wird. Die Eingliederung hat handlungsprägende Konsequenzen für den einzelnen, der in eine solche Leistungsrolle eintritt. Diese *handlungsprägenden Elemente* tragen wesentlich zu der Eigendynamik des Handelns in Teilsystemen und zur Geschlossenheit der Teilsysteme bei:

(a) Die *handlungsprägende Ebene des Teilsystems* bewirkt für den einzelnen, daß er die Leistungsrolle nur dann erfüllen kann, wenn er – zumindest zum größten Teil – den Leitwert des Teilsystems akzeptiert und versucht, Ereignisse nach dem binären Schema von „wahr/unwahr", „Recht/Unrecht" usw. zu interpretieren. Auch ein Arzt, der

---

17 Interessant ist hier auch ein Unterschied, den Eisermann bei der Darstellung von Rollen macht: Er unterscheidet zwischen „generellen Rollen" und „spezifischen Rollen". Generelle Rollen werden „Personen aufgrund ihrer individuellen (zu erwerbenden) Qualifikationen zugewiesen in Verbindung mit für die betreffende Gesellschaft weiterreichenden Funktionen, etwa auf dem Gebiet der Religion, des Gesundheitswesens oder der Politik ... Jede der [ ] Rollen weist eine sozial weiterreichende Signifikanz auf als die meisten Berufsrollen" (Eisermann 1992: 100). Spezifische Rollen dagegen können aufgrund „persönlicher Qualifikationen übernommen und zugewiesen werden". Als Beispiel gilt hier etwa ein Handelsvertreter (idem: 101).

18 Im weiteren Verlauf der Professionstheorie wurde die Annahme der Kollektivitätsorientierung allerdings kritisiert (Dingwall 1983). Auch Professionelle können sich in hohem Maße eigennützig verhalten (Goode 1972: 160).

mehr Interesse an ökonomischer Bereicherung denn an Heilung hat, kommt nicht umhin, seine Privatpatienten zu diagnostizieren und zu therapieren.

(b) Die *handlungsprägende Ebene des „Sollens"* bzw. *der Institutionen* erscheint für den Leistungsträger in Teilsystemen in der Form von spezifischen Sanktionsmechanismen, die darauf zielen, die vom Teilsystem erwartete Leistung sicherzustellen. Es sind diese Sanktionsmechanismen, die nicht nur dafür sorgen sollen, daß der Politiker nicht korrumpierbar wird oder der Staatsanwalt bestimmte Personen nicht aufgrund persönlicher Vorlieben bevorzugt, sondern positiv einen *Reputationszyklus* in Gang setzen, der den eigennützigen Professional an die Funktion des Teilsystems anbindet (siehe zu einem solchen Zyklus für die Wissenschaft: Braun 1993a). Hierin liegt die Erklärung dafür, daß sich Leistungsträger in Professionen eigennützig verhalten können, aber trotzdem ein kollektives Ergebnis entsteht, das teilsystemischen Interessen entspricht: Das Axiom, das dem *Reputationszyklus* professioneller Tätigkeit zugrundeliegt, unterstellt nicht mehr als daß Akteure, die sich entschieden haben, eine professionelle Rolle zu erfüllen[19], diese Tätigkeit fortführen wollen (siehe aus der Sicht des Wissenschaftssystems hierzu: Latour und Woolgar 1979: 187-233; Kohler 1989; Rip 1988; man vergleiche aber auch durchaus Marx' Akkumulationsmodell). Die persönlichen Motive des Akteurs, eine spezifische Leistungsrolle zu übernehmen (also etwa Macht oder Ehre), sind von nebensächlicher Bedeutung. Wenn er sich einmal entschieden hat, die Leistungsrolle zu übernehmen, gerät er in ein interdependentes Netz von Zumutungen und Anforderungen, denen er sich nur durch den Austritt aus der Professionsrolle, oder aber durch Verzicht auf Karriere entziehen kann. Nicht nur politische Karrieren, sondern Karrieren in allen Teilsystemen funktionieren wie eine „Reuse" (Enzensberger). Jede Ausübung einer professionellen Rolle beginnt mit weitreichenden Investitionen in die eigene Zukunft über die Absolvierung einer langwierigen und harten Ausbildung (finanzielle Kosten, Zeitkosten, emotionaler Streß). Diese Investitionen amortisieren sich nur, wenn man in der Lage ist, durch erfolgreiche Berufsausübung Reputation anzuhäufen, die als Symbol für die Zuerkennung von Belohnungen in Form von finanziellen Mitteln, Aufstieg in der Karriereleiter, Befreiung von aufwendigen Nebentätigkeiten usw. dienen. Um diese Reputation zu erlangen, müssen „Leistungssymbole" angehäuft werden, die von den „Status-Richtern" (Merton) innerhalb der Profession (kurz: das „Kollegium"; z.B. Gutachter in der Wissenschaft; die Partei in der Politik; die Vorgesetzten beim Militär) oder aber vom „Publikum" einer Profession (die Patienten der Ärzte; der Klientel der Rechtsanwälte; die Wähler im Fall der Politik) bewertet werden können und zur Anerkennung seiner Leistungen führen[20].

---

19 Ich schließe damit alle diejenigen aus, die erstens gar nicht erst in die professionelle Rolle eintreten, sie wieder verlassen wie auch diejenigen, die Wilensky (1972: 331) als „immobil" oder „nicht-ambitioniert" bezeichnet. Es sind diejenigen, die eine besonders starke Berufsverbundenheit zeigen, indem sie entweder an der Spitze der Profession arbeiten oder aber dorthin streben und somit die Normen und Werte der Profession akzeptieren, die hier zur Diskussion stehen. In Wilenskys Begrifflichkeit sind dies die Eliten einer Profession.
20 Die Bedeutung von Kollegium und Publikum in den Teilsystemen ist unterschiedlich. Eine Rolle spielen beide, aber sie können von durchaus unterschiedlicher Gewichtung sein. So ist es für den Wissenschaftler zunächst einmal seine „peer review group", die über Anerkennung entscheidet, beim niedergelassenen Arzt sind es sicherlich die Patienten, die durch Zulauf zu erkennen geben, daß sie seine Investitionen und Tätigkeiten schätzen. In der Politik spielen – zumindest in den repräsentativen Demokratien – Parteien und Wähler als Referenzgruppe eine wesentliche Rolle.

In jedem Teilsystem gelten unterschiedliche Leistungssymbole: der Wissenschaftler muß Originalität anhand von Publikationen nachweisen; der Militär Siege vorzeigen können; der Politiker Wählerstimmen erwerben, die er vom Wähler durch die Wertschätzung seiner Programme und/oder Policy-Leistungen erhält[21]; der Arzt muß Heilungserfolge vorweisen können. Die Erstellung der Leistungsfunktion des Teilsystems erscheint hier gleichsam als ein unintendiertes Nebenprodukt von nutzenmaximierenden Akteuren und sozialen Bewertungsmechanismen: Die Leistungen, die als Symbol für die Bewertung durch Kollegium und/oder Publikum dienen, stellen gleichzeitig den Beitrag zur Funktion des Teilsystems dar. Ein origineller Beitrag des Wissenschaftlers bedeutet einen Erkenntnisfortschritt; der Sieg der Militärs den Erhalt der äußeren Souveranität eines Staates; das Streben des Politikers nach Wählerstimmen über Policy-Leistungen bedeutet, daß das politische System zur Leistungssteigerung der Gesellschaft beizutragen versucht; die Heilung durch den Arzt schließlich verringert die Differenz von „krank" und „nicht-krank". Obwohl also die Akteure beliebig nach Ruhm, Ehre, Macht oder Geld streben können, bedingt die Einbindung in den Reputationszyklus der professionalisierten Teilsysteme gleichzeitig die Leistungserfüllung. Die positive Bewertung durch Kollegium oder Publikum schließlich schafft auch für die Außenwelt erkennbar Reputationssymbole (etwa in Form von Preisen, häufigen Nennungen, führenden Positionen im Kollegium usw.), die durch innersystemische Organisationen oder außersystemische Akteure mit Belohnungen versehen werden können. Diesen „Mehrwert" an Reputation, den der Leistungsträger beim Durchlaufen seines „Reputationszyklus" erworben hat, kann er wieder in den nächsten Durchlauf investieren. Wie in der Wirtschaft, so verlaufen die Karrieren der professionellen Leistungsträger über sich ständig erweiternde Investitionszyklen.

(c) Auch bei den Leistungsrollen haben *Akteurkonstellationen* eine handlungsprägende Kraft: Reputation ist ein knappes Gut, weil Aufmerksamkeit grundsätzlich knapp ist und diejenigen, die bereits Positionen mit hohem Reputationsstatus erworben haben, daran interessiert sind, sich diese Positionen zu erhalten. In der Status-Differenz, so Simmel (1922), liegt eine der sozialen Triebkräfte menschlichen Handelns. Leistungsträger, die noch nicht zur Elite der Profession gehören, treten so in eine fortwährende Konkurrenz mit anderen, gleichrangigen Leistungsträgern und mit der Elite, die bereits die höheren Positionen in der „Prestige-Hierarchie" (Eisermann 1992: 226) besetzt. Aber auch die Elite selbst ist gezwungen, da Ansehen ohne weitere Investitionen schnell verblassen kann, den Reputationszyklus weiter zu durchlaufen.

Die Ausübung einer professionellen Rolle bedeutet also immer die Konkurrenz um knappe Reputationschancen und damit um Ressourcen für die Fortführung der eigenen Tätigkeit mit anderen Rollenträgern (siehe ähnlich auch Bourdieu 1975). Hierauf stellen sich die Akteure in ihren Handlungen ein; hierauf beziehen sie sich in ihren Strategien

---

21 Ich bin mir bewußt, daß man weder in der Wirtschaft noch in der Politik von einer Profession im oben beschriebenen Sinne sprechen kann. In der Politik z.B. lassen sich sicherlich nicht jene Tendenzen der Monopolisierung von Wissen finden, wie wir sie aus der der Wissenschaft oder dem Gesundheitswesen kennen. Trotzdem denke ich, daß sich auch Wirtschaft und Politik anhand dieses noch tentativen Konzeptes beschreiben lassen, berücksichtigt man z.B. die relativ geschlossenen Rekrutierungsmechanismen der heutigen Berufspolitiker oder die durchaus vergleichbaren Mechanismen im Reputationszyklus. Der genaue Nachweis hierfür ist allerdings einem anderen Artikel vorbehalten.

zur Reputationsmehrung. Wie in Elias Beschreibung der Figurationen interdependenten Handelns sind die Akteure untrennbar miteinander in einen Kampf zwar nicht um Macht-, wohl aber um Reputationschancen verbunden.

Diese handlungsprägenden Elemente nun sind verantwortlich für typische soziale Schließungsmechanismen gegenüber Zumutungen von außen:

(a) Wenn man Luhmanns These von der Herausbildung einer eigenen Kommunikation in Teilsystemen mit Schließung gegenüber anderer Kommunikation empirisch glaubhaft machen will, dann bietet sich eine Untersuchung der Schließungsmechanismen von Professionen an. Es sind die Professionen, die besonders wichtige und „riskante" gesellschaftliche Funktionen mit einem Informationsmonopol belegen und die Mauern ihrer Kompetenzbereiche so hoch gezogen haben, daß niemand unbeaufsichtigt, d.h. sozialisiert im Sinne der Profession, das Reich der Professionen betreten kann. Keine anderen Berufe genießen ein so hohes Ansehen und damit zusammenhängend eine so große Autonomie von Zumutungen wie die Professionen (vgl. Lipset und Schwarz 1972). Die Politik kann sich nicht nur nicht anmaßen, in das Informationsmonopol der Professionen einzubrechen, sie ist zudem darauf angewiesen, Leistungsträger aus den Teilsystemen mit politischer Formulierungsmacht auszustatten, damit Störungen, die aus der Eigendynamik der Teilsysteme entstehen, sinnvoll bearbeitet werden können (idem; siehe auch Braun 1993c). Professionen genießen eine so hohe Autonomie, weil sie politische Macht besitzen. Dies ist nicht nur der großen Bedeutung ihrer Berufsausübung für die Gesellschaft und dem Informationsmonopol zu danken, sondern auch der Möglichkeit, durch gut organisierte Professionsorganisationen auf die öffentliche Meinungsbildung einzuwirken.

(b) Der Reputationszyklus bildet vor allem für die Rollenträger selber einen geschlossenen Kreis. Der Kreis schließt sich um so mehr, wie die Akteure bereits in ihre Karriere investiert haben *und* keine Optionen besitzen, in einen Reputationszyklus eines anderen Teilsystems zu wechseln. Investitionen in die professionelle Karriere bedeuten Zeitaufwand, Akkumulierung von spezialisiertem Wissen und langsamer Aufstieg in der Prestige-Hierarchie. Je mehr Zeit vergangen ist und je mehr ein Akteur so investiert hat, um so schwerer wird es ihm fallen, praktisch einen neuen Beruf zu erlernen, bei dem er aufs Neue anfangen müßte zu investieren[22]. Die Differenzierungstheorie macht deutlich, daß eher der Trend zur weiteren Differenzierung von Berufen und Professionen besteht und damit die Investitionen der Akteure meist innerhalb des einmal gewählten Reputationszyklus verbleiben. Die Anerkennung durch die eigene Referenzgruppe wird zum alleinigen Orientierungspunkt des Handelns der Leistungsträger. Der sich durch die Konkurrenz ergebende Zwang, den Reputationszyklus auf immer erweiterter Stufenleiter zu durchlaufen, erklärt die Eigendynamik des Verhaltens von Akteuren in Leistungsrollen. Im Reputationszyklus liegt die „Autopoiesis" der Teilsysteme begründet.

---

22 Der Ausstieg ist dann möglich, wenn es in der Status-Hierarchie vergleichbare Berufe gibt – und dies sind meist wieder Professionen –, bei denen der Akteur sein bereits akkumuliertes „ökonomisches, soziales und Humankapital" weiterverwerten kann.

Will die Politik so in die Abläufe der Teilsysteme eingreifen, ist sie nicht nur mit den Eigeninteressen von korporativen Akteuren, formalen Organisationen und dem Informationsmonopol der Professionen konfrontiert, sondern auch mit dem Eingebundensein der Leistungsträger in eigendynamische Reputationszyklen. Jede Intervention, die eine Herabsetzung der Chancen der Akteure bedeutet, die eigene Reputation zu erhöhen, wird auf Widerstand stoßen, vor allem dann, wenn andere Akteure diese Chance behalten.

Die Professionalisierung von Teilsystemen erzeugt also weitere soziale Schließungsmechanismen, die Barrieren für politische Einflußnahmen aufbauen.Den Reputationszyklus selbst kann die Politik in seinem Ablauf selbstverständlich nicht steuern. Sie besitzt aber kommunikative Ansatzpunkte, die helfen können, politische Ziele über Steuerung solcher professionalisierter Teilsysteme zu verwirklichen:

- Auch wenn persönliche Motive wie Streben nach materiellem Reichtum oder ideologischer Eifer irrelevant in bezug auf die Leistungserbringung des Teilsystems sind (siehe oben), können sie doch von der Politik als Hebel benutzt werden, Einfluß auf Abläufe in Teilsystemen zu erlangen. Der partei-ideologisch gleichgesinnte Professional kann vom Sinn politischer Steuerungsmaßnahmen überzeugt werden. Die Verschaffung machtvoller Positionen in teilsystemischen Organisationen durch politische Fürsprache sichert die Dankbarkeit und Offenheit des Professional für politische Anliegen. Auch wenn die Rolle hier Grenzen des politischen Einflusses setzt, vermögen politische Signale, die über solche Kommunikationskanäle verlaufen, durchaus Störungen im teilsystemischen Ablauf verursachen.
- Im gleichen Sinne kann eine redistributive Politik zugunsten bestimmter „innovativer" Leistungsträger zu Bündnissen zwischen politischen Akteuren und teilsystemischen Akteuren beitragen, die daraufhin zu einer „Differenzminderung" im von der Politik anvisierten Problem genutzt werden können.
- Die Rekrutierung von Sachverständigen aus den professionalisierten Teilsystemen in Beratungsgremien oder staatliche Agenturen schafft zwar politische Macht für die Experten (siehe in bezug auf die Wissenschaft Braun 1993c), sie bedeutet aber auch den direkten Zugang zum ansonsten abgeschotteten Expertenwissen.
- Interessant sind schließlich – obwohl ich diese Gedanken hier nur sehr vorläufig präsentieren kann – Erkenntnisse aus der *Elitentheorie*, die zeigen, daß es zu relativ festen und dauerhaften Verbindungen zwischen politischen Eliten und Eliten in anderen Teilsystemen kommen kann. Die Erklärungen hierfür sind allerdings unterschiedlich, ihre Aussagekraft muß empirisch überprüft werden:

Keller macht deutlich, daß die Eliten in Teilsystemen, die in unserem Zusammenhang mit den Status-Richtern von Professionen gleichgesetzt werden können, nicht nur die Instanz ist, die innerhalb von Teilsystemen die Übersetzung funktionaler Vorschriften in „workable rules" für die Leistungsträger übersetzt und diese kontrolliert (Keller 1963: 95), sondern auch für den Interessenausgleich zwischen den Systemen sorgt. „As societies become occupationally and economically more differentiated, elites become ever more important both as guardians and creators of collective values, and as managers of collective aims and ambitions" (idem: 5-6; siehe auch Herzog 1982: 24-25). Eine moralisch-integrative Orientierung dieser Eliten ermöglicht die Vermittlung gesellschaftlicher und politischer Ziele in Teilsystemen.

Mills argumentiert nicht vom Standpunkt integrativer, sondern egoistisch handelnder

Eliten in Teilsystemen heraus. Trotzdem behauptet auch er, daß es zu systemübergreifenden Koalitionen zwischen den Eliten kommen kann: „Within the higher circles of the power elite, factions do exist; there are conflicts of policy [ ]. But more powerful than these divisions are the internal discipline and the community of interests that bind the power elite together, even across the boundaries of nations at war" (Mills 1956: 283). Die gemeinsamen Interessen von politischen Eliten und Eliten in anderen Teilsystemen gegenüber den Nicht-Eliten schaffen hier die Basis für politische Akteure, in Kommunikation mit den Experten der anderen Teilsysteme zu treten und gemeinsam strategisch zu handeln.

Für von Beyme existiert ein Paradoxon zwischen einer fortschreitenden Ausdifferenzierung und Professionalisierung von Eliten einerseits, die an sich weniger Interventionen von außen erlaubt und engeren Kooperationsbeziehungen der Eliten andererseits, die nach „Lösungen zur Koevolution der Substeme" suchen (von Beyme 1993: 24).

Obwohl solche elitentheoretischen Gedanken (mit der Ausnahme von Beymes) nicht aus der Sicht ausdifferenzierter Teilsysteme heraus formuliert sind, bieten sie genügend Anlaß, kritisch über eine Verbindung der Theoriegebäude politischer Elitentheorien und akteurorientierter Differenzierungstheorie nachzudenken. Anhand der elitentheoretischen Gedanken läßt sich auf jeden Fall die These aufstellen, daß es zu (durchaus dauerhaften) Kommunikationsschnittstellen zwischen professionellen Eliten und politischen Akteuren kommen kann[23], in denen gemeinsame Interessen (entweder zum eigenen Machterhalt oder aber zum gesellschaftlichen Nutzen) zentral stehen.

Die Anwesenheit von Kommunikationsformen zwischen den Eliten bedeutet allerdings nicht, daß hiermit erfolgreich politisch gesteuert wird. Interessenkonvergenz und Interdependenz heißt nur, daß in jedem Teilsystem eine Interaktionsorientierung des „Other-Relatedness" entsteht, die Kompromißbildungen und Abstimmungen leichter macht. Für die Professionen bedeutet dies, daß politische Zumutungen oft bereits im Vorfeld abgewehrt werden können, für den Politiker, daß die Kooperation der Profession in vielen Punkten sichergestellt werden kann.

4. Akteurtheoretische Differenzierungstheorie und Steuerungsanalyse: Zusammenfassende Bemerkungen

Systemtheoretisch angelegte Analysen zur politischen Steuerung in der Denktradition von Luhmann sind *en vogue*. Als Makrotheorie steht sie nach dem Einbruch marxistischen Denkens in der Sozialwissenschaft konkurrenzlos dar. Es ist aber nicht verwunderlich, daß sich eher soziologische Theoretiker mit der Weiterentwicklung des systemtheoretischen Denkens befassen, während das politikwissenschaftliche Forschungsprogramm zur Zeit gerade von dem mikrotheoretischen Entwurf der Rational Choice Theorien geprägt wird. Die Systemtheorie Luhmanns verfehlt den Anschluß an die Politikwissenschaft, weil sie das handelnde Subjekt nicht zur Beobachtungsein-

---

23 Ein empirisches Beispiel einer relativ starken und dauerhaften Bindung zwischen teilsystemischen Akteuren und Politikern ist das „Iron Triangle" im Fall der Gesundheitsforschung in den USA gewesen (Heclo 1977; Strickland 1972).

heit empirischer Analysen machen will. So bleibt auch das die Politikwissenschaft interessierende Meso-Niveau organisierter Interessen unterbelichtet. Es wäre allerdings falsch, die systemtheoretischen Gedanken für Policy- und Steuerungsanalysen beiseitezulegen. Vielmehr gilt es, eine Synthese von System- und Handlungstheorie zu suchen. Ich meine, daß sich hierfür eine Theorieströmung anbietet, die von der „Master-Variable" Luhmannscher Systemtheorie ausgeht, der „funktionalen Differenzierung von Gesellschaft", aber versucht, die Implikationen der Differenzierung über akteurtheoretische Analysen zu verstehen. Um die Brauchbarkeit akteurtheoretischer Differenzierungsanalysen für die Politikwissenschaft zu demonstrieren, habe ich das von Luhmann und Willke vertretene „Prinzip operationaler Schließung" aufgegriffen. Mit diesem Prinzip wird belegt, daß es eine nicht hintergehbare System-und Tätigkeitsgrenze staatlichen Handelns in funktional differenzierten Gesellschaften gibt, deren Überschreitung zu einer sich verschärfenden Diskrepanz von Steuerungsanspruch und Steuerungsmöglichkeiten des Staates beiträgt. Ich habe gezeigt, daß diese These im Grunde genommen keine „Information" für politikwissenschaftliche Steuerungsanalysen enthält, weil sie einen Steuerungsanspruch thematisiert, der in modernen und demokratischen Staaten ohnedies nicht beabsichtigt ist. Trotzdem scheint das „Prinzip operationaler Schließung" Sinn zu machen, wenn man es auf Steuerung anwendet, die unterhalb der Schwelle „Autopoiesis" abläuft *und* darunter soziale Schließungsmechanismen versteht, die durch das Spannungsverhältnis von eigeninteressiertem Akteurhandeln und (teil)systemischen Zumutungen entstehen.

Es wurden drei Ansätze diskutiert, die im Rahmen einer akteurtheoretischen Differenzierungstheorie solche sozialen Schließungsmechanismen erörtern:

- Die neofunktionalistischen Analysen in der Nachfolge Parsons betrachten systemische Reproduktion als sozialen Prozeß, in dem miteinander konkurrierende Eliten und Akteurgruppen um Machtchancen in einem funktional ausdifferenzierten Bereich kämpfen. Soziale Schließung entsteht durch die Institutionalisierung der Macht einer bestimmten Elite. Das Eigeninteresse dieser Elite kann für die Funktionalität des Systems wichtige Neuerungen blockieren und politische Eingriffe abwehren.
- Die Analysen des „Max-Planck-Instituts für Gesellschaftsforschung" thematisieren vor allem die Ebene der korporativen Akteure und ihr „strategisches Miteinander" in Form von Akteurkonstellationen. Soziale Schließungsmechanismen sind hier einerseits in den „reflexiven Interessen" korporativer Akteure und ihrer Vetomacht und andererseits in der Eigendynamik von Akteurkonstellationen zu suchen, die durch Interdependenz und „Lock-In-Prozesse" (Hohn und Schimank 1990) hervorgerufen werden.
- Die Professionalisierung von Leistungsrollen in Teilsystemen bildet den zentralen Schließungsmechanismus im dritten Ansatz. Die Monopolisierung von Wissen und die Institutionalisierung dieses Monopols über exklusive Rekrutierungs- und Belohnungsmechanismen errichten hohe Schranken gegenüber politischen Zumutungen. Zementiert werden diese Mauern durch das hohe gesellschaftliche Ansehen von Professionen und ihre politische Definitionsmacht. Eigendynamische Tendenzen der Schließung entstehen dabei nicht so sehr, wie es der Neofunktionalismus hervorhebt, durch ein Machtinteresse der Professionsmitglieder, sondern durch die soziale Einbindung in einen Reputationszyklus, der nur bei Strafe des Ausschlusses aus der Profession verlassen werden kann. Es ist dieser Reputationszyklus, der die

Akteure meist dazu zwingt, die Interessen des Teilsystems höher zu bewerten als politische Interessen.

Ein „Prinzip operationaler Schließung" läßt sich so also auch über akteurtheoretische Differenzierungsanalysen belegen. Operationale Schließung bedeutet im akteurtheoretischen Zusammenhang allerdings nicht den Verlust an Kommunikation zwischen der Politik und den Teilsystemen. Im Gegenteil, die reflexiven Interessen der Akteure in Teilsystemen ermöglichen aus der Sicht jeden Ansatzes den Zugang der Politik zu den Teilsystemen:

- Die Neofunktionalisten betonen die Möglichkeiten der Politik, Koalitionen mit den „innovativen Gegen-Eliten" in den Systemen zu schließen, um gegen die Blockademacht der traditionalen Eliten anzugehen.
- Die reflexiven Interessen der Akteure und ihre gleichzeitige Einbindung in Teilsysteme schaffen in den Analysen des „Max-Planck-Instituts für Gesellschaftsforschung" nicht nur Ressourcenabhängigkeiten von der Politik, sondern auch eine gemeinsame „Sprache", die von der Politik strategisch genutzt werden kann. Starke korporative Akteure in Teilsystemen mit hoher Selbststeuerungsfähigkeit können zu nützlichen Kooperationspartnern der Politik werden. Sie entlasten die Politik durch ihre Fähigkeit, Interessen zu bündeln und Mitgliederinteressen zu beeinflussen.
- Schließlich gibt es auch in professionalisierten Leistungssystemen Konkurrenz um Reputationschancen, die von der Politik genutzt werden kann. Es gibt zusätzlich gute Gründe anzunehmen, daß sich zwischen den professionellen und den politischen Eliten Kooperationsstrukturen herausbilden.

Akteurtheoretische Differenzierungsanalysen bieten Erklärungen für die Restriktionen wie für die Optionen staatlichen Handelns an. Sie können so zum Ausgangspunkt eines Forschungsprogramms in der Policy-Forschung werden, in dem das Implementationsfeld politischer Steuerung als in sich vielfältig differenzierter Bereich mit jeweils eigenen handlungsprägenden Elementen und handlungsfähigen Akteuren verstanden wird. Es gilt, damit über dieses variierte und komplexe Implementationsfeld generalisierungsfähiges Wissen gewonnen werden kann, das jeweilige Spannungsverhältnis von teilsystemischer Zumutung und reflexiven Interessen teilsystemischer Akteure in seiner Bedeutung für die historische Entwicklung der Beziehung zwischen politischem System und Teilsystemen zu rekonstruieren. Dies ist nur möglich, wenn sowohl innerhalb der Nationalstaaten wie im internationalen Vergleich ein systematischer und empirischer Vergleich vorgenommen wird.

Literaturverzeichnis

Alexander, Jeffrey (Hrsg.), 1985: Neofunctionalism. Beverly Hills: Sage.
Alexander, Jeffrey C./Colomy, Paul (Hrsg.), 1990: Differentiation Theory and Social Change. Comparative and Historical Perspectives. New York: Columbia University Press.
Ben-David, Joseph, 1971: The Scientist's Role in Society. A Comparative Study. New Jersey: Prentice-Hall, Inc.
Beyme, Klaus von, 1991a: Theorie der Politik im 20. Jahrhundert. Frankfurt a.M.: Suhrkamp.
Beyme, Klaus von, 1991b: Regierungslehre zwischen Handlungstheorie und Systemansatz, in: *Hans-Hermann Hartwich/Göttrik Wewer* (Hrsg.), Regieren in der Bundesrepublik 3. Systemsteuerung und „Staatskunst". Theoretische Konzepte und empirische Befunde. Opladen: Leske + Budrich, 19-34.

Beyme, Klaus von, 1993: Die politische Klasse im Parteienstaat. Frankfurt a.M.: Suhrkamp.
Bourdieu, Pierre, 1975: The Specificity of the Scientific Field and the Social Conditions of the Progress of Reason, in: Social Science Information 14, 6, 19-47.
Braun, Dietmar, 1991: Die Einflußmöglichkeiten der Forschungsförderung auf Strukturprobleme der Gesundheitsforschung in der Bundesrepublik. Schriftenreihe zum Programm der Bundesregierung Forschung und Entwicklung im Dienste der Gesundheit. Band 15. Bonn: Wirtschaftsverlag NW.
Braun, Dietmar, 1992: Probleme und Perspektiven der Gesundheitsforschung in den Vereinigten Staaten, Frankreich und England. Schriftenreihe zum Programm der Bundesregierung Forschung und Entwicklung im Dienste der Gesundheit. Band 23. Bonn: Wirtschaftsverlag NW.
Braun, Dietmar, 1993a: Restrictions in the Political Control of Science, in: Hans Keman (Hrsg.), Comparative Politics. New Directions in Theory and Method. Amsterdam: VU-Press, 121-139.
Braun, Dietmar, 1993b: Politische Steuerungsfähigkeit in intermediären Systemen am Beispiel der Forschungsförderung, in: Politische Vierteljahresschrift 34, 2, 249-271.
Braun, Dietmar/Schimank, Uwe, 1992: Organisatorische Koexistenzen des Forschungssystems mit anderen gesellschaftlichen Teilsystemen. Die prekäre Autonomie wissenschaftlicher Forschung, in: Journal für Sozialforschung 32, 3-4, 319-336.
Bußhoff, Heinrich (Hrsg.), 1992: Politische Steuerung: Steuerbarkeit und Steuerungsfähigkeit; Beiträge zur Grundlagendiskussion. Baden-Baden: Nomos.
Champagne, Duane, 1990: Culture, Differentiation, and Environment: Social Change in Tlingit Society, in: Jeffrey C. Alexander/Paul Colomy (Hrsg.), Differentiation Theory and Social Change. New York/Oxford: Columbia University Press, 52-88.
Colomy, Paul, 1985: Uneven Structural Differentiation. Toward a Comparative Approach, in: Jeffrey C. Alexander (Hrsg.), Neofunctionalism. Beverly Hills/London: Sage, 131-156.
Colomy, Paul, 1990: Revisions and Progress in Differentiation Theory, in: Jeffrey C. Alexander/Paul Colomy (Hrsg.), Differentiation Theory and Social Change. New York und Oxford: Columbia University Press, 119-163.
Dawe, Alan, 1978: Theories of Social Action, in: Tom Bottomore/R. Nisbet (Hrsg.), A History of Sociological Analysis. New York: Heinemann, 363-417.
Dingwall, Robert, 1983: Introduction, in: Robert Dingwall/Philip Lewis (Hrsg.), The Sociology of the Professions. London/Basingstoke: MacMillan, 1-18.
Durkheim, Emile, 1988 (1930): Über soziale Arbeitsteilung. Studie über die Organisation höherer Gesellschaften. Frankfurt a.M.: Suhrkamp.
Eisenstadt, Shmuel N., 1985: Systemic Qualities and Boundaries of Societies. Some Theoretical Considerations, in: Jeffrey C. Alexander (Hrsg.), Neofunctionalism. Beverly Hills: Sage, 99-112.
Eisermann, Gottfried, 1991: Rolle und Maske. Tübingen: J.C.B. Mohr.
Ellwein, Thomas/Hesse, Joachim Jens/Mayntz, Renate/Scharpf, Fritz W. (Hrsg.), 1987: Jahrbuch zur Staats- und Verwaltungswissenschaft, Band 1. Baden-Baden: Nomos.
Elster, Jon, 1979: Ulysses and the Sirens. Studies in Rationality and Irrationality. Cambridge: Cambridge University Press.
Flam, Helena, 1990: Corporate Actors: Definition, Genesis and Interaction. Discussion-Paper 90/11. Köln: Max-Planck-Institut für Gesellschaftsforschung.
Fürst, Dietrich, 1987: Die Neubelebung der Staatsdiskussion: Veränderte Anforderungen an Regierung und Verwaltung in westlichen Industriegesellschaften, in: Thomas Ellwein/Joachim Jens Hesse/Renate Mayntz/Fritz W. Scharpf (Hrsg.), Jahrbuch zur Staats- und Verwaltungswissenschaft, Band 1. Baden-Baden: Nomos, 261-284.
Görlitz, Axel (Hrsg.), 1989: Politische Steuerung sozialer Systeme. Mediales Recht als politisches Steuerungskonzept. Pfaffenweiler: Centaurus.
Görlitz, Axel/Druwe, Ulrich (Hrsg.), 1990: Politische Steuerung und Systemumwelt. Pfaffenweiler: Centaurus.
Goode, William J., 1972: Professionen und die Gesellschaft. Die Struktur und ihre Beziehungen, in: Thomas Luckmann/Walter M. Sprondel (Hrsg.), Berufssoziologie. Köln: Kiepenheuer & Witsch, 157-168.
Hartmann, Heinz, 1972: Arbeit, Beruf, Profession, in: Thomas Luckmann/Walter Sprondel (Hrsg.), Berufssoziologie. Köln: Kiepenheuer & Witsch, 53-70.

Hartwich, Hans-Hermann, 1987: Die Suche nach einer wirklichkeitsnahen Lehre vom Staat, in: APUZ B46-47/87, 3-19.
Heclo, Hugh, 1978: Issue Networks and the Executive Establishment, in: *Anthony King*, The New American Political System. Washington, DC: American Enterprise Institute, 87-124.
Herzog, Dietrich, 1982: Politische Führungsgruppen. Darmstadt: Wiss. Buchgesellschaft.
Hesse, Joachim Jens, 1987: Aufgaben einer Staatslehre heute, in: *Thomas Ellwein/Joachim Jens Hesse/Renate Mayntz/Fritz W. Scharpf* (Hrsg.), Jahrbuch zur Staats- und Verwaltungswissenschaft, Band 1/1987. Baden-Baden: Nomos, 55-88.
Hohn, Hans-Willy/Schimank, Uwe, 1990: Konflikte und Gleichgewichte im Forschungssystem. Akteurkonstellationen und Entwicklungspfade in der staatlich finanzierten außeruniversitären Forschung. Frankfurt a.M./New York: Campus.
Johnson, Terence J., 1972: Professions and Power. London/Basingstoke: MacMillan.
Keller, Suzanne, 1963: Beyond the Ruling Class. Strategic Elites in Modern Society. New York: Random House.
Kohler, Robert E., 1989: Funding Policies and Research Programs. The Case of the Rockefeller Foundation, in: Diskussionspapier, University of Pennsylvania, May 1989.
Latour, Bruno/Woolgar, Steve, 1979: Laboratory Life. The Social Construction of Scientific Facts. London: Sage.
Lipset, Seymour Martin/Schwarz, Mildred A., 1972: Das politische Verhalten professioneller Experten, in: *Thomas Luckmann/Walter Sprondel* (Hrsg.), Berufssoziologie. Köln: Kiepenheuer & Witsch, 382-400.
Luhmann, Niklas, 1981: Politische Theorie im Wohlfahrtsstaat. München und Wien: Olzog.
Luhmann, Niklas, 1984: Soziale Systeme. Grundriß einer allgemeinen Theorie. Frankfurt a.M.: Suhrkamp.
Luhmann, Niklas, 1989a: Politische Steuerung: Ein Diskussionsbeitrag, in: Politische Vierteljahresschrift 30, 1, 4-9.
Luhmann, Niklas, 1989b: Gesellschaftsstruktur und Semantik. Studien zur Wissenssoziologie der modernen Gesellschaft. Band 3. Frankfurt a.M.: Suhrkamp.
Luhmann, Niklas, 1990: Essays on Self-Reference. New York/Oxford: Columbia University Press.
Luhmann, Niklas, 1991: Steuerung durch Recht? Einige klarstellende Bemerkungen, in: Zeitschrift für Rechtssoziologie 12, 1, 142-146.
Mayntz, Renate, 1987: Politische Steuerung und gesellschaftliche Steuerungsprobleme – Anmerkungen zu einem theoretischen Paradigma, in: *Thomas Ellwein/Joachim Jens Hesse/Renate Mayntz/Fritz W. Scharpf* (Hrsg.), Jahrbuch zur Staats- und Verwaltungswissenschaft, Band 1/1987. Baden-Baden: Nomos, 89-110.
Mayntz, Renate, 1988: Funktionelle Teilsysteme in der Theorie sozialer Differenzierung, in: *Renate Mayntz* u.a., Differenzierung und Verselbständigung. Zur Entwicklung gesellschaftlicher Teilsysteme. Frankfurt a.M./New York: Campus, 11-44.
Mayntz, Renate, 1991: Scientific Research and Political Intervention – The Structural Development of Publicly Financed Research in the Federal Republic of Germany, in: *Andrea Orsi Battaglini/Fabio Roversi Monaco* (Hrsg.), The University within the Research System – An International Comparison. Baden-Baden: Nomos, 45-62.
Mayntz, Renate, 1992: Die außeruniversitäre Forschung im Prozeß der deutschen Einigung, in: Leviathan 20, 1, 64-82.
Mayntz, Renate/Rosewitz, Bernd/Schimank, Uwe/Stichweh, Rudolf, 1988: Differenzierung und Verselbständigung. Zur Entwicklung gesellschaftlicher Teilsysteme. Frankfurt a.M./New York: Campus.
Mills, C.W., 1956: The Power Elite. New York.
Offe, Claus, 1975: Berufsbildungsreform. Frankfurt a.M.: Suhrkamp.
Parsons, Talcott, 1954: The Professions and Social Structure, in: Essays in Sociological Theory, revised edition, New York: Free Press, 34-49.
Pokol, Béla, 1990: Professionelle Institutionensysteme oder Teilsysteme der Gesellschaft? Reformulierungsvorschläge zu Niklas Luhmanns Systemtypologie, in: Zeitschrift für Soziologie 19, 5, 329-344.
Reese-Schäfer, Walter, 1992: Luhmann. Zur Einführung. Hamburg: Junius.

Rip, Arie, 1988: Contextual Transformations in Contemporary Science, in: Andrew Jamison (Hrsg.), Keeping Science Straight. Göteborg: Dept. Theory of Science, University of Gothenburg, 58-74.
Ritter, Ernst-Hasso, 1979: Der kooperative Staat. Bemerkungen zum Verhältnis von Staat und Wirtschaft, in: AÖR (1979), 104, 389-413.
Rosewitz, Bernd/Schimank, Uwe, 1988: Verselbständigung und politische Steuerbarkeit gesellschaftlicher Teilsysteme, in: Renate Mayntz u.a., Differenzierung und Verselbständigung. Zur Entwicklung gesellschaftlicher Teilsysteme. Frankfurt a.M./New York: Campus, 295-329.
Rosewitz, Bernd/Webber, Douglas, 1990: Reformversuche und Reformblockaden im deutschen Gesundheitswesen. Frankfurt a.M./New York: Campus.
Rüschemeyer, Dietrich, 1974: Reflections on Structural Differentiation, in: Zeitschrift für Soziologie 3, 279-294.
Rüschemeyer, Dietrich, 1977: Structural Differentiation, Efficiency, and Power, in: American Journal of Sociology 83, 1-25.
Scharpf, Fritz W., 1991: Die Handlungsfähigkeit des Staates am Ende des zwanzigsten Jahrhunderts, in: Politische Vierteljahresschrift, 32. Jg., Heft 4, 621-634.
Schelsky, Helmut, 1972: Die Bedeutung des Berufs in der modernen Gesellschaft, in: Thomas Luckmann/Walter M. Sprondel (Hrsg.), Berufssoziologie. Köln: Kiepenheuer & Witsch, 25-35.
Schimank, Uwe, 1985: Der mangelnde Akteurbezug sytemtheoretischer Erklärungen gesellschaftlicher Differenzierung – Ein Diskussionsvorschlag, in: Zeitschrift für Soziologie 14, 6, 421-434.
Schimank, Uwe, 1990: Politische Steuerung in der Organisationsgesellschaft – am Beispiel der Forschungspolitik, in: Wolfgang Zapf (Hrsg.), Die Modernisierung moderner Gesellschaften. Verhandlungen des 25. Deutschen Soziologentages in Frankfurt am Main 1990. Frankfurt a.M.: Campus, 505-516.
Schimank, Uwe, 1991: Rezension zu: Jeffrey C. Alexander und Paul Colomy (Hrsg.): Differentiation Theory and Social Change, 1990, in: Kölner Zeitschrift für Soziologie und Sozialpsychologie 43, 772-773.
Schimank, Uwe, 1992a: Determinanten sozialer Steuerung – akteurtheoretisch betrachtet. Ein Themenkatalog, in: Heinrich Bußhoff (Hrsg.), Steuerbarkeit und Steuerungsfähigkeit. Beiträge zur Grundlagendiskussion. Baden-Baden: Nomos, 165-192.
Schimank, Uwe, 1992b: The Worsening of Research Conditions at German Universities: Individual Coping Makes the Best of Corporate Coping's Failure. Diskussionspapier präsentiert auf der Konferenz „Coping with Trouble: How Scientists and Research Instiutes React to Political Disturbances of their Research Conditions" am Max-Planck-Institut für Gesellschaftsforschung, Köln.
Schmid, Michael, 1982: Theorie sozialen Wandels. Opladen: Westdeutscher Verlag.
Schmidt, Manfred G. (Hrsg.), 1988: Staatstätigkeit. International und historisch vergleichende Analysen. Opladen: Westdeutscher Verlag.
Simmel, Georg, 1922: Soziologie. Untersuchungen über die Formen der Vergesellschaftung. München und Leipzig: Duncker und Humblot.
Smelser, Neil J., 1959: Social Change in the Industrial Revolution. An Application of Theory to the Lancashire Cotton Industry 1770-1840. Chicago: University of Chicago Press.
Strickland, Stephen P., 1972: Politics, Science, and Dread Disease. A Short History of United States Medical Research Policy. Cambridge, Mass.: Harvard University Press.
Stucke, Andreas, 1992: Die westdeutsche Wissenschaftspolitik auf dem Weg zur deutschen Einheit, in: APUZ, B51/92, 3-14.
Tyrell, Hartmann, 1978: Anfragen an die Theorie der gesellschaftlichen Differenzierung, in: Zeitschrift für Soziologie 7, 2, 175-193.
Wilensky, Harold L., 1972: Arbeit, Karriere und soziale Integration, in: Thomas Luckmann/Walter Sprondel (Hrsg.), Berufssoziologie. Köln: Kiepenheuer & Witsch, 318-344.
Willke, Helmut, 1983: Entzauberung des Staates. Überlegungen zu einer sozietalen Steuerungstheorie. Königstein/Ts.: Athenäum.
Willke, Helmut, 1989: Systemtheorie entwickelter Gesellschaften. Weinheim/München: Juventa.
Willke, Helmut, 1992: Ironie des Staates. Frankfurt a.M.: Suhrkamp.

4. Instrumentenwahl und staatliche Steuerung

Ein Wandel in der Verwendung von Policy-Instrumenten: Quasi-Märkte und Gesundheitspolitik*

Julian Le Grand

Einführung

In den letzten zehn Jahren hat sich ein deutlicher Wandel in der Verwendung sozialpolitischer Instrumente vollzogen: Sanfte, Anreize setzende Instrumente haben zunehmend Gebote und Verbote verdrängt; so sind heute marktwirtschaftliche Instrumente insbesondere in der Gesundheitsversorgung auf der ganzen Welt en vogue. Eine Untersuchung der jüngsten Gesundheitsreformen in Europa argumentiert, daß „... es Anzeichen einer Konvergenz hin zu einem öffentlichen Vertragsmodell gibt. Immer mehr baut man auf den Markt und marktähnliche Beziehungen, die es dem Staat ermöglichen, aus einer gewissen Distanz zu regulieren" (Hurst 1991: 19). So konstatiert eine Analyse der Veränderungen in der Gesundheitsversorgung in Schweden, Holland, der Bundesrepublik, Kanada, Großbritannien und den Vereinigten Staaten, daß „... eine ganze Anzahl von Ländern, die traditionell mit Planungs- und Regulierungsmethoden arbeiteten, sich zu mehr wettbewerbsorientierten Modellen hin bewegen" (Ham/Robinson/Benzeval 1990: 105); gleichzeitig stellt diese Studie jedoch fest, daß – umgekehrt – marktorientierte Systeme auch einen größeren Gebrauch von Regulierungsinstrumenten machen. Im Rahmen ihrer Analyse der Reform des Gesundheitssystems in Nordeuropa konstatieren Saltman und von Otter, daß „... die gesundheitspolitische Debatte sich zunehmend auf die Frage konzentriert, wie Wettbewerb in öffentlichen Versorgungssystemen eingeführt werden kann" (1992: IX). Sogar in der Dritten Welt wird die Ausdehnung einer marktorientierten Gesundheitsversorgung immer mehr begrüßt (Weltbank 1987; Bennett 1991).

Nun ist in einer Hinsicht dieses erneute Interesse an Märkten nicht überraschend.[1] Der Zusammenbruch der Zentralverwaltungswirtschaften in Osteuropa und der ehemaligen Sowjetunion hat das Vertrauen in Marktlösungen für *alle* Probleme der Ressourcenallokation gestärkt. Auch weisen die meisten Länder ein beträchtliches öffentliches Engagement in der Finanzierung von und Versorgung mit Gesundheitsleistungen auf. Ja, in einigen Ländern stellt das Gesundheitssystem eines der größten Bereiche nicht-marktlicher Tätigkeit außerhalb der Familie dar. Daher ist es verständlich, daß

---

* Lyn Harrison und Carol Propper bin ich sehr dankbar für Kommentare zu früheren Versionen der Interpretation dieses Materials.
1 Ich sage hier bewußt „erneutes Interesse", weil die Debatte über den „Public Private Mix" in der Gesundheitsversorgung schon lange andauert. Als einige Beispiele der umfassenden Literatur zu diesem Thema vor der gegenwärtigen Debatte lassen sich Lees (1961), Buchanan (1968), Donabedian (1971), MacLachlan und Maynard (1982), Maynard und Williams (1984) sowie Culyer und Jonsson (1986) nennen.

das weltweite Interesse an Marktlösungen sich in Vorschlägen darüber niederschlägt, wie das Engagement des privaten Sektors in der Gesundheitsversorgung erhöht werden könnte.

Jedoch ist in anderer Hinsicht das zunehmende Interesse an Gesundheitsmärkten weniger leicht nachzuvollziehen. Herrscht doch – wenn man einmal von den radikalen Markttheoretikern absieht – faktisch ein Konsensus unter Ökonomen und anderen Policy-Analytikern darüber, daß „reine" Märkte im Gesundheitssektor zu Ergebnissen tendieren, die äußerst problematisch sein können.[2] In diesem Zusammenhang wird oft die Erfahrung mit der privaten Gesundheitsversorgung in den USA angeführt, die mit einem massiven Überangebot an medizinischer Versorgung und explodierenden Gesundheitskosten einhergeht und relativ schwache Gesundheitsergebnisse hervorbringt, gleichzeitig durch eine hohe Ungleichheit der Zugangschancen charakterisiert ist.[3]

Bei näherer Analyse erweist sich das Paradoxon jedoch eher als vordergründig als wirklich. Denn in den meisten Fällen implizieren die Marktlösungen, die im Rahmen des Gesundheitssystems empfohlen werden, nicht die Einführung eines „reinen" Marktes in das Finanzierungs- und Versorgungssystem. Eher sehen sie im allgemeinen eine Art internen Marktes oder Quasi-Marktes vor, in dessen Rahmen die Finanzierung des Gesundheitssystems weitgehend in den Händen des Staates bleibt, dieser aber eine Form von „managed competition" im Versorgungssystem etabliert.

Befürworter dieser Quasi-Markt-Reformen argumentieren, daß diese – wie die gewöhnlichen Märkte – die *Effizienz* der Ressourcenallokation in der Gesundheitsversorgung verbessern und die betreffenden Einrichtungen offener für die Bedürfnisse und Wünsche der Patienten machen. Die Kritiker hingegen behaupten, daß gerade im Gegenteil Quasi-Märkte weitere Quellen der Ineffizienz schaffen und – von ebenso großer, wenn nicht größerer Bedeutung – das Prinzip der *Gleichbehandlung und Gerechtigkeit*, wenn es um die Behandlung unterschiedlicher Patiententypen geht, gefährden. Um so bedeutender erscheint es, daß Analytiker der Gesundheitspolitik – so weit wie möglich – ermessen sollten, wer Recht hat.

Es ist das Ziel dieses Beitrags, diesen Prozeß am Beispiel einer der bedeutenderen und umfassenden Marktreformen in Europa voranzubringen, nämlich der Reformen, die gegenwärtig im National Health Service (NHS) in Großbritannien eingeführt werden. Zunächst werden die Reformen beschrieben, um dann auf der Basis einer ökonomischen Analyse einige der Bedingungen zu beschreiben, die erfüllt sein müssen, damit ein Quasi-Markt in der Gesundheitsversorgung sowohl effizient als auch gerecht ist und sodann untersucht, inwiefern der sich bildende Gesundheitsmarkt in Großbritannien diese Bedingungen erfüllt. Der Beitrag schließt mit einer kurzen Diskussion der Konsequenzen, die man aus den bisherigen Erfahrungen für eine Politik der Quasi-Märkte ziehen kann.

---

2 Eine Kritik der wichtigsten Argumente, die von Ökonomen diskutiert werden, liefern Barr (1987) und Le Grand, Propper, Robinson (1992).

3 Es ist vielleicht nicht ganz fair, die amerikanischen Erfahrungen als ein Beispiel von Marktversagen anzuführen. Faktisch gibt es einen hohen Grad staatlichen Engagements im amerikanischen Gesundheitssystem, und einige Kommentatoren schieben zumindest einen Teil der Schuld für die Mängel des Systems auf die Instrumente der staatlichen Intervention selbst (Havighurst et al. 1989). Eine ausgewogene Beurteilung dessen, was aus den amerikanischen Erfahrungen gelernt werden kann, bietet Enthoven (1989).

Die Reformen im britischen Gesundheitssystem

Die Reformen, die hier erörtert werden sollen, betreffen die Organisation des britischen staatlichen Gesundheitsdienstes (National Health Service – NHS). Um deren Bedeutung richtig einzuschätzen, ist es erforderlich, einige Hintergrundinformationen darüber zu liefern, wie dieser vor den Reformen organisiert war. Das Hauptmerkmal der alten Organisation war ein fast vollständiges staatliches Engagement, sowohl was die Finanzierung als auch die Erbringung von Gesundheitsleistungen anbetraf. Krankenhäuser und kommunale Dienstleistungen wurden vom Staat betrieben bzw. angeboten und finanziert, m.a.W. die entsprechenden Einrichtungen befanden sich in staatlichem Eigentum und wurden vom Staat verwaltet; deren Bedienstete waren Angestellte des Staates. Die Verwaltung und die Allokation der finanziellen Mittel wurden auf zwei Ebenen von Gesundheits-„Behörden" abgewickelt: durch die regionalen Gesundheitsbehörden, die 14 Regionen von England abdeckten[4], und – innerhalb einer Region – durch mehrere Distrikt-Gesundheitsbehörden. Die Praktischen Ärzte (General Practitioners – GPs) waren in einem etwas anderen System organisiert; formal waren sie selbständig, standen aber unter Vertrag mit dem staatlichen Gesundheitsdienst; ihr Einkommen errechnete sich nach einem gewichteten Pro-Kopf-System, das sich an der Zahl der behandelten Patienten orientierte. Fast alle Leistungen wurden gebührenfrei „at the point of use" angeboten, abgesehen von einigen Abgaben, von denen die wichtigsten die (bezuschußten) Gebühren für Rezepte waren. Das gesamte System wurde vorwiegend über allgemeine Steuermittel finanziert.

Die Praktischen Ärzte fungierten als die „Türwächter" des Systems. Personen, die sich behandlungsbedürftig fühlten, wandten sich zuerst an ihren GP; dieser erstellte eine Diagnose und erbrachte die erforderliche Behandlung entweder selbst oder, wenn der Zustand des Patienten es erforderte, überwies er diesen an ein Krankenhaus. Theoretisch waren die Praktischen Ärzte frei in ihren Überweisungen, d.h. sie konnten einen Patienten zu dem Krankenhaus ihrer Wahl schicken. Praktisch wurde diese Freiheit jedoch durch die verfügbare Kapazität der Krankenhäuser eingeschränkt. Krankenhäuser, die sich mit mehr Überweisungen konfrontiert sahen, als sie bewältigen konnten, rationierten die Nachfrage durch Wartelisten.

Das System hatte (und hat) viele positive Merkmale.[5] Was die Effizienz anbetrifft, war das Verhältnis zwischen Aufwand und Ertrag günstig, inbesondere wenn man einen Vergleich zu Versorgungssystemen anderer Länder zieht. Sowohl in absoluten Größenordnungen als auch im Verhältnis zum Bruttosozialprodukt gibt Großbritannien für Gesundheitsleistungen bedeutend weniger aus als die meisten anderen Länder, sowohl in Europa als auch anderswo. Schätzungen der OECD zeigen, daß Großbritannien pro Kopf weniger für Gesundheitsleistungen (sowohl öffentliche als auch private) aufwendet als irgendein anderes nordeuropäisches Land und weniger als Italien, Japan, die Vereinigten Staaten und die OECD-Länder im Durchschnitt. Mit

---
[4] Die Organisation in den anderen drei Ländern Schottland, Wales und Nordirland, die gemeinsam mit England das Vereinigte Königreich bilden, war etwas anders, aber nicht so anders, als daß sie hier detailliert beschrieben werden müßte.
[5] Eine umfassende Diskussion der Ergebnisse des NHS unter vielen verschiedenen Blickwinkeln, insbesondere seit 1974, findet sich bei Le Grand, Winter, Woolley (1990).

6,1 % des Bruttoinlandprodukts sind die britischen Gesundheitsausgaben niedrig, bedeutend weniger hoch als in Ländern von vergleichbarem ökonomischem Niveau und vergleichbarer Größe, wie der Bundesrepublik (8,2 %) und Frankreich (8,6 %) und deutlich weniger hoch als durchschnittlich in den OECD-Staaten (7,3 %).[6]
Trotz dieser relativ geringen Ressourcen, die für Gesundheitsleistungen aufgewendet werden, billigen die meisten Beobachter dem staatlichen Gesundheitsdienst zu, daß er im allgemeinen einen hohen Versorgungsstandard gewährleistet. Wie Ham, Robinson und Benzeval formulieren (1990: 15): „Die umfassende Planung von Dienstleistungen bedeutete, daß alle Regionen des Landes Zugang zu Gesundheitsleistungen hatten, und ein gut ausgebautes System von Primärversorgung hatte zur Folge, daß viele medizinische Probleme von den Praktischen Ärzten behandelt wurden, ohne daß diese Patienten an Krankenhäuser überwiesen werden mußten. All dies wurde mit einem relativ geringen Anteil an Haushaltsmitteln für Verwaltungszwecke erreicht."
Obwohl die Effizienz eines Gesundheitssystems im Hinblick auf seine Leistungsfähigkeit nicht immer angemessen beurteilt werden kann, ist doch zu betonen, daß – obwohl Großbritannien im Vergleich zu anderen Ländern nicht besonders gut abschneidet – seine Leistungen auch nicht als besonders schlecht einzustufen sind, zumindest was die Sterblichkeitsraten anbetrifft. So steht die Lebenserwartung der Männer innerhalb der Länder der Europäischen Gemeinschaft an vierter Stelle, die der Frauen an sechster Stelle und die Kindersterblichkeit an siebter Stelle.[7]
Was die Gleichmäßigkeit der Versorgung anbelangt, bietet der staatliche Gesundheitsdienst allen Bevölkerungsgruppen Zugang zu gebührenfreien Gesundheitsleistungen. Es wurde intensiv debattiert, ob in der praktischen Nutzung der National Health Service einkommensstärkere Gruppen favorisiert (O'Donnell/Propper 1991; Le Grand 1991a); aber selbst diejenigen, die einen Bias des Systems zugunsten der Begüterten sehen, bestätigen, daß die Leistungen des NHS in dieser Hinsicht weit besser sind, als dies der Fall wäre, wenn es dieses System nicht gäbe. Auch läßt sich feststellen, daß die regionalen Ungleichheiten in der Verteilung von Krankenhaus-Einrichtungen sich abgeschwächt haben; allerdings trifft dies für die Verteilung von Praktischen Ärzten nicht zu (Le Grand/Winter/Woolley 1991).
Im Hinblick auf die Leistungsfähigkeit des Systems wurde die These aufgestellt, daß sich seit der Einführung des NHS die Unterschiede im Gesundheitszustand erhöht haben, insbesondere in den Sterblichkeitsraten für Männer unterschiedlicher sozialer Schichten (Black 1980). Allerdings wurde dies auch wiederum mit dem Hinweis in Frage gestellt, daß dieses Ergebnis mittels eines Meßinstrumentes (soziale Schicht) erhoben wurde, das sich über die Zeit hinweg verändert. Im Gegensatz dazu zeigen Erhebungen, daß die Unterschiede im Sterbealter in der Gesamtbevölkerung stark zurückgegangen sind; dasselbe trifft auf die Unterschiede in den Sterberaten nach Regionen zu, zumindest in jüngeren Altersgruppen (Illsley/Le Grand 1987; Illsley/Le Grand/Mulligans 1991).
Ganz offensichtlich hat das staatliche Gesundheitssystem einige Erfolge vorzuweisen. Jedoch sind Schwächen auch nicht zu übersehen. So gab es für einige konventionelle Behandlungstypen lange Wartelisten, die zu Wartezeiten führten, die sich zuweilen

---

6 OECD Health Data File 1989.
7 OECD Health Data File 1989.

über zwei Jahre und mehr erstreckten. Der Zustand der Grundausstattung der Infrastruktur ließ zu wünschen übrig. Die Patienten hatten nur begrenzte Möglichkeiten, zwischen Dienstleistungen zu wählen. Insgesamt galten die Ärzte – insbesondere die Ärzte in Krankenhäusern – und das übrige NHS Personal als wenig sensibel und wenig offen gegenüber den Bedürfnissen und Wünschen der Patienten. Auch ließen Unterschiede in den Leistungsniveaus zwischen Krankenhäusern und Teams von Fachärzten vermuten, daß in einigen Bereichen Ressourcen ineffizient und ineffektiv verwendet wurden.

Die Reformen des staatlichen Gesundheitsdienstes wandten sich nun – zumindest partiell – diesen Problemen zu. Sie waren das Ergebnis eines Prozesses, der durch die konservative Regierung unter Margret Thatcher Anfang 1988 initiiert wurde. Ausgelöst durch eine öffentliche Empörung über den Zustand des staatlichen Gesundheitsdienstes, eine Empörung, die sich damals insbesondere auf eine perzipierte Krise, d.h. eine finanzielle Unterausstattung sowie lange Wartelisten, bezog, wurde eine Arbeitsgruppe innerhalb des Gesundheitsministeriums eingesetzt, die mögliche Reformen des Systems erörterte. Die Empfehlungen der Arbeitsgruppe wurden als White Paper („*Working for Patients*") im Januar 1989 vorgelegt (Department of Health 1989) und flossen zum überwiegenden Teil in ein Gesetz ein, den „National Health Service and Community Care Act", der 1990 verabschiedet wurde. Der Prozeß der Implementation der Reformen begann im April 1991.

Obwohl der Reformprozeß durch die öffentlichen Klagen über eine Unterfinanzierung angestoßen worden war, sagte das White Paper „*Working for Patients*" erstaunlich wenig über die Höhe von Ressourcen oder alternative Finanzierungsmethoden aus. Anstatt dessen konzentrierte sich der Bericht auf Veränderungen in dem System der *Leistungserbringung*. Die Stoßrichtung der Empfehlungen ging dahin, den *Käufer* von Gesundheitsleistungen vom *Anbieter* dieser Leistungen zu trennen und Wettbewerb unter den Anbietern einzuführen.

In der neuen Struktur, die in dem White Paper vorgeschlagen wurde, gibt es zwei Arten von Nachfragern oder Käufern. Einer ist die *Distrikt-Gesundheitsbehörde (District Health Authority – DHA)*. Dieser Behörde wird ein gewisses Volumen an Haushaltsmitteln zur Verfügung gestellt, das sich nach der Größe und den Merkmalen der – von der Behörde zu versorgenden – Bevölkerung richtet. Ziel der District Health Authority ist es, innerhalb der Budgetgrenzen den günstigsten Ertrag für das investierte Geld zu erzielen, indem sie Dienstleistungen von geeigneten Anbietern kauft. Der andere Käufer ist der *Praktische Arzt als Verwalter von staatlichen Zuschüssen* (GP fundholder). Die Praktischen Ärzte, die eine bestimmte Anzahl von Patienten auf ihren Listen (anfangs 11.000, jetzt 7.000) zu betreuen haben, werden ermutigt, Zuschußempfänger im Rahmen eines Systems zu werden, das ihnen gewisse Haushaltsmittel zuteilt, mittels derer sie dann – ähnlich wie die Distrikt-Gesundheitsbehörden – bestimmte Arten von Krankenhaus- und anderen Dienstleistungen der sekundären Versorgung im Namen ihrer Patienten kaufen können. Gegenwärtig werden die zugewiesenen Haushaltsmittel von den vergangenen Überweisungen einer Praxis abhängig gemacht. Es ist jedoch geplant, die Mittelzuweisung allmählich auf eine Formel umzustellen, die sich an den Merkmalen der Praxis-Population orientiert.

Größere Veränderungen vollziehen sich gleichzeitig auf der Anbieterseite. Krankenhäuser und Dienstleistungsorganisationen werden ermutigt, die Zuständigkeitsbereiche der Gesundheitsbehörden zu verlassen (opting out) und sich in *Trusts* umzuwandeln. Entscheidet sich ein Krankenhaus oder eine andere organisatorische Dienstleistungseinheit zu diesem Schritt, wird deren Vermögen in das Eigentum der neuen „Trustees" transferiert; gleichzeitig wird eine Schuld in der gleichen Höhe vom Finanzministerium gehalten. Die Trusts können das Gehaltsniveau ihres Personals eigenständig bestimmen, über dessen Umfang und Zusammensetzung entscheiden und die finanziellen Überschüsse einbehalten, um sie in „das Unternehmen" zu reinvestieren.

Die Trusts schreiben Verträge mit den Distrikt-Gesundheitsbehörden und den Praktischen Ärzten, die Zuschüsse verwalten, öffentlich aus. Diese können unterschiedliche Formen annehmen: Im Rahmen von *Block-Verträgen* zahlt der Käufer dem Anbieter eine jährliche Gebühr und erhält als Gegenleistung Zugang zu einer definierten Zahl von Leistungen (wie der Versorgung bei Unfällen und Notfällen); im Rahmen von sog. *Kosten-pro-Fall-Verträgen* wird der Preis jeder individuellen Behandlung spezifiziert; und im Fall von sog. *Kosten-und-Volumen-Verträgen*, die eine Mischform der beiden anderen Arten darstellen, wird eine Mindesthöhe von Aktivitäten auf der Basis eines Blockvertrags bezahlt, was darüber hinausgeht, jedoch alles auf der Basis von Kosten-pro-Fall abgerechnet.

Es war nicht geplant, alle Anbieterorganisationen in Trusts umzuwandeln, zumindest nicht in der ersten Phase der Reform. Einige Dienstleistungsanbieter sollten als direkt verwaltete Einrichtungen (Directly Managed Units – DMU) in der direkten Verantwortung und der Verwaltung der Distrikt-Gesundheitsbehörde bleiben. Jedoch war intendiert, daß sie vertragsähnliche Beziehungen mit den Nachfragern eingehen und die Verwaltungsbudgets als Verträge gestaltet werden, die in einem normalen Verwaltungsprozeß durchzuführen sind.

Nebenbei sei darauf hingewiesen, daß die Reformen Bestandteil einer ganzen Anzahl marktähnlicher Reformen darstellen, die die Regierung im britischen Wohlfahrtsstaat auf den Weg brachte. Diese Bemühungen schließen den Bildungsbereich und die kommunalen sozialen Dienstleistungen sowie die Gesundheitsversorgung ein (Le Grand 1991b; Le Grand/Bartlett 1993). In allen Fällen wird der Staat in seiner Funktion als Leistungsanbieter reduziert. Anstatt dessen wird er in erster Linie zum Käufer, der die Versorgung mit Dienstleistungen mittels privater oder freigemeinnütziger Organisationen finanziert; diese stehen alle (zumindest in der Theorie) in Konkurrenz zueinander, wenn es um den Kauf von Verträgen in einem Quasi-Markt geht. So werden Schulen seit dem Education Reform Act von 1988 ermuntert, den Aufsichtsbereich der Local Authorities zu verlassen und miteinander um Schüler zu konkurrieren. Nach vollzogener Reform der Community Care wird jedem Klienten theoretisch ein „Care Manager" zugeteilt, der für diesen Klienten über ein Budget verfügt, und mit Hilfe dieser finanziellen Mittel die Dienstleistungen, die der Klient benötigt (wie beispielsweise stationäre Pflege, Hauspflege wie Haushaltshilfen oder Essen-auf-Rädern), von konkurrierenden Anbietern kauft.

Die Umsetzung der Reformen im öffentlichen Gesundheitsdienst sind mittlerweile in Gang gekommen. Die erste Gründungswelle brachte 57 Trusts, die am 1. April 1991 zu arbeiten begannen; die zweite Welle von 99 Trusts trat im April 1992 in Funktion. 151 Trusts haben im April 1993 mit ihrer Arbeit begonnen; damit machen die existierenden und geplanten Trusts einen über 70%igen Anteil des Gesamthaushalts der stationären und kommunalen Gesundheitsdienstleistungen aus.[8] Der Zeitplan für die vierte Gründungsphase, die bis April 1994 implementiert werden soll, wurde vom Minister für Gesundheit im September 1992 angekündigt. Weitere 121 Krankenhäuser und andere Einrichtungen haben ihr Interesse geäußert, im Rahmen der vierten Phase umgewandelt zu werden. Werden alle Anträge genehmigt, werden in Zukunft 95 % der Krankenhaus- und kommunalen Gesundheitsleistungen in England von Trusts angeboten.[9]

Über 300 Praxen von Allgemeinmedizinern wurden 1991 zu Zuschußverwaltern; weitere 250 kamen im April 1992 hinzu, so daß das Bezuschussungssystem jetzt über 15 % der Bevölkerung abdeckt. Auch hier wird erwartet, daß die Bezuschussung in den nächsten Jahren die Norm werden wird.

Dies sind die Grundstrukturen der Reform. Nicht überraschenderweise haben die Reformen aufgrund ihres radikalen Charakters die Aufmerksamkeit vieler kritischer Analytiker auf sich gezogen.[10] Jedoch stoßen Untersuchungen über die Auswirkungen der Reform auf ernsthafte Schwierigkeiten, weil die meisten einschlägigen Reformen erst gerade eingeführt wurden oder aber sich im Prozeß der Einführung befinden und einige Zeit verstreichen muß, bevor sich ihre Wirkung bemerkbar macht. Es wird daher einige Jahre dauern, bevor eine angemessene Analyse dieser Wirkungen durchgeführt werden kann.

Das heißt jedoch nicht, daß alle Formen der Evaluation zu diesem Zeitpunkt unmöglich sind. Es gibt eine alternative Strategie, die zwei Schritte umfaßt. Erstens ist eine theoretische Analyse der Bedingungen erforderlich, denen Quasi-Märkte genügen müssen, wenn sie den Anspruch ihrer Befürworter erfüllen wollen, ohne gleichzeitig die Mängel zu produzieren, die deren Kritiker konstatieren. Der zweite Schritt stellt eine Untersuchung des Implementationsprozesses dar, der Hinweise daraufhin prüft, ob diese Bedingungen erfüllt werden oder ob dies in Zukunft der Fall sein wird. Wenn die ersten Anzeichen positiv sind, können wir ein vorläufiges Urteil darüber fällen, daß die Reformen letztendlich insgesamt erfolgreich sein werden. Ist dies nicht der Fall, werden die Reformen ihre Ziele nicht erreichen. Die weiteren Ausführungen dieses Beitrags werden sich – beginnend mit der Überprüfung der Effizienz-Bedingungen – dieser Frage widmen.

Effizienz

Zentrales Ziel der Reformen ist es – wie oben betont –, die Fähigkeit des staatlichen Gesundheitsdienstes zu verbessern, den Bedürfnissen und Wünschen der Bürger gerecht zu werden und die Effizienz des NHS zu erhöhen. Genauer in der Sprache der Ökonomen ausgedrückt: Ziel ist es, das Niveau der allokativen Effizienz des NHS zu erhöhen.

Nun müssen, wenn ein Markt – sei er ein Quasi-Markt oder anders gestalteter Markt – allokativ effizient sein soll, verschiedene Bedingungen erfüllt sein. Die für unsere

---

8 Health Direct, September 1992, Nr. 2.
9 The Guardian, 9. Dezember 1992.
10 Vgl. beispielsweise Barr, Glennerster und Le Grand (1989, Kings Fund Institute) und Culyer, Maynard, Posnett (1990).

Zwecke wichtigsten beziehen sich auf die *Marktstruktur, Information, Transaktionskosten* und *Motivation*. Sie sollten in dieser Reihenfolge erörtert werden.

Marktstruktur

Damit die Allokation einer Dienstleistung in einem normalen Markt allokativ effizient ist, muß der betreffende Markt wettbewerbsorientiert sein. Das heißt, es sollte viele Anbieter geben, von denen keiner den Marktpreis beeinflussen kann, indem er sein Angebot verändert, und viele Käufer, von denen keiner den Preis beeinflussen kann, indem er sein Kaufverhalten ändert. Wenn nicht genügend wirkliche Anbieter vorhanden sind und demzufolge kein ausreichender Wettbewerb auf der Anbieterseite gegeben ist, muß die Möglichkeit des kostenlosen Marktzutritts existieren, d.h. der Markt muß *umstritten* sein. Auch sollte die Möglichkeit des Marktaustritts gegeben sein, d.h. für die Anbieter muß das Risiko eines Konkurses bestehen, oder allgemeiner gesagt: Wenn sie kontinuierlich Verluste machen, muß das Risiko existieren, daß sie aufhören, ein Anbieter zu sein.

Diese Anforderungen beziehen sich sowohl auf Quasi-Märkte als auch Märkte im eigentlichen Sinn. Die Probleme, die durch einen Mangel an effektivem oder potentiellem Wettbewerb unter den Anbietern für Quasi-Märkte entstehen können, liegen auf der Hand. Einige wenige dominierende Anbieter können ihre Monopolmacht benutzen, um die Preise zu erhöhen, die Quantität und/oder die Qualität der angebotenen Dienstleistungen zu senken. Nur wenn ein positiver Mengeneffekt bei der Erbringung von Dienstleistungen vorhanden ist, kann ein Monopolanbieter allokativ effizienter sein als ein Markt mit Wettbewerb.

Nun könnte man meinen, daß ein Mangel an Wettbewerb bei den *Nachfragern* – wenn überhaupt – weniger Probleme bietet. So sollten beispielsweise die Distrikt-Gesundheitsbehörden im Namen der (effektiven und potentiellen) Benutzer des staatlichen Gesundheitsdienstes arbeiten und aus diesem Grunde ihre Macht über die Anbieter in einer Weise nutzen, die den Klienten dienlich ist. Auch sollte die zentrale Nachfrage eine angemessene Planung und damit einen effizienteren Ressourcengebrauch ermöglichen, können die DHA doch den Bedarf ihrer Regionen beurteilen und sicherstellen, daß alle Einrichtungen vorhanden sind, um diesen Bedarf zu befriedigen.

Weiter können große Käufer als Monopolnachfrager auftreten und dadurch Kosten senken. Ja, man könnte argumentieren, daß die Präsenz von dominierenden Anbietern in einigen Märkten große Käufer geradezu erfordert. Denn nur sie können ein Gegengewicht ins Spiel bringen, um der Monopolmacht jener Anbieter entgegenzutreten.

Leider liegen die Dinge jedoch nicht so einfach. Auch wenn diejenigen, die die großen Nachfragebehörden leiten, sich überwiegend am öffentlichen Interesse orientieren, ist in keiner Weise klar, woher sie wissen, was denn dieses Interesse ist. Das Problem veschärft sich mit zunehmender Größe der Behörde, denn je größer diese ist, um so mehr Schwierigkeiten hat sie, mit den Gruppen in Kontakt zu bleiben, deren Interessen sie wahrnimmt.

Auch wenn ein marktdominierender Käufer wissen sollte, was das öffentliche Interesse ist, kann es sein, daß er seine Macht nicht in einer Weise nutzt, die diesem Interesse langfristig dient. Ein Nachfrager, der seine Monopolmacht dafür einsetzt, um einen möglichst vorteilhaften Vertrag zu erzielen, kann die Beziehungen zu den Anbietern belasten, so daß sich Moral und Motivation verschlechtern; er kann die Arbeitsbedingungen für das Personal belasten und allmählich sogar die Anbieter in den Konkurs treiben. Auch zeigen Personen, die sich nicht ausreichend belohnt fühlen, kurzfristig keine guten Leistungen und werden sich langfristig umorientieren. Hingegen ist das Argument ernst zu nehmen, daß Monopolanbieter Monopolnachfrager erfordern, damit zu ihrer Macht ein Gegengewicht gesetzt wird. Jedoch liegt auch hier eine Gefahr: Die Beziehung zwischen den beiden kann zu eng werden. Denn es handelt sich um eine relativ begrenzte Zahl von Akteuren, die interagieren, und die meisten von ihnen sind ehemalige Kollegen aus der alten Gesundheitsbehörde. Unter diesen Bedingungen kann kaum die notwendige Distanz geschaffen oder aufrechterhalten werden, die ein Markt oder ein Verhandlungsprozeß voraussetzen. Infolgedessen besteht die Gefahr, daß dieses System einfach die Form eines dezentralisierten Budgets annimmt, in dessen Rahmen ein Managementvertrag zwischen Nachfrager und Anbieter eingegangen wird, beide Seiten aber durch keinen wirklichen Wettbewerb belebt werden.

Einem Aspekt von Wettbewerb allerdings trägt dieses Argument nicht Rechnung. Der Übergang von monopolistischen zu konkurrierenden Anbietern kann nämlich zur Folge haben, daß Arbeits- und andere (Input-) Kosten steigen, denn das Personal in vielen sozialen Dienstleistungsbereichen ist gewerkschaftlich oder in ansonsten mächtigen Berufsverbänden organisiert, die in vielerlei Hinsicht ähnlich wie Gewerkschaften funktionieren. Wie die ökonomische Theorie nahelegt, kann die Macht eines monopolistischen Arbeitsanbieters durch die Macht eines monopolistischen Nachfragers nach Arbeitskräften ausgeglichen werden. Wenn jedoch eine konkurrierende Nachfrage nach Arbeit besteht, treibt diese Konkurrenz die Löhne hinauf. Dies belastet wiederum die öffentlichen Haushalte, was zu verstärkten politischen Forderungen nach einer Budgeterhöhung oder aber nach einer Reduzierung der Dienstleistungsqualität oder des Dienstleistungsniveaus führt. Die letztere kann wiederum als Anlaß für weitere Bemühungen dienen, das Budget zu erhöhen.

Der staatliche Gesundheitsdienst kann nun dazu benutzt werden, diese allgemeine Argumentation zu illustrieren (Barr/Glennerster/Le Grand 1989; Mayston 1990). Er fungiert faktisch als Monopolarbeitgeber und ist daher in der Lage, effektiver mit den zuständigen professionellen Verbänden und Gewerkschaften zu verhandeln. Die Vorschläge, die auf die Einrichtung eines Quasi-Marktes abzielen, wollen ihn jedoch als monopolistischen Arbeitgeber aufbrechen. Etabliert werden unabhängige Krankenhaus-Trusts, die die Lohn- und Arbeitsbedingungen selbst festlegen können. Existiert eine ausreichende Zahl unabhängiger Krankenhäuser, folgt daraus, daß der staatliche Gesundheitsdienst von einem (faktischen) Monopolnachfrager nach *Arbeitskräften* zu einem (faktischen) Monopolnachfrager nach *Dienstleistungen* wird. Er wird Dienstleistungen von konkurrierenden Krankenhäusern kaufen, die selbst um Ärzte, Krankenschwestern und Hilfspersonal konkurrieren. Die ökonomische Theorie sagt voraus, daß dies eine Ausweitung in der Streubreite der Löhne und Gehälter nach sich ziehen und wahrscheinlich auch deren durchschnittliche Höhe steigern wird. Diese Voraussage bestätigt sich in den Vereinigten Staaten, wo sich zeigt, daß die Gehälter in den Krankenhäusern, die einem stärkeren Wettbewerb auf den Arbeitsmärkten unterliegen, höher sind als in den konzentrierten Arbeitsmärkten (Sloan/Elnicki 1978; Feldman/Scheffler 1982; Robinson 1988).

Das soll nicht heißen, daß ein Lohnanstieg per se nicht wünschenswert ist (Kings Fund Institute 1989). Wie oben dargestellt, neigen Monopolanbieter dazu, ihre Machtposition auszunutzen. Lohnerhöhungen können einen positiven Effekt auf die Arbeitsmoral und die Produktivität haben. Auch gibt es Unterschiede zwischen den Gesundheits-Arbeitsmärkten in Großbritannien und den Vereinigten Staaten, die es nahelegen, die Befunde mit Vorsicht zu vergleichen. (So können zum Beispiel Ärzte in Großbritannien schon aus ihrer Privatpraxis hohe Einnahmen erzielen.) Aber es bleibt die Sorge, daß einer der wichtigen Vorzüge eines monopsonistischen öffentlichen Sektors, der in der Fähigkeit liegt, die Macht der Berufsverbände bei Lohn- und Gehaltsforderungen – und damit einen wichtigen Teil der gesamten Arbeitskosten – einzudämmen, verloren geht.

Soweit die theoretischen Überlegungen, aber was passiert in Wirklichkeit? In einer Fallstudie der School for Advanced Urban Studies über eine Gesundheitsbehörde (Harrison 1991) kam die Marktstruktur – weit davon entfernt, wettbewerbsorientiert zu sein – eher einem bilateralen Monopol mit einem einzigen Nachfrager und einigen großen Anbietern nahe. Es gab wenig öffentliche Ausschreibungen der Käufer und wenig empirische Hinweise darauf, daß die betreffende Gesundheitsbehörde eine Priorität darin sah, einen kompetitiven Markt anzuregen. Ja, in jüngster Zeit ließen sich gar Tendenzen einer Rationalisierung der Dienstleistungen beobachten, die von den drei zentralen Anbietern an einem Ort vorgehalten werden.[11]

Eine Beschreibung der Situation als 'bilaterales' Monopol mag sogar noch zu großzügig sein. Denn Personen, die vormals in den alten organisatorischen Strukturen mächtige Positionen innegehabt hatten, fanden sich wiederum auch in der neuen Organisation in solch gehobenen Positionen; infolgedessen gab es viele „Nicht-Markt"-Interaktionen zwischen Käufer und Anbieter.

Obwohl es noch keine systematischen empirischen Befunde auf einer breiten Basis gibt, scheint dieses Ergebnis nicht untypisch für die Situation der Gesundheitsbehörden in anderen Teilen Großbritanniens zu sein. Auf der Nachfragerseite zeichnet sich allem Anschein nach sogar weniger Wettbewerbsorientierung ab, in dem Maße, in dem die Regierung die Fusion zwischen nachfragenden Behörden ermuntert. In der Regel wird dies mit einem Hinweis auf die Sparmöglichkeiten im Personalbereich gerechtfertigt. Der Gefahr, daß ein einziger Käufer den Markt verzerren und Ineffizienzen hervorrufen kann, wird wenig Rechnung getragen; ebensowenig Aufmerksamkeit wird der Frage gewidmet, welche Form von Expertise und Fähigkeiten am ehesten den notwendigen Dialog zwischen der Gesundheitsbehörde und der örtlichen Gemeinschaft unterstützt. Auch gibt es keine empirischen Belege dafür, daß in einem gewissen Umfang ein Dialog zwischen Gesundheitsbehörden und lokaler Gemeinschaft besteht. Eine Untersuchung der Einkaufspläne von 114 Gesundheitsbehörden in 1992/93 (Klein/Redmayne 1992) fand, daß nur 28 Behörden mit einer Form der öffentlichen Anhörung experimentiert hatten (obwohl fast alle die am Orte ansässigen Praktischen Ärzte befragt hatten).

Die Angebotsseite mag mehr Anlaß zu Optimismus bieten. Eine Studie des Kings Fund, die das Ausmaß des Wettbewerbs zwischen Krankenhaus-Belieferern in den westlichen Midlands untersucht, legt nahe, daß nur ein Viertel von diesen in Gebieten

---

11 Harrison, mündliche Kommunikation.

operieren, in denen es ein bedeutsames Maß von Monopol- oder Oligopolmacht (gemessen nach dem Hirschman-Herfindahl-Index) gibt, obwohl diese Krankenhäuser mehr als 38 % der Patientenbehandlungen abdeckten (Appleby/Little/Ranade/Robinson/Salter 1991; Robinson 1991).
Die Intensität des möglichen Wettbewerbs hängt zum Teil auch von der Bereitschaft der Patienten ab, alternative, wenn auch räumlich entferntere, Anbieter in Anspruch zu nehmen. Ein Projekt des Kings Fund untersuchte die diesbezüglichen Ansichten einer Stichprobe von Patienten und befragte diese nach den Kriterien, die die Auswahl eines Überweisungskrankenhauses bestimmten (Mahon/Wilkin/Whitehouse 1992). Die Ergebnisse weisen darauf hin, daß die Patienten eine gewisse Zurückhaltung gegenüber längeren Anreisen zeigen: 38 % der Stichprobe sind gar nicht bereit anzureisen, 36 % nicht mehr als 10 Meilen.
Eine Auswertung der Erfahrungen mit den Humandienstleistungsmärkten in den USA, die einige Parallelen mit den Quasi-Märkten im Vereinigten Königreich aufweisen, durch die School for Advanced Urban Studies zeigt überdies, daß langfristig gesehen der Wettbewerb in diesen Märkten von begrenzter Wirkung ist (Propper 1992). Die langfristige Entwicklung einer Wettbewerbssituation scheint tendenziell darin zu bestehen, daß der Wettbewerb um die Vertragsabschlüsse abnimmt, die Vertragsbeziehungen verlängert werden und die alten Vertragspartner auf der Anbieterseite des Marktes dominieren.
Die größte Hoffnung auf die Entstehung eines kompetitiven Marktes eröffnet das Zuschußverwaltungssystem durch Praktische Ärzte. Wenn es sich so weiterentwickelt wie geplant, wird die Zahl der Nachfrager weiter schnell steigen. Sogar auf dem gegenwärtig operierenden Niveau zeigen vorläufige Forschungsresultate, daß das neue System beträchtliche Veränderungen im Verhalten sowohl von Käufern als auch Anbietern bewirkt. Die Praktischen Ärzte als Zuschußverwalter „... haben angefangen, ihre Marktmacht in schrittweiser, aber bedeutsamer Weise effektiv zu benutzen, um die Dienstleistungen zu verändern und ... zu verbessern" (Glennerster/Matsaganis/Owens 1992). Natürlich ist das Experiment noch in einem Frühstadium; die gegenwärtigen Praktischen Ärzte, die Zuschußverwalter sind, stellen eine positive Selektion dar und gehörten wahrscheinlich schon vorher zu den dynamischen und innovativen Praxen. Aber die Anzeichen sind ermutigend.

Information

Die zweite Bedingung, die Märkte erfüllen müssen, wenn sie Effizienz fördern sollen, betrifft Information. In Märkten – handele es sich um Quasi-Märkte oder andere – sollten genaue Informationen über Kosten, Preise, Qualität und andere Gütermerkmale für alle Beteiligten verfügbar sein. Insbesondere sollte die Kontrolle von Qualität ein zentrales Merkmal jedes Quasi-Markt-Systems sein. Ist dies nicht gegeben, können die Anbieter in das verfallen, was Williamson (1975, 1985) opportunistisches Verhalten nennt, und ihren Informationsvorsprung ausnutzen, um Kosten zuungunsten von Qualität zu reduzieren.
Die theoretische Literatur lenkt die Aufmerksamkeit auf zwei Arten opportunistischen Verhaltens: „Moral Hazard"-Verhalten und „adverse Selektion". „Moral Hazard"-Ver-

halten kommt zum Tragen, wenn die Anbieter weniger Ressourcen für die Vorhaltung der Dienstleistung einsetzen, als dies in den Vertragsbedingungen festgelegt wurde; ein Beispiel dafür bietet ein Krankenhaus, das bei den Unglücks- und Notfall-Dienstleistungen einspart, die es im Rahmen eines Block-Zuschusses anbieten muß. Eine „adverse Selektion" vollzieht sich, wenn die Anbieter bestimmte, nicht wünschenswerte Merkmale aufweisen (nicht wünschenswert in dem Sinn, daß diese in einem widrigen Sinn die Leistungserbringung beeinflussen können); diese Merkmale sind zwar den Anbietern bekannt, werden gegenüber dem Nachfrager jedoch verschwiegen. So kann beispielsweise ein Pflegeheim versuchen, den zweifelhaften finanziellen Status des Eigentümers gegenüber dem Käufer, mit dem dieser einen Vertrag eingeht, zu verbergen.

In beiden Fällen ergibt sich auf einer oder mehreren Ebenen eine Qualitätsminderung. Dieser Qualitätsverlust kann vermieden werden, wenn eine kontinuierliche Überwachung der Leistungsqualität durch den Nachfrager existiert. Leistungsüberwachung erfordert jedoch den Einsatz von Ressourcen, deren Kosten miteinkalkuliert werden müssen, wenn der Beitrag von Quasi-Märkten zur Effizienzerhöhung umfassend beurteilt werden soll.

Allgemein läßt sich sagen, daß es teuer sein kann, Informationen so zu gewinnen, daß ein Markt effizient operiert. Erstens fallen Kosten an, um eine Basis-Infrastruktur einzurichten. Dann müssen die auf dem Markt angebotenen Aktivitäten kosten- und preismäßig genau erfaßt und den Käufern müssen Rechnungen ausgestellt werden. Wenn die Marktbeziehung eine vertragliche ist, muß ein Kontrakt von angemessenem Spezifikationsgrad aufgesetzt werden. Weiter müssen Methoden zur Qualitätsüberwachung entwickelt werden, damit die Vertragseinhaltung kontrolliert werden kann; andernfalls können die Anbieter ihre Kosten durch eine Reduktion der Dienstleistungsqualität, die sie erbringen, senken.

Alle diese Prozeduren erfordern Ressourcen und sind teuer. Das soll nicht heißen, daß, wenn finanzielle Mittel für diese Zwecke verwendet werden, diese notwendigerweise verschwendet würden. Werden Aktivitäten kostenmäßig genau eingeschätzt, kann sich die Effizienz erhöhen, weil die Entscheidungen über die Ressourcenallokation verbessert werden. Mit oder ohne Quasi-Markt-Reformen wären wahrscheinlich verbesserte Verfahren zur Kosteneinschätzung im ganzen britischen Wohlfahrtsstaat eingeführt worden. Faktisch war dies schon im Rahmen der sogenannten „Resource Management Initiative" der Fall. Jedoch ist es wichtig festzuhalten, daß Maßnahmen zur Verbesserung der Ressourcenallokation selbst kostspielig sein können, und daß diese Kosten manchmal höher sind als die Einsparungen, die sie erbringen.

Zweitens benötigen konkurrierende Anbieter-Einrichtungen Ressourcen für Werbung und andere Bemühungen, ihren Marktanteil zu erhöhen. Wiederum gilt, daß diese Ressourcen nicht verschwendet zu sein brauchen: Ausgaben für Werbung können mehr Informationen für die Käufer bedeuten und daher letzendlich effizientere Entscheidungen bedingen. Aber auch hier müssen die Kosten für die verwendeten Ressourcen einem eventuellen Gewinn an Effizienz gegenübergestellt werden.

Wie sieht die Wirklichkeit im Vergleich zu den theoretischen Überlegungen aus? Wiederum ist es zu früh, um eine definitive Bilanz zu ziehen. Jedoch findet die obige Fallstudie, die den Prozeß der Reformimplementation in einer Gesundheitsbehörde untersucht, wenig empirische Evidenz dafür, daß die Informationsstrukturen, die für eine Quasi-Markt-Effizienz erforderlich sind, in der betreffenden Behörde etabliert wurden (Harrison 1991). Angehörige in der Nachfrager-Behörde gaben zwar ihrer Hoffnung Ausdruck, daß sie weiterhin Zugang zu den Trust-Einrichtungen haben werden, um der Erbringung der Dienstleistungen beiwohnen und sich mit dem Personal unterhalten zu können. Sie gingen auch davon aus, daß die Informationen, die innerhalb der Anbieter-Organisation gesammelt wurden, für die nachfragende Behörde verfügbar sein würden. Aber es gab zu diesem Zeitpunkt keine Anzeichen dafür, daß dies mehr als eine Hoffnung war.

Jüngste empirische Ergebnisse (Harrison 1992) zeigen, daß die Käufer in letzter Zeit von den Anbietern besser über das Volumen der Dienstleistungen informiert werden. Auch erschließen sie sich weitere Informationsquellen, die sie dazu befähigen, andere Aspekte der Anbieterleistung zu beurteilen. Diese schließen einen kontinuierlichen Dialog mit den Praktischen Ärzten, Befragungen von Konsumenten, die Prüfung von Beschwerden und Besuche durch Mitglieder der Community Health Councils ein. Dennoch bleibt es eine Tatsache, daß die Nachfrager-Behörde weitgehend von den eigenen Anbietern abhängig bleibt, wenn sie Informationen gewinnen möchte, insbesondere wenn es sich um „harte" Daten bezüglich Kosten und Leistungsvolumen handelt. Sollte dieser Fall repräsentativ für die Situation in anderen Behörden sein, dann ist es unvermeidlich, daß die nachfragenden Behörden informationsmäßig weitgehend auf ihre Zulieferer angewiesen sind, ein Ergebnis, das nicht dazu geeignet ist, die Effizienz zu erhöhen.

Überdies beschränken sich die Informationsprobleme nicht auf die Gesundheitsbehörden. Eine Studie, die die Einschätzung der Handhabung der Patientenüberweisung durch Praktische Ärzte erforschte, fand in grundlegenden Fragen, wie beispielsweise der Länge der Wartezeiten bei verschiedenen Anbietern, einen überraschenden Mangel an Informationen (Mahon/Whitehouse/Wilkin 1992).

Bei den Praktischen Ärzten, die als Zuschußverwalter fungieren, stellt sich die Situation jedoch ziemlich anders dar. Diese Ärzte verfügen über eine wichtige Information: den Zustand der Patienten, *bevor* diese die Behandlung erhielten, die gekauft wurde, und der Zustand, *nachdem* diese Behandlung erfolgt ist. Aufgrund ihrer medizinischen Erfahrung sind sie in der Lage, diese Informationen gut zu beurteilen. So können sie die Qualität des Produktes direkt überprüfen und befinden sich in dieser Hinsicht in einer viel günstigeren Situation als die Distrikt-Gesundheitsbehörden. Entsprechend wurde argumentiert, daß die „soziale und kontextuelle Fülle von Informationen, über die die Praktischen Ärzte verfügen, diese in eine überlegene Position plaziert, wenn es um den Kauf einer Reihe von Leistungen geht" (Glennerster/Owens/Matsaganis 1992: 95).

Es gibt einige empirische Evidenz dafür, daß die GPs diese Macht auch gebrauchen. Eine Untersuchung von 26 zuschußverwaltenden Praxen in den West Midlands fand „... eine bedeutsame Veränderung in der Beziehung zwischen dem Praktischen Arzt und den Leistungsanbietern, wenn die ersteren darauf beharren, darüber informiert zu werden, was mit den an die Fachärzte überwiesenen Patienten geschieht" (Duckworth/Day/Klein 1992, Zusammenfassung).

Transaktionskosten

Die Transaktionen, die auf Quasi-Märkten stattfinden, sind oft komplex und vielschichtig, weil sie die Versorgung mit anspruchsvollen Dienstleistungen implizieren und nicht die relativ einfache Versorgung mit materiellen Gütern, die für traditionelle Märkte typisch ist. Mit Unsicherheit behaftet sind auch die zukünftige Notwendigkeit und Nachfrage nach diesen Dienstleistungen. Infolgedessen involviert die Etablierung und das Management von Quasi-Märkten eine relativ hohe Belastung mit „Transaktionskosten".
Wie von Williamson entwickelt (1975, 1985), können Transaktionskosten sinnvoll in zwei Arten unterteilt werden, je nach dem, ob sie vor dem Tausch (*ex ante*) oder nach dem Tausch (*ex post*) anfallen. Die *ex ante*-Transaktionskosten entstehen, wenn eine Tauschvereinbarung ausgehandelt und abgefaßt wird. Die Vertragserarbeitung kann sehr sorgfältig erledigt werden, indem so viele Kontingenzen wie möglich spezifiziert und alle angemessenen Reaktionen auf jede Kontingenz für alle Vertragsparteien detailliert definiert werden; in diesem Fall verbinden sich wahrscheinlich hohe Kosten damit. Oder aber die Vertragsausarbeitung geschieht auf eine unvollständige Weise; in diesem Fall sind die Kosten gering. Entsprechend stellen *ex post*-Transaktionskosten die Kosten dar, die entstehen, wenn nach vollzogener Transaktion die Resultate des Tausches kontrolliert werden, um die Einhaltung der Austauschbedingungen zu überwachen; *ex post*-Transaktionskosten sind auch diejenigen, die aufgrund von Auseinandersetzungen oder anderen Lösungsformen von Meinungsverschiedenheiten anfallen, wenn die Konditionen nicht eingehalten wurden. Die *ex post*-Kosten sind höher, wenn anfangs bei der Abfassung der Tauschbedingungen wenig Sorgfalt verwandt wurde. Daher verbinden sich hohe *ex post*-Transaktionskosten mit niedrigen *ex ante*-Kosten und *vice versa*.
Welche Schlußfolgerungen lassen sich daraus für das erfolgreiche Funktionieren von Quasi-Märkten in der Gesundheitsversorgung ziehen? Vereinfacht läßt sich sagen, daß bei diesen – sofern sie effizienter sein sollen als die Systeme, die sie ersetzen – alle zusätzlich verursachten Transaktionskosten nicht höher sein dürfen, als die Kostenersparnisse, die durch die Kräfte des Wettbewerbs oder durch andere Aspekte des Quasi-Marktes erzielt werden. Das bedeutet, daß bei einem bestimmten Nutzenniveau (d.h. einem bestimmten Kosten- und Qualitätsniveau) die Kosten des Vertragsabschlusses für eine Wohlfahrtsleistung, einschließlich der *ex ante*- und *ex post*-Kosten, niedriger sein müssen als die Kosten der administrativen Systeme, die sie substituieren.
Was Transaktionskosten anbelangt, können die Distrikt-Gesundheitsbehörden gegenüber den Praktischen Ärzten als Zuschußverwalter einen Vorteil haben, zumindest auf der Ebene der *ex ante*-Kosten. Denn insbesondere, wenn Kosten-pro-Fall-Verträge für jeden Patienten jedes Praktischen Arztes ausgehandelt werden, kann dies hohe Transaktionskosten für die Anbieter verursachen. Und diese Kosten steigen in dem Maße, in dem die Zahl der Praktischen Ärzte, die Zuschußempfänger werden, sich erhöht. Nicht überraschend fand die Untersuchung über die West Midlands, daß die Zuschußverwaltung „... zu erhöhten administrativen Kosten sowohl für die betroffenen Praxen als auch für Anbieter geführt hat" (Duckworth/Day/Klein 1992, Zusammenfassung). Jedoch genießen die Zuschüsse verwaltenden Ärzte, wie oben konstatiert, einen Vorteil im Hinblick auf *ex post*-Kosten, weil sie in engerem Kontakt mit dem

Patienten stehen und daher in einer besseren Position sind, die Vertragseinhaltung zu überwachen.

Motivation

Eine vierte Bedingung, die erfüllt sein muß, damit Märkte effizient funktionieren, betrifft die Motivation der Anbieter und Käufer. Alle Anbieter sollten bestrebt sein, ihren Profit zu maximieren oder zumindest ihre Kosten zu minimieren. Sind sie nicht in dieser Weise motiviert, reagieren sie nicht angemessen auf Marktsignale. Eine nicht angemessene Reaktion wäre dann gegeben, wenn beispielsweise die Preise steigen und eine profitable Handlungsgelegenheit anzeigen, die Anbieter sich jedoch nicht interessiert zeigen, einen Profit zu erzielen, und ihr Angebot nicht erhöhen.
Auf der Käuferseite sollte es das Ziel sein, die Wohlfahrt der Benutzer der betreffenden Dienstleistung zu maximieren. Diese Bedingung ist eher erfüllt, wenn Käufer und Benutzer dieselben Personen sind. Dies ist jedoch im Falle der Quasi-Markt-Reform des staatlichen Gesundheitsdienstes nicht gegeben. Nachfragende Gesundheitsbehörden kaufen im Namen der Bevölkerung in ihrem Distrikt, bezuschußte Praktische Ärzte im Namen ihrer Patienten. In dieser Situation ist es schwierig zu garantieren, daß die Käufer im Interesse der Benutzer handeln und nicht ihre eigenen Ziele verfolgen. Daher ist es wichtig, daß es einen Mechanismus gibt, der sicherstellt, daß die Käufer wirklich die Wohlfahrt der Benutzer im Auge haben, wenn sie ihre Kaufentscheidungen treffen.
Nach den Befunden der oben erwähnten Studie (Harrison 1991) formulierten Käufer und Anbieter ihre Motive in sehr allgemeinen, ja zweideutigen Begriffen. So wurden Motive genannt wie das Ziel, „... die verfügbaren Ressourcen so zu nutzen, daß der Gesundheitszustand der Bevölkerung optimiert wird", oder auf „... die Verpflichtung, auf die weiterhin hohe Qualität der Ausbildung und der Forschung" zu achten, verwiesen, um die Haltungen sowohl von Käufern als auch von Anbietern zum Ausdruck zu bringen. Weder der eine noch der andere, Käufer oder Anbieter, bezog sich – vielleicht nicht überraschend – auf die Profitmaximierung als ein Ziel oder erwähnte irgendein anderes finanzielles Motiv. Allerdings gab es auf beiden Seiten starke Bestrebungen, innerhalb des vorgesehenen Budgets zu bleiben.
Die Untersuchung über die Praktischen Ärzte in ihrer Rolle als Zuschußverwalter bezog sich nicht direkt auf die Frage der Motivation. Doch wird – wie wir oben gesehen haben – bereits im ersten Jahr, in dem praktische Erfahrungen gesammelt werden konnten, deutlich, daß die Praxen in einer Art und Weise auf Marktanreize reagieren, die darauf hindeutet, daß die Motivation auf der Seite der Anbieter angemessen ist. Auch haben einige Zuschußverwalter eigene Firmen gegründet, um die Dienstleistungen selbst anzubieten, eine Entwicklung, die zwar in vielerlei Hinsicht Anlaß zur Sorge sein mag (wer kontrolliert die Qualität der erbrachten Dienstleistung?), aber eine Entwicklung, die darauf hindeutet, daß die Ärzte eine marktorientierte Motivation haben.
Obwohl es insgesamt unwahrscheinlich ist, daß die Effizienzbedingungen in einem konventionellen Markt voll erfüllt werden, so bietet deren Nicht-Erfüllung in dem Quasi-Markt des National Health Service Anlaß zu besonderen Bedenken, zumal in

den Märkten, in denen die Distrikt-Gesundheitsbehörde der wichtigste Nachfrager ist. Die Tatsache, daß nicht mehrere Anbieter vorhanden sind, und die Existenz monopolistischer Käufer weisen darauf hin, daß ein Markt im wahren Sinne des Wortes nicht gegeben ist. Die Information ist unzureichend, insbesondere im Fall des Käufers, der stark vom Anbieter abhängig ist, um Informationen zu erhalten. Weder Anbieter noch Nachfrager haben klare Motive, wenn man einmal davon absieht, daß sie keine „Profitmaximierer" sein möchten, d.h. eben die Voraussetzung nicht erfüllen wollen, die erforderlich ist für eine Quasi-Markt-Effizienz.

Die Situation ist jedoch vielversprechender, was die Praktischen Ärzte als Zuschußverwalter betrifft. Zumindest potentiell gibt es viele Käufer und Anbieter. Die Ärzte haben Zugang zu geeigneten Informationen, und die ersten Erfahrungen zeigen, daß sie auf die marktwirtschaftlichen Anreize reagieren.

Letztendlich ist jedoch ein Wort der Vorsicht geboten. Auch wenn allmählich Anzeichen einer Effizienzverbesserung deutlich werden, sollten diese nur mit Vorsicht den Reformen zugerechnet werden. Vorläufige Ergebnisse aus einer Untersuchung der School for Advanced Urban Studies und des Kings Fund (Bartlett/Le Grand 1992) zeigen, daß die Krankenhäuser, die sich in Trusts umwandelten, schon *vor* dieser Transformation effizienter waren als deren staatlich verwaltete Gegenstücke vor dem Reformprozeß.

Ganz allgemein kann es zu einem „Hawthorne Effekt" der Reformen kommen, bei dem jede Effizienzverbesserung von dem Veränderungsprozeß selbst ausgelöst wird und nicht durch den spezifischen Inhalt der Reform bedingt ist. In diesem Zusammenhang sei erwähnt, daß – obwohl seitens der praktizierenden Ärzte auf breiter Ebene eine ablehnende Haltung gegenüber den Reformen konstatiert wurde – sich im Unterschied dazu bei den NHS-Managern häufig eine positive Einstellung gegenüber den Reformen festellen ließ. So ergab beispielsweise eine Befragung des Kings Fund von „Unit General Managers" (Appleby/Little/Ranade/Robinson/McCracken 1991), daß 84 % die Veränderungen begrüßen und 13 % überhaupt keine Vorbehalte gegenüber deren Implikationen haben.

Gerechtigkeit

Die zentrale Frage der Gerechtigkeit bzw. Gleichbehandlung bezieht sich auf die Möglichkeit, daß sich der Effekt der „adverse selection" – oder auch „cream-skimming" genannt – ergeben kann (Van de Ven/Van Vliet 1990). In einer Welt, in der Käufer und Anbieter getrennt sind, haben sowohl Käufer als auch Anbieter einen Anreiz, sich im Hinblick auf die Fälle, die sie behandeln wollen, selektiv zu verhalten. Auf der Anbieter-Seite besteht für Trusts oder auch für staatlich verwaltete Einheiten, wenn sie mit den Distrikt-Gesundheitsbehörden oder Praktischen Ärzten als Zuschußempfängern verhandeln, ein Anreiz, Patienten zu meiden, die eine teure Behandlung benötigen; sogar unter der Voraussetzung von Kosten-pro-Fall-Verträgen haben sie ein Interesse daran, Patienten abzulehnen, für die das Risiko besteht, daß die wahrscheinlichen Behandlungskosten den Preis, den sie im Vertrag ausgehandelt haben, übersteigen.

Auf der Käuferseite haben die Praktischen Ärzte als Zuschußempfänger einen Anreiz, keine Patienten auf ihren Listen zu akzeptieren, die wahrscheinlich eine teure Behand-

lung benötigen und daher die Gefahr steigern, daß der Zuschußempfänger sein Budget überschreitet. Sogar Distrikt-Gesundheitsbehörden haben Möglichkeiten, die „leichteren" Fälle auszuwählen. Zwar können sie die Bevölkerung, mit der sie es zu tun haben, nicht wählen, aber sie können die Fälle in dieser Bevölkerung bestimmen, für die sie Dienstleistungen kaufen.
Kurz, das neue System kann zugunsten der Gesunden und zuungunsten der Kranken diskriminierend wirken, ein nicht gerade wünschenswerter Zug eines Gesundheitssystems, geschweige denn des staatlichen Gesundheitsdienstes, dessen zentrale Zielsetzung immer eine der Gerechtigkeit und Gleichbehandlung war. Die professionelle Ethik mag den Prozeß der adversen Selektion schwächen; auch behandeln Fachärzte gerne interessante Fälle, was sie dazu veranlassen kann, manche Patienten aus anderen Motiven als Kostenaspekten zu akzeptieren. Aber die Etablierung einer Quasi-Markt- „Kultur" an und für sich hat den Einfluß ethischer Restriktion vielleicht schon gemindert, und es ist unklug, sich in Zukunft zu stark auf solch ethische Schranken oder auf die professionellen Interessen von Fachärzten zu verlassen.
Jedoch gibt es andere Wege, die Gefahr der adversen Selektion zu mindern. Eine Möglichkeit ist die genaue Spezifizierung des Preises in Kosten-pro-Fall-Verträgen. Dies erfordert jedoch die Beschaffung aufwendiger ex ante-Informationen. Ein andere Möglichkeit, die speziell den Zuschußempfängern offensteht, besteht darin, daß diese sich verpflichten, bis zu einer bestimmten Grenze alle Patienten, die sich präsentieren, zu akzeptieren. Oder, alternativ dazu gesehen, kann das Budget so gestaltet werden, daß eine Entschädigungsleistung für potentiell kostenaufwendige Patienten vorgesehen wird, indem beispielsweise eine Gewichtung für unterschiedliche Patientenkategorien eingeführt wird. Wiederum wäre jedoch der Informationsbedarf erheblich.
Auch könnte eine steuerfinanzierte, zusätzliche Auffang-Versicherung nicht vorhergesehene Kostenüberschreitungen kompensieren. Praktisch existiert ein solches System für die Praktischen Ärzte, die Zuschüsse verwalten, schon. Wenn die Behandlung eines Patienten voraussichtlich mehr als 5000 Pfund kostet, muß der Zuschußempfänger die Rechnung nicht voll bezahlen. Der Staat kommt für die Aufwendungen auf, die diese Grenze überschreiten. Allerdings schafft dieser Mechanismus Anreizprobleme neuer Art. Erstens gibt es immer noch einen negativen Anreiz, Patienten anzunehmen, die unterhalb dieser Grenze liegen. Zweitens besteht für die Zuschußempfänger kein Grund, Kosten für die Patienten einzuschränken, die oberhalb der Grenze liegen, weil alle Extrakosten beglichen werden. Und drittens haben sie einen Anreiz, die Aufwendungen – wenn möglich – über die Grenze steigen zu lassen, d.h. Patienten so zu diagnostizieren, daß sie eine teurere Behandlung erfordern, als sie ansonsten benötigen würden.
Es existiert somit in der Praxis eine offensichtliche Gefahr der adversen Selektion, wenn die Zuschußempfänger Patienten für ihre Listen auswählen. Diese Befürchtung wird in einem gewissen Umfang durch amerikanische Erfahrungen mit Health Maintenance Organisations bestätigt, die einige Ähnlichkeit mit dem Zuschußverwalter-System aufweisen (Weiner 1990). Allerdings gibt es bis jetzt in Großbritannien wenig empirische Anzeichen dafür, daß sich eine adverse Selektion (Glennerster/Matsaganis/Owens 1992: 33) vollzieht. Ja, die West Midlands-Untersuchung fand, daß ein Vorteil des Systems aus der Sicht der Zuschußverwalter darin liegt, daß ihre Möglich-

keiten, die „Bedürfnisse von armen Patienten zum Ausdruck zu bringen", sich verbessert haben (Duckworth/Day/Klein, Zusammenfassung).

Schlußbemerkung

Die marktorientierten Reformen in Großbritannien stecken noch in ihren Kinderschuhen, und es ist zu früh, um ihre langfristigen Konsequenzen genau zu bewerten. Ziel dieses Beitrags war es jedoch, die Anwendung eines alternativen Evaluations-Ansatzes zu illustrieren. Das heißt, theoretische Überlegungen wurden mit empirischen Befunden konfrontiert, um die Wahrscheinlichkeit zu bewerten, daß die betreffenden Quasi-Märkte die nötigen Bedingungen für mehr Gerechtigkeit und Gleichbehandlung sowie Effizienz erfüllen, oder um zumindest auf die Bereiche hinzuweisen, in denen Probleme entstehen könnten. Vielleicht ist dies eine zu starke Vereinfachung, aber pointiert läßt sich die bisherige Argumentation wie folgt zusammenfassen: Die Reformen in den Distrikt-Gesundheitsbehörden scheinen einer Erhöhung der Effizienz nicht sehr förderlich zu sein, zeigen jedoch keine negativen Auswirkungen in bezug auf das Ziel der Gerechtigkeit/Gleichbehandlung. Im Gegensatz dazu birgt das Modell der Praktischen Ärzte als Zuschußempfänger die Chance einer Effizienzerhöhung, kann jedoch negative Konsequenzen im Hinblick auf Gerechtigkeit und Gleichbehandlung nach sich ziehen. Dies heißt jedoch nicht, daß die Reformen ein Fehler waren. Das System, an dessen Stelle sie treten, wies, wie gezeigt, Ineffizienzen und Ungerechtigkeiten auf. Wie immer bei der Analyse staatlicher Maßnahmen geht es darum, die „am wenigsten schlechte Lösung" zu finden, nicht „perfekte" Lösungen zu vergleichen, sondern imperfekte. Ob die Quasi-Märkte in der Gesundheitsversorgung mit mehr oder weniger Mängeln behaftet sind als staatlich-bürokratische (oder gar reine Markt-) Lösungen, ist etwas, was nur die Zeit zeigen kann.

Literaturverzeichnis

Appleby, John/Little, Valerie/Ranade, Wendy/Robinson, Ray/Salter, Judith, 1991: How Do We Measure Competition? Monitoring the White Paper, Project Paper Nr. 2.
Appleby, John/Ranade, Valerie/Robinson, Ray/McCracken, M., 1991: Implementing the Reforms: A Survey of Unit General Managers in the West Midlands Region. Monitoring the White Paper, Project Paper Nr. 5. NAHAT.
Barr, Nicholas, 1987: The Economics of the Welfare State. London: Wiedenfeld and Nicolson.
Barr, Nicholas/Glennerster, Howard/Le Grand, Julian, 1989: Working For Patients: the Right Approach?, in: Social Science and Administration 23, 117-127.
Bartlett, William, 1991: Quasi-Markets and Contracts: A Markets and Hierarchies Perspective on the NHS Reforms, in: Public Money and Management, Herbst, 53-61.
Bartlett, William/Le Grand, Julian, 1992: The Impact of NHS Reforms on Hospital Costs. SAUS Studies in Decentralisation and Quasi-Markets Nr. 8. Bristol: School for Advanced Urban Studies.
Bennett, Sara, 1991: The Mystique of Markets: Public and Private Health Care in Developing Countries. Department of Public Health and Policy Publication Nr. 4. London: London School of Hygiene and Tropical Medicine.
Black, Douglas, 1980: Inequalities in Health. Report of Working Party Chaired by Sir Douglas Black. London: Department of Health and Social Security.

Buchanan, James MacGill, 1968: The Inconsistencies of the National Health Service. London: Institute of Economic Affairs.
Culyer, Anthony John/Joensson, Bengt, 1986: Public and Private Health Services: Complementarities and Conflicts. Oxford: Basil Blackwell.
Culyer, Anthony John/Maynard, Alan/Posnett, John (Hrsg.), 1990: Competition in Health Care: Reforming the NHS. London: Macmillan.
Department of Health, 1989: Working for Patients Cm 555. London: HMSO.
Donabedian, Avedis, 1971: Social Responsibility for Personal Health Services: An Examination of Basic Values, in: Inquiry 8, 3-19.
Duckworth, J./Day, Patricia/Klein, Rudolf, 1992: The First Wave: A Study of Fundholding in General Practice in the West Midlands. University of Bath: Centre for the Analysis of Social Policy.
Enthoven, Alan Charles, 1985: Reflections on the Management of the NHS. London: Nuffield Provincial Hospital Trusts.
Enthoven, Alan Charles, 1989: What Can Europeans Learn from Americans?, in: Health Care Systems in Transition: the Search for Efficiency. OECD Social Policy Studies Nr. 7. Paris: OECD.
Feldman, Richard/Scheffler, Richard, 1982: The Union Impact on Hospital Wages and Fringe Benefits, in: Industrial and Labour Relations Review 35, 196-206.
Glennerster, Howard/Matsaganis, Manos/Owens, Pat, 1992: A Foothold for Fundholding. Kings Fund Institute Research Report Nr 12. London: Kings Fund.
Ham, Christopher/Robinson, Ray/Benzeval, Michaela, 1990: Health Check: Health Care Reforms in an International Context. London: Kings Fund Institute.
Harrison, Lawrence E., 1992: Unveröffentlichtes Forschungsmaterial.
Harrison, Lyn, 1991: Implementing the White Paper: Working for Patients. SAUS Studies in Decentralisation and Quasi-Markets Nr. 6. Bristol: School for Advanced Urban Studies.
Havighurst, Clark C./Brake Helms, Robert/Bladen, C./Pauly, Mark Vincent, 1989: American Health Care, What Are the Lessons for Britain? London: Institute for Economic Affairs.
Hurst, Jeremy, 1991: Reforming Health Care in Seven European Nations, in: Health Affairs 10: 39-59.
Illsley, Raymond/Le Grand, Julian, 1987: The Measurement of Inequality in Health, in: Alan Williams (Hrsg.), Health and Economics. London: Macmillan.
Illsley, Raymond/Le Grand, Julian/Mullings, C., 1990: Regional Inequalities in Mortality. Welfare State Program Discussion Paper Nr. 57. London: London School of Economics.
Kings Fund Institute, 1989: Managed Competition: a New Approach to Health Care in Britain. Briefing Paper Nr. 9. London: Kings Fund Institute.
Lees, Dennis, 1961: Health Through Choice. Hobart Paper Nr. 14. London: Institute of Economic Affairs.
Le Grand, Julian, 1991a: The Distribution of Health Care Revisited: A Commentary on Wagstaff, Van Doorslaer and Paci and O'Donnell and Propper, in: Journal of Health Economics 10, 239-245.
Le Grand, Julian, 1991b: Quasi-Markets and Social Policy, in: Economic Journal 101, 1256-1267.
Le Grand, Julian/Bartlett, William, 1993: Quasi-Markets and Social Policy. London: Macmillan. Im Erscheinen.
Le Grand, Julian/Propper, Carol/Robinson, Ray, 1992: The Economics of Social Problems. 3. Aufl. London: Macmillan.
Le Grand, Julian/Winter, David/Woolley, Frances 1990: The National Health Service: Safe in Whose Hands?, in: John Hills (Hrsg.), The State of Welfare: the Welfare State in Britain Since 1974. Oxford: Oxford University Press.
MacLachlan, Gordon/Maynard, Alan (Hrsg.), 1982: The Public-Private Mix for Health. London: The Nuffield Hospitals Trust.
Mahon, Ann/Whitehouse, Carl/Wilkin, David, 1992: Patient Choice and Changes to the Referral System – General Practitioners Views' Centre for Primary Care Research, University of Manchester. Unveröffentlicht.
Maynard, Alan/Williams, Alan, 1984: Privatisation and the National Health Service, in: Julian Le Grand/Ray Robinson (Hrsg.), Privatisation and the Welfare State. London: Allen and Unwin.

Mayston, David John, 1990: NHS Resourcing: A Financial and Economic Analysis, in: *Anthony J. Culyer/Alan Maynard/John Posnett*, Competition in Health Care: Reforming in NHS. London: Macmillan.

O'Donnell, Owen/Propper, Carol, 1991: Equity and the Distribution of U.K. National Health Service Resources, in: Journal of Health Economics 10, 1-20.

Propper, Carol, 1992: Quasi-Markets, Contracts and Quality. SAUS Studies in Decentralisation and Quasi-Markets Nr. 9. Bristol: School for Advanced Urban Studies.

Robinson, James, 1988: Market Structure, Employment and Skill Mix in the Hospital Industry, in: Southern Economic Journal 55, 315-325.

Robinson, Ray, 1991: Who's Playing Monopoly?, in: Health Service Journal 28. März, 20-22.

Saltman, Richard/Otter, Casten von, 1992: Planned Markets and Public Competition: Strategic Reforms in Northern European Health Systems. Buckingham: Open University Press.

Schulenburg, Johann-Matthias Graf v.d., 1992: Medical Care in the Welfare State: Lessons from Western Europe. Beitrag zum Workshop „Free Enterprise and the Welfare State", September, London. Universität Hannover: Institut für Versicherungsbetriebslehre.

Sloan, Frank Allen/Elnicki, R., 1978: Professional Nurse Wage Setting in Hospitals, in: *Frank Allen Sloan* (Hrsg.), Equalizing Access to Nursing Services. Washington, D.C.: US Department of Health and Social Services.

Van de Ven, Wynand/Vliet, R. van, 1992: How Can We Prevent Cream-Skimming in a Competitive Insurance Market? The Great Challenge for the 90's, in: *Peter Zweifel/H. E. Frech III.* (Hrsg.), Health Economics Worldwide. The Netherlands: Kluver Academic Publishers.

Weiner, Jonathan/Ferris, David, 1990: GP Budget Holding in the UK: Lessons from America. Research Report Nr. 7. London: Kings Fund Institute.

Williamson, Oliver E., 1975: Markets and Hierarchies. New York: Free Press.

Williamson, Oliver E., 1985: The Economic Institutions of Capitalism. New York: Free Press.

World Bank, 1987: Financing Health Services in Developing Countries: An Agenda for Reform. Washington D.C.: World Bank.

Policy-Instrumente, Policy-Lernen und Privatisierung: Theoretische Erklärungen für den Wandel in der Instrumentenwahl

Michael Howlett / M. Ramesh

Die Privatisierungsmaßnahmen, die in den letzten Jahren in vielen Ländern ergriffen wurden, spiegeln einen schnellen und fundamentalen Wandel im Gebrauch von Policy-Instrumenten wider. Erstaunlicherweise beschäftigt sich die vorliegende Literatur über Policy-Instrumente jedoch sehr wenig mit dieser vielleicht bedeutendsten Entwicklung staatlicher Politik der letzten Jahre. Ziel des vorliegenden Aufsatzes ist es, zur Entwicklung einer Theorie des Instrumentenwandels beizutragen, die konkrete Beispiele eines langfristigen, länderübergreifenden Wandels im Instrumentengebrauch erklären kann. Die These, von der wir ausgehen, lautet, daß die Neukonzipierung der Instrumentenwahl als Policy-Lernprozeß diesen theoretischen Versuch fördern kann. Privatisierung begreift zwei unterschiedliche, wenn auch miteinander verwandte Inhalte (Starr 1989). Häufig wird der Begriff schlicht mit den allgemeinen Bemühungen gleichgesetzt, den Umfang und die Reichweite staatlicher Aktivitäten zurückzudämmen. Nach diesem Verständnis bedeutet Privatisierung, daß die grundlegenden Beziehungen zwischen Staat und Gesellschaft verändert werden. Nach einem zweiten Verständnis, dem wir hier folgen, heißt Privatisierung, daß der Staat sich bemüht, hierarchische, präzise Steuerungsmaßnahmen sowie staatliches Eigentum durch Maßnahmen zu ersetzen, die auf Information, Ermunterung oder Anreizen basieren. In diesem zweiten, eingeschränkten Sinn bleibt die staatliche Verantwortung, ein bestimmtes Gut oder eine bestimmte Dienstleistung bereitzustellen, bestehen. Was sich ändert, ist die Art und Weise, wie der Staat dieser Verpflichtung gerecht wird. So kann er, anstatt ein Unternehmen in staatlichem Eigentum oder unter staatlicher Kontrolle zu betreiben, sich dazu entschließen, dieses ganz oder teilweise zu verkaufen und dessen Aktivitäten in einer als angemessen erachteten Weise zu kontrollieren. Oder der Staat kann, anstatt eine Industrie streng zu regulieren, auch bestimmte Vorschriften ganz aufheben und Einzelpersonen und Unternehmen bei ihren Tätigkeiten mehr Handlungsspielräume gewähren. Anstatt beispielsweise die Schadstoffemissionen eines Unternehmens durch Vorschriften genau einzuschränken, kann der Staat finanzielle Anreize setzen, um die Verschmutzung zu reduzieren. Oder: anstatt Güter und Dienstleistungen direkt selbst anzubieten, kann der Staat private Unternehmen damit beauftragen oder deren Angebot subventionieren. Es gibt also viele unterschiedliche Formen, die Privatisierung im zweiten Sinn annehmen kann. In allen Fällen ist es jedoch typisch für Privatisierungsmaßnahmen, daß weniger staatliche Instrumente gebraucht werden, um Policy-Ziele zu verwirklichen.

Seit Beginn der 80er Jahre werden weltweit in vielen Staaten mit mehr oder weniger Begeisterung und Erfolg Privatisierungsmaßnahmen im zweiten Sinn angewendet. Obwohl eine umfangreiche Literatur zum Thema Privatisierung vorliegt,[1] fehlt eine systematische Analyse der Instrumentenwahl. Viele der vorliegenden Untersuchungen stammen von Theoretikern der Neuen Politischen Ökonomie und behandeln das Thema Privatisierung im erstgenannten Sinn, d.h. sie analysieren die Reduzierung staatlicher Aktivitäten. Die wenigen Studien, die sich mit der Wahl von privaten Instrumenten zur Durchführung staatlicher Maßnahmen auseinandersetzen, stammen meist von Ökonomen, deren Ansatz, wie die folgende Diskussion zeigen wird, der Komplexität des politischen Entscheidungsprozesses nicht gerecht wird. Im Unterschied dazu setz(t)en sich Politikwissenschaftler in erster Linie mit der Frage der Instrumentenwahl auseinander, und diese Analysen sind sehr gut geeignet, die Ursachen und den Ablauf der Entscheidung für oder gegen ein spezifisches Instrument zu erklären. Jedoch können die Modelle der Instrumentenwahl, die Politikwissenschaftler vorlegen, größere Veränderungen im Instrumentengebrauch im internationalen Maßstab, so wie sie bei den Privatisierungsaktivitäten zu finden sind, nicht erklären.

Der folgende Beitrag gliedert sich in drei Teile: Der erste Teil behandelt die vorliegende Literatur über Policy-Instrumente und analysiert deren Stärken und Schwächen. Indem gezeigt wird, auf welche Weise sich die einzelnen Theorien mit der Frage der Privatisierung auseinandersetzen, wird deutlich, daß die existierende Literatur wenig darüber aussagen kann, warum und wie sich relativ langfristige Muster der Wahl von Policy-Instrumenten verändern. Der zweite Teil befaßt sich mit der Hypothese, daß einzelne Aspekte der seit jüngster Zeit geführten Diskussion über Policy-Lernen viel dazu beitragen kann, den Wandel im Gebrauch von Policy-Instrumenten, einschließlich der langfristigen Veränderungen in der Instrumentenwahl und der Privatisierung im transnationalen Vergleich, zu verstehen. Der dritte und letzte Teil skizziert Elemente eines Lernmodells der Instrumentenwahl. Es wird argumentiert, daß die Wahl von Policy-Instrumenten eine „erlernte Erfahrung" ist, daß sowohl staatliche als auch gesellschaftliche Akteure lernen und daß dieses Lernen sich über Raum und Zeit erstreckt und entweder in kleine Änderungen oder paradigmatische Verschiebungen im Instrumentengebrauch mündet.

1. Die Theorien der Instrumentenwahl und deren Grenzen

Policy-Instrumente stellen Instrumente staatlicher Steuerung dar. Sie können als zahlenmäßig begrenzte Mittel und Methoden verstanden werden, mit deren Hilfe der Staat seine Handlungsprogramme wirksam zu implementieren sucht. Die Frage, die hier interessiert, ist, warum ein politisch-administratives System sich für ein bestimmtes Instrument und nicht ein anderes entscheidet. Die einschlägige Literatur zu diesem

---

[1] Vgl. beispielsweise Ascher 1987; Bos 1991; Chapman 1990; Connolly, Stark 1992; Cook, Kirkpatrick 1988; Cowan 1990; Donahue 1989; Dunleavy 1986; Finley 1989; Gayle, Goodrich 1990; Gormley 1991; Hanke, Walters 1990; Heald 1990; Hula 1988; Ikenberry 1990; Kamerman, Kahn 1989; Kemp 1991; Le Grand 1984; MacAvoy et al. 1989; Marsh 1991; Richardson 1990; Salamon 1989; Savas 1987; Starr 1989; Starr 1990a; Starr 1990b; Suleiman, Waterbury 1990; Veljanovski 1988; Walker 1984.

Thema bietet – sowohl aus ökonomischer als auch aus politischer Perspektive – unterschiedliche Antworten.

Die Studien über Policy-Instrumente, die von Ökonomen durchgeführt wurden, sind im Kontext der theoretischen Debatte zu sehen, die zwischen neoklassischen Wirtschaftstheoretikern und Wohlfahrtsökonomen über die angemessene Rolle des Staates geführt wurde. Beide theoretischen Richtungen ziehen marktorientierte Instrumente vor, da sie gleichermaßen von der Annahme ausgehen, daß der Markt gesellschaftliche Ressourcen effizienter verteilen kann als der Staat. Die Kontroverse rührt aus der unterschiedlichen Sicht darüber, ob der Staat dazu in der Lage ist, die Allokation durch den Markt zu verbessern. Während die Wohlfahrtsökonomen argumentieren, daß ein Marktversagen häufig vorkommt und daß dieser Umstand staatliche Intervention erforderlich macht (Bator 1958; Canada 1979; Utton 1986), behaupten neoklassische Theoretiker, daß der Markt nur bei der Produktion rein öffentlicher Güter versagt; daher sei nur eine begrenzte staatliche Intervention bei der Produktion solch öffentlicher Güter gerechtfertigt (Breyer 1979; Breyer 1982; Posner 1974; Stigler 1975; Wolf Jr. 1987).

Die wohlfahrtsökonomische Theorie akzeptiert die Rolle des Staates, wenn es sich darum handelt, Marktfunktionen zu verbessern; daher kam sie zu einer systematischen Analyse der Wahl von Policy-Instrumenten. So liegen mehrere umfassende Analysen vor, deren Ziel es ist, eine optimale Abstimmung zwischen bestimmten Formen des Marktversagens und spezifischen Policy-Instrumenten vorzunehmen (Mitnick 1980; Stokey/Zeckhauser 1978; Weimer/Vining 1989). Jedoch wird in diesen Arbeiten die Wahl eines Policy-Instrumentes als eine rein technische Frage behandelt, die darin besteht, die Merkmale verschiedener Instrumente zu beschreiben, diese in Relation zu bestimmten Typen des Marktversagens zu stellen, deren relative Kosten einzuschätzen und das Instrument zu wählen, das in der effizientesten Art und Weise die besagte Form des Marktversagens behebt.

Das Hauptproblem bei diesem analytischen Ansatz liegt darin, daß – wie die Wohlfahrtsökonomen selbst eingestehen – politisch-administrative Akteure ihre Wahlentscheidungen selten in dieser Form treffen. Auch angenommen der Fall, daß sich das effizienteste und effektivste Instrument ermitteln läßt, was angesichts des beschränkten Wissens über Ursache-Wirkungs-Zusammenhänge in den Sozialwissenschaften relativ unwahrscheinlich ist, stellt die faktische Wahl eine politische Entscheidung dar und wird von politischen Akteuren getroffen, die häufig damit auf einen politischen Druck antworten. Daher stellen die „technischen" Analysen, wie sie von Wohlfahrtsökonomen durchgeführt werden, meist auch nur eine zusätzliche politische Ressource dar, die von denjenigen genutzt wird, die sich von ihr den größten Nutzen versprechen (Weiss 1977). Nur unter sehr besonderen Umständen, wenn beispielsweise Wohlfahrtsökonomen gleichzeitig auch politische Entscheidungsträger sind, wie dies in einigen Ländern im Bereich der Steuerpolitik oder der Finanzpolitik der Fall ist, kann man erwarten, daß politische Entscheidungen ausschließlich auf der Basis von Wohlfahrtsmaximierungskriterien getroffen werden, wie diese von den Wohlfahrtsökonomen definiert werden.

Die wohlfahrtsökonomischen Theorien über die Instrumentenwahl schneiden jedoch am schlechtesten ab, wenn es darum geht, den Prozeß der Privatisierung als solchen zu erklären. Die vorliegenden Untersuchungen gehen davon aus, daß Privatisierungsmaßnahmen ein Zugeständnis des Staates implizieren, daß das Marktversagen, das ursprünglich den Einsatz von hierarchischer und präziser staatlicher Steuerung erforderlich gemacht hatte, nicht mehr existiert. Da es jedoch unwahrscheinlich ist, daß die ursprüngliche regulative Maßnahme oder Verstaatlichungspolitik wirklich mit dem Ziel durchgeführt worden waren, ein Marktversagen zu korrigieren, ist es doppelt implausibel – obwohl eingestandenermaßen nicht ganz auszuschließen –, daß eine „zweite" Korrektur aus dem gleichen Grund erfolgt.

Die theoretischen Annahmen des neoklassischen Modells veranlassen dessen Theoretiker, staatliche Interventionen in das Wirtschaftsgeschehen von vorneherein abzulehnen. Sie akzeptieren staatliche Maßnahmen nur, wenn rein öffentliche Güter hergestellt werden sollen, die aufgrund ihrer Merkmale der Nicht-Ausschließbarkeit und Unteilbarkeit nicht durch den Markt produziert werden. Staatsinterventionen, die einem anderen Ziel dienen, werden als marktverfälschende Einflüsse betrachtet, die zu suboptimalen aggregierten Wohlfahrtsergebnissen führen. Ist jedoch die Entscheidung zu intervenieren einmal getroffen, empfehlen diese Ökonomen, Policy-Instrumente zu wählen, die den Marktprozeß möglichst wenig verzerren (Savas 1977, 1987; Sproule-Jones 1983).

Die neoklassischen Ökonomen, die sich mit der Wahl von Instrumenten befassen, arbeiten im allgemeinen mit der Public Choice-Theorie, um die Art der Instrumentenwahl zu erklären. Diese geht davon aus, daß in einer Demokratie das eigeninteressierte Verhalten der Wähler, der Politiker und der Bürokraten eine Dynamik in Gang setzt, die die Neigung fördert, Steuern und Ausgaben zu erhöhen, regulierend einzugreifen und private Aktivitäten zu verstaatlichen. Es wird behauptet, daß die Logik demokratischer Entscheidungsprozesse die politisch-administrativen Akteure dazu veranlaßt, Instrumente zu wählen, die den Nutzen auf marginale Wähler konzentrieren und die Kosten auf die gesamte Bevölkerung verteilen (Buchanan 1980). Aus wahlpolitischen Überlegungen entscheiden sich Regierungen daher für Instrumente, deren effektive Kosten für die Wähler, die dafür aufkommen müssen, nicht deutlich zu Tage treten. Privatisierung stellt sich somit in einem demokratischen Gemeinwesen als schwieriges Unterfangen dar, weil die Regierungen sich aus Gründen der Stimmenmaximierung auf marktverzerrende Policy-Instrumente verlassen (Hanke/Walters 1990).

Obwohl die Einbeziehung politischer Faktoren eine Verbesserung gegenüber der wohlfahrtsökonomischen Theorie darstellt, werfen die „Rent-seeking"-Analysen wenig neues Licht auf eine systematische Erklärung der Instrumentenwahl. Eine Zuordnung von Instrumententypen einerseits und den Verteilungsmustern von Nutzen und Kosten andererseits, ist sehr schwierig (Wilson 1974), weil man zunächst wissen muß, ob Regierungen den politischen Kredit bestimmter Maßnahmen für sich reklamieren wollen, oder aber die Kritik vermeiden wollen, die sich damit verbindet (Weaver 1986). Die meisten Instrumente können beiden Zwecken dienen und die Frage, welcher Zweck gewählt wird, hängt von den besonderen Umständen und dem spezifischen Kontext ab.

Diese Einsicht führte zu einer zweiten, neoklassischen Interpretation der Instrumentenwahl, die die Ungenauigkeit der Entscheidungsumstände und den hochsubjektiven Charakter der individuellen Entscheidung hervorhebt. Aus dieser „Garbage Can"- oder „neoinstitutionalistischen" Perspektive wird die Instrumentenwahl als Ad-hoc-

Entscheidung idiosynkratischer Natur interpretiert, die keine Verallgemeinerungen und keine Theoretisierung zuläßt, es sei denn, daß sie individuelle Nutzenmaximierungs-Kalküle der Entscheider widerspiegeln (Cohen et al. 1972; March/Olsen 1984). Jedoch schneiden die Vertreter beider neoklassischer Perspektiven bei der Erklärung von Privatisierungsprozessen auch nicht besser ab als die Wohlfahrtsökonomen. Wenn, wie die „Rent-seeking"-Perspektive dies nahelegt, die Dynamik der Demokratie unerbittlich zu einer steigenden Verwendung von ineffizienten und zwangsorientierten Policy-Instrumenten führt, dann bleibt sie eine Erklärung dafür schuldig, warum sich mit einem weltweiten Trend zur Privatisierung genau das Gegenteil vollzieht (Przeworski 1990; Starr 1990b). Oder ähnlich argumentierend: Wenn die Vertreter des „Garbage Can"-Modells die Hypothese vertreten, daß jede Entscheidung über die Wahl eines Instrumentes idiosynkratischer und spezifischer Natur ist, wie lassen sich dann die Wellen ähnlicher Entscheidungen zur Instrumentenwahl, sei es im Sinne einer Verstaatlichung in den 1930er und 1940er Jahren oder einer Privatisierung in den 1980er und 1990er Jahren, erklären? Da beide Ansätze Privatisierungsmaßnahmen nicht befriedigend erklären können, haben Vertreter beider Perspektiven auf den Privatisierungs-Boom damit reagiert, die Bedeutung des Phänomens abzuschwächen oder aber zu argumentieren, daß es sich um die Früchte von Bemühungen „heroischer" Politiker handle, die auf irgendeine Weise den Versuchungen der Langlebigkeit im Amt mithilfe öffentlicher Ausgaben widerstehen (Dunleavy 1986). Im letzten Fall wird jedoch keine Erklärung dafür geboten, warum gerade diese Politiker fähig sind, der Verlockung der Wiederwahl oder der Maximierung ihres Eigeninteresses im orthodoxen neoklassischen Sinn zu widerstehen, andere aber nicht.

Das zentrale Problem der ökonomischen Theorien der Instrumentenwahl liegt darin, daß diese zu stark deduktiv angelegt sind und einer soliden empirischen Verankerung in Untersuchungen über das tatsächliche Entscheidungsverhalten politischer Akteure entbehren. Die Rationalität, der die Wahl von Policy-Instrumenten unterliegt, basiert auf theoretischen Annahmen darüber, was Regierungen tun oder tun sollten und weniger auf empirischen Untersuchungen darüber, wie sich diese effektiv verhalten. Untersuchungen von Politikwissenschaftlern, wie die folgende Diskussion zeigen wird, weisen in der Regel eine breitere Vielfalt auf und sind stärker empirisch orientiert. Sie mögen nicht die gleiche Eleganz haben wie diejenigen der Ökonomen, die auf theoretische „Sparsamkeit" bedacht sind, aber sie sind ehrlich bemüht, die Komplexität von Policy-Instrumenten zu erfassen und auf induktivem Wege eine bona fide-Theorie der Instrumentenwahl zu entwickeln.[2]

Die ökonomischen Theorien können die Komplexität der politischen Entscheidungsprozesse somit nicht erfassen; von Politikwissenschaftlern hingegen wurden verschiedene Erklärungsmodelle entwickelt, um dies zu leisten. Jedes dieser Modelle hat seine Idiosynkrasien und muß als Versuch verstanden werden, die Instrumentenwahl vor

---

2 Interessanterweise weisen die induktiv entwickelten Theorien der Politikwissenschaftler und die deduktiven Modelle der Ökonomen einen gemeinsamen Ursprung auf, der in den frühen Bemühungen der 50er und 60er Jahre liegt, eine Taxonomie der Politikinstrumente für die Wirtschaftspolitik sowohl in den industrialisierten als auch Dritte-Welt-Ländern zu entwickeln (Cushman 1941; Dahl/Lindblom 1953; Kirschner et al. 1964; Lowi 1966). Jedoch entwickelten sich die beiden Disziplinen danach relativ schnell wieder auseinander, was die Methode und die Gegenstandsbereiche anbetrifft.

dem Hintergrund der Besonderheiten eines Landes, dessen politischen Traditionen und dessen Politikstil (Howlett 1991) zu erklären. Trotz dieser Limitiertheit können alle diese Modelle einige Aspekte von nationalen Mustern der Instrumentenwahl identifizieren, die über die nationalen Grenzen heraus ihre Gültigkeit haben, und daher geeignet sind, als Basis für eine allgemeinere Theorie der Instrumentenwahl zu dienen.

Ein oft zitierter politikwissenschaftlicher Ansatz, der die Instrumentenwahl theoretisch zu erklären sucht, wurde von Bruce Doern und einigen seiner kanadischen Mitarbeiter entwickelt (Doern 1981; Phidd/Doern 1983; Tupper/Doern 1981). Sie interpretieren die Entscheidungen für bestimmte Policy-Instrumente als Wahlentscheidungen, die aus einer Palette denkbarer Instrumente getroffen werden; diese unterscheiden sich nach dem Grad des sich damit verbindenden Maßes an staatlichem Zwang, mit dessen Hilfe die Durchführung einer Maßnahme garantiert werden soll. Doern und seine Kollegen arbeiteten zunächst mit einer Skala, die Selbstregulierung, Überzeugung, Zuschußgewährung und Regulierung unterschied (Doern 1981), später fügten sie noch Besteuerung und öffentliche Unternehmen hinzu (Tupper/Doern 1981); schließlich verfeinerten sie diese Skala weiter, indem sie weitere Abstufungen innerhalb jeder einzelnen Kategorie bildeten (Phidd/Doern 1983).

Aus diesen taxonomischen Bemühungen leiteten die Autoren eine doppelte Rationalität der Instrumentenwahl ab. Sie gehen davon aus, daß alle Instrumente prinzipiell durch andere ersetzbar sind, und stellen die These auf, daß in liberalen Demokratien der Staat vorzugsweise solche Instrumente anwendet, die den geringsten Zwang involvieren und erst dann langsam zu anderen Kategorien in der Skala übergehen, um gesellschaftlichen Widerstand gegen eine effektive Regulierung zu überwinden. Mit anderen Worten, jedes Instrument kann theoretisch die Erreichung staatlicher Ziele garantieren, jedoch ziehen Regierungen Instrumente vor, die weniger Zwang bedeuten, es sei denn, sie werden durch das Widerstreben der Zielgruppen dazu veranlaßt, und/oder sie unterliegen einem starken sozialen Druck, eine Veränderung herbeizuführen und stärker zwangsorientierte Instrumente zu gebrauchen. Alles in allem kommen Doern u.a. zur Einsicht, daß es ein typisches Muster des staatlichen Instrumentengebrauchs darstellt, mit minimalen Aktivitäten zu beginnen und nur allmählich, wenn überhaupt, zur Erbringung von Leistungen durch die öffentliche Hand überzugehen.

Doerns Typologie von Instrumenten, seine These von der Substituierbarkeit von Instrumenten und die behauptete Rationalität der Instrumentenwahl ist problematisch. Als erstes erscheint die Plazierung von Instrumenten auf einer Skala des Zwanges fragwürdig. Zwang ist schwer operationalisierbar, und es ist beispielsweise schwer zu bestimmen, ob Besteuerung mit mehr Zwang verbunden ist als die Einrichtung eines staatlichen Unternehmens (Baxter-Moore 1987). Die Instrumente sind eher auf einer Skala der Präzision der Zieldefinition angeordnet als auf der Basis von mehr oder weniger Zwang, wie Doern u.a. dies behaupten (Howlett 1991). Weiter verfügt kein politisch-administratives System über eine komplette Palette von Instrumenten, unter denen es beliebig wählen kann: Gesellschaftliche und politische Restriktionen begünstigen die Wahl eines Instrumentes und behindern die Wahl eines anderen. Nach Woodside ist „... die Vorstellung, daß Politiker und Verwaltungsbeamte theoretisch aus einer ganzen Palette von Policy-Instrumenten wählen können, zwar verlockend, berücksichtigt jedoch nicht, wie Entscheidungsfragen auf die Agenda gelangen, verkennt, daß die Wahl von Instrumenten durch Ministerien und Behörden durch hoch spezifizierte und rechtliche bestimmte Bedingungen geleitet werden, sowie, daß die Tradition eines Politikfeldes es nahelegen kann, daß Probleme mithilfe spezifischer Instrumente gelöst werden. Darüber hinaus wandelt sich die Spannbreite 'politisch akzeptabler' Lösungen, gemessen an der Gesamtzahl möglicher Policy-Instrumente, über die Zeit hinweg und reagiert damit auf ideologische Entwicklungen, auf krisenhafte Situationen und auf Besorgnis über die sich damit verbindenden Belastungen für die öffentlichen Haushalte" (Woodside 1986: 787).

Auch die These, daß sich Veränderungen in der Wahl von Instrumenten in Richtung eines zunehmenden Zwangs bewegen, wird nicht durch empirische Erfahrungen abgedeckt. Die Gestaltung politischer Maßnahmen stellt vielmehr einen hochkomplexen Prozeß dar, der sich nicht mit einer einfachen Behauptung, daß eine Entwicklung von weniger zu mehr zwangsbasierten Instrumenten stattfindet, wiedergeben läßt. Wie Woodside dies ausdrückt: „Die Erfahrung zeigt, daß Regierungen nicht bestrebt sind, Zwang zu vermeiden, sondern zuweilen bewußt darauf bedacht sind, von Anfang an eine harte Linie zu verfolgen. Es gibt zweifellos viele Ursachen für solch strenge Policy-Maßnahmen, einige der wichtigsten liegen jedoch in der Zielgruppe, an die sich eine Policy richtet, in den Umständen, unter denen das Problem aufgetreten ist, sowie in der Natur des Problems selbst, um das es geht" (Woodside 1986: 786).

Ebenso muß die These, daß der gesellschaftliche Widerstand gegen eine Politik dafür verantwortlich ist, daß die Regierungen eine weitere Stufe der strengeren Steuerung erklimmen, in Frage gestellt werden. Zwar trifft es für einige Politikfelder, insbesondere im Bereich der Wirtschaft, zu, daß sich häufig ein solcher Widerstand gegen weitere staatliche Interventionen erhebt, jedoch gilt dies für viele andere Politikfelder nicht. In Handlungsbereichen wie der Sozialpolitik entwickelt sich ein gesellschaftlicher Druck in genau die andere Richtung und wirkt verstärkend auf die staatliche Regulierung und staatliche Ausgaben, mehr als Regierungen von sich aus beschließen. Das heißt die Entwicklungsrichtung, von der Doern ausgeht, kann sich auch umkehren, da politisch-administrative Akteure oft weniger Aktivitäten wünschen, aber durch gesellschaftlichen Druck auf der Skala staatlichen Zwangs eher nach oben als nach unten gedrängt werden.

All diese Schwächen des Modells von Doern manifestieren sich, wenn es auf den Fall der Privatisierung angewendet wird. So geht Doern davon aus, daß öffentliche Unternehmen eingerichtet werden, wenn entweder erstens gesellschaftlicher oder politischer Druck die Präferenzen der Regierung für „sanfte" Instrumente in Frage stellt, oder wenn zweitens das Interesse einer Regierung an einer Verstaatlichung den gesellschaftlichen und politischen Widerstand der Verstaatlichungsgegner überwinden kann. In beiden Fällen würde die Privatisierung aus der Veränderung dieser Beziehungen resultieren. Danach ergibt sich die Entwicklung hin zu einer weicheren Steuerung im ersten Fall entweder aus einer Intensivierung der ideologischen Überzeugungen der Regierung oder einer Abschwächung des gesellschaftlichen Druckes, im zweiten Fall entweder aus einem schwächer werdenden Interesse der Regierung oder der Verstärkung sozialen und politischen Drucks. Diese Hypothese ist nur schwer, wenn überhaupt, empirisch zu überprüfen. Zum einen stellt sich die Frage: Wie kann dasselbe Phänomenon sowohl aus einer Schwächung als auch einer Stärkung desselben politischen

Drucks folgen? Zum anderen ergibt sich das Problem: Wie wäre genau das „Erstarken" oder die „Abschwächung" empirisch zu messen? Und drittens schließlich: Wenn alle diese Schwierigkeiten behoben wären, welcher Faktor ist in einem einzelnen Fall am bedeutsamsten? Interessen, Ideologie oder Druck?

Ein zweites, häufig verwendetes politikwissenschaftliches Modell der Instrumentenwahl wurde von Christopher Hood im Kontext des britischen politischen Prozesses entwickelt. Hood argumentiert, daß politisch-administrative Akteure im wesentlichen über vier Typen von Ressourcen verfügen: Informationen, Finanzen, Zwang und Organisation. Sie verwenden diese Ressourcen für zwei unterschiedliche Zwecke: um Gesellschaft zu überwachen oder deren Verhalten zu verändern (Hood 1983, 1986). Hood belegt diese Ressourcen mit den Begriffen „nodality, authority, treasure, and organizational" (NATO).[3] Die beiden Zwecke, zu denen diese Ressourcen verwendet werden können, sind „detectors or effectors". Diese Systematik führt zu acht klar abgegrenzten Kategorien von Instrumenten.

Ebenso wie Doern argumentiert Hood, daß die Wahl eines Instrumentes keine rein praktisch-technische Übung darstellt, vielmehr „a matter of faith and politics" ist (Hood 1986: 9). Die Wahlhandlung wird aus seiner Sicht durch Ressourcenknappheit, politischen Druck, rechtliche Schranken und die praktischen vergangenen Erfahrungen mit dem Versagen von Instrumenten bestimmt (Hood 1986: 118-120, 141-143). Obwohl er den Charakter dieser Einflußfaktoren nicht konkretisiert, analysiert er einige Muster des Instrumentenwechsels („Re-tooling") über die Zeit hinweg. Diese umfassen „erstens einen Wandel von informationsbasierten Instrumenten zu solchen, die auf anderen Ressourcen basieren, zweitens einen Wandel von einer Zwangsbasierung hin zu dem Gebrauch von finanziellen und organisatorischen Ressourcen" (Hood 1986: 126-131). Weiterhin argumentiert er, und folgt darin Hodgwood und Peters, daß technologischer Wandel die Zweckmäßigkeit der alten Instrumente mindern und zur Anwendung neuer Instrumente führen kann; in diesem Zusammenhang ziehen die politischen Entscheidungsträger häufig Analogieschlüsse zwischen vergangenen und heutigen Handlungsumständen (Hood 1986: 128-131).

Obwohl Hood von der grundsätzlichen Irrationalität des politischen Entscheidungsprozesses ausgeht, behauptet er doch, daß dieser durch identifizierbare Faktoren wie die Erfahrung staatlicher Akteure mit verschiedenen Instrumenten und deren Wirkungen auf gesellschaftliche Akteure bewegt wird. Die Wirksamkeit von Instrumenten unterscheidet sich – nach Hood – in Abhängigkeit von den gesellschaftlichen Gruppen, die sie zu beeinflussen suchen. In Anlehnung an Mayntz stellt Hood die These auf, daß, wenn große und gut organisierte Gruppen existieren, staatliche Akteure eher Instrumente wie Überzeugung und öffentliche Ausgaben verwenden. Die Größe einer Zielgruppe ist wichtig, weil, je größer die Gruppe, die beeinflußt werden soll, um so wahrscheinlicher ist es, daß staatliche Akteure „passive" statt „aktive" Instrumente

---

3 „Nodality" bezieht sich auf die Fähigkeit staatlicher Akteure, aufgrund ihrer „Knotenpunkt"-Situation in verschiedenen Arten von Informationsflüssen die Gestaltung von Policy zu kontrollieren und zu beeinflussen. „Autorität" bezieht sich auf die Fähigkeit des Staates, verbindliche rechtliche Entscheidungen herbeizuführen.
„Treasure" oder öffentliche Mittel bezieht sich auf die finanziellen Ressourcen, die staatlichen Akteuren zur Verfügung stehen, und „Organisation" bezieht sich auf das Personal, das durch den Staat beschäftigt wird (Hood 1983: 4-6).

verwenden. Jedoch setzen Regierungen – unabhängig von der sozialen Gruppe, die beeinflußt werden soll – keine Zwangsinstrumente ein, wenn sie einen freiwilligen Vollzug durch die betroffene Gruppe anstreben. Werden jedoch Ressourcen zwischen diesen Gruppen umverteilt, wenden staatliche Akteure präzise und hierarchische Steuerungsmechanismen an (Hood 1986: 138-139).
Somit ist für Hood die Wahl des Instrumentes abhängig von der Art des Zieles, das die staatlichen Akteure verfolgen, sowie der Organisation und den Ressourcen der Zielgruppen. Insgesamt, so Hood, drängen ressourcenstarke Zielgruppen den Staat dazu, dem Ethos minimaler Bürokratie zu folgen, bzw. Information und Autorität als Instrumente vorzuziehen, da diese Instrumente sich durch den Gebrauch nicht erschöpfen (Hood 1983). Ja, das am häufigsten präferierte Instrument ist „nodality" oder informationsbasierter Einfluß, denn nur Instrumente, die auf dieser Ressource beruhen – so Hood –, sind „unerschöpflich" und auferlegen den Bürgern gleichzeitig minimale Beschränkungen. Erscheint Zwang erforderlich, ergibt sich dies meist aus dem Wunsch, gesellschaftliche Gruppen, die bestimmte Aktivitäten aufnehmen sollen, genauer zu bestimmen. Aber auch dann wird das Instrument „Autorität" dem Instrument „Organisation" vorgezogen, weil das erste weniger Ressourcen erfordert als das zweite.
Ähnlich wie bei dem Modell von Doern bestehen bei Hoods Modell einige Schwierigkeiten, die dessen praktische Anwendung behindern. Erstens wirft das Klassifikationsschema, obwohl bestechend in seiner Einfachheit, Fragen auf: Fast alle staatlichen Programme beruhen auf einer Kombination der vier Ressourcen und der Versuch, Instrumente auf den Gebrauch einer einzigen Ressource zu beschränken, erfordert die Klassifizierung von Instrumenten nach ihrer Absicht anstelle der verwendeten Ressourcen. Ist beispielsweise eine Behörde, die finanzielle Mittel für Informationstätigkeit ausgibt, ein Beispiel für Organisation, Autorität, Finanzen oder „nodality"? Schwierigkeiten ergeben sich auch mit der Begründung, die Hood für die Wahl spezifischer Instrumente liefert. Warum sollten politisch-administrative Akteure dazu neigen, Bürokratie sparsam zu gebrauchen? Warum sollten Ressourcen wie öffentliche Haushaltsmittel und Organisation als weniger „erneuerbar" erachtet werden als Ressourcen wie Information, wenn es doch für die meisten politischen Beobachter offensichtlich ist, daß der extensive Gebrauch sowohl von Propaganda als auch Gewalt sich mit abnehmendem Nutzen verbindet? Hoods Ausführungen mögen als Interpretation des englischen Politikstils zutreffend sein, jedoch erklären sie nicht, warum dieser Stil als solcher entstanden ist, infolgedessen auch nicht, wie er sich verändern kann, so wie dies faktisch seit Beginn der Thatcher-Regierung geschehen ist.
Die Komplexität von Hoods Argumentation über den Gebrauch von Instrumenten wird besonders deutlich, wenn man diese auf den Privatisierungsprozeß bezieht. In seiner Terminologie heißt Privatisierung, daß eine Regierung bestrebt ist, Instrumente zu verwenden, die auf „nodality", öffentlichen Mitteln oder Autorität mit geringem Zwang basieren, und Organisation sowie Autorität mit starken Zwangselementen in den Hintergrund gedrängt werden. Organisation stellt aus seiner Sicht eine sich erschöpfende Ressource dar, die politisch-administrative Akteure nicht gerne einsetzen. Ähnlich werden autoritative Maßnahmen mit hohem Zwangscharakter als bürokratisch teure und ressourcenkonsumierende Maßnahmen betrachtet, die Regierungen tunlichst meiden. Überdies sind sowohl organisatorische Maßnahmen als auch autoritative Maßnahmen, die sich mit relativ viel Zwang verbinden, Programme, die eine

Gesellschaft belasten und daher Widerstand seitens der betroffenen Gruppen wecken. Angesichts dieser Probleme überrascht der Wunsch, öffentliche Maßnahmen zu privatisieren, nicht. Die eigentliche Frage, die sich erhebt, lautet dann: Warum haben sich politisch-administrative Akteure überhaupt je für Maßnahmen mit starkem Zwangscharakter und organisatorische Maßnahmen entschieden?
Die Erklärungen, die Hood für die Instrumentenwahl anbietet, d.h. die Natur der zu bewältigenden Aufgabe, die Merkmale der zu regulierenden Zielgruppe sowie die vergangenen Erfahrungen mit verschiedenen Policy-Instrumenten tragen wenig zur Erklärung bei, warum viele Regierungen sich zunächst für autoritative und organisatorische Instrumente entschlossen haben, sich jetzt aber der Privatisierung zuwenden. Wird dieser Wandel in den Entscheidungen durch die vorliegende Aufgabe, gesellschaftlichen Druck oder vergangene negative Erfahrungen mit den obigen Instrumenten bestimmt oder durch alle diese Faktoren gleichzeitig? Zwar stellen alle drei Faktoren plausible Gründe dar, jedoch erfordert die Art, wie sie Wahlentscheidungen beeinflussen, eine systematischere Konzeptualisierung. Vor allen Dingen ist eine Erklärung dafür nötig, warum Regierungen überall zu ähnlichen Zeitpunkten eine Präferenz für private Policy-Instrumente manifestieren, auch in Staaten, die nie die englische Vorliebe für einen sparsamen Gebrauch von Bürokratie geteilt haben.
Linder und Peters entwickeln in einer Synthese ökonomischer und politikwissenschaftlicher Arbeiten ein Modell, das wohl als das komplexeste und differenzierteste gelten darf (Linder/Peters 1989). Es umfaßt folgende Faktoren, die die Wahl von Instrumeten bestimmen. Sie halten an der praktischen Substituierbarkeit von Instrumenten fest, und stellen erstens die Hypothese auf, daß die Merkmale eines Policy-Instrumentes für die Auswahl wichtig sind, weil manche Instrumente zur Bearbeitung einer spezifischen Aufgabe geeigneter sind als andere. Aus ihrer Sicht variieren Policy-Instrumente in Abhängigkeit von acht Merkmalen, deren Ausprägung auf einer Skala von niedrig zu hoch eingestuft wird: die Komplexität der Operation, der Grad der öffentlichen Sichtbarkeit, die Anpassungsfähigkeit an verschiedene Benutzergruppen, die Stärke des Eingriffs (intrusiveness), die relative Kostenaufwendigkeit, die Orientierung am Markt, die Chancen des Scheiterns und die Präzision der Zielorientierung (Linder/Peters 1989: 56). Die Autoren fassen diese Merkmale zu vier allgemeinen Kategorien zusammen: Erstens die Ressourcenintensität, die die administrativen Kosten und den Schwierigkeitsgrad der Handhabung ausdrückt; zweitens die Zielschärfe, die auf Präzision und Selektivität abhebt; drittens das politische Risiko, das die Art der Unterstützung bzw. des Widerstandes gegen eine Maßnahme sowie die politische Sichtbarkeit und das Risiko des Scheiterns einschließt sowie viertens der Grad der Restriktion, dem staatliche Aktivitäten aufgrund von Schwierigkeiten unterliegen, die bei staatlichen Maßnahmen mit Zwangselementen entstehen, und der Grad der Einschränkung durch ideologische Prinzipien, die eine staatliche Intervention limitieren.
Zweitens argumentieren Linder und Peters, daß der Politikstil und die politische Kultur eines Landes sowie die Intensität der sozialen Konflikte von erheblicher Konsequenz für die Wahl von Instrumenten sind. Jedes Land weist einen besonderen nationalen Politikstil, eine besondere Kultur und besondere Muster sozialer Konfliktlinien auf, die die politischen Entscheidungsträger dazu veranlassen, ein spezifisches Instrument zu wählen.
Drittens – so die Autoren – wird die Wahl eines Instrumentes durch die organisatorische

Kultur der betroffenen Behörde und die Natur der Verbindungen zwischen Behörden und Klienten sowie der Behörden untereinander bestimmt.

Viertens beeinflussen nach Linder und Peters der spezifische Kontext der Problemsituation, die zeitliche Planung und die Zahl der betroffenen Akteure die Art der Instrumentenwahl.

Schließlich sind – so Linder und Peters – die subjektiven Präferenzen der administrativen Entscheidungsträger, die sich aus deren professioneller Sozialisation, institutioneller Zugehörigkeit und kognitiven Mustern ergeben, für die Wahl eines Instrumentes besonders wichtig. Die Verwaltungsakteure definieren den situationsspezifischen Kontext, der die Wahlhandlungen einschränkt, und prägen infolgedessen mit ihren professionellen und persönlichen Präferenzen die Instrumentenwahl.

Bei Linders und Peters findet sich sodann eine komplexe Begründung der Instrumentenwahl, die die jeweiligen Merkmale unterschiedlicher Instrumente nach der erwähnten Skala beschreibt und gleichzeitig den Entscheidungskontext betont, in dem die Wahlhandlung getroffen wird. Vor die Wahl zwischen privaten und öffentlichen Instrumenten gestellt, erweisen sich die ersten als weniger öffentlich sichtbar, weniger intensiv intervenierend (intrusive), weniger kostenintensiv, weniger zielscharf, jedoch komplexer, was die Durchführung anbetrifft. Sie präsentieren sich als anpassungsfähiger an unterschiedliche Zielgruppen und als stärker am Markt orientiert. Es überrascht nicht, daß Politiker in der Vergangenheit die deutlich sichtbaren, präzise intervenierenden, teuren, aber präzisen Lösungen in Form staatlicher Unternehmen den marktorientierten Alternativen vorzogen. Diese Präferenz, die nach Sektoren unterschiedlich stark ausgeprägt ist und je nach gegebenen Umständen variiert, stellt aus der Sicht der Autoren ein charakteristisches Element des Politikstils eines Landes dar. Die Frage, die sich nun im Hinblick auf Privatisierung stellt, ist, warum diese spezifische Kombination von Instrumentenmerkmalen bei den Entscheidungsträgern in Ungnade gefallen ist und allmählich zur häufigeren Wahl von Privatisierungsmaßnahmen geführt hat. Die Entscheidung für eine Privatisierung bedeutet nach dem Modell von Linder und Peters, daß Ressourcenintensität, Zielschärfe, Risiko und Restriktionen die ausschlaggebenden Entscheidungskriterien waren, weil private Instrumente weniger kostenintensiv und weniger riskant sind.

Die Tatsache, daß Privatisierungsentscheidungen gefällt wurden, bedeutet – nach dem Modell von Linder und Peters –, daß Ressourcenintensität, Zielschärfe, Risiko und Restriktionen die ausschlaggebenden Kriterien bei der Entscheidung über das Instrument waren, weil private Instrumente weniger kostenintensiv und weniger riskant sind. Sie sind aber auch weniger präzis und können auf ideologischen Widerstand treffen. Privatisierung wird demnach als Instrument dann gewählt, wenn die Bedenken hinsichtlich knapper Ressourcen und des Risikos des Scheiterns größer sind als die Bedenken bezüglich der Zielsicherheit und der ideologisch motivierten Opposition. Diese Erklärung für die Wahl von Instrumenten ist die umfassendste, die wir kennen; jedoch wissen wir immer noch nicht, warum so viele Regierungen rund um die Welt sich für das Instrument Privatisierung entschließen, obwohl sie sich in sehr unterschiedlichen politischen, sozialen und ökonomischen Bedingungen befinden und obwohl die involvierten Entscheidungsträger sehr unterschiedliche subjektive Präferenzen haben.

Es läßt sich somit sagen, daß keines der ökonomischen oder politikwissenschaftlichen

Modelle eine adäquate Erklärung für den Wandel bietet, der sich in den 80er und 90er Jahren in Richtung Privatisierung vollzogen hat. Die wohlfahrtstheoretische und neoklassische Ökonomie haben Schwierigkeiten, politische Phänomene zu berücksichtigen und zu erklären, und diese Schwierigkeien werden bei der Auseinandersetzung mit dem Phänomen Privatisierung deutlich. Schwächen werden auch – wie oben erörtert – bei den politikwissenschaftlichen Modellen deutlich, wenn diese auf den Privatisierungsprozeß angewendet werden. Einige von ihnen, wie diejenigen von Doern und Hood weisen interne Inkonsistenzen und Probleme auf, so daß sie zur Erklärung weniger geeignet erscheinen als das Modell von Linder und Peters. Unabhängig von diesen logischen Widersprüchen sind jedoch alle politikwissenschaftlichen Erklärungsansätze an spezifische nationale Grenzen gebunden und können deshalb transnationale Phänomene nicht interpretieren.

Jedoch ist den politikwissenschaftlichen Ansätzen die Verwendung einer Überlegung gemeinsam, die die Richtung weist, in welche eine neue Theorie zur Erklärung länderübergreifender Ähnlichkeiten in der Wahl von Instrumenten entwickelt werden kann. Dies ist die These, die bei Linder und Peters am deutlichsten formuliert wird, daß die Instrumentenwahl als von den Präferenzen der Entscheidungsträger abhängig verstanden werden muß, die bestimmte, als gesellschaftlich akzeptabel geltende, Kombinationen von Instrumentenmerkmalen bevorzugen. M.a.W., um den Wandel in der Wahl von Instrumenten zu verstehen, benötigt man eine Theorie, die erklärt, warum und wie die diesbezüglichen Präferenzen von Entscheidungsträgern und der Gesellschaft sich insgesamt verändern (Hernes 1976).

3. Die Neukonzipierung der Instrumentenwahl: Der Erklärungsansatz des Policy-Lernens

Eine Schlußfolgerung, die sich aus der obigen Diskussion ökonomischer und politikwissenschaftlicher Analysen der Instrumentenwahl ergibt, ist, daß der Prozeß der Selektion nicht als rational in einem objektiven Sinn beschrieben werden kann. Vielmehr stellt er einen Prozeß des „muddling through" dar, in dem die Wahl durch die Charakteristika des Instrumentes, die Besonderheiten des vorliegenden Problems, die vergangenen Erfahrungen der politisch-administrativen Akteure im Umgang mit denselben oder ähnlichen Problemen, die subjektiven Präferenzen der Entscheidungsträger sowie die wahrscheinliche Reaktion der sozialen Zielgruppen auf das gewählte Instrument bestimmt wird.

Alle politikwissenschaftlichen Modelle zusammengenommen befassen sich mit diesen Elementen der Instrumentenwahl. Jedes für sich läßt jedoch zumindest einen Aspekt des Auswahlprozesses vermissen. So befaßt sich Doern mit den Präferenzen der Entscheidungsträger, der wahrscheinlichen Reaktion der sozialen Zielgruppen und den Erfahrungen der Entscheider mit dem vergangenen praktischen Gebrauch des Instrumentes, vernachläßigt jedoch die besonderen Merkmale der Instrumente oder die Natur der zu lösenden Aufgabe. Bei Hood ist dies ähnlich, und sowohl Hood als auch Doern legen allgemeine Annahmen über die Präferenzen der entscheidenden Akteure und Zielgruppen sowie über die Art der Schlußfolgerungen aus vergangenen Erfah-

rungen zugrunde, die die Anwendbarkeit ihrer Modelle für den transnationalen Vergleich der Instrumentenwahl begrenzen.
Linder und Peters hingegen konzentrieren sich auf die Charakteristika der Politikinstrumente sowie der zu lösenden Aufgabe. Indem sie ein Kontinuum an die Stelle einzelner unabhängiger Annahmen über die Präferenzen staatlicher und gesellschaftlicher Akteure setzen, legen sie die Grundlage für eine Theorie, die über nationale Grenzen hinweg angewendet werden kann. Jedoch sagen sie nichts darüber aus, wie die politischen und administrativen Akteure, die die Instrumente auswählen, Schlüsse aus vergangenen Anwendungserfahrungen ziehen. Dieser Mangel kann behoben werden, wenn man Erkenntnisse aus der wachsenden Literatur über Policy-Lernen hinzuzieht.
Diese Theorien wurden nicht explizit aus der Frageperspektive der Instrumentenwahl (Salamon 1981) entwickelt, und ihre genauen Konturen und Konzepte liegen noch nicht fest (Bennett/Howlett 1992, 1993). Dennoch bietet der Erklärungsansatz des Policy-Lernens ein vielversprechendes Potential, um das Verständnis der Instrumentenwahl zu verbessern. Er macht deutlich, in welchem Ausmaß die Instrumentenwahl Bestandteil eines Lernprozesses ist und in welcher Weise die Wahlentscheidungen durch die Erfahrungen von befreundeten Regierungen (host governments) und anderen politisch-administrativen Systemen beeinflußt werden. Einige Theorien der Instrumentenwahl anerkennen implizit die Bedeutung des Policy- Lernens, ziehen daraus jedoch keine expliziten Schlußfolgerungen für einen „Lernrahmen" in diesem Bereich. Ein kurzer Blick in die Arbeiten von Sabatier (1988), Hall (1988) und Rose (1991) zeigt, daß deren Überlegungen dabei behiflich sein können, den Prozeß, das Subjekt, das Objekt und die Auswirkungen des Policy-Lernens für die Wahl von Instrumenten neu zu konzipieren.
Sabatier argumentiert, daß das policy-orientierte Lernen, definiert als „... relativ stabile Veränderungen von Denkrichtungen oder Verhaltensabsichten, die aus der Erfahrung resultieren und die sich auf die Realisierung oder Veränderung von öffentlicher Politik erstrecken" (Sabatier 1987: 654), eine wichtige Determinante der Policy-Innovation und des Policy-Wandels konstituiert.
Eine ähnliche Analyse des Policy-Lernens, die unmittelbar relevant für die Instrumentenwahl ist, wurde von Peter Hall durchgeführt. Er definiert Policy-Lernen als „... einen bewußten Versuch, die Ziele oder Techniken einer staatlichen Maßnahme an die praktischen Erfahrungen mit vergangenen politischen Maßnahmen und neue Informationen anzupassen, so daß die politischen Ziele, die angestrebt werden, besser erreicht werden" (Hall 1988: 6). Im Unterschied zu Sabatier betont er jedoch eher die Bedeutung der sich ändernden Ideen, im Unterschied zu wechselnden materiellen Bedingungen, als Ursachen der Veränderung von Policies (Hall 1988, 1989b). Die wichtigsten Handlungsträger von Policy-Lernen sind – so Hall – „... die offiziell beauftragten Experten, die in einem bestimmten Politikbereich tätig sind. Die wichtigsten Experten sind für staatliche Akteure selbst tätig oder beraten sie aus einer privilegierten Position an der Nahtstelle zwischen Bürokratie und den intellektuellen Enklaven der Gesellschaft" (Hall 1988: 5). Hall unterscheidet drei Typen des Lernens: Der erste bezieht sich auf die Festsetzung („setting") existierender Instrumente, der zweite auf den Gebrauch unterschiedlicher Instrumente und der dritte, der selten vorkommt, bezieht sich auf die Ziele, die den Policies zugrundeliegen (Hall 1988). Hall versteht ebenso wie Sabatier

den normalen Prozeß der Politikgestaltung als Lernprozeß im Hinblick auf Policy-Kontexte und Policy-Instrumente. Lernprozesse im Rahmen von Policy-Zielen vollziehen sich nur unter den besonderen Bedingungen, die bei der Veränderung von „Policy-Paradigmata" oder herrschenden Ideen gegeben sind, die die Policy-Debatte bestimmen (Hall 1989a).

Am klarsten wird die Rolle, die Instrumente beim Policy-Lernen spielen, von Richard Rose herausgearbeitet. Rose benutzt den Begriff des „Lernens einer Lektion", um den Prozeß zu beschreiben, in dessen Verlauf staatliche Maßnahmen, die in einem Land praktiziert werden, durch andere übernommen werden und sich über die ganze Welt ausbreiten (Rose 1988, 1991): „Mit ähnlichen Problemen konfrontiert, können die politischen Entscheider in Städten, Regionalregierungen und Staaten aus den Antworten von ihresgleichen in anderen Teilen der Welt lernen. Mehr als das, es besteht die Möglichkeit, daß die politischen Akteure aus den Erfahrungen lernen können, die ihnen dabei behilflich sind, besser mit ihren eigenen Problemen umzugehen" (Rose 1991: 4).

Aus der Sicht von Rose beziehen die staatlichen Akteure ihre praktischen Beispiele in der Regel aus epistemischen Gemeinschaften (Rose 1991). In Anlehnung an Peter Haas definiert er eine solche Gemeinschaft als „... ein wissensbasiertes Netzwerk von Individuen, die einen Anspruch auf policy-relevantes Wissen erheben, das auf gemeinsamen professionellen Überzeugungen und Bewertungsstandards sowie auf gemeinsamen Policy-Anliegen basiert" (Rose 1991: 15-16).

Im Unterschied zu den Theoretikern internationaler Politik, die sich auf die internationale Ebene konzentrieren (Haas 1992), argumentiert Rose, daß solche Policy Communities auch auf der sub-nationalen und nationalen Ebene existieren. Die Mitglieder dieser Policy Communities lernen kontinuierlich aus ihren eigenen Erfahrungen sowie den Erfahrungen der Angehörigen der entsprechenden Policy Communities anderer Länder. Diese Lernerfahrungen bilden die Basis für ihre beraterische Aktivität bei gewählten Politikern.

Lernen von anderen bedeutet typischerweise, daß entsprechende Programme, die in anderen Ländern existieren, geprüft werden, um das Konzept für ein eigenes Programm zu entwerfen; dieses wird mit den Problemen existierender Programme verglichen, die Unzufriedenheit hervorgerufen haben; dann wird ein Programm entwickelt, das zu gegebener Zeit den gewählten politischen Entscheidern vorgelegt wird. Aus der Sicht von Rose bezieht sich Policy-Lernen nur auf Programme und auf Instrumente, während Policy-Ziele davon nicht tangiert werden.

Alle erwähnten Autoren anerkennen explizit die Bedeutung von Policy-Instrumenten im Prozeß des Policy-Lernens, denn alle weisen darauf hin, daß in normalen Zeiten Policy-Lernen faktisch meist ein Lernen auf der Ebene der Instrumente bedeutet. Es liegt daher nahe, eine Ausweitung der Theorie der Instrumentenwahl vorzuschlagen, um die Erkenntnisse der Theorie des Policy-Lernens zu integrieren. Die Integration dieser Perspektive ist – wie der folgende Abschnitt zeigt – dabei behilflich, die Mängel der Literatur der Instrumentenwahl zu beheben.

3. Policy-Lernen und Instrumentenwahl

Es liegt außerhalb der Reichweite dieses Beitrags, eine umfassende, auf Lernen basierte Theorie der Instrumentenwahl zu entwickeln. Jedoch sollen zumindest wesentliche Elemente einer solchen Theorie skizziert und deren Vorteile für eine Verbesserung der Theorie der Wahl von Policy-Instrumenten erläutert werden.
Alle Theorien der Instrumentenwahl enthalten zwei Elemente. Das erste umfaßt alle Merkmale von Policy-Instrumenten, die den politischen Entscheidern zur Verfügung stehen. Linders und Peters' Modell, als das gegenwärtig differenzierteste in dieser Hinsicht, kann als Grundlage dienen, um das erste Element einer lernbasierten Theorie der Instrumentenwahl zu entwickeln.

Das zweite, problematischere Element einer Theorie der Instrumentenwahl ist es, die Rationalität zu beschreiben und zu analysieren, die die Wahl eines Instrumentes aus den verschiedenen für ein Problem verfügbaren Instrumenten bestimmt. Die von den Ökonomen entwickelte Theorie, die in dieser Phase der Instrumentenwahl bestrebt ist, Problemtyp und Instrument aneinander anzupassen, ist wenig plausibel, weil keine Regierung diese Art von Rationalität pflegt. Politikwissenschaftler gehen darüber hinaus und berücksichtigen die sozialen, politischen und kognitiven Faktoren, die die Instrumentenwahl beeinflussen. Das Problem des politikwissenschaftlichen Erklärungsansatzes liegt jedoch, wie erwähnt, darin, daß er – ohne es zu wollen – die Instrumentenwahl zum Politikstil deklariert, der typisch für ein Land oder einen Sektor ist. Dies macht es wiederum erforderlich, die Faktoren offenzulegen, die nationale Politikstile prägen, was einen begrenzten Rahmen zur Analyse nationaler Unterschiede von Mustern der Instrumentenwahl liefert. Wir gehen von der Annahme aus, daß die Erkenntnisse der Literatur über Policy-Lernen dabei behilflich sind, diese Probleme zu überwinden und die Faktoren zu erfassen, die die Muster der Instrumentenwahl sowohl auf nationaler, transnationaler als auch internationaler Ebene erklären können.
Als erstes erhöht die Literatur über Policy-Lernen unser Verständnis der Instrumentenwahl, indem sie die Aufmerksamkeit auf die Akteure der Wahlentscheidung lenkt. Die „Lerntheoretiker" wenden Konzepte wie Policy Community, Policy-Netzwerk, „Advocacy"-Koalition und epistemische Gemeinschaft an, um zum Ausdruck zu bringen, daß die Wahl einer Policy und der sich damit verbindenden Instrumente durch ein besonderes Subsystem des Staates und gesellschaftlicher Akteure getroffen wird (Haas 1992; Hall 1988; Rose 1991; Sabatier 1988). Sie argumentieren, daß Policy-Entscheidungen durch Lernerfahrungen bestimmt werden, die von den Mitgliedern der Policy-Netzwerke oder Policy Communities gemacht wurden. Die meisten dieser Lernerfahrungen konzentrieren sich bei Bürokraten, Wissenschaftlern und Interessenverbänden, die direkt daran beteiligt sind; zuweilen fungieren jedoch auch Politiker als zentrale „lernende" Akteure in diesem Subsystem und entscheiden über die Instrumentenwahl. Um die Instrumentenwahl zu verstehen, muß daher festgestellt werden, welche Mitglieder einer Policy Community verantwortlich für die Instrumentenwahl sind und welche Wertvorstellungen sie haben. So sind die Mitgliedschaft und die Normen der Umweltpolitik-Community andere als diejenigen der Industriepolitik-Community und dies schlägt sich in den Instrumenten nieder, die sie auswählen. Jedoch beeinflußt auch die Struktur der Community oder des Netzwerkes die Auswahl. Wenn, wie Ikenberry beispielsweise zeigt, gewählte Beamte eine Schlüsselrolle bei der

Bestimmung von Instrumenten spielen, dann können wir ein Mindestmaß an Einheitlichkeit bei den verwendeten Instrumenten, die in verschiedenen Politikfeldern gewählt werden, erwarten, so wie dies im Fall des zunehmenden Einsatzes von privaten Instrumenten der Fall ist (Ikenberry 1990).
Zweitens können die Policy-Lerntheorien dabei behilflich sein, den Prozeß der Instrumentenwahl nachzuvollziehen. Der Lernprozeß hat drei Dimensionen – eine intertemporale, eine intersektorale und eine transnationale, und alle drei beeinflussen die Instrumentenwahl. Die Lernperspektive berücksichtigt die intertemporale Dimension, indem sie die Wahl einer staatlichen Maßnahme und der damit verbundenen Instrumente als kumulativen Prozeß begreift, und nicht als Serie unverbundener, einzelner Entscheidungen. Vergangene Erfahrungen mit Policy-Instrumenten ermöglichen es den Entscheidungsträgern, eine rationale und auch intuitive Bewertung darüber abzugeben, welches Instrument unter welchen Umständen am besten funktioniert. Dieses Urteil kann die wichtigste Grundlage für die zukünftige Instrumentenauswahl bilden. So ließe sich argumentieren, daß die Enttäuschung über den mangelnden Erfolg mit den Instrumenten einer präzisen, hierarchischen Steuerung während der 60er und 70er Jahre einer der Hauptgründe war, daß so viele Regierungen sich in den 80er und 90er Jahren der Verwendung privater Instrumente zuwandten.
Die Wahl eines Instrumentes in einem Politiksektor sollte auch im Kontext der Erfahrungen eines Staates in anderen Politiksektoren verstanden werden. Auch wenn Probleme sich nie in identischer Form stellen, sind sie doch nicht einzigartig: Man kann etwas lernen, auch wenn die Probleme sehr unterschiedlich sind. So läßt sich argumentieren, daß die Erfahrung vieler Regierungen mit der frühen Abschaffung von Subventionen und der Deregulierung in Bereichen wie Transport als Beispiele und Lernfelder für Privatisierungsentscheidungen im Bereich der Kommunikation und anderen Sektoren dienten, wie sie dann später in verschiedenen Ländern durchgeführt wurden.
Weiterhin vollzieht sich Policy-Lernen räumlich über nationale Grenzen hinweg (Rose 1991), und Regierungen lernen im Umgang mit einem Policy-Problem aus dem Instrumentengebrauch anderer Länder. Soziale und ökonomische Entwicklungen rufen überall ähnliche Probleme hervor; damit werden die Erfahrungen, die ein Land im Umgang mit einem Problem gesammelt hat, für andere Länder relevant. So läßt sich die These aufstellen, daß die britische Erfahrung mit der Privatisierung von Telecom und die amerikanische Erfahrung mit der Deregulierung der zivilen Luftfahrt einen wesentlichen Impetus für ähnliche Maßnahmen in anderen Ländern darstellte.
Drittens kann eine Lerntheorie der Instrumentenwahl dabei behilflich sein, die Auswirkungen der Anwendung eines Instrumentes zu konzeptualisieren. Nach Hall können Perioden der normalen, inkrementalen Veränderung von Mustern der Instrumentenwahl unterschieden werden von solchen Phasen, in denen die Veränderungen einem schnellen, deutlichen und paradigmatischen Wandel unterliegen. In normalen Perioden wird erwartet, daß die Entscheidungsträger die Instrumente fein aufeinander abstimmen, indem sie die Höhe der Zuschüsse variieren oder die Regulierungen präziser gestalten, um ein bestimmtes Verhalten hervorzurufen. In Perioden des paradigmatischen Wandels erwartet man, daß die politischen Entscheider ihre grundlegende Einstellung zu verschiedenen Policy-Instrumenten neu überdenken und die Wahl danach ausrichten (Hall 1988). Der durchgehende Wandel, der in Richtung einer Präferenz

für private Instrumente deutet, so das Argument, stellt einen paradigmatischen Wandel in der Wahl von Policy-Instrumenten dar.

Schlußfolgerung

Der Beitrag bot einen Überblick über die Literatur zur Instrumentenwahl und diskutierte die Fähigkeit einzelner Ansätze, deutliche Veränderungen in den Mustern der Instrumentenwahl zu erklären, so wie beispielsweise diejenige der weltweiten Ausdehnung von Privatisierungsbestrebungen in den frühen 1980er Jahren. Die ökonomischen Theorien – so die These – können bei der konzeptionellen Interpretation des Privatisierungsphänomens am wenigsten helfen, weil ihre deduktive Orientierung es nicht erlaubt, wichtige politische Variablen zu behandeln, die die Instrumentenwahl beeinflussen. Im Gegensatz dazu erscheinen die induktiv entwickelten politikwissenschaftlichen Modelle umfassender und instruktiver und können die politischen Aspekte der Instrumentenwahl besser erklären. Jedoch sind sie idiosynkratisch und können nur partiell auf Phänomene im internationalen Vergleich angewendet werden.

Die These, die hier vorgetragen wurde, ist, daß eine Rekonzeptualisierung der politikwissenschaftlichen Theorien in einem umfassenden, aber flexiblen theoretischen Rahmen, so wie er durch die Theorie des Policy-Lernens bereitgestellt wird, deren Beschränkungen überwinden und das Verständnis der Privatisierung fördern kann.

Der Beitrag skizzierte das Modell einer zu entwickelnden Theorie der Instrumentenwahl, in der Elemente der Arbeiten von Linder und Peters, die die spezifische Natur der zu lösenden Probleme sowie die Merkmale der verfügbaren Instrumente erfaßt und diese mit Einsichten aus den Lerntheorien verbindet, die sich mit den Agenten des Wandels, dem Prozeß der Instrumentenwahl auf der intertemporalen, der intersektoralen und internationalen Ebene sowie den intra- und interparadigmatischen Wirkungen dieser Wahl befassen.

Solch ein Modell kann benutzt werden, um die jüngste Hinwendung zu privaten Instrumenten zu erklären. Seine Anwendung würde vor allen Dingen bedeuten, daß die Natur der Probleme, die durch ein Intervenieren des Staates bearbeitet werden sollen, in ihrer Besonderheit verstanden werden müssen, ebenso wie die Besonderheiten der unterschiedlichen Policy-Instrumente, die verfügbar sind, um diese Aufgabe durchzuführen. Zu diesem Zweck erweisen sich die Einsichten und vielfältige Abstufung von Instrumenten-Merkmalen, wie sie von Linder und Peters entwickelt wurden, als hilfreich.

Die Rationalität der Instrumentenwahl kann mittels des Konzepts des Policy-Lernens erschlossen werden. Die Lernprozesse, die zur Privatisierung führten – so läßt sich argumentieren –, haben gleichzeitig in verschiedenen Ländern in Form multipler Lernprozesse stattgefunden, in denen nationale und internationale Policy Communities negative Erfahrungen bei der Verwendung von Gebots- und Verbots-Instrumenten und dem Betreiben staatlicher Unternehmen sammelten. Die politischen Entscheider lernten – so die These vieler Autoren –, daß ein exzessives Maß an staatlicher Intervention das Haushaltsdefizit erhöht und die Entfremdung der Bürger verstärkt, wenn die deklarierten Ziele nicht erreicht werden können, und daß die Regierung für jede ökonomische Schwierigkeit verantwortlich gemacht wird. Beamte und Politiker lernten, daß sie auf viele Probleme, deren Lösung von ihnen erwartet wird, keine Antworten haben. Gesellschaftliche Gruppen und Akteure lernten ihrerseits, daß ein hohes staatliches Aktivitätsniveau eine höhere Steuerbelastung nach sich zieht, als viele zu akzeptieren bereit sind. Insgesamt trugen diese Erfahrungen dazu bei, daß zunehmend private Instrumente bevorzugt wurden, und ein Paradigmen-Wechsel in der Verwendung von Instrumenten stattfand.

Obwohl die konkreten Elemente einer auf Lernen basierenden Theorie der Wahl von Policy-Instrumenten noch ausformuliert werden müssen, erscheint diese vielversprechend, wenn es darum geht, nicht nur den gegenwärtigen Privatisierungsboom, sondern auch die frühere Bereitschaft zur Übernahme von Instrumenten zu erklären, die zur Einrichtung von regulierenden Behörden in den frühen zwanziger Jahren führten, oder zu einem Schub der Verstaatlichung von Betrieben in der Mitte des 20. Jahrhunderts. Die Theorie des Policy-Lernens führt nicht nur zwei getrennte analytische Entwicklungen zusammen, sondern stellt auch eine Synthese dar, die in der Lage ist, Hypothesen zu generieren und zu testen. Sie verspricht einen Fortschritt in der Entwicklung der Theorie der Instrumentenwahl, ja der Policy-Analyse insgesamt.

Literaturverzeichnis

Ascher, Kate, 1987: The Politics of Privatization. London: Macmillan Educational.
Bator, Francis M., 1958: The Anatomy of Market Failure, in: Quarterly Journal of Economics 72, 351-379.
Baxter-Moore, Nicholas, 1987: Policy Implementation and the Role of the State: A Revised Approach to the Study of Policy Instruments, in: R. J. Jackson et al. (Hrsg.), Contemporary Canadian Politics. Scarborough: Prentice Hall.
Bennett, Colin/Howlett, Michael, 1992: When States Learn, Do They Change? American Lessons, Canadian Learning and the Conceptualization of Policy Change. Paper presented at the Meeting of American Political Science Association, San Francisco.
Bennett, Colin/Howlett, Michael, 1993: The Lessons of Learning: Reconciling Theories of Policy Learning and Policy Change, in: Policy Sciences.
Bos, Dieter, 1991: Privatization: A Theoretical Treatment. Oxford: Clarendon Press.
Breyer, Stephen, 1979: Analyzing Regulatory Failure: Mismatches, Less Restrictive Alternatives and Reform, in: Harvard Law Review 92, 549-609.
Breyer, Stephen, 1982: Regulation and Its Reform. Cambridge: Harvard University Press.
Buchanan, James M., 1980: Rent Seeking and Profit Seeking, in: James M. Buchanan et al. (Hrsg.), Toward a Theory of the Rent-Seeking Society. College Station: Texas A&M University Press, 3-15.
Canada, Economic Council of, 1979: Responsible Regulation. Ottawa: Ministry of Supply and Services.
Chapman, Colin, 1990: Selling the Family Silver: Has Privatization Worked? London: Hutchinson Business Books.
Cohen, Michael D. et al., 1972: A Garbage Can Model of Organizational Choice, in: Administrative Science Quarterly 17, 1-25.
Connolly, Michael E. H./Stark, Andrew W., 1992: Policy Making and the Demonstration Effect: Privatization in a Deprived Region, in: Public Administration 70, Nr. 3, 369.
Cook, Paul/Kirkpatrick, Colin, 1988: Privatization in Less Developed Countries. New York: St. Martin's Press.
Cowan, Laing Gray, 1990: Privatization in the Developing World. New York: Praeger.
Cushman, Robert, 1941: The Independent Regulatory Commission. London: Oxford University Press.
Dahl, Robert/Lindblom, Charles, 1953: Politics, Economics and Welfare. New York: Harper and Row.

Doern, G. Bruce, 1981: The Nature of Scientific and Technological Controversy in Federal Policy Formation. Ottawa: Science Council of Canada.
Donahue, John D., 1989: The Privatization Decision: Public Ends, Private Means. New York: Basic Books.
Dunleavy, Patrick, 1986: Explaining the Privatization Boom: Public Choice Versus Radical Approaches, in: Public Administration 64, Nr. 1, 13-34.
Finley, Lawrence K. (Hrsg.), 1989: Public Sector Privatization: Alternative Approaches to Service Delivery. New York: Quorum Books.
Gayle, Dennis J./Goodrich, Jonathan N. (Hrsg.), 1990: Privatization and Deregulation in Global Perspective. New York: Quorum Books.
Gormley jr., William T. (Hrsg.), 1991: Privatization and Its Alternatives. Madison, Wisc.: University of Wisconsin Press.
Haas, Peter M., 1992: Introduction: Epistemic Communities and International Policy Coordination, in: International Organization 46, 1-36.
Hall, Peter A., 1988: Policy Paradigms, Social Learning and the State. Paper presented at the Meeting of the International Political Science Association, Washington, D.C.
Hall, Peter A., 1989a: Conclusion: The Political Power of Economic Ideas, in: Peter A. Hall (Hrsg.), The Political Power of Economic Ideas: Keynesianism Across Nations. Princeton: Princeton University Press, 361-392.
Hall, Peter A. (Hrsg.), 1989b: The Political Power of Economic Ideas: Keynesianism Across Nations. Princeton: Princeton University Press.
Hanke, Steve H./Walters, Stephen J. K., 1990: Privatization and Public Choice: Lessons for the LDCs, in: Dennis J. Gayle/Jonathan N. Goodrich (Hrsg.), Privatization and Deregulation in Global Perspective. New York: Quorum Books, 97-108.
Held, David, 1990: The Relevance of Privatization to Developing Economies, in: Public Administration and Development 10, Nr. 1.
Hernes, Gudmund, 1976: Structural Change in Social Processes, in: American Journal of Sociology 82, 513-547.
Hood, Christopher, 1983: Using Bureaucracy Sparingly, in: Public Administration 61, 197-208.
Hood, Christopher, 1986: The Tools of Government. Chatham: Chatham House Publishers.
Howlett, Michael, 1991: Policy Instruments, Policy Styles, and Policy Implementation: National Approaches to Theories of Instrument Choice, in: Policy Studies Journal 19, 1-21.
Hula, Richard C., 1988: Using Market to Implement Public Policy, in: Richard C. Hula (Hrsg.), Market-Based Public Policy. New York: St. Martin's Press, 3-20.
Ikenberry, G. Jon, 1990: The International Spread of Privatization Policies: Inducements, Learning, and 'Policy Bandwagoning', in: Ezra N. Suleiman/Jon Waterbury (Hrsg.), The Political Economy of Public Sector Reform and Privatization. Boulder: Westview Press, 88-110.
Kamerman, Sheila B./Kahn, Alfred J. (Hrsg.), 1989: Privatization and the Welfare State. Princeton: Princeton University Press.
Kemp, Roger L. (Hrsg.), 1991: Privatization: The Provision of Public Services by the Private Sector. Jefferson, N.C.: McFarland & Co.
Kirschen, Etienne Sadi et al., 1964: Economic Policy in Our Time. Chicago: Rand McNally.
Le Grand, Julian (Hrsg.), 1984: Privatization and the Welfare State. London: George Allen and Unwin.
Linder, S. H./Peters, B. Guy, 1989: Instruments of Government: Perception and Contexts, in: Journal of Public Policy 9, 35-58.
Lowi, Theodore J., 1966: Distribution, Regulation, Redistribution: The Functions of Government, in: Randall B. Ripley (Hrsg.), Public Policies and Their Politics: Techniques of Government Control. New York: W. W. Norton, 27-40.
MacAvoy, Paul W. et al. (Hrsg.), 1989: Privatization and State-Owned Enterprises: Lessons from the U.S., Great Britain and Canada. Kluwer Academic Publishers.
March, James G./Olsen, Johan P., 1984: The New Institutionalism: Organizational Factors in Political Life, in: American Political Science Review 78, 734-749.
Marsh, David, 1991: Privatization Under Mrs. Thatcher: A Review of the Literature, in: Public Administration 69, 459-480.
Mitnick, Barry Michael, 1980: The Political Economy of Regulation. New York: Columbia University Press.

Phidd, Richard/Doern, G. Bruce, 1983: Canadian Public Policy: Ideas, Structures, Process. Toronto: Methuen.
Posner, Richard A., 1974: Theories of Economic Regulation, in: Bell Journal of Economics and Management Science 5, 335-358.
Przeworski, Adam, 1990: The State and the Economy Under Capitalism. Chur, Switzerland: Harwood Academic Publishers.
Richardson, Jeremy John (Hrsg.), 1990: Privatization and Regulation in Canada and Britain. Aldershot: Brookfield.
Rose, Richard, 1988: Comparative Policy Analysis: The Program Approach, in: M. Dogan (Hrsg.), Comparing Pluralist Democracies. Boulder: Westview Press.
Rose, Richard, 1991: What is Lesson-Drawing, in: Journal of Public Policy 11, 3-30.
Sabatier, Paul, 1987: Knowledge, Policy-Oriented Learning, and Policy Change, in: Knowledge, Creation, Diffusion, Utilization 8, 649-692.
Sabatier, Paul, 1988: An Advocacy Coalition Framework of Policy Change and the Role of Policy-Oriented Learning Therein, in: Policy Sciences 21, 129-168.
Salamon, Lester M., 1981: Rethinking Public Management: Third Party Government and the Changing of Government Action, in: Public Policy 29, 255-275.
Salamon, Lester M. (Hrsg.), 1989: Beyond Privatization: The Tools of Government Action. Urban Institute.
Savas, Emanuel Stephen, 1977: Alternatives for Delivering Public Services. Boulder: Westview Press.
Savas, Emanuel Stephen, 1987: Privatization. Chatham: Chatham House Publishers.
Sproule-Jones, M., 1983: Institutions, Constitutions and Public Policies: A Public-Choice Overview, in: M. Atkinson/M. Chandler (Hrsg.), The Politics of Canadian Public Policy. Toronto: University of Toronto Press, 127-150.
Starr, Paul, 1989: The Meaning of Privatization, in: Sheila B. Kamerman/Alfred J. Kahn (Hrsg.), Privatization and the Welfare State. Princeton: Princeton University Press, 15-48.
Starr, Paul, 1990a: The Limits of Privatization, in: Dennis J. Gayle/Jonathan N. Goodrich (Hrsg.), Privatization and Deregulation in Global Perspective. New York: Quorum Books, 109-125.
Starr, Paul, 1990b: The New Life of the Liberal State: Privatization and the Restructuring of State-Society Relations, in: Ezra N. Suleiman/Jon Waterbury (Hrsg.), The Political Economy of Public Sector Reform and Privatization. Boulder: Westview Press, 22-55.
Stigler, George, 1975: The Citizen and the State. Chicago: University of Chicago Press.
Stokey, Edith/Zeckhauser, Richard, 1978: A Primer for Policy Analysis. New York: W. W. Norton.
Suleiman, Ezra N./Waterbury, John (Hrsg.), 1990: The Political Economy of Public Sector Reform and Privatization. Boulder: Westview Press.
Tupper, A./Doern, G. Bruce, 1981: Public Corporations and Public Policy in Canada, in: A. Tupper/G. B. Doern, Public Corporations and Public Policy in Canada. Montreal: Institute for Research on Public Policy, 1-50.
Utton, Michael Arthur, 1986: The Economics of Regulating Industry. London: Basil Blackwell.
Veljanovski, Cento, 1988: Selling the State: Privatization in Britain. London: Weidenfeld and Nicholson.
Walker, Alan, 1984: The Political Economy of Privatization, in: Julian Le Grand/Ray Robinson (Hrsg.), Privatization and the Welfare State. London: George Allen and Unwin, 19-44.
Weaver, R. Kent, 1986: The Politics of Blame Avoidance, in: Journal of Public Policy 6, 371-398.
Weimer, David L./Vining, Aidan R., 1989: Policy Analysis: Concepts and Practice. Englewood Cliffs: Prentice Hall.
Weiss, Carol, 1977: Research for Policy's Sake: The Enlightenment Function of Social Research, in: Policy Analysis 3, 531-545.
Wilson, James Q., 1974: The Politics of Regulation, in: J. W. McKie (Hrsg.), Social Responsibility and the Business Predicament. Washington: Brookings Institute, 135-168.
Wolf jr., Charles, 1987: Markets and Non-Market Failures: Comparison and Assessment, in: Journal of Public Policy 7, 43-70.
Woodside, K., 1986: Policy Instruments and the Study of Public Policy, in: Canadian Journal of Political Science 19, 775-794.

5. Die Mehr-Ebenen-Perspektive

Transformation öffentlicher Politiken durch Verräumlichung – Betrachtungen zum gewandelten Verhältnis zwischen Raum und Politik

Peter Knoepfel / Ingrid Kissling-Näf

1. Zur Bedeutung der Fragestellung

Was noch vor einigen Jahren für Beamte von Zentral- oder Regionalregierungen, aber auch für Politiker und Juristen undenkbar gewesen wäre, gehört heute sowohl in der Bundesrepublik Deutschland als auch in der Schweiz und selbst in Frankreich fast schon zum Alltag des politisch-administrativen Lebens: nämlich örtlich ausgehandelte Kompromißlösungen, die im Widerspruch zu nationalstaatlichen und supranationalen Regelungen stehen. So verhandelt eine „Mediationsrunde" in einem nordrhein-westfälischen Landkreis über die Frage, inwieweit in der Abfallpolitik ihres Landkreises ein sog. „kaltes" Verfahren[1] der Kehrichtverbrennung vorzuziehen sei, obwohl praktisch gleichzeitig der Bundesrat in Bonn die Kehrichtverbrennung zur allgemeinverbindlichen Norm erklärt (vgl. Fietkau/Weidner 1992: 5-8; Fietkau/Pfingsten 1992). Oder der Souverän eines Schweizer Kantons stimmt über eine Initiative ab, die verlangt, daß auf seinem Territorium keine Probebohrungen für die Deponie mittelradioaktiven Mülls vorgenommen werden dürften, obwohl Probebohrungen und der Standortentscheid Sache des Bundes sind.[2] Oder eine Gemeinde, deren Bauzone zum größten Teil durch eine bundesrechtlich geschützte Moorlandzone blockiert würde, kommt mit ausdrücklicher Zustimmung des Kantons zum Schluss, daß die Ausweisung der Moorschutzzone im konkreten Fall nicht an die Belange der Bevölkerung und der örtlichen Ökosysteme angepaßt worden sei; sie sei deshalb aufzuheben. Verschiedene in Entwicklung befindliche Bauprojekte sollen darum genehmigt werden. Möglich wurde dies, weil die regionalen Umweltschutzorganisation sich dem vor Ort ausgehandelten Kompromiß angeschlossen haben, und weder die beschwerdeberechtigten Bundesumweltorganisationen noch das zuständige Bundesamt gegen diese Entscheide rekurrieren.[3] Immer häufiger finden sich in der Schweiz und in Deutschland vergleichbare,

---

1 Unter kaltem Verfahren wird die Verrottung von Abfällen verstanden. Das heiße Verfahren meint die Verbrennung von Abfällen.
2 Es handelt sich dabei um den Kanton Nidwalden. Die Abstimmung vom 25. April 1993 verlief negativ. Vgl. dazu Tages-Anzeiger v. 17. April 1993: 7; Tages-Anzeiger v. 26. April 1993; Berner Zeitung v. 23. April 1993: 7.
3 Gemäß telefonischen Auskünften des Bundesamtes für Umwelt, Wald und Landschaft – Buwal tauchen Konflikte zwischen nationalen Moorschutzinteressen und lokalen Bedürfnissen vor allem in den Innerschweizer Kantonen, dem Kanton Bern und partiell in Zürich (Bauzone) auf. Das Konfliktpotential wird von der Anzahl der betroffenen kantonalen Objekte mitbestimmt. Zur Zeit laufen zwischen Kantonen und Bund intensive Verhandlun-

örtlich ausgehandelte „Kompromißlösungen". Es handelt sich dabei um Prozesse und örtliche Entscheidungen, die zumindest in den Grauzonen oder sogar in offenem Widerspruch zu bundesrechtlichen Ge- oder Verboten stehen. Es stellt sich darum die Frage, ob damit der Kompromiß oder der Konsens unter den unmittelbar beteiligten Gruppen an die Stelle zentralstaatlicher Normen tritt.

Das rasche Ansteigen der Normierungsdichte der Europäischen Gemeinschaft in einer Vielzahl neuer Regulierungsbereiche begünstigt ähnliche Konflikte zwischen der EG und ihren Mitgliedstaaten bzw. ihren Regionen (vgl. dazu Epiney/Knoepfel 1993). Vereinheitlichungsbestrebungen treffen hier auf den schroffen Widerstand örtlicher und regionaler Problemlösungstraditionen bzw. -innovationen. Die zunehmend selbstbewußteren örtlichen und/oder regionalen Behörden geben diese, oft unter Berufung auf das Subsidiaritätsprinzip, nicht ohne zähen Widerstand auf. Was im Falle nationalstaatlicher Regelungen für die breite Bevölkerung weniger offenkundig ist, wird bei den EG-rechtlichen Bestimmungen jedem Interessierten sofort klar: die EG-Norm ist nicht „besser", sie führt nicht zu einer „sinnvolleren" Problemlösung und sie kann auch nicht den Anspruch erheben, wissenschaftlicher bzw. demokratischer zu sein. Sie ist bekanntlich ein von Technokraten ausgehandelter Kompromiß, der als kleinster gemeinsamer europäischer Nenner oftmals sinnvollere frühere Lösungen beseitigt. Weder die Zentralregierungen bzw. -verwaltungen der Mitgliedstaaten noch die Brüsseler EG-Kommission können mit ihren Einheitsnormen dem Anspruch der „Richtigkeit" bzw. „Gerechtigkeit" näher kommen als lokal ausgehandelte Mediationsergebnisse. Oft ist gar das Gegenteil der Fall.

Gegenstand dieses Aufsatzes bilden die steigenden Spannungen zwischen zentralen und dezentralen Entscheidungsebenen innerhalb eines Politikfeldes. Einige Repräsentanten der „großen" Politik vertreten die Auffassung, daß die Zentralstaaten oder die Brüsseler Gemeinschaft diesen Widerstand nicht unwidersprochen hinnehmen sollten. Vielmehr müßte die zentrale Ebene „die Zähne zeigen" und hart gegen Kommunal-, Kreis- oder Kantonsverwaltungen durchgreifen, auch wenn die dort eingeschlagenen Lösungen das Ergebnis langwieriger Verhandlungen unter allen beteiligten Akteuren darstellten. Es stellt sich aber die Frage, ob die Zentralverwaltungen, selbst wenn sie es wollten, in dieser Art und Weise durchgreifen können.

Wir behaupten und begründen im folgenden, daß heute eine hoheitlich befohlene und lineare Anwendung von öffentlichen Politiken weder wünschbar noch möglich ist. Zwar hat die Weiterentwicklung und Ausdifferenzierung des interventionistischen Wohlfahrtsstaates als Antwort auf neue gesellschaftliche Problemlagen eine weitere Zentralisierung der Problemlösungen notwendig gemacht. Aber der Kontext für die Umsetzung von zentralisierten Politiken hat sich mit dem Ausbau des Sozialstaates stark verändert. Damit dürfte sich auch der Charakter der Politiken gewandelt haben. Die von solchen Prozessen betroffenen öffentlichen Politiken können von der Zentralregierung nicht mehr hoheitlich durchgesetzt werden. Denn ihre Implementation setzt heute die aktive Mitwirkung bzw. gar einen lokalen Konsens unter den Zielgruppen und den Betroffenen voraus, der *vor Ort auszuhandeln* ist. Dieser eigentümliche Cha-

---

gen über jedes einzelne Objekt. Die wichtigsten Streitpunkte dürften in einem halben Jahr bereinigt sein. Die Kantone sind bereit die Auflagen des Bundes zu akzeptieren, sofern die Grundeigentümer für ihre Leistungen entschädigt werden. Eine Einigung dürfte darum vor allem über Kompensationszahlungen erzielt werden.

rakter der im folgenden als „verräumlicht" bezeichneten Politiken hat ebenfalls Auswirkungen auf die Beobachtung bzw. die Analyse dieser Politiken durch die Politikwissenschaft. Auch darauf wird in den folgenden Ausführungen eingegangen.
Die Beweisführung für die vorgetragene These kann auf verschiedenen Wegen angetreten werden. In Ermangelung entsprechender Forschungen kann hier der Weg über empirische Fallstudien nicht eingeschlagen werden, in denen etwa gezeigt würde, daß solche Politiken, unabhängig von der formalen Kompetenzstruktur in den meisten westeuropäischen Ländern, heute „vollzugspolitischer" Konsensbildungsverfahren bedürfen. Das sich wandelnde Verhältnis von Raum und Politik und damit verbunden die Verflechtung von Zentralstaat und kommunaler Ebene sollen daher in einer (stark vereinfachten) historischen Rekonstruktion seit den fünfziger Jahren skizziert und beschrieben werden. Ähnlich wie das Verhältnis zwischen Politik und Zeit, bildet auch das Verhältnis zwischen Politik und Raum bisher unseres Wissens kaum Gegenstand politikanalytischer Reflexionen. Unter „Raum" verstehen wir die Gesamtheit der topographisch, klimatisch, ökosystemar, gesellschaftlich und politisch variierenden Orte bzw. „regionalen Milieus"[4], in denen eine öffentliche Politik in der realen Welt ihre Wirkungen entfaltet. Damit ist nicht das gesamte „Territorium" eines Staates gemeint, von dem etwa die Völkerrechtler in ihren Definitionen der notwendigen Bestandteile eines Staates sprechen. Der Ort bestimmt sich vielmehr nach der physischen Lokalisierung der verschiedenen Zielgruppen öffentlicher Politiken im Raum, die durch ihr Verhalten zur Lösung des gesellschaftlichen Problems beitragen, das Gegenstand der analysierten öffentlichen Politik ist. Diese Orte variieren je nach Politik. Sie bilden den Mittelpunkt administrativer, gesellschaftlicher und politischer Aushandlungsprozesse rund um die öffentlichen Politiken. Der Einbezug dieser räumlichen Komponenten erlaubt das Herausarbeiten zentraler definitorischer Wesensmerkmale von öffentlichen Politiken, wie z.B. jenem der „Verräumlichung". Unter *Verräumlichung* verstehen wir den Tatbestand, daß öffentliche Politiken, um überhaupt Wirkungen zu entfalten, in den örtlichen bzw. regionalen Kontext eingewoben werden, d.h. an die regionalen Kontextbedingungen angepaßt werden müssen.
Kapitel 2 befaßt sich im folgenden mit der historischen Rekonstruktion der Verräumlichungsprozesse als Folge der Globalisierung von gesellschaftlichen Problemen. In Kapitel 3 werden die Auswirkungen dieser Prozesse für die Ausgestaltung der Politiken der neunziger Jahre beschrieben. Kapitel 4 behandelt die damit verbundenen Auswirkungen für die Politikanalyse.

2. Die Verräumlichung der Politiken seit den fünfziger Jahren als Folge der Globalisierung von Problemen

2.1 Vorbemerkung

Im folgenden wird der Bezug von öffentlichen Politiken oder Policies zu ihren Räumen seit den fünfziger Jahren diskutiert. Das Phänomen der Verräumlichung bzw. das

---

4 Im Sinne der neueren Regionalforschung. Vgl. dazu etwa Messerli (1992) und Durrenberger/Jäger (1992).

wechselseitige Verhältnis von öffentlichen Politiken und den Orten ihres Wirksamwerdens soll für zwei Zeitabschnitte charakterisiert werden, nämlich für den:
- Wohlfahrtsstaat: die neuen zentralstaatlichen und raumbezogenen Politiken der Raumplanung, des Infrastrukturausbaus oder der regionalen Entwicklungsförderung (60er bis Mitte 80er Jahre); und für den
- Steuerungsstaat: die örtlich und regional „verräumlichten" zentralstaatlichen Politiken der 90er Jahre.

Die Rekonstruktion der Staatsentwicklung anhand der Begriffe Sozialstaat/Wohlfahrtsstaat und Steuerungsstaat verdeutlicht die Wesensmerkmale der für die einzelnen Perioden typischen Staatsaufgaben und macht auf die sich verändernde Abgrenzung von Staat und Gesellschaft aufmerksam. Seit den achtziger Jahren hat sich der Diskurs über Interventionsformen und Staatsaufgaben gewandelt. Kaufmann bezeichnet diese neuangebrochene Phase mit „Steuerungsstaat" (Kaufmann 1991: 19). Es ist jedoch äußerst schwierig, für eine sich noch entwickelnde Periode bereits eine Bezeichnung zu finden. Im französischen Sprachraum spricht man etwa vom „Etat incitateur" oder „Etat propulsif" (Morand 1991b). Damit werden die sich verändernden Interventionsformen und Ressourcen angesprochen.

Im folgenden zeichnen wir für die beiden Perioden das Verhältnis des sich wandelnden Raumbezug öffentlicher Politiken nach und versuchen auf diesem Hintergrund, die charakteristischen Politikmerkmale beider Perioden herauszuarbeiten.

2.2 Einsetzen neuer zentralstaatlicher raumbezogener Politiken

Die Behandlung des hier interessierenden Aspekts der Verräumlichung kann nicht losgelöst von anderen wichtigen Entwicklungstendenzen wie der Ausdifferenzierung der Gesellschaft, der zunehmend zentral gesteuerten Leistungserstellung, der wachsenden Komplexität, der sektoralen Ausdifferenzierung der politischen Problemverarbeitung oder der Auflösung der der Grenzen zwischen Staat und Gesellschaft diskutiert werden. Dabei ist zu beachten, daß die gesellschaftliche Problemlösung immer in Zusammenhang mit den sich wandelnden Problemen und der wirtschaftlichen und technischen Entwicklung gesehen werden muß.[5]

Die Sozialgesetzgebung entstand zu Beginn des 20. Jahrhunderts als Reaktion auf die Industrialisierung und die damit verbundene Verstädterung. Es bestanden bei der Ausformulierung und Umsetzung dieser zu Beginn punktuellen Interventionen große Unterschiede zwischen den einzelnen Nationen (vgl. dazu Hesse/Benz 1990: 26ff. oder Ritter 1989). Deren Intensität und Reichweite wuchsen im Bereich des Sozialwesens, der Gesundheit und der Bildung langsam an. Nach weltwirtschaftlicher Krise und Zweitem Weltkrieg erlebten staatliche Interventionen einen eigentlichen Boom. Dienten die sozialstaatlichen Bestrebungen in der Anfangsphase dazu, die gesellschaftlichen Verhältnisse zu stabilisieren, standen für den Wohlfahrtsstaat in seiner modernen Form nach dem Krieg wirtschaftliche Makrosteuerung, verteilungspolitische Zielsetzungen und die Herstellung der Chancengleichheit im Vordergrund.

---

5 Zum folgenden vgl. Hesse/Benz (1990: 21-53); Kaufmann (1991: 14ff.); für die Entstehung und Entwicklung des Sozialstaates siehe Ritter (1989).

Der Mobilitätsboom der fünfziger Jahre war die Geburtsstunde der großen nationalen Raumplanungs-, Regional- und Infrastrukturpolitiken. Lokale und regionale Maßnahmen reichten damals offenbar nicht mehr aus, um die durch Mobilität von Menschen, Wirtschaftsgütern und Kapitalien eingetretenen Ungleichgewichte wirksam zu bekämpfen. Notwendig wurden ausdrücklich raumbezogene zentralstaatliche öffentliche Politiken. Dabei handelte es sich in Gestalt der großen Infrastrukturpolitiken und der Regionalpolitik um Sektoralpolitiken mit hohen räumlichen Verteilungsintentionen. Die nationalen Raumordnungspolitiken im engeren Sinne stellen demgegenüber erste Versuche von Transversalpolitiken dar, die lokale, regionale und nationale Sektoralpolitiken im Raum bündeln sollten. Wirtschaftliches Wachstum und die damit verbundenen externen Effekte machten zu einem späteren Zeitpunkt raumbezogene Schutzpolitiken in der Form sektoraler und – später – ansatzweise integraler Ökologiepolitiken nötig.

Diese Politiken postulierten erstmals eine explizite Beziehung zwischen Einheitlichkeit und Gleichheit der vom Staat zu garantierenden Lebensqualität und den unterschiedlichen Räumen, in denen sich menschliches Leben und Wirtschaften abspielt. Der explizit auf Umverteilung verpflichtete Zentralstaat baute seine Interventionsphilosophie auf empirisch feststehenden räumlichen Ungleichheiten, Besonderheiten etc. auf. Gleiche Lebensbedingungen sollten über eine bewußte Ungleichbehandlung erreicht werden. Denn während soziale Gleichheit jedenfalls unter räumlichen Gesichtspunkten durchaus generell (für jedermann) und abstrakt (unabhängig von konkreten Bedingungen) postuliert werden kann, bedarf die konkrete Formulierung der Gleichheitszielsetzung in bezug auf räumliche Ungleichheiten einer raumkonkret variierenden und differenzierenden Umsetzungsstufe. Für diese Politiken gilt demnach nicht mehr der Satz „Jede Person soll unabhängig von ihrer konkreten Situation die gleichen Rechte und Pflichten haben", sondern – neuerdings – die Maxime „Jede Person soll in Abhängigkeit von ihrem je spezifischen räumlichen und damit lebensqualitätsmäßigen Kontext gruppenweise unterschiedliche Rechte und Pflichten haben". Wer in einem bereits dicht besiedelten Gebiet Land besitzt, lebt oder wirtschaftet, wird sein Grundstück u.U. nicht bebauen dürfen, umgekehrt dafür eine bessere öffentliche Ausbildung erhalten oder zur Einhaltung strengerer Umweltstandards verpflichtet werden als jemand, der in einem Bergtal fernab von den großen Agglomerationen lebt und arbeitet. Denn mit einer schematischen Gleichbehandlung durch die erwähnten drei Politiken müßten die Räume ungleich behandelt und die angestrebte Zielsetzung der gleichen Lebenschancen aller Personen in den ungleichen Räumen nicht nur vereitelt, sondern geradezu in ihr Gegenteil transformiert werden. Diese Unmöglichkeit der Zielumsetzung mit den Mitteln generell-abstrakter Verwaltungsprogramme hat sich in allen Ländern u. a. daran gezeigt, daß es auf der instrumentellen Ebene zur juristischen „Erfindung" der generell-konkreten Erlasse (vgl. dazu Knoepfel 1977: 98ff.) in Form von Nutzungsplänen/Bebauungsplänen etc. kam.

Die unitarisierende Steuerung zur Herstellung gleichwertiger Lebensverhältnisse hatte auch Auswirkungen auf gesellschaftliche Prozesse, Politikinhalte und Strukturen. Typisch für die sozialstaatliche Periode sind die wachsende Verflechtung zwischen nationaler und lokaler Ebene[6], die Herausdifferenzierung und strukturelle Verselbstän-

---

6 Politikverflechtung war schon in den siebziger Jahren ein stark diskutiertes Thema. Es wird

digung der gesellschaftlichen Teilbereiche (vgl. Luhmann 1987: 84) sowie die Veränderung des Verhältnisses zwischen Staat und Gesellschaft (vgl. Kaufmann 1991: 19). Im Zuge der Ausdifferenzierung der Systeme wurden die alten Sorgeverbände aufgelöst und die Situation des einzelnen zunehmend durch seine Teilhabemöglichkeiten in verschiedenen Lebensbereichen bestimmt. Die Grenzen zwischen Staat und Gesellschaft begannen sich zu verwischen, weil einerseits private Akteure Einfluß auf die staatlichen Interventionen nehmen wollten und andererseits der Staat gesellschaftliche Gruppen für seine Leistungserbringung einspannte (vgl. Mayntz u.a. 1988; Mayntz 1987: 103; Scharpf 1988: 622f.).

Die staatlichen Handlungsvoraussetzungen in den siebziger Jahren haben insofern eine Änderung erfahren, als die Ölkrise und die wirtschaftliche Stagnation eine Verschärfung der Verteilungskonflikte einleiteten. Diese konnten jetzt nicht mehr einfach durch eine Ausweitung der staatlichen Leistungen entschärft werden. Ein ökonomischer und demographischer Strukturwandel verband sich zudem mit einer Veränderung der kollektiven Werte. So nahm die Akzeptanz für Werte wie Gehorsam etc. ab, Selbsterfahrung wurde wichtig, und der einzelne wurde sich der Bedrohung durch die fortschreitende Umweltzerstörung bewußt. Das Mißtrauen gegen den Staat wuchs, die sozialen Netze und der lokale Bezug wurden für den einzelnen wichtig.

Die Problemkonstellation hat sich auch insofern geändert, als sich ökonomische und ökologische Krisenerscheinungen nun in Räumen zu konzentrieren begannen. Diese lassen und ließen sich nur durch eine kontextbedingte Problembearbeitung bekämpfen, die auch interregionale Ressourcentransfers erforderlich gemacht hätte. Weiter ist festzustellen, daß sich der hoheitliche Staat immer mehr durch die zunehmende Differenziertheit, Verflochenheit und Konfliktträchtigkeit öffentlicher Interventionen überfordert sieht.

Mit der zunehmenden Regelungsdichte bzw. den wachsenden Interdependenzen zwischen regionalen, kommunalen und nationalen Maßnahmen einer öffentlichen Politik ging eine Komplexitätssteigerung staatlicher Aktivitäten im Raum einher. Durch die Koexistenz mit anderen Politiken an den Orten ihres Wirksamwerdens hat sich der Charakter der einzelnen Politik verändert bzw. eine qualitative Metamorphose erfahren. Denn je nach den örtlichen Gegebenheiten wurde aus einer Politik eine Teilkomponente einer anderen Politik: Die Straßenbaupolitik wurde zu einem Baustein der Wohnbaupolitik, aus der Wohnbaupolitik wurde Ökologiepolitik oder die Entsorgungspolitik erscheint plötzlich als Katastrophenschutz oder gar als Staats- bzw. als Erziehungspolitik.

Die Verdichtung der staatlichen Interventionen im Raum verunmöglicht es dem Zentralstaat vielfach, die Auswirkungen seines Engagements in den einzelnen Räumen einzuschätzen und zu bewerten. Die zentralstaatlichen Akteure intervenieren und agieren in Räumen, die durch verflochtene Akteur- und Politikkonstellationen bestimmt sind. Aus territorial unspezifizierten zentralstaatlichen Problemlösungen können enorme Spannungen zwischen dem Zentralstaat und einzelnen Kantonen/Regionen/Gemeinden resultieren. Sicherlich ist es möglich, auf dem Reißbrett zentralstaatlicher Ministerialbürokratien die meisten potentiellen Interdependenzen ex ante oder

---

jetzt zu Beginn der neunziger Jahre wieder sehr aktuell. Vgl. dazu z.B. Benz/Scharpf/Zintl (1992), Scharpf (1991) und Scharpf/Reissert/Schnabel (1976).

ex post zu erkennen und, darauf aufbauend, eventuelle Aktionsprogramme für das Management solcher Politikvernetzungen zu konzipieren. Dabei bleibt aber eben vieles unwägbar, weil sich die Policies ihrerseits in den kommunalen und regionalen Netzen qualitativ verändern.

Die Verlagerung von immer mehr Bereichen in die Kompetenz des Staates hat zu einer starken Ausdifferenzierung der Politiken, zu ihrer Verdichtung im Raum und in der Folge zu Unverträglichkeiten oder Inkompatibilitäten zwischen einzelnen Bereichen geführt. Wert- und ökonomischer Strukturwandel verlangen dem Staat ein sektorübergreifendes und territorial spezifiziertes Handeln ab, für das Instrumente, Strukturen und Verfahrenselemente mangelhaft sind.

2.3 Transformation zentralstaatlicher raumbezogener Politiken durch die dezentrale Verräumlichung

Die oben beschriebenen Tendenzen setzen sich auch unter dem Steuerungsstaat weiter fort. Das Auseinanderfallen von Problem und Problemlösungsebene akzentuiert sich weiter. So tauchen in Form von großflächigen Gefahrenlagen (KKW-Störfälle) oder von schleichenden Katastrophen neue Problemtypen auf, denen wahrscheinlich mit den üblichen Reaktionsmustern nicht mehr begegnet werden kann. Die Modernisierungsrisiken können nicht mehr, wie dies noch im letzten Jahrhundert der Fall war, lokal und gruppenspezifisch eingegrenzt werden. Als pauschales Produkt der Modernisierung halten sich diese Risiken nicht an nationale Grenzen und haben einen globalen Charakter. Die in der Risikogesellschaft entstehenden „Gefährdungsgemeinsamkeiten" (Beck 1986: 63) können nur noch auf internationaler Ebene angegangen werden (vgl. Böhret u.a. 1987: 34ff.; Beck 1986).
Globaleffekte und neue Risikolagen haben staatliches Handeln insofern beeinflußt, als nun neue Aufgaben, wie z.B. der Schutz der Ressourcen oder neue Steuerungsinstrumente, teilweise schon eingeführt und erörtert werden. Die internationale und supranationale Verflechtung und damit unfreiwillige Abhängigkeit der Staaten untereinander ist weiter vorangeschritten. Der fortschreitende staatliche Souveränitätsverlust ist wohl partiell international begründet. Staatliche Steuerung richtet sich nun meist an kollektiv organisierte Akteure. Dabei stellen die Spezifika des Interventionsfeldes und seiner Akteurkonstellation die Rahmenbedingungen für die staatlichen Eingriffe dar. Obwohl die Übergänge zwischen Sozial- und Steuerungsstaat fließend sind, sind Veränderungen bezüglich der Risikowahrnehmung und der Globalisierung der Probleme auszumachen. Der Steuerungsbegriff hat sich insofern gewandelt, als nun das konfliktfreie Zusammenspiel zwischen sozialen Systemen im Vordergrund steht und die externen Folgen des Wirtschaftswachstums eingedämmt werden müssen. Die Steuerungsinstrumente werden den veränderten Rahmenbedingungen angepaßt (vgl. Kaufmann 1991).
So hat z.B. das Vorantreiben immer neuerer Generationen raumbezogener und objektiv raumwirksamer Infrastrukturpolitiken, die in der Schweiz bald keine Landschaften mehr unberührt lassen, seit Anfang der 90er Jahre zu einem beinahe unentwirrbaren Geflecht öffentlicher Politiken im Raum geführt. Dieses fast flächendeckende Gewebe aus zentralstaatlichen und/oder regionalen bzw. örtlichen Infrastruktur-, Regional-

und Raumplanungspolitiken füllt jedenfalls die für zusätzliche zentralstaatliche Politiken interessanten Räume heute bereits weitgehend auf. Will der Zentralstaat noch Zugang zu diesen auch von ihm selbst bereits mehrfach beanspruchten Räumen erhalten, muß er seine Maßnahmen in gewachsene Politikgeflechte einfügen. Dadurch wird er, gewollt (ausdrückliche Regionalisierung) oder ungewollt (durch faktische Prozesse) seinen Steuerungsanspruch reduzieren müssen.

Die raumbezogenen und raumkonsumierenden Politiken müssen mithin in die örtlichen Politikgewebe eingewoben werden. Damit dürften diese Metamorphosen unterliegen und/oder bewußten Transformationsbestrebungen der örtlichen Akteure ausgesetzt sein. Diesen Prozeß haben wir „Verräumlichung" genannt. Entgegen der Meinung mancher Politikanalytiker und Politikanalytikerinnen oder zentralstaatlicher Politikdesigner ist es infolge der hohen Komplexität, der vertikalen und horizontalen Verwobenheit heute nicht mehr möglich, zentralstaatliche Politiken von örtlichen Kontexten zu isolieren, zu schützen und sie gegebenenfalls gegen das Widerstreben der örtlichen Akteure durchzusetzen. Diese Politikgeflechte sind Rahmenbedingungen für das zentralstaatliche Handeln. Versucht der Zentralstaat seine Interventionen hoheitlich durchzusetzen, gefährdet er damit andere bereits erfolgreich umgesetzte Infrastrukturpolitiken bzw. Ökologiepolitiken. Der dafür bestehende Konsens der örtlichen Gemeinschaft könnte weiter abbröckeln und andere Zielsetzungen in Frage stellen.

In solchen Spinnennetzen von Politiken und Akteurkonstellationen wird der Zentralstaat förmlich gefangen. Kämpfe an den örtlichen Fronten schlagen zwangsläufig auf seine eigenen Organe zurück. Es bleibt ihm langfristig wohl nur die Strategie einer sukzessiven politischen Dezentralisierung. Wir behaupten darum, daß sich stark verräumlichte Politiken je länger je weniger unilateral durch den Zentralstaat konzipieren und durchsetzen lassen. Dem gleichen Zentralstaat, der seine Existenz und sein zunehmendes Erstarken seit der Jahrhundertwende gerade einer konsequenten Negation der Partikularität und Räumlichkeit von Politiken verdankt[7], droht heute eine erhebliche Schwächung, wenn er das Phänomen der Verräumlichung leugnet und sich über den Willen von Regionen im angeblichen Interesse der Gleichheit der Staatsbewohner hinwegsetzt. Dieser Satz gilt unabhängig davon, ob der Zentralstaat eine Bundesregierung oder eine relativ zentralistische Regierung eines Einheitsstaates ist.

Noch gehen wir hier nicht so weit zu behaupten, es gäbe überhaupt keine raumabstrakten öffentlichen Politiken mehr, weil alle angestrebten Maßnahmen letztlich in konkreten Lebensräumen stattfänden. Gleichwohl läßt sich argumentieren, daß Räume zentralstaatlicher Politikbereiche bereits mit örtlichen und regionalen Politiken „aufgefüllt" sind, weshalb auch Sozial-, Arbeitsmarktpolitiken etc. enträumlicht gar nicht mehr denkbar sind. Aber es dürfte feststehen, daß in den im weitesten Sinne raumbezogenen Infrastruktur-, Regional- und Raumordungungspolitiken spätestens gegen Ende der 80er Jahre die beschriebenen Verräumlichungprozesse stattgefunden haben und künftig noch stattfinden werden. Diese öffentlichen Politiken haben im Vollzug eine derart hohe wechselseitige Penetration erfahren, daß sich kaum mehr sinnvoll zwischen Politikprogrammierung und -implementation unterscheiden läßt. Vor Ort lassen sich die betreffenden Einzelpolitiken kaum wiedererkennen. Die wechselseitige

---

7 Das zentrale Steuerungsinstrument ist das generell-abstrakte Gesetz; darin sollen keine (örtlichen) Fälle Erwähnung finden.

Integration der Einzelpolitiken dürfte ganz wesentlich durch die neuen ökologischen Politiken, die als eigentliche örtliche „Politikverweber" angesehen werden können, vorangetrieben worden sein. Es ist nicht auszuschließen, daß dieser Verräumlichungsprozeß schließlich auch öffentliche Politiken erfaßt, die zumindest aus heutiger Sicht einen relativ unspezifischen Raumbezug aufweisen (Sozialpolitik, Erziehungspolitik etc.).
Wie wir im folgenden sehen werden, hat die Verräumlichung auch Auswirkungen auf die Politikinstrumente und die Art der Evaluation von zentralstaatlichen Politiken. So werden die Betroffenen und Zielgruppen zunehmend in den Implementationsprozeß, z.B. bei Standortentscheiden, miteinbezogen und Mediatoren für die Konfliktbewältigung eingesetzt.

3. Folgen des veränderten Raumbezugs von Politiken/Policies

Im folgenden beschreiben wir die Folgen der fortschreitenden Verräumlichung für zentralstaatliche Politiken der neunziger Jahre. Wir sind uns durchaus bewußt, daß die Verräumlichung ohne die oben beschriebenen Tendenzen wie die Ausdifferenzierung der gesellschaftlichen Teilsysteme, das Ansteigen der Regulierungsdichte, das Aufweichen der Grenzen zwischen Gesellschaft und Staat etc. nicht denkbar wäre. In diesem Sinne sind die Auswirkungen der Verräumlichung auch nicht klar von den Folgen dieser globalen Tendenzen abgrenzbar. Für die zentralstaatlichen Interventionsfelder ergeben sich aufgrund der Verräumlichung Änderungen auf der Ebene der Perzeption, der Politiknetzwerke, des Politikinstrumentariums und des Staatsbildes.

3.1 Konzentration der öffentlichen Diskussion auf „Pläne" und „Projekte" – Bedeutungsverlust von generell-abstrakten Rechtssätzen

Verräumlichung aktualisiert sich an konkreten Bewegungen im Raum; das Generell-Konkrete (Plan) und insbesondere auch das Individuell-Konkrete (Baugenehmigung für eine spezielle Anlage) rücken dabei ins Zentrum der Debatte. Sie bilden den Auslöser hochpolitisierter Konsensverfahren in und zwischen örtlichen Konfliktgemeinschaften. Auch zentralstaatliche Behörden werden daran beteiligt. Da die Konfliktgegenstände je nach geographischem Perimeter in mehr oder weniger ausgeprägtem Maße überörtliche Problemregionen (zwischen kreisfreien Städten und den agglomerationsbildenden Umlandgemeinden) konstituieren, ergibt sich als Nebeneffekt solcher Verfahren eine Neubelebung des agglomerationsweiten regionalen Denkens. Sprechende Beispiele dafür sind etwa die schweizerischen kantonalen Luftreinhaltepläne, die über regionale verkehrspolitische Konzepte zur Neugestaltung des Pendlerverkehrs zwischen den Kernstädten und ihren Umliegergemeinden und damit zur Verräumlichung der Bundes-Luftreinhaltepolitiken führten.
Demgegenüber verblassen in der öffentlichen Diskussion nicht unmittelbar raumbezogene generell-abstrakte Rechtssätze, wie etwa Planungsstandards und Normwerte für Straßen, Bauten etc. oder auch raumunspezifische Emissions- bzw. Immissionsgrenzwerte. Selten wird in zentralstaatlichen Normbildungsprozessen über solche

Normen heftig gestritten, weil die Betroffenen der Überzeugung sind, diese Normen würden im Rahmen der Umsetzung in die Räume einer nochmaligen Überprüfung unterworfen bzw. einer „Policy-Landsgemeinde" vorgelegt. Die wachsende Individualisierung und der immer stärker werdende Bezug des einzelnen zum lokalen Netz impliziert eine am Konkreten und Örtlichen orientierte Perzeption. Das Interesse der Anwohner konzentriert sich auf konkrete Veränderungen ihres regionalen und kommunalen Umfeldes und damit auf raumrelevante Eingriffe in ihrem Bezugsfeld.

3.2 Politikteppiche

Die als örtliche bzw. regionale „Politikgeflechte" umschriebenen Ergebnisse von Verräumlichungsprozessen auf der Vollzugsebene lassen sich auch als „Politikteppiche" bezeichnen. Unter einem örtlichen oder regionalen Politikteppich verstehen wir die Gesamtheit der Entscheidungen, die von den beteiligten institutionellen und gesellschaftlichen Akteuren (Akteurnetzwerk) verknüpft und miteinander in Verbindung gebracht werden, um so über Pläne und Projekte verschiedene öffentliche Politiken in einem gegebenen räumlichen System zu realisieren. Dies hat zur Folge, daß die Projekte bzw. Pläne zueinander in einen sachlichen, funktionalen oder politischen Zusammenhang gestellt werden. Unter einem räumlichen System verstehen wir in Übereinstimmung mit der Raumplanung ein geographisch abgrenzbares Gebiet, das aufgrund historischer Entwicklung eine hohe interne Interaktionsdichte unter den darin lebenden und arbeitenden Personen aufweist, die an der Systemgrenze definitionsgemäß deutlich abnimmt. Die Umschreibung der Systemgrenzen ist und bleibt in der Praxis schwierig; sie wird auch von den jeweiligen Einzugsgebieten der betroffenen Politiken mitbestimmt. Für die konkrete Arbeit des Analytikers dürfte aus praktischen Gründen in der Regel die Kommune oder die Region (in der Schweiz: die Raumplanungsregion) herangezogen werden, falls dagegen nicht ausgesprochen intensive Kommunikationsprozesse mit anderen (benachbarten) örtlichen bzw. regionalen Gemeinschaften sprechen.
Politikteppiche stellen den Wirkungskontext für neu konzipierte zentralstaatliche Interventionen dar. In diesem Sinn schränken sie den Zugriff der übergeordneten Ebene stark ein. Die Einflechtung einer neuen zentralstaatlichen Politik ist ohne die Zustimmung der Akteure der bestehenden Arenen nur schwer möglich. Für die Planung und Umsetzung von Politiken werden darum Kenntnisse über bestehende Akteurnetze und Politikteppiche unabdingbar.

3.3 Akteurnetzwerke

Die staatliche Steuerung Ende der achtziger Jahre wird durch eine zunehmende „Enthierarchisierung der Beziehung zwischen Gesellschaft und Staat" und der Formulierung und Aushandlung von Politikinhalten in pluralistischen und korporatistischen Netzwerken bzw. in netzwerkartigen Strukturen gekennzeichnet (Scharpf 1991: 622f.). Wie in einigen empirischen Untersuchungen gezeigt wurde (vgl. dazu z.B. Marin/ Mayntz 1991; Schneider 1988; Döhler 1990), vereinigen Politiknetzwerke öffentliche und private Akteure, und es gelingt ihnen, die Vorteile des Marktes (Kombination der individuellen Autonomie) mit jenen einer hierarchischen Steuerung (Verfolgung von Zielsetzungen) zu verbinden. Dominante Logik der Netzwerke sind Verhandlungen (vgl. Mayntz 1991: 11.13ff.). Voraussetzung für die Herausbildung der Netzwerke waren die Verfestigung der institutionalisierten und organisierten Teilsysteme und damit verbunden die Organisation handlungsfähiger Akteure auf einer höheren Ebene (Gewerkschaften, Verbände etc.). Mayntz weist u.a. darauf hin, daß diese höhere Selbstorganisationsfähigkeit die politische Steuerbarkeit nicht in jedem Fall behindern muß. Vielmehr stellt die Beschaffenheit des Netzwerkes einen wichtigen Ansatzpunkt für die Steuerung des Politikfeldes dar. Sie schlägt demzufolge vor, daß staatliche Instanzen „den gezielten Aufbau besser strukturierter Policy-Netzwerke aus öffentlichen und privaten Organisationen oft geradezu als Steuerungsstrategie einsetzen" (Mayntz 1987: 105) könnten.

Politologen untersuchen zur Zeit, welche Interaktions- und Entscheidungsregeln die Netzwerke prägen, wo die Grenzen für Konfliktlösungen liegen und wie leistungsfähig Verhandlungslösungen sind. Im folgenden gehen wir auf die Blockierungsmacht von Netzwerken ein.[8]

3.4 Die „Politik der geschlossenen Räume"

Verräumlichung zentralstaatlicher Politik kann u. U. zu deren totaler Vereinnahmung bzw. inhaltlicher Umorientierung durch lokale Akteure unter den Zwängen spezifischer lokaler Politikteppiche führen. Das Ausmaß der Vereinnahmung hängt von der Resistenz des Regelungsfeldes bzw. von der Konzentration der Machtressourcen in den Händen kollektiver Gruppen ab. Das Widerstandspotential ist wohl eine Funktion des Netzwerktyps. Dabei dürften Eigenschaften wie Zentralisierung, Technizität, Polarisierung und Kommunikationsbeziehungen eine wichtige Rolle spielen (vgl. Mayntz 1987: 101.106). Vereinnahmungsstrategien können nicht nur Erschwernisse, Begründungszwänge und aufwendige maßgeschneiderte Einpassungsarbeiten der zentralstaatlichen Akteure erfordern, sondern sie können unter „widrigen" Umständen zu eigentlichen lokalen oder regionalen Zutrittsverweigerungen für zentralstaatliche Politiken führen. In diesem Fall wird zu Recht von der Strategie der „geschlossenen Räume" gesprochen. Solche Situationen treten z.B. bei der landesweiten Suche nach Standorten für nukleare Entsorgungsanlagen bzw. Endlager, beim Bau bzw. Ausbau von großen Transitstraßen oder Flughäfen auf, da diese Infrastrukturen den betroffenen Regionen nur Nachteile und keine Vorteile bringen und die Gruppe der unmittelbar und negativ betroffenen Bevölkerung örtlich konzentriert auftritt. Die örtliche Konzentration und lokale Betroffenheit läßt den Organisations- und Mobilisierungsgrad der Bevölkerung steigen. Die große Gruppe der Nutznießer hingegen ist mit diesen Betroffenen oft nicht identisch und verteilt sich auf das gesamte nationale Territorium und ggf. sogar auf den gesamten europäischen Raum. Wenn sich die negativen Auswirkungen der zentralstaatlichen Infrastrukturpolitiken in wenigen benachteiligten Räumen konzentrieren ohne der ansässigen Bevölkerung auch Vorteile zu bringen,

---

8 Zur Diskussion der verschiedenen Typen von Verhandlungssystemen und deren Leistungsfähigkeit vgl. Benz/Scharpf/Zintl (1992) und Scharpf (1992).

werden die betroffenen regionalen und vor allem die örtlichen öffentlich-rechtlichen Körperschaften eines Tages zum Befreiungsschlag ausholen. Sie werden den von ihnen kontrollierten Raum für bestehende oder neue zentralstaatliche Nutzungen ganz einfach schließen oder sperren. Damit können Großsysteme empfindlich getroffen werden, indem deren Funktionsfähigkeit an einer neuralgischen Stelle beeinträchtigt wird. Sollte etwa der Schweizer Kanton Uri die Drohung einiger betroffener Gemeindebehörden wahrmachen und die wichtige Nord-Süd-Arterie am Gotthardtunnel vorübergehend manu militari schließen, so bricht eine wesentliche Infrastrukturanlage der Europäischen Gemeinschaft und damit ein wichtiges Element für den freien Güterverkehr in sich zusammen. Bekanntlich wächst die Anfälligkeit infrastruktureller Großanlagen mit deren räumlichen Perimeter bzw. mit der Anzahl neuralgischer Stellen. Bezeichnenderweise sehen Zentralverwaltungen meist erheblich mehr Infrastrukturanlagen als Regional- und Lokalverwaltungen vor. Dies bedeutet, daß die Regierungen ihren Regionen Straßen, Fernmeldeeinrichtungen, Eisenbahnschnellbahnen etc. oktroyieren, die konkret eigentlich gar niemand so recht will. Nationale Straßen, die in Ermangelung des Zugangs zu den kantonalen und kommunalen Territorien auf Stelzen durch das Land geführt werden müssen, sind ein recht sprechendes Bild für diesen Sachverwalt. Gerade in dicht besiedelten Agglomerationsräumen, wie etwa im schweizerischen Mittelland oder im Ruhrgebiet, ist die Suche der Zentralstaaten nach Raum für ihre Großprojekte der Energie-, der Entsorgungs-, der Verteidigungs-, aber auch der bereits erwähnten Verkehrs- oder Telekommunikationspolitiken zunehmend erfolgloser. Gemeinden, Landkreise, Kantone und andere öffentlich-rechtliche Körperschaften wachen heute wie Wachhunde über ihr Territorium und geben zunehmend unwilliger Raum für die Realisierung zentralstaatlicher Politiken her. Zentralstaatliche Verwaltungen müssen sich entsprechend den oben entwickelten Grundsätzen zur Verräumlichung ihrer Politiken damit abfinden, daß per Dekret gar nichts zu erreichen ist. Die betroffenen Körperschaftsorgane werden vielmehr Verhandlungen und Kompensationsmöglichkeiten mit dem Zentralstaat suchen. War früher eine Infrastrukturanlage des Bundes ein Segen, so betrachten heute immer mehr Gemeinden und Kantone derartige Anlagen als Belastung. Belastungen aber müssen durch Geldwerte oder durch andere Leistungen abgegolten und kompensiert werden.

3.5 Der „verhandelnde" Zentralstaat

Weder einheitsstaatlich organisierte noch bundesstaatliche Organe verfügen über einen freien Zugang zu „reichsunmittelbaren" und damit gemeinde- bzw. regionsunabhängigen Räumen. Die frühere Konzeption der sog. Regierungsdistrikte, die den Zentralregierungen einen privilegierten Zugriff auf ihre Hauptstädte sicherstellte, gilt heute weitgehend als überholt. Zentralstaatsunmittelbare Territorien, in denen man etwa radioaktiven Müll, Sondermüll oder Fernmeldeanlagen problem-, weil oppositionslos ablagern bzw. einrichten könnte, gibt es heute weder in den Bundesstaaten (z.B. Washington D.C.) noch in zentralstaatlich organisierten Staaten (z.B. Paris, London) mehr. Wegen den Verräumlichungsprozessen sind Zentralstaaten über ihre eigenen zentralstaatlichen Politiken selbst dann nicht mehr Herr und Meister, wenn sie über örtliche Vollzugsorgane in den Regionen verfügen (etwa die Vereinigten Staaten von

Amerika oder die Zentralregierung Frankreichs). Sobald es aber nicht mehr möglich ist, in einem zentralstaatlichen Parlament souverän über ein Fernstraßennetz und in einer zentralstaatlichen Verwaltung über die Trasseführung einer Hochleistungsstraße zu entscheiden, verliert der Zentralstaat jene für Nationalstaaten von Völkerrechtlern regelmäßig geforderte Fähigkeit der sog. inneren Souveränität bzw. der vollumfänglichen Kontrolle über das betroffene Staatsgebiet.

In bezug auf die innere Souveränität muß darauf hingewiesen werden, daß das Bild eines Zentralstaats, der gleichberechtigt mit regionalen Behörden und ebenfalls gleichberechtigt mit kommunalen Instanzen an einem runden Tisch um einen Masterplan für die Errichtung einer zentralstaatlichen Infrastrukturanlage in einer bestimmten Region verhandelt, relativ neu ist. Die früheren hierarchischen Über- und Unterordnungsverhältnisse zwischen den verschiedenen öffentlich-rechtlichen Körperschaften eines Nationalstaats sind durch die Verräumlichung zentralstaatlicher Politiken in Bewegung geraten. In nicht wenigen Fällen wird man eher von einer Partnerschaft und einer Abstimmung der Interessen unter Gleichberechtigten sprechen müssen.

Dafür gibt es eine tiefere Ursache. Wer die Ressource „Lebensraum" in Anspruch nehmen will, bedarf heute nicht nur eines repräsentativ-demokratischen Mandates durch ein nationales Parlament, sondern er benötigt, nach den gegenwärtig faktischen Verhältnissen zu schließen, außerdem den stillschweigenden Konsens der betroffenen Bevölkerung zur Einfügung seines Werkes in örtliche und überörtliche Politikteppiche. Diesen Prozeß nannte man früher „Interessenabwägung". Bei der Prioritätensetzung auf regionaler Ebene sind heute zentralstaatliche Vorgaben nicht mehr vorrangig. Deshalb ist ein Konsens und eine Abstimmung mit den betroffenen Akteuren vor Ort notwendig geworden. Konsens ist eine wertvolle, knappe und daher durch Sinnstiftung permanent zu alimentierende Ressource. Die Verhandlungsposition des Zentralstaats zwingt die Behörden dazu, täglich neu Sinn zu stiften bzw. den Nutzen der Raumbeanspruchung und -verwendung zu rechtfertigen. Der verhandelnde Staat ist jener Staat, der nicht nur abstrakt, sondern konkret und vor Ort Sinn stiftet, Verständnis für seine Belange sucht und sich durch ausgehandelte Leistungen und Gegenleistungen legitimiert (Weidner 1993).

Der Souveränitätsverlust zentralstaatlicher Organe zeigt sich zunehmend auch in neuen prozeduralen Arrangements und Verfahren, die den Regionen und Gemeinden relativ starke Verhandlungspositionen einräumen. Zu erwähnen ist hier die stärkere Position der Gemeinden und der Kantone in Genehmigungsverfahren für zentralstaatliche Infrastrukturvorhaben.[9] Der Bund muß bei deren Planung die Interessen der Kantone und Gemeinden vermehrt berücksichtigen.

Trotzdem sind in der gegenwärtigen Debatte auch gegenläufige Tendenzen erkennbar. So versucht der Bund im Rahmen des Programmes „Bahn 2000" in der Schweiz die Verfahren zu verkürzen und die Mitsprachemöglichkeiten der Kantone, Gemeinden und Betroffenen zu beschneiden.[10] Entsprechende „Verfahrenstricks", Investitions- oder Verfahrensbeschleunigungen etwa im Immissionsschutz lassen sich auch in Deutschland ausmachen, wo notfalls auch gegen den Willen der betroffenen öffent-

---

9 So die Behörden- und Gemeindebeschwerde nach Art. 56f. des Bundesgesetzes über den Umweltschutz v. 7. Oktober 1983 (SR 814.01).
10 Vgl. Bundesbeschluß über das Plangenehmigungsverfahren für Eisenbahn-Großprojekte v. 21.6.1991 (SR 742.100.1).

lich-rechtlichen Körperschaften und, was noch schwerwiegender ist, ohne partnerschaftliche Begründung entschieden wird.[11] Solche Versuche des Zentralstaates, seine alte souveräne Position wieder zu erlangen, werden jedoch scheitern, weil sich der Prozeß der Verräumlichung zentralstaatlicher Politiken nicht durch ein einseitiges Dekret ungeschehen machen läßt. Der Zentralstaat kann seine raumwirksamen öffentlichen Politiken nicht unilateral aus dem örtlichen Politikteppich herausdividieren und diese in der Folge, gewissermaßen an diesen Teppichen vorbei, mit dem Bajonett durchsetzen. Im übrigen gilt das Erfordernis der Sinnstiftung heute nicht nur für zentralstaatliche Organe, sondern für alle politikumsetzenden Verwaltungen.

3.6 Verändertes Instrumentarium

Die Globalisierung der Probleme und die damit verbundene Zentralisierung der Problemlösung haben zur Erweiterung der Instrumentenpalette beigetragen. Um das wachsende Vakuum zwischen kommunaler Implementationsebene und zentralstaatlicher Programmierung aufzufüllen, greifen die staatlichen Akteure zu neuen Instrumenten. Die Instrumente sind generell weicher geworden. Es dominieren Zweckprogramme, die mit finanziellen Anreizen und Verhandlungselementen arbeiten. Im Vordergrund stehen Kollektivverträge, Absprachen, die informelle Zusammenarbeit und Aushandlungsprozesse zwischen staatlichen und privaten Akteuren. Dabei tauscht die Verwaltung einen Teil ihres hoheitlichen Geltungsanspruchs gegen den Abbau von Implementationshindernissen ein. Staatliche Intervention ist insgesamt raffinierter geworden, und die Steuerung durch Verfahren gewinnt an Gewicht. Diese Verfahrenssteuerung kommt der Verräumlichungstendenz und dem steigenden Mobilisierungsgrad der örtlichen Ebene entgegen, denn sie erlaubt, verschiedene Rationalitäten auf diskursive Art zu vernetzen und ermöglicht so räumlich angepaßte Politikimplementation (vgl. Morand 1991b, 1991a).[12] Dafür sind neue Instrumente wie z.B. die Luftreinhaltepläne oder die UVP typisch.[13] Bei hohem Konfliktpotential werden zunehmend Mediationsverfahren notwendig.[14]

---

11 Die deutsche Bundesregierung hat Ende 1992 einen Gesetzesentwurf zur Erleichterung von Investitionen und der Ausweisung und Bereitstellung von Wohnbauland vorgelegt. Diese Vorlage soll bessere Voraussetzungen für die Schaffung von neuen Arbeitsplätzen in den alten Bundesländern schaffen. Erreicht werden soll dies über massive Genehmigungserleichterungen im Bauplanungsrecht (Verkürzung der Bürgerbeteiligung in den neuen Ländern bei allen Bebauungsplänen), beim Immissionsschutz (kürzere Bearbeitungsfristen für Genehmigungen), der Raumordnung (Verzicht auf die UVP) und der Abfallverbrennung (Genehmigungen für Hausmüll- und Klärschlammverbrennungsanlagen ohne UVP, ohne Vetorecht der Gemeinde und ohne Beteiligung der Öffentlichkeit). Vgl. Deutscher Bundestag 12. Wahlperiode, Entwurf eines Gesetzes zur Erleichterung von Investitionen und der Ausweisung und Bereitstellung von Wohnland, Drucksache 12/3944 v. 8.12.1992.
12 Morand (1992) und Voigt (1986) diskutieren die Grenzen des Rechts als Steuerungsressource und die Aushöhlung des Rechtsstaatsprinzips durch weichere Formen des Rechts (Unterlaufen normativer Vorgaben).
13 Im Rahmen des Umweltrechts werden zunehmend kooperativere Formen des Verwaltungshandelns entwickelt. Ein Grund dafür ist die hohe Komplexität der Genehmigungs- und Planungsverfahren. Vgl. Pfingsten/Fietkau (1992: 9); zum Begriff der Koordination in Zusammenhang mit Bewilligungen vgl. Kölz/Keller (1990).
14 Pfingsten/Fietkau weisen darauf hin, daß Mediationsverfahren den Vorteil haben, die

3.7 Regionale „Policy-Landsgemeinden" für zentralstaatliche Politikmaßnahmen

Verräumlichte zentralstaatliche Politiken benötigen im Rahmen der örtlichen/regionalen Politikteppiche für ihre wesentlichen Projekte spezifische Konsensbildungsverfahren. Diese dienen der „Einkontextierung" in die örtlichen Gegebenheiten und der beschriebenen Sinnstiftung. Sie bestehen oft in der kontradiktorischen Wiederaushandlung eines auf nationaler Ebene gefundenen Konsenses. Das eingangs erwähnte Beispiel der großen Neusser Verhandlungs- und Expertenanhörung zum Thema „kalte" versus „heiße" Müllbeseitigungsverfahren ist dafür ein ausgezeichnetes Beispiel. Wir nennen diese Verhandlungsgremien wegen ihrer hohen Teilnehmerzahl „Landsgemeinden". Typisch für die darin verwandten Mediations-, Audit- oder Erörterungsverfahren sind:
- eine breite Beteiligung aller am strittigen Projekt bzw. Entscheid vor Ort direkt oder indirekt betroffenen Bevölkerungsgruppen, die weit über die am ordentlichen Verwaltungsverfahren geforderte Konsultation der Beteiligten hinausgeht;
- eine vermutlich wegen des relativ niedrigen Politisierungsgrades hohe Sachlichkeit, Lernbereitschaft und Offenheit der Gespräche;
- die bereits mehrfach erwähnte gleichberechtigte Beteiligung von Vertretern der Zentralregierung, der regionalen und kommunalen öffentlich-rechtlichen Körperschaften und der verbandlichen Interessengruppen.

Das Argument, eine über Konsensbildungsverfahren entwickelte Entscheidung stehe ggf. in offenem oder zumindest in verstecktem Widerspruch zu zentralstaatlichen Politikvorgaben, hat für die Mediationsgemeinschaft wenig Gewicht. Die Bereitschaft, solche Politikvorgaben in Frage zu stellen, unbeachtet zu lassen oder offen zurückzuweisen, scheint sowohl in Deutschland als auch in der Schweiz generell zuzunehmen. Daraus erklärt sich auch die zunehmende Beliebtheit des sog. Verwaltungsreferendums in der Schweiz. Das von einigen Staatsrechtlern (vgl. Kölz 1991: 281; Kölz 1981: 53-65) geforderte Volksrecht würde die Möglichkeit eröffnen, gegen die Genehmigung zentralstaatlicher Großprojekte das Referendum zu ergreifen und auf diesem Wege landesweite Volksabstimmungen durchzuführen. Bisher wurden in ähnlichen Fällen in Ermangelung eines Verwaltungsreferendums Volksinitiativen auf Verfassungsstufe lanciert, mit denen etwa ein generelles Moratorium für den Bau von Kernkraftwerken, der Schutz von Moorlandschaften oder die Beschränkung von Waffenplätzen verlangt wurden. Meist war dabei allen klar, auf welches Projekt sich die darin enthaltenen Übergangsbestimmungen bzw. Rückwirkungsklauseln bezogen. Im Unterschied zu den hier beschriebenen „Landsgemeinden" oder Mediationsgemeinschaften sind diese schweizerischen Verfahren jedoch keine regionalen oder gar örtlichen Konsensstiftungsprozeduren. Sie stellen vielmehr Elemente zentralstaatlicher Politiken auf nationaler Ebene in Frage. Diese Verfahren sind deshalb nur insofern mit dem hier umschriebenen erhöhten regionalen Konsensbedarf verräumlichter zentraler Politiken vergleichbar, als ihr Auslöser auf der lokalen Ebene liegt.

---

informale und gängige bipolare Aushandlungspraxis (zwischen Antragsteller und Behörden) in Genehmigungsverfahren zu überwinden und die Betroffenen/Öffentlichkeit an den Entscheidungsprozessen zu beteiligen. Vgl. dazu Pfingsten/Fietkau (1992: 9ff.); eine Diskussion der Konfliktbewältigung durch Verhandlungen ist bei Hoffmann-Riem/Schmidt-Assmann (1990a, 1990b) zu finden. Ruegg u.a. (1992) nehmen auf Konfliktlösungsprozesse in der Raumplanung und Umweltgesetzgebung in der Schweiz Bezug.

Im Gegensatz zum umschriebenen Verräumlichungsphänomen findet in diesen Fällen eine Isolation zentralstaatlicher Infrastrukturpolitiken aus dem örtlichen Kontext statt. Dies ermöglicht die Thematisierung einer spezifischen zentralstaatlichen Policy wie etwa der Landesverteidigung oder der Kernkraftfrage als prinzipielle Fragestellung. In diesem Sinne sind solche Verfahren keine Äquivalente zu den Konsensbildungsverfahren in verräumlichten zentralstaatlichen Politiken.

3.8 Geschwächter Zentralstaat – geschwächte Solidarität?

Die Verräumlichung nationaler Politiken impliziert die Schwächung der zentralstaatlichen Behörden bei der Verfolgung ihrer verfassungs- und gesetzmäßigen Aufträge. Dadurch gelangen diese in ein Abhängigkeitsverhältnis von ihren Regional- und Kommunalbehörden, die ihrerseits mehr oder weniger überzeugende, kohärente und „geschlossene" Politiknetze zu stricken in der Lage sind. Unter diesen Umständen wird die Realisierung umverteilender zentralstaatlicher Politiken zugunsten bisher schwächerer und/oder vor allem zu Lasten bisher relativ stärkerer Regionen erheblich erschwert. Die Mobilisierung der interregionalen Solidarmechanismen der Europäischen Gemeinschaft oder der Aufbau von verflochtenen Entscheidungsstrukturen zwischen Kommunal-, Regional- und Zentralbehörden auf der Achse anderer öffentlicher Politiken versuchen ein Gegengewicht dazu zu schaffen. Generell dürfte aber die Akzeptanz für Umverteilungsprozesse seit den achtziger Jahren kleiner geworden sein.

4. *Verräumlichungstendenzen und Politikanalyse*

4.1 Warum funktionieren sie doch?

Nach der Lektüre des obigen Kapitels drängt sich unweigerlich die Frage auf, warum denn immer noch neue Hochleistungsstraßen, Kehrichtverbrennungsanlagen oder Eisenbahnlinien gebaut werden oder weshalb es den Fernmeldebetrieben trotz angeblich „blockierter" regionaler Räume immer wieder gelingt, Fernmeldestationen zu plazieren. Während die Politikanalyse bisher allzu stark untersuchte, warum öffentliche Politiken nicht funktionieren, warum sie defizitär bzw. unwirksam etc. sind, legen die vorgetragenen Überlegungen vielmehr die Frage nahe, warum solche Politiken denn überhaupt Erfolge verzeichnen. Offenbar bestehen Mechanismen, Akteurkonstellationen und spezifische Problemstrukturen, die bewirken, daß sich zentralstaatliche Politiken in vielen Fällen relativ problemlos in die örtlichen bzw. regionalen Politikteppiche einweben lassen und daß sie dort auch recht harmonisch mit den übrigen Politiken koexistieren. Es handelt sich dabei wohlverstanden nicht um „hoheitliche" oder hierarchische Über- bzw. Unterordnungsverhältnisse. Von Interesse sind vielmehr wechselseitige Abhängigkeiten zwischen unterschiedlichen Politiken und deren Leistungen bzw. deren gleichbleibenden strukturellen Merkmalen (Eigenschaften der Akteurkonstellation, Politikteppiche) in der Politikumsetzung. Wie kann eine verräumlichte zentralstaatliche öffentliche Politik trotz des offensichtlichen Zerfalls unilateraler Kommandostrukturen und des kaum zu leistenden Begründungs- und Legitimierungsaufwand vor Ort funktionieren, ohne durch lokale Akteure vereinnahmt oder blockiert zu werden? Die Frage ist also nicht, wo die Funktionsdefizite liegen, sondern vielmehr, warum in vielen Fällen trotz dieser widrigen Umstände positive Umsetzungsresultate möglich sind. Wahrscheinlich ist das Erkennen jener Faktoren, die die erstaunliche Funktionsfähigkeit der betroffenen zentralstaatlichen Politiken garantieren, konzeptionell und methodisch schwieriger als die Enumeration aller empirisch plausiblen Hemmfaktoren.

4.2 Politikbeobachtung in Raum und Zeit

Wir meinen, daß die erklärende Politikanalyse der räumlichen Komponente öffentlicher Politiken generell zu wenig Rechnung trägt. Nicht nur zentralstaatliche und raumbezogene öffentliche Politiken finden in konkreten Räumen statt und richten sich an Personen, die über ihre Aktivitäten in unterschiedlicher Art und Weise mit geographisch definierbaren Räumen in Kontakt stehen. Ganz allgemein richten sich Interventionen, die zur Lösung kollektiver Probleme ergriffen werden, an Zielgruppen, deren Lebensmittelpunkt an einem bestimmten Ort auf der Landkarte lokalisierbar ist. Jeder Maßnahmenvollzug setzt nicht nur zeitliche, sondern auch örtliche Prioritäten. Staatliche Verwaltungen sind (im Gegensatz zu den Gesetzen) also nicht ubiquitär. Wenn die Behörden mit Zielgruppen aus dem Dorf X verhandeln, können sie nicht gleichzeitig mit jenen aus dem Dorf Y reden. Die Kapazität und die Ressourcen jeder staatlichen Verwaltung sind also beschränkt. Staatliche Aktivitäten und Ressourcen müssen darum sowohl zeitlich wie räumlich verteilt werden.

Jede Policy fixiert inhaltliche und räumliche Zielsetzungen für den Einsatz ihrer Interventionen und versucht so, das Verhalten der Zielgruppen im Hinblick auf die Lösung gesellschaftlicher Probleme zu beeinflussen. Die entscheidende Frage ist dabei, wo (welche Art der Zielgruppe) und wann (wie lange nach dem Inkrafttreten der Gesetzgebung) die Interventionen ihre Wirksamkeit entfalten. Bekanntlich ist der Nachweis von Impacts, die über die tatsächlichen Verhaltensänderungen der Zielgruppen und deren örtlicher Verteilung in der realen Welt Auskunft geben, ein schwieriges und aufwendiges Unterfangen. Es ist daher einfacher, die räumliche Komponente der Interventionen auf der Ebene der Outputs zu erfassen. Die Schweizerische Kommission für Umweltbeobachtung (SKUB) schlägt darum für jene öffentlichen Politiken, die in irgendeiner Weise für Veränderungen der Umweltqualität in einem gegebenen Beobachtungsgebiet verantwortlich sein könnten, vor, die Ouputs der Politiken und die Verfügungsadressaten zu erfassen und zu lokalisieren (Schweizerische Kommission für Umweltbeobachtung 1993). Auf diese Weise gelangt man zu eigentlichen Output- oder Politiklandkarten, anhand derer sich wichtige Indikatoren für die Qualität des Vollzugs herleiten lassen. Eine solche Karte, die nach den modernen Techniken der elektronischen Datenverarbeitung aufgebaut und im Sinne eines permanenten Policy-Monitoring periodisch nachgeführt wird, kann Auskunft über die räumliche Konzentration der „Politikpräsenz" geben. In einem zweiten Schritt kann überprüft werden, ob die Outputverteilung mit der örtlichen Verteilung des „Problemdrucks" übereinstimmt. Die öffentliche Politik wäre dann um so wirksamer, je mehr sich die örtliche Konzentration der Outputs mit der örtlichen Konzentration des Problemdrucks deckt.

Wir sind der Meinung, daß ein derartiges räumliches Policy-Monitoring ein interessantes Instrument für eine an räumlichen Verteilungseffekten interessierte und sensibilisierte Politikanalyse der Zukunft ist.

Das räumliche Policy-Monitoring würde zudem die Möglichkeit eröffnen, den räumlichen Bezug der Outputs sowie die Dichte und Häufigkeit staatlicher Interventionen zu erfassen. Dabei würde ersichtlich, welche Akteure in einem bestimmten Territorium direkt auf den Raum einwirken. Die Erfassung des räumlichen Bezugs der Outputs könnte zu einem wichtigen Koordinationsinstrument für die Verwaltungen überhaupt werden. Aufgrund dieser Information wüßten die Behörden, wer wo und wann auf den Raum einwirkt. Die Kartographierung der Outputs wäre zudem eine wichtige Grundlage für die Koordination und Abstimmung zwischen einzelnen Verwaltungseinheiten. Damit wären auf jeden Fall die heute fehlende Gesamtschau garantiert und eine horizontale und vertikale Integration von Eingriffen möglich. Das systembezogene und langfristige Konzept der Schweizerischen Kommission für Umweltbeobachtung könnte auch insofern wegweisend sein, als es versucht, ausgehend von einem Wirkungsgefüge Daten zu erheben und diese anschließend zu anderen Bereichen in Beziehung zu setzen. Mittelfristiges Ziel der Kommission ist es, komplexe Ökosysteme zu simulieren (vgl. Kissling/Ballabio 1993). Wie gezeigt, könnte die Politikbeobachtung aus den neueren Ansätzen der Umweltbeobachtung wichtige Impulse gewinnen.

4.3 Ausbau vergleichender Analysedesigns

Wenn es zutrifft, daß variierende regionale bzw. örtliche Politikteppiche auf die zentralstaatlichen Politiken „abfärben", so müßte die Umsetzung von nationalen Infrastrukturprojekten in Abhängigkeit von der Struktur dieser Politikteppiche variieren. Varianzen oder gar Gesetzmäßigkeiten aufgrund von unterschiedlichen Politikteppichen lassen sich bekanntlich nur durch vergleichende Untersuchungen ermitteln. Dabei wird – bildhaft gesprochen – ein und dieselbe Policy in Gläsern mit verschiedenfarbigen Flüssigkeiten „gebadet" und getestet, ob die verschiedenen Farben die ursprüngliche Testpolicy verändern. Diese vergleichende Vorgehensweise dürfte nach unseren eigenen Erfahrungen eine höhere Resistenz der Politiken gegenüber den Einflüssen des Politikteppiches zutage fördern, als man gemeinhin annimmt. Wir haben in Vollzugsstudien (vgl. z.B. Knoepfel/Zimmermann 1987; Knoepfel/Zimmermann 1993; Knoepfel/Zimmerman/Imhof 1993) in der Schweiz trotz hoher Varianz der Kontexte bei einzelnen Politiken mehr Gemeinsamkeiten gefunden, als ursprünglich anzunehmen gewesen wäre (vgl. dazu Kissling/Knoepfel 1992). Auch hier stellt sich wieder die spannende Frage nach der „Invisible hand", die für solch unglaubliche und rational kaum nachvollziehbare Konstanz verantwortlich ist.

4.4 Analyse der Politikteppiche und der Akteurnetzwerke

Welche Politiken in die Projekt- bzw. Planungsentscheidungen örtlicher oder regionaler Politikteppiche einbezogen werden, hängt von der Perzeption der beteiligten Akteure und namentlich von der Struktur der örtlichen Akteurnetzwerke ab. Eine hohe Differenzierung der örtlichen Netzwerke entlang der einzelnen Projekte wird regelmäßig zu kleinen, eine durch personale Beziehungen mannigfach verflochtene Akteurstruktur zu großen und dementsprechend komplexen Politikteppichen führen. Verschiedene prozedurale Instrumente der Raum- und Umweltplanung dürften zu stärker interaktiven, umfangreicheren und ausgeprägt interdependenten Netzwerkstrukturen vor Ort führen. Diese wiederum tragen zur Bildung umfangreicherer Politikteppiche bei. Dabei spiegelt die Komplexität der Politikteppiche die zunehmend komplexere Struktur der örtlichen Ökosysteme/Teilsysteme und deren Austausch mit verschiedenen Formen der Flächen- und Umweltnutzung wider.

Die Politikanalyse sollte bei der Überprüfung der Wirksamkeit zentralstaatlicher, aber auch regionaler oder kommunaler öffentlicher Politiken von Anfang an die Frage nach der Existenz und dem Umfang solcher örtlicher Politikteppiche stellen. Wer sich für die Umsetzung des Gewässerschutzes in der Landwirtschaft interessiert, wird die Agrar-, aber auch die Nutzungsplanungs- bzw. die örtlichen Trinkwasserpolitiken nicht außer acht lassen können (vgl. Knoepfel/Zimmermann 1993: 273ff.). Wer sich für die Umsetzung der zentralstaatlichen und in den meisten Ländern stark verräumlichten Luftreinhaltepolitik im Ballungsgebiet interessiert, kommt nicht darum herum, regionale und örtliche Verkehrs-, Siedlungs- oder wiederum Nutzungsplanungspolitiken in die Untersuchung miteinzubeziehen (vVgl. dazu Knoepfel/Imhof/Zimmermann 1993).

In einem zweiten Schritt gilt es dann, Penetration und Interdependenz der verschiedenen Politiken in den Politikteppichen genauer auszuleuchten. Interpolicy-Beziehungen können gerade auf der örtlichen Ebene verschiedene Formen annehmen. Denkbar sind gegenseitige Verstärkungs- bzw. Abschwächungsszenarios, Neutralisierungen, Blockierungen, aber auch Kompensationen oder die bewußte Abschottung von zusammenhängenden Teilprojekten im Sinne einer Komplexitätsreduktion.

In einem dritten Schritt müssen die Akteurnetzwerke rekonstruiert werden, die ggf. zur Integration oder zum Ausschluß einer öffentlichen Politik in den Politikteppich geführt haben könnten. Zunehmend werden zu Recht für die Rekonstruktion solcher Netzwerke Graphiken und Symbole verwendet, weil eine bloße Beschreibung die Netzwerkmechanik kaum wiedergeben kann (vgl. Scott 1991; Knoke 1990; European Journal of Political Research und darin speziell den Beitrag von van Waarden 1992). „Netzwerk-Mapping" dürfte durch Berücksichtigung der Politikteppiche weit über die analysierte und interessierende Einzelpolitik hinausgehen und zugleich die Gewichtung der implizierten Akteure nach Maßgabe ihrer politischen Macht ermöglichen. Im Gegensatz zur Analyse der politisch-administrativen Akteure bezieht sie das ganze, informelle und formelle Netz der meist kollektiv organisierten Akteurgruppen ein. Diese Sichtweise erlaubt eine bessere Analyse der Implementationsträger, der engagierten Gruppen und der lokalen bzw. regionalen Machtverhältnisse.

4.5 Schaffung und Überwachung neuer Verfahrenselemente

Wie wir gezeigt haben, entfernen sich nationale und supranationale Körperschaften zunehmend von der kommunalen und regionalen Implementationsebene. Um dieses Vakuum aufzufüllen und eine Verbindung zwischen den beiden Polen zu schaffen, müssen neue Koordinationsverfahren entwickelt werden, die die supranationalen und nationalen Vorgaben den örtlichen Bedingungen anpassen. Zugleich sollen diese neuen Instrumente der zunehmenden Verflechtung und Ausdifferenzierung gerecht werden und als vertikale und horizontale Koordinationsinstrumente fungieren. Schritte in die richtige Richtung dürften mit den Luftreinhalteplänen, der Umweltverträglichkeitsprüfung oder der interregionalen Spitalplanung bereits gemacht worden sein. Das bestehende Instrumentarium wird aber dem steigenden lokalen Legitimationsdruck für nationale Projekte oder dem Bedürfnis der lokalen Bevölkerung, wichtige Entscheidungen mitzubestimmen, nicht genügen. Darum wird der weitere Ausbau und die Entwicklung von neuen Verfahrenselementen in den nächsten Jahren wichtig werden. Damit wird wohl auch eine Belebung der Implementations- und Vollzugsforschung verbunden sein.

5. Schlußfolgerungen

Unsere Ausführungen haben gezeigt, daß die Ausdifferenzierung der Teilsysteme, die immer noch steigende Verflechtung der Politiken sowie das Phänomen der Verräumlichung die Implementation von zentralstaatlichen Politiken erschweren. Die Herausbildung von Politikteppichen und stark vernetzten Akteurkonstellationen stellen für die nationalen und supranationalen Körperschaften die Rahmenbedingungen für neue Interventionen im Raum dar. Dabei ist die Raumrelevanz der Politiken generell gestiegen.

Die Globalisierung der Probleme und die zunehmende Zentralisierung der Lösungen lassen die Distanz zwischen lokaler und nationaler oder supranationaler Ebene immer größer werden. Um die zentralen Lösungsvorschläge den Zielgruppen und Betroffenen näher zu bringen und sie zu legitimieren, müssen neue Verfahrensregeln gefunden werden, die die horizontale und vertikale Koordination und eine angemessene Verräumlichung der Politikinhalte ermöglichen. Steuerungstheoretisch bedeutet dies, daß der Staat seine Steuerungsaufgaben über die Ausgestaltung von Netzwerken und die Entwicklung von Verfahren wahrnehmen muß. Mediationsverfahren und diskursive Verfahren werden wohl die Diskussion der neunziger Jahre bestimmen.

Als wichtiges Kontrollinstrument zur Beobachtung und Erfassung der Verräumlichung stünde das räumliche Policy-Monitoring bzw. die Outputkartierung zur Verfügung, die zugleich als Koordinationsinstrument für die Verwaltungen dienen könnte. Der Fokus der Evaluations- und Implementationsforschung dürfte sich aufgrund der verschiedenen Entwicklungstendenzen verändern. So werden in den neunziger Jahren vor allem Analysen der Politikteppiche und Netzwerke im Zentrum stehen. Die Implementationsforschung dürfte belebt werden, weil der Umsetzungsprozeß aufgrund der Verfahrenssteuerung bedeutend komplexer wird und sich somit ein neues Forschungsfeld eröffnet.

Literaturverzeichnis

Beck, U., 1986: Risikogesellschaft. Auf dem Weg in eine andere Moderne. Frankfurt a.M.
Benz, A./Scharpf, F.W./Zintl, R., 1992: Horizontale Politikverflechtung. Zur Theorie von Verhandlungssystemen. Frankfurt a.M. u.a.
Berner Zeitung.
Böhret, C./Klages, H./Reinermann, H./Siedentopf, H. (Hrsg.), 1987: Herausforderungen an die Innovationskraft der Verwaltung. Opladen.
Bundesbeschluß über das Plangenehmigungsverfahren für Eisenbahn-Großprojekte v. 21.6.1991 (SR 742.100.1).
Bundesgesetz über den Umweltschutz v. 7. Oktober 1983 (SR 814.01.)
Deutscher Bundestag 12. Wahlperiode, Entwurf eines Gesetzes zur Erleichterung von Investitionen und der Ausweisung und Bereitstellung von Wohnbauland, Drucksache 12/3944 v. 8.12.1992.
Döhler, M., 1990: Gesundheitspolitik nach der „Wende". Policy-Netzwerke und ordnungspolitischer Strategiewechsel in Großbritannien, den USA und der Bundesrepublik Deutschland. Berlin.
Durrenberger, G./Jäger, C., 1992: Klimaänderungen und Risikodiskurs (Vorstudie Nr. 4 des Nationalen Forschungsprogrammes 31 'Klimaänderungen und Naturkatastrophen'). Bern.
Epiney, A./Knoepfel, P., 1993: Der Spielraum des kantonalen Umweltrechts unter dem EWR- und EG-Vertrag, in: Umweltrecht in der Praxis 7, 1, 17-40.
European Journal of Political Research, 1992: Special Issue: Policy Networks, Vol. 21.
Fietkau, H.-J./Weidner, H., 1991: Mediation in der Umweltpolitik. Das Konzept der Abfallwirtschaft im Kreis Neuss, in: WZB-Mitteilungen, September 1991, 5-8.
Hesse, J.J./Benz, A., 1990: Die Modernisierung der Staatsorganisation. Institutionspolitik im internationalen Vergleich: USA, Großbritannien, Frankreich, Bundesrepublik Deutschland. Baden-Baden.
Hoffmann-Riem, W./Schmidt-Assmann, E. (Hrsg.), 1990a: Konfliktbewältigung durch Verhandlungen. Informelle und mittlerunterstützte Verhandlungen in Verwaltungsverfahren, Bd. I. Baden-Baden.
Hoffmann-Riem, W./Schmidt-Assmann, E. (Hrsg.), 1990b: Konfliktbewältigung durch Verhandlungen. Konfliktmittlung in Verwaltungsverfahren, Bd. II. Baden-Baden.
Kaufmann, F.-X., 1991: Diskurse über Staatsaufgaben (MPIFG Discussion Paper 91/5). Köln.
Kissling-Näf, I./Knoepfel, P., 1992: Politikverflechtung dank zentralstaatlichem Immobilismus? Handlungsspielräume kantonaler Vollzugspolitiken im schweizerischen politisch-administrativen System, in: H. Abromeit/W. Pommerehne (Hrsg.), Staatstätigkeit in der Schweiz. Bern u.a., 43-69.
Kissling-Näf, I./Wildi-Ballabio, E., 1993: Kontrollinstrumente zur erfolgreichen Implementation von Politiken: Impulse aus der Umweltbeobachtung für ein integriertes Policy-Monitoring, in: Schweizerisches Jahrbuch für Politische Wissenschaft. Bern (im Erscheinen).
Knoepfel, P., 1977: Demokratisierung der Raumplanung. Grundsätzliche Aspekte und Modelle für die Organisation der kommunalen Nutzungsplanung unter besonderer Berücksichtigung der schweizerischen Verhältnisse. Berlin.
Knoepfel, P./Imhof, R./Zimmermann, W., 1993: Analyse von Vollzugsprozessen in der städtischen Umweltpolitik mittels Maßnahmen im Verkehrsbereich gemäß Luftreinhalte-Verordnung Art. 31ff. (Schlußbericht zum Projekt 4025-028112 des NFP 25 'Stadt und Verkehr'). Bern: Nationalfonds (im Erscheinen).
Knoepfel, P./Zimmermann, W., 1987: Ökologisierung von Landwirtschaft. Fünf Geschichten und eine Analyse. Aarau u.a.
Knoepfel, P./Zimmermann, W., 1993: Gewässerschutz in der Landwirtschaft. Evaluation und Analyse des föderalen Vollzugs (Reihe Ökologie und Gesellschaft Bd. 7). Basel (im Erscheinen).
Knoke, D., 1990: Political Networks. The Structural Perspective. New York u.a.
Kölz, A., 1981: Ausbau des Verwaltungsreferendums?, in: Schweizerische Juristen-Zeitung, 53-65.
Kölz, A., 1991: Bewahrung und Neubelebung der schweizerischen Demokratie durch institutionelle Reformen, in: Schweizerisches Jahrbuch für Politische Wissenschaft. Bern, 271-286.

Kölz, A./Keller, H., 1990: Koordination umweltrelevanter Bewilligungsverfahren als Rechtsproblem, in: Umweltrecht in der Praxis 4, 6, 385-422.
Luhmann, N., 1987: Soziale Systeme. Grundriss einer allgemeinen Theorie. Frankfurt a.M.
Marin, B./Mayntz, R. (Hrsg.), 1991: Policy Networks. Empirical Evidence and Theoretical Considerations. Frankfurt a.M. u.a.
Mayntz, R., 1987: Politische Steuerung und gesellschaftliche Steuerungsprobleme – Anmerkungen zu einem theoretischen Paradigma, in: *Th. Ellwein/J.J. Hesse/R. Mayntz/F.W. Scharpf* (Hrsg.), Jahrbuch zur Staats- und Verwaltungswissenschaft. Baden-Baden, 89-110.
Mayntz, R., 1991: Modernization and the Logic of Interorganizational Networks (MPIFG Discussion Paper 91/8). Köln.
Mayntz, R./Rosewitz, B./Schimank, U./Stichweh, R., 1988: Differenzierung und Verselbständigung. Zur Entwicklung gesellschaftlicher Teilsysteme. Frankfurt a.M.
Messerli, P., 1992: Probleme der Modellisierung sozioökonomischer Systeme in der Mensch-Umwelt-Interaktionsforschung, in: Verhandlungsband 48, Deutscher Geographentag 1991. Basel.
Morand, Ch.-A. (Hrsg.), 1991a: Les instruments d'action de l'Etat. Basel u.a.
Morand, Ch.-A. (Hrsg.), 1991b: L'Etat propulsif. Contribution à l'étude des instruments d'action de l'Etat. Paris.
Morand, Ch.-A. (Hrsg.), 1992, Figures de la légalité. Paris.
Pfingsten, K./Fietkau, H.-J., 1992: Mediationsverfahren: Leitgedanken und methodische Erfassungsmöglichkeiten. Darstellung der empirischen Erhebungsverfahren im Forschungsprojekt „Mediationsverfahren im Umweltschutz". Berlin.
Ritter, G.A., 1989: Der Sozialstaat. Entstehung und Entwicklung im internationalen Vergleich. München.
Ruegg u.a., 1992: La négociation: Son rôle, sa place dans l'aménagement du territoire et la protection de l'environnement. Lausanne.
Scharpf, F.W., 1991: Die Handlungsfähigkeit des Staates am Ende des zwanzigsten Jahrhunderts, in: PVS 32, 4, 621-634.
Scharpf, F.W., 1992: Games in Hierarchies and Networks. Frankfurt a.M. u.a.
Scharpf, F.W./Reissert, B./Schnabel, F., 1976: Politikverflechtung. Theorie und Empirie des kooperativen Föderalismus in der Bundesrepublik. Kronberg.
Schneider, V., 1988: Politiknetzwerke der Chemikalienkontrolle. Berlin u.a.
Schweizerische Kommission für Umweltbeobachtung (SKUB), 1993: Bericht der Schweizerischen Kommission für Umweltbeobachtung zur Einrichtung einer integrierten ökosystembezogenen Umweltbeobachtung (Schlußbericht). Bern (im Erscheinen).
Scott, J., 1991: Social Network Analysis. A Handbook. London u.a.
Tages-Anzeiger.
Voigt, R. (Hrsg.), 1986: Recht als Instrument. Opladen.
Waarden, F. van, 1992: Dimensions and Types of Policy Networks, in: European Journal of Political Research 21, 29-52.
Weidner, H., 1993: Der verhandelnde Staat. Minderung von Vollzugskonflikten durch Mediationsverfahren, in: Schweizerisches Jahrbuch für Politische Wissenschaft (im Erscheinen).

Alternative Modelle des Policy-Prozesses: Die Sicht „von unten" und die Sicht „von oben"

B. Guy Peters

Liberal-demokratische politische Systeme erfahren eine Vielfalt kultureller und ideeller Einflußnahmen, wenn sie politische Maßnahmen oder Policies beschließen und durchführen. Zum einen stellt die Herrschaft des Rechts ein zentrales Prinzip staatlichen Handelns in liberalen Demokratien dar, und viel Nachdruck wird darauf gesetzt, die Entscheidungen des Parlaments und anderer staatlicher Entscheidungsorgane so in die Praxis umzusetzen, wie diese intendiert waren. Sogar in politischen Systemen, die nur dem Namen nach demokratisch sind, ist das Prinzip der Gesetzesbindung eine wichtige Legitimationsbasis für staatliche Entscheidungen. So werden in demokratischen Staaten Einrichtungen wie das Verwaltungsrecht, die gerichtliche Überprüfung und der Ombudsmann als Instrumente verwendet, um das zu garantieren, was in den Vereinigten Staaten ein substantiell und prozedural korrekter Prozeß bei der Verabschiedung und Durchführung von Policies genannt wird (Shapiro 1988). Das heißt, diese Prüfverfahren stellen sicher, daß sowohl der substantielle Inhalt eines Gesetzes als auch die Art und Weise, wie dieses beschlossen und implementiert wird, den konstitutionellen und gesetzlichen Vorschriften des Landes entsprechen.
Liberal-demokratische Regierungen sehen sich somit – fast definitionsgemäß – einem erheblichen Druck ausgesetzt, sich demokratisch zu verhalten. Diese Feststellung ist mehr als eine Trivialität, weil – zum anderen – die übliche Auffassung von Demokratie in letzter Zeit erweitert wurde und jetzt eine Anzahl von prozeduralen Garantien einschließt, die eine breitere Partizipation erlauben, als dies in der Vergangenheit der Fall war. Die Idee von Demokratie wurde auch in dem Sinne ausgedehnt, daß sie heute erwartete Politikresultate in ihrer ganzen Vielfalt umfaßt, eine Vorstellung, die traditionelle Demokratietheoretiker nicht als wesentlichen Bestandteil einer Demokratie betrachtet hätten. Die Mehrheit der traditionellen Demokratievorstellungen ging vielmehr davon aus, daß das demokratische Prinzip in erster Linie auf die Input-Seite des politischen Prozesses anzuwenden sei, und daß – wenn ein Gesetz einmal nach den vorgeschriebenen Verfahren verabschiedet worden ist – die Rechtmäßigkeit des Gesetzes ein wichtigeres Kriterium sei als Demokratie. Dahingegen besteht jetzt die Erwartung, daß die Substanz der Politik selbst „demokratisch" sein muß, d.h. die besonderen Forderungen einer Vielzahl von Bevölkerungssegmenten berücksichtigen soll.
Über die Vorstellungen einer substantiellen Demokratie hinaus vollzogen sich jedoch auch Veränderungen im Verständnis des demokratischen Prozesses als solchem. Die Wege, die für die politische Teilhabe im Rahmen traditioneller Demokratievorstellungen vorgesehen waren, begrenzten sich auf die Artikulierung von Forderungen durch

die Öffentlichkeit in Wahlen, durch gewählte Politiker und durch etwaige Interessenverbände; eine direkte Wendung an die Entscheider war nicht vorgesehen.[1] Beide Interpretationen wurden beträchtlich ausgeweitet und eröffnen in gegenwärtigen Demokratien ein viel breiteres Spektrum von erlaubten und erwarteten Möglichkeiten, am Policy-Prozeß teilzunehmen. Zumindest hegen die Bürger die Erwartung, „Konsumentenrechte" hinsichtlich der öffentlichen Dienstleistungsanbieter ausüben und wenigstens partiell die Leistungen mitgestalten zu können, die ihnen dann geboten werden.[2]

Die beiden Prinzipien demokratischen Regierens scheinen zunehmend miteinander in Konkurrenz zu treten (March/Olsen 1986). Sowohl in der Praxis als auch in der Theorie sind gegenwärtige Regierungen gezwungen, schwierige Entscheidungen darüber zu fällen, wieviel Demokratie und Entscheidungsspielraum eingeräumt werden oder wie streng die Rechtsregeln interpretiert werden sollen. Auch verändern sich die Vorstellungen darüber, was eine angemessene Form demokratischer Beteiligung ist, und mehr Wert wird darauf gelegt, daß weite Kreise der Bevölkerung in politische Entscheidungsprozesse einbezogen werden. Der Nachdruck, der auf eine gesteigerte Partizipation gelegt wird, erstreckt sich auch auf die öffentliche Beteiligung an der Durchführung staatlicher Politik, nachdem Regierung und Parlament ein Gesetz verabschiedet haben. Dieser Mechanismus wird als Möglichkeit betrachtet, die Auswirkungen einer Politik zu kontrollieren. Immer mehr bedeutet Demokratie, daß im Grunde nichts durch die formal zuständigen Institutionen beschlossen wird, vielmehr „das Volk" in die Entscheidungen einbezogen wird und ein Konsensus mit den Entscheidungsergebnissen der formalen Institutionen hergestellt werden muß, bevor eine Entscheidung endgültig verbindlich ist.

Kontrastierende Policy-Modelle

Die beiden großen, fundamentalen und konfligierenden Erwartungsprinzipien, mit denen sich demokratische Regierungen gegenwärtig konfrontiert sehen – die Verfassungsmäßigkeit und Rechtsbindung staatlicher Politik und eine gesteigerte Partizipation –, spiegeln zwei grundlegende Auffassungen der Politikgestaltung wider. Die beiden Perspektiven prägen die Diskussion darüber, wie staatliche Maßnahmen entwickelt werden, aber auch wie staatliche Politik und der Politikgestaltungsprozeß verstanden werden sollen. Wir verwenden die Begriffe „Politik von oben" und „Politik von unten", um diese beiden grundlegenden Modelle zu charakterisieren. Die Begriffe wurden ursprünglich nur bezogen auf die Implementationsphase des Policy-Prozesses

---

[1] Die Rousseausche Tradition der „Volonté générale" setzte sich – so könnte man sagen – für eine demokratische Massenbeteiligung ein, wurde jedoch nur in relativ wenigen politischen Gemeinschaften, wie z.B. in einigen Schweizer Kantonen und in Stadtversammlungen, in Neu England praktisch umgesetzt. Die meisten betrachten die Größe der heutigen Demokratien als Hindernis dafür, eine solche Form der Versammlungsdemokratie zu verwirklichen.

[2] Diese Beteiligung kann in Form einer verstärkten Möglichkeit, zwischen Dienstleistungen zu wählen, umgesetzt werden, also beispielsweise in Form von Bildungs-Vouchers oder durch eine direktere Beteiligung der Betroffenen, wie beispielsweise durch Eltern-Komitees bei der Verwaltung von Schulen.

verwendet (Sabatier 1986; Linder/Peters 1986); sie eignen sich aber ebenso gut dafür, die Politikgestaltung in einem breiteren Sinn zu beschreiben und stehen stellvertretend für zwei umfassende, jeweils unterschiedliche grundsätzliche analytische Ansätze des Policy Making-Prozesses, indem sie auf die Frage abzielen, wo im politischen System letztendlich die Kontrolle über politische Entscheidungen liegt.

Das eine Verständnis von Politikgestaltung folgt ziemlich streng dem formal-legalen Modell des politischen Prozesses und geht davon aus, daß Politik durch die Gesetzgebung geleitet wird und dem „lehrbuchmäßigen Policy-Prozeß-Modell" (Nakamura 1987) folgt und folgen soll. Die Öffentlichkeit ist in diesem Fall primär über den Wahlprozeß an den Entscheidungen beteiligt sowie über eine etwaige Einflußnahme von Verbänden auf das Parlament, eine Mitwirkung, die weitgehend indirekt ist und früh im Entscheidungsprozeß stattfindet. Demgegenüber geht die Sicht des politischen Prozesses „von unten" davon aus, daß die Implementation durch die Wünsche und Fähigkeiten der Akteure auf den unteren Ebenen des politisch-administrativen Systems und deren Klienten gesteuert werden soll. Der ganze Policy-Prozeß soll so organisiert werden, daß er unmittelbar die Forderungen der unteren Ebenen des Policy Making-Prozesses sowie die Wünsche der breiten Bevölkerung reflektiert. Die Politikformulierung wäre danach offen für eine Vielzahl unterschiedlicher Einflußnahmen, anstatt durch die Vorstellungen gewählter Politiker und ernannter Beamter geprägt zu werden. Für beide Modelle des Politikprozesses werden im folgenden die empirische, theoretische und normative Dimension und deren Implikationen untersucht. Die Folgen, die sich daraus ergeben, werden einander gegenübergestellt, um den analytischen Nutzen der beiden Ansätze sowie deren mögliche Auswirkungen auf die Policy-Analyse zu überprüfen. Eine solche Untersuchung ist nicht eine bloß akademische Übung; die Entscheidung für das eine oder andere Modell bestimmt bis zu einem gewissen Grad den Regierungsstil in einem politischen System. Es soll weiterhin gezeigt werden, daß zumindest einige der alternativen Gestaltungsmöglichkeiten – zum Status-Quo – gegenwärtig in vielen Ländern ernsthaft in Erwägung gezogen werden. Mit anderen Worten handelt es sich hier sowohl um praktische als auch intellektuelle Entscheidungen, obwohl die politischen Praktiker ihre Wahlentscheidungen selten in der Sprache ausdrücken, die hier verwendet wird.

Empirische Merkmale

Beide Modelle der Politikgestaltung beschreiben in einem gewissen Maße die Wirklichkeit des Policy-Prozesses und des politischen Systems ganz allgemein. Jedoch ist keines der beiden ausschließlich deskriptiv, und beide eröffnen nützliche und komplementäre Einsichten in die Natur konkreter politischer Maßnahmen. Keines der beiden Modelle stellt darüber hinaus ein einziges konsistentes und zusammenhängendes Konzept des Policy Making-Prozesses dar; vielmehr impliziert jedes von ihnen mehrere alternative Interpretationen derselben Grundperspektive. Diese interne Vielfalt – ja, gar Widersprüchlichkeit – wird besonders deutlich bei der Sicht „von unten". In Wirklichkeit handelt es sich um eine „Familie" unterschiedlicher Modelle, die – so könnte man sagen – die Vielfalt von Veränderungen widerspiegeln, in denen Politik in vielen demokratischen Industriestaaten praktiziert wird.

Die Sicht "von unten"

Einfach ausgedrückt verweist die Sicht „von unten" auf die Bedeutung der untersten politischen und administrativen Entscheidungsebenen, wenn es um die Gestaltung der wesentlichen Inhalte öffentlicher Maßnahmen geht. Untersuchungen über die „Street Level Bureaucracy" (Lipsky 1980) zeigen, daß administrative Akteure – wie Polizisten, Sozialarbeiter, Umweltinspektoren, Steuerbeamte etc. –, die in unmittelbarem Kontakt mit den Bürgern stehen, oft mehr Einfluß darauf nehmen, wer was vom Staat erhält, als dies für Beamte gilt, die formale Entscheidungspositionen im Regierungssystem innehaben. Viel mehr Entscheidungen werden auf den unteren als auf den oberen Ebenen getroffen, und die Verwaltungsakteure vor Ort verfügen über erheblich mehr Spielraum, wenn es gilt, Leistungen an Bürger zu verteilen oder Sanktionen zu verhängen. Auch ist diese Ebene des politischen Systems offener gegenüber Einflußnahmen seitens der Zielgruppen staatlicher Maßnahmen, als dies für die oberen Ebenen zutrifft, die von der alltäglichen Wirklichkeit der Politikausführung weiter entfernt sind.[3]

Die gewandelte Bedeutung von Partizipation, die für demokratische politische Systeme der Gegenwart typisch ist, geben Anlaß zu mindestens zwei weiteren Interpretationen der Politikprozesse „von unten". Diese beiden Interpretationen stehen jedoch in einem potentiellen Widerspruch zueinander. Auf der einen Seite gibt es eine *plebiszitäre* Politiktradition, wonach politische Entscheider – gewöhnlich die Regierungsspitze – darum bemüht sind, an anderen politischen Akteuren – in der Regel Parlamentariern und/oder mächtigen Interessenverbänden – vorbei direkt an das Volk zu appellieren. Die Diskussion um die „elektronischen Bürgerversammlungen", die im Präsidentschaftswahlkampf 1992 geführt wurde, und Präsident Clintons Wunsch, diese Form der Partizipation in seiner Amtszeit zu praktizieren, sind nur ein deutliches Beispiel für den Versuch, Politik durch direkte Appelle an die Öffentlichkeit zu legitimieren. Die zunehmende Verwendung von Referenden, um wichtige Fragen zu entscheiden, die in europäischen politischen Systemen zu beobachten ist, auch da, wo dies – im Unterschied etwa zur Schweiz oder den Vereinigten Staaten – keine übliche Form der Partizipation darstellt, bietet ein weiteres Beispiel. Diese plebiszitäre Entwicklung von Partizipation mag aus populistischen Erwägungen als eine attraktive Möglichkeit erscheinen, umgeht jedoch die konventionellen, verfassungsmäßig vorgeschriebenen Formen der politischen Teilhabe.[4]

Die andere Entwicklung hin zu einer verstärkten Partizipation in Demokratien umfaßt den Versuch, nicht die Teilhabe breiter Bevölkerungskreise zu fördern, sondern derjenigen Gruppen, die durch eine politische Maßnahme direkt betroffen sind. Dieser Versuch kann so weit gehen, diesen Gruppen zu erlauben, die Durchführung staatlicher Maßnahmen zu kontrollieren oder zumindest ein Vetorecht dagegen auszuüben. Dies ist insbesondere dann der Fall, wenn eine Maßnahme geographisch oder praktisch-

---

3 Einige Untersuchungen weisen auf die Tendenz dieser unteren Organisationsebenen hin, durch ihre Klienten „gefangen genommen" zu werden und sich – gegen die formalen Regeln der Organisation – auf deren Seite zu stellen.

4 Über die Folgen, die sich für die – üblicherweise praktizierte – Demokratie ergeben, hinaus kann diese Veränderung bedeutende Konsequenzen für die Art der verabschiedeten politischen Maßnahmen haben sowie für die Möglichkeit eines nicht-inkrementalen Policy-Wandels.

funktionell begrenzte Auswirkungen hat. Sehr deutlich kommt diese Herausbildung einer lokal konzentrierten Macht in dem Nimby-Syndrom zum Ausdruck, das in staatlichen „Handlungsbereichen" wie der Energiepolitik, der Umweltpolitik und der Strafrechtspolitik anzutreffen ist.[5] Wenn lokalen Gruppen solch weitreichende Macht eingeräumt wird, können diese mit ihren Demokratisierungsstrategien die offizielle Regierungspolitik durchkreuzen und Probleme für die Gesellschaft als ganze hervorrufen. Wird nur ein begrenztes – hier nicht definiertes – Maß lokaler Kontrolle über staatliche Maßnahmen zugelassen, können sich Probleme bei der stärkeren Verbindung der repräsentativen Demokratie mit kommunitaristischen Demokratie-Idealen ergeben. Fast alle demokratischen Gesellschaften werten heute eine lokale Beteiligung in Form von Anhörungen, Petitionen u.ä. hoch, müssen aber auch entscheiden, wann übergeordnete gesellschaftliche Prioritäten Ansprüche der lokalen Kontrolle in den Hintergrund treten lassen sollen.[6]

Es wäre leicht, diese Elemente einer erweiterten Partizipation als „wild gewordene Demokratie" einzustufen und zu behaupten, daß sie dazu beitragen, politische Entscheidungen minderer Qualität zu produzieren. Zwar gibt es einige Beispiele, in denen öffentlicher Druck politische Entscheidungen hervorbrachte, die sich aufgrund ihrer technisch-praktischen Qualität nicht rechtfertigen lassen (Schneider 1993). Sicher wirft die Frage nach den Auswirkungen der Politikgestaltung „von unten" das grundsätzliche Problem auf, anhand welcher Merkmale eine „gute" Entscheidung als solche zu erkennen ist; nichtsdestoweniger gibt es durchaus Hinweise darauf, daß eine verstärkte Partizipation in der Tat die Qualität von Entscheidungen verbessern kann. So weist Majone (1989) auf einige Beispiele von Policy-Entscheidungen, auch in technisch komplexen Bereichen, hin, die durch eine öffentliche Beteiligung verbessert wurden. Auch wenn die breite Öffentlichkeit oder Teile der Öffentlichkeit, die unmittelbar durch eine Maßnahme tangiert werden, nicht selbst über die nötigen technischen Informationen verfügen, kann ihre Partizipation ausreichend sein, um diejenigen, die über diese Informationen verfügen, zu veranlassen, diese in die öffentliche Politikdebatte einzubringen. Druck des Publikums kann auch Anlaß dafür sein, daß neue, erforderliche Informationen beschafft werden. In ähnlicher Weise kann der analytische Rahmen der „Advocacy Coalition", der zur Untersuchung des Policy Making-Prozesses entwickelt wurde, auch als ein Instrument verstanden werden, die dem Ansatz „von oben" zugeschriebene technische Expertise mit einem offeneren Ansatz des Politikprozesses „von unten" (Sabatier 1988) zu verbinden. Dieser analytische Rahmen würde es erlauben (und dazu ermutigen), alternative praktische und technische Gesichtspunkte bei der Bestimmung von Politikinhalten miteinander konkurrieren zu lassen.

---

5 „Nimby" ist ein Akronym für „not-in-my-back-yard" und bezieht sich auf den Widerstand, mit dem sich staatliche Akteure häufig konfrontiert sehen, wenn Entscheidungen über die Standortplanung für Müllentsorgungs-Einrichtungen, Kraftwerke, Gefängnisse und eine Vielzahl anderer unerwünschter, aber gesellschaftlich notwendiger Einrichtungen gefällt werden.

6 Theoretisch interpretiert impliziert dies das Problem, den Nutzen, den eine Gemeinde daraus zieht, daß sie eine Einrichtung verhindert, mit dem Nutzen zu vergleichen, den eine Gesellschaft aus der Ansiedlung einer solchen Einrichtung zieht. Solche intersubjektiven Nutzenvergleiche sind schwierig, wenn nicht gar unmöglich durchzuführen. Jedoch verweisen sie auf die größere Intensität des Engagements der lokalen Ebene in einer solchen Frage.

Auch wenn die praktisch-technische Qualität einer Entscheidung, die getroffen wurde, gleich oder besser ist, steht es außer Frage, daß der Ansatz „von unten" zeitaufwendiger ist als der parlamentarische Entscheidungsprozeß. Bei einigen Entscheidungsfragen und in einigen politischen Systemen mag Geschwindigkeit – in gewissen Grenzen – kein zentraler Aspekt sein, wenn es überhaupt zu einer Entscheidung kommt. Jedoch besteht bei der Politikgestaltung „von unten" die Gefahr, daß sie sich immer mehr in Richtung eines „divided government" (Fiorina 1991) mit neuen Formen der Blockade entwickelt, die effektives staatliches Handeln verlangsamen oder ganz verhindern. Wahrscheinlich sind die Befürworter der Politik „von unten" zu optimistisch, wenn es darum geht, die Möglichkeiten einer extensiven Diskussion *und* effektiven Entscheidungsfindung einzuschätzen. Der Zeitaspekt stellt im allgemeinen für politisch verantwortliche Entscheider eine wichtige Überlegung dar, jedoch verständlicherweise nicht unbedingt für lokale Gruppen, die für ihr Leben zentrale Wertvorstellungen verteidigen.

Eine weitere Konsequenz, die sich aus der Wahl des einen oder anderen Modells ergibt, ist die Entscheidung für ein angemessenes Policy-Instrument. Die Bedeutung von Instrumenten, oder „Werkzeugen", ist für Policy-Forscher immer offensichtlicher geworden (Hood 1986; Linder/Peters 1989). Allgemein läßt sich sagen, daß politisch-administrative Systeme, die die Bedeutung direkter Demokratie und von Policy-Prozessen betonen, die überwiegend „von unten" initiiert werden, eine spezifische Palette von Policy-Instrumenten bevorzugen. Es ist anzunehmen, daß sie sich eher auf Instrumente verlassen, die auf Verhandlungen mit den betroffenen Interessen beruhen, wie die Aushandlung von Verträgen oder die Ko-Produktion der Zielgruppen bei der Erbringung öffentlicher Leistungen oder Maßnahmen, sowie auf Instrumente, die individuelle Entscheidungen über die Inanspruchnahme von Dienstleistungen erlauben, wie beispielsweise Steueranreize. Der Gebrauch von „Vouchers" und anderen Instrumenten, die eine Konsumentenwahl vorsehen (Chubb/Moe 1990) und auf Überlegungen der Public Choice-Theorie basieren, sind als „natürliche" Instrumente einer Politikgestaltung „von unten" zu betrachten, weil sie es dem einzelnen Konsumenten einer staatlichen Leistung überlassen, die letzte Entscheidung über die Art der zu produzierenden Policies zu fällen. Die Frage der Politikgestaltung „von oben" oder „von unten" impliziert also sowohl die „Output-Seite" des politisch-administrativen Systems, als auch Partizipationsaspekte auf der „Input-Seite".

Der Ansatz „von oben"

Der Ansatz oder die Ansätze „von oben" ist bzw. sind sehr viel einheitlicher als die oben skizzierten Ansätze einer Politikgestaltung „von unten". Jedoch bietet er empirisch und theoretisch nicht die Vielfalt, die für die Ansätze „von unten" typisch ist. Die Grundidee der Perspektive „von oben" umfaßt die traditionelle Vorstellung, daß eine Policy von dem Gesetz her zu verstehen ist, das die Regierung zum Handeln berechtigt. Auch wenn man sich dessen bewußt ist, daß Akteure auf den unteren organisatorischen Ebenen bedeutenden Einfluß auf die Art und Weise nehmen, in der ein Gesetz durchgeführt wird, gilt die Formulierung des Gesetzes und nicht die darauffolgende Durchführung als die legitime Basis staatlichen Handelns (Lane 1983).

Diese Betonung formaler Aspekte geht Hand in Hand mit einer Nähe zur Phase der Politikformulierung, insbesondere in stark verrechtlichten politischen Systemen; sie kann – bis zu einem gewissen Grad – verwendet werden, um den Einfluß politischer Kräfte auf das Regierungshandeln zu ermessen.

Diese Sicht der Politikgestaltung steht im Zentrum vieler Phasenmodelle der Politikentwicklung, die den Prozeß beschreiben, in dessen Rahmen Entscheidungen in einem politisch-administrativen System gefällt werden (Jones 1986; Peters 1993). Sie liegt auch einem großen Teil der Implementationsliteratur zugrunde. Der frühe Ansatz von Pressman/Wildavsky (1973), der verschiedene „Clearing Points" konstatierte, ging davon aus, daß es Sinn der Implementation ist, die Policy so durchzuführen, wie die Politikformulierer dies beabsichtigt hatten. Später wurde diese Betonung der prägenden Rolle des Gesetzes durch einen kontingenteren Ansatz relativiert (Ingram/Schneider 1990), der behauptet, daß eine starke gesetzliche Festlegung der Details einer Politik bestimmten Typen von Politikinhalten besser entspricht und ihnen angemessener ist, während andere politische Maßnahmen wiederum eher als Ausdruck eines Prozesses „von unten" zu verstehen sind.

Es spricht einiges dafür, daß ein Politikansatz „von oben" einen bestimmten Politikstil fördert. Die mehr lineare und autoritative Natur der Politikgestaltung „von oben" impliziert die Fähigkeit eines politischen Systems, schwierige Entscheidungen in einer Weise zu fällen, die – sofern richtig ausgewählt – in der Lage sind, bedeutsame Ergebnisse hervorzubringen. Das heißt, dieses Modell geht typischerweise von der Vorstellung einer starken Regierung aus, die politische Maßnahmen aus guten politischen und praktisch-technischen Gründen auswählt und dann zur Durchführung dieser Politik schreitet. Damit einher geht die Vorstellung vom Staat als quasi-monolithischem Akteur. Die Politikgestaltung hängt weitgehend von den Policy-Vorstellungen der politischen Eliten ab und wird als Folge einer veränderten parteipolitischen Zusammensetzung von Regierungen verstanden. Weiter wird davon ausgegangen, daß – wenn die Regierung einmal gehandelt hat – die anderen politisch-administrativen Akteure sich fügen und die Bürger sich mit einem indirekten Einfluß auf die Politikgestaltung zufriedengeben. Es ist zu vermuten, daß der Typ der oben beschriebenen „starken" politischen Führung durch Parlament und Regierung, wie sie dem Ansatz „von oben" zugrundeliegt, weitgehend mit Instrumenten wie einer direkten staatlichen Versorgung mit Dienstleistungen operiert oder mittels einer Regulierung durch Gebote und Verbote, um seine Ziele zu erreichen. Diese Instrumente ermöglichen eine größere Sicherheit der Leistungsversorgung als dies, wie wir sehen werden, für viele andere Instrumente zutrifft; sie verwenden zu diesem Zweck die spezifisch staatlichen autoritativen Ressourcen (Page 1985) und gehen von der Annahme aus, daß staatliche Anweisungen und formale bürokratische Strukturen in der Lage sind, erwünschte Politikergebnisse hervorzubringen. Wiederum läßt sich sagen, daß – vorausgesetzt, die ausgewählte politische Maßnahme und das Instrument sind dem zu lösenden Problem angemessen – dieser Politikstil die Chance auf große Erfolge bietet, wahrscheinlich größere Erfolge als sie der Ansatz „von unten", der die Akteure nur „lose koppelt", eröffnet. Andererseits birgt dieses Modell jedoch auch die Gefahr, daß beträchtliche Fehler unterlaufen und die Fähigkeit nicht vorhanden ist, sich zeitlichen oder räumlichen Unterschieden anzupassen, eine Möglichkeit, die bei der Politik „von unten" bestehen sollte.

Theoretische Implikationen

Die Entscheidung darüber, wie Politik in einer Gesellschaft gestaltet werden soll, hat theoretische Konsequenzen, deren Explizierung ein besseres Verständnis des Policy-Prozesses ermöglicht. Obwohl jeder der beiden Ansätze (inbesondere derjenige „von unten" – vgl. Elmore 1979) auf spezifischen theoretischen Annahmen beruht, verbinden sie sich auch mit breiteren Traditionen der politischen Theorie und Gesellschaftstheorie. Der Umstand, daß die Policy-Forschung sich auf die Besonderheiten öffentlicher Maßnahmen konzentriert, hatte zur Folge, daß diese Verbindung zur allgemeinen Theorieentwicklung ignoriert wurde. Jedoch sollten diese Ansätze der Politikgestaltung als integrale Bestandteile eines umfassenderen Verständnisses der Funktionsweise gesellschaftlichen und politischen Lebens verstanden werden.

Die Sicht „von unten". Mindestens zwei theoretische Implikationen, die sich wiederum potentiell direkt widersprechen, sind in der Perspektive „von unten" enthalten. Der ideologische Gehalt dieser Theorien ist auf jeden Fall widersprüchlich, und dasselbe trifft für die verwendeten Begriffe zu. Auf der einen Seite bezieht sich die Sicht „von unten" auf die kritische Demokratietheorie, die für die Einführung einer „diskursiven Demokratie" (Barber 1984; Dryzek 1990) plädiert, weil diese die Möglichkeit der Politikgestaltung durch alle betroffenen Akteure bietet. Dieses Verständnis verbindet sich in der Regel mit Vorstellungen der politischen Linken und der Absicht, diejenigen gesellschaftlichen Gruppen mit politischer Macht auszustatten, die – so das Argument – oft von einem aktiven Engagement in der Politik ausgeschlossen waren. In einer extremen Variante argumentiert dieser Ansatz, daß eine Politik „von oben" nicht nur unerwünscht, sondern auch undurchführbar ist, weil er durch die individuellen Handlungen der Bürger, die alle ihre Interessen zu realisieren suchen,[7] durchkreuzt wird. Es wird darauf hingewiesen, daß die – für die Politik „von oben" typische – Gebots- und Verbots-Regulierung ein Ausmaß an Kontrolle impliziert, das die Fähigkeiten jedes zentralen politischen Organs übersteigt.

Auf der anderen Seite lassen sich aus der Public Choice-Theorie auch Annahmen ableiten, die eine Politik „von unten" begünstigen, obwohl diese Theorietradition in der Regel mit der politischen Rechten assoziiert wird. Der methodologische Individualismus der Public Choice-Theorie verlagert, indem er von der Rationalität des Individuums ausgeht, das Zentrum des Handelns auf die unterste Ebene von Organisationen.[8] Eine weitere zentrale Forderung, die sich aus der Public Choice-Theorie ergibt, ist es, den Bürgern die Möglichkeiten zu geben, unter verschiedenen öffentlichen Dienstleistungen zu wählen und diese Dienstleistungen nicht durch Politiker/Büro-

---

7 Das ist die Argumentationsbasis der autopoietischen oder selbst-organisierenden Theorie der öffentlichen Verwaltung und Staatstätigkeit. Die These ist, daß eine Kontrolle der Gesellschaft aus dem Zentrum heraus unmöglich ist, weil Individuen und Gruppen fähig sind, dieser Kontrolle aus ihrem eigenen Interesse auszuweichen. Dies kommt vor allen Dingen in Bereichen wie der Steuerhinterziehung und der Vermeidung von Regulierungen vor, existiert aber auch in vielen anderen Politikbereichen. Vgl. dazu die Arbeiten von In 't Veld u.a. (1991).
8 Ja, gegenwärtige Theorien in dieser Tradition sind darauf gerichtet, Wege zu finden, um die Erosion der gesetzgeberischen Absicht an der Basis von Organisationen zu verhindern. Vgl. dazu McCubbins, Noll und Weingast (1989).

kraten oder Experten, die an der Spitze der Organisation stehen, bestimmen zu lassen. So ist die Forderung, „Vouchers" bei der Vermittlung von Dienstleistungen wie Bildung (Chubb/Moe 1990) zu verwenden, eine Möglichkeit, die Bürger selbst bestimmen zu lassen, welche Art von schulischer Ausbildung ihre Kinder genießen sollen, indem sie allein über die Verwendung der über den „Voucher" gewährten finanziellen Mittel entscheiden. Die Einführung eines „Voucher" und anderer Formen, die Wahlmöglichkeiten von Bürgern unter verschiedenen Leistungsangeboten zu schaffen, bedeutet, daß die Bürger selbst die Dienstleistungen bestimmen, die vom Staat angeboten werden, und daß sie nicht bloß passive Empfänger dieser Leistungen sind.

Die Sicht „von oben". Die theoretischen Traditionen, die der Politikauffassung „von oben" zugrundeliegen, sind weniger klar herauszuarbeiten, wenn man von der stark rechtstheoretischen Orientierung absieht, die sich mit ihr verbindet. Eine Affinität besteht auch zu Annahmen des „neuen Institutionalismus", wie er in Policy-Untersuchungen verwendet wird, und dessen Grundhypothese es ist, daß die formalen Regierungsinstitutionen Policy-Entscheidungen eindeutig prägen und auch prägen sollen. Die Vorschrift der Gesetzesbindung entspricht der „Regel der Angemessenheit", die eine zentrale Rolle im neuen Institutionalismus von March und Olsen (1989) spielt. Es gibt auch Verbindungen zu dem Neuen Ökonomischen Institutionalismus, wie er von Elinor Ostrom (1986, 1990) und anderen (North 1990; Shepsle 1989) vertreten wird. Diese theoretische Literatur betont, daß institutionelle Regeln die Handlungen von Individuen in einer Gesellschaft „erlauben, ausschließen und vorschreiben". Während sie im wesentlichen eine empirische Sicht staatlichen Handelns einnimmt, argumentiert der Neoinstitutionalismus auch aus einer normativen Perspektive heraus und fordert, daß der formale Inhalt des Gesetzes die Politikgestaltung bestimmen sollte.

Auf einer nachgeordneten Ebene basieren die Implementationsprozesse, die „von oben" gesteuert werden, auf der Rechtssetzungskompetenz gesetzgebender Körperschaften und dem Recht politischer Beamter, Verordnungen u.a. zu erlassen. Dies kann in Form von Gesetzen, „orders in council", exekutiven Anweisungen oder einer anderen Form geschehen. Gemeinsam ist all diesen Entscheidungsformen, daß sie über die legitimen Quellen von Recht einer Gesellschaft verfügen. Die Durchführenden bemühen sich in dem „von oben" gesteuerten Prozeß, die gesetzlichen Beschlüsse so getreu wie möglich nach den Intentionen des Gesetzgebers in die Praxis umzusetzen (Lane 1983). Jedoch wissen wir aus vielen empirischen Implementationsstudien (Pressman/ Wildavsky 1973; Goggin 1987), daß es unwahrscheinlich ist, daß ein Durchführungsprozeß dieses Ziel vollkommen erreicht; nichtsdestoweniger ist es das zentrale Element dieses Modells, daß eine solche Anstrengung gemacht wird. Auch ermöglicht dieses Modell, den Grad einer erfolgreichen Implementation daran zu messen, ob die Politikergebnisse die Ziele erreichen, die in der Gesetzgebung definiert wurden.

Normative Implikationen

Die normativen Implikationen der beiden alternativen Ansätze, die uns im folgenden beschäftigen sollen, machen den wichtigsten Teil der Analyse aus. Wie wir gesehen haben, liefern beide Sichtweisen empirische Einsichten in den Policy-Prozeß und dessen Ergebnisse, und diese Einsichten sind komplementär. Beide verbinden sich mit Theorierichtungen, die sich ergänzende Sichtweisen auf politische und soziale Wirklichkeiten eröffnen. Die normativen Implikationen – hingegen – sind schwerer zu ermessen (Roth 1987) und stehen in einem konkurrierenden Verhältnis zueinander. So hat die Entscheidung für eine Politikauffassung eindeutige normative Konsequenzen für die Art und Weise, in der ein politisches System funktionieren sollte, und daher auch für die Policy-Maßnahmen, die in einem politisch-administrativen System zum Tragen kommen sollten. Die Entscheidung hat auch wichtige Folgen für die Wertvorstellungen, die in einem Staat als handlungsleitend gelten.

Die Sicht „von oben". In bewußter Umstellung der Reihenfolge der Erörterung werden zunächst die normativen Implikationen der Perspektive „von oben" analysiert. Sie sind etwas klarer als diejenigen der Perspektive „von unten" und bieten einen wichtigen Maßstab, anhand dessen die Perspektive „von unten" gemessen werden kann. Jedoch läßt sich auch hier keine einheitliche normative Orientierung konstatieren, vielmehr lassen sich leicht mehrere Wertorientierungen aus diesem – angeblich einheitlichen – Politikmodell herauslesen.
Die zentrale normative Perspektive, die in der Politikauffassung „von oben" enthalten ist, führt zurück zu unserer anfänglichen Diskussion über die Bedeutung der Gesetzesbindung staatlichen Handelns. Sie enthält die einfache These, daß demokratische Politikprozesse, insbesondere wie sie in repräsentativen Demokratien durch gesetzgebende Körperschaften, Regierungen u.a. gehandhabt werden, darauf hin orientiert sind, verbindliche Regeln zu verabschieden, die auf die ganze Gesellschaft anzuwenden sind. Es ist nun reizvoll, dagegen die Position zu vertreten, daß diese Regeln nicht immer nach jedermanns Geschmack zu sein brauchen und daher in der Durchführung einer Veränderung unterworfen werden sollen.[9] Jedoch haben die zuständigen politischen Entscheidungsträger ebensoviel – oder besser gesagt – mehr Anspruch darauf, verbindliche Regeln zu verabschieden, als die Durchführenden (Hodgwood/Gunn 1984). Sicher lassen sich Mängel repräsentativer Institutionen aufzeigen, dennoch müssen diese nach wie vor – so die Forderung der Vertreter der Politik „von oben" – als die legitimen Gesetzgeber der Gesellschaft betrachtet werden.
Aber noch weitere normative Forderungen werden aus der Sicht des Modells „von oben" erhoben: Eines der wichtigsten Postulate des Rechtsstaatlichkeitsprinzips, das diesen Ansatz charakterisiert, ist die Forderung nach Gleichheit. Wenn der faktische Gehalt einer staatlichen Maßnahme in der Implementation oder durch lokale Kontrolle bestimmt wird, dann sind substanziell große Unterschiede in den Politikresultaten die Folge. D.h. die Forderung nach Gleichheit vor dem Gesetz ist ein zentrales Merkmal entwickelter politischer Gemeinschaften, die jedoch nicht erfüllt ist, wenn Politikgestaltung „von unten" ernst genommen wird. Auch verbindet sich mit dem Prinzip der Gesetzesbindung staatlichen Handelns und einem präziser gesteuerten Policy-Prozeß die Möglichkeit Politikresultate vorauszusagen. Politikergebnisse voraussagen zu können, ist zentral für die Politikformulierer, weil diese die Gesetze, die sie verabschieden,

---

9 Dies entspricht im wesentlichen dem evolutionären Modell von Implementation, wie es von Browne und Wildavsky (1983) entwickelt wurde.

so zielgerecht wie möglich umgesetzt sehen möchten; jedoch ist die Voraussagbarkeit auch wichtig für die Bürger als Adressaten dieser Politik. Denn in einem Staat zu leben, dessen Handlungen nicht kalkulierbar sind, einem Staat, der in der Sprache des amerikanischen Verwaltungsrechts willkürlich und launisch ist, stellt für die meisten Bürger eine wenig attraktive Aussicht dar.

Die normativen Implikationen des Ansatzes „von oben" sind jedoch nicht ausschließlich positiv. Das Regieren von „oben nach unten" birgt auch das Risiko, staatliche Aktivitäten zu produzieren, die an den Wünschen der Bürger vorbeigehen und die zu wenig Informationen hinsichtlich der Hindernisse und Schwierigkeiten enthalten, die diejenigen zu bewältigen haben, die diese Güter und Dienstleistungen für die Bürger produzieren. Regieren „von oben" kann leicht als „Herrschaft von Technokraten" dargestellt werden, denen jegliches Verständnis für die Bedingungen der wirklichen Welt abgeht, wobei letztere wiederum die Möglichkeiten dessen bedingen, was diese Regierung tun möchte. Dies ist insbesondere dann gegeben, wenn das betreffende Politikfeld durch beträchtliche regionale Unterschiede in den Wertvorstellungen (z.B. Bildung) charakterisiert ist oder ein Handlungsfeld darstellt (z.B. Landwirtschaft), in dem die Zielgruppen als wichtige Informationsquellen und Implementationsressourcen fungieren.

Die Sicht „von unten": Es kann nicht überraschen, daß die normativen Implikationen des Ansatzes „von unten" das exakte Gegenstück zu denjenigen des Ansatzes „von oben" darstellen. Während die Tugenden der Politik „von oben" Gewißheit und Gleichheit sind, bietet die Politikgestaltung „von unten" die Möglichkeit, politische Maßnahmen an örtliche Besonderheiten oder Veränderungen in der Zeit besser anzupassen. Die Folge kann eine gerechte Politik sein (indem die Maßnahmen direkt an die jeweiligen Bedürfnisse angepaßt werden), mehr als dies im Falle absoluter Gleichheit der Fall ist, die eine Politik „von oben" anstrebt. Auch kann die Politik „von unten" beanspruchen, wichtige demokratische Forderungen zu erfüllen, insbesondere indem sie eine breitere Palette von Politikgestaltungs-Optionen bietet, als dies für den Ansatz „von oben" mit dessen Betonung der repräsentativen Demokratie gilt.

Die normativen Implikationen (sowohl positiver als auch negativer Art), die für die Politik „von unten" charakteristisch sind, können am deutlichsten anhand der Version des „Backward Mapping" herausgearbeitet werden. Arbeiten über das „Backward Mapping" (Elmore 1979) gehen von der These aus, daß es bei der Gestaltung staatlicher Maßnahmen am wünschenswertesten ist, Instrumente zu verwenden, die am „Ende" des Prozesses ansetzen, und unter Berücksichtigung der sozialen und politischen Kräfteverhältnisse auf der untersten politisch-administrativen Handlungsebene zu bestimmen, was überhaupt machbar ist. Die Analyse der Durchführbarkeit dient dann als Rohmaterial für den Beginn der Politikgestaltung und einen ersten Entwurf der Maßnahme. Es wird davon ausgegangen, daß, wenn die Wünsche und objektiven Gegebenheiten auf den unteren Ebenen von vornehrein in die Politikgestaltung integriert werden, die Policy eine größere Chance hat, erfolgreich in die Praxis umgesetzt zu werden und ihre deklarierten Ziele zu erreichen.

Eine solche Konzipierung der Politik „von unten" erscheint reizvoll, zieht jedoch auch mögliche, nicht zu unterschätzende negative Konsequenzen nach sich. Die wichtigste von ihnen ist, daß die Politikgestaltung durch die Idee dessen, was machbar ist, geleitet wird, anstatt durch grundsätzlichere Überlegungen darüber, was aus der Sicht der Wertvorstellungen derjenigen politischen Eliten, die politische Machtpositionen auf einer demokratisch legitimierten Basis innehaben, getan werden sollte. Der Begriff der „Machbarkeit" (Majone 1975) wird gesellschaftlich unterschiedlich definiert, und diejenigen, die definieren, was möglich ist und was nicht möglich ist, legen die Spannbreite der politischen Handlungsmöglichkeiten fest. Während im Modell „von oben" das Set der Handlungsmöglichkeiten durch eine politische und technokratische Elite definiert wird, bestimmen beim Modell „von unten" die unteren Organisationsebenen oder gar die Klienten einer Organisation das, was machbar ist. In beiden Fällen werden die Möglichkeiten, die in Betracht gezogen werden, eingeschränkt, allerdings – in aller Wahrscheinlichkeit – nicht in der gleichen Art und Weise.

Noch grundsätzlicher stellt sich die Frage, ob der Staat das tun soll, was leicht machbar ist, was mit der Zustimmung der Zielgruppen getan werden kann oder ob der Staat tun sollte, was er – in Orientierung an den Wertvorstellungen der Regierungsmitglieder – glaubt tun zu müssen. Als Extremfall gedacht, würde das Modell „von unten" die „Gefangennahme" von staatlichen Behörden durch die Klienten, welche oft kritisiert worden ist, legitimieren (Lowi 1979). In einer abgemilderten Variante würde die Politikgestaltung, die dem „Backward Mapping" folgt, zu internen Konflikten und Inkonsistenzen im staatlichen Handeln führen, die für Kritiker staatlichen Handelns häufig Anlaß für Besorgnis waren und sind. Daher erscheint es ganz zentral, daß das politisch-administrative System Wege findet zu unterscheiden, wann Forderungen „von unten" stärker berücksichtigt werden sollen als Forderungen der legitimierten Entscheidungsträger an der Spitze der politischen Hierarchie.

Das zweite wichtige normative Element, das die Perspektive „von unten" enthält, ist unmittelbar mit den theoretischen Implikationen des oben diskutierten Ansatzes verwandt. Wie bei der Konzeption der Planung „von unten" oder des „Backward Mapping" ist die Möglichkeit einer verstärkten und breit definierten Partizipation bei der Entscheidungsfindung ebenso wünschenswert wie problematisch. Zugegebenermaßen verbinden sich mit den Begriffen Technokratie und Bürokratie für große Teile der Bevölkerung in westlichen Demokratien negative Vorstellungen, jedoch ist die Verwendung von Expertise, die sowohl mit Technokratie als auch mit Bürokratie gleichzusetzen ist, insgesamt von Vorteil für das politische System (Barker/Peters 1993). Ein extrem partizipativer Ansatz kann Expertise dem Alltagswissen und den Präferenzen der Bürger opfern. Zwar kann der normale Bürger die politisch Handelnden dazu zwingen, zusätzliche Informationen offenzulegen oder zu beschaffen, aber es besteht auch die Gefahr, daß komplexe Policy-Probleme auf relativ einfache politische Konflikte reduziert werden, selbst wenn diese offen und demokratisch ausgetragen werden.

Versuch einer Synthese

Bis jetzt wurden die beiden Konzeptionen der Politikgestaltung als gegensätzliche Typen behandelt. Diese Dichotomisierung war wichtig, um die Implikationen der beiden Ansätze herauszuarbeiten. In Wirklichkeit weisen die beiden Perspektiven jedoch sowohl Unterschiede als auch Gemeinsamkeiten auf. Die Ähnlichkeiten werden weiter unten erörtert. Zunächst gilt es zu betonen, daß die Entscheidung für das eine

oder andere Modell als kontingente Wahl zu verstehen ist. Mit anderen Worten: Manche Situationen der Politikgestaltung eignen sich mehr für das eine Modell als für das andere. So sind Politikinhalte, die variable Elemente aufweisen, eher für eine Gestaltung „von unten" geeignet, während andere Politikinhalte, bei denen Gleichheit eine wichtige Rolle spielt, die sich beispielsweise auf grundlegende Bürgerrechte erstrecken, sich für eine Politikgestaltung „von oben" anbieten.
Mehr noch als dieser problemkontingente Ansatz, der einige Verdienste aufweist, müssen die Besonderheiten der verschiedenen Phasen des Policy-Prozesses auseinandergehalten werden. Eingangs wurde gesagt, daß die hier verwendete Dichotomie gemeinhin in Implementationsstudien verwendet wird, jedoch auf den gesamten politischen Prozeß anwendbar ist. Dies trifft zwar prinzipiell zu, bedarf jedoch einer Differenzierung. Es mag vielleicht paradox erscheinen, daß ein Policy-Prozeß, der dasselbe Modell in allen Phasen anwendet, weniger wirksam ist als ein Prozeß, der versucht, unterschiedliche Modelle in unterschiedlichen Phasen des Zyklus zu praktizieren. Diese Hypothese bedarf einer näheren Begründung.
Die beiden Modelle können als komplementär betrachtet werden, wenn man sie als einander folgend betrachtet. Es kann sein, daß staatliche Maßnahmen, die in einem Ansatz „von oben" formuliert wurden, also mit einer geringen Einbindung betroffener Interessen oder breiter Bevölkerungskreise gestaltet wurden, am sinnvollsten mittels einer Gestaltung „von unten" durchgeführt werden. Dies würde erlauben, daß eine Politik, die einen normalen Gesetzgebungsprozeß mit mehr bürokratischer als öffentlicher Partizipation durchlaufen hat, während der Implementation so modifiziert wird, daß sie den Bedingungen der „wirklichen Welt" und den Forderungen von Zielgruppen besser entspricht. Entsprechend kann es für Maßnahmen, die im Rahmen einer Politik „von unten" entworfen und gestaltet wurden, mit Hilfe stark gesetzesorientierter, vom Zentrum aus gesteuerter Methoden durchgeführt werden. Dies liegt darin begründet, daß der Verhandlungsprozeß, der für eine Politikgestaltung „von unten" typisch ist, oft mit einem sehr fragilen politischen Konsensus einhergeht, der durch irgendwelche Abänderungen im Implementationsprozeß dann unterhöhlt wird. Aus diesen Gründen kann ein streng rechtsgebundener und einheitlicher Verwaltungsprozeß die Effektivität des weiteren politischen Prozesses garantieren.[10]
Es lassen sich auch Politikbereiche nennen, in denen die Anwendung des einen oder anderen Modells für den gesamten Prozeß angemessen ist. So weisen Maßnahmen, die sich auf die Bürgerrechte beziehen, ein so starkes rechtsstaatliches Element auf, daß eine Politikgestaltung „von oben" durchgehend als wünschenswert erscheint. Für andere öffentliche Maßnahmen, wie Bildung und Erziehung, ist traditionell sowohl in der Politikformulierung als auch in der Implementation ein starkes Element lokaler Kontrolle typisch, was den Erfolg der politischen Maßnahmen erhöht. Darüber hinaus ist es möglich, daß der grundlegende Politikstil einiger Länder (Richardson 1982) offener für das eine oder das andere dieser Modelle ist. Darüber hinaus sind sowohl auf der empirischen als auch auf der normativen Ebene noch weitere Formen denkbar, in denen die beiden Perspektiven der Politikgestaltung sich wechselseitig ergänzen können.

---

10 Das ist die Logik der korporatistischen und neokorporatistischen Politikprozesse, in denen die Verhandlungen zwischen betroffenen Interessen durch den Staat vollzogen werden müssen, wenn der Prozeß aufrechterhalten werden soll.

Zusammenfassung

Obwohl die beiden Modelle hier als stark kontrastierende Alternativen präsentiert wurden, sind die Unterschiede mehr gradueller Art als durch eine strikte Dichotomie charakterisiert. Beide Modelle basieren auf der grundlegenden Überzeugung, daß Demokratie zu realisieren ist, variieren jedoch in dem Ausmaß, in dem Wünsche des Publikums direkt in den Prozeß der Politikgestaltung einfließen. Auch orientieren sich beide Modelle an der Rechtmäßigkeit staatlichen Handelns und betonen, daß staatliches Handeln voraussagbar sein muß, unterscheiden sich aber in dem Grad, in dem sie das Recht als positives Instrument oder als Zwangsjacke für Policy-Entrepreneurs betrachten. Wichtig bei diesem Vergleich ist, daß die Konsequenzen der Praktizierung des einen oder des anderen Modells deutlich werden.

Diese Konsequenzen sind empirischer und theoretischer, aber auch normativer Natur, und die vorliegende Analyse arbeitete sowohl Gemeinsamkeiten als auch Unterschiede heraus. Die empirischen Konsequenzen sind wichtig; noch bedeutsamer sind jedoch die normativen Implikationen für unser Verständnis der beiden Modelle. Denn die normativen Implikationen tangieren den Kern des demokratischen Prozesses und der Rolle von Partizipation in gegenwärtigen politischen Systemen. Die aufgezeigten Konsequenzen berühren auch den Kern des rechtsstaatlichen Selbstverständnisses und die Fähigkeit repräsentativer Demokratien, effektiv zu regieren. Es wurde gezeigt, daß einige der empirischen Überlegungen im Rahmen der beiden Modelle sich eher ergänzen als sich wechselseitig ausschließen, allerdings stehen die normativen Komponenten eher in Konkurrenz zueinander.

Literaturverzeichnis

Barber, Benjamin R., 1984: Strong Democracy: Participatory Politics for a New Age. Berkeley: University of California Press.
Barker, A./Peters, B. Guy, 1993: The Politics of Expert Advice. Pittsburgh: University of Pittsburgh Press.
Browne, A./Wildavsky, Aaron, 1983: Implementation as Adaptation, in: *Jeffrey L. Pressman/Aaron Wildavsky*, Implementation, 3. Aufl., Berkeley: University of California Press.
Chubb, John Edward/Moe, Terry M., 1990: Politics, Markets and America's Schools. Washington, D.C.: The Brookings Institution.
Dryzek, John, 1990: Discursive Democracy: Politics, Policy and Political Science. Cambridge: Cambridge University Press.
Elmore, Richard F., 1979: Backward Mapping: Implementation Research and Policy Decisions, in: Political Science Quarterly 94, 601-616.
Fiorina, Morris P., 1991: Coalition Governments, Divided Governments, and Electoral Theory, in: Governance 4, 236-249.
Goggin, Malcolm L., 1987: Policy Design and the Politics of Implementation. Knoxville, TN: University of Tennessee Press.
Hodgwood, Brian W./Gunn, L., 1984: Policy Analysis for the Real World. Oxford: Oxford University Press.
Hood, Christopher C., 1986: The Tools of Government. Chatham, NJ: Chatham House.
In 't Veld, R. u.a., 1991: Autopoiesis and Configuration Theory: New Approaches to Societal Steering. Dordrecht: Kluwer.
Ingram, Helen/Schneider, Anne, 1990: Improving Implementation Through Framing Smarter Statutes, in: Journal of Public Policy 10, 67-87.

Jones, Charles Oscar, 1986: An Introduction to the Study of Public Policy, 2. Aufl., Belment, CA: Wadsworth.
Lane, Jan-Erik, 1983: The Concept of Implementation, in: Statsvetenskapliga Tidskrift 86, 17-39.
Linder, Stephen H./Peters, B. Guy, 1986: A Design Perspective on Policy Implementation: The Fallacies of Misplaced Precision, in: Policy Studies Review 6, 459-475.
Linder, Stephen H./Peters, B. Guy, 1989: Instruments of Government; Perceptions and Contexts, in: Journal of Public Policy 9, 35-58.
Lipsky, Michael, 1980: Street-Level Bureaucracy: Dilemmas of the Individual in Public Services. New York: Russell Sage.
Lowi, Theodore Jay, 1979: The End of Liberalism, 2. Aufl., New York: Norton.
Majone, Giandomenico, 1975: The Feasibility of Social Policies, in: Policy Sciences 6, 49-69.
Majone, Giandomenico, 1989: Evidence, Argument and Persuasion in the Policy Process. New Haven: Yale University Press.
March, James G./Olsen, Johan P., 1986: Popular Sovereignty and the Search for Appropriate Institutions, in: Journal of Public Policy 6, 341-370.
March, James G./Olsen, Johan P., 1989: Rediscovering Institutions. New York: Free Press.
McCubbins, M. D./Noll, Roger Gordon/Weingast, B. R., 1989: Structure and Process, Politics and Policy: Administrative Arrangements and the Political Control of Agencies, in: Virginia Law Review 75, 431-482.
Nakamura, Robert T., 1987: The Textbook Policy Process and Implementation Research, in: Policy Studies Review 7, 142-154.
North, Douglass Cecil, 1990: Institutions, Institutional Change and Economic Performance. Cambridge: Cambridge University Press.
Ostrom, Elinor, 1986: An Agenda for the Study of Political Institutions, in: Public Choice, Nr. 48, 3-25.
Ostrom, Elinor, 1990: Governing the Commons. Cambridge: Cambridge University Press.
Page, Edward C., 1985: Laws as an Instrument of Policy, in: Journal of Public Policy, Nr. 5, 241-265.
Peters, B. Guy, 1993: American Public Policy, 3. Ausgabe, Chatham, New Jersey: Chatham House.
Pressman, Jeffrey L./Wildavsky, Aaron, 1973: Implementation. Berkeley: University of California Press.
Richardson, Jeremy John, 1982: Policy Styles in Western Europe. London: Allen and Unwin.
Roth, P.A., 1987: Meaning and Method in the Social Sciences. Ithaca, New York: Cornell University Press.
Sabatier, Paul, 1986: Top-Down and Bottom-Up Models of Policy Implementation. A Critical Analysis and Suggested Synthesis, in: Journal of Public Policy, Nr. 6, 21-48.
Sabatier, Paul, 1988: An Advocacy Coalition Framework of Policy Change and the Role of Policy-Oriented Learning Therein, in: Policy Sciences, Nr. 21, 129-168.
Schneider, K., 1993: New View Calls Environmental Policy Misguided, in: New York Times, 21. März.
Shapiro, M., 1988: Who Guards the Guardians? Athens: University of Georgia Press.
Shepsle, Kenneth A., 1989: Studying Institutions: Some Lessons from the Rational Choice Approach, in: Journal of Theoretical Politics, Nr. 1, 131-147.

6. Zentrale Hypothesen der Policy-Analyse: Kritischer Rückblick

Policy und Politics. Überlegungen zum Verhältnis von Politikinhalten und Politikprozessen

Hubert Heinelt

Die These Theodore Lowis – „policies determine politics" (Lowi 1972: 299) – hat die politikwissenschaftliche Debatte über den Kreis der Policy-Forscher hinaus angeregt. Diese These bezog sich bekanntlich auf *(Grund-)Typen von Policies* – nämlich auf distributive, redistributive, regulative und später auch konstitutive bzw. in der Weiterentwicklung der Lowischen Betrachtungen selbst-regulative Politik (vgl. Schubert 1991: 60ff.). Die These richtete sich kritisch gegen die seinerzeit verbreiteten, am funktionalistischen Politikmodell Eastons (1965) orientierten Betrachtungen, für die das politische System weitgehend eine „black box" zwischen politischem Input und politischem Output verblieb. Es war das Anliegen Lowis, das politische System dadurch zu erhellen, daß er die Aufmerksamkeit auf die Frage lenkte, von was Politik- bzw. Problemlösungsprozesse abhängen, und die genannte These umriß die Richtung, in der Antworten zu suchen seien – nämlich bei Inhalten von Politik und damit zusammenhängend bei der Art der politischen Probleme. Da die Inhalte von Politik (im Sinne der genannten Typen von Policies) jeweils spezifische Wirkungen zeitigen, werden „bei den Betroffenen bestimmte Reaktionen und Erwartungen [ausgelöst], die dann die politische Auseinandersetzung, den politischen Entscheidungsprozeß (aber auch den Durchführungsprozeß) prägen" (Windhoff-Héritier 1987: 48). Oder in den Worten Lowis (1964: 707): „It is not the actual outcomes but the expectations as to what the outcomes can be that shape the issues and determine their politics." Dies bedingt unterschiedliche, bei Lowi vom Policy-Typ abhängige *Politikarenen* mit je eigentümlichen Konflikt- und Konsensbildungsprozessen, deren „zentrale Bestimmungsfaktoren [... die] Kosten und Nutzen [sind], die von den Betroffenen erwartet werden, sowie die Steuerungsstrategie, mittels deren Kosten und Nutzen vermittelt werden" (Windhoff-Héritier 1987: 48).
Nun kann zwar festgestellt (und beklagt) werden, daß „im Laufe der wissenschaftlichen Verarbeitung der Anregungen Lowis [...] diese (über-)pointierte Zuspitzung [auf Policy-Grundtypen; d.Verf.] aufgegeben" wurde und „die Idee und das Konzept der Politikarena [...] in der Politikfeldforschung in der Regel [...] von ihrem theoretischen Bezugsrahmen [losgelöst] und nurmehr begrifflich oder als einfaches Kategorialsystem weiterverwendet" (Schubert 1991: 68) wird. Dies hat jedoch offen zu Tage liegende Gründe. In *nominellen Policies* – Politikfeldern wie Arbeitsmarkt-, Renten-, Umweltschutz- usw.-Politik – können sich nämlich je nach einzelnen Maßnahmen resp. Programmen distributive, redistributive, regulative und/oder selbst-regulative Politik sowie auch Politikarenen im Sinne Lowis nach- oder nebeneinander finden lassen. Dieses tatsächliche oder auch nur potentielle Nach- und Nebeneinander in einzelnen

Politikfeldern/-bereichen gilt gleichermaßen auch für unterschiedliche *Steuerungsprinzipien* (Gebot/Verbot, Anreiz, Angebot, Überzeugung/Aufklärung, Vorbild) und die unterschiedliche *Beschaffenheit* staatlicher *Interventionsformen oder Instrumente*, die für andere gängige Formen der Typologisierung von Policies stehen (vgl. Windhoff-Héritier 1980: 37ff.; Mayntz 1982: 80ff.; Windhoff-Héritier 1987: 27ff.; Schubert 1991: 162ff.). Vor diesem Hintergrund ist es sinnvoll, die „Frage, in welcher Weise und warum [...] Policies den politischen Prozeß prägen" (Windhoff-Héritier 1983: 351), nach *einzelnen nominellen Policies* zu thematisieren und „präzise Aussagen über die Natur der Policy-Politics Wechselbeziehung in einzelnen Policy-Bereichen zu entwickeln" (Windhoff-Héritier 1983: 359). Dies kann darauf hinauslaufen, bei politikfeld-spezifischen Aussagen stehenzubleiben. Obgleich vor „generalisierenden, policybereich-übergreifenden Prozeßaussagen" in der Vergangenheit nicht ohne Grund (nämlich mit Hinweis auf Policy-Kontingenzen) gewarnt worden ist (vgl. ebd.), soll im folgenden dennoch beides versucht werden – eine politikfeld-orientierte Reflexion über Policy-Politics-Wechselbeziehungen und ihre Integration in policybereich-übergreifende Betrachtungen zum Politikprozeß. Empirische Bezugspunkte werden verschiedene Sozialpolitiken (Arbeitsmarkt-, Renten- und Krankenversicherungs-/Gesundheitspolitik) sein, die zwar mit der Sicherung gegen Standardrisiken abhängig Beschäftigter den gleichen allgemeinen Problembezug aufweisen, sich aber bei den zu thematisierenden Aspekten von Policy-Politics-Wechselbeziehungen dennoch deutlich unterscheiden.[1]

1. Zu Policy-Politics-Wechselbeziehung in einzelnen Policy-Bereichen (nominellen Policies)

Im folgenden sollen zunächst politikfeld-spezifische Besonderheiten konturiert werden, die sich insofern auf die Verschiedenheit der Kontexte von Policies beziehen, als das politikfeld-spezifische Verhältnis des politischen Systems zur gesellschaftlichen Umwelt angesprochen werden soll (Abschnitte 1.1 und 1.2). Dabei wird (am Politikmodell Eastons orientiert) zum einen nach Besonderheiten von Forderungen („demands") und Spezifika, die sich auf politische Unterstützung/Legitimation („support") beziehen, und zum anderen nach spezifischen Wirkungen („impacts") von politischen Entscheidungen und Aktivitäten sowie damit zusammenhängenden Erwartungen von Bürgern als auch Perzeptionen politischer Akteure gefragt werden. Im weiteren wird auf politikfeld-spezifische Merkmale von Problemlösungsprozessen einzugehen sein. Dabei steht der (im Eastonschen Modell) zwischen input und output liegende Bereich im Mittelpunkt, der als „conversion" bezeichnet wird, d.h. das „policy making system" (Jann 1981: 17) oder politisch-administrative System, und die in ihm sich vollziehenden Politics (Abschnitte 1.3 bis 1.5).

---

[1] Zurückgegriffen wird dabei hauptsächlich auf Forschungsergebnisse, die im Kontext des Forschungsschwerpunkts Sozialpolitik bzw. der Abteilung Sozialpolitik und Politische Steuerung des Instituts für Politische Wissenschaft der Universität Hannover seit 1983 erarbeitet worden sind.
Für die Diskussionen über den vorliegenden Beitrag bedanke ich mich bei Bernhard Blanke, Thomas Lauer-Kirschbaum, Wolfram Lamping, Frank Nullmeier, Nicola Staeck und Christiane Perschke-Hartmann.

1.1 Differentielle oder allgemeine Problembetroffenheit

Wenn der „politische Prozeß als Problemverarbeitung" (Mayntz 1982: 74) analysiert wird, was in der Policy-Forschung üblich ist,[2] kommt der Art des zu bearbeitenden Problems für den Politikprozeß eine zentrale Bedeutung zu. Probleme, die von der gesellschaftlichen Umwelt an das politische System herangetragen resp. von diesem aufgegriffen werden, um durch verbindliche Entscheidungen einer Lösung zugeführt zu werden, lassen sich zweifellos in verschiedenster Form klassifizieren. Letztlich reflektieren die eingangs angesprochenen Klassifizierungen von Policies nach Grundtypen, Programmtypen und Steuerungsinstrumenten auch jeweils unterschiedliche Problembezüge. Ergänzend dazu sollten Problemcharakteristika oder die materielle Substanz politischer Probleme unter dem Gesichtspunkt betrachtet werden, daß in Politikprozessen die Identifizierung und Definition von Problemen durch politische Akteure eine entscheidende Rolle spielt, wobei die Problemidentifikation und -definition neben der Wahrnehmung eines Konflikts zwischen traditionellen Verhaltensmustern, Erwartungen und der gesellschaftlichen Umwelt auch davon abhängt, ob und in welcher Form ein solcher Konflikt politische Aufmerksamkeit erregt (vgl. Schubert 1991: 166, mit Bezug auf Brewer 1978). Im Hinblick darauf dürften als Problemcharakteristika bedeutsam sein, ob eine differentielle oder allgemeine Betroffenheit von einem Problem gegeben ist.

Deutlich wird dies z.B., wenn der Blick auf *Besonderheiten von Standardrisiken abhängig Beschäftigter* gerichtet wird, auf die sich verschiedene Sozialpolitiken beziehen. So unterscheidet sich Arbeitslosigkeit gravierend von anderen Standardrisiken: Alt wird jede Person, und jede(r) abhängig Beschäftigte ist mit der Situation konfrontiert, ab einem bestimmten Lebensalter den Lebensunterhalt nicht mehr durch Erwerbseinkommen sichern zu können. Gleiches gilt für das Risiko, wegen Krankheit vorübergehend nicht den Lebensunterhalt durch den Einsatz der eigenen Arbeitskraft selbständig zu gewährleisten. Anders stellt sich die Situation bei Arbeitslosigkeit dar. Dieses soziale Risiko mag zwar alle abhängig Beschäftigten bedrohen. Tatsächlich trifft es jedoch nicht alle, und es trifft vor allem nur einen Teil in der Weise, daß Erwerbschancen dauerhaft in Frage gestellt sind und eine soziale Marginalisierung erfolgt. Daraus, daß *Arbeitslosigkeit ein sozial selektives Risiko* darstellt und deshalb keine allgemeine Problembetroffenheit beinhaltet, wäre zu erklären, warum Arbeitslosigkeit – im Unterschied zu den anderen sozialen Standardrisiken – nicht entschlossen (sondern eher nur akklamativ) thematisiert und nicht mit Priorität auf die Agenda (zentral-)staatlicher Politik gesetzt wird und auf der Ebene staatlicher Politik eine (etwa dem Ausmaß der aktuellen Beschäftigungskrise) angemessene politische Intervention unterbleiben kann.

---

2 Es „darf damit aber nicht zugleich behauptet [werden], daß [der politische Prozeß; d. Verf.] nach Anlaß und Ergebnis und auch im Verständnis der beteiligten Akteure lediglich ein Problemverarbeitungsprozeß ist" – wie Mayntz (1982: 74) betont.

1.2 Individualisierende oder kollektive Policy-Wirkungen

Daß Politics in dieser Weise auf das Problem Arbeitslosigkeit reagieren kann, ist nicht hinreichend (oder allenfalls „funktionalistisch") allein aus der objektiven Problemstruktur zu erklären (siehe dazu auch den Beitrag von Majone in diesem Buch). Erklärbar wird dies vielmehr daraus, daß die überwiegende Zahl der Arbeitslosen das Problem selbst als sozial selektiv und für ihre Lage nicht als alleinig prägend wahrnimmt. Deutlich wird dies daran, daß Arbeitslosigkeit sich (auch im internationalen Vergleich) bei unmittelbar Betroffenen nicht durchgreifend auf das Wahlverhalten ausgewirkt bzw. Wahlausgänge zu nationalen Parlamenten beeinflußt hat (vgl. Schmidt 1989) und Arbeitslose sich nicht als (nationale) überörtliche soziale Bewegung formiert haben – von Ansätzen in Großbritannien, Italien und der Bundesrepublik Deutschland abgesehen (vgl. Heinelt/Macke 1986). Anders stellt sich die Situation in der Rentenpolitik dar, bei der die (kollektive) materielle Sicherung der älteren Generation nicht nur bei Rentnern eine maßgebliche Rolle spielt, sondern auch von Jüngeren wegen einer Erwartungssicherheit für eine künftige Lebensphase als brisant wahrgenommen wird und sich als politisch handlungsleitend darstellen kann. Daraus läßt sich ersehen, daß politikfeld-spezifische Unterschiede nicht nur nach differentieller und allgemeiner Problembeschaffenheit, sondern auch nach individualisierenden und kollektiven Policy-Wirkungen markant sind, die über Policy-Reaktionen (Resonanz und Verhalten der Bürger sowie Entscheidungen politisch Verantwortlicher) Auswirkungen auf Politics haben.

Dies läßt sich hinsichtlich der *Art der Policy-Wirkung* wiederum beispielhaft an der Arbeitsmarkt- und Alterssicherungspolitik verdeutlichen. Wenn sich „aktive Arbeitsmarktpolitik", d.h. arbeitsmarktpolitische Maßnahmen (im Unterschied zu beschäftigungspolitischen Maßnahmen – wie Strukturpolitik, Steuerpolitik, Infrastrukturmaßnahmen, Exportförderung etc., aber auch etwa Verkürzung der Arbeitszeiten), dadurch auszeichnen, daß sie *direkt auf Beschäftigungschancen und Beschäftigungsverhältnisse bestimmter Personen oder Personengruppen einwirken* (vgl. Hegner 1986: 120f.), dann implizieren sie insofern eine Individualisierung, als in den Vordergrund tritt bzw. gerückt werden kann, ob und wie *Einzelne* die Angebote einer personenbezogenen Förderung von Qualifizierung, befristeter Beschäftigung und des Austritts aus dem Erwerbssystem nutzen. Dies bewirkt tendenziell, daß die mit Arbeitsmarktpolitik befaßten politischen Akteure von Handlungsanforderungen entlastet werden, weil auf die individuelle Nutzung von politischen Problemlösungsmöglichkeiten zu verweisen ist. Allerdings kann eine damit einhergehende Abwälzung von „Verantwortung" veränderte oder sogar steigende Handlungsanforderungen in anderen Politikfeldern (etwa der Sozialhilfe) bedingen. Politics, die an der einen Stelle von Handlungsdruck entlastet wird, findet sich an anderer Stelle mit zunehmenden Handlungsanforderungen konfrontiert. Es sind allerdings andere (vgl. dazu den Beitrag von Knoepfel in diesem Buch), die sich dieser Konfrontation zu stellen haben (die Kommunen), und auch der Status von Ansprüchen kann ein anderer sein (bedürftigkeitsabhängige und sog. „Kann-"Leistungen) – und dies macht für Politics einen entscheidenden Unterschied (vgl. Heinelt 1991b). Anders stellt sich die Situation im Bereich der Alterssicherungspolitik dar. Bei ihr geht es darum, in politischen Auseinandersetzungen eine *Regel*altersgrenze für den Zugang zu Leistungen von Alterssicherungssystemen festzulegen.

Eine soziale „Konstitution von Altersgrenzen" (Kohli 1985: 8f.) kann sich dabei jedoch nur insofern ergeben, als mit dem Überschreiten der Altersgrenze durch politische Entscheidungen im *Regelfall* ein Absicherungsniveau gewährleistet wird, das einen Rückzug aus dem Erwerbssystem ermöglicht. (Ausgehend von einer solchen „Normalisierung der Verrentung" kann sich *„Altersgrenzenpolitik"* dann auch individualisierend auf Auseinandersetzungen um „Früh"-Verrentung beziehen; vgl. Wolf/Kohli 1988.)

1.3 Prognosefähigkeit

Als Zwischenresümee ergibt sich daraus folgendes: Sind zum einen politikfeld-spezifische Problemcharakteristika mit der Problemthematisierung durch das „policy-making system" verknüpft, so spielt zum anderen auch bei Unterschieden von Policy-Wirkungen die Wahrnehmung von Reaktionen in der gesellschaftlichen Umwelt durch das „policy-making system" eine entscheidende Rolle. Dabei machen sich – wie im folgenden gezeigt werden soll – politikfeld-spezifische Eigenheiten des politisch-administrativen Systems geltend. Aus der (Binnen-)Perspektive des politisch-administrativen Systems ist außerdem die Prognostizierbarkeit von Entwicklungen der gesellschaftlichen Umwelt und (wie anschließend zu thematisieren sein wird) von Effekten politischer Interventionen in sie eine entscheidende Frage, die sich nach Policy-Bereichen unterschiedlich scharf stellt.

Die *Prognostizierbarkeit* von Wirkungen politischer Entscheidungen steht im Zusammenhang mit einer *prospektiven Realitätskonstruktion* und stellt unterschiedliche Anforderungen an die Auswahl von Handlungsoptionen. Politikfeld-spezifische Besonderheiten seien im Hinblick darauf in der Gegenüberstellung von Arbeitsmarkt- und Beschäftigungspolitik verdeutlicht. Im Bereich der („aktiven") Arbeitsmarktpolitik sind Wirkungen von politischen Entscheidungen auf den Arbeitsmarkt relativ leicht zu prognostizieren, weil sie unmittelbar auf Beschäftigungschancen von Personen(gruppen) einwirken (siehe oben) und eine direkte Arbeitsmarktentlastung zur Folge haben, die auch (prognostizierend) zu quantifizieren ist. Bei der Beschäftigungspolitik ist dies anders, weil sie nur über Wirkungsketten, die von politischen Entscheidungen nicht unmittelbar zu beeinflussen sind, Beschäftigungschancen verbessert und den Arbeitsmarkt entlastet. (Dies dürfte auch erklären, warum arbeitsmarktpolitischen Maßnahmen zur „gezielten" sozialpolitischen Abfederung des Transformationsprozesses der DDR-Gesellschaft eine so herausgehobene Rolle spielen; vgl. Heinelt 1993).

1.4 Interdependenzen und Policy-Grenzen

Gleichzeitig machen sich gerade bei der Arbeitsmarktpolitik grundlegende Schwierigkeiten geltend, die für weitere allgemeine Besonderheiten von Politikprozessen in einzelnen Policies stehen: Zum einen sind *mittelbare Wirkungen auf und Einflüsse (Rückwirkungen) von anderen Politikfeldern* schwieriger zu erfassen als in anderen Bereichen – wie etwa bei der öffentlichen Alterssicherungspolitik. Dies ergibt sich daraus, daß Arbeitsmarktpolitik keine festen Grenzen aufweist, sondern sich geradezu durch fließende Grenzen auszeichnet – etwa zur Ausbildungs-, Jugend-, Alterssicherungs- und Familienpolitik, um nur einige zu nennen. Zum anderen ist die *Abhängigkeit von sozio-ökonomischen Entwicklungen* im Bereich der Arbeitsmarktpolitik vielfältiger und durchschlagender als bei der Alterssicherungspolitik – um bei den zuvor schon erwähnten Beispielen zu bleiben. Bei der Alterssicherungspolitik sind Leistungsanforderungen auf der Basis weitgehend stabiler demographischer Rahmendaten vorhersehbar, und sie ist finanziell von der ökonomischen Entwicklung nur über die Einnahmen- und nicht auch noch über die Ausgabenseite *kurzfristig* abhängig.

Interdependenzen und fließende Grenzen eines Politikfeldes implizieren Akteurskonstellationen, die nicht nur vielschichtig und fragil, sondern schlicht unübersichtlich sein können: Akteure können hinzutreten oder sich auch abtrennen, Verknüpfungen können neu entstehen und auch reißen oder gelöst werden, inhaltliche Schwerpunkte können sich verschieben, neu gesetzt oder aufgehoben werden. Während dies für die Arbeitsmarktpolitik in besonderer Weise zutrifft, ist die Rentenpolitik geradezu ein „monoinstitutionell geprägtes Politikfeld" (vgl. Nullmeier/Rüb 1993), wobei durch eine mono-institutionelle Prägung nicht nur die Beteiligung relevanter Akteure, sondern auch die inhaltliche Orientierung des Politikfeldes abgegrenzt und gesichert wird. Untersucht worden und bekannt ist der multi-institutionelle Charakter der Arbeitsmarktpolitik in erster Linie für die Meso-Ebene der *(lokalen)* Durchführung arbeitsmarktpolitischer Aktivitäten. Bei ihr sind örtliche Unterschiede der beteiligten Akteure, des Einsatzes von Instrumenten und der verfolgten inhaltlichen Orientierungen markant (vgl. zur Erklärungen verschiedenartiger „Arenafärbungen" Benzler/Heinelt 1991). Auf der Makro-Ebene arbeitsmarktpolitischer Entscheidungen über einheitlich verfügbare Leistungen bzw. Maßnahmen und ihre Finanzierung dürften in der Bundesrepublik Deutschland in zeitlicher Abfolge verschiedene „Arenafärbungen" gerade nach der Vereinigung festzustellen sein (vgl. Heinelt 1993).

1.5 Akteurskonstellationen

Bei solchen beispielhaft skizzierten *Akteurskonstellationen oder Politiknetzwerken* (vgl. Mayntz 1992; Jordan/Schubert 1992) bilden sich „governance structures" (Williamson 1975 und 1985) heraus, bei denen Problemlösungsprozesse aus drei Gründen differieren müssen – nämlich wegen unterschiedlichen Voraussetzungen a) der Problemthematisierung und Realitätskonstruktion durch die beteiligten Akteure sowie b) der Formulierung und (c) der Durchsetzung verbindlicher Entscheidungen.

1.5.1 Problemthematisierung und Realitätskonstruktion

Bei der Problemthematisierung und Realitätskonstruktion spielen sicherlich unterschiedliche, nicht zuletzt institutionell präformierte Problemwahrnehmungen (vgl. Linder/Peters 1990) sowie die angesprochenen Aspekte der (differientiellen versus allgemeinen) Problemstruktur, der (individualisierenden versus kollektiven) Policy-Wirkungen, die schwer zu erfassende und zu kalkulierende Abhängigkeit von sozio-ökonomischen Entwicklungen und Interdependenzen mit verschiedensten Politikfeldern eine Rolle. Entscheidend dürfte aber außerdem sein, ob in einem Politikfeld eine

„policy community" oder ein „inner circle" existiert, die als „relativ geschlossene Interaktions- und Interorganisationsstruktur" einen Kern oder ein Zentrum des Politiknetzwerks abgeben kann (vgl. Nullmeier/Rüb 1993), um *dominante Situationsdeutungen und Handlungsorientierungen* zu entwickeln und zu stabilisieren. Dies ist wichtig, um aus, wenn nicht diffusen, so doch divergierenden Problemwahrnehmungen und unterschiedlichen institutionellen Handlungsorientierungen (legitimierte) Handlungsanforderungen zu definieren und (akzeptierte) Strategien zu konturieren (vgl. dazu Nullmeier 1989: 12ff.). Dies kann aber auch auf eine Eigenzyklizität politischer Problemthematisierung (und -bearbeitung) hinauslaufen, bei der abgeschottete Politiknetzwerke weitgehend stabile, retrospektiv bzw. selbstreflexiv generierte Handlungsanforderungen verfolgen und sich gegenüber veränderten Umweltbedingungen und politischen Erwartungen verschließen (vgl. Rüb 1988; Perschke-Hartmann 1993).

1.5.2 Akteurskonstellationen und Möglichkeiten verbindlicher politischer Entscheidungsfindung

Hinsichtlich der Möglichkeiten, verbindliche Entscheidungen politisch herbeizuführen, stellt sich das „Problem der Staatswillenbildung". Über die zuvor angesprochene Problemthematisierung und prospektiven Realitätskonstruktion im Sinne „ihrer problemangemessenen Informationsverarbeitungskapazität" verweist das „Problem der Staatswillenbildung" auf die „Frage ihrer Autonomie gegenüber externen Einflüssen [...] und ihrer internen Entscheidungsfähigkeit" (Scharpf 1992: 93). Nun mag zwar allgemein mit Recht Zweifel an der Tragfähigkeit eines tradierten Staatsbegriffs angebracht sein, der von einer autonomen staatlichen Handlungs-/Entscheidungsfähigkeit ausgeht (vgl. Scharpf 1992). Wenn diesen Zweifeln folgend eine „neue und wirklichkeitsnahe Staatslehre" (Hartwich 1987: 15ff.) hinsichtlich der Politikformulierung[3] vom „kooperativen Staat" oder vom „Staat als zusammengesetzter Einheit" (Blanke 1976), von „gespaltener Souveränität" sowie von einem „informellen Verfassungsstaat" ausgehen sollte, so gilt dies für einzelne Politikfelder in unterschiedlicher Weise, weil die materielle Substanz politischer Probleme, institutionelle Strukturen und Akteurskonstellationen zwischen ihnen erheblich divergieren. Manifest werden solche policy-spezifischen Unterschiede in politischen Entscheidungsprozessen im Fall der beiden letzten Gesundheitsreformgesetze auf der einen und im Fall der erfolgten und anstehenden Veränderungen im Bereich der Arbeitsmarktpolitik auf der anderen Seite. Im ersten Fall hat sich eine aussichtsreiche politische Entscheidung (das „Gesundheits-Strukturgesetz") erst nach jahrelangen politischen Auseinandersetzungen und dem Scheitern des auf Verhandlungslösungen zwischen staatlichen und nicht-staatlichen Akteuren orientierten (Blümschen) Gesundheitsreformgesetzes (vgl. Perschke-Hartmann 1993) ergeben, nachdem im Rahmen einer Wochenend-Konklave CDU/CSU-, FDP- und SPD-Vertreter sich auf den sog. Lahnsteiner Kompromiß geeinigt hatten. Im Bereich der Arbeitsmarktpolitik vermochte es die Bundesregierung kurze Zeit später ohne nennenswerte Gegenwehr und „Verhandlungsaufwand" durch Gesetz (die 10. AFG-Novelle) eine weitreichende institutionelle Veränderung vorzunehmen – nämlich die

---

3 Zur „unterschiedlichen Regelungsdichte" (Hartwich 1987: 19) bei der Umsetzung gesellschaftlich verbindlicher Entscheidungen siehe weiter unten.

Selbstverwaltung entscheidend zu schwächen (wenn nicht sogar auszuhebeln), indem nun der Bundesarbeitsminister den Haushalt der Bundesanstalt für Arbeit auch gegen ein Votum der Selbstverwaltung (des Verwaltungsrates) oktroyieren kann. Diese Möglichkeit wurde für den 93er Haushalt auch gleich zur (hierarchischen) Durchsetzung eigener fiskalischer Interessen genutzt. Und auch die aktuell diskutierte Einführung einer Arbeitsmarktabgabe oder eine ebenfalls debattierte institutionelle Aufspaltung der Bundesanstalt für Arbeit in eine beitragsfinanzierte Arbeitslosenversicherung mit Selbstverwaltung, die für das Lohnersatzleistungssystem zuständig wäre, und eine abgabenfinanzierte, dem Bundesarbeitsministerium unmittelbar subordinierte Bundesanstalt, die sich ausschließlich arbeitsmarktpolitischer Aktivitäten widmen würde (vgl. Heinelt 1993), ließe sich wahrscheinlich in einem Entscheidungsprozeß durchsetzen, in dem es entscheidend auf eine Mehrheitsbildung im Bundestag ankäme.

1.5.3 Akteurskonstellationen und Möglichkeiten der Umsetzung verbindlicher Entscheidungen

Policy-spezifische Unterschiede in politischen Entscheidungsprozessen hängen nicht zuletzt auch davon ab, wie die Möglichkeiten verteilt sind und von politischen Akteuren wahrgenommen werden, verbindliche Entscheidungen umzusetzen. Hierarchische (staatliche) Interventionen mögen zwar in einzelnen Bereichen unmittelbar zur Wirkung kommen, aufgrund institutioneller Gegebenheiten und Akteurskonstellationen können sie aber auch nur begrenzt wirken bzw. in ihrer Wirksamkeit vom Engagement von Akteuren abhängen, die nicht unmittelbar am politischen Entscheidungsprozeß beteiligt sein müssen. Solche Akteure in politische Entscheidungsprozesse einzubinden, kann für die Verbindlichkeit von Entscheidungen allerdings maßgeblich sein.
Dies verweist darauf, daß Steuerungserfolge, die über begrenzt und/oder segmentär wirkende hierarchische staatliche Interventionen hinausgehen, sich nicht zuletzt erst über ein Mit- und Nebeneinander ergeben können von
- informellen oder formellen Verhandlungssystemen zwischen verschiedenen staatlichen Institutionen, quasi- oder para-staatlichen Einrichtungen und „privaten" Akteuren,
- einer „negativen Koordination", bei der „antizipierte Widerstände oder Veto-Positionen" (Scharpf 1973: 87ff.) respektiert werden,
- einer „dezentralen Kontextsteuerung" (Willke 1983; Teubner/Willke 1984), bei der „der Staat" sich zwar der ihm exklusiv zustehenden Machtressource als „außerökonomische Zwangsgewalt" bedient, diese allerdings nur dazu nutzt, Arenen für Konflikt- und Konsensbildung zu konstituieren und im Hinblick auf Beteiligungsregeln und Verhandlungspositionen zu strukturieren (vgl. Böhret 1992: 119f.) sowie
- einer „Moderation", durch die Interessen von Akteuren offengelegt, auf deren Überschneidungen hingewiesen und gemeinsame Handlungsmöglichkeiten angeboten werden, wobei sich staatliche Akteure für ein solches „Schnittstellenmanagement" (vgl. Lehner 1992: 174; Bandemer/Stöbe 1993) deswegen besonders eignen, weil sich ihre Handlungsintentionen als gemeinwohlorientiert legitimieren lassen.

Für „jedes Politikfeld, in dem der Staat auf voraussetzungsvolle, störungsanfällige und zumindest hochorganisierte funktionale Teilsysteme (Mayntz 1988) trifft" (Scharpf

1992: 95), mögen damit „Steuerungserfolge [...] durch die Enthierarchisierung der Beziehung Staat und Gesellschaft" (ebd.) erkauft werden. Allerdings sollte auch dabei nicht übersehen werden, daß sich die staatliche Regelungsdichte (Hartwich 1987: 19) und Koordinations- oder „Governance"-Mechanismen (Scharpf 1992: 109f., Fn. 14) politikfeld-spezifisch unterscheiden. Differenzen im Zusammenwirken „hierarchischer Steuerung durch den souveränen und demokratisch legitimierten Staat" und einer „im Nebeneinander von Verhandlungen und negativer Koordination realisierte[n] horizontale[n] Selbstkoordination" (Scharpf 1992: 103) werden etwa beim vorzeitigen Austritt aus dem Erwerbssystem nach verschiedenen bundesdeutschen Frühverrentungsformen deutlich (vgl. Heinelt 1991a: 171ff.). Die „politische Regulierung von Nicht-Erwerbstätigkeit" (Blanke u.a. 1987: 32f.) reicht dabei

- von den *Formen einer vorgezogenen Altersrente*, bei denen staatlich (hierarchisch) definierte Zugangsvoraussetzungen in einem verwaltungsförmigen Subsumtionsverfahren an einen Antragsteller herangetragen werden und der Antragsteller seinerseits einen individuellen Rechtsanspruch auf Verrentung gelten machen kann, wenn die Voraussetzungen in seinem Fall erfüllt sind,
- über *Vorruhestandsregelungen*, bei denen lediglich komplementäre öffentliche Leistungsansprüche und Regelungen für Verhandlungsprozesse staatlich gesetzt worden sind, die in Form individual- oder tarifvertraglicher Vereinbarungen letztendlich erst finanziell ausgestaltet werden müssen,
- bis zur *Erwerbs- und Berufsunfähigkeitsrente*, bei der zwar staatlich Zugangsbedingungen allgemein geregelt werden, es jedoch für eine vorzeitige Verrentung entscheidend auf eine medizinische Betrachtungsweise mit erheblichen Entscheidungsspielräumen bei Ärzten und Sachbearbeitern der Rentenversicherungsträger ankommt.
- Hinzu kommen Frühverrentungen nach der sog. *59er-Regelung*, bei denen begrenzte, segmentäre „Erfolge" politischer Steuerung in besonderer Weise hervorgetreten sind, weil es der Gesetzgebung und Rechtsprechung über Jahre nicht gelang, die Abwälzung von finanziellen Lasten betrieblicher „Personalanpassung" auf die Arbeitslosen- und Rentenversicherung zu unterbinden (vgl. Naegele 1987). (Mit der ab 1.1.1993 in Kraft getretenen 10. AFG-Novelle soll dies nun anders werden.)

2. Zu einer Theorie des Politikprozesses

Wurde bislang in diesem Beitrag thematisiert, daß politikfeld-spezifische Besonderheiten der Policy-Politics-Wechselwirkung nach den Faktoren differentieller und allgemeiner Problembetroffenheit, individualisierenden und kollektiven Policy-Wirkungen, der Prognosefähigkeit in politischen Entscheidungssituationen, den Policy-Interdependenzen und -Grenzen sowie den Akteurskonstellationen zu konturieren sind, so soll im weiteren versucht werden, diese Betrachtungen aufeinander zu beziehen und in verallgemeinernde Aussagen zum Politikprozeß zu integrieren.
Die Arbeit an „theories of the policy process" ist – wie etwa Sabatier (1991a) betont – nicht zuletzt deswegen eine interessante Herausforderung an Policy-Forscher, weil damit eine (Re-)Integration in die „mainline" der Politikwissenschaft erreicht werden könnte (zur bundesdeutschen Debatte über das Verhältnis von Politikwissenschaft und

Policy-Forschung vgl. die Beiträge in Hartwich 1985), und zwar deswegen, weil „political scientist" und „policy scholar"

„share an overwhelming common interest in developing a better understanding of the policy process, i.e. the range of factors which affect governmental policy decisions and the impacts of those decisions on society" (Sabatier 1991a: 145).

Während Policy-Forscher zwar stolz darauf sein können

„in having made major contributions to our understanding of the functioning of governmental institutions which should be of interest to all political scientists, even those with no particular concern with policy impacts" (Sabatier 1991a: 145),

so blieben bei ihnen doch theoretische Erklärungen von Politikprozessen weitgehend vage – wie etwa beim gebräuchlichen Analysekonzept des Politikzyklus. Es mag als heuristisches Modell gute Dienste leisten, bei ihm fehlen aber kohärente Annahmen darüber, „what forces are driving the process from stage to stage" (ebd.).
Ähnliches gilt für eine Reihe anderer Ansätze, die über das in der Policy-Forschung verbreitete Phasen-Modell des Politikzyklus insofern hinausgehen, als sie strukturelle Bedingungen von Politikprozessen und/oder unterschiedliche Ebenen von Politikprozessen konzeptionell zu erfassen trachten. Denn letztlich bleibt auch bei ihnen die Frage offen: „What forces are driving the process?" So ist etwa das von Blanke/Heinelt u.a. entwickelte und in empirischen Forschungsprojekten angewendete *Arenakonzept* wohl ausdrücklich auf die Erfassung von Konflikt- und Konsensbildungsprozessen orientiert (vgl. Blanke u.a. 1987: 471ff.; Blanke/Heinelt 1987: 647ff.; Benzler 1988; Heinelt 1989: 76ff.; Blanke u.a. 1989; Heinelt 1991a: 141ff.; Heinelt 1991c: 266ff.). Es weist aber Grenzen auf, die auch in anderen Erklärungsmodellen des Politikprozesses anzutreffen sind. Es werden zwar strukturelle Bedingungen von Politikprozessen als „Faktoren der Arenafärbung" (Problemstruktur, institutionelle Gegebenheiten, Akteurs-/Kräftekonstellationen, sozio-kulturelle Gegebenheiten, Instrumente) erfaßt, die denen ähneln, die schon Hofferberts (1974) in seinem Trichter- oder „funnel of causality"-Modell konzeptionell berücksichtigte und aufeinder bezog, indem politische Entscheidungen und der Output in direkter Abhängigkeit gesehen werden von historisch-räumlichen Voraussetzungen, sozio-ökonomischen Bedingungen, politischem Verhalten der Bürger, dem Regierungssystem bzw. politischen Institutionen und dem Handeln politischer Eliten. Das *Hofferbertsche Trichter-Modell* sowie unser Arenakonzept eignen sich wegen der Isolierung von Einflußfaktoren zweifellos gut für vergleichende Analysen. Wie ähnliche Ansätze in der vergleichenden Politikforschung, die sich weitgehend nur in der Gewichtung einzelner struktureller Bedingungen bzw. unabhängiger Variablen unterscheiden (vgl. Heidenheimer u.a. 1990: 7ff.), bleibt bei ihnen aber *konzeptionell* unzureichend geklärt, über welche Vermittlungs- bzw. Wirkungsprozesse sich die Bedeutung der jeweiligen unabhängigen Variablen für Politikprozesse und den Output herstellt (vgl. dazu Sabatier 1991b: 149f.). Und Ansätze, die unterschiedlichen Ebenen von Politikprozessen nachgehen, wie der *„policy stream approach"* von Kingdon (1984) oder Arenakonzepte (wie unser oben angesprochenes oder das von Jordan/Richardson 1987) mit der Unterscheidung verschiedener Teilarenen, tragen zwar der Einsicht Rechnung, daß Problemdefinition, Agenda-Setting, Entscheidungs-

findung und Implementation nicht in einer einfachen chronologischen oder sogar hierarchischen Beziehung zueinander stehen, sondern jeweils markante Eigentümlichkeiten aufweisen und sich sogar eigendynamisch entwickeln können (vgl. Windhoff-Héritier 1991b) – etwa in getrennten Strömen („streams") von „problems, policies and politics" und in einen Nebeneinander von öffentlicher oder professioneller Debatte (Problemthematisierung), eigenständiger Problemanpassung und Policy-Entwicklung im Rahmen der Implementation sowie politischen Entscheidungen. Offen bleibt dabei allerdings die systematische Erfassung von Verknüpfungen bzw. „feedback-loops" (vgl. Hilgartner/Bosk 1988), denn letztlich wird bei der Feststellung stehengeblieben (vgl. Sabatier 1991b: 151), daß es empirisch solche Verknüpfungen gibt und daß die Akteure auf günstige Situationen, auf „Policy Windows" (bei Kingdon [1984]), warten müssen, um die verschiedenen Ebenen, Teilarenen oder Ströme des Politikprozesses situativ zu verbinden.

2.1 „Three Worlds of Action"

Gerade vor dem Hintergund der im letzten Abschnitt angestellten Überlegungen zu politikfeld-spezifischen Policy-Politics-Wechselwirkungen bietet sich ein von Kiser und Ostrom schon 1982 entwickelter Ansatz an, um theoretisch Politikprozesse zu erfassen – und zwar nicht nur als ein empirisch handhabbares (heuristisches) Analysekonzept, sondern auch als anspruchsvolles theoretisches Erklärungsmodell. Der Ansatz reiht sich nämlich in die in den letzten Jahren intensiv betriebenen Versuche ein, institutionalistische Betrachtungen über die Begrenzung und Ermöglichung (bzw. den Anreiz) von Entscheidungen mit einer Berücksichtigung von Präferenzen und Ressourcen von Akteuren in Wahlhandlungen zu verknüpfen (vgl. dazu etwa Windhoff-Héritier/Czada 1991; Windhoff-Héritier 1991a).

Kiser/Ostrom gehen von folgenden „Elementen (working parts) institutioneller Analyse" aus, mit denen angestrebt wird, unabhängige (wenn auch untereinander bedingte) Variablen zu erfassen, mit denen *Handlungen, Aktivitäten und Strategien* sowie auch deren *Ergebnisse* erklärt werden sollen (siehe Schaubild 1): Zunächst werden *Merkmale der (individuellen) Akteure* und *Eigenheiten von Entscheidungssituationen* als „working parts" aufeinanderbezogen.

„The mix of the decision situation's attributes and the individual's attributes causes the individual to select particular actions" (Kiser/Ostrom 1982: 188).

Als „cluster of variables constituting the decision situation" (Kiser/Ostrom 1982: 201) werden dann Besonderheiten (a) *institutioneller Arrangements*, (b) der *Ereignisse* und (c) der *„community" von Personen*, die von der betreffenden Entscheidung direkt oder indirekt betroffen sind, differenziert betrachtet (vgl. Kiser/Ostrom 1982: 190-205).
Als gelungene Kategorisierung, die sich auf eine Verknüpfung institutionalistischer und handlungstheoretisch-akteursbezogener Betrachtungen bezieht, stellt sich die Unterscheidung von drei miteinander verbundenen Analyseebenen dar (siehe Schaubild 2): die „three worlds of action" – nämlich die *operationale Ebene* („operational level"/„world of action"), auf der Individuen im Kontext institutioneller Arrangements

Schaubild 1: Elemente institutioneller Analyse

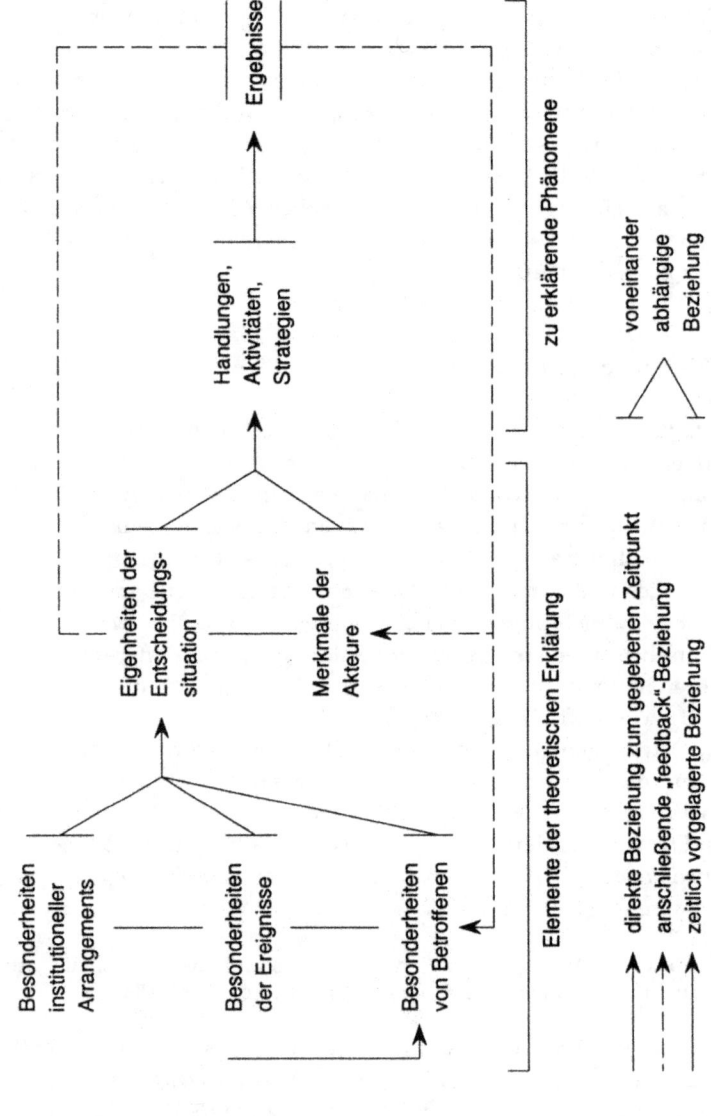

Policy und Politics. Zum Verhältnis von Politikinhalten und Politikprozessen   319

Schaubild 2: Drei Ebenen institutioneller Analyse

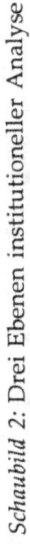

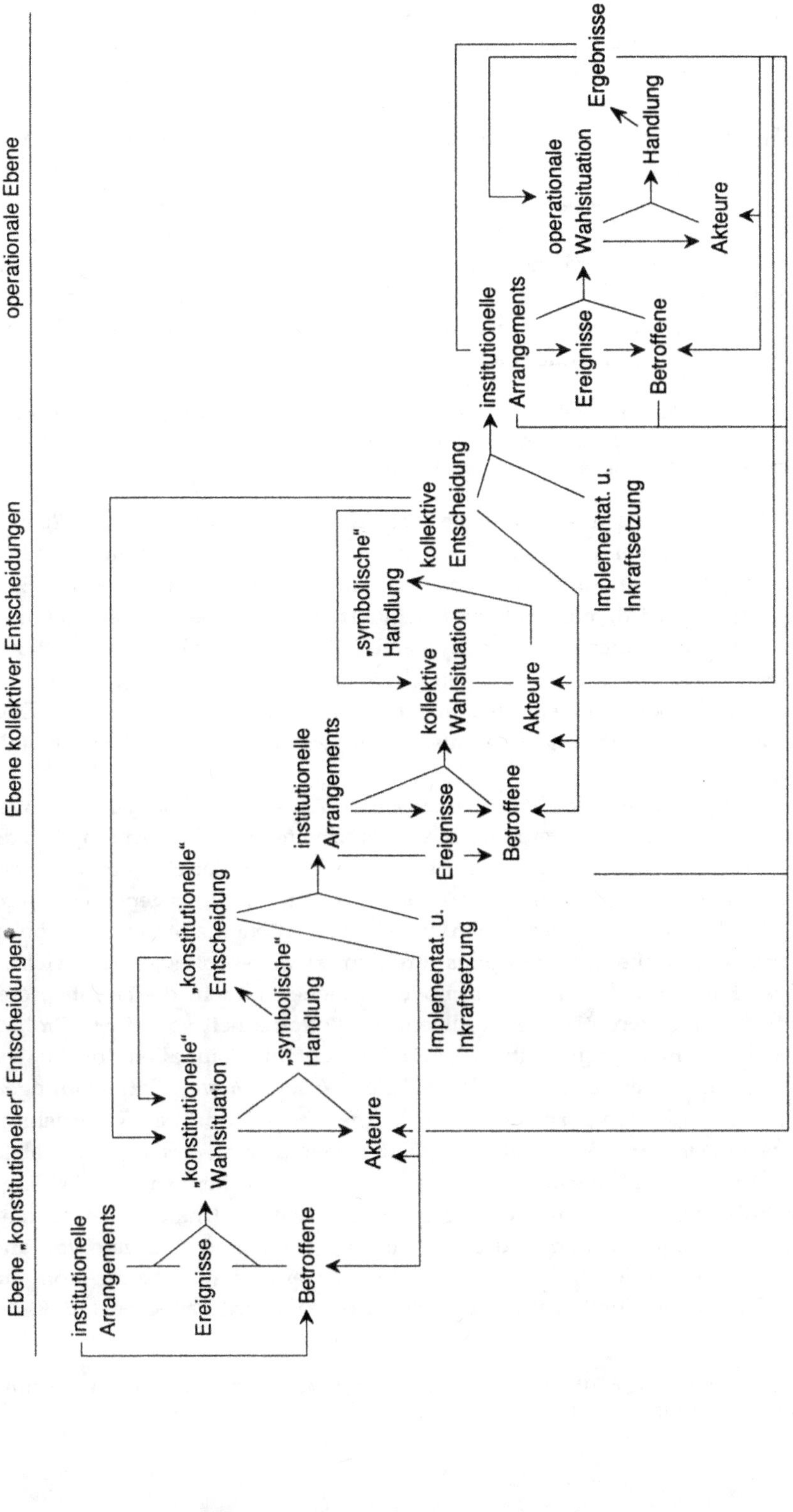

sowie gesetzlicher und vertraglicher Regelungen agieren, die *Ebene kollektiver Entscheidungen* („collective choice level"/„world of collective choice"), auf der politische Entscheidungsträger (und Implementationsakteure) im Rahmen institutioneller Arrangements autorisierte Handlungen vollziehen, sowie die Ebene „*konstitutioneller*" *Entscheidungen* („constitutional choice level"/„world of constitutional choice"), auf der kollektive Festlegungen über (zukünftige) Entscheidungsregeln vorgenommen werden. Auf allen drei Ebenen spielen für die Analyse die zuvor angesprochenen Elemente („working parts") institutioneller Analyse eine Rolle – nämlich zunächst Eigenheiten der Handelnden und der Entscheidungssituation sowie dann Besonderheiten der die Entscheidungssituation prägenden institutionellen Arrangements, Ereignisse und betroffenen Bevölkerungsgruppe (vgl. Kiser/Ostrom 1982: 206). Gleichzeitig nehmen die drei Ebenen einen unterschiedlichen Status ein. Zunächst sind sie in einer bestimmten Form hierarchisch aufeinander bezogen:

„Constitutional decisions establish institutional arrangements and their enforcement for collective choice. Collective decisions, in turn, establish institutional arrangements and their enforcement for individual action" (Kiser/Ostrom 1982: 209).

Darüber hinaus unterscheiden sich die drei Ebenen (Kiser/Ostrom 1982: 209ff.), weil nur resp. erst Entscheidungen auf der operationaler Ebene direkt auf die physische Welt einwirken; das, was auf den Ebenen kollektiver und „konstitutioneller" Entscheidungen festgelegt wird, muß noch implementiert und durchgesetzt werden (von daher sind Handlungen auf diesen Ebenen „symbolisch"). Außerdem können zwar kollektive und „konstitutionelle" Entscheidungen gleichermaßen als Politics gewertet werden, dies übersieht jedoch einen entscheidenden Unterschied: „konstitutionelle" Entscheidungen begrenzen zwar kollektive Entscheidungen, sie setzen sie aber auch (als Entstehungsakt) voraus.

Die im vorhergehenden Abschnitt thematisierten Aspekte der Policy-Politics-Wechselwirkungen, nämlich der (differentiellen versus allgemeinen) Problemstruktur, der (individualisierenden versus kollektiven) Policy-Wirkungen, der Prognosefähigkeit, der Abhängigkeit von sozio-ökonomischen Entwicklungen und Interdependenzen mit anderen Politikfeldern sowie der von Akteurskonstellationen abhängigen Problemthematisierungs-, Entscheidungsfindungs- und Umsetzungsprozesse lassen sich in verschiedener Form auf dieses Analysemodell beziehen und in dieses integrieren. So machen sich die differentielle oder allgemeine Betroffenheit von einem Problem als Eigenheiten von Ereignissen geltend – und zwar potentiell auf allen drei Analyseebenen.[4] Individualisierende und kollektive Policy-Wirkungen von Entscheidungen und Handlungen werden (in Form verschiedener „feedback loops") als Wahrnehmungen und Erwartungen der „community" von Betroffenen thematisierbar, die auf allen drei Analyseebenen die Entscheidungssituation kennzeichnen können. Die Abhängigkeit von sozio-ökonomischen Entwicklungen schlägt sich im Charakter der Ereignisse (attributes of events) nieder. Und auch Wirkungen auf und Einflüsse von anderen Politikfeldern lassen sich als über institutionelle Arrangements und die „community" der Betroffenen vermittelte „attributes of events" erfassen. Der Aspekt, daß die Ent-

---

4 Vgl. dazu auch Kiser/Ostroms (1982: 195f.) Ausführungen zu „exclusion and jointness of use or consumption".

scheidungsfindung von der Struktur der Akteurskonstellationen beeinflußt wird, findet im Modell von Kiser/Ostrom in zweierlei Weise Berücksichtigung: zum einen in der konzeptionell eingefangenen direkten Beziehung von spezifischen institutionellen Gegebenheiten und Besonderheiten der Entscheidungssituation und zum anderen in der hierarchischen Abfolge der drei „choice-level", die jeweils auf die institutionellen Arrangements der nachgeordneten Ebene wirken. Auch für die Um- und Durchsetzung politischer Entscheidungen erweist sich die Taxonomie des Systems als angemessen, weil sie in Abhängigkeit von komplexen nachgeordneten politischen Entscheidungsprozessen gesehen werden können, die letztlich erst auf der operationalen Ebene einen konkreten Niederschlag finden.

Wie bedeutsam die Berücksichtigung und Einbeziehung politikfeld-spezifischer Besonderheiten in das skizzierte theoretische Konzept ist, wird daran deutlich, daß von Kiser/Ostrom selbst angestellte Reflexionen über die „Elemente institutioneller Analyse" (etwa über Besonderheiten der „community" von Betroffenen und institutioneller Gegebenheiten) und über die Verknüpfungen und Abhängigkeiten zwischen den „three worlds of action" resp. drei Analyseebenen „unter-komplex" bleiben.

Dennoch ist es sowohl als heuristisches Analyse- wie auch theoretisches Erklärungsmodell geeignet, eine institutionalistische Herangehensweise mit einer auf nutzenmaximierende Wahlhandlungen politischer Akteure orientierten Betrachtung zu verbinden. Dies sogar noch eher als etwa mit dem „Zwei-Filter-Modell" von Jon Elster (1979), nach dem – wie Adrienne Windhoff-Héritier (1991: bes. 38f.) demonstriert – in einem ersten Filterprozeß strukturelle Begrenzungen, wie kulturelle Normen, ökonomische und technologische Bedingungen sowie politische Institutionen und Regeln, die Unbegrenztheit möglicher Entscheidungsalternativen auf einen bestimmten Bereich von Möglichkeiten reduzieren und in einem zweiten, anschließenden Filterprozeß einzelne politische Akteure aus diesem sog. *„feasible set"* eine Alternative auswählen. Mit den „three worlds of actions" wird ein „channel of policy choices" (Bachrach/Baratz 1977: 87ff.) konzeptualisiert, der Eigentümlichkeiten solcher Filterprozesse auf den drei Choice-Ebenen herausstellt.

2.2 Präferenzen, Präferenzwandel und Akteure

Entscheidend – und bei Kiser/Ostrom unbeantwortet – bleiben jedoch die Fragen, (a) warum einzelne Akteure bestimmte Alternativen auswählen und (b) ob und wie sie ausgewählte Alternativen mit- resp. gegeneinander politisch durchsetzen können. Entscheidend sind diese Fragen deswegen, weil Akteuren (als unabhängigen Variablen) für die Erklärung von Handlungen, Aktivitäten und Strategien sowie auch deren Ergebnisse eine zentrale Bedeutung beigemessen wird – und zwar auf allen drei Choice-Ebenen. Könnte die Beantwortung der letzten Frage empirischen Untersuchungen überlassen werden, bei denen sich die Relevanz der angesprochenen Policy-Politics-Wechselbeziehungen erweisen dürfte, so stoßen wir bei der ersten Frage auf ein grundlegendes Problem der auf nutzenmaximierende Wahlhandlungen von Akteuren orientierten Choice-Ansätze – nämlich auf den Status von *Präferenzen* im theoretischen Erklärungsmodell.

„[...] the rational choice approach itself assumes that individual preferences are *exogenous* to the model (or endogenous to the individual). This means that the modeller just assumes that individuals have certain preferences and is not concerned where they come from. The model does not explain preferences; it explains outcomes, given those preferences" (Dowding 1991: 31).

Nun können zwar empirisch und gegenstandsbezogen gegebene Präferenzen aufgedeckt und als Ausgangspunkt für weitere Analysen verwendet werden. Dabei wären auch ihre jeweils besonderen Strukturen – etwa widersprüchlicher und vielschichtiger Art nach dem Modell des „multiple self" (vgl. Elster 1986) sowie spezifische Orientierungen zu erhellen – z.B. die Auflösung einer reinen „individualistischen" Orientierung nach dem Prinzip des „maximizing one's own gain" durch „kompetitive" oder „kooperative" Orientierung nach den Prinzipien des „maximizing relative gain" resp. „maximizing joint gain" (vgl. Scharpf 1988: 74). Konzeptionell bleibt dies jedoch gerade bei einem Erklärungsmodell, wie dem von Kiser/Ostrom, unbefriedigend – und zwar aus zwei Gründen. Zum einen legen die bei diesem Modell angenommenen Interdepenzen und „feedback loops" zwischen verschiedenen Elementen und Ebenen der Analyse eine dynamische Veränderung von Präferenzen nahe und zum anderen sind allenfalls die handelnden Individuen auf dem „operational level" als individuelle Akteure konzipierbar, aber nicht auf den anderen beiden Analyseebenen, auf denen Individuen als Repräsentanten/Agenten „korporativer Akteure" agieren.

Die *dynamische Veränderung von Präferenzen* – und damit die Möglichkeit umweltoffener Lernprozesse – kann konzeptionell in den Kontext kognitiver Realitätswahrnehmung und -verarbeitung gestellt werden (vgl. Wiesenthal 1987: 445f.), wodurch intentionales Handeln mit einem „verstehenden" Erfassen von Objektivität verkoppelt und der Blick auf „die Prozeßstruktur des Handelns, die fortlaufende Korrektur von Intentionen und Interpretationen" (Peters 1993: 85) eröffnet würde. Auf diese Weise wären auch im ersten Teil des Beitrags thematisierte Aspekte der Policy-Politics-Wechselwirkungen in ein Modell, wie das von Kiser/Ostrom, zu integrieren – insbesondere die der spezifischen Policy-Wirkungen, Prognose bzw. Prognosefähigkeit und Problemthematisierung.

Um einer dynamischen Veränderung von Präferenzen Rechnung zu tragen, wäre außerdem vom rigiden Modell sturer nutzenmaximierender Kalkulation abzurücken und sich Möglichkeiten sprachlicher Verständigung zuzuwenden (vgl. Peters 1993: 237ff.), denn in Entscheidungsprozessen sind unterschiedliche Konflikt- und Konsensbildungsmodalitäten, die etwa von Scharpf (1985: 339) als Konfrontation, „bargaining" und „problem solving" konzeptualisiert worden sind, mit „arguing" verbunden (Elster 1991).[5] Das gilt für die Verdeutlichung konfrontativer Strategien genauso, wie für die Betonung von separaten Interessen bei gleichzeitiger Ausrichtung auf einvernehmliche Lösungen und ist schließlich für „problem solving" fundamental, bei dem Einvernehmlichkeit im Kontext einer Verständigung auf gemeinsame Interessen steht. Die Einbeziehung von Möglichkeiten und Restriktionen sprachlich-argumentativer Verständigung würde es gerade auch ermöglichen, die angestellten Überlegungen zu Policy-Politics-Wechselbeziehungen in Entscheidungsfindungs- und Umsetzungspro-

---

5 Es ist erstaunlich, daß bei Habermas (1992: 406ff.) gerade Elster mit einer solchen „revisionistischen" Position als Bezugspunkt von Kritik an Theorien rationaler Wahl herhalten muß.

Policy und Politics. Zum Verhältnis von Politikinhalten und Politikprozessen 323

zessen in das Erklärungsmodell von Kiser/Ostrom zu integrieren, weil diese maßgeblich davon geprägt sind, ob und inwieweit unterschiedlich Beteiligte berücksichtigt, eingebunden und überzeugt werden müssen (unter Umständen letztlich nur durch den „zwanglosen Zwang des besseren Arguments" [Habermas]).

Die zuvor ebenfalls angesprochenen Schwierigkeiten mit dem Akteursbegriff lassen sich einer Klärung näher bringen, wenn (mit Dowding 1991: 33ff.) analytisch versucht wird, zwischen *institutionell herleitbaren Präferenzen („needs")*, die von Individuen verfolgt werden, und *subjektiv generierten Präferenzen individueller Akteure („desires")* zu unterscheiden.

Verdeutlichen läßt sich dies an der bundesdeutschen Arbeitsmarktpolitik, wie sie sich seit 1990 entwickelt hat. Sie ist nicht allein aus Wirkungen institutioneller Strukturen zu erklären, die auf vergangene kollektive Festlegungen von Entscheidungsregeln (auf „konstitutionelle" Entscheidungen) zurückzuführen sind. Vielmehr unterstreicht die im Jahr 1990 getroffene Entscheidung, die beitragsfinanzierte Bundesanstalt für Arbeit mit den arbeitsmarktlich bedingten Kosten der Einheit zu belasten, die Wahl einer bestimmten Option. Die Finanzierung der Arbeitsmarktpolitik im „Beitrittsgebiet" über Beiträge, die für alle im Bundesgebiet Sozialversicherungspflichtigen erhoben werden, war allerdings nicht zwingend. Denkbar wäre durchaus eine wie auch immer steuerfinanzierte Lösung gewesen (vgl. Bosch u.a. 1993). Für diese Wahl waren relativ leicht offenzulegende Präferenzen ausschlaggebend, die auf endogene institutionell herleitbare Interessen zurückzuführen sind – nämlich die der Bundesregierung (und der sie tragenden politischen Parteien), „Kosten der Einheit" auf die Bundesanstalt für Arbeit und damit auf die Beitragszahler abzuschieben, wodurch staatliche Haushalte entlastet wurden und die Notwendigkeit von Steuererhöhungen minimiert wurde. Solche institutionell herleitbaren Interessen zeichnen sich durch eine von einem bestimmten Kontext abhängige Intentionalität und Zweckgebundenheit aus, und sie können kollektiven Akteuren zugeschrieben und von individuellen Akteuren als Agenten verfolgt werden.

Für die Wahl dieser Option dürften aber auch Präferenzen von individuellen Akteuren eine Rolle gespielt haben, die sich nicht „endogen" von einer institutionellen Funktionswahrnehmung herleiten lassen. Sie sind vielmehr exogen in dem Sinne, als sie nicht unmittelbar (gerade auch in zeitlicher Hinsicht) einem institutionellen Kontext und einem in diesem Kontext verorteten Eigeninteresse geschuldet sind, sondern subjektiv generiert werden. Solche Präferenzen von individuellen Akteuren stehen für Überzeugungen, Vorstellungen, Bedeutungskonventionen oder auch „genuin moralische Dispositionen" (Peters 1993: 379). Sie sind zwar auch durch das gesellschaftliche Umfeld (vgl. zu damit zusammenhängenden sozialisatorisch-biographischen Aspekten Fischer/Kohli 1987) und damit auch durch institutionelle Gegebenheit bedingt – sonst würden sie Gefahr laufen, willkürlich und maßstabslos zu werden (vgl. Peters 1993: 106). Sie müssen sich aber gerade nicht durch auf den jeweiligen konkreten Kontext bezogene Intentionalität und Zweckgebundenheit auszeichnen. Gleichwohl ist für die Akteure ihr Geltungsanspruch jenseits „ichfremder" Imperative zwingend (Peters 1993: 254), und die Zweckmäßigkeit bestimmter Optionen steht für die Akteure außer Frage. So dürfte bei politischen Entscheidern von der „Normalitätsannahme" ausgegangen worden sein, daß für Arbeitslosigkeit die Bundesanstalt für Arbeit zuständig ist. Ebenso dürfte angenommen worden sein, daß die Bundesanstalt für Arbeit ihre Leistungen

(Lohnersatzleistungen wie arbeitsmarktpolitische Maßnahmen) so weit wie irgendmöglich durch Beiträge finanziert. Eine solche aktuelle und prospektive Realitätskonstruktion verdankt sich kaum allein institutionellen Imperativen und schon gar nicht einem institutionell projizierten „Blindflug nach Maßgabe geprüfter, intern kontrollierter Indiktoren" (Luhmann 1981: 61), sondern vielmehr Wahrnehmungen, Vorstellungen und Bedeutungskonventionen individueller Akteure, die subjektiv nach Maßgabe lebensweltlich geprüfter, intra-personal kontrollierter Indikatoren generiert werden.

Eine theoretische Ausarbeitung des Akteurs- und des Präferenzbegriffs einschließlich des Präferenzwandels ist (wie bereits angesprochen) nicht nur für die Erfassung von Wirkungs- und Vermittlungsprozessen zwischen den bei Kiser/Ostrom konzeptualisierten „Elementen der instituionellen Analyse" wichtig, denn letztlich kommt in diesem Modell bei der Erklärung von Handlungen, Aktivitäten und Strategien sowie Politikergebnisse *Akteuren in Entscheidungssituationen* eine zentrale Rolle zu (siehe Schaubild 1). Entscheidend ist ein in der zuvor angesprochenen Form auszuarbeitender Akteurs- und Präferenzbegriff auch, um die im ersten Abschnitt thematisierten Aspekte der Problemstruktur, der Policy-Wirkungen, der Prognosefähigkeit, der Abhängigkeit von sozio-ökonomischen Entwicklungen und Interdependenzen mit anderen Politikfeldern sowie der von Akteurskonstellationen abhängigen Problemthematisierungs-, Entscheidungsfindungs- und Umsetzungsprozesse nicht nur als relevente Faktoren der Policy-Politics-Wechselwirkungen herausstellen, sondern auch deren Wirkungs- und Vermittlungsprozesse zu erfassen. Diese Faktoren lassen sich zwar (siehe Abschnitt 2.1.) den von Kiser/Ostrom konzeptualisierten „Elementen der institutionellen Analyse" (und auch „Ebenen institutioneller Analyse") zuordnen, aber auch dabei rücken bei einer Beantwortung der Frage, wie diese Faktoren wirken und sich vermitteln, zu guter letzt Akteure mit (bestimmten, wandlungsfähigen) Präferenzen in den jeweils gegebenen Entscheidungssituationen ins Zentrum der Aufmerksamkeit.

Literaturverzeichnis

Bachrach, P./Baratz, M.S., 1977: Macht und Armut. Eine theoretisch-empirische Untersuchung, Einleitung von C. Offe. Frankfurt a.M.
Bandemer, St. v./Stöbe, S., 1993: Der „Erste Arbeitsmarkt" im Visier lokaler Handlungsmöglichkeiten. Betriebsbezogene Arbeitsmarktpolitik in Gelsenkirchen, in: *H. Heinelt/M. Mayer* (Hrsg.), Politik in europäischen Städten. Fallstudien zur Bedeutung lokaler Politik. Basel/Boston/Berlin, 99-118.
Benzler, S., 1988: Arbeitslosigkeit in der öffentlichen Diskussion. Unterschiedliche Problemdefinitionen auf regionaler Ebene – Eine Auswertung der Zeitungsberichterstattung in acht Arbeitsamtsbezirken (Diskussionspapiere und Materialien aus dem Forschungsschwerpunkt Sozialpolitik 28). Hannover.
Benzler, S./Heinelt, H., 1991: Stadt und Arbeitslosigkeit. Örtliche Arbeitsmarktpolitik im Vergleich. Opladen.
Blanke, B., 1976: Entscheidungsanarchie und Staatsfunktion, in: *R. Ebbighausen* (Hrsg.), Bürgerlicher Staat und politische Legitimation. Frankfurt/M., 188-216.
Blanke, B./Benzler, S./Heinelt, H., 1989: Arbeitslosigkeit im Kreislauf der Politik. Eine konzeptionell erweiterte Policy-Analyse zur Erklärung unterschiedlicher Aktivitäten gegen Arbeitslosigkeit auf lokaler Ebene, in: Gegenwartskunde 4, 529-560.
Blanke, B./Heinelt, H., 1987: Arbeitslosigkeit und lokale Politik, in: Zeitschrift für Sozialreform 10-11, 642-655.

Blanke, B./Heinelt, H./Macke, C.-W., 1987: Großstadt und Arbeitslosigkeit. Ein Problemsyndrom im Netz lokaler Sozialpolitik (Studien zur Sozialwissenschaft 73). Opladen.
Böhret, C., 1992: Zur Handlungsfähigkeit des funktionalen Staates der spätpluralistischen Industriegesellschaft, in: B. Kohler-Koch (Hrsg.), Staat und Demokratie in Europa. 18. Wissenschaftlicher Kongreß der Deutschen Vereinigung für Politische Wissenschaft. Opladen, 116-129.
Bosch, G./Heinelt, H./Reissert, B. (Hrsg.), 1993: Arbeitsmarktpolitik nach der Vereinigung. Berlin (im Erscheinen).
Brewer, G.D., 1978: Der Lebenszyklus eines Planungsproblems, in: Transfer 4: Planung in der öffentlichen Hand. Opladen.
Dowding, K.M., 1991: Rational Choice and Political Power. Aldershot.
Easton, D., 1965: A Framework for Political Analysis. Englewood Cliffs.
Elster, J., 1979: Ulysses and the Sirens. Cambridge.
Elster, J. (Hrsg.), 1986: The Multiple Self. Cambridge.
Elster, J., 1991: Arguing and Bargaining in Two Constituent Assemblies. The Storrs Lectures. Yale Law School, unveröffent. Manuskript.
Fischer, W./Kohli, M., 1987: Biographieforschung, in: W. Voges (Hrsg.), Methoden der Biographie- und Lebenslaufforschung. Opladen, 25-50.
Habermas, J., 1992: Faktizität und Geltung. Beiträge zur Diskurstheorie des Rechts und des demokratischen Rechtsstaats. Frankfurt a.M.
Hartwich, H.-H. (Hrsg.), 1985: Policy-Forschung in der Bundesrepublik Deutschland. Ihr Selbstverständnis und ihr Verhältnis zu den Grundfragen der Politikwissenschaft. Opladen.
Hartwich, H.-H., 1987: Die Suche nach einer wirklichkeitsnahen Lehre vom Staat, in: Aus Politik und Zeitgeschichte B 46-47, 3-20.
Hegner, F., 1986: Handlungsfelder und Instrumente kommunaler Beschäftigungs- und Arbeitsmarktpolitik, in: B. Blanke/A. Evers/H. Wollmann (Hrsg.), Die Zweite Stadt. Neue Formen lokaler Arbeits- und Sozialpolitik (Leviathan-Sonderheft 7). Opladen, 119-153.
Heidenheimer, A.J./Heclo, H./Adams, C., 1990: Comparative Public Policy. The Politics of Social Choice in America, Europe and Japan. (3. Auflage) New York.
Heinelt, H., 1989: Arbeitslosigkeit und Sozialhilfebezug als Indikatoren für Armut, in: I. Breckner/H. Heinelt/M. Krummacher/D. Oelschlägel/T. Rommelspacher/K.M. Schmals (Hrsg.), Armut im Reichtum. Erscheinungsformen, Ursachen und Handlungsstrategien in ausgewählten Großstädten der Bundesrepublik. Bochum, 47-92.
Heinelt, H., 1991a: Frühverrentung als politischer Prozeß. Institutionelle Bedingungen, soziale Effekte und finanzielle Verteilungswirkungen – im internationalen Vergleich. Wiesbaden.
Heinelt, H., 1991b: Lokale Arbeitsmarktpolitik im einem sich wandelnden Wohlfahrtsstaat, in: B. Blanke (Hrsg.), Stadt und Staat. Systematische, vergleichende und problemorientierte Analysen „dezentraler" Politik (PVS-Sonderheft 22). Opladen, 113-125.
Heinelt, H., 1991c: Die Beschäftigungskrise und arbeitsmarkt- und sozialpolitische Aktivitäten in den Städten, in: H. Heinelt/H. Wollmann (Hrsg.), Brennpunkt Stadt. Stadtpolitik und lokale Politikforschung in den 80er und 90er Jahren (Stadtforschung aktuell 31). Basel/Boston/Berlin, 257-280.
Heinelt, H., 1993: Kontinuität trotz Veränderung? Arbeitsmarktpolitik nach der Vereinigung, in: G. Bosch/H. Heinelt/B. Reissert (Hrsg.), Arbeitsmarktpolitik nach der Vereinigung. Berlin (im Erscheinen).
Heinelt, H./Macke, C.-W., 1986: Arbeitsloseninitiativen – eine Bewegung von Arbeitslosen?, in: K.-H. Balon/J. Dehler/B. Hafeneger (Hrsg.), Arbeitslosigkeit. Wider die Gewöhnung an das Elend. Frankfurt a.M., 178-192.
Hilgartner, St./Bosk, Ch., 1988: The Rise and Fall of Social Problems. A Public Arenas Model, in: The American Journal of Sociology 94, 1, 53-78.
Hofferbert, R., 1974: The Study of Public Policy, Indianapolis.
Jann, W., 1981: Kategorien der Policy-Forschung (Speyerer Arbeitshefte 37, hrsg. von der Hochschule für Verwaltungswissenschaften Speyer). Speyer.
Jordan, A.R./Richardson, J.J., 1987: British Politics and the Policy Process. An Arena Approach. London/Boston/Sydney/Wellington.
Jordan, G./Schubert, K. (Hrsg.), 1992: Policy Networks, in: European Journal of Political Research 1-2 (Special Issue).

Kiser, L./Ostrom, E., 1982: The Three Worlds of Action, in: E. Ostrom (Hrsg.), Strategies of Political Inquiry. Beverly Hills, 179-222.
Kohli, M., 1985: Die Institutionalisierung des Lebenslaufs. Historische Befunde und theoretische Argumente, in: Kölner Zeitschrift für Soziologie und Sozialpsychologie 1, 1-29.
Lehner, F., 1992: Grenzen der Wettbewerbsdemokratie. Der Wandel politisch-ökonomischer Konfliktstrukturen in westlichen Industriegesellschaften, in: B. Kohler-Koch, (Hrsg.), Staat und Demokratie in Europa. 18. Wissenschaftlicher Kongreß der Deutschen Vereinigung für Politische Wissenschaft. Opladen, 168-176.
Linder, St.H./Peters, B.G., 1990: An Institutional Approach to the Theory of Policy-Making. The Role of Guidance Mechanisms in Policy Formulation, in: Journal of Theoretical Politics 2, 1, 59-83.
Lowi, T., 1964: American Business, Public Policy, Case Studies and Political Theory, in: World Politics 16, 677-715.
Lowi, T., 1972: Four Systems of Policy, Politics and Choice, in: Public Administration Review 33, 298-310.
Luhmann, N., 1981: Politische Theorie im Wohlfahrtsstaat. München.
Mayntz, R., 1982: Problemverarbeitung durch das politisch-administrative System. Zum Stand der Forschung, in: J.J. Hesse (Hrsg.), Politikwissenschaft und Verwaltungswissenschaft (PVS-Sonderheft 13). Opladen, 74-89.
Mayntz, R., 1988: Funktionelle Teilsysteme in der Theorie sozialer Differenzierung, in: R. Mayntz/B. Rosewitz/U. Schimank/R. Stichweh (Hrsg.), Differenzierung und Verselbständigung. Zur Entwicklung gesellschaftlicher Teilsysteme. Frankfurt a.M., 11-44.
Mayntz, R., 1992: Modernisierung und die Logik von interorganisatorischen Netzwerken, in: Journal für Sozialforschung 1, 19-32.
Naegele, G., 1987: Zwischenbilanz des Vorruhestands. Eine sozialpolitische Wirkungsanalyse nach über 3 Jahren Vorruhestand, in: WSI-Mitteilungen 12, 752-760.
Nullmeier, F., 1989: Intention, Institution und Wissen. Auf dem Weg zu einer politikwissenschaftlichen Erklärung der Rentengesetzgebung zum RRG '92 (Diskussionspapiere und Materialien aus dem Forschungsschwerpunkt Sozialpolitik 34). Hannover.
Nullmeier, F./Rüb, F.W., 1993: Transformation der Sozialpolitik. Vom Sozialstaat zum Sicherungsstaat. Frankfurt a.M./New York (im Erscheinen).
Perschke-Hartmann, Ch., 1993: Der politische Entscheidungsprozeß zum Gesundheitsreformgesetz. Diss. Hannover.
Peters, B., 1993: Die Integration moderner Gesellschaften. Frankfurt a.M.
Rüb, W.F., 1988: Kumulative Problemlösung durch das politische System. Eine politologische Forschungsnotiz (Diskussionspapiere und Materialien aus dem Forschungsschwerpunkt Sozialpolitik 23). Hannover.
Sabatier, P.A., 1991a: Political Science and Public Policy, in: Political Science and Politics 24, 144-147.
Sabatier, P.A., 1991b: Toward Better Theories of the Policy Process, in: Political Science and Politics 24, 147-156.
Scharpf, F.W., 1973: Komplexität als Schranke politischer Planung, in: F.W. Scharpf (Hrsg.), Planung als politischer Prozeß. Frankfurt a.M., 73-113.
Scharpf, F.W., 1985: Die Politikverflechtungs-Falle. Europäische Integration und deutscher Föderalismus im Vergleich, in: PVS 3, 323-356.
Scharpf, F.W., 1988: Verhandlungssysteme, Verteilungskonflikte und Pathologien der politischen Steuerung, in: M.G. Schmidt (Hrsg.), Staatstätigkeit. International und historisch vergleichende Analysen (PVS-Sonderheft 19). Opladen, 61-87.
Scharpf, F.W., 1992: Die Handlungsfähigkeit des Staates am Ende des Zwanzigsten Jahrhunderts, in: B. Kohler-Koch (Hrsg.), Staat und Demokratie in Europa. 18. Wissenschaftlicher Kongreß der Deutschen Vereinigung für Politische Wissenschaft. Opladen, 93-115.
Schmidt, M.G., 1989: Massenarbeitslosigkeit und politische Stabilität, in: W. Peters (Hrsg.), Massenarbeitslosigkeit und Politik. Reaktionsweisen und Strategieoptionen in verschiedenen Politikarenen (SAMF-Arbeitspapier 1989-1). o.O. (Paderborn).
Schubert, K., 1991: Politikfeldanalyse. Eine Einführung. Opladen.
Teubner, G./Willke, H., 1984: Kontext und Autonomie. Gesellschaftliche Selbststeuerung durch reflexives Recht, in: Zeitschrift für Rechtssoziologie 12, 161-169.

Wiesenthal, H., 1987: Rational Choice. Ein Überblick über Grundlinien, Theoriefelder und neuere Themenakquisition eines sozialwissenschaftlichen Paradigmas, in: Zeitschrift für Soziologie 6, 434-449.
Williamson, O.E., 1975: Markets and Hierarchies. Analysis and Antitrust Implications. New York.
Williamson, O.E., 1985: The Economic Institutions of Capitalism. Firms, Markets, Relational Contracting. New York.
Willke, H., 1983: Entzauberung des Staates. Überlegungen zu einer sozietalen Steuerungstheorie. Königstein/Ts.
Windhoff-Héritier, A., 1980: Politikimplementation. Ziel und Wirklichkeit politischer Entscheidungen. Königstein/Ts.
Windhoff-Héritier, A., 1983: „Policy" und „Politics". Wege und Irrwege einer politikwissenschaftlichen Policy-Theorie, in: Politische Vierteljahresschrift 4, 347-360.
Windhoff-Héritier, A., 1987: Policy-Analyse. Eine Einführung. Frankfurt a.M./New York.
Windhoff-Héritier, A., 1991a: Institutions, Interests, and Political Choice, in: R.M. Czada/A. Windhoff-Héritier (Hrsg.), Political Choice. Institutions, Rules and the Limits of Rationality. Frankfurt a.M./Boulder, 27-52.
Windhoff-Héritier, A., 1991b: Policy-orientierte Konzeptionen und Hypothesen im Lichte lokaler Arbeitsmarktpolitik. Ein Kommentar, in: H. Heinelt/H. Wollmann (Hrsg.), Brennpunkt Stadt. Stadtpolitik und lokale Politikforschung in den 80er und 90er Jahren (Stadtforschung aktuell 31). Basel/Boston/Berlin, 281-285.
Windhoff-Héritier, A./Czada, R., 1991: Introduction, in: R.M. Czada/A. Windhoff-Héritier (Hrsg.), Political Choice. Institutions, Rules and the Limits of Rationality. Frankfurt a.M./Boulder, 9-23.
Wolf, J./Kohli, M., 1988: Neue Altersgrenzen des Arbeitslebens. Betriebliche Interessen und biographische Perspektiven, in: L. Rosenmayr/F. Kolland (Hrsg.), Arbeit – Freizeit – Lebenszeit. Grundlagenforschungen zu Übergängen im Lebenszyklus. Opladen, 183-206.

Katastrophenparadox und Handlungskapazität.
Theoretische Orientierungen der Politikanalyse*

Volker von Prittwitz

1. Das Katastrophenparadox

Zivilisatorische Gefahren und Risiken werden oft gegenläufig zu ihrer jeweiligen Stärke politisch wahrgenommen. Besonders hohe Belastungen entziehen sich dabei der politischen Wahrnehmung, während sinkende bzw. vergleichsweise niedrige Belastungen politisch sensibel aufgegriffen und zum Gegenstand öffentlichen Handelns gemacht werden. Zur Veranschaulichung dieses als Katastrophenparadox bezeichneten Ablaufmusters stelle ich im folgenden zusammengefaßt einige bereits gezeigte Sachverhalte (Prittwitz 1990: 13-30) sowie weitere Daten, so zur Raucherpolitik, dar. Erklärungsansätze des Katastrophenparadox nach unterschiedlichen theoretischen Orientierungen der Politikanalyse, so funktionalistischen, strukturalistischen und situativen Denkmustern, sind Gegenstand des zweiten Kapitels. Im dritten Kapitel werden einige Schlußfolgerungen für die Analyse öffentlichen Handelns unter besonderer Berücksichtigung der Theorie Kollektiven Handelns, des Begriffs der Handlungskapazität und des Zusammenhangs von Policy- und Entwicklungsanalyse gezogen.
Smogalarm wurde in den alten Bundesländern seit dem November 1979, dem Zeitpunkt des ersten Alarms, während der achtziger Jahre mit zunehmender Häufigkeit und Intensität ausgelöst, eine Entwicklung, die sich Anfang der neunziger Jahre in den Neuen Bundesländern mit ca. 50 Alarmfällen (Voralarm) in drei Jahren fortsetzte (Länderausschuß für Immissionsschutz 1993). Diese häufige Auslösung von Smogalarm vollzog sich angesichts einer durchschnittlichen Luftbelastung durch Schwefeldioxid, den wichtigsten alarmrelevanten Schadstoff, die ca. ein Drittel der entsprechenden Belastung Mitte der sechziger Jahre betrug (siehe Abbildung 1).[1] Ein umgekehrter Ablauf zeigt sich hinsichtlich der Belastungsentwicklung und der rechtstechnischen Handhabung des sogenannten Los-Angeles- oder Sommersmogs in der Bundesrepublik Deutschland (siehe Abbildung 2): Die sommerlichen Smogbelastungen durch Photooxidantien, die durch Ozon (O3) indiziert werden, erreichten zwar bereits zu Beginn der siebziger Jahre Spitzenwerte; die Zahl von Stunden mit hoher Ozonbelastung stieg jedoch von der Mitte der siebziger bis zum Beginn der neunziger Jahre steil an und verdoppelte sich dabei von 1977 bis 1992.[2] Trotz dieser hohen Belastung

---

* Für Hinweise und technische Unterstützung danke ich Kai Wegrich.
1 Die Häufigkeit und Schwere der Smogepisoden sank seit dem Beginn der sechziger Jahre in noch weit stärkerem Ausmaß. Siehe hierzu Näheres in Prittwitz (1990: 14).
2 Bereits 1976 wurden Spitzenbelastungen zwischen 500 und 600 Mikrogramm Ozon pro Quadratmeter im Rheinbecken bei Köln und Mannheim gemessen (Länderausschuß für

Abbildung 1: Schwefeldioxidbelastung (Jahresdurchschnitt) und Smogalarmfälle in Ballungsräumen der Bundesrepublik Deutschland

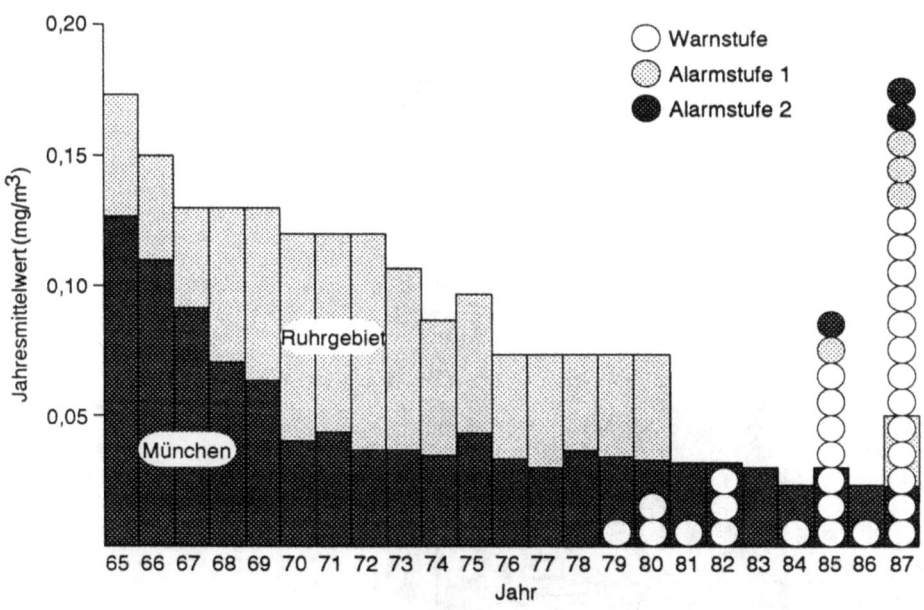

Aus: Prittwitz (1990: 15).

wurde bislang keine Sommersmog-Verordnung verabschiedet. Es kam dementsprechend kein einziges Mal zu Smogalarm und daran geknüpften emissionsvermindernden Maßnahmen, beispielsweise Verkehrssperrungen.[3] Zusammengefaßt ergibt sich also: Während in bezug auf Luftschadstoffe, deren Konzentration in den vergangenen Jahrzehnten stark gesunken ist, in den achtziger Jahren viele Dutzende Male Smogalarm ausgelöst wurde, kam bisher kein einziger Alarm in bezug auf Luftschadstoffe mit vergleichsweise hoher und noch steigender Konzentration zustande.[4]

Immissionschutz 1992: 43) Die Anzahl der Stunden pro Jahr, in denen mehr als 120 Mikrogramm Ozon pro Kubikmeter Luft gemessen wurde (bezogen auf 57 Meßstationen in den alten Bundesländern) stieg von einem Tief im Jahr 1987 bis zum Jahr 1992 steil an. Das in den letzten Jahren erreichte Belastungsniveau lag auch fast doppelt so hoch wie in den früheren Hochbelastungsjahren 1987 und 1982 (Der Spiegel Nr. 22/1993, 47. Jahrgang, S. 92-103).

3 In einigen Orten, zum Beispiel Berlin und München, wird seit dem Ende der achtziger Jahre allerdings aktuelle Information zur Ozonbelastung angeboten. Für eine in den kommenden Jahren Jahren anzuwendende Sommersmog-Verordnung legte die Bundesregierung im Juli 1993 einen Kabinetts-Entwurf vor (Der Tagesspiegel, S. 5 vom 21.7.1993).

4 Noch schärferes Profil erhält diese paradox erscheinende Entwicklung der Smogalarm-Handhabung im weiteren historischen Rückgriff. So war die Atemluft in den frühen Phasen der Industrialisierung in Ballungsräumen, insbesondere im Bereich von Produktionsanlagen, nach vorliegenden Daten und Berichten zu schließen, durch klassische Schadstoffe wie Schwefeldioxid, Staub und Rauch weit scherer belastet als in den Jahrzehnten nach dem Zweiten Weltkrieg. Ärzte und Behörden betrachteten diese hochgradige Belastung aber nicht als alarmierend (Spelsberg 1984; Brimblecomb 1975, 1982; Prittwitz 1990: 16-19). Beispiele schwer gesundheitsgefährdender Produktions- und Arbeitsbedingungen unter

Abbildung 2: Anzahl der jährlichen Stunden mit Ozonbelastung über 120 Mikrogramm/m³ in der Bundesrepublik Deutschland

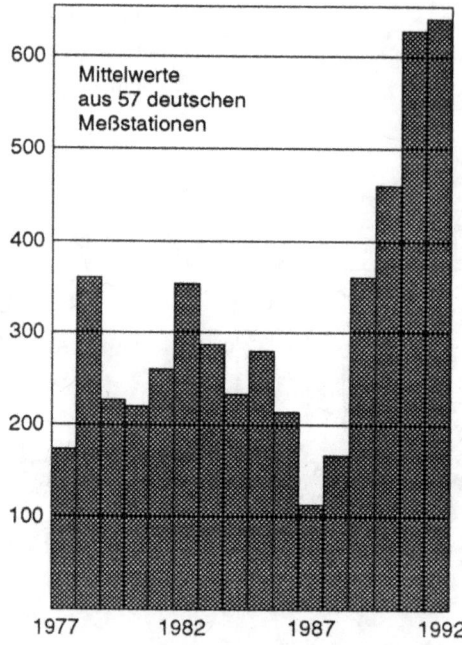

Quelle: Der Spiegel Nr. 22/1993

Die bundesrepublikanische *Strahlenschutzpolitik* nach der Explosion des Kernkraftreaktors von Tschernobyl ist ein weiteres Beispiel politischen Nichthandelns in bezug auf besonders hohe zivilisatorische Gefahren oder Risiken. So wurden angesichts der durch den Tschernobyl-Unfall ausgelösten radioaktiven Belastung die bis dahin als verbindlich betrachteten Strahlenschutz-Standards der Strahlenschutz-Verordnung von einer durch die Bundesregierung eingesetzten Expertenkommission als bedeutungslos für den Schutz der Bevölkerung erklärt. Anstelle dieser vergleichsweise scharfen Standards wurden weit weniger scharfe Standards festgelegt, die der faktisch eingetretenen Belastung weitgehend entsprachen, so daß sich keine besonderen Handlungsverpflichtungen zum Strahlenschutz mehr ergaben.[5] Gezielte Anstrengungen

---

Manufaktur und frühen Industrialisierungsbedingungen zeigt unter anderem Bayerl (1980: 206-238).

5 So wurde anstelle des in der Strahlenschutzverordnung (BGB I, Nr. 123: 2905-2995) enthaltenen Grenzwertes einer maximalen Schilddrüsenkonzentration von 90 Millirem ein Orientierungswert der jährlichen Maximalbelastung von 3 Rem für Kleinkinder festgelegt, der Grenzwert wurde also ad hoc um das 33-fache erhöht. Für lagerfähige Produkte aus Milch und frischem Blattgemüse veröffentlichte die Strahlenschutzkommission (SSK) am 4. Mai 1986 einen Aktivitätsrichtwert von 100 Becquerel pro Kilogramm, hob diesen jedoch bereits in der Empfehlung vom 7. Mai 1986 wieder auf und bezeichnete die Caesium-Belastung als gesundheitlich irrelevant (Bundesminister für Umwelt, Naturschutz und Reaktorsicherheit 1986: 9, 15/16, 53-56). Überdies wurde als Folgerung aus der Situation das Strahlenschutzvorsorge-Gesetz (19. Dezember 1986) verabschiedet, wonach in Zukunft in Fällen von Strahlenunfällen überhaupt keine vorab festgelegten Auslösewerte von Schutzmaßnahmen mehr gelten sollen, sondern entsprechende Werte jeweils von einer ad hoc eingerichteten Kommission bestimmt werden können.

zum Schutz der Bevölkerung blieben insbesondere in besonders hochbelasteten Bundesländern wie Bayern aus.
Wie eng das Verschweigen bzw. die Unterdrückung von Information und die Entstehung zivilisatorischer Katastrophen zusammenhängen können, wird in grenzüberschreitender und historischer Sicht der Kernenergie-Nutzung deutlich: So wurde nach der staatlichen Auflösung der Sowjetunion bekannt, daß der Unfall von Tschernobyl nur *ein* großer Kernkraftunfall der Sowjetunion unter anderen jahrzehntelang geheimgehaltenen war. So sind auch die Region um Tscheljabinsk und andere Regionen der früheren UdSSR teilweise hochgradig verstrahlt. Hinzu kommt die bewußte radioaktive Verstrahlung ganzer Bevölkerungsteile durch jahrzehntelang durchgeführte Atombombenversuche, so im Testgebiet der Wüste von Kasachstan (Der Spiegel Nr. 1991; Der Tagesspiegel vom 24.02.1993, S. 3). Praktiken im Umgang mit atomaren Materialien, die die menschliche Gesundheit hochgradig gefährden, wurden auch in anderen Ländern des früheren Ostblocks einschließlich der DDR jahrzehntelang geheimgehalten. Bekannt wurden sie erst im Zusammenhang mit Versuchen, die nach wie vor bestehenden Gefahrenquellen zu beseitigen oder zumindest zu kontrollieren.[6] Daß sich stille Strahlenkatastrophen nicht nur in der ehemaligen Sowjetunion und Osteuropa vollzogen haben, wird anhand von Manöverbildern aus den USA der fünfziger Jahre besonders deutlich. So wurden US-amerikanische Truppen vom Ende der vierziger bis zur Mitte der fünfziger Jahre in zahlreichen Fällen dazu abkommandiert, Atombombenexplosionen aus wenigen Kilometern Entfernung sehenden Auges mitzuerleben (Gans 1986: 35-37).
Eine Gegenläufigkeit zivilisatorischer Risikoproduktion und deren politischer Wahrnehmung läßt sich auch bezüglich alltäglicher zivilisatorischer Risiken, so des *Rauchens*, feststellen. So werden in der Bundesrepublik seit Mitte der siebziger, gehäuft seit Mitte der achtziger Jahre Maßnahmen zum Nichtraucherschutz ergriffen. Hierzu zählen der Erlaß des Innenministers von 1976 zum Nichtraucherschutz in Behörden, die Tabakverordnung über die Kennzeichnungspflicht mit allgemeinen Warnhinweisen (BGB I: 2831, Paragraph 3a) vom Dez. 1977, das Urteil des Bundesverwaltungsgerichts über die Anerkennung des Anspruchs von Nichtrauchern auf Schutz seiner Gesundheit vor Beeinträchtigungen durch Tabakrauch vom September. 1984, die EG-Rats-Entscheidung u.a. zum Nichtraucherschutz im Jahre 1989, die Verordnung über die Kennzeichnung von Tabakerzeugnissen und über Höchstmengen von Teer im Zigarettenrauch vom Januar 1992 (BGB I: 2053), die 1992/93 geführte Diskussion über Nichtraucherschutz in Flugzeugen (Maßnahmen der Bundesregierung sind in Vorbereitung) sowie die im Sommer 1993 aufgekommene Diskussion über erhöhte Krankenkassenbeiträge für Raucher. Die sich beschleunigenden Tabaksteuererhöhungen seit dem Beginn der siebziger Jahre am 1.9. 1972, 1.1. 1977, 1.1. 1980, 1.6. 1982, 1.5. 1989 und 1.3. 1992 können ergänzend einbezogen werden.
Unter welchen Bedingungen kam es zu diesen Maßnahmen zum Nichtraucherschutz? Im Zeichen eines deutlich zurückgeganenen und weiter zurückgehenden Bevölke-

---

6 So wurden nach Fernsehberichten vom März 1993 in der DDR jahrzehntelang zahlreiche Brunnen mit Hilfe radioaktiver Materialien vor Verkeimung „geschützt". Da hierzu eingelassenen Uransonden teilweise nachweislich zerbrochen sind, ist eine Beseitigung der radioaktiven Gefährdung von Grundwasser in diesen Fällen auf absehbare Zeit nicht möglich.

Abbildung 3: Anteil der Raucher an der Bevölkerung in der Bundesrepublik Deutschland (alte Länder) und raucherpolitische Maßnahmen

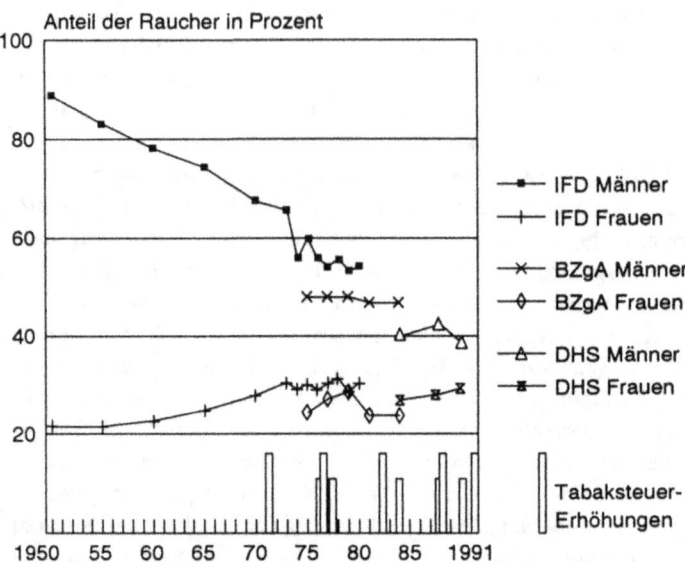

IFD: Institut für Demoskopie Allensbach
BZgA: Bundeszentrale für gesundheitliche Aufklärung
DHS: Deutsche Hauptstelle gegen die Suchtgefahren

Quellen: Jahrbuch Sucht (1989, 1993); Junge/Tiefelsdorf/Arab-Kohlmeier (1989: 36); Telefonische Auskünfte der Deutschen Haupstelle gegen die Suchtgefahren und des Bundesgesundheitsamtes Berlin.

rungsanteils der Raucher/Raucherinnen (siehe Abbildung 3): Während der Raucheranteil (Männer) 1950 noch 88% betrug, sank er in den folgenden Jahrzehnten annähernd monoton bis auf ca. 38%. Der 1950 noch bei 21% liegende Bevölkerungsanteil der rauchenden Frauen stieg zwar bis 1973 auf 30% an, sinkt seitdem aber wieder leicht ab (1991: 28%). Zu einer Schutzpolitik für Nichtraucher ist es also erst bei deutlich zurückgegangenem Bevölkerungsanteil der Raucher gekommen. Der Schluß auf eine entsprechende gesundheitliche Belastungsentwicklung durch Tabakkonsum kann zwar nicht ohne weiteres gezogen werden, denn der Zigarettenverbrauch pro Raucher/in im gleichen Zeitraum vervierfachte sich, der Anteil des Zigarettenkonsums stieg gegenüber dem Pfeifenrauchen, die Qualität der Zigaretten veränderte sich insbesondere durch das Aufkommen und den wachsenden Konsumanteil von Filterzigaretten (Junge/Tiefelsdorf/Arab-Kohlmeier 1989). Der starke Rückgang des Raucheranteils weist dennoch auf eine sich im ganzen tendenziell verringernde gesundheitliche Belastung durch das Rauchen hin. Auch im Fall des Nichtraucherschutzes zeigt sich also die in den davor dargestellten Fällen aufgetauchte Gegenläufigkeit von zivilisatorischer Belastung und politischer Belastungswahrnehmung: Während in der Zeit der stillen Katastrophe, in der der Tabakkonsum allgegenwärtig war und mit ungebrochener Wucht Gesundheit und Leben bedrohte, noch nicht einmal ein Ansatz öffentlichen

Handelns im Sinne des Nichtraucherschutzes zustandekam, ist der Nichtraucherschutz in einer Zeit des stark zurückgegangenen Tabakkonsums zu einer politisch hochanerkannten öffentlichen Aufgabe geworden.

Zunächst paradox erscheinende Muster im Verhältnis zwischen „Belastungen" und politisch-sozialen Reaktionen lassen sich schließlich nicht nur in der Umwelt- und Gesundheitspolitik, sondern auch anderen Politikfeldern finden. Ein Beispiel dafür ist ein Sachverhalt der *Immigrations- bzw. Integrationsproblematik*: Entgegen der häufig kolportierten Auffassung, steigende Immigrantenzahlen führten zwangsläufig zu sozialen Spannungen, haben sich in Regionen mit vergleichsweise hohem Anteil immigrierter Bevölkerungsgruppen, so Berlin, vergleichsweise stabile Muster eines verträglichen Zusammenlebens von Bevölkerungsteilen unterschiedlicher Nationalität entwickelt, während es in Regionen mit vergleichsweise geringem Immigrantenanteil, so Mecklenburg-Vorpommern und Brandenburg, überproportional häufig zu fremdenfeindlichen Gewalttaten kommt.[7] Im Zeichen längerfristig hoher Immigration, also ethnisch-kultureller Relativierung im Rahmen, haben sich in großen Städten wie New York, Paris und Berlin nicht nur Ansätze multikultureller Lebensformen, sondern auch politischen Handelns im Sinne sozial-ethnischer Verträglichkeit entwickelt.

Daß sich „Stimulus" und „Response" öffentlicher Politik gegenläufig zueinander entwickeln können, läßt sich also nicht nur in Ausnahmefällen feststellen. Eine umgekehrt proportionale Wahrnehmung und Handhabung zivilisatorischer Risiken bzw. Gefahren, mit anderen Worten, prozyklisches öffentliches Handeln, das vor sich gehende Katastrophen durch Nichtwahrnehmung verstärkt und bereits reduzierte öffentliche Risiken durch weitere Thematisierung zum anhaltenden Handlungsgegenstand macht, zeigt sich vielmehr so häufig, daß von einem Muster öffentlichen Handelns gesprochen werden kann. Wie sich dieses Muster, das Katastrophenparadox, erklären läßt, ist Gegenstand des folgenden Abschnitts.

2. Erklärungsansätze des Katastrophenparadox

Erklärungen beziehen sich auf Sachverhalte, sie stellen aber auch Konstruktionsvorgänge des Erklärenden unter bestimmten Voraussetzungen dar. Die sozialwissenschaftliche Erklärung eines Phänomens wie des Katastrophenparadox kann daher nicht allein in der gegenstandsbezogenen Suche nach Bedingungs-Folge-Zusammenhängen bestehen, sondern muß die jeweiligen Erklärungsvoraussetzungen einbeziehen. Als solche behandele ich im folgenden unterschiedliche Kriterien und Orientierungen der Politikanalyse.

Üblicher Ausgangspunkt sozialwissenschaftlicher Metatheorie ist die Unterscheidung systemischer und akteursbezogener Analyseansätze (Schimank 1985, 1988; von Beyme 1992). Akteursübergreifende Denkweisen werden demnach, als systemisch aufgefaßt, akteursbezogenen Denkweisen gegenübergestellt. Die Frage, in welchem Verhältnis beide Analyseansätze stehen, ist Gegenstand der Mikro-Makro-Problematik.[8] Da die

---

[7] Telefonische Recherchen beim Landesamt für Verfassungsschutz Berlin und bei Einwohnermeldeämtern Nordrhein-Westfalens und Hamburgs im Juli 1993.
[8] Zum unterschiedlichen Verständnis der Mikro-Makro-Problematik siehe u.a. Mayntz (1991), die hierunter die analytische Orientierungsproblematik zwischen Akteurs- und

Abbildung 4: Theoretische Orientierungen der Politikanalyse

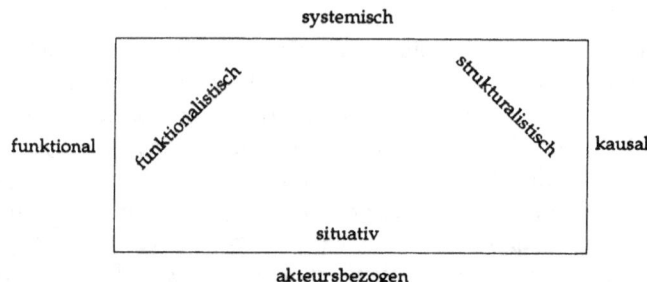

Politikanalyse in aller Regel mit dem Akteurskonzept operiert und nur hinsichtlich der ergänzenden Berücksichtigung akteursübergreifender Aspekte variiert, ist eine andere Unterscheidung folgenreicher für die Klassifizierung sozialwissenschaftlicher Theorieansätze, die Unterscheidung funktionaler, an systemischen Notwendigkeiten orientierter, und kausaler, an Bedingungs-Wirkungs-Zusammenhängen orientierter, Analyseansätze.[9]

Werden die beiden Dichotomien „systemisch-akteursbezogen" und „funktional-kausal" einander vertikal zugeordnet, so spannen sie eine Fläche auf, in deren Rahmen alle sozialwissenschaftlichen Theorieorientierungen der Politikanalyse verorten werden können. Ich stelle im folgenden drei mir grundlegend erscheinende Orientierungen dieser Art dar, das funktionalistische, das strukturalistische und das situative Denken.

2.1 Funktionalistische Erklärungsansätze

Nach dem funktionalistischen Politikverständnis, das, vermittelt über organische Gesellschafts- und Staatsbilder, vom Beginn der uns bekannten politischen Philosophie an Bedeutung hatte, dient Politik als öffentliches Handeln dem Wohl der Gesamtgesellschaft oder einer anderen als übergeordnet gedachten Einheit.[10] Dementsprechend

---

Systemebene versteht, Schwinn 1993 mit Bezug auf Max Webers Favorisierung von Mesotypen und der damit geleisteten Aufhebung der Mikro-Makro-Problematik, Anthony Giddens, der Aspekte der Raum-Zeit-Differenzierung einbezieht (Giddens 1992: 192-198) und von Beyme (1991: 22ff.), der den Begriff auf die Unterscheidung von individuellen und kollektiven Akteuren verengt.

9 Der Kausalitätsbegriff wird traditionell monokausal im Sinne eines zeitlich und sachlich klar abgrenzbaren Wirkungszusammenhangs zwischen einer Ursache und einer oder mehreren Folgen (als Verursachung) interpretiert, kann aber auch multikausal im Sinne eines abgrenzbaren Einflusses mehrerer untereinander vernetzter Variablen verstanden werden. Ich verwende den Begriff hier im letztgenannten Sinn eines gerichteten Faktoren- Einflusses. Zum Verhältnis von theoretischem und empirischem KausalitätsVerständnis siehe Schnell/Hill/Esser (1989: 42/43).

10 Nach Furniss (1992) hat sich der Funktionalismus als eine Kombination drei besonderer Tendenzen intellektuellen Denkens im 19. Jahrhundert entwickelt: der bildhaften Analogiebildung zu Inhalten der aufsteigenden biologischen Wissenschaften, der Suche nach positiven, wissenschaftlichen Gesetzen menschlicher und gesellschaftlicher Entwicklung und der Betrachtung des gesellschaftlichen Wandels als unvermeidlich, aber wegen seiner möglichen nichtregulierten Konsequenzen als bedrohlich. Im neueren Funktionalismus seit

stellt sich die Mikro-Makro-Problematik nur in geringer Schärfe: Insofern Politik als öffentliches Handeln auf die Realisierung systemischer Funktionen ausgerichtet ist, besteht keine Spannung zwischen Handeln und System. Entspricht politisches Handeln funktionalen Systemanforderungen nicht, so ist es als privates abweichendes Verhalten streng von öffentlichem Handeln geschieden. Im Rahmen des funktionalistischen Ansatzes wird Politik dementsprechend hinsichtlich ihrer systemisch-funktionalen Leistungsfähigkeit und Funktionsorientierung bewertbar bzw. vergleichbar: Politische Strukturen, Prozesse, Strategien und Instrumente erfüllen bestimmte funktionale Anforderungen der Systemerhaltung bzw. Systemtransformation mehr oder weniger gut, ergänzen oder ersetzen sich (äquifunktional) wechselseitig. Der Schritt von dieser Politik-Konzeptualisierung zur Annahme, öffentliches Handeln entwickele sich auch historisch entsprechend jeweiligen systemischen Funktionsanforderungen, ist nicht weit: Nach dem funktionalistischen Verständnis kommt es zu öffentlichem Handeln grundsätzlich entsprechend sozialen Funktionsanforderungen. Gesellschaftliche Notwendigkeiten setzen sich in politische Strukturentwicklung bzw. politische Handlungs- und Kommunikationsmuster um. Dementsprechend ist zu erwarten, daß sich öffentliches Handeln grundsätzlich in gleichsinniger Korrespondenz zur Herausbildung öffentlich-politischer Probleme bzw. Aufgaben entwickelt.

Da das Katastrophenparadox, das ja die gegenläufige Entwicklung von politischen Wahrnehmung und faktischer Entwicklung zivilisatorischer Gefahren bzw. Risiken zum Inhalt hat, nicht in dieses Denk- und Erwartungsmuster paßt, wird es in funktionalistisch strukturierter Politikanalyse üblicherweise nicht wahrgenommen. Sind Sachverhalte des Katastrophenparadox aber unübersehbar, so liegen zwei Hilfshypothesen zu ihrer Einordnung in funktionalistisches Denken nahe: Zum einen können politische Strukturen und Prozesse durch definitorische Unklarheiten, Operationalisierungsschwächen, Meß- und statistische Verarbeitungsfehler verzerrt wahrgenommen werden – ein Einwand, der im einzelnen belegt werden müßte. Zum anderen können exogene Faktoren auftreten, durch die ansonsten normal, das heißt entsprechend sozialen Funktionsbedingungen verlaufende Prozesse modifiziert werden. Ein besonders wichtiger Faktor dieser Art ist die Wissensentwicklung bezüglich zivilisatorischer Risiken. So läßt sich beispielsweise die Auslösung von Smogalarm seit dem Ende der siebziger Jahre dadurch erklären, daß sich der Stand des epidemiologischen Wissens über Luftverschmutzung in den letzten Jahrzehnten verfeinert hat, deshalb

---

dem Beginn der fünfziger Jahre des 20. Jahrhunderts sind Denkweisen mit weitreichenden metatheoretischen Stabilitäts- und Ganzheitsvorstellungen vertreten, aber auch eklektische Funktionalismusvorstellungen, die mit strukturalistischen Ansätzen verbunden werden konnten (siehe hierzu Beyme 1992: 90-102). Günther Schmid erkennt als gemeinsame semantische Struktur der vielfältigen Funktionsbedeutungen „die Art und Weise, in der variierende Dinge, Ereignisse und deren Beziehungen untereinander einem – vom Wissenschaftler – invariant gesetzten Gesichtspunkt zugeordnet werden. Mit den Gesichtspunkten wandelt sich auch der Inhalt des Funktionsbegriffs, während seine Bedeutungsstruktur konstant zu bleiben scheint" (Schmid 1974: 44). Die aktuelle Verengung des sozialwissenschaftlichen Funktionalismusbegriffs auf die struktur-funktionale und die funktional-strukturelle Systemtheorie Parsons'scher bzw. Luhmann'scher Prägung verdeckt grundlegende Implikationen und Begrenztheiten funktionalistischen Denkens, die sich auch in der aktuellen systemfunktionalistischen Politikdiskussion (Luhmann 1984, 1990, 1992; Willke 1992 u.a.) niederschlagen. Hierzu gehört die funktionalistische Wahrnehmungsbarriere für die eigenständige Bedeutung struktureller, beispielsweise ethnischer Konstellationen, vor allem aber die in diesem Aufsatz thematisierte Kapazitätsbindung funktionaler Rationalität.

Auslösewerte der Smogverordnung gesenkt wurden und dementsprechend häufig Smogalarm auftrat.[11]

Im Einzelfall können derartige methodische wie inhaltliche Einwände gegen die Aussagekraft des Phänomens Katastrophenparadox zutreffend sein. Insbesondere der Verweis auf exogene time-lag-Faktoren hat in aller Regel Gewicht. Analytisch auflösen läßt sich das Katastrophenparadox als häufig auftretendes Muster öffentlichen Handelns durch den Beleg intervenierender time-lag-Faktoren aber nicht, denn:

- solche Faktoren haben in der Regel nur modifizierenden Charakter. So ist es beispielsweise im Bereich der Lufthygiene zwar zu einem Wissensfortschritt über die gesundheitliche Wirkung niedriger Dosen von Luftschadstoffen gekommen; bereits in den sechziger Jahren, also in der Anfangsphase der Festlegung von Smogalarmwerten, lag jedoch schon fundiertes Wissen über gesundheitliche und pflanzenphysiologische Risiken von Schwefeldioxidbelastungen in Höhe der heutigen Auslösewerte der Smogalarm-Verordnung vor.[12]
- Die Annahme einer über viele Jahrzehnte oder sogar Jahrhunderte langen „Verzögerung" öffentlichen Handelns gegenüber dem Bezugsproblem, so etwa die Annahme, die aktuelle Umweltpolitik stelle eine verzögerte Reaktion auf die besonders hohe Luftverschmutzung Ende des 19. Jahrhunderts dar, erscheint als unsinnig.
- Time-lag-Faktoren können nicht die Tatsache erklären, daß, wie im Fall Tschernobyl geschehen, laufendes öffentliches Handeln bei einer plötzlich eintretenden besonders großen Herausforderung eingestellt wird oder in diffuse Formen von Scheinhandeln übergeht.

Zur Erklärung des Katastrophenparadox reichen daher funktionalistische Erklärungsansätze nicht aus. Dies gilt auch für die These, risikobezogenes öffentliches Handeln entwickele sich durch *subjektiven* Problemdruck der Beteiligten, solange dieser Problemdruck als Ausdruck eines systemischen Funktionsbedarfs betrachtet wird.[13] In-

---

11 So galten in der 1964 im Ruhrgebiet in Kraft tretenden Smogverordnung des Landes Nordrhein-Westfalen zunächst ein Auslösewert von 5000 mg Schwefeldioxid, der auf 2000 und 5000 differenziert, später auf 1000 und 2000 herabgesetzt wurde. 1974 trat eine Rahmenrichtlinie für die Länder der Bundesrepublik Deutschland in Kraft, wonach drei Alarmstufen mit 800, 1600 und 2400 Mikrogramm SO_2 galten. Diese Richtlinie wurde ein Jahrzehnt später im Winter 1984/85 durch eine weitere Richtlinie mit Auslösewerten von 600, 1200 und 1800 sowie einer Summenformel aus Schwefeldioxid und Feinstaub von 400 mg ersetzt, wodurch bereits am ca. 300 Mikrogramm SO_2 Voralarm ausgelöst werden konnte – eine Senkung des Auslösewertes auf ca. ein Sechstel des Ausgangswerts von 1964 (Smogverordnungen Nordrhein-Westfalens, Rahmenrichtlinien 1974 und 1984; siehe auch Prittwitz 1985).

12 So wurden bereits in den fünfziger Jahren, vermittelt über die Weltgesundheitsorganisation (WHO), Kurzzeitbelastungs-Grenzwerte von Schwefeldioxid und anderen Schadstoffen diskutiert und in vielen Ländern sogar in entsprechenden offiziellen Normen festgelegt, die auch nach heutigen Maßstäben hygienisch relevant waren (Umweltbundesamt 1977/1981/1983).

13 Phasenweise ist eine solche Auffassung von Martin Jänicke und Harald Mönch zur Begründung der umweltpolitischen Problemdruck-These vertreten worden (Jänicke/Mönch 1988). Einen gewissen Anklang an diese Argumentation hat die Formulierung Niklas Luhmanns, das Umweltproblem erreiche „erst heute ... eine Intensität, die sich als nicht länger ignorierbares, störendes Rauschen der menschlichen Kommunikation aufzwingt" (Luhmann 1990: 12). Nach Mayer-Tasch (1985: 9) kommt es angesichts der existentielles Ausmaß annehmenden Umweltgefährdungen zu einem zivilisatorischen Aufstand der Betroffenen: „Die wachsende Verzweiflung und Erbitterung vieler Bürger (die sie heute schon zuweilen

haltsreich wird eine derartige kognitive Wendung erst dann, wenn damit auf die Entkoppelungsmöglichkeit der subjektiven Problemwahrnehmung von objektiven Belastungsstrukturen abgehoben, also die Möglichkeit einer von der objektiven Belastung unabhängigen oder gar zu ihr gegenläufigen Problemwahrnehmung abgehoben wird (Beck 1991, 1993: 37/277). Eine derartige Interpretation ist allerdings nicht mehr innerhalb des funktionalistischen Denkrahmens möglich. Sie verlangt vielmehr die Aufnahme strukturalistischen Denkens.

2.2 Die strukturalistische Erklärung

Entgegengesetzt zur funktionalistischen Annahme, öffentliches Handeln entstehe grundsätzlich aufgrund systemischer Handlungsnotwendigkeit, wird Politik in strukturalistischer Sicht interpretiert. Demnach ist öffentliches Handeln Wirkungsfolge, wird also kausal erklärt. Die unabhängigen Variablen dieser Wirkung sind gesellschaftliche und politische Strukturen, das heißt, dauerhafte Variablenkonstellationen, beispielsweise dauerhafte technisch-ökonomische, soziokulturelle oder institutionelle Muster. Hierzu können auch Verhaltensstabilitäten und dauerhafte Charakteristika von Organisationen oder Personen gezählt werden.[14] Strukturalistisch inspirierte Politikanalytiker fragen nach der Entstehungsmöglichkeit öffentlichen Handelns angesichts bestimmter struktureller Bedingungen, nach dem Zusammenhang zwischen Strukturveränderungen und der Bildung bzw. der Veränderung von Form und Inhalt öffentlichen Handelns sowie nach der Bedeutung bestimmter struktureller Einflußkomplexe, zum Beispiel institutioneller Strukturen, im Verhältnis zur Bedeutung anderer Variablenkomplexe. Da die Erfassung dauerhafter Faktorenmuster den Blick auch auf den inneren Aufbau, damit auch Unterschiede und Beziehungsformen zwischen einzelnen Strukturelementen lenkt, werden in der strukturalistisch inspirierten Politikanalyse strukturelle Brüche und Gegensätze intensiv wahrgenommen. Neben der binnenorientierten Strukturanalyse ist jedoch auch die auf strukturelle Rahmenbedingungen gerichtete Analyse Gegenstand dieser Art der Politikbetrachtung, so in der „Does politics matter?"-Diskussion seit Beginn der sechziger Jahre, in der zunächst auf übergreifende strukturelle Bedingungen wie Reichtum, Urbanität und Industrialisierung, später stärker auf institutionelle Aspekte abgehoben wurde (Dawson/Robertson 1963; Pryor 1968; Wilensky 1975; Dye 1966, 1977; Schmidt 1987, 1990).[15]
Im diametralen Gegensatz zur funktionalistischen Betrachtungsweise erscheinen in

---

in bürgerkriegsähnliche Konfrontationen treibt) wird dabei zur soziopolitischen Schubkraft ... werden."

14 Persönlichkeitsstrukturen werden in Policy-Forschung und Regierungslehre wegen der annähernd vollständigen Ausrichtung an kollektiven Akteuren selten thematisiert; in diesem Sinne siehe aber z.B. Hartwich (1992); Murswieck (1991).

15 Manfred Schmidt (1987) verzeichnet drei Phasen dieser Diskussion: die Startphase der Diskussion, in der die sozioökonomischen Rahmenbedingungen als weitgehend determinierend betrachtet wurden, eine zweite Phase, in der die Gewichtung zugunsten intern politischer Faktoren verändert wurde und eine dritte Phase, in der innerhalb des „New Institutionalism" nach spezifischen Wirkungsabläufen geforscht wird. Eine solche Veränderung des Fragehorizonts erübrigt meines Erachtens nicht den Versuch eine statistischen Klärung sozioökonomischer u.ä. Rahmenbedingungen für die Entwicklung und Ergebnisse öffentlichen Handelns.

strukturalistischer Sicht soziale Probleme nicht als Ausgangspunkt öffentlicher Politik, sondern als Folge bestehender oder sich verändernder gesellschaftlicher bzw. politischer Strukturen. Dies gilt sowohl unter dem Gesichtspunkt der Problemproduktion wie der Problemwahrnehmung: Da zivilisatorische Probleme häufig strukturell bedingt sind, sind Strukturanalysen zumindest mittelbar Bedingungsanalysen zivilisatorischer Probleme. Andererseits setzt die Wahrnehmungsfähigkeit zivilisatorischer Probleme und Aufgaben die Existenz bestimmter struktureller Bedingungen voraus; Strukturanalysen können damit auch und gerade zu Bedingungsanalysen soziopolitischer Wahrnehmungsfägkeit werden. Angesichts dessen, daß in der strukturalistischen Politikinterpretation akteursübergreifende Strukturen, beispielsweise ökonomischer, soziokultureller oder institutioneller Art, aber auch akteursbezogene Strukturen, beispielsweise individuelle Politikstile oder Persönlichkeitsstrukturen von Bedeutung sein können, wird die Vermittlung zwischen Akteurs- und akteursübergreifenden Strukturerklärungen, also die Bewältigung der Mikro-Makro-Problematik, zu einem schwierigen analytisch-methodischen Problem.

Wie kann das Katastrophenparadox im Rahmen derartigen strukturalistischen Denkens erklärt werden? Soziale Struktur- und dabei auch Strukturveränderungs-Theorien, so die Marx'sche Kapitalismus- und Geschichtstheorie, die lediglich Hypothesen über die geschichtliche Entstehung sozialer Widersprüche mit der Konnotation ihrer gleichsinnigen politischen Wahrnehmung enthalten, sind hierfür offensichtlich keine geeignete Erklärungsgrundlage. Auch aktuelle Struktur- bzw. Entwicklungstheorien, so Theorien der strukturellen Differenzierung und Autopoiesis sowie aktuelle Modernisierungstheorien, beispielsweise die Beck'schen Überlegungen zu Risikogesellschaft und reflexiver Modernisierung, enthalten keine schlüssige Erklärungsmöglichkeit des Katastrophenparadox. Die aktuellen Differenzierungs- und Autopoiesis-Theorien (Mayntz u.a. 1988; Luhmann 1984, 1992; Willke 1992) enthalten eine Koppelung funktionalistischer und strukturalistischer Aussagen. Problemproduktion und -wahrnehmung werden dabei aber grundsätzlich gleichsinnig – eben im Sinne der funktionalistischen Sichtweise – behandelt. Ulrich Beck bezieht im Rahmen seiner Analyse reflexiver Modernisierung zwar die Möglichkeit des Auseinanderfallens von Risikoentstehung und Risikowahrnehmung ein (Beck 1991, 1993: 37 und 57-98), liefert aber keine Erklärung für die häufige Gegenläufigkeit von Risikostärke und politischer Risikowahrnehmung.

Ein aussichtsreicher Erklärungsansatz besteht jedoch meines Erachtens in dem Nachweis eines Zusammenhangs zwischen der Lösungsmöglichkeit von Problemen und ihrer soziopolitischen Wahrnehmungsfähigkeit unter dem Stichwort „kognitive Dissonanz". Die *Theorie der kognitiven Dissonanz*[16] ist auf die Annahme gestützt, daß der Wahrnehmende unter allen Umständen versucht, eine in sich stimmige („konsonante") Wirklichkeitssicht zu erhalten bzw. behalten. Bei der Konfrontation mit einer Wahrnehmung des Sachverhalts, die der eigenen Wahrnehmung diametral widerspricht, wird er versuchen, den entstandenen Wahrnehmungs-Widerspruch, die kognitive Dissonanz, im Sinne einer in sich stimmigen Wirklichkeitssicht zu verarbeiten. Dazu

---

16 Die 1957 von Leon Festinger vorgelegte Theorie ist einer Vielzahl von Kritiken ausgesetzt gewesen; zudem wurde sie individualpsychologisch formuliert. Ihre Anwendung auf soziopolitische Wahrnehmungsformen und – bedingungen ist allerdings meines Erachtens anregend und insofern legitim.

können verschiedene Mechanismen dienen, zum Beispiel der faktische oder vermeintliche Nachweis der Falschheit der gegensätzlichen Wirklichkeits-Wahrnehmung, die Korrektur der eigenen zugunsten der gegensätzlichen Auffassung (Anpassung), die Nichtwahrnehmung oder Unterdrückung der entgegenlaufenden Wirklichkeitssicht oder die praktische Veränderung von Bedingungen, die zu der Unterschiedlichkeit der Wirklichkeitswahrnehmung führen. Diese unterschiedlichen Methoden, kognitive Konsonanz zu erzielen, sind nun aber im konkreten Fall häufig nicht alle anwendbar. Beispielsweise kann die psychische Stabilität eines Menschen an eine bestimmte Wirklichkeitsinterpretation gebunden sein. In diesem Falle läßt sich kognitive Konsonanz nur über die subjektive Anpassung der entgegengesetzten Sicht, über Nichtwahrnehmung oder über Ersatzhandlungen erreichen, die von dem Wahrnehmungswiderspruch ablenken. Die Wirklichkeitssicht des Menschen hängt also keineswegs nur von eben dieser Wirklichkeit oder intervenierenden Variablen (einer bestimmten „Brille") ab, sondern auch von psychischen Existenzbedingungen des/der Wahrnehmenden. Hieraus können sich Wahrnehmungsformen als vernünftig ergeben, die ohne Berücksichtigung dieser Existenz- bzw. Handlungsbedingungen irrational erscheinen.

Wird angenommen, daß kognitive Dissonanzmechanismen vermittelt über Wahrnehmungsmuster der politischen Akteure auch im soziopolitischen Rahmen Bedeutung haben, so erscheint die Frage, ob Zivilisationsprobleme von den Beteiligten auf absehbare Zeit bewältigt werden können, von erstrangiger Bedeutung für die politische Wahrnehmung der jeweiligen Problematik: Wird eine reelle Chance gesehen, das Problem zu bewältigen, so kann es wahrgenommen werden; erscheint es auf absehbare Zeit nicht bewältigbar, kommt es zu charakteristischen Wahrnehmungsbeschränkungen wie Wirklichkeitsverdrängung, Informationsunterdrückung und Scheinhandeln. Auf die Systemebene gehoben, ergibt sich daraus der Schluß: Systeme thematisieren nur Probleme, die sie bewältigen können.

Daraus ergibt sich folgender *Erklärungsweg des Katastrophenparadox*: Kann eine Gefahr nicht ausreichend schnell und/oder vollständig bewältigen werden, so bei einen unvorhergesehenen starken Belastungsanstieg oder einem durch Strukturbedingungen verfestigten zivilisatorischen Risiko, so kommt es zu keiner politischen Problemwahrnehmung und demzufolge zu keinem adäquaten öffentlichen Handeln. Sinkt die zivilisatorische Belastung aber, so bedeutet dies bei einem bestimmten Stand an Handlungskapazität bereits unmittelbar ein Plus an Handlungs- und damit auch politischer Wahrnehmungsfähigkeit. Häufig indiziert ein solcher Belastungsrückgang auch das Vorhandensein von Faktoren, die eine weitere Verbesserung der Situation versprechen, was die politische Wahrnehmungsfähigkeit des Problems zusätzlich vergrößert. Damit erklärt sich die festgestellte Gegenläufigkeit von Gefahrengröße und politischer Gefahrenwahrnehmung aus dem Vorhandensein ausreichender bzw. fehlender Handlungskapazität und der dadurch bedingten Wahrnehmungssperren bzw. Wahrnehmungsmöglichkeit. Bestehen von der Größe der jeweiligen Belastung unabhängige Lösungsbarrieren bzw. Lösungskapazitäten, so kommt es zu einer mehr oder weniger ausgeprägten Modifikation dieses Zusammenhangs auf derselben Erklärungsgrundlage.

Strukturelle Kapazitätsbedingungen politischer Problemwahrnehmung können in allen Gesellschaftsbereichen bestehen, die Politik direkt oder indirekt beeinflussen. Bedeutung haben dabei insbesondere ökonomisch-technische, soziokulturelle, politisch-institutionelle und organisatorische Strukturen. Ein Diskurs, der den dargestellten Kapazitätszusammenhang politischer Problemwahrnehmung in anderem Rahmen thematisiert, ist die von Ronald Inglehart (1971, 1977, 1989) in Gang gesetzte Diskussion um *postmaterialistischen Wertewandel*. Nach der Inglehart'schen Theorie hat sich seit Mitte der sechziger Jahre in hochindustrialisierten Ländern ein Wandel von materialistischen Ordnungs- und ökonomischen Wohlstands-Werten zu postmaterialistischen Liberalitäts-, Selbstentfaltungs- und Umwelt-Werten vollzogen. Dieser Wandel erklärt sich nach Inglehart, abgesehen von spezifischen Sozialisationsunterschieden der Kriegs- und Nachkriegsgenerationen, durch die relative Befriedigung materieller und psychischer Grundbedürfnisse der Nachkriegsgenerationen – eine Auffassung, der allerdings Modelle einer Wertüberschichtung bzw. Wertekombination entgegengestellt worden sind (Klages 1984; Rosenstiel 1987; Hillmann 1990). Wird angenommen, daß postmaterialistischer Wertewandel die Entwicklungsmöglichkeit öffentlicher Politiken im Sinne von Liberalität, individueller Selbstentfaltung und Umweltschutz verbessert, so erklärt sich das Zustandekommen etwa der modernen Umweltpolitik unabhängig von Verläufen der Umweltbelastung durch Sozialisationsveränderungen im Zeichen sich verbessernder Bedingungen materieller Bedürfnisbefriedigung.

2.3 Situative Erklärungsansätze

Nach dem situativen Theorieansatz, zu dem Theorien des rationalen Handelns, die Garbage Can-Theorie und Ansätze situativer Interessenanalyse gezählt werden können, läßt sich Politik weder auf situationsübergreifende Systemfunktionen noch auf Strukturen zurückführen; was ausschließlich zählt, ist die konkrete Variablen-Konstellation zu einem bestimmten Zeitpunkt. Situative Handlungsanalyse ist vergleichsweise detailliert, bildet situative Handlungsbeschränkungen („constraints") und Entscheidungsmöglichkeiten innerhalb eines zeitlich, unter Umständen auch sachlich und räumlich enggefaßten Betrachtungsraumes ab. Damit können im Vergleich zur funktionalistischen und strukturalistischen Betrachtungsweise große Datenmengen verarbeitet werden – dies allerdings um den Preis der Situationsbeschränkung. Längerfristige Prozesse lassen sich im Rahmen dieses Ansatzes nur durch den Vergleich mehrerer Einzel-Situationen rekonstruieren.

Theorien des rationalen Handelns wurden zunächst ausgehend vom Bild des individuellen Akteurs entwickelt, operieren in der Politikanalyse aber vorwiegend mit dem Konzept des kollektiven bzw. korporativen Akteurs (Coleman 1990) und werden, so in der evlutionären Spieltheorie, sogar ohne das klassische Akteurskonzept angewandt (Axelrod 1984; Taylor 1987). Grundlegende Annahme der Analyse des rationalen Handelns ist: Jeder Akteur wählt sein Handeln danach, mit welchen Handlungskonsequenzen er zu rechnen hat und mit welcher Wahrscheinlichkeit er den Eintritt dieser Konsequenzen erwartet. Beurteilungsmaßstab dieser Konsequenzen ist nach utilitaristischen Theorie-Varianten das situativ erreichbare optimale Kosten-/Nutzen-Verhältnis. Es sind aber auch andere Bewertungsmaßstäbe, beispielsweise die Maximierung der eigenen Macht oder des Nutzens eines anderen Akteurs möglich. Ein erweitertes Modell des rationalen Handelns schließt die Frage ein, anhand welcher Informationen es dem Akteur gelingt, Wahrscheinlichkeitserwartungen auszubilden. In der letzten Konsequenz wird dabei angenommen, daß auch dieser Prozeß der Erwartungsbildung rational verläuft (Wiesenthal 1987).

Die im Rahmen der Organisationsforschung entwickelte *Garbage Can-Theorie* (Cohen/ March/Olsen 1972; March/Olsen 1976; Küpper/Ortmann 1988; Wiesenthal 1990, 1992) schließt zwar das Akteurskonzept nicht aus, ist aber grundsätzlich akteursübergreifend angelegt. Nach dieser Theorie sind soziopolitische Situationen nicht unbedingt durch lineare Handlungsfolgen nach dem Muster: Problem – Handlungsziel – Strategie – Instrument – Handlungswirkung charakterisiert; möglich sind vielmehr alle denkbaren Konstellationen zwischen derartigen Handlungselementen. Handeln kommt demnach nicht als Folge einer bestimmten Handlungsintention, sondern lediglich nach den situativen Bedingungen zustande. Dabei sind auch „Rückwärts-" oder Krebsbewegungen zwischen allen Situationselementen möglich.

Die *situative Interessenanalyse* (Prittwitz 1990, 1993; Oberthür 1992) stellt eine Mischform von „Rational Choice"- und struktureller Politikanalyse dar. Wie in der Spieltheorie und Theorien kollektiven Handelns werden dabei kooperationsfreundliche und kooperationsunfreundliche Präferenz-Konstellationen unterschieden; im Unterschied zur Spieltheorie werden Wahrnehmungs- und Kalkül-Interdependenzen zwischen den beteiligten Akteure aber nicht modelliert. Es geht vielmehr allein darum, die situativ gegebenen Interessenkonstellationen, verstanden als Ausdruck situativ vorgegebener Interessenlagen, abzuschätzen. Diese Abschätzung ist unter Umständen sogar ohne die Verwendung des Akteurskonzepts möglich. Durch den Verzicht auf die Modellierung subjektiver Wahrnehmungsinterdependenzen und die damit erreichte Komplexitätsverringerung können zahlreiche situative Interessen bzw. Interessenkonstellationen im Überblick dargestellt werden. Die situative Interessenanalyse ist allerdings lediglich ein Element entscheidungsbezogener Politikanalyse.

Der oben skizzierte Ablauf der *Smogalarmauslösung* in der Bundesrepublik Deutschland erklärt sich nach Kriterien der rationalen Nutzenmaximierung beteiligter Akteure weder durch funktionalen Handlungsbedarf noch durch strukturelle Veränderungen, etwa postmaterialistischen Wertwandel mit der Folge wachsenden Umweltbewußtseins. Ausschlaggebend ist demnach vielmehr die an ihren Eigeninteressen orientierte Optionenwahl derjenigen Akteure, die auf die Entscheidung über die Gestaltung von Smogverordnungen oder die Auslösung von Alarm im Einzelfall Einfluß hatten bzw. haben. Solche Akteure waren bzw. sind unter anderem die politischen Spitzenbeamten jeweiliger Fachverwaltungen für Umweltschutz, Parlamentarier, insbesondere einflußreiche Angehörige von Fachausschüssen, beratende Fachleute, Bürgerinitiativangehörige, mit Fragen der Luftverschmutzung befaßte Journalisten und andere. In diese Optionenwahl fließen nicht nur vorgegebene strukturelle und funktionale Rahmenbedingungen ein, sondern auch das Verhalten der jeweils anderen Akteure. Von Bedeutung für die Interessenabschätzung der beteiligten Akteure können damit unter anderem werden: die politische Legitimationswirkung von Alarmregelungen (Eindruck von Sicherheit), Signal-, zum Beispiel Delegitimationswirkungen, Kostenwirkungen von Smogalarm, beispielsweise Umstellungs- oder Vermeidungskosten, Transaktions- und Organisationskosten, sowie wirtschaftliche und psychisch-politische Anreizwirkungen für zukünftiges Vermeidungsverhalten. Nach diesen Kriterien können sich beispielsweise für einen Spitzenbeamten der zuständigen Umweltverwaltung folgende Situationstypen ergeben:

1. *Überproportionale Alarmkosten:* Angesichts hoher, aber bei der Bevölkerung nicht bekannter Smoggefährdung würde eine Auslösung von Smogalarm zu Verunsicherung und delegitimierenden Signalwirkungen führen. Deshalb ergibt sich die eindeutige Präferenz: Keine Alarmauslösung.

2. *Unklare Kosten-/Nutzen-Entwicklung bei Alarmauslösung:* Angesichts einer kontroversen öffentlichen Diskussion über wirtschaftliche und hygienische Wirkungen von Luftverschmutzung und Smogalarm, einer negativen Signalfunktion der Alarmauslösung und unklaren Langzeitwirkungen, beispielsweise Anreizwirkungen zu Vermeidungsverhalten, ergibt sich die überwiegende Präferenz: Keine Alarmauslösung.

3. *Überproportionaler Alarmnutzen:* Angesichts hohen Umweltbewußtseins, jedoch relativ niedriger Belastung hat die Auslösung von Alarm voraussichtlich nur geringe delegitimierende Signalwirkung. Die erreichte Schutzwirkung der Bevölkerung ist zwar geringfügig, aber die öffentliche Darstellung der Schutzwirkung wirkt sich legitimationsfördernd aus. Es bestehen sogar Chancen für eine überwiegend positive Signalwirkung der Alarmauslösung, da diese als Zeichen umweltpolitischer Aktivität gewertet wird. Deshalb lautet die eindeutige Präferenz: Alarmauslösung.

4. *Kosten-/Nutzen-Reflexion:* Die Diskussion der Problematik in Öffentlichkeit und Sozialwissenschaft, beispielsweise die Wahrnehmung des Musters „Katastrophenparadox" hat zu einer internen Reflexion, das heißt, zur Aufnahme zusätzlicher, dabei auch längerfristiger Kalkulationsinhalte geführt. Die Präferenz ist daher offen.

Aufgrund der dargestellten Nutzen/Kostenkriterien tendiert ein umweltpolitischer Spitzenbeamter dazu, in Situation 1 (Negative Nutzen/Kosten-Bilanz), und Situation 2 (unsichere Bilanz) keinen Alarm auszulösen. In Situation 3 (positive Nutzenbilanz) dagegen wird er Alarm auslösen, sofern dies nach den Bedingungen möglich ist. In Situation 4 wächst der Entscheidungsspielraum des Akteurs. Abgesehen von Situation 4 zeigt sich also: Vor allem vermittelt durch die delegitimierenden Signalwirkungen einer Auslösung von Alarm kommt es zu einer Gegenläufigkeit zivilisatorischer Funktionskriterien, hier der lufthygienischischen Notwendigkeit der Alarmauslösung, und individueller Nutzen-/Kostenkalküle verantwortlicher Akteure. Dementsprechend wird Alarm gegenläufig zu den durch die Höhe der Luftverschmutzung indizierten Handlungserfordernissen ausgelöst. Nach demselben Muster erklärt sich die Tatsache, daß politisch Verantwortliche Gefahrensituationen in der Regel nicht im Höhepunkt der Belastung oder in einer Phase der sich akut zuspitzenden Gefahr ankündigen, sondern erst im Rückblick auf die inzwischen bereits bewältigte Situation von einer Gefahr sprechen, sofern eine auch nur geringe Verbesserung der Lage zu erkennen ist. Ist eine solche Verbesserung faktisch nicht gegeben, treten an die Stelle dessen auch häufig Lüge oder Selbsttäuschung über die Schwere der wirklichen Bedrohung. Die drei dargestellten Erklärungsansätze des Katastrophenparadox unterscheiden sich also stark voneinander: Während das Phänomen im Rahmen der funktionalistischen Sicht dem Einfluß von Wahrnehmungsverzerrungen oder exogenen Faktoren zugeschrieben wird, stehen im Mittelpunkt der strukturalistischen Sicht ökonomisch-technische, soziokulturelle und politisch-institutionelle Kapazitätsbedingungen öffentlichen Handelns. Nach dem Erklärungsansatz des rationalen Handelns treten Kosten-/

Nutzen-Konstellationen einzelner Akteure und Spielräume strategischen Handelns in den Vordergrund.

3. Schlußfolgerungen für die Analyse öffentlichen Handelns

3.1 Bezüge zur Theorie kollektiven Handelns und zum Konzept der „bounded rationality"

Das Katastrophenparadox stellt ein problematisches Muster öffentlichen Handelns dar. Die Frage, in welchem Verhältnis dieses Muster zu der seit Jahrzehnten diskutierten Problematik kollektiven Handelns (Coase 1965; Olson 1968; Hardin 1968; Ostrom 1990) steht, drängt sich schon wortassoziativ auf. Auch inhaltlich ergeben sich Überschneidungen: Hier wie dort geht es um eine Schädigung öffentlicher Güter. Garett Hardins Stichwort „Tragedy of the Commons" bezeichnet die zwangsläufig eintretende Übernutzung gemeinsamer Güter (Allmende-Güter) durch sich individuell-rational verhaltende Nutzer ohne öffentliche Regulierung (Hardin 1968). Das Katastrophenparadox bezeichnet die Schädigung bzw. suboptimale Nutzung öffentlicher Güter durch Steuerungsimpulse öffentlichen Handelns, die bestehende Abweichungen vom Optimum noch verstärken, also prozyklisch statt antizyklisch wirken.

Die Beschränktheit individueller Rationalität, das große Thema der Theorie kollektiven Handelns, ist zwar auch für die Entstehung des Katastrophenparadox von Bedeutung; das sich im Katastrophenparadox ausdrückende zentrale Problem allerdings ist nicht die Suboptimalität individuell beschränkten Handelns gegenüber kollektivem Handeln, sondern die Suboptimalität kollektiven Handelns selbst. Die Entstehung dieses Problems kann, wie gezeigt, unterschiedlich erklärt werden. Erklärungen nach dem klassischen Muster der Theorie des kollektiven Handelns, wonach sich Individuen bzw. Subsysteme auf Kosten der Gemeinschaft reproduzieren, zum Beispiel das Olson'sche Trittbrettfahrersyndrom (Olson 1968) respektive die spieltheoretische Konstellation des Gefangenendilemmas, sind nicht darunter. Obwohl es um öffentliche Politik geht und rationale Handlungskalküle von Bedeutung sind, helfen hier also Denkmuster des „Political Choice", die sich auf derartige Fragestellungen richten (Czada/Windhoff 1991; Scharpf 1991), nicht weiter. Vor allem geht es nicht um die unter dem Stichwort „Public Choice" thematisierten Modelle einer Usurpation der Macht durch formal legitimierte Repräsentanten auf Kosten der Gemeinschaft (Riker 1982; Levi 1988; Scharpf 1993). Denn die Akteure, die das Katastrophenparadox produzieren, handeln üblicherweise im Einklang mit der öffentlichen Meinung, ja werden zu entsprechendem prozyklischem Verhalten häufig durch die Öffentlichkeit geradezu getrieben, sodaß die Bezeichnung „Öffentliches Handeln" eine pejorative Bedeutungskomponente erhält. Die Problematik des Katastrophenparadox kann daher im Rahmen der bestehenden Theorien kollektiven Handelns nicht ohne weiteres eingeordnet werden.

Grundlegend für diese Schwierigkeit ist der im Katastrophenparadox deutlich werdende Wechselzusammenhang von Problembearbeitung und Problemwahrnehmung: In den Theorien kollektiven Handelns, so der wohlfahrtstheoretischen Verhandlungssystem-Theorie (Scharpf 1992, 1993), werden suboptimale und optimale Verhaltensweisen der Beteiligten in bezug auf eine gegebene Problemstellung thematisiert. Im Katastrophenparadox drücken sich aber letztlich problematische Wahrnehmungsformen dessen aus, was das gegebene Problem öffentlichen Handelns ist: Werden vor allem Probleme politisch thematisiert, die bereits relativ gut zu bewältigen sind, dagegen Themen nicht aufgegriffen oder sogar wieder abgesetzt, deren Lösung große Schwierigkeiten bereitet, so entstehen suboptimale Lösungen unabhängig vom Erreichen themeninterner Allokationsoptima. Als Problem erweisen sich damit die Allokationsmechanismen von Aufmerksamkeit, politischer Energie, finanziellen und organisatorischen Ressourcen zwischen politischen Themen bzw. Politikfeldern. Die Diskussion des Katastrophenparadox regt daher zu Überlegungen darüber an, in welchem Verhältnis Politik- und Problemfelder zueinander stehen und darüber, ob sich Verlaufsmuster dieses Verhältnisses feststellen und empirisch erklären lassen.

Ausgehend davon stellt sich schließlich die Frage, nach welchen Kriterien die Optimalität bzw. Suboptimalität öffentlichen Handelns seitens der Akteure und der wissenschaftlichen Beobachter bemessen wird. In den wirtschaftswissenschaftlich geprägten Theorieansätzen steht das Bewertungskriterium der Effizienz außer Frage: Es geht um kosten-nutzen-optimale Lösungen. Mit der Favorisierung bestimmter öffentlicher Themen werden jedoch bestimmte Kosten-Nutzen-Bewertungen favorisiert: Während beispielsweise mit der Thematisierung von Fragen der inneren Sicherheit Nutzen-Kriterien im Sinne eines an Freund-Feind-Mechanismen orientierten Nutzenbegriffs dominieren, treten mit der Spitzenthematisierung nichtanthropozentrischer Umweltfragen, etwa der Erhaltung der biologischen Artenvielfalt, komplexere Kosten-Nutzen-Orientierungen in den Vordergrund. Öffentliches Handeln impliziert also charakteristische Maßstabs-Wechsel der Politikbewertung, die sich in Form langsamen Wandels, dramatischer Umbrüche, aber auch politisch-konjunktureller Muster vollziehen können. Derartige Wechsel der Bewertungsmuster von Politik können im Rahmen des ökonomischen Effizienz-Begriffs integriert werden. Mit einer solchen Einebnung besteht allerdings die große Gefahr, daß gerade entscheidende Faktoren, nämlich die den Bewertungswechsel bedingenden Faktoren, nicht erfaßt werden und Politikanalyse selbst gängige politische Konjunkturen nur mehr mitvollzieht, ohne diese zu durchblicken. Soll dies vermieden werden, so müssen die situativen Rahmenbedingungen öffentlichen Handelns stärker berücksichtigt werden.

Ein früher Schritt in dieser Richtung war das von Herbert Simon entwickelte Konzept der *„bounded rationality"* (Simon 1955, 1956, 1978, 1985; March/Simon 1958). Demnach kann Politik zwar als Form rationalen Handelns der beteiligten Akteure verstanden werden; im Unterschied zu einer inhaltsbezogenen Rationalität, die von einem unbeteiligten Beobachter als Kriterium angelegt werden mag, verhalten sich die Akteure aber nach einer prozeduralen Rationalität. Diese zeichnet sich durch die Orientierung an Zielen und Mitteln aus, die die Beteiligten nach ihren Voraussetzungen als optimal betrachten. Knappe Ressourcen rationalen Handelns sind Informationsverarbeitungskapazität, Wissen und Aufmerksamkeit. Angesichts dessen versuchen Akteure nicht alle Entscheidungsalternativen zu erfahren und durchzukalkulieren; vielmehr optimieren sie ihre entscheidungsbezogenen Wissens- bzw. Rationalitätsansprüche. Das Optimierungsproblem besteht dabei darin, ein Gleichgewicht zwischen den zu erwartenden Kosten zusätzlicher Suche nach Wissens- bzw. Entscheidungsalternativen und den infolge der Bemühungen zu erwartenden realisierten Verbesserungen herzustellen scheidungsfindung von der Struktur der Akteurskonstellationen beeinflußt wird, findet im Modell von Kiser/Ostrom in zweierlei Weise Berücksichtigung: zum einen in der konzeptionell eingefangenen direkten Beziehung von spezifischen institutionellen Gegebenheiten und Besonderheiten der Entscheidungssituation und zum anderen in der hierarchischen Abfolge der drei „choice-level", die jeweils auf die institutionellen Arrangements der nachgeordneten Ebene wirken. Auch für die Um- und Durchsetzung politischer Entscheidungen erweist sich die Taxonomie des Systems als angemessen, weil sie in Abhängigkeit von komplexen nachgeordneten politischen Entscheidungsprozessen gesehen werden können, die letztlich erst auf der operationalen Ebene einen konkreten Niederschlag finden.

Wie bedeutsam die Berücksichtigung und Einbeziehung politikfeld-spezifischer Besonderheiten in das skizzierte theoretische Konzept ist, wird daran deutlich, daß von Kiser/Ostrom selbst angestellte Reflexionen über die „Elemente institutioneller Analyse" (etwa über Besonderheiten der „community" von Betroffenen und institutioneller Gegebenheiten) und über die Verknüpfungen und Abhängigkeiten zwischen den „three worlds of action" resp. drei Analyseebenen „unter-komplex" bleiben.

Dennoch ist es sowohl als heuristisches Analyse- wie auch theoretisches Erklärungsmodell geeignet, eine institutionalistische Herangehensweise mit einer auf nutzenmaximierende Wahlhandlungen politischer Akteure orientierten Betrachtung zu verbinden. Dies sogar noch eher als etwa mit dem „Zwei-Filter-Modell" von Jon Elster (1979), nach dem – wie Adrienne Windhoff-Héritier (1991: bes. 38f.) demonstriert – in einem ersten Filterprozeß strukturelle Begrenzungen, wie kulturelle Normen, ökonomische und technologische Bedingungen sowie politische Institutionen und Regeln, die Unbegrenztheit möglicher Entscheidungsalternativen auf einen bestimmten Bereich von Möglichkeiten reduzieren und in einem zweiten, anschließenden Filterprozeß einzelne politische Akteure aus diesem sog. „feasible set" eine Alternative auswählen. Mit den „three worlds of actions" wird ein „channel of policy choices" (Bachrach/Baratz 1977: 87ff.) konzeptualisiert, der Eigentümlichkeiten solcher Filterprozesse auf den drei Choice-Ebenen herausstellt.

2.2 Präferenzen, Präferenzwandel und Akteure

Entscheidend – und bei Kiser/Ostrom unbeantwortet – bleiben jedoch die Fragen, (a) warum einzelne Akteure bestimmte Alternativen auswählen und (b) ob und wie sie ausgewählte Alternativen mit- resp. gegeneinander politisch durchsetzen können. Entscheidend sind diese Fragen deswegen, weil Akteuren (als unabhängigen Variablen) für die Erklärung von Handlungen, Aktivitäten und Strategien sowie auch deren Ergebnisse eine zentrale Bedeutung beigemessen wird – und zwar auf allen drei Choice-Ebenen. Könnte die Beantwortung der letzten Frage empirischen Untersuchungen überlassen werden, bei denen sich die Relevanz der angesprochenen Policy-Politics-Wechselbeziehungen erweisen dürfte, so stoßen wir bei der ersten Frage auf ein grundlegendes Problem der auf nutzenmaximierende Wahlhandlungen von Akteuren orientierten Choice-Ansätze – nämlich auf den Status von *Präferenzen* im theoretischen Erklärungsmodell.

Entscheidungskalküls um situativ, dabei unter Umständen zufällig eintretende Kosten-Nutzen-Aspekte, die ansonsten unbeachtet blieben.
Die Erkenntnis, die eine solche Feststellung bringt, ist allerdings beschränkt. Denn offensichtlich entscheidend für das letztlich unbefriedigende Ergebnis, das damit gebildete Verlaufsmuster des Katastrophenparadox, ist nicht die Rationalität des Entscheidungsverhaltens; ausschlaggebend sind vielmehr die situativen Randbedingungen. bzw. die spezifischen Verbindungsformen der Akteure zu diesen Bedingungen. Ein Schlüssel zum Verständnis dieses Zusammenhangs ist das Konzept der Handlungskapazität.

3.2 Der mehrdimensionale Kapazitätsbegriff

Wörtlich bedeutet Kapazität nichts anderes als Fähigkeit; häufig wird der Begriff allerdings in einer verschobenen Bedeutung verwendet. Demnach bezeichnet „Kapazität" nicht mehr die Fähigkeit zu bestimmten öffentlichen Handeln selbst, sondern die Voraussetzungen der jeweiligen Leistungsfähigkeit, ein Verständnis, dem am genauesten die häufig quantitativ gefaßte Bezeichnung von Produktionsanlagen oder Organisationen als Kapazitäten (im Plural) entspricht. Dementsprechend wird der Kapazitätsbegriff in der Policyforschung üblicherweise als Sammelbegriff von Erfolgsbedingungen öffentlicher Politik verwendet. So bezeichnet Martin Jänicke als umweltpolitische Modernisierungskapazität „neben der Initialzündung eines hohen Problemdrucks ... eine hohe Wirtschaftsleistung, hohe Innovationsfähigkeit im Sinne von Meinungs- und Willensbildungsstrukturen, die für neue Interessen und Innovateure offen sind, eine hohe Strategiefähigkeit im Sinne einer Politik des langen Atems und einer ausgeprägten 'interpolicy cooperation' und eine hohe Konsensfähigkeit, die den Innovateur frühzeitig integriert und über Dialogstrukturen auf breiter Basis Akzeptanz für umfassenden Wandel schafft" (Jänicke 1993: 26). Goggin et al. (1990) fassen unter den Bezeichnungen „Organizational Capacity" und „State Ecological Capacity" verschiedene ökonomische, politische und sonstige Strukturen, darunter auch den Grad der Problemschärfe.
Mit der Verwendung des Begriffs der Handlungskapazität wird situationsbezogenes Handeln angenommen. Der Begriff hat insofern eine funktionale Komponente, als es um die Fähigkeit geht, bestimmte Aufgaben oder Probleme zu bewältigen. Insofern damit aber Handlungsvoraussetzungen gemeint sind, geht es um strukturelle oder situative Bedingungen. Der Begriff bildet damit ein *Brückenkonzept*, das situatives, funktionalistisches und strukturalistisches Denken miteinander verbindet. Zur Kapazität in diesem Sinne können alle Sachverhalte oder Potentiale werden, die die Fähigkeit, öffentliche Aufgaben bzw. Probleme zu bewältigen, positiv beeinflussen, so vor allem ökonomische und technische Voraussetzungen, soziokulturelle und institutionelle Voraussetzungen. Bedeutung haben können aber auch Bedingungen der Wissensgewinnung, verarbeitung, -kumulation und -umsetzung, organisatorische, ja persönliche Handlungsvoraussetzungen einzelner Akteure. Wie dargestellt, hängen Kapazitäten der Problemwahrnehmung und der Problemlösung eng miteinander zusammen.
Das Konzept der *kapazitätsgebundenen Rationalität* bezeichnet angesichts dessen den

Umstand, daß politisches Akteursverhalten an Wahrnehmungs- und diese wiederum an Problemlösungskapazitäten verschiedener Art, z.B. psychischer, wissensmäßiger, organisatorisch-institutioneller, soziokultureller und technisch-ökonomischer Art, gebunden ist. Diese Kapazitätsbindung des politischen Handelns betrifft nicht nur das Verhalten einzelner Akteure, sondern gerade auch das Handeln von Gruppen, Teilsystemen und komplexen Systemen: Öffentliches Handeln kommt nur in dem Maße zustande, in dem entsprechende gesellschaftliche und politische Wahrnehmungs- und Lösungskapazitäten bestehen. Dieser Umstand schlägt sich in der Aktivität bzw. Inaktivität zur Bewältigung bestimmter öffentlicher Aufgaben und Probleme, damit auch in der Herausbildung entsprechender Policy-Netzwerke nieder. Er prägt auch die Auswahl und Gestaltung der jeweiligen politischen Agenden: Die politische Agenda einer Gesellschaft mit vergleichsweise großen Handlungskapazitäten hat andere Inhalte als die einer Gesellschaft mit geringen Handlungskapazitäten, und: Die politische Agenda einer Gesellschaft unter der Bedingung reicher Handlungsressourcen unterscheidet sich von der Agenda dieser Gesellschaft bei knappen Ressourcen.

Welche *Themen öffentlichen Handelns* unter bestimmten Kapazitätsbedingungen im Vordergrund stehen bzw. welche Kapazitätsbedingungen typischer Hintergrund bestimmter öffentlicher Themen sind, ist eine bislang offene Frage. Allgemeine Hypothesen hierzu ergeben sich im Anschluß an zwei Theorieansätze, an das Maslow'sche Modell der Bedürfnispyramide und das Grenznutzentheorem bzw. sich davon ableitende Überlegungen. Nach Abraham Maslows Modell der Bedürfnispyramide (1954) ist anzunehmen, daß bei knappen Kapazitäten die Sicherung materieller und psychischer Grundbedürfnisse politisch vorrangig ist und Entfaltungsbedürfnissen auch politisch geringeres Gewicht zugemessen wird bzw. diese überhaupt nicht auf der politischen Agenda erscheinen. Umgekehrt werden bei reichen Handlungskapazitäten politische Entfaltungsaufgaben der weiteren Planung und Entwicklung zumindest relativ an Gewicht gewinnen. Nach ökonomischen Kriterien läßt sich dieselbe Hypothese durch jeweilige Knappheiten bzw. Saturierungsgrade öffentlicher Aufgaben begründen: Fehlen Ressourcen zur Bewältigung unmittelbarer materieller und psychischer Grundbedürfnisse, so haben politische Leistungen den größten Nutzen, die der Sicherung der unmittelbaren materiellen (Überleben, materieller Wohlstand) und psychischen Grundbedürfnisse (Ordnung und Sicherheit) dienen. In einer Gesellschaft, in der grundlegende Bedürfnisse befriedigt sind, haben dagegen Beiträge zur Bewältigung von Entfaltungsaufgaben (kulturelle Entwicklung) und Aufgaben der erweiterten Reproduktion (Umweltschutz, Daseinsvorsorge) höheren Grenznutzen als Beiträge zur Bewältigung der schon weitgehend bewältigten ökonomischen und Sicherheits-Aufgaben.[17] Damit ergibt sich eine grundsätzliche Unterscheidung *reichtums- und knappheitsgesellschaftlicher* Politikfeldstrukturen öffentlichen Handelns. Diese Unterscheidung kann auf Kapazitäts-Kontexte im synchronen (Querschnitts-)Vergleich, beispielsweise im Verhältnis zwischen Ländern der nördlichen und der südlichen Hemisphäre, aber auch auf unterschiedliche Kapazitätsausprägungen im diachronen („Längsschnitt-)Ver-

---

17 Bei gegebenen Kapazitätsbedingungen bestehen unterschiedliche situative Funktionsmuster, so Routinesituationen, Gefahrensituationen (Gefahrenabwehr), Risikosituationen (Risikomanagement) und struktureller Wandel (Prittwitz 1990: 71 - 93). Im Katastrophenparadox zeigt sich allerdings, daß derartige funktionale Situationsmuster häufig durch situative Kapazitätsbedingungen überkompensiert werden.

gleich einer Untersuchungseinheit, beispielsweise eines Bundeslandes, bezogen werden. Unter beiden Gesichtspunkten erklärt sie *politische Kommunikationsprobleme* zwischen Mitgliedern der jeweiligen Strukturkomplexe: Kommen politische Akteure unterschiedlicher Strukturkomplex miteinander in Kontakt, so werden sie voraussichtlich wegen ihrer unterschiedlichen Funktions- bzw. Kapazitätsvorstellungen aneinander vorbeikommunizieren – eine Situation, die insbesondere bei großen Kapazitätsunterschieden, etwa im Nord-Süd-Verhältnis eintritt. Zu ähnlichen politischen Kommunikationsproblemen kann es aber auch innerhalb einer Gesellschaft zwischen Akteuren kommen, deren politischer Horizont durch unterschiedliche Strukturbedingungen geprägt ist. Unspezifizierte Kapazitäts-Konzepte stellen in dieser Situation – ähnlich wie das unspezifizierte Problemkonzept – bestenfalls eine verbale Verständigungsbrücke der Vieldeutigkeit dar" (Helmut Wiesenthal 1990, 1992). Eine derart gebildete „gemeinsame" Situationsinterpretation kann allerdings leicht zu einem Kommunikations- und Koordinationsboumerang werden, wenn die Brüchigkeit der verbalen Gemeinsamkeit und Verständigungsschwierigkeiten in der Sache die politische Verständigung und Koordination unmöglich machen. Politikanalyse, die mit einem unspezifizierten Kapazitätskonzept operiert, nimmt solche Kommunikationsschwierigkeiten nicht wahr, ja verstärkt sie unter Umständen sogar noch. Anstatt politische Probleme schlicht als Funktionsprobleme zu betrachten, beispielsweise fehlende Handlungskapazitäten für die Bewältigung eines globalen Umwelt- oder Sicherheitsproblems zu benennen, erweist es sich demnach als sinnvoll, die jeweils spezifischen Struktur-Funktions-Konstellationen der Handlungssituation aufzuzeigen, die die Realisierungsschwierigkeit der jeweiligen Aufgabe, aber auch ihre Thematisierungsbedingungen deutlich machen. Die Gegenüberstellung reichtums- und knappheitsgesellschaftlicher Formen öffentlichen Handelns verdeutlicht zwar die grundsätzliche Bedeutung von Strukturvariablen für die politische Funktionswahrnehmung und Kommunikationsfähigkeit; mit ihr wird allerdings von der Vielfalt politischer Handlungskapazitäten und damit gegebener Handlungsoptionen abstrahiert. Wie dargestellt, hängt die politische Handlungs- und Wahrnehmungsfähigkeit nämlich nicht nur von der Deckung materieller Primärbedürfnisse, insoweit materiellem Reichtum ab. Auch andere Faktoren, so *technische, institutionelle, epistemeologische und soziokulturelle Bedingungen*, können die konkrete Handlungs- und Wahrnehmungsfähigkeit von Akteuren massiv beeinflussen. Wenn wir nur fünf Kapazitätsbedingungen (Deckung von Primärbedürfnissen, technische Flexibilität, Wissen, institutionelle Flexibilität und soziokulturelle Integrationsfähigkeit) als eigenständige Faktorenkomplexe berücksichtigen, ergeben sich bereits zahlreiche spezifische Kombinationsmöglichkeiten der einzelnen Kapazitätsbedingungen. Ein Beispiel hierfür wäre ein vergleichsweise reiches Land mit geringer technischer Dynamik und geringer soziokultureller Integrationskraft, ein anderes Beispiel ein vergleichsweise armes Land mit gering entwickeltem, aber an die gegebene Situation angepaßtem technischen know how, entsprechend angepaßter institutionellen Strukturen und vergleichsweise integrationsfähiger soziokultureller Struktur. Stellen wir einander diese Strukturkonstellationen öffentlichen Handelns gegenüber, so erweist sich die eindimensionale Unterscheidung von Reichtums- und Knappheitsgesellschaft als verkürzt, unter Umständen sogar irreführend.

Notwendig ist also eine *mehrdimensionale Kapazitätsanalyse*, durch die alle relevanten Kapazitätsfaktoren, die sich unabhängig von anderen Bedingungen entwickeln, be-

rücksichtigt werden.[18] Wie folgenreich eine konzeptuell verortete Differenzierung sein kann, zeigt sich am Beispiel der Umweltpolitik: Wird hier entsprechend dem Maslow-Modell angenommen, daß ökologische, umweltpolitisch ambitionierte Politik generell reichtumsgesellschaftlich begründet ist, so ergeben sich die Schlüsse:
- Allein die reichen Länder der Erde können sich Umweltschutz leisten; die ärmeren und Schwellenländer müssen erst ihre ökonomischen Potentiale entfalten, bevor sie ökologische Herausforderungen bewältigen und damit auch politisch wahrnehmen können.
- Auch in den reichen Ländern ist Umweltschutz ein typisches Politikfeld wirtschaftlicher Hochkonjunktur. Kommt es zu Wirtschaftskrisen, so siegt im Konflikt zwischen Ökonomie und Ökologie zwangsläufig das ökonomische Kalkül der kurzfristigen Kosten-/Nutzen-Optimierung.

Wie groß der politische Einfluß dieses *eindimensionalen Kapazitätsdenkens der Umweltpolitik* ist, zeigt sich unter anderem an der globalen Umweltdiskussion über Fragen des Schutzes der stratosphärischen Ozonschicht (Oberthür 1992a; Breitmeier/Gehring/List/Zürn 1993) und der Klimaproblematik (Simonis 1992; Oberthür 1992b; Fischer 1992; Prittwitz/Wolf 1993): So ist die Bildung gemeinsamer Fonds zur Finanzierung von Umstellungsinvestitionen, eine zentrale Bedingung zahlreicher ärmerer Länder für ihre Beteiligung an der UNCTAD-Erd-Konferenz von Rio de Janeiro im Sommer 1992, auch nach wie vor von erstrangiger Bedeutung in der globalen Umweltdiskussion. Innerhalb der OECD-Länder hat die weltwirtschaftliche Rezession zu verstärktem Schwierigkeiten für den Umweltschutz geführt, wie sich beispielsweise an dem Einschlafen der Anfang der 90er Jahre noch emphatisch vorgetragenen Pläne für eine EG-weite Energiesteuer zeigt (Jachtenfuchs/Hey/Strübel 1993).

Unabhängig davon, wie umweltpolitisches Akteursverhalten moralisch bewertet wird, muß festgestellt werden, daß die Verbreitung des eindimensionalen Kapazitätskonzepts der Umweltpolitik das Bild eines Gegensatzes von Ökonomie und Ökologie fördert. Die Folgen entsprechenden Denkens und Verhaltens sind fatal: Im Zeichen wirtschaftlicher Rezession werden institutionelle, soziokulturelle, ja selbst ökonomische Kapazitäten zerstört, die für eine Wiedergesundung dringend notwendig wären, so Ausbildungskapazitäten, technische Flexibilitätsreserven und Forschungskapazitäten. Im globalen Rahmen führt die Vorstellung, Umweltschutz sei nur bei quantitativem Wirtschaftswachstum möglich, in eine ökonomisch-ökologische Entwicklungsfalle, da bei der Globalisierung von Konsummustern nach dem Muster der hochindustrialisierten Länder existentielle ökologische und damit zivilisatorische Krisen voraussehbar sind (Simonis 1992; Marmora 1992).

Wird die Kapazitätssituation öffentlichen Handelns mehrdimensional analysiert, so ergeben sich andere Einsichten und Handlungsoptionen als nach dem Muster der eindimensionalen Kapazitätsanalyse, wie sich wieder an der Umweltpolitik beispielhaft zeigen läßt: Gegenüber der starren Koppelung ökologischer Handlungsfähigkeit an wirtschaftlichen Reichtum sind zahlreiche Beispiele ökologischen Verhaltens und

---

18 Während solche Analysen mit Bezug auf die Sozialpolitik schon seit Jahrzehnten üblich sind (zum Überblick Schmidt 1987), werden sie in anderen Politikfeldern, so der Umweltpolitik, erst seit wenigen Jahren durchgeführt (siehe hierzu im internationalen Vergleich Jänicke 1990, 1993; Oberthür 1992; Fischer 1992; im Vergleich zwischen internationalen Umweltregimen Keohane/Haas/Levy 1992).

wirkungsvoller Umweltpolitik bei knappen Ressourcen festzustellen. Die Möglichkeit derartige *Knappheitsökologie* (Prittwitz/Wolf 1993) ist nicht auf vormoderne, zum Beispiel traditionale, Gesellschaften beschränkt. Vielmehr ergeben sich hierzu auch verschiedene Optionsbereiche innerhalb der modernen Wirtschaft und Gesellschaft:

- Sämtliche Ansätze zu schonendem Ge- bzw. Verbrauch natürlicher Ressourcen (Energiesparen, Wassersparen, Raumsparen, Rohstoffkonsum) sind gleichzeitig ökologisch, betriebs- und volkswirtschaftlich funktional. Knappheitssituationen wie wirtschaftliche Rezessionen oder strukturelle Knappheitsbedingungen solcher Faktoren können daher, sofern soziokulturelle und institutionelle Bedingungen dies zulassen, innovations- und konkurrenzförderlich sein.
- Umweltverträgliche Produkte verbessern zumindest mittelfristig, häufig auch bereits kurzfristig die Marktchancen von Unternehmen. Dasselbe gilt grundsätzlich für umweltverträgliche Produktions-, Transport- und Konsumformen, die das Image von Produkten bzw. Firmen heben. Gerade unter Bedingungen zugespitzter Konkurrenz können daher, sofern andere Kapazitätsbedingungen vorhanden sind, umweltverträgliche Produktionsformen und Produkte ökonomisch optimal sein.
- Kreislaufsysteme der Ressourcennutzung haben eine lange knappheitsgesellschaftliche Tradition (siehe z.B. kriegswirtschaftliche Sammel- und Wiederverwertungssysteme). Angesichts der ökologischen Globalproblematik stellen kreislaufwirtschaftliche Systeme, so in chemischen Unternehmen, generell ein ökologisch, aber auch ökonomisches Optimum dar
- Das marktwirtschaftliche System ist grundsätzlich als Austauschsystem knapper Faktoren konzipiert. Die Bindung ökologisch verträglichen Verhaltens an relativen Überfluß widerspricht diesem grundsätzlichen Systemgedanken. Dessen aktuelle Realisierungshemmnisse sind deshalb Ausdruck mangelnder institutioneller Rahmenbedingungen, nicht aber eines grundsätzlichen Gegensatzes von Ökonomie und Ökologie.

Knappheitsökologie ist insbesondere auf funktionierende soziokulturelle und institutionelle, unter Umständen auch wissensmäßige Kapazitäten bei knappen ökonomischen Ressourcen gestützt. Entsprechende Muster sind auch in zahlreichen anderen Politikfeldern gegeben oder denkbar, so in der Wirtschafts-, Sozial-, Gesundheits- und Kulturpolitik. Innovationsprozesse kommen in der Regel unter der Bedingung bestimmter Knappheiten, zum Beispiel Problemlösungsanforderungen, bei gleichzeitiger Existenz von Handlungskapazitäten anderer Art, zum Beispiel Wissen, Intelligenz, Willen etc. zustande. Dementsprechend sind prozyklische Prozesse nach Art des Katastrophenparadox Ausdruck mangelnder Nutzung von Innovationsspielräumen.

3.3 Zum Zusammenhang von Policy- und Entwicklungsanalyse

Angesichts der Differenzierung situativer Muster im globalen Rahmen, aber auch innerhalb der hochindustrialisierten Länder erscheint die bislang in der Policy-Forschung bestehende Fokussierung auf typische Probleme und Felder von Wohlfahrtsstaaten als problematisch. Vorausgesetzt werden dabei trotz möglicher Varianzen en detail ein grundsätzlich funktionierender Staats- und Verwaltungsapparat sowie zumindest die grundsätzliche Chance einer Bewältigung der jeweiligen Probleme, insbesondere ökonomische Verhältnisse, die nicht als absolute Armut bezeichnet werden müssen. Selbst in der Vergleichenden Policy-Forschung sind Studien über öffentliches Handeln in armen Ländern bei weitem unterrepräsentiert, von vielen Autoren vollkommen ausgeschlossen wegen mangelnder Vergleichbarkeit. Die Folgen dieser analytischen Verengung liegen auf der Hand: Policyanalyse dieser Art zeichnet sich zwar durch relativ gute Vergleichbarkeit der Untersuchungsfälle und relativ sichere Aussagen aus. Angesichts dessen, daß unterschiedliche Kapazitätsstrukturen zunehmend global ineinander wirken, angesichts wachsender Migration, wechselseitiger Gefährdung durch Bürgerkriege etc. bedeutet der starre Blick auf relativ wohlhabende Länder und dementsprechende Politikfelder der Wohlfahrtsstaaten aber Wirklichkeitsverdrängung, Selbsttäuschung und zumindest mittelfristigen Verlust an Glaubwürdigkeit. Öffentliches Handeln außerhalb, aber auch innerhalb von Wohlfahrtsstaaten ist demgegenüber nur zu verstehen, wenn die Bedeutung struktureller Kapazitätsunterschiede und deren Wirkung auf politische Wahrnehmungsmuster erfaßt wird. Die Diskussion des Katastrophenparadox führt daher zu einer Verbindung der Policy- und der Entwicklungsanalyse.

Literatur

Axelrod, Robert, 1984: The Evolution of Cooperation. New York.
Bayerl, G., 1980: Materialien zur Geschichte des Umweltproblems, in: *F. Duve* (Hrsg.), Technologie und Politik. Das Magazin zur Wachstumskrise, Heft 16, Juni, Hannover, 180-221.
Beck, Ulrich, 1986: Risikogesellschaft. Auf dem Weg in eine andere Moderne. Frankfurt a.M.
Beck, Ulrich, 1991: Umweltpolitik in der Risikogesellschaft, in: Zeitschrift für Angewandte Umweltforschung 4, 2, 117-122.
Beck, Ulrich, 1993: Die Erfindung des Politischen. Zu einer Theorie reflexiver Modernisierung. Frankfurt a.M.
Bennett, Colin J./Howlett, Michael, 1992: The lessons of learning: Reconciling theories of policy learning and policy change, in: Policy Sciences 25, 275-294.
Beyme, Klaus von, 1991: Regierungslehre zwischen Handlungstheorie und Systemansatz, in: *Hans-Hermann Hartwich/Göttrick Wewer* (Hrsg.), Regieren in der Bundesrepublik 2. Formale und informale Komponenten des Regierens. Opladen, 19-34.
Beyme, Klaus von, 1992: Die politischen Theorien der Gegenwart. Eine Einführung. 7. Auflage, Opladen.
Breitmeier, Helmut/Gehring, Thomas/List, Martin/Zürn, Michael, 1993: Internationale Umweltregime, in: *Volker von Prittwitz* (Hrsg.), Umweltpolitik als Modernisierungsprozeß. Politikwissenschaftliche Umweltforschung und -lehre in der Bundesrepublik Deutschland. Opladen, 137-162.
Brimblecomb, P., 1975: Industrial air pollution in 13th century Britain, in: Weather 30, 388-392.
Brimblecomb, P., 1982: An Anecdotal History of Air Pollution in England, in: Environmental Education and Information, Vol 2, No. 2, 97-105.
Bundesminister für Umwelt, Naturschutz und Reaktorsicherheit (Hrsg.), 1986: Veröffentlichungen der Strahlenschutzkommission Bd. 5: Auswirkungen des Reaktorunfalls von Tschernobyl – Abschätzung – Begrenzung – Bewertungen. Stuttgart/New York.
Coase, Ronald H., 1960: The Problem of Social Cost, in: Journal of Law and Economics 3, 1-44.
Cohen, Michael D./March, James G./Olsen, Johan P., 1972: A Garbage Can Model of Organizational Choice, in: Administrative Science Quaterly 17, 1-19.
Coleman, James S., 1990: Foundations of Social Theory. Cambridge (Ma.)
Czada, Roland M./Windhoff-Héritier, Adrienne (Hrsg.), 1991: Political Choice. Institutions, Rules and the Limits of Rationality. Frankfurt a.M./Boulder (Col.).
Dawson, Richard E./Robertson, James A., 1963: Inter-Party Competition, Economic Variables and Welfare Policies in the American States, in: Journal of Politics 25, 265-289.

Dye, Thomas R., 1966: Politics, Economics, and Public Policy: Outcomes in the Amrican States. Chicago.
Dye, Thomas R., 1977: Policy Analysis. What Governments do, why they do it, and what Difference it Makes. Alabama.
Elster, Jon (Hrsg.), 1987: The Multiple Self. Cambridge/Ma.
Feick, Jürgen/Jann, Werner, 1988: „Nations matter" – Vom Eklektizismus zur Integration in der vergleichenden Policy-Forschung, in: PVS-Sonderheft 19, 196-220.
Festinger, Leon, 1957: A Theorie of Cognitive Dissonance. Stanford.
Fischer, Wolfgang, 1992: Klimaschutz und internationale Politik. Die Konferenz von Rio zwischen globaler Verantwortung und nationalen Interessen. Aachen.
Furniss, Norman, 1992: Functionalism and Policy Studies, in: Douglas E. Ashford (Hrsg.), History and Context in Comparative Public Policy. Pittsburgh/London, 189-209.
Gans, I., 1986: Künstliche Radioaktivität in der Umwelt vor und nach dem Reaktorunfall, in: Forschung Aktuell (TU Berlin), Nr. 11-13, Sonderheft Tschernobyl, 32-37.
Giddens, Anthony, 1992: Die Konstitution der Gesellschaft. Grundzüge einer Theorie der Strukturierung. Frankfurt a.M.
Goggin, Malcolm L. u.a., 1990: Implementation Theory and Practice. Toward a Third Generation. Harper Collins Publishers.
Hardin, Garett, 1968: The Tragedy of the Commons, in: Science 162, 1243-1248.
Hartwich, Hans-Hermann (Hrsg.), 1985: Policy-Forschung in der Bundesrepublik Deutschland. Ihr Selbstverständnis und ihr Verhältnis zu den Grundfragen der Politikwissenschaft. Opladen.
Hartwich, Hans-Hermann, 1992: Die Bundesregierung im Prozeß der deutschen Vereinigung (1989/90). Skizze zu einer kategorial geleiteten Analyse des Regierungshandelns, in: Hans-Hermann Hartwich/Göttrick Wewer (Hrsg.), Regieren in der Bundesrepublik 2. Formale und informale Komponenten des Regierens. Opladen, 237-273.
Hartwich, Hans-Hermann/Wewer, Göttrick (Hrsg.), 1991: Regieren in der Bundesrepublik 2. Formale und informale Komponenten des Regierens. Opladen.
Hartwich, Hans-Hermann/Wewer, Göttrick (Hrsg.), 1992: Regieren in der Bundesrepublik 3. Systemsteuerung und „Staatskunst". Theoretische Konzepte und empirische Befunde. Opladen.
Hillmann, Karl-Heinz, 1990: Wertewandel. Zur Frage soziokultureller Voraussetzungen alternativer Lebensformen. Darmstadt.
Inglehart, Ronald, 1971: The Silent Revolution in Europe: Intergenerational Change in Postindustrial Societies, in: American Political Science Review 65, 991-1017.
Inglehart, Ronald, 1977: The Silent Revolution. Changing Values and Political Styles Among Western Publics. Princeton.
Inglehart, Ronald, 1989: Kultureller Umbruch. Wertewandel in der westlichen Welt. Frankfurt a.M.
Jachtenfuchs, Markus/Hey, Christian/Strübel, Michael, 1993: Umweltpolitik in der Europäischen Gemeinschaft, in: Volker von Prittwitz (Hrsg.), Umweltpolitik als Modernisierungsprozeß. Politikwissenschaftliche Umweltforschung und -lehre in der Bundesrepublik Deutschland. Opladen, 137-162.
Jänicke, Martin (Hrsg.), 1978: Umweltpolitik. Beiträge zur Politologie des Umweltschutzes. Opladen.
Jänicke, Martin, 1990: Erfolgsbedingungen von Umweltpolitik im internationalen Vergleich, in: Zeitschrift für Umweltpolitik und Umweltrecht 13, 213-232.
Jänicke, Martin, 1993: Ökologische und politische Modernisierung in entwickelten Industriegesellschaften, in: Volker von Prittwitz (Hrsg.), Umweltpolitik als Modernisierungsprozeß. Politikwissenschaftliche Umweltforschung und -lehre in der Bundesrepublik Deutschland. Opladen, 15-29.
Jänicke, Martin/Mönch, Harald, 1988: Ökologischer und wirtschaftlicher Wandel im Industrieländervergleich, in: PVS-Sonderheft 19, 389-405.
Jänicke, Martin/Mönch, Harald/Binder, Manfred u.a., 1992: Umweltentlastung durch industriellen Strukturwandel? Eine explorative Studie über 32 Industrieländer. Berlin.
Junge, Burckhard, 1991: Rauchen und Passivrauchen in der Bundesrepublik Deutschland, in: Natur- und GesundheitsMagazin (ngm) 4, 639-644.

Junge, B./Tiefelsdorf, M./Arab-Kohlmeier, 1989: Tabakkonsum in der Bundesrepublik Deutschland – Strukturveränderungen in drei Jahrzenten, in: Prävention 12, 35-40.
Klages, Helmut, 1984: Wertorientierungen im Wandel. Rückblick, Gegenwartsanalyse, Prognosen. Frankfurt a.M.
Küpper, Willi/Ortmann, Günther (Hrsg.), 1988: Mikropolitik. Rationalität, Macht und Spiele in Organisationen. Opladen.
Länderausschuß für Immissionsschutz, 1992: Die erhöhten Ozonkonzentrationen des Sommers 1990. Synoptische Darstellung der Luftbelastung in der Bundesrepublik Deutschland, Herausgegeben vom Ministerium für Umwelt, Raumordnung und Landwirtschaft des Landes Nordrhein-Westfalen. Düsseldorf.
Levi, Margaret, 1988: Of Rule and Revenue. Berkeley.
Lindblom, C.E., 1959: The Science of Muddling Through, in: Public Administration Review, Bd. 19, 79-88.
Luhmann, Niklas, 1984: Soziale Systeme. Grundriß einer allgemeinen Theorie. Frankfurt a.M.
Luhmann, Niklas, 1990: Ökologische Kommunikation. 3. Aufl., Opladen.
Luhmann, Niklas, 1992 Beobachtungen der Moderne. Opladen.
March, James G., 1990: Beschränkte Rationalität, Ungewißheit und die Technik der Auswahl, in: *James G. March* (Hrsg.), Entscheidung und Organisation. Wiesbaden, 297-327.
March, James G./Olson, Johan P., 1976: Ambiguity and Choice in Organizations. Bergen.
March, James G./Simon, H.A., 1958: Organizations. New York.
Marmora, Leopoldo, 1992: Sustainable Development im Nord-Süd-Konflikt: Vom Konzept der Umverteilung des Reichtums zu den Erfordernissen einer globalen Gerechtigkeit, in: Prokla 22, Heft 86, 34-46.
Maslow, Abraham M., 1954: Towards a Psychology of Being. New York.
Mayer-Tasch, Peter Cornelius, 1985: Aus dem Wörterbuch der Politischen Ökologie. München.
Mayntz, Renate 1991: Naturwissenschaftliche Modelle, soziologische Theorie und das Mikro-Makro-Problem, in: *Wolfgang Zapf* (Hrsg.), Die Modernisierung moderner Gesellschaften. Verhandlungen des 25. Deutschen Soziologentages in Frankfurt am Main 1990. Frankfurt a.M./New York, 55-68.
Mayntz, Renate/Rosewitz, Bernd/Schimank, Uwe/Stichweh, Rudolf, 1988: Differenzierung und Verselbständigung. Zur Entwicklung gesellschaftlicher Teilsysteme. Frankfurt a.M./New York.
Murswick, Axel, 1991: Führungsstile in der Politik in vergleichender Perspektive, in: *Hans-Hermann Hartwich/Göttrick Wewer* (Hrsg.), Regieren in der Bundesrepublik 2. Formale und informale Komponenten des Regierens. Opladen, S. 81-95.
Oberthür, Sebastian, 1992a: Die Zerstörung der stratosphärischen Ozonschicht als internationales Problem. Interessenkonstellationen und internationaler politischer Prozeß, in: Zeitschrift für Umweltpolitik & Umweltrecht 15, 2, 155-185.
Oberthür, Sebastian, 1992b: Die internationale Zusammenarbeit zum Schutz des Weltklimas, in: Aus Politik und Zeitgeschichte, B 16/92, 9-20.
Oberthür, Sebastian, 1993: Politik im Treibhaus. Die Entstehung des Klimaschutz-Regimes. Berlin.
Olson, Mancur, 1968: Die Logik des Kollektiven Handelns. Kollektivgüter und die Theorie der Gruppen. Tübingen.
Ostrom, Elinor, 1990: Governing the Commons. The Evolution of Institutions for Collective Action. Cambridge.
Ostrom, Elinor, 1991: Rational Choice Theory and Insitutional Analysis: Toward Complementary, in: American Politica Science Review, vol. 85, No 1, 238-234.
Pigou, A.C., 1920: The Economics of Welfare. London.
Prittwitz, Volker von, 1985: Smogalarm. Fünf Funktionen der unmittelbaren Gefahrenabwehr, in: Aus Politik und Zeitgeschichte, Beilage zur Wochenzeitung Das Parlament, B 20/85, 33-45.
Prittwitz, Volker von, 1990: Das Katastrophenparadox. Elemente einer Theorie der Umweltpolitik. Opladen.
Prittwitz, Volker von (Hrsg.), 1993: Umweltpolitik als Modernisierungsprozeß. Politikwissenschaftliche Umweltforschung und -lehre in der Bundesrepublik Deutschland. Opladen.

Prittwitz, Volker von, 1993: Reflexive Modernisierung und öffentliches Handeln, in: *Volker von Prittwitz* (Hrsg.), Umweltpolitik als Modernisierungsprozeß. Politikwissenschaftliche Umweltforschung und -lehre in der Bundesrepublik Deutschland. Opladen, 31-50.

Prittwitz, Volker von/Wolf, Klaus-Dieter, 1993: Die Politik der globalen Güter, in: *Volker von Prittwitz* (Hrsg.), Umweltpolitik als Modernisierungsprozeß. Politikwissenschaftliche Umweltforschung und -lehre in der Bundesrepublik Deutschland. Opladen, 193-218.

Pryor, Frederic L., 1968: Public Expenditures in Communist and Capitalist Nations. London.

Riker, William H., 1982: Liberalism Against Populism. A Confrontation Between the Theory of Democracy and the Theory of Social Choice. San Francisco.

Rosenstiel, Lutz von, 1987: Identifikationskrise? Zum Engagement in betrieblichen Führungspositionen. Bern/Stuttgart/Toronto.

Scharpf, Fritz W., 1991: Political Institutions, Decision Styles, and Policy Choices, in: *Roland M. Czada/Adrienne Windhoff-Héritier* (Hrsg.), Political Choice. Institutions, Rules and the Limits of Rationality. Frankfurt a.M./Boulder (Col.), 53-86.

Scharpf, Fritz W., 1992: Koordination durch Verhandlungssysteme: Analytische Konzepte und institutionelle Lösungen, in: Benz/Scharpf/Zintl, Frankfurt a.M./New York, 51-96.

Scharpf, Fritz W. (Hrsg.), 1993: Games in Hierarchies and Networks. Analytical and Empirical Approaches to the Study of Governance Institutions. Frankfurt a.M./Boulder (Col.).

Scharpf, Fritz W., 1993: Coordination in Hierarchies and Networks, in: *Fritz W. Scharpf* (Hrsg.), Games in Hierarchies and Networks. Analytical and Empirical Approaches to the Study of Governance Institutions. Frankfurt a.M./Boulder (Col.), 125-166.

Schimank, Uwe, 1985: Der mangelnde Akteursbezug systemtheoretischer Erklärungen gesellschaftlicher Differenzierung, in: Zeitschrift für Soziologie 14, 6, 421-434.

Schimank, Uwe, 1988: Gesellschaftliche Teilsysteme als Akteursfiktionen, in: Kölner Zeitschrift für Soziologie und Sozialpsychologie 40, 3, 618-639.

Schmid, Günther, 1974: Funktionsanalyse und politische Theorie. Funktionalismuskritik, Faktorenanalyse, Systemtheorie. Düsseldorf.

Schmidt, Manfred G., 1987: Vergleichende Policy-Forschung, in: *Dirk Berg-Schlosser/Ferdinand Müller-Rommel* (Hrsg.), Vergleichende Politikwissenschaft. Ein einführendes Handbuch. Opladen, 185-200.

Schmidt, Manfred G., 1990: Soziale Sicherung im Nationenvergleich. Sozialökonomische Gesetzmäßigkeiten und Politik, in: *Udo Bermbach/Bernhard Blanke/Carl Böhret* (Hrsg.), Spaltungen der Gesellschaft und die Zukunft des Sozialstaates. Opladen, 113-132.

Schnell, Reiner/Hill, Paul B./Esser, Elke, 1990: Methoden der empirischen Sozialforschung. 2. Aufl., München/Wien.

Schwinn, Thomas, 1993: Max Webers Konzeption des Mikro-Makro-Problems, in: Kölner Zeitschrift für Soziologie und Sozialpsychologie 45, 2, 220-237.

Simon, Herbert A., 1955: A Behavioral Model of Rational Choice, in: Quarterly Journal of Economics, Bd. 69, 99-118.

Simon, Herbert A., 1956: Rational Choice and the Structure of the Environment, in: Pschological Review, Bd. 63, 129-138.

Simon, Herbert A., 1978: Rationality as Process and as Product of Thought, in: The American Economic Review 68/2, 1-16.

Simon, Herbert A., 1982: Models of Bounded Rationality. Cambridge (Ma.).

Simon, Herbert A., 1985: Human Nature in Politics: The Dialogue of Rsychology with Political Science, in: American Political Science Review 79, 293-304.

Simonis, Udo Ernst, 1992: Kooperation oder Konfrontation: Chancen einer globalen Klimapolitik, in: Aus Politik und Zeitgeschichte, B 16/92, 21-32.

Spelsberg, Gerd, 1984: Rauchplage. Hundert Jahre Saurer Regen. Aachen.

Taylor, Michael, 1987: The Possibility of Cooperation. Cambridge (Ma.).

Umweltbundesamt, 1977/1981/1983: Materialinbände zum Immissionsbericht der Bundesregierung 1977, 1981, 1983. Berlin.

Wiesenthal, Helmut, 1987: Rational Choice. Ein Überblick über Grundlinien, Theoriefelder und neuere Themenakquisition eines sozialwissenchaftlichen Paradigmas, in: Zeitschrift für Soziologie. Jg. 16, Heft 6, Dezember 1987, 437-449.

Wiesenthal, Helmut, 1990: Unsicherheit und Multiple-Self-Identität: Eine Spekulation über die Voraussetzungen strategischen Handelns. Max-Planck-Institut für Gesellschaftsforschung Köln (Discussion Paper 90/2). Köln.

Wiesenthal, Helmut, 1992: Innovationspotentiale der Risikogesellschaft. Eine institutionenbezogene Perspektive. Max-Planck-Gesellschaft, Arbeitsgruppe Transformationsprozesse in den neuen Bundesländern (Discussion Paper 92/4). Berlin.

Wilensky, Harold, 1975: The Welfare State and Equality. Berkeley/Los Angeles.

Willke, Helmut, 1992: Ironie des Staates. Grundlinien einer Staatstheorie polyzentrischer Gesellschaft. Frankfurt a.M.

Windhoff-Héritier, Adrienne, 1987: Policy-Analyse. Eine Einführung. Frankfurt a.M./New York.

Zapf, Wolfgang (Hrsg.), 1991: Die Modernisierung moderner Gesellschaften. Verhandlungen des 25. Deutschen Soziologentages in Frankfurt am Main 1990. Frankfurt a.M./New York.

Zilleßen, Horst, 1993: Die Modernisierung der Demokratie im Zeichen der Umweltproblematik, in: Volker von Prittwitz (Hrsg.), Umweltpolitik als Modernisierungsprozeß. Politikwissenschaftliche Umweltforschung und -lehre in der Bundesrepublik Deutschland. Opladen, 81-91.

Konjunkturen und Zyklizität in der Politik: Themenkarrieren, Medienaufmerksamkeits-Zyklen und „lange Wellen"*

Stephan Ruß-Mohl

Vorbemerkung

Wenn es dem Esel zu wohl ist, geht er aufs Eis. Wenn der Esel ein Wissenschaftler ist, läßt er sich (durch eine schmeichelhafte Aufforderung) dazu verführen, sich aus mehr als zehnjähriger Distanz erneut einem Thema zuzuwenden, von dem er sich dereinst bereits elegant verabschiedet zu haben glaubte – mit der im Wissenschaftsbetrieb üblichen salvatorischen Klausel, es stellten sich viele zusätzliche neue Fragen und es gebe daher immensen Forschungsbedarf. Was ja wohl – für alle, die je Thomas Kuhn gelesen haben – leicht in Klartext zu übersetzen war und so viel hieß wie: „Schaut her, liebe Kollegen, hier ist ein neues vielversprechendes Paradigma. Macht ihr bitte die Aufräumarbeit und füllt es aus."

Rückblick

Worum ging und geht es überhaupt? Um Politikverläufe, um Agenda Setting und Agenda Clearing, um Staatsversagen – und um die Frage, ob eine Modellbildung wissenschaftlichen Ertrag verspricht, die für bestimmte, insbesondere auf Umverteilung zielende Policies mit hoher Wahrscheinlichkeit zyklische Verlaufsmuster prognostiziert. Und damit natürlich noch immer auch um die Frage, ob sich solch zyklische Politikverläufe, wenn man sie schon ex post zu erkennen vermag, vermeiden, sprich: ex ante und damit auch „antizyklisch" steuern lassen.
Den Anlaß für derlei Überlegungen lieferten in den sechziger und siebziger Jahren die ersten Großversuche politisch-administrativer Systeme, unter Rekurs auf die Policy-Forschung weitreichende gesellschaftlich-soziale Reformen zu planen, parlamentarisch durchzusetzen und administrativ zu implementieren.
Vordergründig sollte das Kapitel „gescheiterter" innerer Reformen in den USA und in der Bundesrepublik „aufgearbeitet" werden – die „Great Society"-Programme der Johnson-Administration in den Vereinigten Staaten und die Reformpolitik der sozialliberalen Brandt-Scheel-Regierung in Deutschland. Für ein solches Unterfangen gab es an der Wende zu den achtziger Jahren mehrere theoretische „Andock"-Optionen. Drei von ihnen markieren auch aus heutiger Sicht noch die wichtigsten Ausgangspunkte der weiteren Forschung:

---

* Für Anregungen und Kritik möchte ich Johannes Ludwig und Gerhard Vowe danken.

- Einen Ansatzpunkt für die politikwissenschaftliche bzw. soziologische Analyse von *Themenkarrieren* auf systemtheoretischer Grundlage (und damit auch für die Agenda Setting- bzw. Agenda Clearing-Forschung in Deutschland) lieferte Niklas Luhmann mit seinem Essay „Öffentliche Meinung" (vgl. Luhmann 1971).
- Eine von der ökonomischen Theorie der Politik inspirierte Theorievariante stammte von Anthony Downs, der am Beispiel der Ökologiediskussion erstmals den *Issue Attention Cycle* beschrieb (vgl. Downs 1972).
- Den bedeutendsten einschlägigen kommunikationswissenschaftlichen Theorie-Ansatz hatte Elisabeth Noelle-Neumann mit der *Schweigespirale* entwickelt (vgl. Noelle-Neumann 1978 und 1982).

Die Forschungshypothese zyklischer Politikverläufe war also bereits in mehreren Varianten in die Welt gesetzt, als ich selbst Ende der siebziger Jahre damit begann, an einer Forschungssynopse zu arbeiten (Ruß-Mohl 1981). Mehrere angesehene Sozialwissenschaftler hatten sich aus dem jeweils eigenen disziplinären Blickwinkel dem Forschungsthema genähert und damit auch begriffs- (bzw. paradigmen-)bildend gewirkt – doch dann schien jeweils erst einmal eine „Denkpause" einzusetzen. Ob die drei nur aus Rastlosigkeit nicht dazu gekommen waren, die Sache weiter zu durchdringen, oder bereits mit sicherem Kalkül darauf harrten, daß sich andere der Aufräumarbeiten bemächtigen würden?[1]

Meinen eigenen Beitrag betrachte ich rückblickend im Kuhnschen Sinne (vgl. Kuhn 1981) als ein Stück solcher Aufräumarbeit, die es in Angriff zu nehmen galt – durch Theorieverknüpfung und durch Weiterentwicklung der Theorie unter Auswertung der bereits erfolgten Feldforschung, insbesondere von Fallstudien. Im Kern zielte mein Ansatz darauf, die verschiedenen Zyklus-Theorien zu integrieren und die Rolle der Massenmedien im politischen Prozeß stärker auszuleuchten. Die Fragestellung lautete: Was können Medien (und deren Wirkungen auf die Rezipienten) an Aufmerksamkeitsverschiebungen und an Strukturwandel im politisch-administrativen System bewirken?

Die von den eingangs aufgeführten Theorieentwürfen ausgehenden Forschungspfade wurden später in ganz unterschiedlicher Intensität breitgetrampelt. Insgesamt ist jedoch Feldforschung nicht in einer Intensität erfolgt, die heute – vor dem Hintergrund „erdrückender" empirischer Befunde – zu einem grundlegenden Überdenken politischer Konjunkturtheorien zwänge. Festzuhalten ist aber immerhin, daß die Agenda Setting-Forschung[2] und auch Ansätze zu einer empirischen Überprüfung der Schweigespirale (vgl. Donsbach 1987)[3] zu einer Vielzahl von Einzelbefunden geführt haben,

---

[1] Eine nähere Würdigung aller Umstände spricht für die erste Variante, auch wenn sich in einem über die Fachgrenzen hinaus zu einer gewissen Berühmtheit gelangten Zettelkasten eines unserer Matadore gewiß Indizien finden lassen dürften, die auf eine genauere Werkskenntnis Kuhns schließen lassen (vgl. Luhmann 1981). Dieser Umstand wiederum legt die Vermutung nahe, daß auch innerhalb des Wissenschaftsbetriebs mitunter Thematisierungs- und Dethematisierungs-Strategien genutzt werden.

[2] Vgl. das Themenheft „Two Decades of Agenda-Setting Research" von Journalism Quarterly (Vol. 69, Winter 1992) sowie darin den einführenden Übersichts-Beitrag von Maxwell McCombs (Explorers and Surveyors: Expanding Strategies for Agenda Setting Research, ebd. 813-824).

[3] Eine aktualisierte Fassung, verfaßt von Wolfgang Donsbach und Erich Lamp, erscheint in der für 1994 geplanten Neuauflage des Bandes.

die sich zwar teilweise widersprechen mögen, insgesamt aber nur bestätigen, wie fruchtbar und stimulierend die theoretischen Ausgangspositionen letztlich waren und sind. Folglich ist keine Totalrevision, wohl aber sind *Theoriereparaturen* angezeigt.

Reparaturversuch 1: Terminologisches

Beginnen wir bei der *Wortwahl*: Im Rückblick war meine eigene Entscheidung für den Terminus „Reformkonjunktur" zwar nicht falsch, aber wenig glücklich. Der Versuch, möglichst präzise zu benennen, welcher Politiktyp überhaupt Gegenstand der theoretischen Bemühungen sein sollte, hat gewiß dazu beigetragen, daß die Forschungsarbeit nur in jenen Insider-Kreisen rezipiert wurde, die ohnehin längst Bescheid wußten. Redistributive Reformpolitik war 1981 bereits passé. Wer sich mit ihrem Scheitern dennoch weiterbefaßte, der leistete allenfalls Trauerarbeit; von ihm erwartete man indes offenbar keinen Beitrag zur Lösung aktueller oder gar künftiger politischer Probleme.

Gleichwohl war die Wortwahl nicht unbedacht erfolgt – nur eben ausschließlich im Blick auf eine genaue Eingrenzung des Themas und nicht „strategisch" im Blick auf Wirkungschancen. Mein Interesse galt zunächst im engerem Sinne dem, was seinerzeit unter „Reformpolitik" verstanden wurde – also Projekten, die nicht das freie Spiel der Kräfte am Markt stärken, sondern durch politische Intervention umverteilend wirken sollten.

Nicht jeder, sondern nur ein ganz bestimmter innovativer Politiktypus läuft Gefahr, im Issue Cycle zu enden – so meine damalige These. Diese Sichtweise war gewiß zu eng: Nicht nur „soziale" Umverteilungs-Politik läuft Gefahr, zyklisch zu verlaufen. Es läßt sich inzwischen zeigen, daß auch gegengerichtete Policies, wie sie etwa von den Reagan- und Thatcher-Administrationen verfolgt wurden, im Zyklus enden können – ebenso wie Policies, die überhaupt keine materiellen Verteilungsziele verfolgen.[4]

Der Terminus der „Politik-Konjunktur" dürfte damit besser geeignet sein, den zu analysierenden Prozeß begrifflich zu fassen. Um ein wenig zur Systematisierung beizutragen, werde ich ihn im folgenden als Oberbegriff für drei Zyklus-Grundtypen verwenden, die ich vor dem Hintergrund neuerer Forschungsbefunde ins Spiel bringen möchte:

– Wo unter den Bedingungen verschärften Wettbewerbs täglich, so der Branchenjargon, „eine neue Sau durchs Dorf gejagt" werden muß, sollte man nicht mehr von Themenkarrieren oder Issue-Cycles sprechen, sondern solche kurzlebigen Wellen öffentlicher Aufmerksamkeit auch präziser benennen. Dafür möchte ich den Begriff des *Medienaufmerksamkeits-Zyklus* vorschlagen.

---

4 Eine umfassende systematische Klassifizierung von Policies findet sich bei Windhoff-Héritier (1987: 21ff.). Zwischen regulativen, distributiven, performativen und informativen Komponenten von Policies unterscheidet Vowe (1992: 629). Ein notwendiger, aber meines Wissens noch nicht geleisteter nächster Forschungsschritt wäre es, in Anlehnung an solche Klassifikationsschemata einmal die jeweiligen Funktionen zu fixieren, die Medien in den einzelnen Phasen eines Policy-Zyklus zu spielen hätten, um die Policy-Erfolgschancen zu vergrößern (und welche Strategien eine policy-flankierende Öffentlichkeitsarbeit von Fall zu Fall zu wählen hätte, um die Medien entsprechend zu „instrumentalisieren").

- Die herkömmlichen Begriffe *Themenkarriere, Issue Cycle* oder *Policy-Zyklus* (Windhoff-Héritier 1987: 64ff.) sollten weiterhin für das stehen, wofür sie bisher ganz überwiegend verwendet wurden: um im politisch-administrativen Bereich die Betrachtungsweise zu „dynamisieren" und Problemverarbeitungszyklen phasenweise analysieren zu können, die zwar mit den (vermutlich meist kürzeren) Medienaufmerksamkeits-Zyklen korrespondieren, aber eben keineswegs zeitlich zusammenfallen.
- In Analogie zu den Wirtschaftswissenschaften erscheint es darüber hinaus sinnvoll, auch in der Politik *lange Wellen* der Konjunktur zu unterscheiden, die generationsübergreifend wirken und das jeweilige politische „Großklima" mitprägen.

Alle drei Konjunkturschwankungen gälte es analytisch von den dauerhafteren, „echten" Strukturwandlungen zu unterscheiden, denen jedes politische System unterworfen ist. Dabei besteht das von Fritz Machlup früh erkannte Problem allerdings darin, daß die Unterscheidung zwischen Strukturwandel und Konjunkturschwankung konzeptionell nicht wasserdicht und auch nicht operationalisierbar ist (Machlup 1958: 282), womit jedoch die Nützlichkeit des Denkmodells noch nicht in Frage gestellt ist.

Reparaturversuch 2: Kurze Wellen

Im vergangenen Dezennium haben sich Rahmenbedingungen der Politik qualitativ verändert, die ihrerseits auf Politikverläufe zurückwirken und damit auch zur Weiterentwicklung von theoretischen Modellen der Policy-Forschung zwingen.
Solche Veränderungen gilt es, zunächst einmal wahrzunehmen. Dabei stehen dem Erkenntnisfortschritt oftmals – selbst bei per definitionem „interdisziplinären" Unterfangen wie der Policy- oder der Kommunikationsforschung – nach wie vor Disziplingrenzen im Weg. Sie verzögern nicht nur die Wahrnehmung sich verändernder Wirklichkeiten und führen damit zu Fehleinschätzungen, sondern sie verleiten auch dazu, Forschungsfragen zu „externalisieren" und damit innerwissenschaftlich Probleme zu verschieben.
Dafür im folgenden zwei Beispiele, die ich in unserem Argumentationskontext für besonders wichtig halte:

(1) Von der Policy-Forschung wird nach meinem Eindruck der Einfluß der Medien beim Setzen, Ordnen und auch beim Clearing der politischen Agenda und damit auch deren Wirkungspotential beim Propagieren und Implementieren von Policies noch immer unterbewertet. Dieser Einfluß gerät allenfalls am Rande ins Blickfeld – denn der Forschungsgegenstand liegt ja jenseits des eigenen Aufmerksamkeitshorizontes, im Zuständigkeitsbereich der Publizistik- und Kommunikationswissenschaften. Politikwissenschaftliche Medienforschung ist zwar nicht inexistent; sieht man einmal von der Wahlforschung im engeren Sinne ab, führt sie aber, gemessen an der kaum noch zu unterschätzenden Rolle, die die „Vierte Gewalt" in den Thematisierungs- und Dethematisierungsprozessen der Politik spielen, noch immer ein Kümmerdasein.[5]

---

5 Zu den Ausnahmen, die von der Politikwissenschaft her das Feld erschlossen haben, zählen gewiß die Arbeiten von Kaase, Majone, Sarcinelli, Schatz und Wittkämper (vgl. als Auswahl: Kaase/Langenbucher 1987; Majone 1989; Sarcinelli 1987; Schatz/Lange 1982; Wittkämper 1992).

Dagegen sind die meisten Publizistik- und Kommunikationswissenschaftler inzwischen von der Macht der Medien, insbesondere von deren Einfluß beim Agenda Setting, aufgrund neuerer Forschungsergebnisse überzeugt, und sie waren es auch, die mehr als die Politologen selbst im Grenzfeld zwischen Politik- und Medienwissenschaften gearbeitet haben.[6] Zu den bemerkenswerten Studien aus jüngster Zeit, die eindrucksvoll empirisch untermauern, wie durch Massenmedien eine gemeinsame politische Agenda entsteht, gehört eine Untersuchung von Donald L. Shaw und Shannon E. Martin (Shaw/Martin 1992). Die beiden Wissenschaftler arbeiten heraus, wie sehr zu den politischen Funktionen der Massenmedien das Amalgamisieren und Verschmelzen von Positionen auf einen kleinsten gemeinsamen Nenner, das Konsensfinden, aber auch Ausklammern, bzw. – wenn es sich nicht mehr ausklammern läßt – das allmähliche Dethematisieren des Nicht-Konsensfähigen gehören. Shaw/Martin sprechen in diesem Kontext von „demokratischer Konvergenz" (Shaw/Martin 1992: 913).

Einerseits scheinen ja Politik und Verwaltung solche Prozesse mit Hilfe zusehends strategisch operierender Öffentlichkeitsarbeit, die Einfluß auf Themensetzung und Timing der Medienberichterstattung nimmt, zu kontrollieren (Baerns 1991); sie vermögen damit Medienaufmerksamkeits-Zyklen auszulösen. Andererseits aber haben Public Relations nur dann eine Erfolgschance, wenn sie sich bei ihren Thematisierungsversuchen an den vom Wettbewerb diktierten Nachrichtenwerten der Medien orientieren und sich damit auch in der Konkurrenz zu anderen Nachrichtenanbietern, sprich: Presseabteilungen und PR-Agenturen, durchzusetzen vermögen (vgl. das Vorwort in Baerns 1991 m.w.N.; Jarren 1993). In jedem Fall werden künftige Feldstudien, die sich mit Politik-Konjunkturen beschäftigen, nicht umhin können, die Rolle professionalisierter bzw. sich zusehends professionalisierender Öffentlichkeitsarbeit als Einflußgröße stärker mitzuberücksichtigen (vgl. Jarren et al. 1993: 20ff. und 53).

Indes darf auch nicht übersehen werden, daß gerade der Wettbewerb unter den Medien selbst in bezug auf deren Wirkungschancen ambivalente Effekte zeitigt. Einerseits heizt er den Nachrichtenumschlag an und beschleunigt und verstärkt damit vermutlich die zyklischen Prozesse der Thematisierung und Dethematisierung. Andererseits schwinden unter den veränderten Rahmenbedingungen einer sich weiter differenzierenden Informationsgesellschaft die Einflußchancen einzelner Medien. Worum es geht, hat jüngst Johannes Gross in seinem Notizbuch exemplarisch am Beispiel des öffentlich-rechtlichen Fernsehens beschrieben: „Als ich vor vielen Jahren die Bonner Runde im ZDF zu dirigieren hatte, waren mit interessantem Thema und spruchkräftigen Leuten beträchtliche Einschaltquoten zu erzielen, zuweilen ein Drittel der Fernsehbevölkerung, mithin praktisch alle, die am Politischen Anteil nahmen. Heute gibt es 26 Programme im Kabel und wenigstens die Auswahl zwischen fünf oder sechs Programmen in der freien Luft ... Völlig untergegangen ist das soziale Phänomen, daß die Nation am Tag nach einer großen Sendung sich in Gespräch und Meinungsaustausch über sie vereinen konnte. Unter den rund zweiunddreißig Millionen Fernsehhaushalten Deutschlands halten die acht dritten Programme der ARD zusammen gerade noch acht Prozent Marktanteil. Wer da in einer Talkshow sitzt und sich stolz 'im Fernsehen'

---

6 Vgl. ebenfalls als Auswahl: Langenbucher 1979; Ronneberger 1978, 1980 und 1986; Saxer 1983; Kepplinger 1992: insb. 60ff.; Jarren et al. 1993.

wähnt, darf nicht daran denken, daß er mit einem Leserbrief an die F.A.Z. oder an Capital ein viel größeres Publikum erreichen würde" (Gross 1993: 10).
Wenn also Medienaufmerksamkeits-Zyklen mehr Forscher-Aufmerksamkeit verdienen, so sollte diese Zuwendung nicht betriebsblind für die Strukturveränderungen erfolgen, denen das Mediensystem selbst unterworfen ist. Es könnte durchaus sein, daß die Medien, gerade weil sie aufhören, *Massen*medien zu sein, auch ihre Mobilisierungs- und Demobilisierungspotentiale und damit ihre bisherigen gesellschaftlichen Integrationsfunktionen beim Agenda Setting und -Clearing teilweise einbüßen, einfach weil die Menschen aufhören, bestimmte Medien kollektiv und regelmäßig zu nutzen (vgl. Shaw/Martin 1992).

(2) Ähnlich der Policy-Forschung, hat auch die Publizistik- und Kommunikationswissenschaft es bislang versäumt, einen nötigen Sprung über Disziplingrenzen hinweg zu riskieren. Obschon selbst dem Schoß der Ökonomie entsprungen, hat sie sich bisher noch kaum deren Theorien und Instrumentarien angeeignet, um den vom Mediensystem ausgehenden bzw. von ihm verstärkten Zyklizitäten und damit auch politischen Instabilitäten auf die Spur zu kommen. Dabei könnte vermutlich eine „Ökonomische Theorie des Journalismus", die im Gefolge der von Boulding, Downs, Niskanen, Tullock und anderen über ihre Disziplingrenzen hinausdenkenden Ökonomen begründeten Theorie- und Forschungstraditionen stünde, plausiblere und triftigere Erklärungen liefern als noch so ausgeklügelte systemtheoretische Konzeptualisierungen. Zumindest aber vermögen mikroökonomische und damit akteurszentrierte Betrachtungsweisen auf intelligente Weise systemtheoretische Analyseraster zu ergänzen. Die simple Annahme, daß auch Journalisten bzw. Medienorganisationen primär als „rationale Akteure" und damit im - wie auch immer verstandenen - Eigeninteresse handeln, vermag Phänomene zu erklären wie grassierenden Rudeljournalismus[7], journalistische Blindflüge (Kepplinger 1989) und eben auch daraus resultierende Medienaufmerksamkeits-Zyklen, die mit der realen Problementwicklung in vielen Fällen noch nicht einmal korrespondieren (vgl. Kepplinger 1989: 111).
Kombiniert man dann noch diese Erklärungsmuster mit sozialpsychologischen Erkenntnissen, wie sie etwa Walter A. Jöhr herangezogen hat, um Wirtschaftskonjunkturen zu erklären, dürfte dies zu einem vertieften Verständnis von Medienaufmerksamkeits-Zyklen und von Themenkarrieren erheblich beitragen.[8]
Womöglich verspricht also das disziplinübergreifende Vernetzen (von „interdisziplinärem" Arbeiten zu reden, ist ja merkwürdigerweise genauso „out" wie von politischen Reformen) auch im Blick auf die Erforschung von Politik-Konjunkturen mehr Ertrag als weitere Tiefbohrungen im jeweils eigenen disziplinären Schrebergarten. Das wich-

---

7 „Rudeljournalismus" entspringe „eher kollektiven Gemütsbewegungen als individueller analytischer Anstrengung", verlange „von der Politik hauptsächlich Drama", blicke weder zurück noch nach vorn, sondern messe „mit der kurzen Elle des Augenblicks"; die „flinke Pointe" sei ihm „wichtiger als die gediegene Bewertung". Es sei „nicht immer leicht, sich dem Zwang des Rudels zu entziehen. Kein Journalist, der da nicht fehlsam wäre. Die Öffentlichkeit sollte sich jedenfalls darüber klar werden: Es gibt nicht nur die Macher in der Politik, es gibt auch die Wellenmacher in den Medien, die jedes Gekräusel der Oberfläche zum Tidenhub emporloben oder emporschmähen" (Sommer 1980: 1).
8 Vgl. Jöhr 1952, insbesondere das 13. Kapitel: Die sozialpsychologischen Erklärung des Kernprozesses, sowie ders. 1981.

tigste Utensil des Spezialforschers, so mokierte sich ja bereits vor geraumer Zeit der Wissenschaftskritiker Erwin Chargaff, sei die Scheuklappe: „Maulwurfartig und blind, außer für das Eine, gräbt ein jeder seinen Schacht. Treffen sich zwei Schächte, so tauschen die Forscher einen Händedruck und gehen gemeinsam die Belohnung abholen. Meistens schneiden sich jedoch die Gräben erst in der Unendlichkeit" (Chargaff 1982: 74f.).

Reparaturversuch 3: Lange Wellen

Den heutigen hochspezialisierten Sozialforschern drohen auch größere Zeitspannen aus dem Blickfeld zu geraten. Gleichwohl gibt es immer noch Wissenschaftler, die den Mut haben, die Weltläufe in generationsübergreifenden Zusammenhängen zu sehen. Wer dem Phänomen der Politik-Konjunkturen nachspürt und dabei – in Analogie zu den Kondratjeff-Zyklen nach „langen Wellen" in der politisch-gesellschaftlichen Entwicklungsdynamik Ausschau hält, findet in jüngster Zeit in dem Ökonomen Albert O. Hirschman und in dem Historiker Arthur M. Schlesinger Weggefährten, die zumindest mit plausiblen und spannenden Hypothesen die Diskussion bereichert haben. Hirschman hat in seinem Essay „Engagement und Enttäuschung" der Frage nachgespürt, ob offenen Gesellschaften eine „Tendenz zu Schwankungen zwischen Phasen intensiver, vorrangiger Auseinandersetzung mit öffentlichen Fragen einerseits und nahezu ausschließlicher Konzentration auf individuelles Fortkommen und private Wohlfahrt andererseits in irgendeiner Weise inhärent ist" (Hirschman 1984: 9f.), und diese Überlegungen haben ihn dazu geführt, eine „Phänomenologie der Begeisterung und der Enttäuschung zu entwerfen, um das Überwechseln von privater Interessenverfolgung zu politischem Handeln und zurück erklären zu können" (Hirschman 1984: 14f.). Während Hirschmans Analyse einerseits darauf abzielt, auf individueller Ebene Gründe auszumachen, die den periodischen Präferenzwechsel zwischen öffentlichem Engagement und privatem Glücksstreben erklären können, ist andererseits auch klar, daß solche Präferenzwechsel durch die üblichen Ansteckungs- und Herdentriebeffekte sich kumulativ zu Massenbewegungen verstärken können.

Schlesinger hat sogar eine plausible Erklärung nachgeschoben, warum die „langen Wellen" in der Politik nach seiner Beobachtung jeweils Zeitspannen von um die dreißig Jahren umfassen: 30 Jahre seien „ungefähr die Zeitspanne einer Generation. Die Menschen werden in aller Regel politisch von den Idealen geformt, die zum Zeitpunkt politischer Bewußtwerdung vorherrschen. Junge Leute, die aufwuchsen, als Theodor Roosevelt und Woodrow Wilson die Nation inspirierten – Franklin D. Roosevelt, Eleanor Roosevelt, Harry Truman – brachten diese Ideale 30 Jahre später in den 'New Deal' ... ein. Junge Leute, die unter Franklin D. Roosevelt erwachsen wurden – John Kennedy, Lyndon Johnson, Hubert Humphrey und Robert Kennedy – haben 30 Jahre danach den New Deal 'up to date' gebracht und in die New Frontier- und die Great Society-Programme konzipiert. Wenn der Rhythmus hielte, würde die Stunde der Kennedy-Generation in den neunziger Jahren kommen. So wie die Kennedys und Johnson die geistigen Kinder von F.D. Roosevelt waren, so sind Bill Clinton und Albert Gore Jr. die Kinder der Kennedys" (Schlesinger 1992: 46-54).

Reparaturversuch 4: Strategisches

Mehr Aufmerksamkeit wäre meiner eigenen Forschungsarbeit zu den „Reformkonjunkturen" vermutlich zuteil geworden, wenn sie sich bereits eingeführter Begrifflichkeiten bedient hätte. Das hätte indes bedeutet, sich ins Schlepptau eines der bereits in Umlauf befindlichen Paradigmen zu begeben.
Im Rückblick jedenfalls mutet es grotesk, ja paradox an, daß einer auszog, die Wirkungschancen von Politik zu erforschen und sich dabei schon durch die Wortwahl, aber auch durch die sonstige Präsentationsform seiner Überlegungen, um seine eigenen Wirkungschancen gebracht hat.
Wie genial ist da doch, im Vergleich zu blassen Begrifflichkeiten wie „Reformkonjunktur" oder „Themenkarriere", die Wortschöpfung der „Schweigespirale"! Das klingt rätselhaft, schon mit Hilfe der Semantik wird Neugier geweckt – selbst die schweigende Mehrheit, obschon mehr Objekt als Adressat der Forschungsbemühungen, könnte womöglich wissen wollen, was eine solch geheimnisvolle Spirale mit ihr zu tun haben könnte.
Womit wir an einem zentralen Punkt angelangt sind, an dem es – aus meiner Sicht jedenfalls – um eine *Fehlsteuerung*, ja einen Defekt der Policy-Forschung und der Sozialwissenschaften insgesamt geht: Im Regelfall hat man sich bequem eingerichtet in den Nischen des Wissenschaftsbetriebs und merkt gar nicht mehr, wie sehr man sich selber im Weg sitzt. Man betreibt Insider-Trading und auch ein wenig Verwendungsforschung – und freut sich inzwischen offenbar sogar darüber, daß die eigenen Erkenntnisse nur zufällig und meist in Form eines Rinnsals an die breitere Öffentlichkeit durchdringen: „Die Verwendung (sozialwissenschaftlicher, srm) Ergebnisse hat nichts mit den Ergebnissen zu tun, die verwendet werden...Die Wirkungswege werden um so verschlungener, je mehr sie den Umweg über die Öffentlichkeit nehmen und je mehr Öffentlichkeit hineinregiert. Wenn die Ergebnisse gar im *Spiegel* stehen, tun sich die Gräber der Schreibtischschubladen auf, und die Leichen sozialwissenschaftlicher Untersuchungsberichte feiern in den Amtsstuben ihre unverhoffte Wiederauferstehung" (Beck/Bonß 1989: 24f.).
Noch immer kommt sehr wenigen Policy-Forschern (und auch anderen Sozialforschern, bei denen das allerdings nicht ganz so nahe liegen mag) in den Sinn, Aktivitäten zu entfalten, um auf die Verwendung wissenschaftlichen Wissens gezielter Einfluß zu nehmen, etwa durch strategisch angelegte *Öffentlichkeitsarbeit und Wissenschaftsmarketing*.[9] Die Zugluft, der die zarten Pflänzchen der Policy-Forschung auf diese Weise ausgesetzt würden, könnte ja womöglich schaden. Wer sich als Wissenschaftler um die Vermittlung statt um die Ermittlung wissenschaftlichen Wissens kümmert, gilt im Kollegenkreis nach wie vor als „unwissenschaftlich" und gefährdet seine Reputation. Da ist es doch sehr viel bequemer, man demonstriert jene ohnehin modische Abgeklärtheit, die ins Zynische tendiert – und läßt ansonsten alles so, wie es ist.
Indes hatte auch die keynesianische Konjunkturpolitik in Deutschland erst wirklich Konjunktur, als mit Karl Schiller ein begnadetes Naturtalent des Wissenschafts-Marketing sich ihrer annahm und bediente. Womöglich wird auch die Policy-Forschung

---

9 Zur Strategieentwicklung gehört sicher auch das Abwägen von Implementationschancen von „policies with or without publics" (vgl. dazu: May 1991: 187-206).

nachhaltige Wirkungen nur dort erzielen, wo sie sich auf Policy-Marketing einläßt: „Als wir noch naiv und unschuldig waren, mochten wir geglaubt haben, daß sich Issues 'einfach ereignen', oder daß soziale Zustände, die wirklich gefährlich sind, automatisch ernsthafte Aufmerksamkeit auf sich lenken und damit für Abhilfe gesorgt sei. Aber was inzwischen für die meisten Produkte und auch politischen Kandidaten gilt, gilt auch für politische Themen: Ohne starke Promoter-Organisation ist das Scheitern auf dem Markt absehbar – in diesem Fall auf dem Marktplatz für Ideen" (Salmon 1990: 24; Übers. des Verf.).

Spekulationen

Kommen wir zum Schluß – und damit zu einigen Spekulationen über politische Konjunkturen:

(1) Sind die längerfristigen Entwicklungstrends der Medien durch verschärften Wettbewerb und eine immer unübersichtlicher werdende Differenzierung der Medien geprägt, so müßten – ceteris paribus – die kurzen Wellen, also die Medienaufmerksamkeits-Zyklen, eigentlich aufgrund des konkurrenzbedingten Themenverschleißes noch kürzer und angesichts der fortschreitenden Fragmentierung der Medien schwächer werden – einfach weil es an Resonanzböden fehlt, die noch die großen Widerhall-Effekte zeitigen könnten.

(2) Nimmt man die „langen Wellen" in der Politik als gegeben an, so öffnet dies natürlich der Spekulation Tür und Tor, was denn der Postmoderne epochal nachfolgen könnte. Wer um die begrenzte Prognosekapazität der Sozialwissenschaften und um die Rufschäden, die frühere Fehlprognosen gezeitigt haben, weiß, wird sich in weiser Selbstbeschränkung nicht an Vorhersagen beteiligen, ob das postmoderne „Anything goes" dereinst in ein selbstblockierendes „Nothing goes anymore" mündet, oder ob das Pendel zurückschlägt und dem Hedonismus und der individualistisch-narzißtischen Selbstinszenierung womöglich ein Zeitalter nachfolgt, in dem sich post-viktorianische Prüderie und die einst zu Sekundärtugenden degradierten „preußischen" Werte wie Zucht, Ordnung und Pflichtbewußtsein neu amalgamieren. Statt selbst den Blick in die Zukunft schweifen und mich dereinst Lügen strafen zu lassen, möchte ich diesen Teil meiner Überlegungen lieber mit einem Zitat beschließen. Ich verdanke es einem der frühen „Wellentheoretiker", Werner Sombart (und überlasse es dem Urteil des geneigten Lesers, ob es nur Unterhaltungs- oder vielleicht doch auch Informations- und Prognosewert hat): „Das scheint ja eine notwendige Entwicklung zu sein, die sich nun schon in zahlreichen Kulturen fast gleichmäßig abgespielt hat: die 'Emanzipation des Fleisches' beginnt mit schüchternen Tastversuchen: dann folgt eine Epoche starker, natürlicher Sinnlichkeit, in der ein freies, naives Liebesleben zur vollen Entfaltung gelangt. Dann kommt die Verfeinerung, dann die Ausschweifung, dann die Unnatur. Auch in diesem notwendigen Kreislauf scheint die tiefste Tragik des Menschenschicksals eingeschlossen zu sein: daß alle Kultur, weil sie Abkehr vom Natürlichen ist, auch Auflösung, Zerstörung, Tod bedeutet" (Sombart 1993: 71).

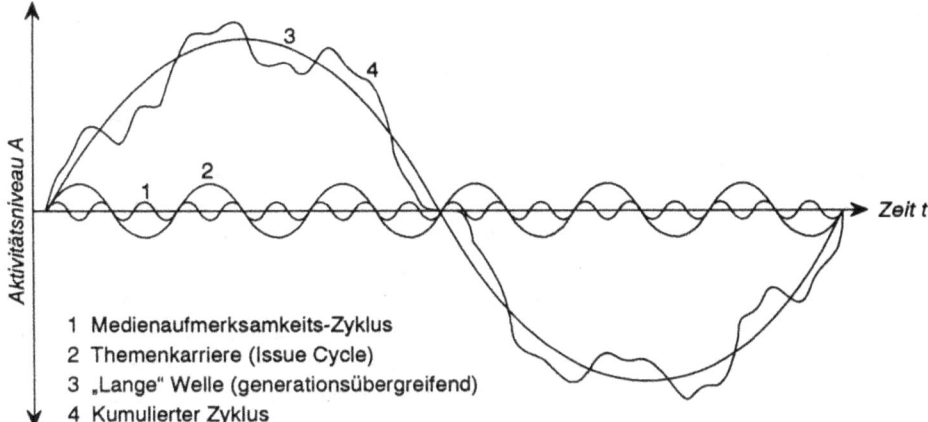

1 Medienaufmerksamkeits-Zyklus
2 Themenkarriere (Issue Cycle)
3 „Lange" Welle (generationsübergreifend)
4 Kumulierter Zyklus

(3) Sinn machte die Unterscheidung von kurzen, mittleren und langen politischen Konjunktur-Wellen wohl erst, wenn es mit ihrer Hilfe gelänge, künftig auch Forschungsaufmerksamkeit umzulenken, also insbesondere mehr über die kurzen Medienaufmerksamkeits-Zyklen und die langen generationsübergreifenden Wellen herauszufinden.

Im Blick auf die Instrumentierung von Policies dürfte es auch reizvoll sein, die drei identifizierten Grundtypen in ihrer wechselseitigen Überlagerung zu sehen (vgl. Schaubild).
Weitertreiben ließen sich solche Denkansätze auch, indem man sich des Zusammenspiels von Politik-Konjunkturen mit ökonomischen Konjunkturzyklen (also mit Kitchin-, Juglar- und den Kontratjeff-Wellen) oder mit solchen Zyklen, die in ein festeres zeitliches Korsett eingebunden sind (Wahlzyklen in der Politik, Produktions-Zyklen bei Medien und in der Wirtschaft), annimmt. Damit wäre die Frage aufgeworfen, was sich mehrfach überlagernde Zyklizität für die Umsetzungschancen von Policies zu bedeuten haben könnte.
Nicht ganz zu übersehen ist indes die Gefahr, daß derlei Überlegungen in „Zyklomanie" und Modellbau-Spielerei ausarten können. So gab es in den USA – sogar mit Anbindung an die University of Pittsburgh – eine „Foundation for the Study of Cycles", die in den achtziger Jahren auf Anfrage Informationsmaterial verschickte. Darunter fand sich ein „wissenschaftlicher" Aufsatz aus dem Jahr 1951, in dem allen Ernstes Wetter- und Klimaschwankungen und wirtschaftliche Konjunkturzyklen miteinander in Verbindung gebracht wurden.[10]
Wer nur noch in Zyklizitäten denkt, kann zwar gewiß sein, daß er nie in der Sackgasse endet; dafür rotiert solches Denken, statt praxiswirksam zu werden, womöglich aber im Kreis.
Es muß also vorerst offen bleiben, ob das Spekulieren mit zyklischen Politikverläufen tatsächlich zu *more sophisticated policies* führen kann. Ernüchternd und erhellend zu-

---

10 Nicht in Abrede gestellt werden soll, daß eine solche Korrelation in agrarischen Gesellschaften und damit vielleicht auch für die ersten zweihundert Jahre US-amerikanischer Geschichte Sinn machen könnte (vgl. Wheeler 1980: 207-213).

gleich mag ein Blick auf das Börsengeschehen sein (vgl. auch Tullock 1992: insb. 32f.): Die Profis, die sich dort, so gut sie können, über das Wirtschaftsgeschehen informieren, spekulieren ja nicht nur mit Zyklus-Ausschlägen, sondern verursachen diese auch mit ihren Spekulationen und beeinflussen damit deren Verlauf. Damit entsteht ein ganz neues Spiel.

Womöglich wird also das Prognostizieren und Planen in der Politik nicht dadurch treffsicherer und erfolgversprechender, daß man *ex ante* mit Politik-Konjunkturen „spekuliert", nur weil es der Wissenschaft *ex post* gelingt, Abläufe und Wirkungszusammenhänge besser zu verstehen. Vielmehr scheint es fast so, als würden uns die vertrackten (und auch eben keineswegs verläßlich sich zyklisch einstellenden) „Unanticipated consequences of purposive social action" (Merton 1936) auch weiterhin zum „Sich-Durchwursteln" (Lindblom 1988) verurteilen – auch wenn in vernetzten Systemen mehr denn je strategisches Denken gefragt sein mag, um der „Logik des Mißlingens" zu entrinnen (Dörner 1989).

Immerhin ist Spekulieren etwas, was vielen Menschen Spaß zu machen scheint – und so könnte es ja sein, daß an Politik zumindest mehr Freude gewinnt, wer um die spielerischen Dimensionen und Möglichkeiten weiß, die aus Zyklizität resultieren können. Schon dies wäre womöglich für die *res publica* ein Gewinn – zu einem Zeitpunkt jedenfalls, zu dem sich Politikverdrossenheit epidemisch auszubreiten scheint. Umgekehrt dürfte sich auch der Rückzug der Engagierten aus der Politik häufig aus Enttäuschungen ergeben, die vermeidbar gewesen wären, hätten die Betroffenen nur rechtzeitig ein wenig mehr über die Dynamik politischer Prozesse gewußt (vgl. Hirschman 1984: 101ff.).

Schlußbemerkung

Wenn es dem Wissenschaftler zu wohl ist, geht er aufs Eis. Wer – zeitlich und sachlich – zu einem Forschungsthema Abstand gewinnt und es dennoch nicht ganz aus dem Auge verliert, dem mögen zwar die letzten Facetten und Details einer sich weiterentwickelnden Fachdiskussion entgehen; er hat indes auch die Chance, Überblick zu gewinnen. Die salvatorische Klausel, mit der ich meine Überlegungen diesmal beschließe, lautet daher: Wer den ganzen Wald ins Blickfeld rücken will, übersieht womöglich den ein oder anderen Baum oder gar dessen einzelne Verästelungen.

„Über die Ungewißheit und Eitelkeit aller Künste und Wissenschaften/auch/wie selbige dem menschlichen Geschlecht mehr schädlich als nützlich sind", ist eine bemerkenswerte Schrift betitelt, die uns von Agrippa von Nettesheim überliefert ist. Ihr verdanken wir zwar keine grundlegenden Einsichten über Politik-Konjunkturen, dafür aber über Esel: Stark und kräftig sei das Tier, geduldig und langmütig, unbedarft, unkriegerisch und willig. Keine Ungeziefer, keine Läuse befallen ihn. Darum war er eines der Tiere bei Christi Geburt, er trug die Heilige Familie nach Ägypten, Jesus ritt auf ihm am Palmsonntag nach Jerusalem ein – „wohl dem, der ein Esel ist" (zit. n. Löw 1992/93: 130ff. m.w.N.).

Literaturverzeichnis

Baerns, Barbara, 1991: Öffentlichkeitsarbeit oder Journalismus. (2. Aufl.) Köln.
Beck, Ulrich/Bonß, Wolfgang, 1989: Verwissenschaftlichung ohne Aufklärung? Zum Strukturwandel von Sozialwissenschaft und Praxis, in: *Ulrich Beck/Wolfgang Bonß* (Hrsg.), Weder Sozialtechnologie noch Aufklärung? Analysen zur Verwendung sozialwissenschaftlichen Wissens. Frankfurt a.M., 7-46.
Chargaff, Erwin, 1982: Warnungstafeln. Die Vergangenheit spricht zur Gegenwart. Stuttgart.
Donsbach, Wolfgang, 1987: Die Theorie der Schweigespirale, in: *Michael Schenk* (Hrsg.), Medienwirkungsforschung. Tübingen.
Dörner, Dietrich, 1989: Die Logik des Mißlingens. Strategisches Denken in komplexen Situationen. Reinbek.
Downs, Anthony, 1972: Up and Down With Ecology – The „Issue-Attention Cycle", in: Public Interest 28, 38-50.
Gross, Johannes, 1993: Der Sieg über die Lehrer der Nation. Notizbuch. Neueste Folge. Einundachtzigstes Stück, in: FAZ-Magazin v. 23.4.1993.
Hirschman, Albert O., 1984: Engagement und Enttäuschung. Über das Schwanken der Bürger zwischen Privatwohl und Gemeinwohl. Frankfurt a.M.
Jarren, Otfried et al., 1993: Beziehungsspiele – Politiker, Öffentlichkeitsarbeiter und Journalisten in der politischen Kommunikation. Hamburg: Arbeitsberichte und Materialien des Instituts für Journalistik.
Jöhr, Walter A., 1952: Die Konjunkturschwankungen. Tübingen.
Jöhr, Walter A., 1981: Elisabeth Noelle-Neumanns Schweigespirale aus der Sicht eines Nationalökonomen, in: *Horst Baier* et al. (Hrsg.), Öffentliche Meinung und sozialer Wandel. Festschrift für Elisabeth Noelle-Neumann. Opladen, 12-27.
Kaase, Max/Langenbucher, Wolfgang R., 1987: Medienwirkungen auf Gesellschaft und Politik, in: *Deutsche Forschungsgemeinschaft* (Hrsg.), Medienwirkungsforschung in der Bundesrepublik Deutschland, Teil I: Berichte und Empfehlungen. Weinheim, 13-28.
Kepplinger, Hans Mathias, 1989: Künstliche Horizonte. Folgen, Darstellung und Akzeptanz von Technik in der Bundesrepublik. Frankfurt a.M./New York.
Kepplinger, Hans Mathias, 1992: Ereignismanagement. Wirklichkeit und Massenmedien. Zürich.
Kuhn, Thomas S., 1981: Die Struktur wissenschaftlicher Revolutionen. (5. Aufl.) Frankfurt a.M.
Langenbucher, Wolfgang R. (Hrsg.), 1979: Politik und Kommunikation. Über die öffentliche Meinungsbildung. München/Zürich.
Lindblom, Charles E., 1988: The Science of Muddling Through, in: *Charles E. Lindblom* (Hrsg.), Democracy and Market System. Oslo: Norwegian University Press, 171-190 (Erstpublikation 1959).
Löw, Reinhard, 1992/93: Wissenschaft als Gefährdung der Aufmerksamkeit, in: Scheidewege, Jg. 22, 120-133.
Luhmann, Niklas, 1971: Öffentliche Meinung, in: *Niklas Luhmann* (Hrsg.), Politische Planung. Opladen, 9-34.
Luhmann, Niklas, 1981: Kommunikation mit Zettelkästen, in: *Horst Baier* et al. (Hrsg.), Öffentliche Meinung und sozialer Wandel. Festschrift für Elisabeth Noelle-Neumann. Opladen, 222-228.
Machlup, Fritz, 1958: Structure and Structural Change: Weaselwords and Jargon, in: Zeitschrift für Nationalökonomie, Bd. XVIII, 280-298.
Majone, Giandomenico, 1989: Evidence, Argument and Persuasion in the Policy Process. New Haven/Londen: Yale University Press.
May, Peter J., 1991: Reconsidering Policy Design: Policies and Publics, in: Journals of Public Policy 11, 2, 187-206.
Merton, Robert K., 1936: The Unanticipated Consequences of Purposive Social Action, in: American Sociological Review 1, 894 ff.
Noelle-Neumann, Elisabeth, 1978: Unruhe im Meinungsklima. Methodologische Anwendungen der Theorie der Schweigespirale, in: Publizistik 23, 19-31.
Noelle-Neumann, Elisabeth, 1982: Die Schweigespirale. Öffentliche Meinung – unsere soziale Haut. Frankfurt a.M. (Neuaufl.).
Ronneberger, Franz, 1978, 1980, 1986: Kommunikationspolitik I – III. Mainz.
Ruß-Mohl, Stephan, 1981: Reformkonjunkturen und politisches Krisenmanagement. Opladen.

Salmon, Charles T., 1990: „God Understands When the Cause Is Noble", in: Gannett Center Journal, Themenheft „Publicity", Spring 1990, 23-34.
Sarcinelli, Ulrich, 1987: Politikvermittlung. Beiträge zur politischen Kommunikationskultur. Stuttgart.
Saxer, Ulrich (Hrsg.), 1983: Politik und Kommunikation. München.
Schatz, Heribert/Lange, Klaus, 1982: Massenkommunikation und Politik. Aktuelle Probleme und Entwicklungen im Massenkommunikationssystem der Bundesrepublik Deutschland. Frankfurt a.M.
Schlesinger, Arthur M. Jr., 1992: The Turn of the Cycle, in: The New Yorker v. 16.11.1992: 46-54.
Shaw, Donald L./Martin, Shannon E., 1992: The Function of Mass Media Agenda Setting, in: Journalism Quarterly, Vol. 69/Winter 1992, 902-920.
Sombart, Werner, 1993: Liebe, Luxus und Kapitalismus. Über die Entstehung der modernen Welt aus dem Geist der Verschwendung. Neuaufl., Berlin.
Sommer, Theodor, 1980: Von Machern und Wellenmachern, in: Die Zeit v. 5.12.1980.
Tullock, Gordon, 1992: Hawks, Doves, and Free Riders, in: Kyklos 45, 25-36.
Vowe, Gerhard, 1992: Angst und Politik – Das Beispiel Altlasten, in: Der Städtetag, Neue Folge, 45. Jg., 9, 627-631.
Wheeler, Raymond H., 1980: Weather and Business Trends in the United States, 1794 – 1950 and throughout history, in: Cycles, Vol. 31, No. 8, November, 207-213. (Nachgedruckt aus Journal of Human Ecology, Vol. 1, No. 6, 1951).
Windhoff-Héritier, Adrienne, 1987: Policy-Analyse. Eine Einführung. Frankfurt a.M./New York.
Wittkämper, Gerhard W. (Hrsg.), 1992: Medien und Politik. Darmstadt.

II. International vergleichende Policy-Forschung und Policy-Forschung im suprastaatlichen Rahmen

Theorien in der international vergleichenden Staatstätigkeitsforschung

Manfred G. Schmidt

I. Einleitung

In der international vergleichenden Staatstätigkeitsforschung, auch Policy-Forschung genannt, wird die Regierungspolitik im Längs- oder Querschnitt untersucht. Ihr geht es vor allem um Beschreibung und Erklärung des Inhalts, der Bestimmungsfaktoren und der Wirkungen der Regierungspraxis. Ihre Vergleichsobjekte sind meistens zentralstaatliche Regierungen (vgl. Dierkes/Weiler/Antal 1987). Zwingend ist diese Eingrenzung jedoch nicht. Der Vergleich kann das Tun und Lassen von Regierungen auch im Beziehungsgeflecht zwischen unterschiedlichen Ebenen der Staatsorganisation (Hesse/Benz 1990) erfassen, oder auf supranationaler Ebene, wie in den Europäischen Gemeinschaften (Scharpf 1985; Sbragia 1992; Wessels 1992).
Die international vergleichende Staatstätigkeitsforschung zählt mittlerweile zu den anerkannten Teildisziplinen der Politikwissenschaft (Hartwich 1985); bei näherer Betrachtung entpuppte sie sich sogar als eine Wachstumsbranche der modernen Politologie (Finifter 1983; Schmidt 1988b). Sie lebt von der Beschreibung und Erklärung von Gemeinsamkeiten und Unterschieden in der Regierungspolitik. Deshalb erfordert sie Theorien, deren interne Struktur diese Variation vereinfachend abzubilden und im Idealfall auf sparsame Weise zu erklären vermögen. Sie benötigt Theorien, die nicht nur Gemeinsamkeiten der jeweils untersuchten Nationen erfassen und erklären – wie die Existenz eines mehr oder minder entwickelten Wohlfahrtsstaates in den westlichen Industriestaaten –, sondern auch die Unterschiede der Wohlfahrtsstaaten nach Entwicklung, Größenordnung, Architektur, Leistungskraft und Bestimmungsfaktoren. Luhmanns Politische Theorie des Wohlfahrtsstaates beispielsweise ist gewiß anregend für die Theorie der Grenzen der Staatstätigkeit, doch ist ihr Beitrag zur international vergleichenden Forschung über Staatstätigkeit minimal: ihr mangelt es an empirischer Fundierung und innerer Offenheit für Beschreibung und Erklärung von Variation in der wohlfahrtsstaatlichen Politik (vgl. Luhmann 1981).
Insoweit bevorteilt die vergleichende Staatstätigkeitsforschung empirisch-analytische Theorien und benachteiligt Ansätze, die sich nicht oder nur am Rande für Beschreibung und Grund-Folge-Erklärungen von internationalen oder intertemporalen Unterschieden eignen. Vor diesem Hintergrund wird verständlicher, warum eine Reihe von verbreiteten Theorien in der international vergleichenden Staatstätigkeitsforschung nicht recht zum Zuge kommen, wie die schon erwähnte Systemtheorie Luhmanns, hiervon beeinflußte Theorien der „Entzauberung des Staates" (Willke 1987) und der „Ironie des Staates" (Willke 1992) sowie altmodischere Theorien, denen zufolge Männer

oder zumindest „men in circumstances" Geschichte machen, wie beispielsweise die institutionen- und personenzentrierten Analysen der Außen- und Innenpolitik der Kabinette des Bundeskanzlers Adenauer (Baring 1969; Schwarz 1981 und 1983).
Welche Theorien kommen unter diesen Bedingungen in der international vergleichenden Staatstätigkeitsforschung überhaupt zum Einsatz? Nach Anwendungshäufigkeit und relativer Leistungskraft zu urteilen, sind vier Theoriefamilien an vorderster Stelle zu nennen. Sie unterscheiden sich durch Schlüsselbegriffe, Verwurzelung in der Ideengeschichte, Vorstellung vom Verhältnis zwischen Staat und Gesellschaft, Annahmen über politische Gestaltbarkeit, typische Anwendungsbereiche, besondere Stärken und Schwächen sowie Erklärungskraft. Im einzelnen handelt es sich hierbei um folgende Ansätze:
(1) die Theorie der sozioökonomischen Determination der Staatstätigkeit,
(2) die Parteienherrschaftstheorie,
(3) die Theorie der Machtressourcen organisierter Interessen und
(4) die politisch-institutionalistische Theorie.
Die Theorie der sozioökonomischen Determination begreift Staatstätigkeit als mehr oder minder direkte Reaktion auf sozioökonomische und politisch-ökonomische Entwicklungen und Problemlagen. Die Theorie der Parteienherrschaft thematisiert hingegen vor allem die Prägung von Staatstätigkeit durch regierende Parteien. Die Theorie der Machtressourcen organisierter Interessen erklärt das Tun und Lassen von Regierungen vorrangig durch das Wirken und Kräftemessen von organisierten gesellschaftlichen Interessen, beispielsweise von gesellschaftlichen Klassen. Der politisch-institutionalistischen Theorie zufolge werden Inhalte und Plazierung von Staatstätigkeit in erheblichem Maße durch institutionelle Bedingungen der Willensbildung und Entscheidungsfindung in Politik und Ökonomie geprägt.
Diese Theorien werden im 2. und im 3. Abschnitt dieses Beitrages ausführlicher vorgestellt und gewürdigt. Ihre charakteristischen Stärken und Schwächen kommen dabei ebenso zur Sprache wie Vor- und Nachteile der Versuche, sie miteinander zu verknüpfen. In der Erörterung erweist sich die politisch-institutionalistische Theorie als besonders ertragreich und als anschlußfähig für andere Theorien. Im Mittelpunkt des 4. Abschnitts stehen zwei größere praktische Anwendungen des erweiterten politisch-institutionalistischen Ansatzes: die Forschung über sogenannte koordinierte Ökonomien und die Zusammenhänge zwischen Staatstätigkeit einerseits und Verhandlungsdemokratie sowie der Schranken gegen die Mehrheitsherrschaft andererseits.

II. Die wichtigsten Theorien der nationenvergleichenden Staatstätigkeitsforschung im Überblick

2.1 Die Theorie der sozioökonomischen Determination

Die Theorie der sozioökonomischen Determination begreift Staatstätigkeiten vor allem als Reaktion auf strukturelle gesellschaftliche und wirtschaftliche Entwicklungen und hierin wurzelnde Probleme der Reproduktion des Gemeinwesens. Zum Kern dieser Theorie gehört die These, daß die sozioökonomische Entwicklung einerseits einhergehe mit zunehmender Arbeitsteilung, zunehmender sozialer Differenzierung, wachsendem wirtschaftlichen Reichtum und gesellschaftlicher wie politischer Modernisierung, und andererseits ältere Institutionen überlaste, wie z.B. familiäre Sicherungsnetze und kirchliche oder lokale Armenfürsorge, und somit Bedarf für neue überlokale Problemlösung schaffe, die in der Regel dem Staat als Aufgabe zufalle. Sozioökonomische Entwicklungsmechanismen setzten die Politik in die Zwangslage, Funktionsvakui zu füllen, die durch die gesellschaftliche Entwicklung erzeugt wurden und im Interesse der Systemstabilisierung zu beseitigen sind.

Die Analysen der sozioökonomischen Theorie basieren teils auf historisch-materialistischer, teils auf nichtmarxistischer Theorie der Industriegesellschaft (vgl. z.B. Marx 1970, insbesondere Kapitel 8 und 13; ferner Pryor 1968; Wilensky 1975; Kerr u.a. 1973). Zu ihren intellektuellen Urvätern kann man neben der Politischen Ökonomie von Karl Marx den makrosoziologischen Ansatz von Émile Durkheim sowie Adolph Wagner rechnen, der als Hauptvertreter der kathedersozialistischen Lehre von der wachsenden Staatstätigkeit gilt. Vor allem Wagner hat treffend vorhergesagt, daß der Staat zunehmend in den gesellschaftlichen und wirtschaftlichen Prozeß eingreife, während Marx und liberale Theoretiker eher von einer abnehmenden Rolle des Staates ausgingen. Faktisch ging jedoch die Ausbreitung der kapitalistischen Produktionsweise mit zunehmender staatlicher Intervention einher. Industrialisierung und Verstädterung setzten neue Aufgaben auf die Tagesordnung der Politik und begründeten nicht nur das quantitative Wachstum des Staates, sondern auch den Funktionswandel vom reinen Ordnungsstaat zum interventionistischen Wohlfahrtsstaat, oder – wie Wagner sagte – vom „Rechtsstaat zum Cultur- und Wohlfahrtsstaat" (Wagner 1893: 88).

Die zugrundeliegenden Regelmäßigkeiten beschrieb Wagner 1911 mit den folgenden Worten: „Die Ursachen liegen im Hervortreten neuer, vermehrter, feinerer öffentlicher Bedürfnisse, namentlich Gemeindebedürfnisse im ganzen Volksleben, die Bedingungen liegen in starkem Maße in Änderungen der Produktions- und Verkehrstechnik, welche die staatliche ... Funktion in höherem Grade ermöglichen und wünschenswert machen" (Wagner 1911: 724). Aber auch auf dem Gebiet des Rechts- und Machtzwecks stehen die Zeichen auf Expansion. Fortschreitende nationale und internationale Arbeitsteilung wirken in diese Richtung, und sie werden verstärkt durch zunehmende Bevölkerungsdichte, fortschreitende lokale Konzentration der Bevölkerung und stets komplizierter werdende Verkehrs-, Wirtschafts- und Rechtsverhältnisse (Wagner 1911: 735).

Vereinfachend gesagt, bestimmt die Theorie der sozioökonomischen Determination das Verhältnis von Staat und Gesellschaft wie folgt: Die dominierende Kraft ist im Gesellschaftlichen zu suchen; der Staat und das Öffentliche sind zuvorderst abhängige Variablen der industriegesellschaftlichen Entwicklung und hieraus entstehender lösungsbedürftiger gesellschaftlicher Probleme. Folglich wird die Staatstätigkeit vor allem als Funktion des Niveaus (oder eines Veränderungsschubes) der sozialökonomischen Entwicklung verstanden. Der Staat ist im Blickwinkel dieser Theorie Objekt und nicht Subjekt: er ist Magd der Industriegesellschaft und in diesem Sinn – mit Forsthoff (1971) gesprochen – „Staat der Industriegesellschaft", wobei unterstellt wird, daß der Staat ausreichend gerüstet ist zur Bewältigung der ihm aufgetragenen Aufgaben (hierzu grundlegend kritisch: Offe 1972).

Anwendung fand der sozioökonomische Ansatz vor allem in Studien über die politisch-ökonomische Entwicklung, die Staatsfinanzen und die staatlichen Eingriffe in das Arbeitsleben, wie z.B. die Fabrikgesetzgebung sowie in den modernisierungstheo-

retisch angeleiteten Studien der Sozialpolitik und der Erwerbsbeteiligung (z.B. Zöllner 1963; Wilensky 1975). Die Stärke des Ansatzes liegt in der Hervorhebung sozioökonomischer Entwicklungstrends und des Drucks, der Zwänge sowie der Handlungsmöglichkeiten und -sperren, die hiervon für die Staatstätigkeit ausgehen. Zu seinen charakteristischen Schwächen zählt die Vernachlässigung der Analyse der Politischen, insbesondere die unzureichende Erfassung politischer Institutionen, Akteure, Wahlfreiheiten sowie der relativen Autonomie der Politik gegenüber Gesellschaft und Wirtschaft. Auf gegebene Problemlagen kann die Politik bekanntlich höchst unterschiedlich reagieren: durch Problembewältigung, Ignorieren oder Repression (vgl. Flora/Alber/ Kohl 1977; Armingeon 1992).
Nicht in allen Anwendungsbereichen sind die Schwächen des sozioökonomischen Ansatzes gleich gut sichtbar. Als relativ erfolgreich erweist er sich im Vergleich von Ländern auf unterschiedlichem Stand wirtschaftlicher Entwicklung – beispielsweise in der Untersuchung der Sozialpolitik in armen und reichen Staaten (vgl. Wilensky 1975; Schmidt 1989); besonders deutlich treten seine Mängel hervor, wenn Länder mit ähnlichem Niveau sozialökonomischer Entwicklung verglichen werden (vgl. z.B. Castles 1982a und 1982b).

2.2 Parteienherrschaftstheorie

Für die Parteienherrschaftstheorie liegen die Schlüsselgrößen für die Staatstätigkeit nicht außerhalb, sondern innerhalb des politischen Systems, insbesondere im Parteienwettbewerb und der parteipolitischen Prägung der Interessenartikulation, der Interessenbündelung, der Auswahl des Führungspersonals und der Entscheidungsprozesse. Dieser Theorie zufolge haben Parlamentarisierung und Demokratisierung des Wahlrechts vor allem in parlamentarischen Regierungssystemen mächtige Parteien entstehen lassen, die im Kampf um Wählerstimmen ihre Politik auf sachliche Ziele ausrichten, aber auch auf ihre Wahl- und Wiederwahlchancen und Überlebensinteressen. Dieser Theorie zufolge unterscheidet sich die Staatstätigkeit von Regierungspartei zu Regierungspartei, wobei insbesondere große Unterschiede zwischen den Links-, Rechts- und den Mitte-Parteien erwartet werden.
Zugespitzt wird dieser Gedankengang in der Parteiendifferenzthese (vgl. Budge/Keman 1990). Sie sagt einen engen Zusammenhang zwischen der Substanz der Regierungspolitik und der parteipolitischen Färbung der Regierung vorher. Die klassische Formulierung dieser These stammt aus Douglas Hibbs' Vergleich der Wirtschaftspolitik in westlichen Industrieländern: Linksparteien zielten mit Erfolg auf Vollbeschäftigung unter Inkaufnahme von Inflation; Rechtsparteien hingegen wählten ebenfalls mit Erfolg Preisstabilität – gegebenenfalls unter Inkaufnahme von Arbeitslosigkeit (Hibbs 1977). Der Theorie zufolge wurzeln die unterschiedlichen Politikpräferenzen in der Verankerung der Parteien in unterschiedlichen sozialen Milieus mit jeweils charakteristischen Erwartungen gegenüber der Wirtschaftspolitik: die Anhängerschaft der Linksparteien erwarte vorrangig Arbeitsplatzsicherheit, die der Rechtsparteien hingegen vor allem Geldwertstabilität.
Mittlerweile hat sich zwar Hibbs Parteiendifferenzthese als grundlegend revisionsbedürftig erwiesen (Schmidt 1982 und Busch 1992; vgl. die – eng begrenzte – Revision

durch Hibbs selber: Hibbs 1991), doch benennt die These unbestritten wichtige Bestimmungsfaktoren der Staatstätigkeit in Massendemokratien (vgl. z.B. Hicks/Swank 1992). Staatstätigkeiten sind Produkte politischer Entscheidungsprozesse; sie werden von einer Vielzahl von institutionellen, machtpolitischen und kulturellen Bedingungen geprägt. Zu diesen zählen das Wollen und Können der politischen Parteien an der Regierung und in der Opposition. Strittig ist jedoch das Ausmaß, in dem Unterschiede in der parteipolitischen Färbung der Regierung sowie Unterschiede in den eher kurzfristigen Wahlplattformen der Parteien – die neuerdings von der Mandatstheorie hervorgehoben werden (Klingemann u.a. 1992) – auf den Inhalt politischer Entscheidungen durchschlagen und in der Durchführungsphase beibehalten werden (Castles 1982b, Schmidt 1982). Strittig ist ferner der Einfluß der Opposition – und allgemein: der Struktur des Wettbewerbs im Parteiensystem – auf das Tun und Lassen der Regierungen: es gibt beispielsweise „contagion from the left"- wie „contagion from the right"- Effekte (Hicks/Swank 1992): Rechts-Regierungen übernehmen nicht selten Teile der Politik von Linksparteien und Linksparteien sind ihrerseits häufig nicht immun gegenüber der „Ansteckung" durch Rechts- oder Mitte-Parteien.

Bezüglich des Verhältnisses von Staat und Gesellschaft unterstellt die Parteienherrschaftstheorie ein hohes Maß an Verknüpfung durch demokratische Prinzipien und Tauschprozesse: Unterstützungsleistungen und Anforderungen kommen aus der Gesellschaft über Prozesse der Interessenartikulation und -aggregierung in die etablierte Politik und deren Entscheidungszentrum; die Regierung sowie die zuständige Verwaltung beliefern die Wählerschaft der Regierungsparteien (gegebenenfalls auch die Anhänger der Opposition) mit materiellen und symbolischen Politiken, die von der Bewältigung von Friedenssicherungsaufgaben im Inneren über die Verteidigung nach außen bis zu konkreten Schutz- und Versorgungsleistungen reichen.

Die politische Gestaltbarkeit wird in dieser Theorie im Prinzip als hoch eingeschätzt, jedoch wird im Unterschied zur Theorie der sozioökonomischen Determination die Größe des Handlungsspielraums der Politik als eine Veränderliche angesehen, die von politischen Bedingungen abhängig ist, beispielsweise vom Vorhandensein oder Fehlen verfassungsrechtlicher Sicherungen und Gegenkräfte sowie von machtpolitischen Verteilungen zwischen sozialen Klassen und Parteifamilien.

Ein besonderer Vorteil der Parteienherrschaftstheorie liegt in der Fokussierung auf die für Massendemokratien charakteristische enge Verknüpfung von Wählerpräferenzen und materieller oder symbolischer Regierungspolitik. Überdies kann die Parteienherrschaftstheorie – die hier im Sinne der „partisan theory of macro policy" (Hibbs 1991) verstanden wird und nicht im Sinne der älteren staatsrechtlichen Parteienstaatslehre von Leibholz – mittlerweile auf eine beachtliche Zahl von Studien über die jeweils charakteristische Prägung der Regierungspraxis durch politische Parteien verweisen (für andere: Budge/Keman 1990; Alesina 1991; Alvarez/Garrett/Lange 1991; Cusak/Garrett 1992).

Man wird aber auch die Grenzen der Parteienherrschaftsthese berücksichtigen müssen. Nicht wenige ihrer Anhänger – insbesondere Hibbs (1977 und 1991) und Tufte (1978) – überschätzen die Größe des politischen Handlungsspielraums insgesamt und die Gestaltungschancen der politischen Parteien und unterschätzen das Gewicht von politischen, rechtlichen und ökonomischen Schranken der Regierungspolitik. Auch liegt der Theorie die Annahme zugrunde, alle Parteien hätten einen ähnlich großen Spielraum wie die Mehrheit, die im Rahmen eines reinen konkurrenzdemokratischen Westminster-Modells agiert. Doch hiermit übersieht man die Schranken der Mehrheitsherrschaft in reinen Verhandlungsdemokratien, wie z.B. der Schweiz, oder in den gemischten mehrheits- und verhandlungsdemokratischen Ländern wie z.B. der Bundesrepublik Deutschland (siehe Abschnitt IV).

Überdies gehen die Anhänger der Parteienherrschaftsthese oftmals schnell über Befunde hinweg, die auf große Ähnlichkeiten der Politik von Parteien unterschiedlicher politischer Couleur hindeuteten: „Sozial- oder christdemokratische Wirtschaftsförderung, da kenne ich gar keinen Unterschied", so hatte unlängst ein Oberbürgermeister ausgerufen, der es aufgrund intimer Kenntnisse der Kommunalpolitik in Aachen wissen muß (Wirtschaftswoche Nr. 42, 12.10.1990, S. 87). Ähnliche oder identische Politikprofile gibt es bisweilen auch in anderen Politiksektoren, beispielsweise in der Sozialpolitik der große Fundus an Gemeinsamkeiten von moderat-sozialdemokratischen Parteien und moderat-christdemokratischen Kräften.

Auch aus dem Blickwinkel der Theorie des nichthierarchischen verhandlungsdemokratischen Staates (Scharpf 1991 und 1993) erweist sich die Parteienherrschaftstheorie als defizitär, denn sie baut auf die – angesichts verbreiteter verhandlungsdemokratischer Strukturen – heroische Annahme hierarchischer Politikentwicklung und -implementation, und nicht selten legt sie die weitere Annahme eines einheitlich abwägenden und handelnden Akteurs zugrunde.

Diese Einwände stützen einen Befund der vergleichenden Analyse der Konsequenzen von größeren Machtwechseln an der Regierung: Die klassische Parteiendifferenzhypothese paßt in dem Maße weniger, je stärker konkordanzdemokratische Regeln ein politisches System durchwirken, und je stärker und zahlreicher die Schranken gegen die Parlamentsmehrheit und der aus ihr hervorgehenden Regierungen sind (Schmidt 1991).

Schließlich wird man der klassischen Parteiendifferenzthese vorwerfen können, daß sie ungeprüft von der Konstanz grundlegender politischer Positionen der Parteien ausgeht. Das war eine sinnvolle Annahme für die Analyse von Staatstätigkeit in westlichen Industrieländern nach dem Zweiten Weltkrieg bis Ende der 70er Jahre; sie wurde jedoch in dem Maße problematisch, in dem sowohl die Politikpräferenzen als auch die Staatstätigkeit von Rechts- und Linksparteien verstärkt auf Alternativen zwischen Staat und Markt zielten – und nicht auf die Alternative Staat oder Markt. Daß regierende Linksparteien in der Sozialpolitik einen harten Sparkurs einschlagen und in der Wirtschaftspolitik mehr Markt favorisieren könnten, galt bis Ende der 70er Jahre als unvorstellbar. In den 80er Jahren des 20. Jahrhunderts ist dies Realität geworden: in Australien beispielsweise, mehr noch unter den Labour-Regierungen in Neuseeland sowie in der Regierungspolitik der spanischen Sozialisten (vgl. Castles 1990 und Merkel 1992).

Allerdings ist der Parteiendifferenzthese zugute zu halten, daß dauerhafte und tiefverwurzelte Unterschiede in der parteipolitischen Färbung von Regierungen höchst unterschiedliche Spuren in der Staatstätigkeit und in den politisch-ökonomischen Resultaten der Regierungspolitik hinterlassen. Die Differenz zwischen Schwäche des Sozialstaats und Stärke der Marktwirtschaft in den USA einerseits und Stärke einer sozialdemokratischen Variante des Sozialstaats in Schweden andererseits, läßt sich nicht verstehen ohne den Unterschied zwischen einer Rechts- bzw. Mitte-Regierung durch die Republikanische Partei oder die Demokratische Partei einerseits und der Prägung von Schwedens Regierungspraxis durch die Sozialdemokratie bis zum Regierungswechsel von 1991 andererseits.

2.3 Theorie der Machtressourcen organisierter Interessen

In der Theorie der Machtressourcen organisierter Interessen werden die Staatstätigkeit und deren politisch-ökonomische Ergebnisse, wie z.B. die Arbeitslosenquote, vorrangig zurückgeführt auf Interessen sozialer Klassen, deren Organisations- und Konfliktfähigkeit, Kräfteverhältnisse zwischen gesellschaftlichen Klassen und ihren Organisationen, institutionellen Bedingungen der Regulierung des Verteilungskonfliktes sowie strategisches Handeln von Regierungseliten.

Die Theorie zerfällt in zwei Schulen: eine neoliberale, von der Neuen Ökonomischen Theorie der Politik herkommende Richtung (z.B. Olson 1982 und Weede 1990) und eine – für die komparatistische Forschung nach Zahl und Gewicht bedeutendere – kritische Variante, die an der Tradition der Klassensoziologie marxistischer und Weberscher Provenienz anknüpft und diese durch Studien über Verteilungskonflikte und Regierungspraxis anreichert (z.B. Esping-Andersen 1990; Korpi 1991; ferner Cameron 1984).

Die neoliberale Schule hat vergleichende Analysen vor allem zu Unterschieden der wirtschaftlichen Entwicklungsdynamik westlicher Länder vorgelegt und dabei effizienzminderndes „rent-seeking" in den Vordergrund gerückt, während die kritische Variante neben der politisch-ökonomischen Entwicklung vor allem die Beschäftigungspolitik und den Wohlfahrtsstaat untersuchte.

Die klassische marxistische Theorie hatte den Staat – instrumentalistisch – als geschäftsführenden Ausschuß der herrschenden Klasse definiert. Instrumentalistisch ist auch die Staatsauffassung der neoliberalen Schule: er gilt ihr vor allem als Beuteobjekt mächtiger organisierter Sonderinteressen. Die kritische Variante des Machtressourcenansatzes hingegen betont die Prägung der Staatstätigkeit durch die Machtverteilung zwischen den gesellschaftlichen Klassen und ihren außerparlamentarischen oder parlamentarischen Organisationen im Verbände- und Parteiensystem. Ihr gilt der Handlungsspielraum der Politik folglich als nicht determiniert. Für sie ist die Politik nicht nur abhängige Variable der Ökonomie. Der Handlungsspielraum für die Politik ist vielmehr variabel und abhängig unter anderem von politischem Handeln und Akteurskonstellationen (vgl. neuerdings auch Alvarez/Garrett/Lange 1991).

Beim Vergleich von Ländern mit unterschiedlicher Klassenstruktur, unterschiedlicher Machtverteilung zwischen den sozialen Klassen und den politischen Parteien und unterschiedlichem Verbändewesen erweist sich die radikale Machtressourcentheorie-Variante als besonders hilfreich, beispielsweise beim Vergleich von Schweden – ein Land, das lange Zeit von der Sozialdemokratie und starken Gewerkschaften geprägt war – mit den USA – ein vom Marktmodell und Rechts- oder Mitte-Parteien geprägtem politischen System. Die größeren Machtressourcen der unteren Klassen und der Arbeiterbewegung in Schweden haben ein ungleich höheres Maß an ökonomischer Absicherung der Arbeiterschaft und an sozialstaatlichem Schutz erzeugt als in den USA. Besonders wirkungsvoll kam die kritische Variante der Machtressourcentheorie insbesondere bei der Strukturanalyse des Wohlfahrtsstaates zum Zuge. Dabei hat man unter anderem zwischen drei Typen des Wohlfahrtsstaates unterschieden: (1) den sozialdemokratischen Typ, der sich durch umfassende Staatsbürgerversorgung, hohes Maß an Egalität und Vollbeschäftigungsgarantie auszeichnet, (2) den konservativen Wohlfahrtsstaatstypus, der durch eine starke Sozialversicherungskomponente, Reproduktion von Statusdifferenzen in der Alterssicherung und das Fehlen der Vollbeschäftigungsgarantie charakterisiert ist und (3) das liberale Wohlfahrtsstaatsmodell, dem ein löchriges Netz der sozialen Sicherung eigen ist. Das sozialdemokratische Modell ist der Machtressourcenschule zufolge im wesentlichen ein Produkt einer starken Arbeiterbewegung, die in Gesellschaft und im politischen Bereich dauerhaft Machtpositionen erworben und zum Zweck des Auf- und Ausbaus einer relativ egalitären Ordnung genutzt hat. Überall dort, wo die Arbeiterbewegung außerparlamentarisch und parlamentarisch schwächer ist, sind die Bahnen in andere Richtung gestellt: je nach Kräfteverhältnis auf den konservativen Wohlfahrtsstaat (präziser wäre die Bezeichnung: zentristischer Wohlfahrtsstaat) oder das liberale Modell (vgl. z.B. Esping-Andersen 1990).

Eine Schwäche des Machtressourcenansatzes liegt in der Überbetonung von Machtverteilungen und der Unterbelichtung politisch-institutioneller und politisch-kultureller Bedingungen der Willensbildung und Entscheidungsfällung. Vereinfacht gesagt, paßt der Machtressourcenansatz um so besser, je mehr es sich um eine historisch offene Situation handelt, in der das Kräfteverhältnis zwischen Gesellschaftsklassen und ihren politischen Organisationen maßgebend für den Kurs der staatlichen Politik ist, oder um Politikfelder, die wesensmäßig zum Klassenkonflikt zwischen Arbeit und Kapital gehören, wie z.B. ein Großteil der wohlfahrtsstaatlichen Politik und der Beschäftigungssicherung.

Politiktheoretisch unterstellt der Machtressourcenansatz in der Regel eine Westminster-Modell-Situation: er gründet sich auf die Annahme, die parlamentarische Mehrheit und die aus ihr hervorgehende Regierung verfügten letztlich über die volle Souveränität. Diese Annahme trifft jedoch nur in dem Maße zu, in dem eine reine Mehrheitsdemokratie und ein politisches System gegeben ist, in dem der Mehrheit nur wenige Sperren entgegenstehen, wie z.B. in Schweden und Großbritannien. Die Annahme greift jedoch um so weniger, je mehr es sich um verhandlungsdemokratische Strukturen mit zahlreichen mächtigen Barrieren gegen die Parlamentsmehrheit und die von ihr gestützte Regierung handelt. Das verweist auf einen allgemeineren Zusammenhang: Die Analyse der institutionellen Bedingungen der Politikformulierung, der Entscheidungsfindung und der Politikdurchsetzung werden im Machtressourcenansatz vernachlässigt zugunsten der Analyse „unverfasster" Verteilungs- bzw. Klassenkonflikte und „Verteilungskoalitionen" (Olson 1982).

2.4 Die politisch-institutionalistische Theorie

Die politisch-institutionalistische Theorie betont die Prägung des auf Staatstätigkeit gerichteten kollektiven und individuellen Wollens, Könnens und Handelns durch institutionelle Bedingungen. Institutionelle Bedingungen sind interpersonale, formelle oder informelle Regeln und Normen, die historisch-kulturell kontingent und variabel sind und aufgrund ihrer Dinglichkeit nur in begrenztem Maße zur Disposition zweckrationalen Handelns stehen. Eine prominente Rolle kommt den institutionellen Bedingungen der Willensbildungs- und Entscheidungsprozesse, der Wahlhandlungen und dem strategischen Handeln von individuellen oder kollektiven Akteuren in Politik und Ökonomie und an den Schnittstellen zwischen Politik und Wirtschaft zu. Im Gegensatz zur sozioökonomischen Schule kennt die politisch-institutionalistische Theorie Akteure, Situationsdeutungen, Wahlfreiheiten und Wahl von Entscheidungsalternativen unter den Bedingungen begrenzter Rationalität. Im Unterschied zur neoliberalen Theorie der Machtressourcen betont sie die kulturelle Variabilität und Kontingenz von institutionellen Arrangements. Im Gegensatz zur klassischen Institutionenkunde erörtert sie nicht nur die formalen Verfassungsinstitutionen, sondern formale und informelle Regeln und Normen ebenso wie Institutionen und Akteure in Politik und Ökonomie sowie Entscheidungen im Rahmen von interdependenten vernetzten Entscheidungssituationen. Im Gegensatz zur kritischen Machtressourcentheorie begreift der Politische Institutionalismus die Institutionen als eingefrorene Entscheidungen der Vorperiode und als Größen, die in der Gegenwart sowohl beschränkende wie ermöglichende Eigenschaften haben (zur Theorie und praktischen Anwendung insbesondere Scharpf 1983 und 1987 sowie Hall 1986 und Lehmbruch 1989).

Politisch-institutionalistische Ansätze der vergleichenden Staatstätigkeitsforschung bewährten sich zunächst vor allem in der Analyse von Schranken staatlicher Reformpolitik. Grundlegend hierfür sind unter anderem die Beiträge von F.W. Scharpf und R. Mayntz zu den Chancen und Grenzen politischer Planung in den 70er Jahren. Hierbei wurde die These vertreten, daß eine „aktive Politik" (im Sinne einer Reformpolitik, die im Gegensatz zur „passiven Politik" innovationsfähig ist, Umverteilungen planen und durchsetzen kann und über längere Zeiträume zu planen vermag) an vier Barrieren sich bis zur Unkenntlichkeit abreiben könne: (1) an formell-ökonomischen Schranken (z.B. der rechtlichen Festschreibung einer bestimmten Wirtschaftsordnung), (2) formell-politischen Barrieren (z.B. verfassungsrechtlichen Begrenzungen des Regierungshandelns), (3) materiell-ökonomischen Restriktionen (z.B. der Droh- und Desorganisationsmacht des privaten Kapitals) und (4) an materiell-politischen Hindernissen (die z.B. durch den Zwang zu kurzfristig erfolgreichem Handeln gesetzt werden, das von Wahlen ausgeht, sowie durch Kompromißbildungszwänge, die in Bund-Länder-Beziehungen und Koalitionsregierungen verwurzelt sind) (Mayntz/Scharpf 1973; Scharpf 1973 und 1977).

Freilich blieb die nationenvergleichende Komponente bei dieser Forschungsrichtung zunächst noch unterbelichtet. Der internationale Vergleich kam erst dort zum Zuge, wo der institutionelle Ansatz nicht nur im Hinblick auf Begrenzungen, sondern auch mit Blick auf die Ermöglichungen angewendet wurde, die in institutionellen Rahmenbedingungen zu sehen sind. Das erfolgte insbesondere in den Neokorporatismusanalysen (vgl. Lehmbruch 1984) und in hierauf aufbauenden Studien über die Determinanten relativ erfolgreicher politischer Steuerung der Ökonomie in korporatistischen Ländern (z.B. Schmidt 1982 und 1986; Czada 1986; Crepaz 1992; Nollert 1992). Dabei erwies sich die institutionell gegebene Fähigkeit zur Konzertierung der Politik von Staat, Parteien und jeweils mächtigen Interessengruppen als eine Schlüsselgröße für den Erfolg der Wirtschaftspolitik vor und nach dem ersten Ölpreisschock von 1973.

Wie insbesondere Scharpfs Analysen verdeutlichen, ist der relative Erfolg oder Mißerfolg der Wirtschaftspolitik auch abhängig vom Vorhandensein geeigneter Instrumente und institutioneller Arrangements sowie von der erfolgreichen Koordination der Lohnpolitik, der Geldpolitik der Notenbanken, der Finanzpolitik des Staates und der Investitionspolitik der privaten Wirtschaft (Scharpf 1987).

Das Staat-Gesellschafts-Modell des politisch-institutionalistischen Ansatzes enthält sowohl die relative Eigendynamik beider Bereiche als auch deren Verknüpfung durch den demokratischen Staat, den steuerabhängigen Staat und den Rechts- und Interventionsstaat. Den Handlungsspielraum der Politik stuft diese Theorie als variabel ein; gewiß ist er geprägt durch sozioökonomische Restriktionen, doch zentral sind auch institutionelle Begrenzungen und Ermöglichungen, die Machtverteilung und die Fähigkeit und Bereitschaft von kollektiven Akteuren zu wohlfahrtssteigernder Koordinierung und Kooperation.

Der politisch-institutionalistische Ansatz ist ein ertragreicher Ansatz der neueren vergleichenden Staatstätigkeitsforschung. Seine Kernthese von der Prägung der Staatstätigkeit durch institutionelle Arrangements wurde in zahlreichen Fallanalysen, Länderstudien und komparatistischen Untersuchungen gestützt. Auch ist der Anwendungsbereich des Ansatzes breiter als in den meisten anderen Theorien der vergleichenden Staatstätigkeitsforschung: er reicht von intrastaatlichen Analysen des Entscheidungsprozesses, wie z.B. in der Politikverflechtungstheorie (Scharpf u.a. 1976), über Staatstätigkeit in den Europäischen Gemeinschaften (Scharpf 1985), nationenvergleichender Forschung zur Wirtschafts- und Sozialpolitik (Scharpf 1987; mit Erweiterung um die Dimensionen Machtverteilung, Parteien und politische Kultur Schmidt 1988a und 1993a) bis zu den Folgen von Regierungswechseln für den Kurs der Staatstätigkeit (Lehmbruch 1989).

Dem politisch-institutionalistischen Ansatz kommt die Nähe zum Politikformulierungs- und Entscheidungsprozeß ebenso zugute wie die stärker interdisziplinäre Ausrichtung, die ihm Impulse von der Organisationssoziologie, der Verwaltungswissenschaft und den Wirtschaftswissenschaften zuteil werden lassen. Andererseits hat auch dieser Ansatz Schwächen. Vor allem in Studien, die sich auf den Entscheidungsprozeß im engeren Sinn konzentrieren, wie z.B. der Politikverflechtungstheorie und ihrer Weiterentwicklung zur Theorie der Politikverflechtungs-Falle (Scharpf 1985), werden organisierte Interessen, Machtverteilungen, Parteien und politisch-kulturelle Bedingungen vernachlässigt.

Überdies streuen Reichweite und Größe der Stichproben der zum Vergleich herangezogenen Nationen im politisch-institutionalistischen Ansatz erheblich. Während die Neokorporatismustheorie und auf ihr gegründete Studien über Zusammenhänge zwischen politisch-ökonomischer Entwicklung und Konzertierung von Staatstätigkeit und Verbändepolitik nahezu alle entwickelten westlichen Industrieländer erfassen und sowohl für die 70er als auch auch für die 60er und die 80er Jahre gute Erklärungsresultate bringen (vgl. z.B. Czada 1976; Crepaz 1992; Nollert 1992), ist der Kreis der berücksichtigten Nationen in den meisten anderen institutionalistischen Beiträgen meist erheblich kleiner (vgl. Scharpf 1987). Das mindert die Verallgemeinerbarkeit der aus dem Vergleich gewonnenen Ergebnisse. Ferner ist die Datenbasis, auf die der Politische Institutionalismus bislang zugriff, ausbaubedürftig. Nicht zuletzt fehlt ihm noch ein empirisch fundierter Brückenschlag zur komparatistischen Analyse von Parteiensystems- und Verfassungsinstitutionen, wenngleich sich hierfür in Lijpharts Demokratie-Studie mittlerweile interessante Anschlußmöglichkeiten finden lassen, wie die neueren Arbeiten von Lijphart und Crepaz zeigen (Lijphart 1984; Lijphart/Crepaz 1991; Crepaz 1992; vgl. Abschnitt IV).

III. Stärken und Schwächen der Theorien der international vergleichenden Staatstätigkeitsforschung und Möglichkeiten ihrer Verknüpfung

Den erörterten Ansätzen zur Staatstätigkeitsforschung sind charakteristische Stärken und Schwächen eigen. Zu den Stärken der sozioökonomischen Theorie zählt die Betonung langfristiger gesellschaftlicher Entwicklungstendenzen und hierin angelegter Problemlagen und Chancen politischen Handelns. Die kritische Machtressourcentheorie hingegen eignet sich besonders gut für die Analyse von Politikfeldern, die von Klassenkonflikten geprägt sind, sowie für den Vergleich von Ländern mit großen Unterschieden in der Klassenstruktur und der Machtverteilung. Die Parteienherrschaftstheorie hingegen kommt besonders wirkungsvoll zum Zuge, wenn der Parteienwettbewerb die Staatstätigkeit nachhaltig prägt, und die Stunde des politisch-institutionalistischen Ansatzes ist gekommen, wenn die Prägung der Staatstätigkeit durch institutionelle Bedingungen und strategisches Handeln in interdependenten Entscheidungssituationen untersucht werden soll.
Auch der Vergleich der Komplexität der einzelnen Theorien deckt Stärken und Schwächen auf. Eine überaus einfache Architektur – insoweit eine Schwäche – hat beispielsweise die Theorie sozioökonomischer Determination der Staatstätigkeit. Sie betrachtet das Innere der Politik als eine „black box", d.h. als einen nicht weiter analysierten Körper, und lenkt dafür die Aufmerksamkeit auf die Prägung der Politik von außen (Input) und das meßbare Ergebnis auf der Ausbringungsseite der Politik (Output). In der Regel liegt diesem Verständnis von Politik ein Stimulus-Response-Modell zugrunde: auf einen Stimulus reagiere die Politik mit je spezifischem Response. Wie mangelhaft diese Vermutung ist, haben die Studien über die „Innenwelt" (Müller 1986) der Politik gezeigt: die Binnenstruktur der Politik, insbesondere die Entscheidungsstrukturen („Within-Puts"), erwiesen sich oftmals als wichtigere Determinanten als die „Inputs".
Im Rahmen solcher Entscheidungsstruktur-Output-Modelle wurden die Institutionen wieder in die Policy-Forschung eingeführt – im übrigen lange bevor im US-amerikanischen Wissenschaftssystem der Ruf „Bringing the state back in" (Evans/Rueschemeyer/Skocpol 1987) laut wurde (vgl. z.B. Scharpf 1973 und Scharpf u.a. 1976).
Die bislang erörterten Theorien der Staatstätigkeitsforschung unterscheiden sich auch nach der Erklärungskraft. Der sozioökonomische Ansatz beispielsweise eignet sich nur in geringem Maß zur Erklärung unterschiedlicher Politikprofile in einander ähnlichen Fällen (wie z.B. innerhalb der Gruppe der westlichen Industriestaaten), während die drei anderen Theorien hiermit weitaus besser zurechtkommen. Aber auch in der zuletzt genannten Gruppe treten erhebliche Unterschiede in der Erklärungskraft zutage. Zur Erklärung unterschiedlicher wirtschaftspolitischer Profile eignen sich vor allem Ansätze, die auf der Neokorporatismustheorie aufbauen, für die der Sozialpolitik jedoch passen Varianten der Machtressourcen- und der Parteienherrschaftstheorie besser.

Andererseits ist auch die Erklärungskraft der hier erörterten Theorien begrenzt. Auch im günstigsten Fall bleibt der Anteil der nichterklärten Variation groß – solange die Theorien getrennt voneinander zur Anwendung kommen. Allein aus diesem Grunde ist für die Forschungspraxis die weitestmögliche Verknüpfung von Theorien zu empfehlen.

Faktisch kennzeichnet die Verknüpfung mehrerer Theorien im großen und ganzen die Praxis der international vergleichenden Staatstätigkeitsforschung. Dabei kamen drei Verknüpfungsvarianten zum Zuge. Die erste Variante besteht aus der additiven Verknüpfung von mindestens zwei Ansätzen. Ein und derselbe Gegenstand wird aus jeweils unterschiedlichen Perspektiven und mit verschiedenen „begrifflichen Linsen" (Allison 1971) betrachtet, um somit ein facettenreiches Bild zu gewinnen, das in der Interpretation der Ergebnisse entfaltet wird. Die Integration der jeweiligen Ergebnisse in einem übergreifenden methodologischen und theoretischen Rahmen bleibt im Rahmen dieses Ansatzes jedoch Desiderat.

Erheblich stärker ist der Integrationsgrad einer zweiten Verknüpfungsvariante. Ihre Losung lautet: Integration durch politometrische Mehrvariablenanalyse (vgl. z.B. Hicks/Swank 1992). Hier bemüht man sich um Integration unterschiedlicher Theorien durch Aufnahme aller wichtiger Schlüsselvariablen (oder einer Auswahl) in einem Modell oder in mehreren Modellen zur Erklärung der empirisch vorfindbaren Variation. Auch diese Variante ist nicht aller Probleme los und ledig: meist ist die Fallzahl relativ zur Zahl der eigentlich relevanten Variablen viel zu gering, so daß wiederum eine ungebührlich enge Auswahl von Schlüsselfaktoren erforderlich wird. Häufig sind die politometrisch gewonnenen Ergebnisse instabil: nicht selten variieren sie sehr stark schon bei geringfügiger Variation der Variablenauswahl, der Variablenmessung und der Auswahl der Fälle. Nicht zuletzt laboriert dieser Ansatz am oftmals unzureichenden Meßniveau der Daten, und nicht selten sind für wichtige Theorieteile keine oder nur begrenzt vergleichbare Daten vorhanden.

Eine dritte Variante der Theorienverknüpfung erfolgt im Rahmen der Kombination von politometrischer vergleichender Analyse – soweit es die verfügbaren Daten und die statistischen Freiheitsgrade zulassen – und stärker historiographisch-komparatistischer „dichter Beschreibung" andererseits (vgl. hierzu Castles 1982b in Verbindung mit Castles 1989; Schmidt 1988a). Für eine integrierte „dichte Beschreibung" ist freilich ein Theorierahmen erforderlich, der für andere Theorien besonders gut anschlußfähig ist. In hohem Maße erfüllt diese Anforderung der politisch-institutionalistische Ansatz. Er ist ausbaufähig in Richtung auf die Restriktionen und Ressourcen, die in der sozioökonomischen Theorie hervorgehoben werden, im Hinblick auf die kollektiven Akteure, die in dem Machtressourcenansatz im Zentrum stehen sowie hinsichtlich der Parteien, die in der Parteienherrschaftsthese favorisiert werden. Auch zu anderen Theorieelementen besteht Anschlußfähigkeit, sowohl zu solchen, die individuelle Akteure thematisieren als auch zu denjenigen, die vorrangig Systemstrukturen beleuchten.

IV. Koordinierte Ökonomie, Verhandlungsdemokratie und Schranken gegen die Mehrheitsherrschaft

In der international vergleichenden Staatstätigkeitsforschung setzt man auf die Kombination von empirischer Analyse und Theorien mittlerer Reichweite. Gewiß sind die einzelnen Theorien und ihre Verknüpfung bislang nur begrenzt verallgemeinerungsfähig, und kaum zu bestreiten ist die Behauptung, daß der Bestand an gesichertem Wissen noch relativ schmal ist. Bei allem Dissens gibt es aber auch gesicherte Befunde und beachtliche Leistungen in den Theorien der nationenvergleichenden Staatstätigkeitsforschung. Zu ihren Vorzügen zählt, daß sie die ökonomielastige Debatte über Staat und Krisentheorien in den 60er und 70er Jahren vom „ökonomischen Kopf" auf die „politologischen Füße" (Scharpf 1977: 15) gestellt hat.
Verdeutlicht hat diese Forschungsrichtung auch die Größe des Variationsreichtums im Verhältnis von Politik und Wirtschaft, und zu ihren Hauptverdiensten zählt der Nachweis, daß internationale und intertemporale Unterschiede in den politischen Leistungsprofilen von Regierungen in hohem Maße von politischen Bedingungen geprägt sind. Insoweit hat diese Forschungsrichtung nachgewiesen, daß die selbstkritische Frage mancher Politologen, ob Politik einen Unterschied für die Inhalte der Staatstätigkeit mache, zu bejahen ist. Das schließt den Nachweis ein, daß unterschiedliche Regierungsparteien in der Regel unterschiedliche Regierungspolitiken favorisieren und durchsetzen – nach Maßgabe entgegenstehender Schranken und unter sonst gleichen Bedingungen (vgl. z.B. Schmidt 1982; Budge/Keman 1990).
Nicht zuletzt liegt ein Verdienst der international vergleichenden Staatstätigkeitsforschung in der Bereitstellung eines Ansatzes, mit dem Entscheidungen und Nicht-Entscheidungen empirisch überprüfbar sind: Nicht-Entscheidungen sind Entscheidungen, etwas zu unterlassen. Sie sind anhand von Prüf-Fällen identifizierbar, anhand derer die Differenz zwischen Tun und Unterlassen nachweisbar ist. Hierfür eignen sich beispielsweise politische Systeme, die auf gleiche oder ähnliche Problemlagen mit unterschiedlichen politischen Zielen und Maßnahmen reagieren.
Ein wichtiger Beitrag der Staatstätigkeitsforschung zur Theorie ist auch darin zu sehen, daß sie das Problem der Regierbarkeit oder Unregierbarkeit westlicher Länder nicht dogmatisch, sondern als ein empirisches Thema behandelt haben. Auch wurden Bedingungen für relativ effektives Regieren und die Stabilität von Regierbarkeit identifiziert. Zu ihnen zählen in der Wirtschafts- und Arbeitsmarktpolitik ein System effektiver Konzertierung zwischen wichtigen Verbändeinteressen, Parteien und Staatsverwaltung sowie die Existenz von starken, zentralisierten und Gesamtwohlbelange berücksichtigenden Gewerkschaften.
Auch über die Bedingungen erfolgreicher bzw. erfolgloser politischer Steuerung hat die neuere Staatstätigkeitsforschung Einsichten vermittelt. Zwei besonders gut dokumentierte Felder sollen hier stellvertretend für andere erwähnt werden: die These der koordinierten Ökonomie und die These der Begrenzung der Mehrheitsherrschaft, die unter anderem eine plausible Erklärung dafür liefert, daß in der Bundesrepublik die Barrieren gegen eine Wende nach links wie nach rechts besonders hoch sind.

Die These der koordinierten Politischen Ökonomie

Die vergleichende Staatstätigkeitsforschung hat ihre Schwerpunkte in zeitlicher Hinsicht auf die Periode nach dem Zweiten Weltkrieg und in sachlicher Hinsicht auf die Wirtschafts- und Sozialpolitik gelegt. Insoweit stehen die Verallgemeinerungen dieses Forschungszweiges unter dem Verdacht der Zeit- und Bereichsgebundenheit. Unter dieser Einschränkung wird man festhalten können, daß der Großteil der einschlägigen Forschung die These der koordinierten Politischen Ökonomie stützt. Sie besagt, daß eine koordinierte Politische Ökonomie ein ungleich höheres Maß an wirtschaftspolitischem Erfolg als eine unkoordinierte erzielt, insbesondere bei der Bekämpfung von Inflation und Arbeitslosigkeit. Koordinierte Ökonomien zeichnen sich aus durch relativ hochentwickelte Koordination der wirtschaftspolitisch maßgebenden Politiken (in der Regel Lohn-, Finanz-, Geld- und Arbeitsmarktpolitik) und der Bereitschaft und Befähigung der wirtschaftspolitisch maßgebenden kollektiven Akteure zur kooperativen Konfliktregelung und zur gegenseitigen Abstimmung (Konzertierung). Zu den koordinierten Politischen Ökonomien zählen nach dem Zweiten Weltkrieg die nordeuropäischen Länder, die Beneluxstaaten, die Bundesrepublik, Österreich, die Schweiz sowie Japan. Geringere oder fehlende Konzertierung und das Vorherrschen konfrontativer Arbeitsbeziehungen markiert demgegenüber in der Regel die angloamerikanischen Länder und die südeuropäischen Staaten (vgl. Schmidt 1982, 1986; Czada 1986; Armingeon 1992; Crepaz 1992; Nollert 1992).

Allerdings ist die These der koordinierten Politischen Ökonomie in zweierlei Hinsicht zu qualifizieren. Sie gilt für auf Eindämmung von Arbeitslosigkeit und Inflation gerichtete Bestrebungen, aber nicht notwendigerweise für andere Staatstätigkeiten (vgl. Dierkes u.a. 1987). Ferner ist eine langfristig stabile Koordination der Ökonomie an bestimmte politische Voraussetzungen gebunden. Zu ihnen zählen – erstens – regelmäßige Erfolgserlebnisse aller Beteiligten. Sie sind an den angestrebten Zweck der Koordinierung gebunden: die Sicherstellung stabiler wirtschaftlicher Entwicklung mit der Chance des Wohlfahrtszugewinns. Erforderlich ist – zweitens –, daß die Konzertierungspolitik der beteiligten Akteure auf langfristigen strategischen Kalkülen beruht, insbesondere auf einem strategischen Kalkül der Organisationseliten, das auf Konzertierung und sozialpartnerschaftliche Arbeitsbeziehungen deshalb setzt, weil man von Mehrheitsstrategien keine sicher kalkulierbaren Gewinne zu erwarten hätte (Lehmbruch 1984 und 1992). Hinzu kommen Voraussetzungen auf seiten der Struktur der politischen Demokratie, des Parteienwettbewerbs und der Regierungspolitik. Voraussetzungen für die langfristig stabile Koordination der Ökonomie sind Berechenbarkeit und Verläßlichkeit der Staatstätigkeit. Beides wird meist durch Kontinuität in der Regierungspolitik erzielt, seltener durch konsensual untermauerte Kurswechsel der Regierungspraxis. Die Kontinuität der Regierungspolitik kann entweder die Kontinuität in der parteipolitischen Zusammensetzung von Regierungen spiegeln oder eine Institutionenordnung, die radikale Kursänderungen in der Staatstätigkeit verunmöglicht – selbst bei Regierungen die sich einer fundamentalen Politikwende verschrieben haben.

In welchen Ländern sind diese Voraussetzungen für eine koordinierte Ökonomie, insbesondere für Konzertierungs- und Konsenspolitik zwischen Staat, Arbeit und Kapital, am ehesten gegeben? Fündig wird man vor allem in der Neokorporatismustheorie (insbesondere in der Variante von Lehmbruch 1984) und der vergleichenden Demokratieforschung (Lijphart 1984 und Lijphart/Crepaz 1991; Lehmbruch 1992). Diesen Ansätzen zufolge ist die Wahrscheinlichkeit stabiler Konzertierung und stabilen Konsenses eher in den Verhandlungsdemokratien als in den Mehrheitsdemokratien gegeben, beispielsweise eher in der Schweiz, der Bundesrepublik, den Niederlanden und in Österreich als in den Majorzdemokratien, wie Großbritannien, Neuseeland und Frankreich.

Machtverteilung, Verhandlungsdemokratie und „Semisouveränität"
im internationalen Vergleich

Der politisch-institutionalistische Ansatz in der international vergleichenden Policy-Forschung hat bislang vor allem institutionelle Bedingungen im Staat-Ökonomie-Verhältnis erörtert. Zu kurz kamen jedoch die klassischen institutionellen Bedingungen im Willensbildungsprozess und im Regierungssystem – und wo sie Berücksichtigung fanden, geschah dies im Rahmen eines Vergleichs einer kleinen Anzahl von Ländern (wie z.B. bei Hall 1986; Evans u.a. 1987; Lehmbruch 1989 und Scharpf 1987) und somit im Kontext eines kleinen, wenig repräsentativen Samples. Besonders vernachlässigt wurde die Erörterung und systematisch empirische Erfassung der Barrieren gegen die Mehrheit, d.h. gegen die Herrschaft der Parlamentsmehrheit und der aus ihr hervorgehenden Regierung.

Berücksichtigt man solche Barrieren (bzw. ihr Fehlen), wird die Anwendbarkeit und potentielle Erklärungskraft des Politischen Institutionalismus verbessert. Das soll zum Abschluß dieses Beitrages anhand von Daten und Hypothesen erläutert werden, die auf einigen neueren vergleichenden Studien aus dem Heidelberger Institut für Politische Wissenschaft basieren (Busch 1993; Wagschal 1982; Schmidt 1993a) sowie auf Studien über Probleme politischer Steuerung in der Bundesrepublik (Katzenstein 1987; Lehmbruch 1989; Schmidt 1992a) und dem Vergleich konkurrenz- und verhandlungsdemokratischer Herrschaftsordnungen (vgl. insbes. Lijphart 1984; Lehmbruch 1992; Scharpf 1993; Schmidt 1993b).

Man unterstelle der Anschaulichkeit halber zwei Extremfälle: A und B. Im Fall A handele es sich um eine Rechtsparteien-Regierung, die seit langem amtiert, alles daransetzt, ihr Programm in Regierungspraxis umzusetzen, und die dabei keine nennenswerten Hindernisse gegen sich hat: keinen Föderalismus beispielsweise, keine Verfassungsgerichtsbarkeit, keine unabhängige Notenbank, keine Zweite Kammer, keine Selbstverwaltung in der Sozialpolitik und der Kommunalpolitik. Im Fall B habe man es mit derselben Regierung mit denselben Ambitionen zu tun, jedoch unterscheide sich der institutionelle Kontext fundamental vom Fall A: die Regierung sehe sich einem mächtigen Föderalismus konfrontiert mit Vetopositionen der Oppositionspartei im Bund-Länder-Verhältnis, Zustimmungspflichtigkeit der Bundesratsmehrheit und der Opposition zu allen wichtigen Gesetzen, einer autonomen Verfassungsgerichtsbarkeit und einer autonomen Notenbank.

Welche Politikresultate sind in den Fällen A und B zu erwarten (wobei zur Vereinfachung unterstellt wird, daß die Regierungsparteien mehr als 50 %, aber weniger als zwei Drittel der Sitze im Parlament innehaben)? Im Falle A wird die Regierung ihre

Politik mit hoher Wahrscheinlichkeit erfolgreich durchsetzen können, im Falle B jedoch mit ebenso hoher Wahrscheinlichkeit bei ihrer Wendepolitik scheitern, weil sie auf zahlreiche mächtige Veto-Positionen stößt und Kompromisse in zeitaufwendigen Verhandlungen suchen muß – sofern sie nicht Entscheidungsprozeßblockaden in Kauf nehmen will.

Für den stilisierten Vergleich ist die politische Couleur der Regierungspartei gleichgültig: das Ergebnis wäre für eine Linksregierung im Hinblick auf die hier interessierenden Barrieren identisch. Verdeutlichen sollte der konstruierte Vergleich von A und B, wie mächtig Institutionen – vor allem die Schranken der Mehrheitsherrschaft bzw. ihr Fehlen – für das Tun und Lassen von Regierungsparteien sein können.

Genau besehen ist der Vergleich weniger künstlich als er auf den ersten Blick erscheinen mag. In der Verfassungswirklichkeit der westlichen Industriestaaten gibt es empirische Beispiele, die recht nahe an die soeben stilisiert dargestellten Fälle reichen. Das erschließt sich der vergleichenden Betrachtung von Begrenzungen der Mehrheitsherrschaft. Auf der Basis des Schrifttums zur vergleichenden Demokratieforschung macht es Sinn, bei der Erfassung der Barrieren gegen die Mehrheitsherrschaft mindestens fünf Größen zu berücksichtigen:
- ein geringer Grad der Zentralisierung der Staatsstruktur,
- eine mächtige Zweite Kammer (oder ein Äquivalent in Form einer Institution, welche die Exekutive der Gliedstaaten vertritt),
- eine autonome Verfassungsgerichtsbarkeit und massive Schranken für Verfassungsänderung,
- ein Verhältniswahlrecht und
- eine relativ autonome Zentralbank (vgl. Lijphart 1984; Katzenstein 1987; Busch 1993).

Über die Schranken der Mehrheitsherrschaft in den westlichen Verfassungsstaaten informiert im einzelnen die Tabelle 1. Ein spektakuläres Ergebnis dieser Tabelle verdient besondere Erwähnung: Die Bundesrepublik erweist sich als das Land, in dem der Parlamentsmehrheit und der aus ihr hervorgehenden Regierung besonders viele mächtige Ketten angelegt sind. Parlamentsmehrheit und Regierung handeln im Rahmen eines Bundesstaates und sind auf Abstimmung ihrer Politik mit den Gliedstaaten angewiesen; folglich ist ihr Handlungsspielraum stärker begrenzt als der einer Mehrheit in einem zentralisierten Staatsgebilde. Obendrein zeichnet sich das Regierungssystem der Bundesrepublik durch einen starken Bikameralismus aus. Die Vertretung der Länder, der Bundesrat, ist mächtig: für die wichtigsten Gesetzgebungen zur Innenpolitik und neuerdings auch in fundamentalen europapolitischen Fragen muß ihre Zustimmung gewonnen werden. Sofern die Oppositionspartei des Bundestags im Bundesrat die Mehrheit der Stimmen besitzt, kann sich hierdurch eine heimliche oder offene Regierung der Großen Koalition entwickeln, zumindest die Mitregierung der Oppositionspartei.

Für die Bundesrepublik sind – drittens – eine mächtige autonome Verfassungsgerichtsbarkeit sowie hohe Konsensbildungsschwellen für Verfassungsänderungen charakteristisch. Ferner verfügt ihre Zentralbank über einen hohen Autonomiegrad, so daß der Spielraum der Parlamentsmehrheit und ihrer Regierung auch von der geldpolitischen Seite (und den weitreichenden Auswirkungen der Geldpolitik auf die Finanz- und Beschäftigungspolitik) massiv eingeengt ist. Als weitere Zügelung der Mehrheit kommt das Verhältniswahlrecht hinzu.

Tabelle 1: Index der Schranken gegen die Mehrheitsherrschaft

Land	Wahlrecht	Zentrali-sierung	Verfassungs-änderung	Starker Bikamera-lismus	Zentral-bank-autonomie	Index
Australien	0	0	1	1	0	2
Belgien	1	1	0	1	0	2
Bundesrepublik	1	1	1	1	1	5
Dänemark	1	0	0	0	0	1
Finnland	1	0	0	0	0	1
Frankreich	0	0	0	0	0	0
Großbritannien	0	0	0	0	0	0
Griechenland	1	0	1	0	0	2
Irland	1	0	0	0	0	1
Island	1	0	0	0	0	1
Italien	1	0	0	1	0	2
Japan	0	0	1	0	1	2
Kanada	0	1	1	0	0	2
Luxemburg	1	0	0	0	0	1
Neuseeland	0	0	0	0	0	0
Niederlande	1	0	0	0	0	1
Norwegen	1	0	1	0	0	2
Österreich	1	1	1	0	0	3
Portugal	1	0	1	0	0	2
Schweden	1	0	0	0	0	1
Schweiz	1	1	0	1	1	4
Spanien	1	0	1	0	0	2
USA	0	1	1	1	1	4

Quellen: Lijphart (1984), Lijphart u.a. (1988), Nohlen (1991), Busch (1993).
Die Zahl „1" bedeutet: Mächtige Barriere gegen die Mehrheitsherrschaft (Verhältniswahlrecht, geringer Zentralisierungsgrad gemessen am auf den Zentralstaat entfallenden Staatseinnahmenanteil, hohe Barrieren für Verfassungsänderung, starker Bikameralismus und hoher Autonomiegrad der Zentralbank). „0" bedeutet: schwache Barrieren.

Berechnet man aus den Hindernissen der Mehrheitsherrschaft einen ungewichteten additiven Index, wird das hohe Maß an „Semisouveränität" des bundesrepublikanischen Staates besonders deutlich, um eine Charakterisierung aufzugreifen, die vor geraumer Zeit Peter Katzenstein vorgeschlagen hatte (Katzenstein 1987). Wie der hiermit erstmals angestellte internationale Vergleich der „Semisouveränität" verdeutlicht, sind die Schranken für die Mehrheitsherrschaft hierzulande besonders zahlreich und mächtig, sogar zahlreicher und mächtiger als in den USA und in der Schweiz. Besonders gering sind demgegenüber Gewicht und Zahl der Schranken für die Mehrheitsherrschaft in den Westminster-Modell-Staaten – Großbritannien und Neuseeland – und in Frankreich. Sehr große Gestaltungsmöglichkeiten für die Parlamentsmehrheit und ihre Regierung ergeben sich ferner diesem Index zufolge in Dänemark, Irland, den Niederlanden und in Schweden sowie – etwas abgeschwächter – auch in Australien, Italien, Kanada und Spanien (vgl. Tabelle 1).
Angesichts der zahlreichen mächtigen Barrieren gegen die Mehrheitsherrschaft ist es nicht verwunderlich, daß reformorientierte Regierungen in der Bundesrepublik größte Schwierigkeiten haben, ihre Reformvorhaben in die Praxis umzusetzen. Das gilt für

Mitte-Links-Regierungen, wie die SPD/FDP-Koalition von 1969 bis 1982, und Mitte-Rechts-Regierungen, wie die CDU/CSU-geführten Regierungen insbesondere nach 1982.

Der Zusammenhang zwischen Stärke der Mehrheitsherrschaftsschranken und der Machtverteilung zwischen den Parteien – gemessen durch die parteipolitische Couleur der Regierung – einerseits und der Regierungspraxis andererseits läßt sich auch im internationalen Vergleich verdeutlichen. Gemessen an der Regierungsbeteiligung wurden in der Nachkriegszeit fünf westliche Verfassungsstaaten hauptsächlich von Linksparteien regiert: Schweden, Norwegen, Dänemark und Österreich sowie Spanien nach dem Übergang vom autoritären Staat zur Demokratie (Schmidt 1992b). Die Regierungspraxis in diesen Länder stößt in der Regel auf relativ schwache Schranken gegen die Mehrheitsherrschaft und überdies kann sie in der Regel auf die Konzertierung von staatlicher Politik mit den Wirtschaftsverbänden und die sozialpartnerschaftliche Klassenkonfliktregulierung zählen.

In diesen Ländern waren die Chancen für eine genuin sozialdemokratische Wirtschafts- und Sozialpolitik besonders günstig. Daß sie genutzt wurden, hat die vergleichende Politikforschung nachgewiesen (vgl. z.B. Esping-Andersen 1990). Wie die 80er Jahre zeigen, kann der große Spielraum jedoch auch für Vorhaben genutzt werden, die vom klassischen sozialdemokratischen Projekt abweichen, beispielsweise für die Zwecke einer marktorientierten Politik wie in Spanien unter der PSOE-Regierung (Merkel 1992), für üppige Patronagepolitik wie unter der PASOK-Regierung im Griechenland der 80er Jahre (Merkel 1992), und für die Rückführung der Staatsquote auf ein niedrigeres Niveau wie z.B. in Schweden unter der sozialdemokratischen Regierung nach 1982.

Günstige Chancen für die Politikdurchsetzung gab es aber auch für die Regierungen von Mitte-Rechts- oder Rechts-Parteien in einigen anderen Ländern; neben Japan zählt hierzu beispielsweise Großbritannien. Die große Durchschlagskraft des Thatcherismus in Großbritannien läßt sich aus dem Blickwinkel des internationalen Vergleichs der Schranken der Mehrheitsherrschaft besonders gut verstehen. Sind die Schranken gegen die Mehrheitsherrschaft gering, haben die Regierungen – gleichviel ob Rechts- oder Links-Regierungen – sogar die Möglichkeit, auch größere Positionswechsel zu vollziehen, wie die liberale Modernisierungspolitik von Spaniens sozialistischer Regierung besonders gut verdeutlicht.

Ob und wie die Chancen genutzt werden, ist freilich nicht determiniert. Ein großer Handlungsspielraum kann für „long-termism" und „short-termism" genutzt werden – für langfristig konzipierte, vorausschauende Politik ebenso wie für hektische Betriebssamkeit mit minimalem Zeithorizont (vgl. Abromeit/Pommerehne 1992).

Viel größere Hemmnisse für die Politikentwicklung und Politikdurchführung ergeben sich demgegenüber für Rechts-, Mitte- oder Linksregierungen in Ländern mit zahlreichen mächtigen Schranken gegen die Mehrheitsherrschaft. Paradebeispiele hierfür finden sich nicht nur in der Schweizerischen Eidgenossenschaft, sondern auch in der Bundesrepublik Deutschland während der sozial-liberalen Koalition und während der CDU/CSU/FDP-Regierung nach der Wende von 1982. Im Falle der Schweiz ist dies nicht sonderlich überraschend; dort sind die Erwartungen der Bürgerschaft von vornherein auf Konkordanzdemokratie geeicht und überdies steht mit der schweizerischen Referendumsdemokratie eine „Alternativarena" für politische Entscheidungen bereit.

Im Unterschied zu den Abstimmungsberechtigten der Eidgenossenschaft erwartet die Wählerschaft der Bundesrepublik und der Großteil der öffentlichen Meinung hingegen von der Bundesregierung große Durchsetzungsmacht; meist wird dabei unterstellt, die Bundesrepublik sei eine reine Mehrheitsdemokratie. Doch diese Annahme leitet fehl.

Angesichts des Tatbestandes, daß der Index der Schranken der Mehrheitsherrschaft und die politische Couleur der Regierungsparteien nur zwei Dimensionen des politischen Institutionengefüges erfassen, ist ihre Erklärungskraft für Kontinuitäts- bzw. Diskontinuitätschancen der Staatstätigkeit beachtlich. Natürlich kann die potentielle Erklärungskraft durch Hinzuziehung weiterer Variablen verbessert werden: in der Analyse von Wirtschafts- und Sozialpolitik kann man das Machtverteilungs- und Mehrheitsschranken-Modell beispielsweise sinnvoll ergänzen durch Hinzufügung der aus Neokorporatismus-Diskussion stammenden Konzertierungs-Konsens-Variable (Schmidt 1986) und weltwirtschaftlicher Größen (Alt 1985). Links-Regierungen, die auf Konzertierung und Konsens setzen können, und Rechts-Regierungen, die wie Japans Regierungen der Liberaldemokratischen Partei die Konzertierung zwischen den jeweils mächtigen Wirtschaftsverbänden und dem Staat sicherstellen können, haben ungleich bessere Chancen für eine erfolgreiche Wirtschaftspolitik als Regierungen, die mit gering koordinierten und kaum konzertierungsfähigen Verbandsstrukturen und Arbeitsbeziehungen konfrontiert sind. Ist zudem die Verletzlichkeit der Ökonomie gegenüber dem Weltmarkt gering, sind die Chancen erfolgreicher Wirtschaftspolitik ebenfalls größer als bei hochgradiger Verletzlichkeit (Garrett/Lange 1986; Alvarez/Garrett/Lange 1991), und zweifelsohne profitiert die wirtschaftspolitische Bilanz einer Regierung von wirtschaftlicher Prosperität in den wichtigsten Handelspartnerstaaten (Alt 1985).

Gewiß kann man viele andere Variablen gewinnbringend hinzufügen – auch „political will and skill" (Shonfield 1965: 63) sind nicht zu vergessen. Aber immerhin wird dies deutlich: Der politisch-institutionalistische Ansatz – insbesondere in der um Machtverteilungen und Schranken der Mehrheitsherrschaft erweiterten Fassung – hat ein ansehnliches Potential zur Erklärung von Gemeinsamkeiten und Unterschieden der Staatstätigkeit in den westlichen Industrieländern. Je nach Politikbereich wird das Erklärungsmodell anzureichern sein. Je näher die Politikmaterie beispielsweise an die Arbeitsteilung zwischen den Geschlechtern kommt, desto stärker sind kulturelle Traditionen zu berücksichtigen, wie Konfessionsstruktur und Säkularisierungsniveau (vgl. Schmidt 1993a). Und je weiter eine Politikmaterie in den Zuständigkeitsbereich supranationaler Organisationen reicht, wie zum Beispiel der EG, desto mehr muß die Verklammerung von nationalstaatlicher Politik und Staatstätigkeit der supranationalen Organisation berücksichtigt werden (Scharpf 1985; Wessel 1992). Damit hat man zwar keine große Theorie im Sinne einer grand theory formuliert, aber immerhin eine Theorie mittlerer Reichweite mit ansehnlicher erfahrungswissenschaftlicher Grundlage.

Bei aller Lobrede auf den politisch-institutionalistischen Ansatz wird man jedoch seine Erklärungslücken nicht übersehen dürfen. Diese sind nicht nur den „toten Winkeln" dieser Theorie geschuldet, sondern auch der Komplexität und Turbulenz des Untersuchungsgegenstandes: zu ihm gehören neben starren Strukturen und Folgewirkungen früher getroffener Entscheidungen eine Vielzahl individueller und kollektiver Akteure, die unter Bedingungen hochgradig begrenzter Rationalität zwischen Entscheidungsalternativen wählen und prinzipiell lernbefähigt sind.

Insoweit sind Reichweite, Erklärungskraft und Verallgemeinerbarkeit des politisch-institutionalistischen Ansatzes nicht zu überschätzen, auch wenn er das Beste ist, was die international vergleichende Staatstätigkeitsforschung an erfahrungswissenschaftlich gehaltvoller Theorie zu bieten hat. Institutionelle Arrangements können bekanntlich je nach Umfeld und Akteuerskonstellationen ambivalente Wirkungen haben und Probleme bewältigen oder neue Probleme erzeugen oder von der Aufgabenlast erdrückt werden.

Literaturverzeichnis

Abromeit, Heidrun/Pommerehne, Werner W. (Hrsg.), 1992: Staatstätigkeit in der Schweiz. Bern/Stuttgart/Wien.
Alesina, Alberto, 1991: Evaluating Rational Partisan Business Cycle Theory: A Response, in: Economics and Politics 3, 63-71.
Alber, Jens, 1982: Vom Armenhaus zum Wohlfahrtsstaat. Analysen zur Entwicklung der Sozialversicherung in Westeuropa. Frankfurt a.M./New York.
Allison, Graham T., 1971: Essence of Decision. Explaining the Cuban Missile Crisis. Boston.
Alt, Jim E., 1985: Political Parties, World Demand, and Unemployment: Domestic and International Sources of Economic Activity, in: American Political Science Review 79, 1016-1041.
Alvarez, R. Michael/Garrett, Geoffrey/Lange, Peter, 1991: Government Partisanship, Labor Organization, and Macroeconomic Performance, in: American Political Science Review 85, 539-556.
Armingeon, Klaus, 1992: Staat und Arbeitsbeziehungen. Ein internationaler Vergleich. Heidelberg (Habilitationsschrift).
Baring, Arnulf, 1969: Außenpolitik in Adenauers Kanzlerdemokratie. Bonns Beitrag zur Europäischen Verteidigungsgemeinschaft. München/Wien.
Budge, Ian/Keman, Hans, 1990: Parties and Democracy. Coalition Formation and Party Functioning in Twenty States. Oxford.
Busch, Andreas, 1993: The Politics of Price Stability: Why the German-Speaking Nations are Different, in: *Francis G. Castles* (Hrsg.), Families of Nations. Aldershot u.a., 35-92.
Cameron, David R., 1984: Social Democracy, Corporatism, Labour Quiescence, and the Representation of Economic Interest in Advanced Capitalist Society, in: *John Th. Goldthorpe* (Hrsg.), Order and Conflict in Contemporary Capitalism. Oxford, 143-178.
Castles, Francis G., 1982a: The Impact of Parties on Public Expenditure, in: *Francis G. Castles* (Hrsg.), The Impact of Parties. Politics and Policies in Democratic Capitalist State. London u.a., 21-96.
Castles, Francis G. (Hrsg.), 1982b: The Impact of Parties. Politics and Policies in Democratic Capitalist State. London u.a.
Castles, Francis G. (Hrsg.), 1989: The Comparative History of Public Policy. Oxford.
Castles, Francis G., 1990: The Dynamics of Policy Change: What Happened to the English-Speaking Nations in the 1980's, in: European Journal of Political Research 18, 491-514.
Castles, Francis G., 1992: Parteien (V). Sozialdemokratische Parteien, in: *Manfred G. Schmidt* (Hrsg.), Die westlichen Länder (Lexikon der Politik Bd. 3). München, 316-326.
Crepaz, Markus M.L., 1992: Corporatism in Decline? An Empirical Analysis of the Impact of Corporatism on Macroeconomic Performance and Industrial Disputes in 18 Industrialized Democracies, in: Comparative Political Studies 25, 139-168.
Cusack, Thomas R./Garrett, Geoffrey, 1992: The Expansion of the Public Economy Revisited: The Politics of Government Spending, 1961-1988 (FIB Paper Nr. P 92-303, WZB Berlin).
Czada, Roland, 1986: Zwischen Arbeitsplatzinteresse und Modernisierungszwang. Bestandsbedingungen und Auswirkungen gewerkschaftlicher Politikeinbindung im internationalen Vergleich. Konstanz (Dissertation).
Dierkes, Meinolf/Weiler, Hans N./Antal, Ariane Berthoin (Hrsg.), 1987: Comparative Policy Research. Learning from Experience. Aldershot.

Esping-Andersen, Gösta, 1990: The Three Worlds of Welfare Capitalism. Cambridge.
Evans, Peter B./Rueschemeyer, Dietrich/Skocpol, Theda (Hrsg.), 1987: Bringing the State Back in. Cambridge.
Finifter, Ada W. (Hrsg.), 1983: Political Science: The State of the Discipline. Washington.
Flora, Peter/Alber, Jens/Kohl, Jürgen, 1977: Zur Entwicklung der westeuropäischen Wohlfahrtsstaaten, in: Politische Vierteljahresschrift 18, 707-772.
Forsthoff, Ernst, 1971: Der Staat der Industriegesellschaft. Dargestellt am Beispiel der Bundesrepublik Deutschland. München.
Garrett, Geoffrey/Lange, Peter, 1986: Performance in a Hostile World: Economic Growth in Capitalist Democracies, 1974-1982, in: World Politics 38, 517-545.
Geertz, Clifford, 1983: Dichte Beschreibung. Beiträge zum Verstehen kultureller Systeme. Frankfurt a.M.
Hall, Peter A., 1986: Governing the Economy. The Politics of State Intervention in Britain and France. Oxford.
Hartwich, Hans-Hermann (Hrsg.), 1985: Policy-Forschung in der Bundesrepublik Deutschland. Ihr Selbstverständnis und ihr Verhältnis zu den Grundfragen der Politikwissenschaft. Opladen.
Hesse, Joachim Jens/Benz, Arthur, 1990: Die Modernisierung der Staatsorganisation. Institutionspolitik im internationalen Vergleich: USA, Großbritannien, Frankreich, Bundesrepublik Deutschland. Baden-Baden.
Hicks, Alexander M./Swank, Duane H., 1992: Politics, Institutions, and Welfare Spending in Industrialized Democracies, 1960-82, in: American Political Science Review 86, 658-674.
Hibbs, Douglas A., Jr., 1977: Political Parties and Macroeconomic Policy, in: American Political Science Review 71, 1467-1487.
Hibbs, Douglas A., Jr., 1991: The Partisan Model of Macroeconomic Cycles: More Theory and Evidence for the United States. Stockholm.
Katzenstein, Peter J., 1987: Policy and Politics in West Germany. The Growth of a Semisovereign State. Philadelphia.
Kerr, Clark u.a., 1973: Industrialism and Industrial Man. The Problems of Labour and Management in Economic Growth. Harmondsworth.
Klingemann, Hans-Dieter/Hofferbert, Richard I./Budge, Ian u.a., 1992: Parties, Policies, and Democracy. Berlin (WZB).
Korpi, Walter, 1991: Political and Economic Explanations for Unemployment: A Cross-National and Long-Term Analysis, in: British Journal of Political Science 21, 315-348.
Lehmbruch, Gerhard, 1984: Concertation and the Structure of Corporatist Networks, in: John H. Goldthorpe (Hrsg.), Order and Conflict in Contemporary Capitalism. Oxford, 60-80.
Lehmbruch, Gerhard, 1989: Marktreformstrategien bei alternierender Parteiregierung: Eine vergleichende institutionelle Analyse – Theodor Eschenburg zum 85. Geburtstag gewidmet, in: Thomas Ellwein/Joachim Jens Hesse/Renate Mayntz/Fritz W. Scharpf (Hrsg.), Jahrbuch zur Staats- und Verwaltungswissenschaft Bd. 3. Baden-Baden, 15-45.
Lehmbruch, Gerhard 1992: Konkordanzdemokratie, in: Manfred G. Schmidt (Hrsg.), Die westlichen Länder (Lexikon der Politik Bd. 3). München, 206-211.
Lehmbruch, Gerhard/Singer, Otto/Grande, Edgar/Döhler, Marian, 1988: Institutionelle Bedingungen ordnungspolitischen Strategiewechsels im internationalen Vergleich, in: Manfred G. Schmidt (Hrsg.), Staatstätigkeit. International und historisch vergleichende Studien, Politische Vierteljahresschrift Sonderheft 19. Opladen, 251-283.
Lijphart, Arend, 1984: Democracies. Patterns of Majoritarian and Consensus Government in Twenty-One Countries. New Haven/London.
Lijphart, Arend u.a. 1988: A Mediterranean Model of Democracy? The Southern European Democracies in Comparative Perspective, in: West European Politics 11, No. 1, 7-25.
Lijphart, Arend/Crepaz, Markus M.L., 1991: Corporatism and Consensus Democracy in Eighteen Countries: Conceptual and Empirical Linkages, in: British Journal of Political Science 21, 235-246.
Lindberg, Leon N./Maier, Charles S. (Hrsg.), 1985: The Politics of Inflation and Economic Stagnation. Washington.
Luhmann, Niklas, 1981: Politische Theorie im Wohlfahrtsstaat. München/Wien.
Marx, Karl, 1970: Das Kapital. Kritik der politischen Ökonomie, Erster Band, Buch I: Der Produktionsprozeß des Kapitals, in: Karl Marx/Friedrich Engels, Bd. 23. Berlin.

Mayntz, Renate/Scharpf, Fritz W. (Hrsg.), 1973: Planungsorganisation. Die Diskussion um die Reform von Regierung und Verwaltung des Bundes. München.
Merkel, Wolfgang, 1992: Niedergang der Sozialdemokratie? Wählerentwicklung, Machtressourcen und Regierungspolitik im westeuropäischen Vergleich. Heidelberg (Habilitationsschrift).
Müller, Edda, 1986: Innenwelt der Umweltpolitik. Sozial-liberale Umweltpolitik – (Ohn)macht durch Organisation? Opladen.
Nollert, Michael, 1992: Interessenvermittlung und sozialer Konflikt. Über Bedingungen und Folgen neokorporatistischer Konfliktregelung. Pfaffenweiler.
Offe, Claus, 1972: Strukturprobleme des kapitalistischen Staates. Frankfurt a.M.
Olson, Mancur, 1982: The Rise and Decline of Nations. Economic Growth, Stagflation, and Social Rigidities. New Haven/London.
Sbragia, Alberta M. (Hrsg.), 1992: Euro-Politics. Institutions and Policymaking in the „New" European Community. Washington.
Scharpf, Fritz W., 1973: Planung als politischer Prozeß. Aufsätze zur Theorie der planenden Demokratie. Frankfurt a.M.
Scharpf, Fritz W., 1977: Politischer Immobilismus und ökonomische Krise. Aufsätze zu politischen Restriktionen der Wirtschaftspolitik in der Bundesrepublik. Königstein, Ts.
Scharpf, Fritz W., 1983: Zur Bedeutung institutioneller Forschungsansätze, in: Fritz W. Scharpf/ Marlene Brockmann (Hrsg.), Institutionelle Bedingungen der Arbeitsmarkt- und Beschäftigungspolitik. Frankfurt a.M./New York, 9-20.
Scharpf, Fritz W., 1985: Die Politikverflechtungs-Falle: Europäische Integration und deutscher Föderalismus im Vergleich, in: Politische Vierteljahresschrift 26, 323-356.
Scharpf, Fritz W., 1987: Sozialdemokratische Krisenpolitik in Europa. Das „Modell Deutschland" im internationalen Vergleich. Frankfurt a.M./New York.
Scharpf, Fritz W., 1988a: Inflation und Arbeitslosigkeit in Westeuropa. Eine spieltheoretische Interpretation, in: Politische Vierteljahresschrift 29, 6-41.
Scharpf, Fritz W., 1988b: Von Fug und Unfug institutioneller Erklärungen, in: Politische Vierteljahresschrift 29, 271-275.
Scharpf, Fritz W., 1991: Die Handlungsfähigkeit des Staates am Ende des zwanzigsten Jahrhunderts, in: Politische Vierteljahresschrift 32, 621-634.
Scharpf, Fritz W., 1993: Versuch über Demokratie im verhandelnden Staat, in: Roland Czada/Manfred G. Schmidt (Hrsg.), Verhandlungsdemokratie, Interessenvermittlung und Regierbarkeit. Opladen, 25-50.
Scharpf, Fritz W./Reissert, Bernd/Schnabel, Fritz, 1976: Politikverflechtung. Theorie und Empirie des kooperativen Föderalismus in der Bundesrepublik. Kronberg/Ts.
Schmid, Günther (unter Mitarbeit von Detlef Siebert), 1992: Flexible Koordination: Instrumentarium erfolgreicher Beschäftigungspolitik aus internationaler Perspektive (WZB Discussion Paper FS I 91-8).
Schmidt, Manfred G., 1982: Wohlfahrtsstaatliche Politik unter bürgerlichen und sozialdemokratischen Regierungen. Ein internationaler Vergleich. Frankfurt a.M./New York.
Schmidt, Manfred G., 1986: Politische Bedingungen erfolgreicher Wirtschaftspolitik. Eine vergleichende Analyse westlicher Industrieländer (1960-1985), in: Journal für Sozialforschung 26, 251-274.
Schmidt, Manfred G., 1987: The Politics of Labour Market Policy. Structural and Political Determinants of Rates of Unemployment in Industrial Nations, in: Francis G. Castles/Franz Lehner/Manfred G. Schmidt (Hrsg.), Managing Mixed Economies. Berlin/New York, 4-53.
Schmidt, Manfred G., 1988a: Sozialpolitik. Historische Entwicklung und internationaler Vergleich. Opladen.
Schmidt, Manfred G. (Hrsg.), 1988b: Staatstätigkeit. International und historisch vergleichende Analysen (Politische Vierteljahresschrift Sonderheft 19). Opladen.
Schmidt, Manfred G., 1989: Social Policy in Rich and Poor Countries: Socio-Economic Trends and Political-Institutional Determinants, in: European Journal of Political Research 17, 641-659.
Schmidt, Manfred G., 1991: Machtwechsel in der Bundesrepublik (1949-1990). Ein Kommentar aus der Perspektive der vergleichenden Politikforschung, in: Bernhard Blanke/Hellmut Wollmann (Hrsg.), Die alte Bundesrepublik. Kontinuität und Wandel, Leviathan Sonderheft 12/1991. Opladen, 179-203.
Schmidt, Manfred G., 1992a: Regieren in der Bundesrepublik Deutschland. Opladen.

Schmidt, Manfred G., 1992b: Regierungen: Parteipolitische Zusammensetzung, in: *Manfred G. Schmidt* (Hrsg.), Die westlichen Länder (Lexikon der Politik Bd. 3). München, 393-400.
Schmidt, Manfred G., 1993a: Erwerbsbeteiligung von Frauen und Männern im Industrieländervergleich. Opladen.
Schmidt, Manfred G., 1993b (i.E.): Demokratietheorien. Hagen: Fernuniversität Hagen.
Schwarz, Hans-Peter, 1981: Die Ära Adenauer. Gründerjahre der Republik. 1949 bis 1957. Stuttgart/Wiesbaden.
Schwarz, Hans-Peter, 1983: Die Ära Adenauer. Epochenwechsel. 1957-1963. Stuttgart/Wiesbaden.
Shonfield, Andrew, 1965: Modern Capitalism. The Changing Balance of Public and Private Power. Oxford u.a.
Tufte, Edward R., 1978: Political Control of the Economy. Princeton.
Wagner, Adolph, 1893: Grundlegung der politischen Ökonomie, Teil I: Grundlagen der Volkswirtschaft. Leipzig (3. Auflage).
Wagner, Adolph, 1911: Staat (in nationalökonomischer Hinsicht), in: Handwörterbuch der Staatswissenschaften. Jena, Bd. 7, 727-739.
Wagschal, Uwe 1992: Politische Bestimmungsfaktoren der Staatsverschuldung in westlichen Industrieländern, Institut für Politische Wissenschaft an der Universität Heidelberg (Magisterarbeit).
Weede, Erich, 1990: Wirtschaft, Staat und Gesellschaft. Zur Soziologie der kapitalistischen Marktwirtschaft und der Demokratie. Tübingen.
Wessels, Wolfgang, 1992: Staat und (westeuropäische) Integration. Die Fusionsthese, in: *Michael Kreile* (Hrsg.), Die Integration Westeuropas, Politische Vierteljahresschrift Sonderheft 23. Opladen, 36-61.
Wilensky, Harold T., 1975: The Welfare State and Equality. Berkeley.
Willke, Helmut, 1987: Entzauberung des Staates. Grundlinien einer systemtheoretischen Argumentation, in: *Thomas Ellwein/Joachim Jens Hesse/Renate Mayntz/Fritz W. Scharpf* (Hrsg.), Jahrbuch zur Staats- und Verwaltungswissenschaft, Bd. 1. Baden-Baden, 285-308.
Willke, Helmut, 1992: Die Ironie des Staates. Frankfurt a.M.
Zöllner, Detlev, 1963: Öffentliche Sozialleistungen und wirtschaftliche Entwicklung. Ein zeitlicher und internationaler Vergleich. Berlin.

Die EG als neuer Anwendungsbereich für die Policy-Analyse: Möglichkeiten und Perspektiven der konzeptionellen Weiterentwicklung

Wolfgang Schumann

1. Einleitung

EG-Forschung und Policy-Analyse – das waren bisher zwei Teilbereiche der Disziplin, die sich gegenseitig weitestgehend ignoriert haben. Die EG-Forschung hat sich, vor allem in der Integrationstheorie, praktisch ausschließlich auf Strukturen und Prozesse konzentriert und die Policy-Dimension ausgeblendet. Die Politikfeldanalyse legte ihren Schwerpunkt auf die Untersuchung liberal-demokratischer Systeme.[1] Für die Beschäftigung mit anderen Bereichen, sei es anderen Systemtypen, wie Dritte-Welt-Ländern (Berg-Schlosser 1988) und sozialistischen Systemen (von Beyme 1988), oder den internationalen Beziehungen (Rittberger/Wolf 1985; Hauser 1986; von Prittwitz in diesem Band), gibt es dagegen nur sehr wenige Beispiele. Das heißt, auch das gesamte Instrumentarium sowie die theoretisch-konzeptionellen Überlegungen der Policy-Analyse stützen sich auf die Beschäftigung mit einem einzigen – dem liberal-demokratischen – Systemtypus.

Erste Versuche der Untersuchung der Inhalte von EG-Politik und ihren Zusammenhängen mit den besonderen Strukturen und Prozessen unter Nutzung der Erkenntnisse und des Instrumentariums der Politikfeldanalyse haben sich als außerordentlich fruchtbar und ergiebig erwiesen (Schumann/Mehl 1989; Schumann 1991; Schumann 1992). In diesen Arbeiten ist, sozusagen als Nebenprodukt, auch deutlich geworden, daß die EG ein interessantes neues Anwendungsfeld für die Policy-Analyse darstellen könnte und zwar vor allem deswegen, weil die Gemeinschaft im Vergleich mit liberal-demokratischen Systemen eine ganze Reihe von Besonderheiten aufweist. Besonderheiten, die auf Lücken und Defizite des policy-analytischen Instrumentariums verweisen bzw. Anknüpfungspunkte und Anregungen für weiterführende Überlegungen im Sinne einer vielversprechenden Ergänzung der bisherigen empirischen Erkenntnisse, aber auch des konzeptionellen Rahmens bieten. Ziel des vorliegenden Beitrags ist es, auf dieses Anregungspotential aufmerksam zu machen.[2]

Dazu soll zunächst der Versuch gemacht werden, die EG als Anwendungsbereich für

---

[1] Das zeigt sich sehr deutlich in den verschiedenen Versuchen einer Bestandsaufnahme zur vergleichenden Policy-Forschung, wie sie im Laufe der achtziger Jahre mehrfach vorgenommen wurden. Vgl. als Beispiele dafür Schmidt (1982, 1988).

[2] Zur Frage, inwieweit die Erschließung der inhaltlichen Dimension von EG-Politik mit Hilfe der Policy-Analyse zu neuen Einsichten und zu einem besseren Verständnis der Gemeinschaft beitragen kann vgl. Schumann (1991, 1992).

die Policy-Analyse mit den oben angesprochenen Chancen und Möglichkeiten zu präsentieren (2.). Dies geschieht mittels einer Herausarbeitung der zentralen Charakteristika und Besonderheiten der EG im Vergleich mit liberal-demokratischen Systemen unter policy-analytischen Gesichtspunkten. Als Gliederungsprinzip dient zu diesem Zweck ganz bewußt das politologische Dreieck; das heißt, es werden die Strukturen und Akteure, die Polity-Dimension, dann Prozeßabläufe und Policy-Zyklen und schließlich Besonderheiten von EG-Policies und wichtige Zusammenhänge zwischen diesen drei Dimensionen behandelt. Dieses Kapitel ist deswegen relativ ausführlich angelegt und steht im Mittelpunkt des vorliegenden Beitrages, weil es dem Leser die Möglichkeit eröffnen soll, sich ein eigenständiges Bild von den mit einer EG-Anwendung verbundenen Perspektiven zu machen. Dies um so mehr, als es natürlich im Rahmen dieses Beitrags nicht möglich ist, all die potentiell interessanten Teilbereiche im Einzelnen zu erörtern.

In einem weiteren Schritt geht es darum, exemplarisch zwei Teilbereiche und die sich mit ihrer Beschäftigung verbindenden Möglichkeiten und Perspektiven für die Policy-Analyse etwas ausführlicher zu erörtern (3.): die Besonderheiten der EG-Mehrebenen-Policy-Netzwerke/Interessenvermittlungsstrukturen und die sehr günstigen Voraussetzungen für vergleichende Implementationsstudien.

2. Zentrale Charakteristika des EG-Systems aus policy-analytischer Sicht

Die Literatur, die zur EG existiert und ständig neu produziert wird und die unterschiedlichsten Themen und Aspekte behandelt, hat mittlerweile einen derartigen Umfang angenommen, daß sie selbst für den Spezialisten schon lange nicht mehr zu übersehen ist. Von daher stellt sich die Frage, warum im vorliegenden Beitrag ein Kapitel zu zentralen Charakteristika der EG im Mittelpunkt der Ausführungen steht. Hätten nicht Verweise auf vorhandene Arbeiten genügt?

Die Notwendigkeit für einen ausführlichen eigenständigen Teil ergibt sich daraus, daß die Gemeinschaft hier aus policy-analytischer Sicht betrachtet werden soll. Das heißt, es sollen die vier Kernelemente dieses Ansatzes zugrunde gelegt werden:
- Beschreibung und Analyse der Rahmenbedingungen in einzelnen Politikfeldern;[3]
- zyklusorientierte Perspektive;
- Analyse und Klassifizierung von Politikinhalten;
- Untersuchung der Zusammenhänge zwischen diesen drei Dimensionen.

Eine derartige Darstellung in systematischer Form, zusammen mit dem Versuch, die entsprechenden Besonderheiten im Vergleich mit liberal-demokratischen Systemen herauszuarbeiten, lag aber nicht vor.

---

[3] Dabei können natürlich nicht alle Politikfelder berücksichtigt werden. Vielmehr sollen die grundsätzlichen Spezifika aufgezeigt und auf Unterschiede zwischen Politikfeldern immer wieder hingewiesen werden.

Schaubild 1:

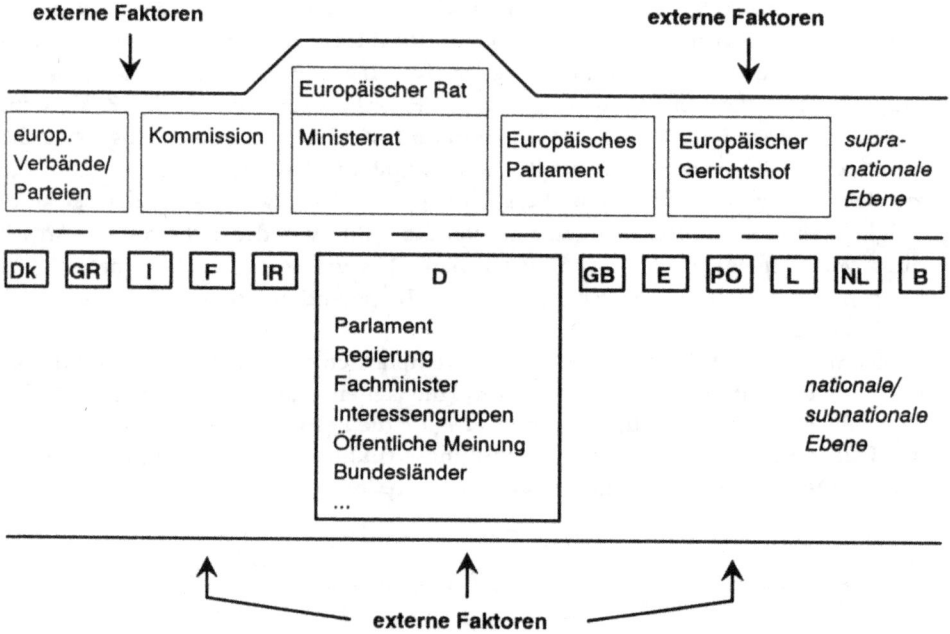

2.1 Strukturen und Akteure

Was Strukturen, die Polity-Dimension, anbelangt, zeigt *Schaubild 1* die wesentlichen Aspekte: Gliederung in verschiedene Ebenen sowie Besonderheiten auf jeder Ebene. Auf der supranationalen Ebene Akteure und eine Art der Kompetenzaufteilung, wie sie von nationalen Systemen her unbekannt sind; auf der nationalen Ebene zwölf Mitgliedstaaten, die zum Teil sehr unterschiedliche, für ihre Politik im Gesamtsystem bedeutsame Voraussetzungen aufweisen. Diese beiden Ebenen sollen zunächst getrennt und dann, in einem weiteren Schritt, in ihrem Zusammenspiel betrachtet werden.

2.1.1 Die supranationale Ebene

„The European community is at once an international organization and the proto-government for some future political entity" (Peters 1992: 77). „Maßgeblich für die Einsetzung verschiedener Gemeinschaftsorgane war nicht in erster Linie das Gewaltenteilungsprinzip im herkömmlichen Sinne oder sonst die Idee des 'checks and balances' ..., sondern die Funktionsfähigkeit des zu schaffenden Gemeinsamen Marktes durch einen Beschlußfassungsmechanismus, der zum Ausgleich zwischen dem von der Kommission zu vertretenden zentralen, d.h. dem Gemeinschaftsinteresse und den Partikularinteressen, den Interessen der Mitgliedstaaten, die im und durch den Rat zum Ausdruck kommen, führt" (Groeben/Thiesing/Ehlermann 1991: 4082f.). Diese beiden kurzen Zitate verweisen auf einige wesentliche Aspekte, die für das vorliegende Kapitel von Bedeutung sind. Sie zeigen einmal, daß es nicht darum gehen kann, wie bei liberal-demokratischen Systemen das Verhältnis von Exekutive und Legislative zu bestimmen, es sich vielmehr um völlig neuartige Organtypen und andere funktionale Gesichtspunkte handelt. Sie machen zweitens, zumindest implizit, darauf aufmerksam, daß diese Organe zur Regelung ganz bestimmter Bereiche oder Politikfelder (Gemeinsamer Markt) geschaffen wurden und ihr Verhältnis zueinander nicht endgültig feststeht, sondern Veränderungen unterworfen ist.

Gerade weil es sich um eine in dieser Form einmalige Konstruktion handelt, die seit Gründung der EG darüber hinaus einige wesentliche Veränderungen erfahren hat, ist die supranationale Ebene in der Literatur ausführlich erörtert worden. Es versteht sich von selbst, daß diese Diskussion hier auch nicht in Bruchteilen wiedergegeben werden kann. Die Darstellung beschränkt sich deswegen zwangsläufig, unter Verzicht auf viele Details, auf die aus policy-analytischer Sicht zentralen Elemente.

Im Mittelpunkt des Problemlösungsprozesses auf der supranationalen Ebene steht ganz zweifellos der *Ministerrat*, der die Mitgliedstaaten der Gemeinschaft repräsentiert. Er setzt sich aus Regierungsmitgliedern der Mitgliedstaaten zusammen und tritt – je nach Politikfeld – in unterschiedlicher Besetzung zusammen. Außerdem ist jeweils ein Kommissionsmitglied anwesend, um deren Standpunkt bzw. die gemeinschaftlichen Interessen zu vertreten.

Darüber hinaus gibt es seit 1974 den sogenannten *Europäischen Rat*, der mit Artikel 2 der Einheitlichen Europäischen Akte auch eine rechtliche Grundlage erhielt. In ihm kommen die Staats- und Regierungschefs der Mitgliedstaaten sowie der Präsident der Kommission zusammen, die von den Außenministern und einem Mitglied der Kommission unterstützt werden. Dieses mindestens zweimal jährlich zusammentretende Gremium soll unter anderem die allgemeinen politischen Leitlinien für die EG und die Europäische Politische Zusammenarbeit festlegen und der Zusammenarbeit weitere Tätigkeitsbereiche erschließen. Desweiteren kann es, wenn in einzelnen Bereichen kein Konsens erzielt werden kann, durch das Schnüren von sogenannten Package-Deals, die Bereiche umfassen, die in keinem direkten Zusammenhang stehen, dazu beitragen, dennoch zu Entscheidungen zu kommen. Derartige übergeordnete Absprachen wären den einzelnen Fachräten kaum möglich (Groeben/Thiesing/Ehlermann 1991: 4101-4105).

Da für die Ratsmitglieder natürlich vor allem die Tätigkeit als Ressortchefs in ihren Ländern im Vordergrund steht und sie deswegen jeweils nur für kurze Zeit in Brüssel anwesend sein können, war es notwendig, vor allem auch im Hinblick auf den sich immer weiter ausdehnenden Umfang der Gemeinschaftstätigkeit, Hilfsorgane zur Vor- und Nachbereitung der Arbeit und ganz generell zur Unterstützung des Ministerrats bzw. der einzelnen Fachministerräte zu schaffen. Dazu gehört einmal der wöchentlich tagende sogenannte *Ausschuß der Ständigen Vertreter (COREPER)*, zusammengesetzt aus für die einzelnen Politikfelder zuständigen Beamten der Mitgliedstaaten. Diese Beamten halten sich im Gegensatz zu den Ministern ständig vor Ort auf und besitzen durch den permanenten Kontakt mit den für dasselbe Politikfeld in den anderen Mitgliedstaaten zuständigen Kollegen einen ausgezeichneten Überblick über Interessenlagen und ggf. Kompromißmöglichkeiten. Hinzu kommen zahlreiche von COREPER eingesetzte *Ausschüsse und Arbeitsgruppen*, in denen alle Mitgliedstaaten und die Kommission durch Beamte vertreten sind, sowie eine Vielzahl von *Ausschüssen in einzelnen Politikfeldern.* Dazu zählen etwa der Sonderausschuß Landwirtschaft und die Verwaltungs-, Ständigen und Beratenden Ausschüsse im Agrarbereich (Burkhardt-Reich/Schumann 1983a: 38-62) oder der 113er-Ausschuß im Bereich der Gemeinsamen Außenhandelspolitik (Schumann/Mehl 1989: 38-41). Schließlich gilt es noch das *Generalsekretariat des Rates* zu erwähnen, das – ähnlich wie die Dienststellen der Kommission – in Generaldirektionen gegliedert ist und den Rat vor allem in praktisch-organisatorischer Hinsicht unterstützt.

Die Aufgaben des Rates sind in Artikel 145 des EWG-Vertrags festgelegt. Von besonderer Bedeutung ist hier die Übertragung der Entscheidungsbefugnis.[4] Seine Hauptaufgabe liegt im Bereich der Gesetzgebung; er hat das vom Vertrag abgeleitete sekundäre Gemeinschaftsrecht zu beschließen.[5] Er tut dies bei dem in den meisten Fällen zur Anwendung kommenden Anhörungsverfahren auf Vorschlag der Kommission und nach Anhörung des Europäischen Parlaments.[6] Kommissionsvorschlag und Stellungnahme des Europäischen Parlaments werden dabei grundsätzlich zuerst in der zuständigen Arbeitsgruppe erörtert. Die dort nicht zu klärenden Fragen gehen an COREPER und schließlich an den Rat, der dann abschließend entscheidet bzw. ggf. zur Klärung weiterer Einzelheiten den Vorgang nochmals an die Arbeitsgruppe zurückverweist (Schloh 1991: 100).

Daneben wurde mit der Einheitlichen Europäischen Akte ein zusätzliches Gesetzgebungsverfahren, das sogenannte Kooperationsverfahren, eingeführt, das insbesondere für die Beschlüsse zur Vollendung des Binnenmarkts gilt und in dem neuen Artikel 149 Absatz 2 EWG-Vertrag festgelegt ist. Sehr verkürzt gesagt können in diesem Verfahren die beteiligten Organe, Kommission, Europäisches Parlament und Rat, jeweils zweimal beschließen. Die Rolle des Europäischen Parlaments wurde damit insofern gestärkt, als der Rat dabei in einzelnen Fällen einstimmig entscheiden muß, wenn er den vom Parlament gewünschten und der Kommission übernommenen Änderungsvorschlägen nicht folgen will (Schloh 1991: 98; Groeben/Thiesing/Ehlermann 1991: 4276-4296).

Dies verweist auf einen letzten Punkt, den es nach der Behandlung von Zusammensetzung und Aufgaben des Rates im Zusammenhang mit diesem Organ noch anzusprechen gilt: die Frage, wie im Rat entschieden wird. Gerade diesbezüglich hat es die zu eingangs dieses Kapitels angesprochenen Veränderungen gegeben. Veränderungen, die angesichts der zentralen Bedeutung des Ministerrats weitreichende Auswirkungen auf die Gemeinschaft insgesamt hatten und haben.

---

4 Daneben nennt Artikel 145 noch die Abstimmung der Wirtschaftspolitik der Mitgliedstaaten und – angefügt durch die Einheitliche Europäische Akte – die grundsätzliche Übertragung der Durchführungsbefugnisse an die Kommission.

5 Außerdem nimmt der Rat zusammen mit dem Europäischen Parlament Funktionen im Haushaltsbereich wahr. Er beschließt definitiv über die sogenannten obligatorischen Ausgaben, die sich zwingend aus dem Vertrag oder den auf seiner Grundlage erlassenen Rechtsakten ergeben. Dagegen entscheidet das Europäische Parlament innerhalb bestimmter Höchstsätze über die nicht-obligatorischen Ausgaben. Schließlich sind noch Aufgaben im Bereich der Außenbeziehungen, zum Beispiel der Abschluß internationaler Abkommen, zu nennen.

6 So heißt es beispielsweise in Artikel 43 EWG-Vertrag, der die Erarbeitung der Grundlinien und den Erlaß von Verordnungen in der Gemeinsamen Agrarpolitik zum Gegenstand hat: „Der Rat erläßt ... auf Vorschlag der Kommission und nach Anhörung des Europäischen Parlaments Verordnungen, Richtlinien oder Entscheidungen, ... ".

Ursprünglich war in den Verträgen vorgesehen, daß nach einer Übergangszeit der Rat seine Entscheidungen in der Regel mit qualifizierter Mehrheit[7] fällt. Als 1965 diese Regelung greifen sollte, war Frankreich nicht damit einverstanden und boykottierte neun Monate lang die Ministerratssitzungen. Im Januar 1966 einigten sich die Mitgliedstaaten dann auf den sogenannten 'Luxemburger Kompromiß', der beinhaltete, daß in Fragen, in denen ein Mitgliedstaat 'vitale nationale Interessen' geltend macht, einstimmig zu entscheiden sei. Das hatte weitreichende, insbesondere entscheidungsprozedurale Folgen und zwang häufig dazu, wichtige integrationspolitische Entscheidungen zurückzustellen, weil eine Einigung darüber nicht erreicht werden konnte. Außerdem wurden dadurch die Kommissionvorschläge praktisch zu ersten Diskussionsgrundlagen für den Rat degradiert – die Einstimmigkeitsregel erlaubte sowieso deren Änderung, ja machte sie unabdingbar. Die Rolle der Kommission reduzierte sich dadurch mehr oder weniger auf eine Vermittlerposition mit dem Ziel, die unterschiedlichen Interessen der einzelnen Ratsmitglieder möglichst auf einen gemeinsamen Nenner zu bringen.

Die daraus resultierende Entscheidungsunfähigkeit des Rates vor dem Hintergrund eines zunehmenden Entscheidungsbedarfs[8] haben, zusammen mit der mehrfachen Erweiterung der Gemeinschaft, etwa ab Mitte der achtziger Jahre zu einem immer deutlicher erkennbaren Rückgriff auf das ursprünglich vorgesehene Mehrheitsprinzip geführt (Peters 1992: 84). Außerdem ist dieses Prinzip durch die Einheitliche Europäische Akte auf eine Reihe weiterer Vorschriften ausgedehnt worden. So sollen Mehrheitsentscheidungen und das oben erwähnte, in Artikel 149 EWG-Vertrag beschriebene Kooperationsverfahren die typische Verfahrensweise bei Beschlüssen zur Vollendung des Binnenmarkts sein. Insgesamt läßt sich sagen, daß Mehrheitsbeschlüsse in den Fällen, in denen sie vorgesehen sind, wieder zur Regel geworden sind (Groeben/Thiesing/Ehlermann 1991: 4084).

Das hat zur Folge, daß die Mitgliedstaaten sich immer weniger auf nationale Veto-Positionen zurückziehen können und zunehmend darauf angewiesen sind, Koalitionspartner zu suchen, um ihre Vorstellungen durchzusetzen. Außerdem gilt seither: „... playing the game is as important as winning all the time ..." (Peters 1992: 85). Zweifellos eine besonders für den handlungstheoretisch angeleiteten Zweig der Policy-Forschung (Schubert 1991: 25-40) außerordentlich interessante Veränderung. Die weitreichenden Auswirkungen, die sich angesichts der zentralen Rolle des Ministerrats im Entscheidungsgefüge der Gemeinschaft damit verbinden, sind evident. Sie zeigen sich in den Politikfeldern, in denen die Gemeinschaft wesentliche Kompetenzen besitzt, beispielsweise sehr deutlich im Verhalten der Verbände, die feststellen müssen, daß auf nationaler Ebene allein kaum noch etwas zu bewirken und eine Neuorientierung des Lobbying notwendig ist (Hoffmann 1991: 282; Kohler-Koch 1992: 105-114).

---

7 Dabei werden die Stimmen der Mitgliedstaaten gemäß Artikel 148 EWG-Vertrag wie folgt gewichtet: Deutschland, Frankreich, Italien und Vereinigtes Königreich je 10 Stimmen; Spanien 8; Belgien, Griechenland, Niederlande und Portugal je 5; Dänemark und Irland je 3 sowie Luxemburg 2. Die qualifizierte Mehrheit ist erreicht, wenn 54 Stimmen für den Vorschlag abgegeben werden. Das bedeutet, daß die vier großen Mitgliedstaaten die anderen nicht majorisieren können, sondern mindestens drei kleinere Länder für eine Koalition benötigen. Umgekehrt ist es allen kleineren Mitgliedstaaten zusammen nicht möglich, ihre Vorstellungen gegen die vier großen durchzusetzen.
8 Dazu ausführlicher Wolf (1992) und Probst (1992).

In einer Zwischenbilanz bleibt als erste wesentliche Besonderheit der EG festzuhalten, daß die Entscheidungsbefugnis im Gesetzgebungsprozeß nicht in Händen eines Parlaments, sondern eines Gremiums liegt, das sich aus Regierungsmitgliedern von Nationalstaaten zusammensetzt. Dies hatte dem Entscheidungsprozeß unter der Einstimmigkeitsregel stark intergouvernementale Züge verliehen, während durch die verstärkte Anwendung von Mehrheitsentscheidungen der Aspekt der Koalitionsbildung wichtiger geworden ist. Außerdem kann der Gesetzgeber Ministerrat in den allermeisten Fällen ohne einen Vorschlag der Kommission nicht tätig werden.

Aus policy-analytischer Sicht ist, neben der oben bereits angesprochenen Veränderung der Verfahrensregeln, vor allem die Existenz verschiedener Fachministerräte von Interesse. Diese funktionale Differenzierung, noch akzentuiert durch die von Politikfeld zu Politikfeld unterschiedliche Kompetenzverteilung, hat mehrere Implikationen. Einmal dergestalt, daß die Ratsmitglieder auf diese Weise nicht nur in ein Zwei- (supranational, national), sondern ein Drei-Ebenen-Spiel verwickelt sind, bei dem es auch darum geht, spezifische Politikfeld-/Policy-Interessen zu berücksichtigen (Peters 1992: 79). Zum zweiten findet diese funktionale Differenzierung des Rates ihre Entsprechung in der Kommission, im Europäischen Parlament und bei den Euro-Verbänden sowie auf der nationalen Ebene und zwar sowohl in der Administration wie bei den Verbänden. Das heißt, es existiert eine Vielzahl von Mehrebenen-Netzwerken, die nach Ansicht von Peters mehr Einfluß auf die Politik (im Sinne von Policy) in den entsprechenden Feldern ausüben als vergleichbare Konstellationen in liberal-demokratischen Systemen (Peters 1992: 81) und die für die Policy-Analyse natürlich einen außerordentlich interessanten Untersuchungsgegenstand darstellen.

Als weiterer Akteur, der den Entscheidungsprozeß auf der supranationalen Ebene sehr wesentlich beeinflußt, ist die *Kommission* zu nennen. Sie besteht aus 17 Mitgliedern, je zwei aus den großen Mitgliedsländern Großbritannien, Frankreich, Italien, Spanien und der Bundesrepublik sowie jeweils einem aus den übrigen sieben Staaten, die vom Rat auf Vorschlag der jeweiligen nationalen Regierungen für eine Amtsperiode von vier Jahren ernannt werden. Gehalten, unabhängig von den sie ernennenden Instanzen das Gemeinschaftsinteresse wahrzunehmen, ist sie als ein Kollegialorgan konstruiert. Zwar hat jedes einzelne Mitglied einen besonderen, ihm zugewiesenen Verantwortungsbereich, Entscheidungen werden aber nur gemeinsam gefällt.[9] Die Kommissare werden in ihren Aufgaben unterstützt durch einen nach verschiedenen Bereichen gegliederten, insgesamt 23 sogenannte Generaldirektionen[10] sowie einige weitere Dienststellen umfassenden Beamtenapparat mit ca. 16.000 Beamten.

Die Aufgaben der Kommission, wie sie unter anderem in Artikel 155 EWG-Vertrag niedergelegt sind, lassen sich in vier große Bereiche einteilen. Dabei handelt es sich zum ersten um das *Initiativrecht bei der supranationalen Gesetzgebung*. Das heißt, in der Regel muß jeder Entscheidung des Ministerrats ein Vorschlag der Kommission vorangehen. Die Kommission kann zwar nach Artikel 152 EWG-Vertrag vom Rat aufgefordert werden, „Untersuchungen vorzunehmen und (ihm) entsprechende Vorschläge

---

9 Zum Beschlußverfahren in der Kommission vergleiche ausführlicher Röttinger (1991: 84-89).
10 Zum Beispiel für Auswärtige Beziehungen, Wirtschaft und Finanzen, Binnenmarkt und gewerbliche Wirtschaft, Wettbewerb etc. Eine vollständige Übersicht findet sich in Röttinger (1991: 91).

zu unterbreiten"; eine Möglichkeit, die insbesondere der Europäische Rat durch Entschließungen und Vorgabe politischer Zieldaten genutzt hat. Sie kann aber in ihrer Unabhängigkeit von niemandem dazu gezwungen werden.

Die Kommission ist also formal gesehen der Akteur mit dem exklusiven Recht, die Agenda zu bestimmen; dabei entscheidet sie nicht nur über den Inhalt eines Vorschlags, sondern auch über den Zeitpunkt seiner Vorlage, die Verknüpfung mit anderen Vorschlägen und eine eventuelle Rücknahme. Ein Recht, das mit der wieder vermehrten Anwendung des Mehrheitsprinzips im Ministerrat noch an Bedeutung gewonnen hat. So kommt beispielsweise Peters zu dem Urteil: „The initiative, however, is in the hands of the Commission, which gives it tremendous influence over the final shape of policy within the Community" (Peters 1992: 89).

Die zweite Aufgabe, die die Kommission wahrnimmt, besteht in der Kontrolle über die Einhaltung und korrekte Anwendung der Gemeinschaftsregeln; sie fungiert also gleichsam als *Hüterin der Verträge*. Zu diesem Zweck stehen ihr eine Vielzahl von Untersuchungsrechten bis hin zu einer Klage vor dem Europäischen Gerichtshof wegen Vertragsverletzung gemäß Artikel 169 EWG-Vertrag zur Verfügung.[11]

Der dritte große Aufgabenbereich besteht in der *Umsetzung der Gemeinschaftspolitik*. Dazu gehört einmal die Verwaltung der finanziellen Mittel, vor allem der gemeinsamen Programme und der Fonds,[12] die den Hauptteil des Gemeinschaftshaushalts ausmachen. Zum anderen die Durchführung der Gemeinschaftspolitik in direkter Anwendung der Vertragsbestimmungen oder auf der Basis von Ratsbeschlüssen.

Was diesen letzten Punkt anbelangt, sind allerdings zwei wesentliche Einschränkungen zu beachten. Zwar ist in Artikel 145 EWG-Vertrag durch eine im Rahmen der Einheitlichen Europäischen Akte erfolgte Ergänzung die Pflicht des Rates festgelegt worden, der Kommission Durchführungsbefugnisse zu übertragen. Allerdings kann dies an Bedingungen geknüpft werden, was in vielen Fällen dergestalt geschieht, daß die Kommission zur 'Beratung' einen Ausschuß aus Vertretern der nationalen Verwaltungen zur Seite gestellt bekommt. Die Vielzahl und entsprechende Unübersichtlichkeit bei diesen Ausschüssen ist zwar mit dem sogenannten 'Komitologiebeschluß' des Rates von 1987 durch die Reduzierung auf drei Ausschußarten, nämlich Beratender Ausschuß, Verwaltungsausschuß und Regelungsausschuß, wobei die beiden letztgenannten noch jeweils in zwei Varianten unterteilt werden, reduziert worden.[13] Geblieben ist gleichwohl die Tatsache, daß, beispielsweise wenn es um die Wahl der Ausschußart geht, auch in der Implementationsphase Auseinandersetzungen über die Kompetenzverteilung zwischen Rat und Kommission – Verfassungspolitik wenn man so will – stattfinden. Daß es sich dabei nicht nur um routinisierte Implementation handelt, zeigt auch das Interesse des Europäischen Parlaments an diesen Fragen, das sich unter anderem darin äußerte, daß es gegen den Komitologiebeschluß Klage erhob, die allerdings wegen Unzulässigkeit abgewiesen wurde (Groeben/Thiesing/Ehlermann 1991: 4335).

---

11 Vergleiche dazu im einzelnen Groeben/Thiesing/Ehlermann (1991: 4315-4321).
12 Dazu gehören unter anderem der Europäische Ausrichtungs- und Garantiefonds für die Landwirtschaft, der Europäische Sozialfonds oder der Europäische Entwicklungsfonds.
13 Vergleiche Artikel 2 des Beschlusses 87/373/EWG des Rates vom 13.07.1987 über die Einzelheiten der Ausübung der der Kommission übertragenen Durchführungsbefugnisse, Amtsblatt Nr. C 197, S. 33ff.

Eine weitere potentielle Einschränkung der Funktionen der Kommission bei der Durchführung von Gemeinschaftspolitik ist dadurch gegeben, daß sie in den meisten Fällen auf die unabdingbare Mithilfe der nationalen Regierungen – die dann ihrerseits wiederum regionale oder lokale staatliche und nichtstaatliche Akteure einschalten können[14] – angewiesen ist. Sie besitzt darüber hinaus nur begrenzte Kapazitäten zur Überwachung einer programmkonformen Implementation und verfügt häufig auch nicht über effektive Sanktionsmöglichkeiten, wenn Durchführungsbestimmungen nicht beachtet werden (Rhodes 1986).[15]

Als vierter Bereich, in dem die Kommission Aufgaben wahrnimmt, ist schließlich die *Vertretung der Gemeinschaft nach außen* zu nennen; in der Handelspolitik (Artikel 113 EWG-Vertrag), bei Abkommen mit dritten Staaten oder Organisationen (Artikel 228 EWG-Vertrag) sowie in den Beziehungen zu internationalen Organisationen, wie insbesondere zu den Vereinten Nationen und ihren Fachorganisationen und dem GATT (Artikel 229 EWG-Vertrag) und zum Europarat (Artikel 230 EWG-Vertrag). Auch hier ist allerdings wieder eine ähnliche Einschränkung zu machen, wie bei den eben angesprochenen Durchführungsbefugnissen. Die Mitgliedstaaten sind nämlich dann, wenn es um substantielle Fragen geht, maßgeblich beteiligt. Beispielhaft dafür steht die Konstruktion in der Außenhandelspolitik, wo ein aus Vertretern der Mitgliedstaaten bestehender Ausschuß, der sogenannte 113er-Ausschuß (EWG-Vertrag Artikel 113, Absatz 3), die Aktivitäten der Kommission bei Verhandlungen mit dritten Ländern sehr wachsam begleitet (Schumann/Mehl 1989: 39).

Legt man die für Nationalstaaten gebräuchliche Terminologie zugrunde, so läßt sich die Kommission als Exekutive der Gemeinschaft bezeichnen, die allerdings in dieser Funktion einige wesentliche Besonderheiten aufweist. So konzentriert sich das in liberal-demokratischen Systemen üblicherweise mehreren Organen zustehende Initiativrecht in der Gesetzgebung ausschließlich auf sie, was ihr, vor allem nach der wieder vermehrten Anwendung des Mehrheitsprinzips im Rat, erhebliche Einflußmöglichkeiten durch entsprechende Ausgestaltung ihrer Vorschläge verleiht. Dies wird noch dadurch akzentuiert, daß sie häufig über einen Informationsvorsprung im Sinne eines Gesamtüberblicks der Situation in den Mitgliedstaaten besitzt.

Auf der anderen Seite sind ihre Durchführungsbefugnisse durch die Mitwirkung von Ausschüssen aus Vertretern der Mitgliedstaaten bzw. ganz generell durch die Abhängigkeit von nationalen Institutionen und Bürokratien deutlich eingegrenzt. Erwähnenswert ist schließlich noch, daß sich bei ihr zwar eine ähnliche funktionale Differenzierung findet wie beim Rat – oder bei den meisten nationalen Regierungen –, diese aber in der Konstruktion der Kommission als Kollegialorgan ein nicht zu unterschätzendes Gegengewicht findet.

Die besondere Konstruktion als Organ im EG-System, etwa ihre exklusive Rolle beim supranationalen Agendasetting oder die (Politik-)Verflechtung zwischen Kommission und mitgliedstaatlichen Akteuren bei der Implementation sowie die 'verfassungspolitischen' Auseinandersetzungen in dieser Phase, bieten interessante Ansatzpunkte für policy-analytische Untersuchungen und Überlegungen.

---

14 Vgl. als Beispiel dafür die Umsetzung der Milchquotenregelung von 1984, analysiert in Schumann (1987, 1992: 110-124, 135-138).
15 So wurde beispielsweise die Milchquotenregelung von 1984 in Italien Mitte 1992(!!) immer noch nicht implementiert.

Obwohl das dritte Organ im Entscheidungsgefüge auf der supranationalen Ebene, das *Europäische Parlament*, eine vom Nationalstaat her bekannte und vertraute Bezeichnung trägt, unterscheidet es sich in vielerlei Hinsicht grundlegend von nationalen Parlamenten. Es setzt sich zusammen aus 518 Abgeordneten, die für eine Dauer von fünf Jahren – seit 1979 direkt – gewählt werden. Sie sind organisiert in insgesamt zehn Fraktionen, die sich ihrerseits aus 93 politischen Gruppierungen der Mitgliedstaaten gebildet haben (Bieber 1991: 108).

Seine Kompetenzen und seine Rolle im EG-System haben seit Gründung der EG beträchtliche Veränderungen erfahren. Wichtige Etappen stellen hier die Erweiterung der Haushaltsbefugnisse[16] dar, die festlegen, daß der Gesamthaushaltsplan vom Europäischen Parlament und Rat als gemeinsamer Haushaltsbehörde festgestellt wird. Desweiteren die Einführung direkter Wahlen im Jahre 1979 mit der damit verbundenen unmittelbaren Legitimation der Abgeordneten. Drittens schließlich die Einheitliche Europäische Akte, mit der dem Europäischen Parlament einige neue Befugnisse eingeräumt wurden. Dazu gehört neben der formellen Einbeziehung in die Europäische Politische Zusammenarbeit und einem Mitentscheidungsrecht beim Abschluß von Beitrittsverträgen und Assoziationsabkommen vor allem seine Mitwirkung an der Gesetzgebung im Rahmen des oben bereits angesprochenen 'Verfahren der Zusammenarbeit' nach Artikel 149 EWG-Vertrag. Trotz dieser Entwicklungen bleibt das Europäische Parlament in seinen Mitwirkungsmöglichkeiten deutlich hinter nationalen Parlamenten zurück. Es verfügt über kein Initiativrecht,[17] kann im Gesetzgebungsverfahren zwar mitwirken, aber nur sehr bedingt förmlich mitentscheiden; seine Kontrollrechte beziehen sich primär auf die Kommission und nur in sehr eingeschränktem Umfang auf den Rat als eigentlichen Gesetzgeber.

Zwei Gesichtspunkte vor allem machen das Europäische Parlament als Akteur auf der supranationalen Ebene für die Policy-Analyse zu einem besonders interessanten Untersuchungsgegenstand. Einmal die Tatsache, daß es bei all seinen Aktivitäten auf die Stärkung seiner Kompetenzen hinzuwirken versucht. „Dauer und Intensität des von ihm ausgehenden verfassungsentwickelnden Drucks" – so schreibt Bieber – „unterscheidet das EP nicht nur grundlegend von nationalen Parlamenten, sondern auch von den übrigen Organen der Gemeinschaft" (Groeben/Thiesing/Ehlermann 1991: 4110).

Dieser 'verfassungsentwickelnde Druck' aber äußert sich nicht nur in großen Entwürfen zu grundlegenden Veränderungen der Gemeinschaft insgesamt, wie beispielsweise dem im Februar 1984 verabschiedeten Vertragsentwurf zur Gründung der Europäischen Union, sondern findet seinen Niederschlag auch in der Arbeit als Mitspieler bei Entscheidungsprozessen über materielle Politik in den verschiedenen Bereichen. So führt Peters aus: „The European Parliament is involved in two political games simultaneously. In one, it influences the policies of the European Community – ... The limitation on its powers led the Parliament to take part in a second game of attempting to assert its own powers and prerogatives vis-à-vis the other institutions in the Com-

---

16 Durch die die Gründungsverträge ändernden Verträge vom 22.04.1970 (Amtsblatt 1971 Nr. L 2, S. 1) und 25.07.1975 (Amtsblatt 1977 Nr. L 359, S. 1).
17 Die einzige Ausnahme stellt der Bereich des europäischen Wahlrechts dar, wo das Parlament das förmliche Recht zur Einleitung eines Gesetzgebungsverfahrens besitzt (vgl. Bieber 1991: 125).

munity. These two games are very much interdependent" (Peters 1992: 92). Dies macht es in besonderer Weise möglich, das Zusammenwirken verfassungspolitischer und substantiell inhaltlicher Elemente bei der Entstehung von Policies zu untersuchen.
In diesem Zusammenhang gilt es zudem noch einen zweiten Aspekt zu beachten. Das Europäische Parlament besitzt eine sehr ausdifferenzierte Ausschußstruktur und verfügt über insgesamt 18 für die einzelnen Bereiche von Gemeinschaftspolitik zuständige ständige Ausschüsse.[18] Die während ihrer fünfjährigen Mandatszeit in den einzelnen Ausschüssen tätigen Parlamentarier sind in der Lage, sich ein substantielles Fachwissen anzueignen. Dadurch, und daß sie – im Gegensatz zum Plenum – in Brüssel tagen, können sie die Arbeit der Generaldirektionen der Kommission und der Fachministerräte mit ihrem Unterbau in ihrem jeweiligen Zuständigkeitsbereich nicht nur intensiv verfolgen, sondern – mehr als die formellen Kompetenzen es vermuten lassen – mitbeeinflussen. Dies hängt nicht zuletzt damit zusammen, daß sie Teile von Mehrebenen-Policy-Netzwerken darstellen, wie sie oben bei der Erörterung des Ministerrats schon angesprochen wurden. Eine der Folgen: „Policy segmentation is the predictable outcome" (Peters 1991: 91).
Dies verweist darauf, daß das Europäische Parlament sich durchaus nicht immer als einheitlicher Akteur mit der dominierenden Forderung nach mehr Kompetenzen darstellt, sondern Policy-Netzwerk-, Fraktions- und nach wie vor auch nationale Bindungen eine Rolle spielen. Die Untersuchung etwa der Frage, ob und inwieweit die relativen Anteile dieser verschiedenen Bindungen mit verschiedenen Policy-Typen variieren, dürfte nicht nur für die EG-, sondern auch für die Policy-Forschung von Interesse sein.
Der *Europäische Gerichtshof* trägt nicht nur, wie das Europäische Parlament, eine vom Nationalstaat her bekannte Bezeichnung; in bezug auf die ihm übertragene rechtsprechende Gewalt ist auch die in liberal-demokratischen Systemen übliche Gewaltenteilung eingehalten worden (Groeben/Thiesing/Ehlermann: 4092). Dennoch weist auch er Besonderheiten auf, die allerdings weniger die ihm übertragenen Befugnisse, als vielmehr die Art und Weise der Aufgabenwahrnehmung sowie seine Rolle nicht nur als Akteur auf der supranationalen Ebene, sondern im EG-System insgesamt betreffen.
Der Gerichtshof setzt sich zusammen aus 13 von den Regierungen der Mitgliedstaaten einvernehmlich ernannten Richtern, die in ihrer Arbeit von sechs Generalanwälten unterstützt werden. Sein Aufgabe besteht in der Sicherung der Wahrung des Rechts bei der Ausführung und Anwendung des Vertrages. Bei dieser Aufgabe wird er durch das auf Beschluß des Rates vom Oktober 1988 eingerichtete *Gericht erster Instanz*, das seine Arbeit am 1.11.1990 aufgenommen hat, unterstützt. Es soll dem Gerichtshof eine Konzentration auf seine eigentliche Aufgabe, die Gewährleistung einer einheitlichen Auslegung des Gemeinschaftsrechts, ermöglichen. Außerdem soll für die Klagen, deren Behandlung eine detaillierte Prüfung komplexer Sachverhalte erforderlich macht, durch die Einführung zweier Instanzen der Rechtsschutz des einzelnen verbessert werden.[19]

---

18 Eine Übersicht findet sich in Bieber (1991: 115).
19 Vgl. ausführlich Groeben/Thiesing/Ehlermann (1991: 4426-4489).

Der Gerichtshof kann auf zwei Wegen eingeschaltet werden. Einmal über das *Vorabentscheidungsverfahren* nach Artikel 177 EWG-Vertrag, bei dem nationale Gerichte um eine Interpretation von Aspekten des Gemeinschaftsrechts nachsuchen, die sie zur Entscheidung in von ihnen behandelten Fällen benötigen. Zum anderen über *direkte Klagen*, beispielsweise der Kommission gegen einen Mitgliedstaat wegen Vertragsverletzung (Artikel 169 EWG-Vertrag) und von Mitgliedstaaten gegen ein anderes Organ wegen Untätigkeit (Artikel 175 EWG-Vertrag).[20] Die formalen Zuständigkeiten und Kompetenzen allein vermitteln allerdings keinen zutreffenden Eindruck von der enormen Bedeutung, die der Europäische Gerichtshof tatsächlich besitzt. Diese erschließt sich erst, wenn man seine Tätigkeit in einzelnen Bereichen betrachtet.

Dazu gehört beispielsweise *das Verhältnis von Gemeinschaft und Mitgliedstaaten*. Hier hatten die Verträge zwar eine Kompetenzaufteilung vorgenommen, aber nicht explizit und eindeutig den Vorrang des EG-Rechts in den Feldern der Gemeinschaftskompetenz festgelegt. Der Gerichtshof beschäftigte sich mit diesem Problemkreis grundlegend in zwei Fällen aus den Jahren 1963 und 1964, in denen es um die Auslegung von Artikel 12 bzw. Artikel 37 EWG-Vertrag ging.[21] Dabei stellte er klar, daß das Gemeinschaftsrecht einen direkten Effekt in den Mitgliedstaaten und Vorrang vor nationalem Recht habe (Volcansek 1992: 112). Durch die konsequente Anwendung und Präzisierung dieser beiden Prinzipien in seiner nachfolgenden Rechtsprechung hat der Gerichtshof zu einer 'Konstitutionalisierung' der Verträge beigetragen und eine Art föderative Beziehung zwischen Gemeinschaft und Mitgliedstaaten hergestellt. Er hat dabei aber auch die Grenze zwischen Gesetzesauslegung und Gesetzgebung überschritten (Volcansek 1992: 113).

Der Gerichtshof hat sich aber in seiner Rechtsprechung durchaus nicht auf Verfassungsfragen beschränkt, sondern auch *materielle Gemeinschaftspolitiken* wesentlich beeinflußt.[22] Das bekannteste Beispiel dürfte zweifellos der Cassis de Dijon-Fall aus dem Jahr 1979 sein, bei dem es um die Freizügigkeit von Gütern ging. Zu diesem Zeitpunkt war nach deutschem Recht die Einfuhr von Spirituosen mit einem Alkoholgehalt von weniger als 32 Prozent – wie dies auch bei dem zwanzigprozentigen französischen Likör Cassis de Dijon der Fall war – verboten, was mit Gründen des Gesundheitsschutzes und zur Verhinderung der Täuschung der Verbraucher gerechtfertigt wurde. In einer weiten Auslegung von Artikel 30 EWG-Vertrag verurteilte der Gerichtshof diese Regelung als vertragswidrig und zwar mit der Begründung, daß der importierende Mitgliedstaat die Standards des produzierenden anerkennen müsse.[23] Die mühsame und zeitraubende Harmonisierung von Normen und Standards wurde damit durch das Prinzip der gegenseitigen Anerkennung – eine zentrale Voraussetzung für das Binnenmarkt-Vorhaben – ersetzt (Shapiro 1992: 129-154).

---

20 Wie beispielsweise das Europäische Parlament gegen den Rat, weil dieser seiner im Vertrag festgelegten Verpflichtung zur Einrichtung einer gemeinsamen Verkehrspolitik nicht nachgekommen war (vgl. Lonbay 1988: 37). Eine detaillierte und umfassende Beschreibung der Zuständigkeiten, insbesondere der verschiedenen Klagearten und des jeweiligen Verfahrens, findet sich in: Di Bucci/Di Bucci (1991: 155-200).
21 Artikel 12 verbietet neue Zölle oder Erhöhungen zwischen den Mitgliedstaaten, Artikel 37 beschäftigt sich mit der Behandlung staatlicher Handelsmonopole.
22 Einen guten zusammenfassenden Überblick dazu bieten Lonbay (1988) und Shapiro (1992).
23 Rewe-Zentral AG v. Bundesmonopolverwaltung für Branntwein, Case 120/78 (1979), ECR 649.

Der Europäische Gerichtshof, das läßt sich zusammenfassend sagen, hat also die bisherige Gemeinschaftsentwicklung außerordentlich stark beeinflußt und damit eine Rolle gespielt, die deutlich auch über die der Verfassungsgerichte in den USA oder der Bundesrepublik hinausgeht, und die überraschenderweise kaum Kritik, sondern vielmehr breite Zustimmung erfahren hat.[24] Eine Rolle im übrigen, die bisher in der politikwissenschaftlichen EG-Forschung viel zu wenig beachtet wurde.[25]

Aus der Sicht der Policy-Analyse – das sollten die bisherigen Ausführungen deutlich gemacht haben – drängt sich der Europäische Gerichtshof als Gegenstand zur Untersuchung von 'judicial politics and policy-making'[26] geradezu auf. Dies gilt nicht zuletzt auch mit Blick auf den besonderen EG-Kontext, in dem seine Aktivitäten stattfinden: ein sich vergleichsweise rasch veränderndes System mit permanenten Verfassungskonflikten, auch in Bereichen materieller Politik und ein System, in dem, angesichts des unterentwickelten parlamentarisch-demokratischen Elements, „the jurisprudence of the court represents a gouvernement des juges (which) is designed to control a gouvernement des fonctionnaires".[27]

Das Beispiel des Europäischen Gerichtshofs könnte und sollte darüber hinaus die Aufmerksamkeit auf die Rolle nationaler Gerichte im Policymaking-Prozeß lenken, die in der vergleichenden Policy-Forschung bisher weitgehend vernachlässigt wurde.[28]

2.1.2 Die nationale Ebene

In der Einleitung des vorliegenden Kapitels zu den Strukturen und Akteuren des EG-Systems wurde bereits darauf hingewiesen, daß die die nationale Ebene bildenden Mitgliedstaaten unterschiedliche, für ihre Politik im Gesamtsystem wesentliche Voraussetzungen aufweisen. Dazu gehören auch und gerade Elemente, die sich in der vergleichenden Policy-Forschung in vielen Studien immer wieder als zentrale Determinanten von Politik im Sinne von Policy erwiesen haben und mit denen sich von daher die Policy-Analyse auch theoretisch-konzeptionell zum Teil sehr intensiv beschäftigt hat.

Ziel der nachstehenden Ausführungen zur nationalen Ebene ist es, zunächst zu zeigen, wie und wo diese im EG-Kontext ihren Niederschlag finden, wobei eine derartige Übersicht an dieser Stelle selbstverständlich keine Vollständigkeit beanspruchen kann und will. Anschließend soll dann kurz anhand einiger Beispiele, wenigstens andeutungsweise, demonstriert werden, inwieweit gerade in bezug darauf der besondere Rahmen des EG-Systems Möglichkeiten für weiterführende empirische Untersuchungen, aber auch konzeptionelle Fortschritte bietet. Zur Systematisierung wurde – wie Schaubild 2 zeigt – auf eine zweidimensionale Unterteilung zurückgegriffen (Feick/

---

24 Zu den möglichen Gründen dafür vgl. Volcansek (1992: 118).
25 Eine der wenigen Ausnahmen stellt die umfangreiche Monographie von Hjalte Rasmussen dar, die sich allerdings explizit nur auf die Aktivitäten des EuGH bei der Lösung von, wie Rasmussen es nennt, 'federalism conflicts' beschränkt (Rasmussen 1986: 3), also das ebenso wichtige Feld materieller Gemeinschaftspolitiken vernachlässigt.
26 So der Titel eines Sonderheftes von West European Politics (Vol. 15, July 1992, Number 3).
27 Weiler (1986: 1117), zitiert nach Volcansek (1992: 118).
28 So das Urteil von Mary L. Volcansek in ihrem Vorwort zu einer Sonderausgabe von West European Politics zum Thema 'Judicial Politics and Policy-Making in Western Europe' (Vol. 15, July 1992, Number 3).

Schaubild 2: Wichtige Bestimmungsfaktoren der EG-Politik der Mitgliedstaaten
(modifizierte und ergänzte Fassung zu Feick/Jann 1988: 199)

	relativ stabil	relativ veränderbar
	1	**2**
Länderspezifisch	sozioökonomischer Entwicklungsstand	wirtschaftliche Situation (Inflations-, Arbeitslosenrate etc.)
	Politische Kultur; normative Grundlagen; Grundeinstellung zur EG	aktuelle Stimmungen und Meinungen
	Strukturen; institutioneller Rahmen des Systems	Regierung
	Politikstil: Art und Weise der Formulierung und Durchführung von Politik	aktuelle Beziehungen zwischen Akteuren
	3	**4**
Politikbereichs-spezifisch	'herrschende Lehre'	Erfahrungen
	Grundlegende Beziehungsmuster der (staatlichen und nichtstaatlichen) Akteure	aktuelle Konflikt- und Konsensprozesse im Politikfeld
	Grad der Verflechtung mit anderen Bereichen	aktueller Problemdruck im Politikfeld

Jann 1988: 199), in der die Faktoren einmal danach unterschieden werden, ob sie eher *stabile* oder eher *veränderbare Größen* darstellen.

Die Einteilung *länderspezifisch/politikbereichsspezifisch* versucht ergänzend dem Umstand Rechnung zu tragen, daß das Verhalten der Mitgliedstaaten nicht nur durch Merkmale der einzelnen Länder, sondern eben auch nach Maßgabe der einzelnen Politikbereiche beeinflußt wird. Dies ist von erheblicher Bedeutung gerade im EG-Rahmen, wo aus den oben bereits genannten Gründen (funktionelle Differenzierung; unterschiedliche Kompetenzverteilung) die Politikfeld-Dimension eine herausragende Rolle spielt.

Erster Quadrant: relativ stabile länderspezifische Bestimmungsfaktoren

Sieht man sich zunächst die im ersten Quadranten aufgeführten relativ stabilen länderspezifischen Faktoren etwas näher an, so dürfte sicherlich einleuchten, daß der *sozioökonomische Entwicklungsstand* – gemessen etwa am Pro-Kopf-Einkommen oder an der relativen Bedeutung von primärem, sekundärem und tertiärem Sektor – die Interessenlagen der Mitgliedstaaten stark prägt. Das findet seinen Niederschlag beispielsweise immer wieder in den Diskussionen über eine Reform der Gemeinsamen Agrarpolitik, bei denen sich einzelne Länder, wie etwa Irland, mit dem Hinweis auf die erhebliche gesamtwirtschaftliche Bedeutung dieses Sektors für ihre Volkswirtschaften, vehement gegen dringend notwendige produktionsbeschränkende Maßnahmen wehren (Burkhardt-Reich/Schumann 1983b).

Eine sehr wesentliche Rolle spielen die nach wie vor vorhanden Unterschiede in der *Politischen Kultur* und den *Grundeinstellungen zur Gemeinschaft*. Ganz besonders deutliche Belege dafür finden sich im Verhalten Dänemarks (Schumann 1985: 135-148, 163-176) und Großbritanniens, wenn es um institutionelle Fragen und die Abtretung zusätzlicher Kompetenzen an Brüssel, vor allem in so sensiblen Bereichen wie Außen- und Sicherheitspolitik, geht. Gerade die Diskussionen im Vorfeld und während des Maastrichter Gipfels vom Dezember 1991 haben einmal mehr bestätigt, daß „der Prozeß der europäischen Integration ... auch nach der Errichtung des Gemeinsamen Europäischen Marktes seine Grenzen in kulturellen Besonderheiten der Mitgliedstaaten (finden wird) ... und diese nationalen Traditionen auch das Verhältnis zu den Institutionen der Europäischen Gemeinschaft bestimmen werden" (Gabriel 1992: 129).

Eindrucksvolle Beispiele für die Relevanz langfristig stabiler Strukturen, vor allem des *Regierungssystems, der Interessenvermittlung sowie des administrativen und Parteiensystems*, liefert die Bundesrepublik Deutschland. Man denke etwa an die vielfältigen Auswirkungen des föderativen Aufbaus im Bereich Beteiligung der Bundesländer an der Formulierung und Durchführung von EG-Politik oder in den Diskussionen um die zukünftige institutionelle Ausgestaltung der Gemeinschaft, wo sehr dezidiert das eigene, föderative Modell vertreten wird. Ähnliche Zusammenhänge lassen sich auch bei den Diskussionen über die Stellung der geplanten Europäischen Zentralbank beobachten, die sich nach den deutschen Vorstellungen an der von Regierungs-Einflüssen unabhängigen Bundesbank – ebenfalls ein charakteristisches langfristiges Strukturmerkmal des eigenen Systems – orientieren sollte.

Weniger sichtbar als die eben exemplarisch angedeuteten Unterschiede zwischen den Mitgliedstaaten in wichtigen Strukturmerkmalen sind die Unterschiede in der Art und Weise der Formulierung und Durchführung von Politik, dem sogenannten *Politikstil*, der häufig tief verwurzelte Werte einer Gesellschaft widerspiegelt. Diese Unterschiede können sich auf das Problemlösungsverfahren (Geschwindigkeit, Offenheit des Teilnehmerkreises, Transparenz, Informalität), die Akteursinteraktionen (Verhandlungsart, Konflikthaftigkeit etc.) oder das Problemlösungsverhalten (z.B. Aktivitäts-/Reaktivitätsgrad) beziehen (Feick/Jann 1988: 214). So zeichnet sich beispielsweise in Großbritannien das Problemlösungsverfahren durch seine Informalität aus, wobei die Öffentlichkeit weitgehend ausgeschlossen bleibt. Die Akteursinteraktionen sind durch ein Klima der Kompromißbereitschaft charakterisiert, und beim Problemlösungsverhalten gilt das Anliegen, möglichst alle als legitim erachteten Interessen zu berücksichtigen, als ebenso wichtig, wie die eigentliche Problemlösung selbst (Feick/Jann 1988: 215).[29] Die möglichen Auswirkungen der hinsichtlich des Politikstils zwischen den Mitgliedstaaten bestehenden Unterschiede (Richardson/Jordan 1985), beispielsweise in bezug auf die Geschwindigkeit des Problemlösungsverfahrens oder die Beteiligungs- und Einflußmöglichkeiten für organisierte Interessen, sind evident.

---

29 Vgl. auch van Waarden (1992b), der im Rahmen eines 4-Länder-Vergleichs die Politikstile in Großbritannien, Frankreich und den Niederlanden (sowie den USA) einander gegenüberstellt.

Dritter Quadrant: relativ stabile politikbereichsspezifische Bestimmungsfaktoren

Bei der Betrachtung relativ stabiler politikbereichsspezifischer Bestimmungsfaktoren wechselt gleichsam die Kameraperspektive von der Totalen zur Großaufnahme. Das heißt, es wird untersucht, ob und inwieweit innerhalb einzelner Politikfelder Faktoren zu identifizieren sind, die die Politik und das Verhalten der Mitgliedstaaten prägen. Faktoren, die sich dann mit den eben behandelten länderspezifischen vermischen, diese noch mehr akzentuieren oder aber weitgehend in den Hintergrund treten lassen. Die möglichen Folgen sind – und hier zeigt sich die Bedeutung dieser zweiten Dimension der Vier-Felder-Matrix bei Schaubild 2 – eine größere oder aber noch geringere Vereinbarkeit der mitgliedstaatlichen Voraussetzungen in bezug auf die genannten Aspekte als bei den globalen oder Durchschnittswerten (Politikstil).
Als Beispiel für die erste Variante mag der Bereich der Agrarpolitik dienen, wo über die Mitgliedstaaten hinweg eine besonders starke Dominanz bereichsspezifischer Faktoren festzustellen ist. Dazu gehören unter anderem die *'herrschende Lehre'*, das heißt die Tradition staatlicher Eingriffe auch in ansonsten stark marktwirtschaftlich orientierten Ländern wie der Bundesrepublik oder Großbritannien; die *grundlegenden Beziehungsmuster zwischen den Akteuren*, gekennzeichnet durch außerordentlich enge Verbindungen zwischen den einschlägigen Interessengruppen und der Administration, ein hohes Maß an Segmentierung, also nur *geringe Verflechtungen mit anderen Politikfeldern*. Die weitgehende Übereinstimmung in diesen wichtigen Elementen erklärt nicht nur die insgesamt relativ reibungslose Zusammenarbeit, sondern auch den 'Erfolg' bei der Abwehr von außen induzierten Bemühungen um eine Reform der Gemeinsamen Agrarpolitik (Schumann 1992: 66-75).
Die zweite Variante illustriert ein weiteres vergemeinschaftetes Politikfeld, die EG-Außenhandelspolitik. Grundlegende Unterschiede der Mitgliedstaaten in bezug auf die *'herrschende Lehre'* (z.B. protektionistische Position Frankreichs versus liberale Grundhaltung der Bundesrepublik), aber auch die *Beziehungsmuster zwischen zentralen Akteuren* führen hier immer wieder zu Konflikten und Blockierungen, die, wie vorliegende Untersuchungen zeigen, auch in andere Bereiche hineinstrahlen können (Schumann/Mehl 1989: 44).

Zweiter und vierter Quadrant: relativ veränderbare länder- und politikbereichsspezifische Bestimmungsfaktoren

Die in Schaubild 2 aufgeführten relativ veränderbaren länder- und politikbereichsspezifischen Faktoren dürften sicher auch ohne ergänzende Erklärungen verständlich sein. Welche Rolle diese Faktoren spielen können, zeigte sich beispielsweise Mitte der achtziger Jahre, als *Regierungswechsel, Veränderungen der wirtschaftlichen Situation sowie aktueller Problemdruck* dazu führten, daß neue Initiativen in der EG erfolgreich auf den Weg gebracht werden konnten.[30]
Es versteht sich von selbst, daß die Einteilung von Bestimmungsfaktoren in Schaubild 2 nur analytischen Charakter haben kann. In der Praxis spielen diese natürlich häufig

---

30 Die wesentlichen Voraussetzungen für eine erfolgreiche Initiierung des Binnenmarktprojekts und der Einheitlichen Europäische Akte werden ausführlich analysiert in Cameron (1992); Moravcsik (1991); Probst (1992); Wolf (1992).

eng zusammen. Das zeigt etwa das Verhalten Großbritanniens auf dem Maastrichter Gipfel, wo beispielsweise sowohl die Grundeinstellung zur EG (erster Quadrant) wie die aktuellen Stimmungen und Meinungen im Vorfeld der anstehenden Wahlen (zweiter Quadrant) die britische Haltung deutlich beeinflußt haben.

Was macht nun die nationale Ebene des EG-Systems bzw. die Bestimmungsfaktoren der EG-Politik der Mitgliedstaaten für die Policy-Analyse interessant? Wie schon eingangs erwähnt, handelt es sich bei einigen dieser Determinanten um zentrale Elemente der policy-analytischen Diskussion. Diese Elemente aber können in der EG in einem sehr spezifischen Kontext, der unter anderem ausgezeichnete Möglichkeiten für diachrone wie synchrone Vergleiche bietet, untersucht werden. Für das *Policy-Netzwerk-Konzept* könnten beispielsweise folgende Aspekte von Interesse sein:

- Veränderungen nationaler Netzwerke durch die EG-Einbindung, wie sie unter anderem im Politikfeld Agrarpolitik schon vor dem Beitritt in Irland und Dänemark zu beobachten waren (Burkhardt-Reich/Schumann 1983a: 208-227, 258-269; Schumann 1984).
- Entstehung und Entwicklung von Mehrebenen-Policy-Netzwerken in vergemeinschafteten Politikfeldern.
- Gezielte Versuche der Veränderung von Akteurskonstellationen und Machtbeziehungen[31] in Mehrebenen-Policy-Netzwerken, wie durch die Kommission im Politikfeld Regionalpolitik (Tömmel 1992).
- Veränderung von Policy-Netzwerk-Grenzen über Phasen hinweg und die damit verbundenen Implikationen (Schumann 1992).

In bezug auf das *Politikstil-Konzept* – um noch einen zweiten Schwerpunkt der policy-analytischen Diskussion zu nennen – könnte es interessant sein zu untersuchen, ob die einzelnen Mitgliedstaaten einen besonderen EG-bezogenen Politikstil entwickelt haben, der sich von dem in innerstaatlichen Angelegenheiten praktizierten unterscheidet, und wenn ja, wie sich das Verhältnis der beiden in diachroner Perspektive entwickelt hat.

2.1.3 Das Zusammenspiel der Ebenen im EG-Mehrebenen-System

Was das Zusammenspiel der supranationalen und nationalen sowie ggf. subnationalen Ebene angeht, so ist es hier nahezu unmöglich, allgemeine Aussagen zu treffen. Das hängt erstens damit zusammen, daß sich dieses Zusammenspiel nach der jeweils behandelten Materie unterscheidet, wobei drei große Bereiche abgegrenzt werden können:

- ein *Koordinierungsbereich*, in dem die Mitgliedstaaten ihre Interessen abstimmen und auf der Grundlage von Regierungsübereinkünften zusammenarbeiten. Beispiele dafür sind die bisherige Praxis im Europäischen Währungssystem oder die Koordinierung der Außenpolitik im Rahmen der sogenannten Europäischen Politischen Zusammenarbeit;
- ein *gemischter Bereich*, wo es um die Bündelung nationaler und gemeinschaftlicher Interessen geht. Das betrifft etwa die Bereiche Bildungspolitik oder die Lomé-Ab-

---

[31] Also in bezug auf zwei wichtige der von van Waarden genannten Dimensionen von Policy-Netzwerken (van Waarden 1992a).

kommen im Rahmen der gemeinschaftlichen Entwicklungspolitik. Entsprechende Rechtsakte erkennt man an der Einleitungsformel „... der Rat und die im Rat vereinigten Mitgliedstaaten haben beschlossen ...";
- der sogenannte *Gemeinschaftsbereich*, der die in den Verträgen von Rom fixierten und in der Einheitlichen Europäischen Akte von 1987 erweiterten Zuständigkeitsbereiche der EG umfaßt. Dazu gehören vor allem die Gemeinsame Agrarpolitik, die Gemeinsame Außenhandelspolitik und das Binnenmarktprojekt.

Zum zweiten sind beträchtliche Unterschiede *innerhalb einzelner Politikfelder* vorhanden, die damit zusammenhängen, daß die nationale Ebene aus zwölf Mitgliedstaaten besteht, die ihre Verbindungen mit der supranationalen Ebene zum Teil sehr unterschiedlich organisiert haben.[32] Außerdem sind beträchtliche Veränderungen über die *Phasen des Policy-Zyklus* (Problemdefinition, Agenda-Setting, Politikformulierung, Implementation und Politikneuformulierung) hinweg zu beobachten, wobei die Art dieser Veränderungen wiederum mit verschiedenen, innerhalb eines Politikfeldes vorhanden *Prozeßmustern* variiert (Schumann 1992).

Drittens schließlich wirkt sich natürlich auch die bereits mehrfach angesprochene relativ *häufige Veränderung von Rahmenbedingungen* – sei es durch eine formelle Änderung der Verträge, wie in der Einheitlichen Europäischen Akte, sei es durch ein rechtlich nicht gleichermaßen bindendes Programm, wie die vom Europäischen Rat im Dezember 1989 verabschiedete Gemeinschaftscharta Sozialer Grundrechte von Arbeitnehmern[33] – auf das Zusammenspiel der verschiedenen Ebenen aus. Die damit jeweils verbundenen Implikationen lassen sich jedoch erst mit erheblichem zeitlichen Abstand richtig abschätzen. So zeigen sich als Folge des zunehmenden Übergangs zu Mehrheitsentscheidungen im Ministerrat zwar erste Veränderungen im oben beschriebenen Sinne (vermehrte Suche nach Koalitionspartnern, Reduzierung der Notwendigkeit von Package-deals, Neuorientierung der Verbände), für ein abschließendes Urteil dürfte es aber immer noch zu früh sein.

Dennoch lassen sich zumindest zwei praktisch durchgängig wichtige, für das Zusammenwirken der verschiedenen Ebenen charakteristische Merkmale identifizieren: die ständige Präsenz von 'Verfassungspolitik' sowie eine sehr ausgeprägte Dominanz des bürokratischen Elements. Die Bedeutung von Verfassungspolitik zeigt sich unter anderem daran, daß sie in allen Bereichen – das heißt einschließlich der vergemeinschafteten – und über alle Phasen hinweg eine Rolle spielt. Bei der *Problemdefinition und dem Agenda-Setting* etwa dadurch, daß die Kommission mit ihren Vorschlägen immer wieder versucht, auch ihren Kompetenzbereich zu erweitern.[34] Bei der *Politikformulierung* findet sie ihren Niederschlag immer häufiger in Auseinandersetzungen um die Rechtsgrundlagen, was insofern von enormer Bedeutung ist, als mit ihnen sowohl unterschiedliche Entscheidungsmodalitäten im Rat (Mehrheitsentscheidung oder Einstimmigkeit), als auch unterschiedlich starke Positionen von Europäischem Parlament

---

32 Ein alle Mitgliedstaaten umfassender Überblick dazu für das Politikfeld Agrarpolitik findet sich in Burkhardt-Reich/Schumann (1983a: 62-169).
33 Abgedruckt in: Soziales Europa 1/90, Brüssel/Luxemburg 1989.
34 Z.B. in ihrem Vorschlag zum handelspolitischen Instrument (Schumann/Mehl 1989), der auch vorsah, daß sie über wesentliche Befugnisse, im konkreten Fall Entscheidungen über konkrete Gegenmaßnahmen, verfügen sollte (van Bael/Bellis 1985: 197).

und Kommission verbunden sind. In der *Durchführungsphase* kann es – entsprechend – um die Wahl der Art des der Kommission zur Seite gestellten Ausschusses[35] gehen. Die starke Ausprägung des bürokratischen Elements erklärt sich einmal durch die zentrale Rolle der Kommission und dem aus Vertretern der nationalen Regierungen zusammengesetzten Ministerrat und der nach wie vor schwach ausgeprägten parlamentarischen Komponente. Dies findet seine Entsprechung im nicht-staatlichen Bereich, wo eine Verbindung der Ebenen eben nicht primär durch eine europäische Öffentlichkeit, sondern vor allem über Vertreter organisierter Interessen stattfindet. Die Analogie zur Organisation im gouvernementalen Bereich zeigt sich zum Teil sogar in der Terminologie; so hat beispielsweise die Union der Industrie- und Arbeitsverbände Europas (UNICE) einen 'Ausschuß der Ständigen Vertreter', dem – ähnlich wie COREPER beim Ministerrat – die Aufgabe zufällt, den Kommunikationsaustausch sicherzustellen und ganz allgemein supranationale und nationale Ebene miteinander zu verbinden (Hoffmann 1991: 266).[36]

Aus policy-analytischer Sicht sind vor allem vier Aspekte von Interesse. Einmal der sehr ausgeprägte Kommunikationsbedarf beim Policymaking, der sich aus der Distanz zu Brüssel sowie der Beteiligung von zwölf Nationalstaaten mit entsprechenden nationalen und zum Teil auch subnationalen Besonderheiten ergibt. Zum zweiten die Tatsache, daß dieser Bedarf in ganz spezifischer Weise, vornehmlich über Interaktionen zwischen Bürokratien, befriedigt wird. Drittens schließlich die Überlagerung des Policymaking-Prozesses durch 'Verfassungskonflikte'. Zum vierten die Tatsache, daß diese Grundsituation aus den oben genannten Gründen in vielfältigen Variationen auftritt.

Untersuchungen dazu könnten – um nur ein Beispiel zu nennen – eine erhebliche Erweiterung der Erkenntnisse zum Bereich 'Interessenvermittlungsstrukturen' erbringen, einem der ganz zentralen Felder der Policy-Analyse, das immer wieder herangezogen wird, wenn Zusammenhänge zwischen institutionellen Arrangements und Policy-Charakteristika typologisch erfaßt werden sollen (Salisbury 1968; Salisbury/Heinz 1970; Peters/Doughtie/McCulloch 1976; Feick/Jann 1988). Ein Punkt, der unter 3. noch einmal aufgegriffen werden soll.

2.2 Prozeßabläufe und Policy-Zyklen

Die im vorhergehenden Kapitel angesprochenen strukturellen Besonderheiten des EG-Systems finden ihren Niederschlag auch in den Prozeßabläufen und lassen einige allgemeinere Aussagen über deren Determinanten und wesentliche Charakteristika zu. Dabei stößt man schon in der Phase der *Problemdefinition* auf interessante Sachverhalte. Dies wird deutlich, wenn man sich klar macht, daß Probleme nicht 'an sich' existieren, sondern erst aus einem normativ geprägten Auswahlprozeß heraus als solche erkannt und bestimmt werden. Mit anderen Worten: die Problemwahrnehmung beruht nicht nur auf objektiven Daten; ihr liegen vielmehr immer auch ganz bestimmte

---

35 Vgl. dazu oben unter 2.1.1.
36 Ganz ähnliche organisatorische Konstruktionen existieren auch bei den anderen Euro-Verbänden, wie beispielsweise die Generalexperten beim europäischen Zusammenschluß der Agrarverbände COPA.

Annahmen über Zusammenhänge, Modelle wenn man so will, zugrunde, mit deren Hilfe sich die verschiedenen Akteure eine Vorstellung über die Realität machen. Von besonderer Bedeutung ist hier in der EG einmal die interkulturelle Dimension, die Tatsache, daß es sich um zwölf Mitgliedstaaten handelt, die, zumindest partiell, andere normative Grundlagen und andere Politische Kulturen[37] aufweisen. Das findet seinen Niederschlag beispielsweise in den Positionen zu Fragen der Wirtschafts- und Ordnungspolitik, die ihren Hintergrund in divergierenden Grundannahmen haben (Rahmsdorf 1982). Zum zweiten die bereits weiter oben angesprochenen unterschiedlich definierten Rollen und Aufgaben von Kommission – als Wahrerin und Hüterin des Gemeinschaftsinteresses – auf der einen und den im Rat zusammenkommenden Mitgliedstaaten, die ihre nationalstaatlichen Interessen vertreten, auf der anderen Seite. Diese Faktoren beeinflussen nicht nur die Problemdefinition, sondern wirken auch in weitere Phasen, in die Politikformulierung und in die Implementation, hinein und sind von daher zum Verständnis des Geschehens im Policy-Zyklus insgesamt wichtig. Mit der Wahrnehmung eines Problems wird es noch nicht gleichsam automatisch zur politisch bearbeiteten Problemmaterie, die diesbezüglichen Anforderungen in der Phase der *Agenda-Gestaltung* sind gerade in der Gemeinschaft besonders hoch. Dort ist es nicht nur notwendig, zumindest die Mehrheit der Regierungen der Mitgliedstaaten davon zu überzeugen, daß die entsprechende Materie einer Bearbeitung bedarf, sondern auch, daß diese Bearbeitung auf EG-Ebene erfolgen muß.[38] Das bereitet zwar weniger Schwierigkeiten in Politikfeldern mit weitgehender und akzeptierter Gemeinschaftskompetenz wie der Gemeinsamen Agrarpolitik, kann aber dann zur unüberwindlichen Hürde werden, wenn es darum geht, auf neue Herausforderungen beispielsweise im Bereich der Forschungs- und Technologiepolitik zu reagieren. Hier wird es immer auch Mitgliedstaaten geben, die vielleicht den Problemlösungsbedarf anerkennen, aber andere Foren der Problemlösung als die EG vorziehen. Diese Situation stellt vor allem besondere Anforderungen an die Kommission, die – wie bereits erwähnt – der Akteur mit einer speziellen Verantwortung für die Agenda-Gestaltung ist.
Die Phase der *Politikformulierung* wird in der zyklusorientierten Perspektive der Policy-Analyse vor allem auch mit Blick darauf untersucht, welche Vorgaben sich aus ihr für die nachfolgenden Phasen ergeben, wie sich beispielsweise Konflikte – oder die Ausklammerung von strittigen Punkten – in der Implementation und der Politikneuformulierung/Termination niederschlagen. Gerade unter diesem Gesichtspunkt weist die EG wichtige Spezifika auf. Der Zwang, den Interessen und Vorstellungen von zwölf in vielerlei Hinsicht unterschiedlichen Mitgliedstaaten Rechnung tragen zum müssen, läßt eine Einigung in vielen Fällen nur auf kleinstem gemeinsamen Nenner zu. Das bedeutet konkret, daß insbesondere in den Fällen, in denen nach wie vor Einstimmigkeit erforderlich ist, im Grunde häufig nur Rahmenentscheidungen getroffen werden, mit denen sich die Akteure im Ministerrat ein Stück weit von der Last der Konfliktaustragung befreien können.[39]
Der Zwang zum Kompromiß zwischen zwölf Nationalstaaten hat aber noch weitere Konsequenzen. Wenn es, beispielsweise aufgrund unterschiedlicher ökonomischer

---

37 Vgl. dazu Schaubild 2.
38 Auf diesen Punk weisen auch Wallace/Wallace/Webb (1983: 69) hin.
39 Windhoff-Héritier spricht hier von 'Policy-without-law' (Windhoff-Héritier 1987: 83).

Strukturen, nicht möglich ist, einen Ausgleich innerhalb einzelner Politikfelder zu finden, dann wird häufig eine Lösung mit Hilfe bereichsübergreifender Paketlösungen, sogenannter Package-deals, gesucht. Die unterschiedlichen Interessenlagen der Mitgliedstaaten können sich aber auch so auswirken, daß überhaupt keine Einigung zustande kommt. Dann stellt sich die Frage nach den Konsequenzen dieser Non-decisions, die durchaus anders aussehen können als in einem Nationalstaat und etwa in der Weiterführung der entsprechenden, bereits vorhandenen Policies der Mitgliedstaaten bestehen können.

Schon bei der Erörterung der Kommission in Kapitel 2.1.1 wurde darauf hingewiesen, daß in der weitaus überwiegenden Anzahl der Politikfelder und bei den meisten Policies die *Implementation* durch die mitgliedstaatliche Ebene erfolgt, wobei ihr dafür in der Regel beträchtliche Handlungsspielräume zur Verfügung stehen. Das bringt es mit sich, daß eine ganze Reihe der in Schaubild 2 angeführten Bestimmungsfaktoren der EG-Politik der Mitgliedstaaten, wie beispielsweise der institutionelle Rahmen oder der Politikstil, insofern zentrale Bedeutung erlangen, als „... they can affect the implementation of EC directives and regulations and indeed alter the meaning of regulations in practice" (Peters 1992: 104).

Mit der *Politikneuformulierung* ist ebenfalls ein Ebenenwechsel, diesmal von der nationalen auf die supranationale Ebene, verbunden; das heißt, Akteure wie die Kommission, der Ministerrat und die verschiedenen Ausschüsse rücken wieder in den Vordergrund. Diese Konstellation scheint auf den ersten Blick der zu gleichen, die auch bei der ursprünglichen Politikformulierung gegeben war. Bei näherem Hinsehen zeigt sich allerdings, daß doch wesentliche Unterschiede bestehen können. War beispielsweise bei der Politikformulierung dadurch, daß es sich um eine Entscheidung auf höchster politischer Ebene mit Package-deals handelte, das Policy-Netz weit geöffnet worden, weil auch Akteure aus anderen Bereichen beteiligt waren, so ist es bei der Politikneuformulierung in vielen Fällen so, daß sich im Vergleich dazu das Policy-Netz wieder schließt und sich im wesentlichen auf die Akteure des entsprechenden Politikfeldes beschränkt. Mögliche Folge: Programmziele oder -elemente, die den Akteuren dieses Politikfeldes auf dem Wege des Package-deals gleichsam aufgezwungen wurden, können hier wieder eliminiert werden.

Die Prozeßdimension des EG-Systems bietet der Policy-Analyse eine ganze Reihe von Ansatzpunkten und Perspektiven. Da sind einmal die ausgezeichneten Möglichkeiten für vergleichende Implementationsstudien. Sie ergeben sich unter anderem daraus, daß bei der Untersuchung von Implementationsprozessen in den Mitgliedstaaten von einer EG-Verordnung oder -Richtlinie als einheitlicher Referenzebene ausgegangen werden kann, während die üblichen Arbeiten zwangsläufig darauf angewiesen sind, die Durchführung unterschiedlicher nationaler Politiken – wenn auch im selben Politikfeld – zu vergleichen; ein Verfahren, das erhebliche konzeptionelle und methodische Probleme mit sich bringt (Feick 1983; Weidner/Knöpfel 1983).

Zum zweiten lassen sich mehrere, direkt aufeinanderfolgende Zyklen sehr gut verfolgen. Erste Erkenntnisse dazu, zum Beispiel zur Bedeutung der Implementationserfahrungen der Mitgliedstaaten aus dem ersten Zyklus für darauffolgende Zyklen, deuten darauf hin, daß eine systematischere Untersuchung von derartigen Zusammenhängen außerordentlich fruchtbar sein könnte (Schumann 1992). Die oben angesprochenen, in der EG systembedingt häufig zu beobachtenden Phänomene von

Package-deals und Non-decisions schließlich werfen die Frage auf, ob die Policy-Analyse auch derartige Fälle adäquat erfassen kann. Die Stichworte wären: 'Politikfeldorientierter Ansatz und bereichsübergreifende Package-deals' sowie 'Policy-Forschung ohne Policy'.

2.3 Policies

Gemeinschaftspolitik im Sinne von Policies spiegelt in besonderer Weise das Zusammenspiel von institutionellem Rahmen und 'Spielregeln' mit den mitgliedstaatlichen Ausgangsbedingungen, wie sie in Kapitel 2.1.2 skizziert wurden, wider. Das äußert sich einmal in einer ausgeprägten *Dominanz regulativer Politik*. Die Begründungen, die sich in der Literatur dazu finden, setzen zwar an unterschiedlichen Punkten an, verweisen aber letztlich doch auf die gleichen Hintergrundbedingungen. So argumentiert Peters, daß regulative Politik den Vorzug habe, Gewinner und Verlierer nicht so deutlich erkennen zu lassen und auf diese Weise nationale und regionale (Verteilungs-)Konflikte zumindest reduzieren könne (Peters 1991: 77, 93, 116).
Wallace geht von der Frage aus, welche Voraussetzungen vorhanden sein müssen, um redistributive Politik zu ermöglichen. Sie erfordert nach seiner Einschätzung ein hohes Maß an Konsens über Strukturen und Ziele des politischen Systems und wirft grundlegende Fragen über politische Werte auf, etwa nach den Grenzen staatlicher Interventionstätigkeit oder den Kriterien, nach denen bestimmte Akteure behandelt werden sollen. Er kommt dabei zu dem Schluß, daß der Gemeinschaft diese Voraussetzungen zumindest partiell fehlen.
Ihr fehlt – so Wallace – sowohl die institutionelle Struktur, um die entsprechenden Themen zu artikulieren und verschiedene Optionen für eine Lösung aufzuzeigen, als auch ein fundiertes und ausreichend ausgeprägtes Gemeinschaftsbewußtsein, das die verschiedenen Akteure dazu veranlassen könnte, ihre Anliegen im Interesse anderer Akteure oder des Systems insgesamt wirklich zurückzustellen. Die Einsicht in bestimmte gemeinsame Interessen, die distributive und vor allem regulative Politik in erheblichem Maße ermöglicht hat, reicht hier nicht mehr aus (Wallace 1983: 420).
Die besondere institutionelle Konstruktion des EG-Systems führt des weiteren dazu, daß *Verfassungspolitik*, Fragen der Kompetenzverteilung und 'Spielregeln', nicht nur die prozessuale, sondern auch die inhaltliche Dimension von Gemeinschaftspolitik sehr stark prägt. Das Spektrum reicht dabei von Politiken, bei denen der Verfassungsaspekt – wie bei den seltenen Vertragsveränderungen – sehr stark oder ausschließlich im Vordergrund steht, bis hin zu solchen, bei denen es primär um materielle Politik geht und Verfassungsfragen nur am Rande eine Rolle spielen.
Ein gutes Beispiel für diesen zuletzt genannten Fall stellt die 'Verordnung (EWG) Nr. 2176/84 des Rates vom 23. Juli 1984 über den Schutz gegen gedumpte oder subventionierte Einfuhren aus nicht zur Europäischen Gemeinschaft gehörenden Ländern' dar. In dieser Verordnung ist auch die Einsetzung eines Beratenden Ausschusses aus Vertretern des Mitgliedstaaten unter Vorsitz der Kommission vorgesehen.[40] Dieser Ausschuß hat unter anderem die Aufgabe, über die Frage zu entscheiden, ob ein förm-

---

40 In Artikel 6 Abs. 1 der Verordnung.

liches Untersuchungsverfahren eingeleitet werden soll, und spielt von daher eine nicht unwichtige Rolle, auch weil entsprechende Anträge recht häufig gestellt werden.[41] Der Verfassungsaspekt dieser Regelung ist darin zu sehen, daß mit ihr die Mitgliedstaaten ein Mitspracherecht und Einfluß auch in der Durchführung (!) der entsprechenden Politiken – bei der Gemeinsamen Außenhandelspolitik eigentlich eine Sache der Kommission – übertragen bekommen haben. Sie stellt von daher ein nicht unwesentliches Element in der Kompetenz- und Aufgabenverteilung im Politikfeld Gemeinsame Außenhandelspolitik dar. Gerade dieses Zusammenspiel von materieller und Verfassungspolitik (Peters 1992: 100), wie es hier beispielhaft zum Ausdruck kommt, kann als typisch für EG-Politik angesehen werden und taucht in einer Vielzahl von Policies in dieser oder ähnlicher Form immer wieder auf.

Im Zusammenhang mit der Erörterung von Prozeßabläufen und Policy-Zyklen sind schon weitere charakteristische Merkmale von EG-Politik angesprochen worden, die ebenfalls eng mit der Struktur und den Spielregeln des Gemeinschaftsystems zusammenhängen: *Package-deals, Policy-without-law* und *Non-decisions*. Hier handelt es sich um drei unterschiedliche Möglichkeiten, um mit demselben Problem fertig zu werden, der Schwierigkeit, sich in bezug auf eine bestimmte Politik, bei der die Spielregeln formal oder de facto Einstimmigkeit verlangen, zu verständigen. Dabei stellen sich eine ganze Reihe von Fragen, die bisher noch kaum systematisch untersucht wurden, so zum Beispiel:
– unter welchen Voraussetzungen welche der drei Optionen gewählt wird;
– welche Implikationen sich vor allem im Vergleich von Policy-without-law – also von sehr breiten Rahmenregelungen, die sich auf einen Bereich beschränken können – und mehrere Politikfelder umfassenden Package-deals für Policy-Netzwerke, Phasen-Verläufe und Handlungsspielräume verbinden;
– wie sich das Phänomen der Non-decisions speziell in der Gemeinschaft darstellt; welche Filtermechanismen im Vergleich zum Nationalstaat vorhanden sind; ob und inwieweit eine Klassifikation oder Einteilung möglich ist. Dieses Problem stellt sich in der EG in besonderem Maße, weil hier ein außerordentlich breites Spektrum von Fällen erfaßt werden muß, das weit über das in Nationalstaaten vorhandene hinausgeht. Es könnte von einer Nicht-Nutzung des Artikels 235,[42] über ein Nicht-Tätigwerden trotz vertraglicher Grundlage, wie in der Verkehrspolitik,[43] bis hin zur Unterlassung einer bestimmten, begrenzten Einzelpolitik in einem einzelnen ver-

---

41 Vgl. dazu die seit 1983 erscheinenden Jahresberichte der Kommission der Europäischen Gemeinschaft an das Europäische Parlament über die Anti-Dumping und Anti-Subventionsmaßnahmen der Gemeinschaft.
42 Art. 235 lautet: „Erscheint ein Tätigwerden der Gemeinschaft erforderlich, um im Rahmen des Gemeinsamen Marktes eines ihrer Ziele zu verwirklichen, und sind in diesem Vertrag die hierfür erforderlichen Befugnisse nicht vorgesehen, so erläßt der Rat einstimmig auf Vorschlag der Kommission und nach Anhörung des Europäischen Parlaments die geeigneten Vorschriften". Wird diese Möglichkeit nicht genutzt, so könnte man von einem Nicht-Tätigwerden ohne spezifische vertragliche Grundlagen sprechen.
43 Obwohl hier mit Artikel 74 EWG-Vertrag eine vertragliche Grundlage vorhanden und eine gemeinsame Verkehrspolitik vorgesehen ist, blieb die Gemeinschaft hier mehr als 28 Jahre lang untätig. Dies änderte sich erst, nachdem der EuGH 1985 – auf eine Klage des Europäischen Parlaments hin – den Rat wegen Untätigkeit in der Gemeinsamen Verkehrspolitik verurteilt und verpflichtet hatte, Regeln für die Öffnung der Verkehrsmärkte zu setzen (Brandt 1991: 872).

gemeinschaftetem Politikfeld definiert werden. Im übrigen stellt sich hier, das wurde oben bereits angedeutet, in der Tat auch die Frage, wie die Policy-Analyse als Ansatz mit Fällen umgehen soll, in denen es gar keine Policy gibt.

Eine weitere Besonderheit von EG-Policies erschließt sich, wenn man einen Blick auf die Kombination von *Wirkung und Steuerungsprinzipien* – zwei wesentliche Aspekte bei der Typologisierung von Policies in der Policy-Analyse – wirft. Als charakteristisch für nationalstaatliche Politik haben sich die Steuerung durch Gebot/Verbot bei redistributiven und durch Anreize bei distributiven Policies erwiesen. In der EG hingegen gibt es häufig auch Versuche, redistributive Politik mit Hilfe von Anreizprogrammen zu realisieren. Eine ganze Reihe von Beispielen dafür finden sich im Politikfeld Gemeinsame Agrarpolitk bei den Produktionsdämpfungsversuchen im Milchbereich im Verlauf der siebziger Jahre und in der Milchquotenregelung von 1984 (Schumann 1992: 66-162). Das heißt, die Schwierigkeiten mit redistributiver Politik, wie sie weiter oben bei der Wiedergabe der Überlegungen von Wallace beschrieben wurden, finden ihren Niederschlag auch in der Wahl ganz bestimmter Steuerungsprinzipien.

Die kurzen Ausführungen zu einigen Besonderheiten von EG-Policies sollten deutlich gemacht haben, daß hier ein außerordentlich interessantes Feld für policy-analytische Untersuchungen liegt, das bisher kaum systematisch untersucht wurde. Das gilt beispielsweise für den Zusammenhang zwischen den spezifischen Rahmenbedingungen in der Gemeinschaft und ihrer Politikproduktion, die im vorliegenden Beitrag ja in einem ersten Zugriff nur angedeutet werden konnten. Hier stellen sich eine Vielzahl von Fragen, so etwa nach einer differenzierteren Typologisierung von Policies, die es erlauben würde, zwischen verschiedenen Arten von Verfassungspolitik oder regulativer Politik zu unterscheiden und insbesondere auch die unterschiedlichen Mischformen besser zu erfassen.

3. Besonderheiten des EG-Systems: Anknüpfungspunkte für weiterführende Überlegungen in der Policy-Analyse

3.1 Interessenvermittlungsstrukturen und Policy-Netzwerke

Die besondere Bedeutung von Interessenvermittlungsstrukturen in der Policy-Analyse läßt sich daran erkennen, daß sie immer wieder als zentrale Determinanten mit herangezogen werden, wenn es darum geht, Zusammenhänge zwischen institutionellen Arrangements und Policy-Merkmalen typologisch zu erfassen. Beispielhaft dafür steht die fast schon klassische Arbeit von Salisbury (Salisbury 1968). Er erklärt die Variation von Policy-Typen in erster Linie mit Unterschieden im Integrationsgrad des demand-Musters[44] und des Entscheidungssystems (Salisbury 1968: 169).

Dieses grundlegende Schema ist im Laufe der Zeit immer wieder aufgegriffen und ergänzt bzw. modifiziert worden. Zunächst von Salisbury selbst, wobei er den interessanten Versuch unternahm, das Element einer Kosten-Nutzen-Abwägung durch die

---

44 Gemessen anhand der Bandbreite, Unterschiedlichkeit und Vereinbarkeit von demands sowie dem gegenseitigen Verhältnis der Gruppen, die demands vorbringen (Salisbury 1968: 166).

Entscheidungsträger mit einzubauen (Salisbury/Heinz 1970). Später auch durch anderen Autoren,[45] wie beispielsweise Peters/Doughtie/McCulloch (1976), die auch versuchten, es im Rahmen einer quantitativen Analyse umzusetzen. Geblieben ist die herausragende Bedeutung, die 'demand patterns' (Salisbury 1968), dem 'input behaviour' (Peters/Doughtie/McCulloch 1976) oder der 'organisierten Interessenvermittlung' (Lehner/Schubert/Geile 1983) zugemessen wird.
Interessenvermittlungsstrukturen haben aber nicht nur als zentrale Determinanten von Policies in der Policy-Analyse eine wichtige Rolle gespielt, sondern waren und sind auch Gegenstand politikwissenschaftlicher Theoriebildung, wobei verschiedene Paradigmata einander abgelöst haben. Der Bogen spannt sich hier[46] vom *pluralistischen Ansatz*, der vor allem auf die Einflußnahme organisierter Interessen auf das politische System abhebt, über den *Makro-Korporatismus*, der die Konzertierung von Staat und Spitzenorganisationen von Kapital und Arbeit sowie die dafür erforderlichen intraorganisatorischen Voraussetzungen in den Vordergrund stellt, bis hin zum sogenannten *Meso-Korporatismus*. Diese Variante betont besonders die Relevanz der Rahmenbedingungen in einzelnen Aufgabenbereichen und untersucht deswegen die Staat-Verbände-Beziehungen in einzelnen Politikfeldern.
Zu diesen drei Ansätzen ist in jüngerer Zeit das *Politiknetzwerkkonzept*[47] hinzugetreten, das für den vorliegenden Zusammenhang von besonderem Interesse ist. Seine Entstehung und zunehmende Anwendung ist nach Kenis/Schneider neben konzeptionellen, theoretischen sowie methodischen Entwicklungen insbesondere auf Veränderungen der politischen Realität in liberal-demokratischen Systemen zurückzuführen, so unter anderem auf (Kenis/Schneider 1991: 34f.)
- die Herausbildung einer 'organized society', d.h. die Tatsache, daß mehr und mehr Bereiche durch Entscheidungen und Aktivitäten kollektiver und korporativer Akteure beeinflußt werden;
- einen Trend in Richtung Sektoralisierung und funktionaler Differenzierung sowie Fragmentierung des Staates;
- die zunehmende Einflußnahme von immer mehr Akteuren auf den Policymaking-Prozeß;
- die Tatsache, daß in vielen Politikfeldern wichtige staatliche Aufgaben nicht mehr ohne die Mitwirkung nichtstaatlicher Akteure wahrgenommen werden können.

Vor dem Hintergrund dieser Entwicklungen, die dazu geführt haben, daß die Ressourcen für Politikformulierung und -durchführung auf viele staatliche und nichtstaatliche Akteure verteilt sind, haben sich Policy-Netzwerke herausgebildet, die als „new forms of political governance" (Kenis/Schneider 1991: 41), als Mechanismen für die notwendige Kommunikation und Interaktion der zahlreichen Akteure fungieren. Diese Netzwerke bestehen aus korporativen Akteuren, sind als interorganisatorische Beziehungen strukturiert, hauptsächlich informell und horizontal, ohne hegemoniale Akteure, allerdings nicht ohne asymmetrische Interdependenzen/Machtbeziehungen (Marin/Mayntz 1991b: 18). Sie können auf verschiedenen Ebenen (supranational, national, subnational und sogar lokal) angesiedelt sein und auch gleichzeitig mehrere

---

45 Eine zusammenfassende Übersicht findet sich bei Feick/Jann (1988).
46 Einen guten Überblick über die Forschungsentwicklung bietet Lehmbruch (1991).
47 Einen sehr guten, breit angelegten Zugang vermitteln Marin/Mayntz (1991a) und Jordan/Schubert (1992).

Ebenen umfassen. Der Interaktionsstil ist – da es sich um de facto relativ gleichrangige Akteure handelt – stark durch bargaining geprägt.

Die analytische Erfassung und Unterscheidung von Policy-Netzwerken erfolgt über eine Reihe wichtiger Dimensionen, wie z.b. Akteure, ihre Verbindungen und die Netzwerk-Grenzen (Kenis/Schneider 1991: 41). Der breiteste Katalog stammt von van Waarden, der nicht weniger als sieben netzwerkbestimmende Merkmale nennt, und zwar (van Waarden 1992a: 32-38):
- Akteure (Anzahl, Typen, Akteurseigenschaften);
- Funktion (z.B. Informationsaustausch oder Koordination);
- Struktur (bestimmt durch die Anzahl der Akteure, die Häufigkeit und Intensität der Interaktionen sowie die Netzwerkgrenzen);
- Institutionalisierung;
- Spielregeln (z.B. Pragmatismus oder ideologiegeprägte Auseinandersetzungen);
- Machtbeziehungen (beispielsweise Autonomie der Administration gegenüber organisierten Interessen oder Instrumentalisierung organisierter Interessen durch den Staat wie beim Staatskorporatismus) und
- Akteursstrategien (von seiten der Administration z.B. Bevorzugung bestimmter Akteure aus dem Bereich der organisierten Interessen oder Schaffung halbstaatlicher Institutionen).

Auf dieser Grundlage entwickelt van Waarden eine ausdifferenzierte Typologie von Policy-Netzwerken, die deutlich erkennen läßt, daß sich das Netzwerkkonzept nicht als Alternative zu den oben genannten Ansätzen des Pluralismus und Makro-/Meso-Korporatismus versteht, sondern gleichsam als überwölbendes Dach, das diese als spezifische Varianten von Netzwerken miteinbezieht.

Den Schwerpunkt der bisherigen empirischen Arbeiten – dies sei zum Abschluß der kurzen Zusammenfassung des Politiknetzwerkkonzepts noch erwähnt – bildeten nationale Netzwerke. Die aus diesen Arbeiten vorliegenden Erkenntnisse beziehen sich vor allem auf die Faktoren, die die Ausformung von Netzwerken beeinflussen und weniger auf die Auswirkungen bestimmter Merkmale von Netzwerken auf Politikinhalte (Marin/Mayntz 1991b: 21).

Wie weit könnten vor dem Hintergrund dieser Ausgangssituation durch Anwendung im EG-Kontext Fortschritte in der Politiknetzwerk-Diskussion zu erreichen sein? Bei der Beantwortung dieser Frage ist zunächst darauf hinzuweisen, daß die oben genannten Merkmale aktueller Entwicklungen in liberal-demokratischen Nationalstaaten in der Gemeinschaft – wie in Kapitel 2. gezeigt werden konnte – in noch ausgeprägterer Form vorzufinden sind. Sektoralisierung sowie funktionelle Differenzierung und Fragmentierung, Dominanz korporativer Akteure, horizontale interorganisatorische Beziehungen mit bargaining als zentraler Form der Interaktion und komplexe Mehrebenen-Spiele – waren hier nur einige der wichtigsten Stichworte. Die EG bietet sich also grundsätzlich als neues Anwendungsfeld für Netzwerk-Analysen an, und zwar um so mehr, als den bisherigen empirischen Schwerpunkt, wie bereits erwähnt, nationale Netzwerke bildeten.

Der potentielle Ertrag einer Anwendung des Politiknetzwerk-Konzepts im EG-Bereich erschließt sich besonders deutlich, wenn man die sieben von van Waarden unterschiedenen Dimensionen zum Ausgangspunkt nimmt und bezogen darauf noch einmal die Charakteristika des EG-Systems, wie sie in Kapitel 2. beschrieben wurden, durchgeht.

Hier zeigen sich schon bei den *Akteuren* eine ganze Reihe interessanter Aspekte. So weist die Gemeinschaft mit Ministerrat und Kommission, bzw. deren jeweils zu einzelnen Netzwerken gehörenden Teilen, schon von der Bezeichnung her völlig neuartige, vom Nationalstaat her unbekannte Akteurstypen auf. Von der Terminologie her bekannte, wie das Europäische Parlament oder die transnationalen Verbände, zeichnen sich ebenfalls durch eine Reihe ganz wesentlicher Besonderheiten aus.[48]
Sie alle besitzen von daher ganz spezifische Bedürfnisse und Interessen, die sich zum Teil grundsätzlich – wie beim Anliegen des Europäischen Parlaments, sich mehr Kompetenzen zu verschaffen –, zum Teil graduell – z.B. hinsichtlich des Informations- und Kommunikationsbedarfs – von denen der bei nationalstaatlichem Policymaking beteiligten Akteuren unterscheiden. Dies ist deswegen von besonderer Bedeutung, weil die Bedürfnisse und Interessen der Akteure diejenigen Interdependenzen im Sinne eines aufeinander Angewiesenseins schaffen, die Netzwerke erst entstehen lassen und ihren Charakter maßgeblich prägen (van Waarden 1992a: 33). Das heißt, gerade in bezug auf ihre grundlegende Entstehungslogik unterscheiden sich gemeinschaftliche Mehrebenen-Policy-Netzwerke und nationale Netzwerke ganz wesentlich.
Die besonderen Anliegen der Akteure im Gemeinschaftssystem spiegeln sich auch in der zweiten von van Waarden unterschiedenen Dimension von Netzwerken, ihrer *Funktion*, wider, wobei vor allem zwei Punkte zu erwähnen sind. Einmal die herausgehobene Rolle der EG-Mehrebenen-Policy-Netzwerke beim Informationsaustausch und bei der Informationsgewinnung, mit der offensichtlich Strukturdefizite des EG-Systems, das Fehlen einer europäischen Öffentlichkeit, kompensiert werden (Streek/Schmitter 1991). Zum zweiten die wechselseitige Kontrolle von Mitgliedstaaten und Kommission. Die Relevanz dieser Funktion in der Perspektive der Akteure zeigt sich nicht zuletzt daran, daß zu diesem Zweck – beispielsweise mit der in Kapitel 2. erwähnten Einrichtung von aus mitgliedstaatlichen Vertretern bestehenden Ausschüssen zur Beratung der Kommission bei der Durchführung von Maßnahmen – bewußt die Struktur und die Spielregeln von Netzwerken beeinflußt werden.
Die *Struktur* der EG-Mehrebenen-Policy-Netzwerke zeichnet sich ebenfalls durch einige beachtenswerte Merkmale aus. An erster Stelle ist hier ihre Gliederung nicht nur in funktionale, sondern auch in territoriale (national, subnational) Subnetzwerke zu nennen, die unterschiedliche Eigenschaften aufweisen können. So stellen beispielsweise Streek/Schmitter bereits in einem allgemeinen Vergleich der supranationalen und nationalen Ebene fest, daß die erstgenannte als organisatorisch fragmentierter, weniger hierarchisch, ohne Durchsetzungsfähigkeit der Euro-Verbände gegenüber ihren nationalen Mitgliedern und kompetitiver anzusehen sei und von daher typische Eigenschaften des pluralistischen Typs aufweise, während letztere eher zum Neokorporatismus tendiere (Streek/Schmitter 1991).
Darüber hinaus bestehen – wie z.B. van Waarden eindrucksvoll zeigt – auf der nationalen Ebene erhebliche Unterschiede zwischen den Netzwerken in einzelnen Mitgliedstaaten (van Waarden 1992b).[49] Schließlich gilt es zu bedenken, daß sich Rolle und

---

48 So weist z.B. Kohler-Koch zu Recht darauf hin, daß die EG-Verbände nach wie vor nur Foren und nicht Akteure in der europäischen Politik sind (Kohler-Koch 1992: 97).
49 So wird beispielsweise für Frankreich Etatismus, für Großbritannien Meso-Korporatismus und für die Niederlande Makro- und Meso-Korporatismus festgestellt (van Waarden 1992b: 8). Vergleiche dazu auch die Ausführungen zum Politikstil und dem Beziehungsmuster zwischen zentralen Akteuren in Kapitel 2.1.2.

Bedeutung der verschiedenen Subnetzwerke über die Phasen des Policy-Zyklus hinweg stark verändern. Alles zusammengenommen, eröffnen sich dadurch Möglichkeiten, das Zusammenspiel unterschiedlicher Subnetzwerktypen zu untersuchen, wie es in dieser Form wohl einmalig sein dürfte. Dies gilt nicht zuletzt auch hinsichtlich der Auswirkungen dieses Zusammenspiels auf die Inhalte von policies und ihrer Veränderung im Verlauf von Policy-Zyklen.[50]

Bei der von ihm unterschiedenen vierten Dimension von Policy-Netzwerken, der *Institutionalisierung*, weist van Waarden zu Recht darauf hin, daß es sich dabei um ein strukturelles Merkmal handelt, das aber mit Blick auf seine Bedeutung gesondert genannt und behandelt wird. Er nennt hier vor allem die Tatsache, daß „several logical 'network-development' stages can be distinguished in between the extremes of a cluster of ad hoc temporary informal relationships in a network without distinct boundaries on the one hand and a full-fledged formal organization on the other hand" (van Waarden 1992a: 35).

Hier stellt sich die interessante Frage, ob die 'logical network-development stages' im EG-System denen in liberal-demokratischen Nationalstaaten gleichen oder ob möglicherweise Unterschiede festzustellen sind. Dies nicht zuletzt deswegen, weil es in der Gemeinschaft, wie bereits mehrfach erwähnt, vergleichsweise häufig zur Veränderung grundlegender Rahmenbedingungen, wie beispielsweise durch die Einheitliche Europäische Akte für die Umwelt-, Regional- oder Forschungs- und Technologiepolitik, kommt (Lonbay 1988: 68-72); sich Entwicklungen also gleichsam im Zeitraffertempo vollziehen. So hat etwa die Reform der Strukturfonds im Jahre 1988 zur Einrichtung der Generaldirektion XXII 'Koordination der strukturpolitischen Instrumente' geführt, die Rolle der Kommission gestärkt und Anstöße zur Herausbildung neuer, regionale Akteure umfassender Netzwerke gegeben (Marks 1992; Tömmel 1992).

Was die *Spielregeln* in nationalen Netzwerken anbelangt, so gilt, daß diese „... are firmly rooted in nationally specific legal, political and administrative institutions, which have been outcomes of long-term historical processes and which have shown great persistence over time ... In particular, there is a mutual sustainment between culture and institutions. Culture is precipitated and embedded in legal and administrative institutions and the latter in turn buttress these cultural values, making them so enduring" (van Waarden 1992b: 23).

Die Situation in der EG zeichnet sich demgegenüber nicht nur, was die Verankerung von Spielregeln anbelangt, durch einige wesentliche Besonderheiten aus. So gibt es beträchtliche Unterschiede zwischen einzelnen Bereichen, die mit Varationen in der Kompetenzverteilung und den in Kapitel 2. beschriebenen Verfahren zusammenhängen. Von Interesse ist in diesem Zusammenhang des weiteren die bereits weiter oben angesprochene Existenz territorialer Subnetzwerke, für die genau das zutrifft, was in den eben zitierten Ausführungen von van Waarden beschrieben wird. Das heißt, sie weisen unterschiedliche, mit wichtigen Rahmenbedingungen der einzelnen Mitgliedstaaten zusammenhängende Spielregeln auf, die ein hohes Maß an Beständigkeit besitzen und die im Verlauf des Policy-Zyklus besonders in der Implementationsphase zum Tragen kommen. Dies schafft aus policy-analytischer Sicht sehr vielversprechende

---

50 Besonders eindrucksvolle Beispiele dafür liefert die Milchquotenregelung von 1984. Vergleiche dazu ausführlich Schumann (1992).

Möglichkeiten, ausgehend von einer einheitlichen Referenzebene, einem EG-Programm, die Auswirkungen unterschiedlicher nationaler Spielregeln und Stile auf die Inhalte in der Durchführung vergleichend zu untersuchen.

Eine weitere wichtige Dimension stellen die *Machtbeziehungen* innerhalb von Netzwerken dar. Bei seinen Erläuterungen dazu geht van Waarden – hier zeigen sich besonders deutlich die Implikationen einer Beschränkung auf liberal-demokratische Systeme – ausschließlich auf Staat-Verbände-Beziehungen, die in vier Typen eingeteilt werden, ein. Die Situation in EG-Mehrebenen-Policy-Netzwerken stellt sich demgegenüber weitaus komplexer dar. Sie umfaßt einmal als zusätzliche Dimension die *Macht-Beziehungen zwischen* den verschiedenen *staatlichen Akteuren*; auf der supranationalen Ebene zwischen den zu einzelnen Netzwerken gehörenden Teilen von Kommission, Ministerrat und Europäischem Parlament; innerhalb von Mitgliedstaaten zwischen verschiedenen Ebenen. Ein gutes Beispiel dafür stellen die Bund-Länder-Auseinandersetzungen um die Beteiligung der Länder an der EG-Politikformulierung auf der Bundesebene dar, die schon mit dem ersten Durchgang des Gesetzgebungsverfahrens zur Ratifizierung des EGKS-Vertrags, im Juli 1951 (!!), begannen (Schumann 1986) und mit der jüngst erfolgten Aufnahme des neuen Artikels 23 ins Grundgesetz sicherlich ein nur vorläufiges Ende gefunden haben (Fischer 1993). Zunehmende Bedeutung gewinnen schließlich die Macht-Beziehungen über alle Ebenen hinweg. Ein Indiz dafür sind beispielsweise die bereits oben kurz angesprochenen Bemühungen der Kommission, im Bereich der Regionalpolitik vermehrt regionale Akteure einzubeziehen (Tömmel 1992).

Eine weitere zusätzliche Dimension bilden die *Macht-Beziehungen zwischen den verschiedenen Ebenen bei den nichtstaatlichen Akteuren*, also zwischen den Euro-Verbänden und ihren nationalen Mitgliedern, die, nicht zuletzt abhängig vom Vergemeinschaftungsgrad, von Politikfeld zu Politikfeld erheblich variieren (Kohler-Koch 1992: 97). Außerdem spielen selbstverständlich auch die von van Waarden angesprochenen Macht-Beziehungen *zwischen staatlichen und nichtstaatlichen Akteuren* auf allen Ebenen eine sehr wesentliche Rolle, wobei diesbezüglich im Vergleich der territorialen Subnetzwerke beträchtliche Unterschiede festzustellen sind. Zusammenfassend läßt sich vor diesem Hintergrund sagen, daß, wer sich für die Rolle von Macht-Beziehungen in Netzwerken interessiert, in der EG einen hochinteressanten Untersuchungsgegenstand vorfindet.

Die Bedeutung und ständige Präsenz von Macht-Beziehungen führt auch dazu, daß sie bei den *Akteursstrategien* eine herausgehobene Rolle spielen. Beispiele dafür wurden bereits weiter oben angesprochen. Darüber hinaus bietet die EG in bezug auf diese letzte der von van Waarden unterschiedenen Dimensionen noch eine Reihe anderer Besonderheiten und Anknüpfungspunkte für weitere Untersuchungen, wie sie in nationalen Systemen in dieser Form nicht vorhanden sind. Dazu gehört einmal die Möglichkeit des Vergleichs der EG-bezogenen Akteursstrategien *zwischen* den einzelnen Mitgliedstaaten bzw. territorialen Subnetzwerken. Interessante Einblicke dazu vermittelt das soeben erschienene Buch von van Schendelen,[51] das für alle Mitglied-

---

51 M.P.C.M. van Schendelen (Hrsg.), National Public and Private EC Lobbying, Aldershot u.a. 1993. Hervorzuheben ist bei dieser Monographie nicht nur die Tatsache, daß die Beiträge zu den einzelnen Mitgliedstaaten von ausgewählten Experten verfaßt wurden, sondern

staaten mit Ausnahme von Griechenland und Luxemburg sowie für zwei potentielle Beitrittskandidaten, Schweden und Norwegen, eine derartige vergleichende Analyse vornimmt. Die in dieser Arbeit zusammengetragenen Erkenntnisse regen darüber hinaus zu einer Gegenüberstellung zwischen EG-bezogenen und auf nationale Politik bezogenen Strategien *innerhalb* der einzelnen Mitgliedstaaten an.

Des weiteren bieten die EG-Mehrebenen-Policy-Netzwerke in besonderer Weise die Chance, Akteursstrategien zu analysieren, die gleichzeitig auf die Beeinflussung materieller Politik wie der Machtbeziehungen, der Struktur und der Spielregeln des Netzwerks ausgerichtet sind.

3.2 Implementationsprozesse

'Top-Down' oder 'Bottom-Up' – das sind die Stichworte, die die Diskussion in der Implementations-Forschung, wie sie auch im vorliegenden Sonderheft zum Ausdruck kommt,[52] gegenwärtig prägen (Hill 1993: 235ff.). In dieser Diskussion geht es um die Vorzüge und Nachteile der unterschiedlichen Vorgehensweisen sowie die Frage, welche davon für welche Anwendungsfelder besonders geeignet ist. Die Referenzebene für diese Kontroverse stellen dabei ausschließlich liberal-demokratische Systeme, in vielen Fällen mit dem Akzent auf Implementation in Einzelstaaten (USA) oder dem lokalen Rahmen, dar.

Ziel des vorliegenden Kapitels ist es vor diesem Hintergrund zu zeigen, daß, wenn man den 'Anwendungsfall EG' zugrundelegt, sich die Bewertung sowohl der Eignung wie der Weiterentwicklungsmöglichkeiten der beiden Vorgehensweisen deutlich verschiebt. Zu diesem Zweck sollen jeweils deren wesentliche Elemente kurz dargestellt und anschließend im Hinblick auf die Besonderheiten des EG-Systems erörtert werden.

Ausgangspunkt für *Top-Down-Ansätze*[53] sind Regierungsentscheidungen, deren Durchführung unter der Frage untersucht wird, inwieweit die Aktivitäten von Implementationsträgern und Adressaten mit den in dieser Entscheidung festgelegten Zielen und Verfahren übereinstimmen; inwieweit die Ziele erreicht werden; was die wesentlichen Einflußfaktoren sind und wie die Policy auf Grund der Implementationserfahrungen angepaßt bzw. neu formuliert wird.

Dieser Zweig der Implementations-Forschung hat interessante Erkenntnisse zu den Implementationsprozesse bestimmenden Einflußfaktoren erbracht, wobei die anfänglich stark durch die Anwendung auf US-Policies geprägten Ergebnisse nach und nach durch Arbeiten ergänzt wurden, die auch die spezifischen westeuropäischen Bedingungen widerspiegeln.[54] So haben sich einmal verschiedene Programmelemente (klare und konsistente Ziele, zugrunde gelegtes 'Modell', Strukturierung des Implementationsprozesses), zum anderen Elemente des Implementationsprozesses (Haltung der

---

auch, daß alle Autoren sich an einem gemeinsamen Frageraster orientiert haben, was ein hohes Maß an Vergleichbarkeit der Ergebnisse garantiert.
52 Vergleiche die Beiträge von Sabatier, in diesem Band: 116-148, und Peters, in diesem Band: 289-303.
53 Die Darstellung folgt Sabatier (1986).
54 Für den deutschprachigen Raum sind hier vor allem die beiden von Renate Mayntz herausgegebenen, Anfang der achtziger Jahre erschienenen Arbeiten zu nennen (Mayntz 1980, 1983).

Implementations-Träger zum Programm, Veränderungen in den sozio-ökonomischen Rahmenbedingungen) als zentral erwiesen (Sabatier 1986: 269).

Was die Anwendungs- und Weiterentwicklungsmöglichkeiten von Top-Down-Ansätzen im EG-System anbelangt, so ergibt eine Prüfung nicht unerhebliche Probleme. Dies zeigt sich besonders, wenn man die sechs Punkte umfassende 'Checkliste' von Sabatier (Sabatier 1986: 268) – aus seiner Sicht ein wesentlicher Prüfstein für die sinnvolle Anwendbarkeit von Top-Down-Ansätzen – durchgeht und sich dazu noch einmal die in Kapitel 2. beschriebenen Besonderheiten der Gemeinschaft in Erinnerung ruft. *Klare und konsistente Zielsetzungen (1)* sind angesichts des auch bei Mehrheitsentscheidungen sehr starken Kompromißzwangs bei EG-Programmen nur außerordentlich selten zu erreichen. Das gleiche gilt, nicht zuletzt mit Blick auf die interkulturelle Dimension in der Gemeinschaft, für eine *'adequate causal theory' (2)*, das heißt Vorstellungen dazu, welche Art von Interventionen zum gewünschten Ziel führen.

Eine *Strukturierung des Implementationsprozesses im Programm (3)* im Sinne einer Auswahl von die jeweilige Policy unterstützenden Implementations-Trägern *(committed and skillfull implementing officials (4))* ist in der EG nur in begrenztem Umfang möglich. Das hängt damit zusammen, daß die Implementation in den meisten Fällen durch die Mitgliedstaaten im Rahmen der dort jeweils vorgegebenen Akteure, Strukturen und Institutionen erfolgt. *Unterstützung durch organisierte Interessen und staatliche Akteure (5)* über den gesamten langen Implementationsprozeß hinweg muß in der EG in zwölf unterschiedlichen territorialen Implementations-Subnetzwerken (van Waarden 1992b: 24f.) gleichzeitig sichergestellt werden; ein angesichts der unterschiedlichen mitgliedstaatlichen Voraussetzungen praktisch nicht zu realisierendes Unterfangen. Aus dem gleichen Grund trifft auch der letzte Punkt der Checkliste, *'changes in socio-economic conditions which do not substantially undermine political support or causal theory' (6)*, nicht einmal in Ansätzen zu.

Die besonderen Voraussetzungen im EG-System machen es Top-Down-Ansätzen nicht nur schwer, ihre in einer Vielzahl von empirischen Studien zu Implementationsprozessen in liberal-demokratischen Systemen[55] unter Beweis gestellten Stärken auszuspielen; sie akzentuieren gleichzeitig in besonderer Weise deren – auch von ihren Anhängern eingestandenen – Schwächen, etwa wenn es um die Erfassung von Implementationsstrukturen mit einer Vielzahl von Akteuren in tendenziell nicht-hierarchischen Kontexten geht, wie sie für viele der territorialen Implementations-Subnetzwerke typisch sind (Streeck/Schmitter 1991; van Waarden 1992b: 24f.).

Den Ausgangspunkt für *Bottom-Up-Ansätze* bilden, wie schon der Name vermuten läßt, die Implementationsstrukturen, wobei das besondere Interesse den Interaktionen der zu einem Implementationsnetzwerk gehörenden staatlichen und nichtstaatlichen Akteure gilt (Hjern/Porter 1981: 251). Das geht zum Teil sogar so weit, daß die Frage nach der Durchführung von einzelnen Entscheidungen fast völlig aus dem Blick gerät und die Beschreibung, Untersuchung und Erklärung von Akteursinteraktionen in einem bestimmten Policy-Bereich zum Selbstzweck wird (Sabatier 1986: 280).

Im Hinblick auf eine Anwendung im EG-System stellt sich die Situation genau umgekehrt zu den Top-Down-Ansätzen dar; die Vorzüge des Bottom-Up-Ansatzes kom-

---

55 Eine Übersicht über diejenigen Arbeiten, die den Sabatier/Mazmanian-Ansatz zugrunde gelegt haben, findet sich in Sabatier (1986: 271).

men voll zum Tragen, einige der Schwächen schlagen nicht oder nur sehr bedingt zu Buche. Verantwortlich dafür sind unter anderem die folgenden Gründe.
Die Durchführung von EG-Policies stellt für die damit jeweils befaßten nationalen Akteure bzw. Netzwerke in den meisten Fällen weder das vorrangige, geschweige denn das ausschließliche Aufgabenfeld dar. Das heißt, es sind eine Vielzahl von Inter-Akteurs-Beziehungen vorhanden, die unabhängig von dem zu implementierenden EG-Programm bestehen,[56] Beziehungen, die sich beispielsweise auf nationale Politik beziehen. Daß diese das Verhalten in einem EG-Programmkontext in nicht unerheblichen Ausmaß beeinflussen, dürfte ebenso klar sein, wie die Tatsache, daß sie nur 'bottom-up' adäquat erfaßt werden können.
Diese Sicht von unten ist im übrigen nicht nur zum Verständnis des Implementationsprozesses, sondern auch mit Blick auf die Neuformulierung von EG-Policies überaus bedeutsam. Diese verbindet sich in der Gemeinschaft zwar mit einem Ebenenwechsel – die Akteure und Spielregeln der supranationalen Ebene stehen wieder im Vordergrund. Vorliegende Studien haben allerdings ganz eindeutig gezeigt, daß die Reformulierung von Programmen sehr stark durch Implementationsstrukturen und -erfahrungen auf der nationalen Ebene determiniert wird (Schumann 1987, 1992: 124-135). Darüber hinaus werden aktuelle Entwicklungen in der EG, die sich mit dem Stichwort Subsidiarität verbinden, in Zukunft die Sicht von unten noch unabdingbarer und potentiell ertragreicher machen. So wird beispielsweise, um wenigstens ein konkretes Beispiel zu nennen, die Gemeinschaft von den deutschen Ländern aufgefordert, Richtlinien den Vorrang vor Verordnungen einzuräumen, um den Gesetzgebungs- und Vollzugsspielraum der Mitgliedstaaten und ihrer jeweiligen Subeinheiten auszuweiten (Fechtner/Hannes 1993: 138).
Im Rahmen der Ausführungen zu den Spezifika des EG-Systems war mehrfach darauf hingewiesen worden, daß Domäneinteressen, institutionelle Eigeninteressen der beteiligten korporativen Akteure, häufig eine bedeutende Rolle spielen. Dies gilt aus den eben genannten Gründen auch und gerade für die Implementationsphase. Die Erfassung sowohl von 'organization rationales' wie 'programme rationales' (Hjern/Porter 1981: 252-255) sowie die auch von ihren Kritikern eingestandenen Fähigkeiten zur Analyse strategischer Interaktionen erlauben es Bottom-Up-Ansätzen in besonderer Weise, derartige Konstellationen zu erfassen.
Ein zentraler Vorwurf, der Bottom-Up-Ansätzen gegenüber erhoben wird, ist, daß sie die in der jeweiligen Implementationsstruktur vorhandene Verteilung von Ressourcen als gegeben ansehen und die Möglichkeiten des (zentralen) Programmformulierers, diese indirekt, durch Beeinflußung von Strukturen und Spielregeln – sei es vorab, sei es durch Vorgaben im Programm –, zu verändern, vernachlässigen (Sabatier 1986: 279). Dieses zweifellos zurecht monierte Defizit kommt im EG-System kaum zum Tragen, da, wie bereits erwähnt, für die Kommission, als den für die Implementation primär verantwortlichen Akteur nur sehr begrenzte Möglichkeiten bestehen, nationale und/oder subnationale Implementationsstrukturen in diesem Sinne zu beeinflussen.[57] Es versteht sich von selbst, daß im vorliegenden, zwangsläufig sehr begrenzten Rah-

---

56 Grunow spricht von sekundären Verflechtungen (Grunow 1983).
57 Einen interessanten Ausnahmefall stellt, wie Ingeborg Tömmel sehr kenntnis- und aufschlußreich darlegt, die EG-Regionalpolitik dar (Tömmel 1992).

men, die Abwägung von Vorzügen und Nachteilen von Bottom-Up – wie weiter oben von Top-Down – Ansätzen im Hinblick auf Anwendungs- und Weiterentwicklungsmöglichkeiten im EG-System nur skizzenhaft möglich sein kann. Mit diesem Vorbehalt läßt sich allerdings doch sagen, daß eine Anwendung von Bottom-Up-Ansätzen im EG-Bereich nicht nur grundsätzlich möglich und sinnvoll – und im übrigen aus Sicht der EG-Forschung potentiell außerordentlich ertragreich – erscheint. Darüber hinaus spricht einiges dafür, daß sich beachtenswerte Perspektiven im Sinne einer Weiterentwicklung damit verbinden könnten. Zu nennen sind hier beispielsweise die günstigen Möglichkeiten des Vergleichs der für die Implementation jeweils verantwortlichen mitgliedstaatlichen Netzwerke oder die Notwendigkeit, eine zusätzliche, supranationale Ebene, sowie deren Verzahnung mit den einzelnen territorialen Implementations-Subnetzwerken (zum Beispiel über die die Kommission bei der Durchführung beratenden Ausschüsse) zu berücksichtigen.

Zum Abschluß dieses Kapitels sei noch darauf hingewiesen, daß auch vereinzelt versucht wurde, eine *Synthese* von Elementen der Top-Down- und Bottom-Up-Ansätze vorzunehmen. Besonders erwähnenswert sind hier die Arbeiten von Sabatier, der den Kern seiner Überlegungen wie folgt zusammenfaßt.

„In short, the synthesis adopts the bottom-uppers' unit of analysis – a whole variety of public and private actors involved with a policy problem – as well as their concerns with understanding the perspectives and strategies of all major categories of actors (not simply program proponents). It then combines this starting point with top-downers' concerns with the manner in which socioeconomic conditions and legal instruments constrain behaviour. It applies this synthezised perspective to the analysis of policy change over periods of a decade or more. This time-frame is required to deal with the role of policy-oriented learning – ... Finally, the synthesis adopts the intellectual style (or methodological perspective) of many top-downers' in its willingness to utilize fairly abstract theoretical constructs..." (Sabatier 1986: 284).

Diese Synthese stellt sich weitaus komplizierter dar, als das kurze Zitat vermuten läßt,[58] eine einigermaßen korrekte Wiedergabe würde deshalb weitaus mehr Raum beanspruchen, als hier zur Verfügung steht. Der entscheidende Grund dafür, daß sie an dieser Stelle nicht in ähnlicher Weise berücksichtigt werden soll wie Top-Down- und Bottom-Up-Ansätze, ist darin zu sehen, daß sie in Anlage und Zielsetzung deutlich über Fragen der Implementation hinausgeht und von daher nur bedingt zum Kontext dieses Kapitels gehört.

Ein Punkt soll jedoch ganz kurz angesprochen werden. Sabatier geht es mit seinem 'advocacy coalition framework of policy-change' primär um die Frage, welche Faktoren politischen Wandel bewirken. Seines Erachtens spielen dabei einmal grundlegende soziale, ökonomische und politische Veränderungen, zum anderen Lernprozesse in Policy-Subsystemen die entscheidende Rolle. Diesbezüglich könnte eine Anwendung im EG-Bereich auf Policy-Subsysteme, die Akteure aus zwölf verschiedenen Mitgliedstaaten mit in vieler Hinsicht unterschiedlichem Hintergrund umfassen, dem Ansatz eine hochinteressante neue Dimension verschaffen. Dies um so mehr, als auch in

---

58 Vergleiche ausführlicher Sabatier (1988) und den Beitrag dieses Autors in diesem Band: 116-148.

einigen Integrationstheorien der Aspekt des Lernens eine wesentliche Rolle spielt, von daher also mögliche Berührungs- und Anknüpfungspunkte vorhanden wären.

3.3. Zusammenfassung

Den Ausgangspunkt für den vorliegenden Beitrag bildete die Feststellung, daß sich die Policy-Analyse in ihrer empirischen wie theoretisch-konzeptionellen Arbeit bisher weitestgehend auf liberal-demokratische Systeme beschränkt hat. Die EG - so die weitere Überlegung - könnte vor diesem Hintergrund, aufgrund ihrer Besonderheiten im Vergleich mit diesem Systemtyps, ein interessantes neues Anwendungsfeld für die Policy-Analyse darstellen. Eine Beleuchtung der zentralen Charakteristika des EG-Systems aus policy-analytischer Sicht sollte deswegen dem Leser die Möglichkeit eröffnen, sich ein eigenständiges Bild von den sich mit einer EG-Anwendung verbindenden Perspektiven zu machen. Darüber hinaus wurde exemplarisch anhand von zwei wichtigen Teilbereichen versucht aufzuzeigen, wie diese Perspektiven im einzelnen aussehen könnten.

Selbstverständlich konnten dabei zahlreiche interessante und wichtige Aspekte, wie beispielsweise 'Politikfeldorientierung der Policy-Analyse und politikfeldübergreifende Policies' oder 'Policy-Forschung ohne Policy', nur kurz angetippt werden. Im ersten Fall geht es um die Frage, ob und inwieweit die Policy-Analyse in der Lage ist, bei Policies mit Querschnittscharakter, wie sie in der EG in verschiedener Ausprägung sehr häufig vorkommen,[59] die politikfeldübergreifenden Bezüge und Einflußfaktoren systematischer als bisher zu konzeptualisieren.

Das mit dem zweiten Stichwort, Policy-Forschung ohne Policy, umschriebene Phänomen, daß es in einigen Fällen gar nicht - oder erst mit extremer zeitlicher Verzögerung - zur Politikformulierung kommt oder diese nicht erfolgreich abgeschlossen werden kann, und die sich damit verbindenden konzeptionellen Probleme tauchen selbstverständlich auch bei nationalstaatlicher Politik auf. Wie mit einer Policy umgehen, die (noch) nicht existiert, möglicherweise nicht zustandekommt? In der EG kommt als ein wichtiger zusätzlicher Aspekt aber hinzu, daß Nichtzustandekommen einer Policy nicht unbedingt heißen muß, daß es gar keine Policy gibt, sondern vielmehr unterschiedliche nationale Politiken entweder weiterlaufen oder an die Stelle der geplanten EG-Policy treten können. Dies wirft eine Reihe von Fragen auf, deren Erörterung sich für die Policy-Analyse als interessant und anregend erweisen könnte.

Darüber hinaus wurden einige Punkte überhaupt nicht angesprochen. Dazu gehören etwa - um nur ein Beispiel zu nennen - die sehr direkten und sichtbaren Zusammenhänge zwischen Institutionen-/Regel-Kreierung durch Akteure, geleitet von ihren Eigeninteressen einerseits und der Wirkung dieses dann geschaffenen Rahmens für die Möglichkeiten der Interessenverfolgung im Sinne von Restriktionen bzw. Möglichkeiten andererseits. Während diese im Nationalstaat häufig völlig aus dem Blick geraten, spielen sie in der EG, wo aufgrund des besonderen supranationalen bzw.

---

59 Zum Beispiel aufgrund der Notwendigkeit von Package-Deals; wegen der 'Verfassungsaspekte', die bei vielen EG-Politiken eine wesentliche Rolle spielen, oder bei 'Harmonisierungs-Policies' (Schumann 1992).

intergouvernementalen Charakters praktisch permanent ein Prozeß der Setzung von neuen bzw. der Interpretation bestehender Regeln im Gang und der diesbezügliche Auswahlprozeß der Akteure immer auch sehr stark durch die damit verbundene 'restriction/opportunity – Dimension' (Windhoff-Héritier 1991: 41f.) bestimmt ist, eine zentrale Rolle.

Trotz dieser Einschränkungen sollte deutlich geworden sein, welch hochinteressante Perspektiven sich für die Policy-Analyse mit einer Anwendung im EG-Bereich verbinden.

Literaturverzeichnis

Bael, Ivo van/Bellis, Jean-François, 1985: International Trade Law and Practice in the European Community. EEC Anti-Dumping and Other Trade Protection Laws. Bicester.

Berg-Schlosser, Dirk, 1988: Politische Systemtypen als Determinanten wirtschaftlicher und sozialer Entwicklung in Afrika – vergleichende Fallstudien, in: *Manfred G. Schmidt* (Hrsg.), Staatstätigkeit. International und historisch vergleichende Analysen (PVS-Sonderheft 19). Opladen, 330-359.

Beyme, Klaus von, 1988: Vergleichende Analyse von Politikfeldern in sozialistischen Ländern, in: *Manfred G. Schmidt* (Hrsg.), Staatstätigkeit. International und historisch vergleichende Analysen (PVS-Sonderheft 19). Opladen, 360-388.

Bieber, Roland, 1991: Struktur und Befugnisse des Europäischen Parlaments, in: *Moritz Röttinger/Claudia Weyringer* (Hrsg.), Handbuch der Europäischen Integration. Wien, 104-127.

Brandt, Eberhard, 1991: Verkehrspolitik, in: *Moritz Röttinger/Claudia Weyringer* (Hrsg.), Handbuch der Europäischen Integration. Wien, 871-883.

Burkhardt-Reich, Barbara/Schumann, Wolfgang, 1983a: Agrarverbände in der EG. Das agrarpolitische Entscheidungsgefüge in Brüssel und den EG-Mitgliedstaaten unter besonderer Berücksichtigung des Euro-Verbandes COPA und seiner nationalen Mitgliedsverbände. Kehl/Straßburg.

Burkhardt-Reich, Barbara/Schumann, Wolfgang, 1983b: Zur Reform der Gemeinsamen Agrarpolitik der EG: Positionen und Handlungsspielräume. Ebenhausen.

Cameron, David R., 1992: The 1992 Initiative: Causes and Consequences, in: *Alberta M. Sbragia* (Hrsg.), Euro-Politics, Institutions and Policymaking in the 'New' European Community. Washington, 23-74.

Di Bucci, Vittorio/Di Bucci, Michaela, 1991: Der Gerichtshof und das Rechtsschutzsystem der Europäischen Gemeinschaften, in: *Moritz Röttinger/Claudia Weyringer* (Hrsg.), Handbuch der Europäischen Integration. Wien, 144-206.

Fechtner, Detlev/Hannes, Matthias, 1993: „Lessons from American Federalism": Länder und Regionen in der Europäischen Gemeinschaft, in: Zeitschrift für Parlamentsfragen 24, 1, 133-152.

Feick, Jürgen, 1983: Internationale Vergleichbarkeit staatlicher Interventionsprogramme – konzeptionelle und methodische Probleme, in: *Renate Mayntz* (Hrsg.), Implementation politischer Programme II. Opladen, 197-220.

Feick, Jürgen/Jann, Werner, 1988: „Nations matter" – Vom Eklektizismus zur Integration in der vergleichenden Policy-Forschung?, in: *Manfred G. Schmidt*, (Hrsg.), Staatstätigkeit. International und historisch vergleichende Analysen (PVS-Sonderheft 19). Opladen, 196-220.

Fischer, Wolfgang, 1993: Die Europäische Union im Grundgesetz: Der neue Artikel 23, in: Zeitschrift für Parlamentsfragen 24, 1, 32-49.

Gabriel, Oskar W. (Hrsg.), 1992: Die EG-Staaten im Vergleich. Strukturen, Prozesse, Politikinhalte. Opladen.

Groeben, Hans von der/Thiesing, Jochen/Ehlermann, Claus-Dieter, 1991: Kommentar zum EWG-Vertrag, Band 3, Artikel 110-188. (4. Auflage) Baden-Baden.

Grunow, Dieter, 1983: Interorganisationsbeziehungen im Implementationsfeld und ihre Auswirkungen auf die Umsetzung und die Zielerreichung politischer Programme, in: *Renate Mayntz* (Hrsg.), Implementation politischer Programme II. Opladen, 142-165.

Hauser, Heinz Michael, 1986: Reform der Entwicklungsfinanzierung durch 'Automatisierung'? Begründung, Ausgestaltung und Umsetzung eines internationalen Reformkonzepts. Baden-Baden.
Hill, Michael, 1993: The Policy-Process: A Reader. New York u.a.
Hjern, Benny/Porter, David O., 1981: Implementation Structures: A New Unit of Administrative Analysis, in: *Michael Hill,* 1993: The Policy-Process: A Reader. New York u.a., 248-265.
Hoffmann, Volker, 1991: Interessenvertretungen und Euro-Lobbying, in: *Moritz Röttinger/Claudia Weyringer* (Hrsg.), Handbuch der Europäischen Integration. Wien, 261-286.
Jordan, Grant/Schubert, Klaus, 1992: A Preliminary Ordering of Policy Network Labels, in: European Journal of Political Research 21, 1-2 (February), 7-27.
Kenis, Patrick/Schneider, Volker, 1991: Policy-Networks and Policy Analysis: Scrutinizing a New Analytical Tool Box, in: *Bernd Marin/Renate Mayntz* (Hrsg.), Policy Networks. Empirical Evidence and Theoretical Considerations. Frankfurt a.M., 25-59.
Kohler-Koch, Beate, 1992: Interessen und Integration. Die Rolle organisierter Interessen im westeuropäischen Integrationsprozeß, in: *Michael Kreile* (Hrsg.), Die Integration Europas (PVS-Sonderheft 23). Opladen, 81-119.
Lehmbruch, Gerhard, 1991: The Organization of Society, Administrative Strategies, and Policy Networks, in: *Roland M. Czada/Adrienne Windhoff-Héritier* (Hrsg.), Political Choice. Institutions, Rules and the Limits of Rationality. Frankfurt a.M., 121-158.
Lehner, Franz/Schubert, Klaus/Geile, Birgit, 1983: Die strukturelle Rationalität regulativer Wirtschaftspolitik. Theoretische Überlegungen am Beispiel der Bankenpolitik in Kanada, der Bundesrepublik Deutschland, der Schweiz und den Vereinigten Staaten von Amerika, in: Politische Vierteljahresschrift 24, 361-384.
Lonbay, Jules, 1988: The Single European Act, in: Boston College International and Comparative Law Review IX, 1, 31-74.
Marks, Gary, 1992: Stuctural Policy in the European Community, in: *Alberta M. Sbragia* (Hrsg.), Euro-Politics. Institutions and Policy-Making in the 'New' European Community. Washington, 191-224.
Marin, Bernd/Mayntz, Renate (Hrsg.), 1991a: Policy Networks. Empirical Evidence and Theoretical Considerations. Frankfurt a.M.
Marin, Bernd/Mayntz, Renate, 1991b: Introduction: Studying Policy Networks, in: *Bernd Marin/ Renate Mayntz* (Hrsg.), Policy Networks. Empirical Evidence and Theoretical Considerations. Frankfurt a.M., 11-23.
Mayntz, Renate (Hrsg.), 1980: Implementation politischer Programme I. Königstein/Taunus.
Mayntz, Renate (Hrsg.), 1983: Implementation politischer Programme II. Opladen.
Moravcsik, Andrew, 1991: Negotiating the Single European Act, in: *Robert O. Keohane/Stanley Hoffmann* (Hrsg.), The New European Community. Decisionmaking and Institutional Change. Boulder u.a., 41-84.
Peters, B. Guy, 1992: Bureaucratic Politics and the Institutions of the European Community, in: *Alberta M. Sbragia* (Hrsg.), Euro-Politics. Institutions and Policymaking in the 'New' European Community. Washington, 75-122.
Peters, B. Guy/Doughtie, John C./McCulloch, M. Kathleen, 1976: Types of Democratic Systems and Types of Public Policy. An Empirical Examination, in: Comparative Politics 9, 1, October, 327-355.
Probst, Christine, 1992: Der Binnenmarkt: Von der „Eurosklerose" zur „Europhorie", in: Sozialwissenschaftliche Informationen 1, 12-17.
Rahmsdorf, Detlev W., 1982: Ordnungpolitischer Dissens und Europäische Integration. Kehl/ Straßburg.
Rasmussen, Hjalte, 1986: On Law and Policy in the European Court of Justice. Dortrecht u.a.
Rhodes, R. A. W., 1986: European Policy Making, Implementation and Subcentral Governments: A Survey, EIPA Professional Paper. Maastricht.
Richardson, J. J./Jordan, A. G., 1985: Overcrowded Policymaker: Some British and European Reflections, in: Policy Studies Review Annual 7, 30-51.
Rittberger, Volker/Wolf, Klaus Dieter, 1985: Policy-Forschung und Internationale Beziehungen, in: *Hans-Hermann Hartwich* (Hrsg.), Policy-Forschung in der Bundesrepublik Deutschland. Ihr Selbstverständnis und ihr Verhältnis zu den Grundfragen der Politikwissenschaft. Opladen, 204-211.

Röttinger, Moritz, 1991: Organisation und Arbeitsweise der Kommission, in: *Moritz Röttinger/Claudia Weyringer* (Hrsg.), Handbuch der Europäischen Integration. Wien, 76-92.
Sabatier, Paul A., 1986: Top-Down and Bottom-Up Approaches to Implementation Research, in: *Michael Hill* (Hrsg.), The Policy-Process: A Reader. New York u.a. 1993, 266-293.
Sabatier, Paul A., 1988: An Advocacy Coalition Framework of Policy Change and the Role of Policy-Oriented Learning Therein, in: Policy Sciences 21, 129-168.
Salisbury, Robert H., 1968: The Analysis of Public Policy: A Search for Theories and Roles, in: *Austin Ranney* (Hrsg.), Political Science and Public Policy. Chicago, 151-175.
Salisbury, Robert H./Heinz, John, 1970: A Theory of Policy Analysis and Some Preliminary Applications, in: *Iva Shorkansky* (Hrsg.), Policy Analysis in Political Sciene. Chicago, 39-60.
Schendelen, M. P. C. M. van (Hrsg.), 1993: National Public and Privat EC Lobbying. Aldershot.
Schloh, Bernhard, 1991: Aufgaben und Funktionen des Rates, in: *Moritz Röttinger/Claudia Weyringer* (Hrsg.), Handbuch der Europäischen Integration. Wien, 93-103.
Schmidt, Manfred G. 1982: Wohlfahrtsstaatliche Politik unter bürgerlichen und sozialdemokratischen Regierungen: ein internationaler Vergleich. Frankfurt a.M./New York.
Schmidt, Manfred G. (Hrsg.), 1988: Staatstätigkeit. International und historisch vergleichende Analysen (PVS-Sonderheft 19). Opladen.
Schubert, Klaus, 1991: Politikfeldanalyse. Opladen.
Schumann, Wolfgang, 1984: Organisation, Tätigkeit und Finanzierung des dänischen Landwirtschaftsrates. Tübingen/Bonn.
Schumann, Wolfgang, 1985: Dänemark in der Gemeinschaft. Bestimmungsfaktoren und Handlungsspielräume dänischer EG-Politik. Ebenhausen/München.
Schumann, Wolfgang, 1986: Föderative Struktur und Europäische Integration, in: EG-Magazin Nr. 6-7/Oktober, 12-14.
Schumann, Wolfgang, 1987: Implementationsprobleme in der EG: Die Milchquotenregelung von 1984. Ebenhausen/München.
Schumann, Wolfgang, 1991: EG-Forschung und Policy-Analyse. Zur Notwendigkeit, den ganzen Elephanten zu erfassen, in: Politische Vierteljahresschrift 32, 2, 232-257.
Schumann, Wolfgang, 1992: EG-Forschung und Policy-Analyse. Kehl u.a.
Schumann, Wolfgang/Mehl, Peter, 1989: Bundesdeutsche Interessen und gemeinsame Außenhandelspolitik der EG, in: Aus Politik und Zeitgeschichte 24-25, 36-46.
Shapiro, Martin, 1992: The European Court of Justice, in: *Alberta M. Sbragia* (Hrsg.), Euro-Politics. Institutions and Policy-Making in the 'New' European Community. Washington, 123-156.
Steffani, Winfried (Hrsg.), 1991: Regierungsmehrheit und Opposition in den Staaten der EG. Opladen.
Streeck, Wolfgang/Schmitter, Philippe C., 1991: From National Corporatism to Transnational Pluralism: Organized Interests in the Single European Market, in: Politics and Society 19, 2, 133-164.
Tömmel, Ingeborg, 1992: System-Entwicklung und Politikgestaltung in der Europäischen Gemeinschaft am Beispiel der Regionalpolitik, in: *Michael Kreile* (Hrsg.), Die Integration Europas (PVS-Sonderheft 23). Opladen, 185-208.
Volcansek, Mary L., 1992: The European Court of Justice: Supranational Policy-Making, in: West European Politics, Special Issue on Judicial Politics and Policy-Making in Western Europe, Vol. 15, No. 3, 109-129.
Waarden, Frans van, 1992a: Dimensions and Types of Policy Networks, in: European Journal of Political Research 21, 1-2, 29-52.
Waarden, Frans van, 1992b: On the Persistence of National Policy Styles and Policy Networks. A Study of the Genesis of their Institutional Basis, paper, to be presented at the conference of the Society for the Advancement of Socio-Economics in Irwine, California, March 27-29, 1992, Panel 'Internationalization and Institutional Change'.
Wallace, William, 1983: Less than a Federation, More than a Regime: The Community as a Political System, in: *Helen Wallace/William Wallace/Carol Webb* (Hrsg.), Policy-Making in the European Community. (2. Auflage) London, 403-436.
Wallace, Helen/Wallace, William/Webb, Carol (Hrsg.), 1983: Policy-Making in the European Community. (2. Auflage) London.

Weidner, Helmut/Knoepfel, Peter, 1983: Innovation durch international vergleichende Politikanalyse dargestellt am Beispiel der Luftreinhaltepolitik, in: *Renate Mayntz* (Hrsg.), Implementation politischer Programme II. Opladen, 221-255.
Wessels, Wolfgang, 1992: Rezension zu Oscar W. Gabriel (Hrsg.), Die EG-Staaten im Vergleich. Strukturen, Prozesse, Politikinhalte. Opladen 1992, in: Politische Vierteljahresschrift 33, 4, 740.
Windhoff-Héritier, Adrienne, 1987: Policy-Analyse. Eine Einführung. Frankfurt a.M.
Windhoff-Héritier, Adrienne, 1991: Institutions, Interests and Political Choice, in: *Roland M. Czada/Adrienne Windhoff-Héritier* (Hrsg.), Political Choice. Institutions, Rules and the Limits of Rationality. Frankfurt a.M./Boulder, 27-52.
Wolf, Dieter, 1992: Die EG in den achtziger Jahren: Krise und Dynamik, in: Sozialwissenschaftliche Informationen 1, 5-11.

Policy-Netzwerkanalyse als Untersuchungsinstrument im europäischen Kontext: Folgerungen aus einer empirischen Studie regulativer Politik

Adrienne Héritier

1. Problemstellung

Die Policy-Netzwerkanalyse erfreut sich bei der Untersuchung staatlichen Handelns zunehmender Beliebtheit. Dies läßt sich zum einen damit erklären, daß sie „... der klaren Trennung von Staat und Gesellschaft und der Vorstellung des Staates als dem höchsten gesellschaftlichen Kontrollzentrum" (Mayntz, in diesem Band S. 40) widerspricht und die Entstehung von Politikinhalten als einen Prozeß versteht, der sowohl öffentliche als auch private Organisationen einschließt. Diese Sicht von Politik ist eine Folge der zunehmenden gesellschaftlichen Ausdifferenzierung und Fragmentierung von Macht, „... die auf der Handlungsfähigkeit formaler Organisationen nach innen wie nach außen und auf ihrer Verfügungsgewalt über Ressourcen beruht" (Mayntz, in diesem Band S. 41).
Zum anderen bietet die Policy-Netzwerkanalyse als analytisches Instrumentarium ein Raster an, um verschiedene analytische Ansätze zusammenzuführen: einen Rational-Choice-Ansatz, einen institutionalistischen Ansatz, symbolisch-interaktionistische Theorieelemente, die die Bedeutung von handlungsleitenden Orientierungen betonen, sowie schließlich die Policy-Analyse.
Die Policy-Netzwerkanalyse mit ihren unterschiedlichen Untersuchungsperspektiven läßt sich nun – so das Anliegen dieses Beitrags – auch sinnvoll auf die Analyse von Policy-Prozessen in der Europäischen Gemeinschaft anwenden. Mit ihrer Hilfe lassen sich die Besonderheiten europäischer Policy-Prozesse gut herausarbeiten.
Im folgenden soll erstens der Begriff Policy-Netzwerk definiert, zweitens die Zusammenführung der unterschiedlichen theoretischen Erklärungsansätze skizziert werden; drittens werden die beiden ersten Aspekte anhand der besonderen Merkmale des verflochtenen national-suprastaatlichen Netzwerkes im Rahmen der Europäischen Gemeinschaft erörtert.

2. Definition

Politiknetzwerke oder Policy-Netzwerke werden hier in Anlehnung an R. Mayntz (Mayntz, in diesem Band S. 45f.; Marin, Mayntz 1991; Kenis, Schneider 1991; Döhler 1989) definiert als überwiegend informelle (aber auch formelle) Interaktion zwischen Akteuren, meist Organisationen oder Einzelpersonen (als Mitglieder von Organisationen) mit unterschiedlichen, aber wechselseitig abhängigen Interessen (Mayntz 1993: 12), die ein gemeinsames Handlungsproblem auf einer dezentralen, nicht hierarchischen Ebene bearbeiten. Ein Policy-Netzwerk ist „ein sektorales System der Interessenvermittlung zwischen staatlichen und privaten Akteuren ..., welches durch Institutionen und eingeschliffene Verhaltensmuster einen gewissen Grad an interaktiver und struktureller Stabilität erlangt" (Döhler 1989: 34). Die Netzwerk-Akteure interagieren auf der Basis einer relativen Autonomie mit anderen Netzwerk-Akteuren (Scharpf 1991), auch wenn sie im Rahmen einer formal hierarchischen Organisation zusammenwirken (Scharpf in diesem Band S. 67). Dies schließt jedoch asymmetrische Beziehungen oder Machtbeziehungen zwischen den Akteuren nicht aus (Mayntz, in diesem Band S. 47), die sich aus der Verfügung über unterschiedliche Ressourcen ergeben. Die Netzwerkzugehörigkeit leitet sich aus der Frage ab, ob das Handeln eines einzelnen Akteurs folgenreich oder „consequential" (Laumann/Knoke 1987) im Hinblick auf die gemeinsam zu produzierende Policy ist.

Geht man dazu über, das Handeln der Netzwerk-Akteure zu erklären, stößt man auf den multi-analytischen Ansatz im Rahmen von Netzwerkanalyse.

3. Die Verbindung unterschiedlicher Erklärungsansätze

Das Handeln der Akteure im Netzwerk wird auf der Basis eines rationalen, nutzenorientierten Tauschverhaltens von Ressourcen erklärt; zu diesem Zweck wird auf die inter-organisatorische Ressourcen-Dependenz-Theorie (Aldrich, Pfeffer 1976) zurückgegriffen, wonach der Einfluß und die Zentralität eines Akteurs im Policy-Netzwerk mit steigenden, für die anderen Akteure bedeutsamen Ressourcen zunimmt. Da die Akteure bei der Bewältigung ihrer Aufgabe nicht alle Ressourcen „aus sich selbst" schöpfen können, treten sie in Tauschbeziehungen oder Beziehungen der „Joint Production" bilateraler, multilateraler und ringförmiger Art (Marin 1990) mit anderen Akteuren im Netzwerk ein, die unterschiedliche, für den kollektiven Output wichtige Ressourcen bereitstellen. Die Netzwerk-Interaktionen werden durch Verhandlungen bestimmt, die das Ziel verfolgen, ein gemeinsames Resultat zu erreichen. „... Das gemeinsame Ergebnis ist jedenfalls das 'Thema' der Interaktion, die Absicht beim Eintritt in die Verhandlungen und oft der explizite Grund, ein bestimmtes Verhandlungssystem oder 'issue network' überhaupt zu bilden" (Mayntz 1993: 47). Die Ressourcen, die ohne Marktpreis in einem direkten oder indirekten Verhandlungsprozeß zwischen den Netzwerk-Akteuren ausgetauscht werden, sind materieller und immaterieller Natur (Tichy/Fombrun 1979: 927) einschließlich politischer Unterstützung („generalized political exchange" – Marin 1990). Jeder Akteur ist darauf bedacht, das Ergebnis des Aushandlungsprozesses nach Maßgabe seiner eigenen Interessen zu beeinflussen, ist jedoch auch auf ein gemeinsames Verhandlungsergebnis bedacht. Gleichzeitig werden Interessen der Verhandlungspartner als legitim anerkannt, um so mehr, je stabiler und kontinuierlicher diese Austauschbeziehungen sind (Mayntz, in diesem Band S. 49). Damit können sich, wenn „... eine begrenzte Zahl korporativer Akteure in einem Politiksektor sich auf ein bestimmtes Muster von gegenseitig akzeptierten organisatorischen Identitäten, Kompetenzen und Interessenssphären einigt"

(Mayntz, in diesem Band S. 49), relativ stabile institutionelle Arrangements in einem Politikfeld herausbilden.

Damit kommt der zweite analytische Gesichtspunkt für das Handeln von Netzwerk-Akteuren zum Tragen, der institutionalistische Ansatz, der die Bedeutung organisatorischer Strukturen, formaler Regeln und dominanter Steuerungsmechanismen (Governance Strukturen) betont. Diese kanalisieren, ermöglichen und schränken gleichzeitig das nutzenorientierte Handeln ein, und sie dienen als Referenzpunkte für die rationalen Strategien der Netzwerk-Akteure (Döhler 1989: 350).[1] Zum einen bringen Netzwerk-Interaktionen also institutionelle Strukturen hervor; zum anderen wirken diese wiederum begrenzend und ermöglichend auf Netzwerkprozesse zurück. Es wäre somit falsch, davon auszugehen, daß sich der Tausch von Ressourcen im Netzwerk frei und ungehindert vollzieht.

Die Handlungsmöglichkeiten im Sinne eines nutzenmaximierenden Verhandlungsprozesses zwischen den Akteuren wird – so betont die dritte analytische, die symbolisch-interaktionistische, Perspektive – auch durch die übergeordnete Problemlösungsphilosophie eines Politikfeldes geprägt, die in ideologischen Leitbildern und Überzeugungen wurzelt und einen abrupten Wechsel von einem Problemlösungsansatz zu einem ganz anderen nur in Ausnahmefällen zuläßt.[2] In der Regel vollziehen sich Veränderungen in den Problemlösungsphilosophien nur in schrittweisen, sachten Umorientierungen, zumal wenn sie sich den „Core Belief Systems" nähern (Sabatier 1988). Wenn die Netzwerk-Akteure Lösungen aushandeln, bewegen sich ihre Handlungsstrategien im allgemeinen im Rahmen des Wertekonsensus dieser etablierten Problemsichten.

Schließlich fließen in die Policy-Netzwerkanalyse die Frageperspektiven und die Begrifflichkeit der Policy-Analyse ein, d.h. es werden politikfeld- und issue-spezifische Untersuchungen durchgeführt sowie das Netzwerkhandeln und die Akteurskonstellationen nach den verschiedenen Phasen des Policy-Zyklus differenziert.

Indem die Netzwerk-Analyse diese verschiedenen Erklärungsperspektiven verbindet, setzt sie sich dem Vorwurf eines analytischen Eklektizismus aus. Jedoch läßt sich einwenden, daß analytische Verbindungen von Rational-Choice-Ansätzen und Institutionalismus, die auf die institutionelle Ermöglichung und gleichzeitige Beschränkung von rationalem Handeln abheben (Heiner 1983; Elster 1985; Windhoff-Héritier 1991), häufig und sinnvoll sind. Ebenso leicht läßt sich ein Ordnungsraster, wie die Policy-Analyse es in Form ihres Zyklusmodells und der Politikfeldorientierung anbietet, leicht integrieren. Ein wirklich anders orientierter Erklärungsansatz für das Handeln von Netzwerk-Akteuren ist einzig die Einbeziehung von kulturellen Problemlösungstraditionen in ein Policy-Netzwerk. Jedoch lassen sich die drei Erklärungsperspektiven im Elsterschen Filtermodell verbinden: Institutionelle Vorgaben und „belief-systems" grenzen im Sinne eines dreifachen Filters die Wahlmöglichkeiten von Individuen ein (Majone; Nullmeier in diesem Band; Windhoff-Héritier 1991). Sicher ist ein solch

---

1   Erst Regeln und institutionelle Vorgaben ermöglichen überhaupt eine rationale Auswahl unter unendlich vielen Möglichkeiten (Heiner 1983).
2   Die Behandlung des Drogenproblems mittels einer therapeutischen und strafrechtlichen Strategie wird beispielsweise selten direkt durch eine Marktstrategie des freien Verkaufs von Drogen abgelöst.

multi-analytischer Ansatz nicht „sparsam und elegant", kommt jedoch der „unordentlichen" politischen Wirklichkeit näher.

3. Die Anwendung der Policy-Netzwerkanalyse im Kontext der Europäischen Gemeinschaft

Typische Netzwerkmerkmale wie die Sektoralisierung von Politik, deren funktionelle Differenzierung und Inkohärenz, die Dominanz korporativer Akteure in einem horizontalen Beziehungsgeflecht interorganisatorischer Beziehungen auf der Basis von Verhandlungen (Mayntz, in diesem Band S. 47; Kenis/Schneider 1991) lassen die Europäische Gemeinschaft als geradezu ideales Anwendungsgebiet der Policy-Netzwerkanalyse erscheinen (Schumann, in diesem Band S. 394-431).
Jedoch zeichnen sich auch einige Besonderheiten national-suprastaatlicher integrierter Policy-Netzwerke ab, die hier aus den Ergebnissen eines empirischen Forschungsprojekts abgeleitet werden[3], das die Veränderung von Politikmustern im Rahmen der Europäischen Gemeinschaft in drei Ländern (Großbritannien, Frankreich, Bundesrepublik Deutschland) im Bereich regulativer Politik (Luftreinhaltepolitik) untersucht. Diese sollen in ersten vorläufigen Überlegungen erörtert werden.
Bei den europäischen Netzwerken in der regulativen Politik[4] fällt im Vergleich zu nationalen Policy-Netzwerken eine *geringere Stabilität*, eine höhere *Akteursfluktuation* und ein geringer Grad der Institutionalisierung auf. Dieser Umstand liegt zum einen darin begründet, daß die Netzwerke relativ jungen Datums sind (in der Umweltpolitik sind sie rund 20 Jahre alt), zum anderen aber vor allem darin, daß sie in erster Linie Netzwerke der *Politikformulierung* sind. Sie dienen der Gestaltung neuer Maßnahmen der europäischen Politik, sind daher naturgemäß von begrenzter Dauer und formieren sich je nach der anstehenden Entscheidungsfrage neu. Die Dauerhaftigkeit von Netzwerken fließt jedoch wesentlich aus den eingeschliffenen Interaktionsmustern der *Implementation*. Die Durchführung der europäischen Politik liegt jedoch bei den einzelnen Mitgliedstaaten.

So finden sich beim Entwurf von Direktiven in der Luftreinhaltepolitik – je nach Entscheidungsfrage – unterschiedliche und wechselnde Koalitionen zwischen Kommission, nationalen Administrationen, nationalen Industrieverbänden, europäischem Dachverband u.a.m. Im Ministerrat demgegenüber besteht häufiger eine Koalition der „grünen" Mitgliedstaaten (Bundesrepublik, Dänemark, Luxemburg, Niederlande), wenn es um die Verschärfung technischer Vorschriften und strengerer Grenzwerte geht. Dagegen stoßen wir auf die wechselseitige politische Unterstützung von Großbritannien und Frankreich, wenn es sich um die prozedurale Regelung einer Kontrolle administrativer und industrieller Entscheidungsprozesse durch die Öffentlichkeit handelt. Die Durchführung mit ihren stabilen Netzwerkstrukturen ist in allen Fällen davon abgekoppelt und liegt auf der nationalen Ebene (Héritier 1993).

---

3 DFG-Forschungsprojekt „Transformation nationaler Politikmuster unter dem Einfluß der Europäischen Gemeinschaft", Universität Bielefeld. Projektleitung: Adrienne Héritier; Mitarbeiter: Martina Becka, Christoph Knill, Susanne Mingers.
4 Regulative Politik erstreckt sich zum einen auf die Eindämmung negativer Folgen, die aufgrund wirtschaftlicher und privater Tätigkeiten für Dritte erzeugt werden; zum anderen befaßt sie sich mit der Regelung von Marktzugangschancen und Marktverhalten.

Einschränkend sei erwähnt, daß die geringe Netzwerk-Stabilität typisch für die regulative Politik ist und weniger für Leistungsprogramme gilt, bei denen sich zum Teil relativ verfestigte Strukturen von Verhandlungskartellen und Leistungsempfängern finden, wie beispielsweise in der Forschungs- und Technologiepolitik (Grande 1993). Gerade der Unterschied macht jedoch deutlich, daß die Integration von Implementationsakteuren zur Konsolidierung von Policy-Netzwerken dient, sind die Akteure der stabilen Empfängerkartelle doch die Unternehmen, die gleichzeitig auch die Politik durchführen.

3.1 Typische Netzwerk-Akteure

In den Politiknetzwerken der Europäischen Gemeinschaft treffen wir typischerweise auf korporative Akteure, meist bürokratischer oder verbandlicher Natur, seltener aus demokratisch gewählten Körperschaften. Im Unterschied zu nationalen Netzwerken findet sich auf der europäischen Ebene jedoch relativ häufig der Typ des *intergouvernementalen Akteurs*, der die einzelnen Mitgliedstaaten-Interessen repräsentiert und keine eigene korporative Identität entwickelt hat (Coleman 1974; Schneider, Werle 1989). Wichtige europäische Akteure wie der Ministerrat setzen sich aus Vertretern von 12 verschiedenen nationalen Netzwerken zusammen. Dies trifft auch für nichtstaatliche Akteure auf der europäischen Ebene zu; so stellen die meisten europäischen Verbände Foren und keine korporativen Akteure dar (Kohler-Koch 1992). Da die Mitglieder von Verbänden in Europa oft in intensivem Wettbewerb miteinander stehen, ist es nicht verwunderlich, daß viele von ihnen nicht als korporative Akteure und effektive Kanäle der Interessenvertretung fungieren (Mazey/Richardson 1993: 8).

Allerdings lassen sich bei den Interessenverbänden in dem Ausmaß der Europaorientierung durchaus Unterschiede konstatieren (Kohler-Koch 1992). Im Bereich der Luftreinhaltepolitik beispielsweise fällt auf, daß die Umweltorganisationen auf europäischer Ebene leichter Koalitionen bilden können, weil sie ein gemeinsames Ziel haben und nicht – wie die Akteure in den europäischen Industrieverbänden – um einen Marktanteil konkurrieren (Mazey/Richardson 1993: 15).

In den meisten europäischen Politikfeldern dominiert jedoch das intergouvernementale Element. So verstehen sich die vielen Kommissionen und Arbeitsgruppen zur Vorbereitung der europäischen Gesetzgebung vorrangig als intergouvernementale Einrichtungen, die neben professionellen Policy-Interessen die Anliegen der Mitgliedstaaten vertreten.

Die relative Häufigkeit intergouvernementaler Akteure hängt unmittelbar mit dem zentralen Merkmal europäischer Policy-Netzwerke zusammen: deren Vielfalt und Heterogenität.

3.2 Strukturmerkmale europäischer Netzwerke

Als besondere Strukturmerkmale eines europäischen Netzwerkes fallen dessen *Heterogenität* und *Mehrstufigkeit* bei gleichzeitiger relativer Herausgehobenheit oder *Zen-*

tralität eines Akteurs (der Kommission) auf, wobei die beiden ersten Aspekte den letzteren bedingen. Das Verhältnis der Policy-Netzwerke zueinander muß als segmentiert und inkohärent bezeichnet werden.
Die *Vielfalt* europäischer Policy-Netzwerke im Hinblick auf die Problemsicht, Problemlösungsphilosophien, Strategien und Interessen, die die Netzwerk-Akteure vertreten, unterscheidet diese von den relativ homogenen nationalen Policy-Netzwerken. In den letzteren stoßen zwar auch unterschiedliche Problemsichten, Lösungsansätze und Interessen aufeinander, jedoch nicht in dieser Vielfalt und Intensität. Im nationalen Netzwerk wird die Problembearbeitung durch ein tradiertes Identitäts- und Problemlösungsbewußtsein erleichtert. Diese sind in der Regel „... firmly rooted in nationally specific legal, political and administrative institutions which have been outcomes of long historical processes and which have shown great persistence over time ... Culture is ... embedded in legal and administrative institutions and the latter in turn buttress these cultural values, making them so enduring" (van Waarden 1992: 23). Um so resistenter erweisen sich diese nationalen Problemlösungstraditionen gegenüber Versuchen einer europäischen Angleichung und Nivellierung, zumal es eine europäische Problemsicht und europäische Öffentlichkeit nicht gibt und die Einstimmigkeitsregel es erlaubt, an der eigenen „Andersartigkeit" festzuhalten.
Eine quasi nicht-existente normativ-ideologische Identifikation mit Europa erschwert die Bemühungen um einen kollektiven Output in den Verhandlungen der Policy-Netzwerke in ihrer zwölffachen Vielfalt (Wallace 1983: 420). Offensichtlich reicht das Ziel eines integrierten Marktes für eine normative Integration nicht aus. Angesichts dieser multinationalen Heterogenität erfüllen die Euro-Netzwerke eine wesentliche Informationsfunktion und kompensieren ansatzweise das Strukturdefizit einer fehlenden europäischen Öffentlichkeit (Streeck, Schmitter 1991). Da es sich jedoch oft um hoch spezialisierte und komplexe sog. „Low Politics" (im Unterschied zu den mobilisierenderen und symbolträchtigeren „High Politics") handelt, sind deren identitätsbildenden Funktionen enge Grenzen gesetzt. Denn wieviel politische Mobilisierung und wieviel europäisches Bewußtsein kann schon eine Debatte um die Reduktion von Schwefeldioxid-Emissionen aus Kraftwerken, eine Debatte um die Maschinenrichtlinie im Arbeitsschutz oder um Bananenpreise generieren?
Zur Spezialisierung, Fragmentierung und zum technisch-komplexem Charakter vieler Maßnahmen tritt darüber hinaus die Tatsache, daß aufgrund der schwach ausgebildeten Kompetenzen des Europäischen Parlaments keine „interessante" Bühne für eine öffentliche Politikberatung oder Policy-Deliberation vorhanden ist, die als Basis für die Rechtfertigung europäischer Politik sowie als Basis für die Entwicklung von Ideen und Argumenten (Majone, in diesem Band S. 111) dienen könnte.
Dies wäre um so wichtiger, weil wegen des fehlenden europäischen Implementations-Unterbaus eine europäische Policy-Maßnahme – noch mehr als eine nationale Maßnahme – als „incomplete contract" (Milgrom, Roberts, nach Majone, in diesem Band S. 108) zwischen den wichtigsten Netzwerk-Akteuren zu verstehen ist, der von Unsicherheit umgeben ist. „... Wenn Vereinbarungen unvollständig sind, erfüllen gemeinsame Wertvorstellungen über den 'Sinn' der Vereinbarungen eine wichtige Rolle, soll die Kooperation aufrechterhalten werden" (Majone, in diesem Band S. 108). Andernfalls können, wenn die Vertragspartner sich nicht an die ursprünglichen Konditionen halten, sich die ex post-Transaktionskosten (Le Grand, in diesem Band S. 238) als sehr hoch

erweisen. Eine attraktive Bühne für die Produktion und Debatte gemeinsamer Ideen und Lösungen, die einem „opportunistischen" Verhalten (Williamson 1979) bei vage definierten Verträgen entgegenwirken, bietet sich jedoch den Akteuren in den segmentierten europäischen Netzwerken nicht.

Vielmehr ist den europäischen Policy-Netzwerken zunächst eine strukturinhärente Rivalität von Problemsichten und Lösungsansätzen eigen, die mühsam zu einem Ausgleich gebracht werden bzw. in denen je nach Aushandlungssituation, Aufmerksamkeit und Expertenwissen manchen Mitgliedstaaten eine Problemlösungssicht und -lösungsstrategie von anderen auferlegt werden.

So finden wir in unserem Untersuchungsbereich, der Luftreinhaltepolitik, hinsichtlich industrieller Emissionen einen kulturellen Konflikt zwischen dem britischen und deutschen Problemlösungsansatz. Sowohl die Problemdefinition als auch die regulativen Interventionsstrategien sind unterschiedlich. Während die Briten ein Problem der Luftverschmutzung erst dann sehen, wenn eine Kausalität zwischen Schadstoffen in der Luft und einem Schaden für die menschliche Gesundheit und die natürliche Umwelt wissenschaftlich nachgewiesen ist, präsentiert sich aus deutscher Sicht ein Problem und ein entsprechender Handlungsbedarf schon, wenn ein gewisses Maß an Schadstoffen in der Luft konstatiert wird.

Während die Briten einen immissionsorientierten Interventionsstil, der an Luftqualitätsnormen mit flexiblen Durchführungsmethoden orientiert ist, praktizieren, pflegen die Deutschen einen Interventionsstil, der emissionsorientiert und stark verrechtlicht ist und den Stand der Technik zugrundelegt (Héritier 1993).

Aufgrund dieser Vielfalt der Gemeinschaft entfaltet sich im suprastaatlichen Netzwerk ein intensiver Wettbewerb um die Definition des Problems, der Problemlösungsphilosophie und der sich daraus ergebenden Form der Regulierung, bevor es zu Verhandlungen über einen kollektiven Output kommt. Die Folge ist, daß eine Regelung im Sinne einer negativen Koordination und keine Problemlösung oder positive Koordination (Scharpf 1991) zustandekommt. Allerdings gibt es einige Mechanismen, wie die wechselseitige Unterstützung der an einer strengen Regulierung interessierten Akteure und das Schnüren von Paketlösungen, die geeignet sind, über eine reine Negativkoordination hinauszugelangen.

Die Vielfalt der Akteure in den europäischen Netzwerken steigert sich noch einmal erheblich, wenn die *Mehrebenen-Struktur* eines Mitgliedstaates in horizontaler Hinsicht in Betracht gezogen wird. Die Verwendung des Netzwerk-Begriffs ist hier sehr hilfreich, weil er von der „Layer Cake"-Sicht dieser verschiedenen Ebenen wegführt und den Blick auf neue Interaktions- und Koalitionsmöglichkeiten über alle horizontalen Ebenen, aber auch über funktionale Differenzierungen und Ländergrenzen hinweg, richtet. Die sich neu bietenden Koalitionsmöglichkeiten im gesamten europäischen Netzwerk eröffnen Chancen der Zusammenarbeit von Experten, die eine problemlösende, positiv koordinierende Perspektive favorisieren können. Die „regulatory zealots", Akteure aus hochregulierenden Ländern, die an professionellen Kriterien orientiert sind, können sich wechselseitig unterstützen, damit eine rein negative Koordination in der Tendenz überwinden (vgl. Mayntz in diesem Band). So arbeiten in manchen Arbeitsgruppen der Kommission Experten aus den streng regulierenden Ländern, die über mehr Wissen verfügen, zusammen und können (unter den Rahmenbedingungen von Zeitknappheit) die Entscheidungen inhaltlich stärker beeinflussen als die weniger interessierten Ländervertreter (Eichener 1992). Allerdings wird der regulative Eifer dadurch wieder etwas gedämpft, daß die Mitgliedstaaten den ambitionierten Fachpolitikern Experten aus dem Wirtschafts- und Finanzministerium zur Seite stellen, die auf Kosten-Nutzen-Aspekte achten (Interview Bundesumweltministerium, Juli 1993). Die Handlungsverflechtungen zwischen nationalem und suprastaatlichem Netzwerk können als „nested games" (Tsebelis 1990) interpretiert werden. „... The game in the principal arena is nested inside a bigger game, where the rules of the game themselves are variable; in this game, the set of available options is considerably larger than in the original one. The actor is now able to choose from the new set a strategy that is even better than his best option in the initial set" (Tsebelis 1990: 8).

Im Rahmen unseres Forschungskontextes finden wir ein aktives „networking" zwischen den britischen Gemeinden und Gemeindeverbänden (Local Authorities Management Board; Association of Metropolitan Authorities) und dem Europäischen Umweltbüro, um in Umweltschutzfragen Druck auf Whitehall im Sinne einer gewissenhaften Implementation der EG-Direktiven auszuüben und Einfluß auf die Gestaltung neuer umweltpolitischer Gemeinschaftsmaßnahmen zu nehmen, die strengere Optionen ermöglichen als Großbritannien sie selbst bietet.
Auch in der Bundesrepublik wandten sich lokale Umweltorganisationen an die Europäische Kommission, um eine Stadt zu einer – nach EG-Vorschriften – korrekten Messung von Luftschadstoffen zu veranlassen.
In Frankreich stellt ein Umweltverband in der Region Nord Pas-de-Calais der Kommission jedes Jahr Meßergebnisse von industriellen Schadstoffen zur Verfügung, die diese mit denjenigen der Behörde, der DRIRE (Direction Régionale de la Recherche de l'Industrie et de l'Environnement) vergleicht, um die Implementation von EG-Direktiven zu kontrollieren. Auch werden Fälle genannt, in denen dieser Umweltverband sich direkt an den Präsidenten der Kommission wandte, um über Paris und den zuständigen Präfekten bzw. die zuständige DRIRE die Verminderung von Emissionen seitens einzelner großer Industriebetriebe zu veranlassen. Oder: Die Meßorganisation Air PARIF (Ile de France) richtete sich mit einem eigenen strengen Meßkonzept an die Kommission in Brüssel, um dieses als Modell für eine europäische Gesetzgebung anzubieten. Dieser Vorschlag wurde von der Kommission interessiert aufgegriffen mit dem Ergebnis, daß die heutige Direktive über die Evaluierung und Kontrolle von Luftqualität der Europäischen Gemeinschaft nach dem Modell der Ile de France gestaltet ist.
Interessant ist es nun zu sehen, daß die Kommission aktiv die direkte Verbindung zu Kommunen, Umweltverbänden und subnationalen Akteuren fördert, weil diese sich in die gegenwärtig dominierende Strategie einer Effektivitätssteigerung europäischer regulativer Politik einfügt; diese läßt sich als Verbindung von Zielvorgabe, flexibler Durchführung plus 'Mobilisierung von unten' umreißen. Sie beruht auf der Vorgabe von immissionsorientierten Luftqualitätszielen, deren Verwirklichung nach dem Subsidiaritätsprinzip den Einzelstaaten obliegt. Da die Europäische Gemeinschaft jedoch auf der strengen und differenzierten Messung der Luftqualitätswerte und deren Veröffentlichung (Access to Information Directive, Eco-Auditing, Evaluation and Monitoring of Air Quality Directive) besteht, bietet dies eine günstige Einstiegsmöglichkeit für Verbände und die aufmerksame Öffentlichkeit, Umweltqualität zu überwachen, und sich bei Nicht-Implementation an die Kommission bzw. den Gerichtshof zu wenden und Druck auf die nationalen Implementeure auszuüben (Héritier 1993). „Das System funktioniert nur, wenn Druck von unten gemacht wird. Und dies ist der Fall" (Interview Europäische Kommission, DG XI, März 1993).
Diese Strategie der Kommission wird in jüngster Zeit durch ein neues Element ergänzt: das Angebot an Unternehmen, auf freiwilliger Basis im Bereich der Luftreinhaltepolitik – auf einer privatrechtlichen Vertragsbasis – tätig zu werden. Da im Rahmen des Subsidiaritätsprinzips die direkten Interventionsmöglichkeiten der Kommission beschränkt sind, stellt sich diese Kooperation auf freiwilliger Basis als eine plausible Strategie dar, europäische Einflußmöglichkeiten dennoch auszuweiten. Beispiele für diese Kooperation sind die Oeko-Bilanz-Direktive, die Oeko-Label-Verordnung sowie das geplante Emissions-Register. Die Kommission ist sich

sehr wohl bewußt, daß von der freiwilligen Mitwirkung auch ein „pull-effect" auf die anderen Unternehmen ausgeht. Beteiligt sich ein Unternehmen nicht auf freiwilliger Basis, so erhebt sich schnell die Frage, ob es emissionsmäßig „etwas zu verbergen hat" (Interview Europäische Kommission, DG XI, Sept. 1993).

Aus der Sicht der einzelnen Mitgliedstaaten werden diese der formalen Zuständigkeitsstruktur entgegenlaufenden Netzwerk-Beziehungen zum Teil als „Störung" ordentlicher und systematischer Verwaltungsverfahren betrachtet.

So beklagen deutsche Industrielle und Vertreter der Gewerbeaufsicht, daß die Umweltverträglichkeitsprüfung und das Eco-Auditing ein ordentliches Verfahren nach der TA-Luft stört und Ausweichmöglichkeiten eröffnet (Interview DIHT, April 1993). Aus französischer Sicht werden administrative Verfahren, die eine ganzheitliche Sicht der rechtlichen Probleme im Sinne einer „rechtlichen Hierarchie" berücksichtigen, durch „un lot de spécialistes qui participent régulièrement aux consultations effectuées par la Commission" (Guillaume 1992: 443) in Frage gestellt.

Analytisch gesehen schärft die Netzwerkanalyse somit den Blick dafür, daß sich im europäischen Rahmen auch „Fachkumpaneien" (Wagener 1978) zwischen „Policy-Advocates" oder ungewöhnliche Koalitionen zwischen nationalen, subnationalen und suprastaatlichen Akteuren ergeben können, die durch ähnliche Fach- und sektorale Interessen verbunden und daher an der Förderung einer spezifischen Politik interessiert sind. Die Verwendung der Netzwerk-Analyse bei der Untersuchung von Politikprozessen in der Europäischen Gemeinschaft zwingt also, von der schematischen Mehrebenenanalyse abzugehen und den Blick auf neue und unerwartete Koalitionen zu richten. Das suprastaatliche Netzwerk bietet für nationale wie subnationale Akteure neue strategische Optionen, auch innerhalb des *nationalen* Handlungsrahmens; neue Problemlösungsperspektiven, die auf nationaler Ebene nicht vorhanden sind, rücken in den Bereich des Wählbaren.

Die Vielfalt der Akteure hängt unmittelbar mit einem weiteren Struktur-Aspekt europäischer Policy-Netzwerke zusammen, in dem diese tendenziell von nationalen Netzwerken abweichen: die *Zentralität eines Akteurs*, der Europäischen Kommission. Die Heterogenität der im Netzwerk interagierenden Akteure mit ihren divergierenden Problemsichten, Regulierungsstilen und Interessen zieht zwangsläufig eine Erhöhung des Gewichts der Kommission nach sich. Natürlich fließt diese Zentralität in einem gewissen Maß auch aus der Notwendigkeit, nationale Policies als solche anzugleichen, also der selbstgesetzten Aufgabe der EG. Institutionelle Regeln stützen diese zentrale Position der Kommission: „The initiative ... is in the hands of the Commission which gives it tremendous influence over the final shape of policy within the Community" (Peters 1992: 89). Im Vergleich dazu ist die formale Möglichkeit der Gesetzesinitiative in den nationalen Netzwerken breiter gestreut.

Aufgrund ihrer zentralen Position ist die Kommission die zentrale Adressatin von Lobby-Aktivitäten bei der Vorbereitung von Gesetzen und kann selbst nationale Experten und Interessenverbände nach Belieben auffordern[5], sich an der Erarbeitung

---

5 Diese beliebige Auswahl von Consultants und Experten durch die Kommission wird häufig kritisiert und hat dazu geführt, daß gegenwärtig eine Institutionalisierung des Zugangs von Interessenten zur Kommission diskutiert wird (Interview DG XI, Europäische Kommission, März 1993).

von Direktiven-Entwürfen zu beteiligen. Damit fungiert sie selbst auch als Netzwerk-Architektin. Dies geschieht nicht in einer institutionalisierten und systematischen Form. „... The Commission's approach to consultation has been essentially pragmatic and unplanned" (Mazey/Richardson 1993: 10). Ein Grund dafür ist die intergouvernementale Natur der europäischen Verbände mit ihrem Forums-Charakter und eine sich daraus ergebende Schwäche. Kommissionsbeamte „... faced with the need to get on with the job and to solve practical problems ... frequently consult directly with national groups and individual firms ... As one official explained to us, he could get dozens of pages of relevant information from his contacts with companies by fax within hours, whereas the relevant Euro-association would take several weeks to produce a few pages of rather routine data which it would have to gather and reprocess from its member firms!" (Mazey/Richardson 1993: 10/11).

Unsere Interviews in dem Generaldirektorat XI ergeben, daß die Abordnung nationaler Experten (für maximal drei Jahre) von der Kommission in die Wege geleitete wird, indem diese sich an nationale Verwaltungen wendet. Die Tatsache, daß der Zugang von Consultant Firmen zur Kommission zur Ausgestaltung von Direktiven-Entwürfen institutionell nicht geregelt ist, gibt häufig Anlaß zu Klage. So beschweren sich deutsche Verbandsvertreter darüber, daß die Auswahlkriterien der Kommission nicht nachvollziehbar sind und deutsche Experten zugunsten englischer und französischer Firmen systematisch benachteiligt würden (Interview Deutscher Eisenhüttenverband, April 1993). Das Generaldirektorat XI versucht allerdings gegenwärtig, den Konsultierungsprozeß ein Stück weit zu systematisieren, indem in einem 'Umweltforum' die konkurrierenden Interessen zusammengebracht werden (Mazey/Richardson 1993: 16). Auch existieren in der Kommission insgesamt seit 1993 Richtlinien, um einen gleichmäßigen Zugang von Verbänden und mehr diesbezügliche Transparenz zu schaffen (Interview Europäische Kommission, DG XI, Sept. 1993).

Aus dem „Interest Overload", der sich aus dem Umstand ergibt, daß der Zugang zur Kommission für Firmen und Verbände unterschiedlichster Art offen ist, folgt eine gewisse Unberechenbarkeit und geringe Prognostizierbarkeit der gesetzgeberischen Aktivitäten der Kommission (Interview Department of Environment, London, Sept. 1993): „... A game in which almost everyone can play is extremely difficult to control or predict, let alone win ... This extreme openness of the bureaucracy is part of the cause of the sometimes quite radical shifts in policy direction as directives pass through subsequent drafts, following diverse representations from interests in different Member-States. As participation is unpredictable, so are policy outcomes" (Mazey/Richardson 1993: 12).

Häufig bestimmt eher der Zufall, wie das obige Air PARIF (Ile de France) zeigt, wer einen Direktiven- oder Verordnungsvorschlag auf die europäische Gesetzgebungsschiene schiebt und aufgrund schon vorhandener nationaler Erfahrung besonderen Einfluß nimmt.

Auch aus dem „Interest Overload" entwickelte sich die für europäische Netzwerke typische Funktion des „lobbying consultant", des bezahlten Vermittlers von Kontakten zur Kommission (Mazey/Richardson 1993: 14).
Die Position der Kommission wird auch dadurch gestärkt, daß sie als einzige einen Überblick über die Vielzahl der entstehenden rechtlichen Regelungen hat (Schumann, in diesem Band S. 402). Überdies kann sie die Entscheidungs-Agenda und in einem gewissen Umfang die zu verwendende Entscheidungsregel (Mehrheitsprinzip oder

Einstimmigkeitsprinzip) bestimmen. Die wieder häufigere Anwendung des Mehrheitsprinzips im Ministerrat hat den Einfluß der Kommission erhöht (Schumann, in diesem Band S. 402). Auch bestimmt sie nicht nur weitgehend den Inhalt eines Gesetzgebungsvorschlags (Eichener 1992), sondern auch den Zeitpunkt seiner Vorlage und dessen Verknüpfung mit anderen Entscheidungsvorschlägen. Vielfalt der Netzwerkstruktur, Heterogenität und Unübersichtlichkeit der Policy-Initiativen und Zentralität der Kommission bedingen sich also wechselseitig.

Die Zentralität der Position der Kommission darf jedoch nicht darüber hinwegtäuschen, daß dieser zentrale Akteur im Kern der Gemeinschaft selbst aber auch sektoral segmentiert ist. Dieses Merkmal teilt die Kommission zwar mit nationalen Bürokratien, nur erfolgt innerhalb der Kommission keine Integration über Regierungs- und Koalitionsprogramme. Vielmehr werden die sektoralen Politikegoismen noch durch nationale Identifikationen mit einzelnen Portfolios verstärkt. Auch existieren keine einheitlichen administrativen Rekrutierungs- und Ausbildungsverfahren, die die Entwicklung einer gemeinsamen kulturellen Orientierung und eines gemeinsamen Wissenshintergrunds der Kommissionsbeamten (Mazey/Richardson 1993: 6) begünstigen.

Dieser Aspekt verweist unmittelbar auf den letzten Struktur-Aspekt europäischer Policy-Netzwerke: Sie sind im Verhältnis zueinander *segmentiert* und *fragmentiert*. Dies ist zum einen auf den häufig technischen und hochkomplexen Charakter der zu regelnden Materien zurückzuführen, der sich aus dem Ziel des Abbaus von Zollschranken und nicht-tarifären Hemmnissen ergibt. Jedoch sind auch institutionelle Gründe für den Mangel an Kohärenz verantwortlich: Im Unterschied zu nationalen Policy-Netzwerken findet auf der europäischen Ebene keine annähernde Integration verschiedener Politikmaßnahmen über Parteiprogramme statt, die nationalen Wahlen zugrundeliegen, aus denen Regierungen hervorgehen, die dann Regierungsprogramme formulieren und/oder Koalitionsverträge abschließen. Kohärenz wird zwar durch den Europäischen Rat angestrebt; jedoch kommt bei ihm das intergouvernementale Selbstverständnis stark zum Tragen. Statt dessen finden wir eine situative „Verhandlungskohärenz", die aus dem Schnüren von Paketen über unterschiedliche, nicht miteinander verbundene Politiksektoren hinweg erwächst. Das Ziel dieser Verhandlungslösung ist es, die Zustimmung zu bestimmten Maßnahmen über zeitlich und sektoral unterschiedlich verteilte Benefits sicherzustellen. So kann der Europäische Rat (nicht die Fachräte) versuchen, wenn in einem einzelnen Politikfeld kein Konsens erzielt wird, durch die Konstruktion eines Pakets und die Zusammenbindung der verschiedensten Policies einzelnen Maßnahmen zur politischen Durchsetzung zu verhelfen. Jeder beteiligte Akteur „... has to accept the package or kill the bill along with his own project. There is no possibility of defection by one without triggering the immediate and automatic retaliation by the rest" (Tsebelis 1990: 110). Das Schnüren von solchen sektorenübergreifenden Policy-Paketen führt zu einer vorübergehenden drastischen horizontalen Erweiterung von Policy-Netzwerken in der Phase der Politikformulierung. Später, wenn die Maßnahme verlängert wird, fällt die erleichternde Entstehungsbedingung des „Package Deal" jedoch weg (Schumann, in diesem Band S. 414).

Die Segmentation von Politik wird darüber hinaus durch den institutionellen Umstand verstärkt, daß das Organ, das legislative Funktionen hat (die Räte der Fachminister), faktisch als sektorales Parlament funktioniert.

3.3 Typische Prozeßaspekte

Drei Prozeßaspekte sollen hier hervorgehoben werden, die alle unmittelbar aus der Vielfalt des suprastaatlichen Gebildes fließen und in europäischen Policy-Netzwerken verstärkt vorhanden sind: die *Möglichkeit* eines vollständigen oder partiellen *Exit*, das *kompetitive* Element sowie die *Verquickung von prozeduralen und substantiellen Fragen*. Die Interaktion in Netzwerkprozessen wird durch Verhandeln bestimmt, Verhandeln, das entweder mehr an der Wahrung eigener Interessen oder einer gemeinsamen Problemlösung orientiert ist. Netzwerke können „... einen qualitativ anderen Typus von Sozialstruktur repräsentieren, der durch eine Kombination von Elementen der beiden anderen grundlegenden Ordnungsformen (Markt und Hierachie, A.W.-H.) charakterisiert wird, nämlich das auf der einen Seite für Märkte typische Vorhandensein einer Vielzahl von autonom Handelnden und auf der anderen Seite die für Hierarchien typische Fähigkeit, gewählte Ziele durch koordiniertes Handeln zu verfolgen" (Mayntz, in diesem Band S. 44). Diese Koordination im Hinblick auf einen gemeinsamen Output wird in dem suprastaatlichen Netzwerk durch den Umstand erschwert, daß zum Teil die Möglichkeit des „*Exit*" aus dem europäischen Netzwerk besteht (wie das englische Ausscheren aus dem Europäischen Währungsverbund oder die Ablehnung der Sozialcharta zeigt). Im Unterschied dazu ist ein Exit aus nationalen Policy-Netzwerken, bei denen wir es häufig mit einer Art von Zwangsverhandlung (Scharpf 1993)[6] zu tun haben, schwieriger. Auch bestehen im Euro-Netzwerk Chancen des *partiellen Opting-Out* oder der *gestaffelten Verbindlichkeitserklärung* von kollektiven Entscheidungen, d.h. diese können sowohl in ihrer inhaltlichen als auch zeitlichen Extensivität nach Ländern abgestuft werden.

So wurden beispielsweise Großbritannien und Spanien im Rahmen der Großfeuerungsanlagen-Direktive 1988 individuelle Schwefeldioxid-Reduktionsziele auferlegt: Großbritannien 20% bis 1993 (Basisjahr 1988), 40% bis 1998, 60% bis 2003. Spanien als spät industrialisierendem Land wurde das Recht eingeräumt, neue, auf fossilen Brennstoffen basierende Energiekapazität *ohne* strenge Kontrollen bis 2000 aufzubauen (Boehmer-Christiansen/Skea 1991: 246).

Die Verhandlungsprozesse werden natürlich durch die Einbettung in bestimmte Verfahrensregeln (Einstimmigkeits- oder Mehrheitsprinzip) beeinflußt. Das Einstimmigkeitsprinzip erlaubt es jedem einzelnen, Veto-Positionen einzunehmen und Einigungsdruck auszuüben, was häufig zu den erwähnten Paketlösungen führt. Das Mehrheitsprinzip erzwingt eine Koalitionsbildung, um die erforderliche Mehrheit von 54 Stimmen zu erreichen.

Die Beliebigkeit der Exitmöglichkeiten wird jedoch durch die Tendenz abgemildert, daß sich in den europäischen Politiknetzwerken auch eine institutionelle Eigendynamik entwickeln kann, die wie ein Zwang wirkt, beim prozeduralen Verhandlungsspiel in der Europäischen Gemeinschaft „dabei zu sein" und nicht abseits zu stehen. Beteiligtsein wird dann zum Wert an sich und sorgt für eine milde Form institutioneller Kohärenz, die sich auch in Sachpositionen niederschlagen kann. „If countries risk becoming isolated by bargaining too hard on an issue, they may be made compromising and become more willing to accept some short-term losses to perceived national

---

6 Fritz W. Scharpf 1993: mündliche Kommunikation.

interests so as to avoid losing a vote publicly. Further, if one country was to lose frequently, it would risk becoming a pariah within the Community and losing even more power and influence with other countries; it might simply not be trusted as a reliable coalition partner" (Peters 1992: 85). Mit anderen Worten, Blockadeverhalten und Exit in einzelnen Entscheidungsfragen sind Grenzen gesetzt und es gibt einen „Konflikt zwischen Konflikten": „... Individuals are able to be engaged in lesser conflicts ... only if they are not involved in conflicts which, for them, are more important" (Kellow 1988: 720).

Diese institutionelle Eigendynamik wurde beispielsweise deutlich, als die Großfeuerungsanlagen-Direktive in den 80er Jahren verhandelt wurde. Großbritannien gab – allerdings auch aus innenpolitischen Erwägungen – nach 5-jährigen Verhandlungen und zunehmender Isolierung unter den Mitgliedstaaten schließlich 1988 seinen Widerstand gegen die Direktive auf (Héritier 1993).
Oder: Großbritannien stimmte der Direktive zur Reduktion von SO_2 und Schwebestaub (1980) als dem „lesser evil" zu, weil die Kommission sich bereit erklärte, gleichzeitig einen Direktiven-Entwurf über SO_2 in Schweröl zurückzuziehen.

Ein für regulative Politik-Netzwerke typischer Prozeßaspekt, der aus der oben beschriebenen Vielfalt des europäischen Kontextes fließt, ist eine ausgesprochen *kompetitive* Komponente, die man als „regulativen oder administrativen Wettbewerb" bezeichnen könnte: Die nationalen Verwaltungen konkurrieren auf der EG-Ebene um die Übertragung des jeweils eigenen Regulierungsstils, der eigenen Rechtstradition und der eigenen technischen Lösungen auf die suprastaatliche Ebene. Dieser Wettbewerb hat im Hinblick auf viele Mitgliedstaaten der Europäischen Gemeinschaft einen doppelten Effekt: Sie geraten zum einen in den Sog der Regulierung der anderen Mitgliedstaaten, zum anderen löst der europäische Wettbewerb bei einzelnen von ihnen den Wunsch aus, Innovationen im eigenen Land voranzutreiben, um „ahead of the pack" zu sein, alsdann im europäischen regulativen Wettbewerb zum 'Pace-setter' zu werden und den Vorteil „des ersten Schrittes" zu genießen. Oder anders gesagt: Die Mitgliedstaaten leben in der steten Antizipation dessen, was als Regulierung aus Brüssel kommen könnte. Um besser gerüstet zu sein und dem etwas entgegenzusetzen, wird national eine entsprechende Regulierung vorbereitet, um mit Hilfe dieser dann die Gemeinschaftspolitik besser beeinflussen zu können.

So wird im Bereich der Luftreinhaltepolitik insbesondere von seiten der Industrievertreter „la politique de la surenchère", eine Politik des sich wechselseitigen Hochbietens, beklagt: „C'est toujours: on a quelquechose qu'il faut que vous ayez absolument, vous aussi" (Interview Conféderation du Patronat Français, Juni 1993). Oder: Gegenwärtig werden durch die British Standard Institution eifrig Industrienormen produziert, um im Rahmen der Europäischen Normungsgremien CEN (Comité Européen de Normalisation) und CENELEC (Comité Européen de Normalisation Electrotechnique) den vielen deutschen Normen etwas entgegensetzen zu können (Interview DIN, April 1993).

Aus wirtschaftlichen Aspekten sind viele Mitgliedstaaten darauf bedacht, europäische Regulierungsvorschläge zu machen, um erstens Wettbewerbschancen der eigenen Industrie nicht zu beeinträchtigen, zweitens die Absatzchancen der eigenen Umwelttechnologieindustrie zu erweitern, um drittens weniger rechtliche Anpassungskosten zu haben (Héritier 1993), und viertens schließlich, um durch ein niedrigeres europäisches Regulierungsniveau nicht intern an Durchsetzungsvermögen gegenüber der eigenen Industrie zu verlieren (Interview Bundesumweltministerium, Juli 1993).

Ein dritter typischer Prozeßaspekt europäischer Netzwerke ist die Häufigkeit der Verquickung von prozeduralen oder „verfassungsentwickelnden" Fragen einerseits und *substantiellen Entscheidungsfragen* andererseits. Der Prozeß der Veränderung von Regeln, d.h. der Umverteilung der relativen Entscheidungsanteile von Netzwerk-Akteuren wird auf Schritt und Tritt in die Behandlung von Sachfragen eingebettet. Das heißt, das Bewußtsein für den Zusammenhang zwischen Regeln und Policy-Ergebnissen und die Interessenselektivität von Regeln (Schumann, in diesem Band S. 415; Tsebelis 1990) ist im supranationalen Kontext aufgrund der kompetitiven Vielfalt sehr ausgeprägt. Hinzu tritt der Umstand, daß die Europäische Gemeinschaft ein relativ junges politisches Gebilde ist, das sich im Zustand der Entwicklung befindet, und in dem alle Akteure versuchen, ihre relative Entscheidungsposition noch zu verbessern, dies typischerweise vermischt mit substantiellen Fragen. So zum Beispiel das Straßburger Parlament: „The European Parliament is involved in two political games simultaneously. In one, it influences the policies of the European Community ... The limitation on its powers led the Parliament to take part in a second game of attempting to assert its own powers and prerogatives vis-a-vis the other insitutions in the Community. These two games are very much interdependent" (Peters 1992: 92).

So stimmte Großbritannien beispielsweise der Schwefeldioxid-Direktive über industrielle Anlagen von 1984 nur unter der Bedingung zu, daß im folgenden die Grenzwerte in diesem Bereich nicht auf der Basis des Mehrheitsprinzips, sondern des Einstimmigkeitsprinzips verabschiedet würden (Boehmer-Christiansen/Skea 1991).

Dies trifft auch für die Kommission zu.[7] Natürlich gibt es in nationalen Policy-Netzwerken diese Verquickung von substantiellen und verfassungsentwickelnden Fragen auch, aber nicht in dieser gehäuften Form.

4. Fazit

Ist die Policy-Netzwerk-Analyse ein geeignetes Instrument, um europäische Entscheidungsprozesse zu analysieren? Die Frage ist zu bejahen, obwohl – im Vergleich zu nationalen Policy-Netzwerken – bestimmte Besonderheiten ins Auge fallen, die fast alle auf die Vielfalt europäischer Netzwerke zurückzuführen sind. Europäische Netzwerke in der regulativen Politik werden durch eine hohe Fluktuation der Akteure, eine geringe institutionelle Stabilität, die relative Häufigkeit intergouvernementaler Akteure, die gesteigerte Vielfalt der Netzwerk-Akteure mit divergierenden Zielen, eine schwache normativ ideologische Integration und die gleichzeitige Zentralität der Kommission sowie die Inkohärenz der Policy-Netzwerke im Verhältnis zueinander

---

7 Schumann weist darauf hin, daß beispielsweise die Verordnung über den „Schutz gegen gedumpte oder subventionierte Einfuhren aus nicht zur Europäischen Gemeinschaft gehörenden Ländern" die Einsetzung eines Beratenden Ausschusses aus Vertretern der Mitgliedstaaten, in Fragen der gemeinsamen Außenhandelspolitik vorsieht, also einem Bereich, dessen Implementation eigentlich der Kommission obliegt (Schumann, in diesem Band S. 416).

charakterisiert. Aus dem durchgehenden Zug der Vielfalt ergeben sich Konsequenzen für die europäischen Netzwerkprozesse: die leichtere Exit- und (partiellen) Opt-Out Möglichkeiten aus dem Netzwerk, eine ausgeprägte kompetitive Komponente, die den Verhandlungen zwischen den Netzwerk-Akteuren vorangeht und die Vermischung substantieller mit verfassungsentwickelnder Politik.

Die Vorteile des analytischen Instruments Netzwerkanalyse liegen u.a. darin, daß sie in der Lage ist, die Interaktionen und Koalitionsbildung bei der Politikentwicklung über die formale Ebenen-Unterscheidung zwischen privaten und öffentlichen Akteuren über die Länder- und Sektorengrenzen hinaus deutlich zu machen. Auch ermöglicht sie es, Trade-offs zwischen unterschiedlichen Policies und die Interessen der involvierten Akteure herauszuarbeiten, die dann eine Paketlösung tragen. Die Erklärungsperspektiven, die die Policy-Netzwerkanalyse unter der Annahme eines nutzenorientierten Akteurverhaltens, bei institutionell gesetzten Grenzen und Chancen sowie der Konstanz von Problemlösungstraditionen zusammenführt, erlauben eine umfassende Erklärung der Politikentwicklung auf europäischer Ebene, aber auch die Prognose des Verhaltens verschiedener Akteure bei der Gestaltung europäischer Politik in einzelnen Feldern.

Literaturverzeichnis

Aldrich, Howard E./Pfeffer, Jeffrey, 1976: Environment of Organizations, in: A. Inkeles/N. Smelser (Hrsg.), Annual Review of Sociology 11, 79-105.
Boehmer-Christiansen, Sonja/Skea, Jim, 1991: Acid Politics: Environmental and Energy Policies in Great Britain and Germany. London: Belhaven Press.
Coleman, James, 1974: Power and the Structure of Society. New York: Norton.
Döhler, Marian, 1990: Gesundheitspolitik nach der Wende: Policy-Netzwerke und ordnungspolitischer Strategiewechsel in den USA, Großbritannien und der Bundesrepublik. Berlin: edition sigma.
Eichener, Volker, 1992: Social Dumping for Innovative Regulation? Processes and Outcomes of European Decision-Making in the Sector of Health and Safety at Work Harmonization. Unveröffentlichtes Manuskript.
Elster, Jon (Hrsg.), 1985: The Multiple Self. Cambridge, Mass.: Cambridge University Press.
Grande, Edgar, 1993: Die neue Architektur des Staates. in: *Roland Czada/Manfred G. Schmidt* (Hrsg.), Verhandlungsdemokratie, Interessenvermittlung, Regierbarkeit. Festschrift für Gerhard Lehmbruch. Opladen: Westdeutscher Verlag, 51-71.
Grande, Edgar/Volker Schneider, 1991: Reformstrategien und staatliche Handlungskapazitäten. Eine vergleichende Analyse institutionellen Wandels in der Telekommunikation in Westeuropa, in: Politische Vierteljahresschrift 1, 452-478.
Guilleaume, Marc, 1992: Déficit démocratique et déficit juridique: Quoi de neuf en France?, in: Revue française d'administration publique 63, 365-366.
Heiner, Ronald A., 1983: The Origin of Predictable Behavior, in: The American Economic Review 73, 560-595.
Héritier, Adrienne, 1993: Regulative Politik in der Europäischen Gemeinschaft: Die Verflechtung nationalstaatlicher Rationalitäten in der Luftreinhaltepolitik – Ein Vergleich zwischen Großbritannien und der Bundesrepublik Deutschland. Erscheint in: *Wolfgang Seibel* (Hrsg.), Festschrift für Thomas Ellwein. Baden-Baden: Nomos.
Kellow, Aynsley, 1988: Promoting Elegance in Policy Theory: Simplifying Lowi's Arenas of Power, in: Policy Studies Journal 16, Nr. 4, 713-728.
Kenis, Patrick/Schneider, Volker, 1991: Policy-Networks and Policy Analysis: Scrutinizing a New Analytical Tool Box, in: *Bernd Marin/Renate Mayntz* (Hrsg.), Policy Networks. Empirical Evidence and Theoretical Considerations. Frankfurt a.M.: Campus, 25-59.

Kohler-Koch, Beate, 1992: Die Rolle organisierter Interessen im westeuropäischen Integrationsprozeß, in: *Michael Kreile* (Hrsg.), Die Integration Europas, PVS Sonderheft 1992, 81-119.
Laumann, Edward O./Knoke, David, 1987: Introductory Overview, in: *Edward O. Laumann/David Knoke,* The Organizational State. Madison: The University of Madison Press.
Majone, Giandomenico, 1993: Wann ist Policy-Deliberation wichtig?, in: *Adrienne Héritier* (Hrsg.), Policy-Analyse, Kritik und Neuorientierung. PVS Sonderheft 1993, 97-115.
Marin, Bernd (Hrsg.), 1990: Generalized Political Exchange. Antagonist Cooperation and Integrated Policy Circuits. Frankfurt a.M.: Campus.
Marin, Bernd/Mayntz, Renate (Hrsg.), 1991: Policy Networks. Empirical Evidence and Theoretical Considerations. Frankfurt a.M.: Campus.
Mayntz, Renate, 1993: Policy-Netzwerke und die Logik von Verhandlungssystemen, in: *Adrienne Héritier* (Hrsg.), Policy-Analyse, Kritik und Neuorientierung. PVS Sonderheft 1993, 39-56.
Mazey, Sonia/Richardson, Jeremy, 1993: EC Policy-Making: An Emerging European Policy Style? Erscheint in: *Duncan Liefferink/Philip Lowe* (Hrsg.), European Integration and Environmental Policy. Bellhaven Press.
Milgrom, Paul/Roberts, John, 1992: Economics, Organization and Management. Englewood Cliffs, N.J.: Prentice Hall.
Peters, B. Guy, 1992: Bureaucratic Politics and the Institutions of the European Community, in: *Alberta M. Sbragia* (Hrsg.), Euro-Politics. Institutions and Policymaking in the 'New' European Community. Washington, 75-122.
Sabatier, Paul A., 1988: An Advocacy Coalition Framework of Policy Change and the Role of Policy-Oriented Learning Therein, in: Policy Sciences 21, 129-168.
Scharpf, Fritz W., 1991: Die Handlungsfähigkeit des Staates am Ende des zwanzigsten Jahrhunderts, in: Politische Vierteljahresschrift 32. Jahrgang, Heft 4, 621-634.
Schneider, Volker/Werle, Raymund, 1989: Vom Regime zum korporativen Akteur. Zur institutionellen Dynamik der Europäischen Gemeinschaft, in: *Beate Kohler-Koch,* Regime in internationalen Beziehungen, 409-434.
Schumann, Wolfgang, 1993: Die EG als neuer Anwendungsbereich für die Policy-Analyse: Möglichkeiten und Perspektiven der konzeptionellen Weiterentwicklung, in: *Adrienne Héritier* (Hrsg.), Policy-Analyse, Kritik und Neuorientierung. PVS Sonderheft 1993, 394-431.
Streeck, Wolfgang/Schmitter, Philippe C., 1991: From National Corporatism to Transnational Pluralism: Organized Interests in the Single European Market, in: Politics and Society 19/2, 133-164.
Tichy, Noel/Fombrun, Charles, 1979: Network Analysis in Organizational Settings, in: Human Relations 32, 923-965.
Tsebelis, George, 1990: Nested Games. Berkeley/Los Angeles, Ca.: University of California Press.
van Waarden, Franz, 1992: On the Persistence of National Styles and Policy Networks. Paper Presented at the Conferene of the Society for the Advancement of Socio-Economics, Irvine, California, March 27-29, 1992. Also presented at the Conference on 'Policy Networks'; Gustav-Heinemann Akademie, Freudenberg, June 10-12, 1992.
Wagener, Frido, 1978: Milderungsmöglichkeiten nachteiliger Folgen vertikaler Politikverflechtung, in: *Joachim-Jens Hesse* (Hrsg.), Politikverflechtung im föderalen Staat. Baden-Baden, 149-165.
Wallace, William, 1983: Less than a Federation, More than a Regime: The Community as a Political System, in: *Helen Wallace/William Wallace/Carol Webb* (Hrsg.), Policy-Making in the European Community. 2. Auflage, London, 403-436.
Wallace, Helen/William Wallace/Carol Webb (Hrsg.), 1993: Policy-Making in the European Community. 2. Auflage, London.
Williamson, Oliver E., 1979: Transaction-Cost Economics: The Governance of Contractual Relations, in: Journal of Law and Economics 22/2, 233-261.
Windhoff-Héritier, Adrienne, 1991: Institutions, Interests, and Political Choice, in: *Roland Czada/Adrienne Windhoff-Héritier* (Hrsg.), Political Choice. Institutions, Rules, and the Limits of Rationality. Frankfurt a.M./New York: Campus/Westview, 27-52.

III. Policy-Analyse als wissenschaftliche Politikberatung: Methodologische Neuorientierung und partizipatorische Policy-Analyse

Bürger, Experten und Politik nach dem „Nimby"*-Prinzip:
Ein Pläydoyer für die partizipatorische Policy-Analyse

Frank Fischer

Die Durchführung von Policy-Analysen ist heute ein allgemeines Anliegen in den Vereinigten Staaten. Jedoch ist der Standort der Disziplin in den Sozialwissenschaften nach wie vor umstritten. Ja, viele politische und soziale Theoretiker bezeichnen die Policy-Analyse gar als „intellektuell bankrottes" Unternehmen: Sie wird als Inbegriff der Kapitulation der Sozialwissenschaften gegenüber den instrumentell und rationalisierungsorientierten Prozessen des modernen technisch-industriellen Systems und dessen Staatsapparat betrachtet (Habermas 1970; Tribe 1972). In dieser Entwicklung liegt jedoch eine gewisse Ironie. Denn Harold Lasswell (1951), der im allgemeinen als der Vater der modernen Policy-Analyse betrachtet wird, verstand „seine" neue Wissenschaft gerade als das Gegenteil schmaler technokratischer Bemühungen. Sie sollte nicht mehr und weniger sein als „die Policy-Analyse der Demokratie".

Die „Policy-Analyse der Demokratie" begann als ein ehrgeiziges intellektuelles Unternehmen, das in dem politischen Wiederaufbau der Nachkriegszeit eine wichtige Rolle spielen sollte und zu diesem Zweck auf einem fundamentalen moralischen Ziel aufbaute: dem Schutz und der Förderung von Demokratie in den Vereinigten Staaten und der ganzen Welt. Aus der Sicht der Sozialwissenschaften setzte dies die Gründung einer neuen Wissenschaft voraus, die die Begrenzungen der traditionell fragmentierten Sozialwissenschaften und die Hindernisse überwinden sollte, die diese für die Analyse dringlicher praktischer Fragen der Zeit stellen.

So ein Ziel ist ebenso lobenswert wie ehrgeizig. In der Retrospektive jedoch – rund 40 Jahre später – wird das Ergebnis der Policy-Analyse nur selten als Beitrag zur Förderung von Demokratie beurteilt. Ganz im Gegenteil wird die instrumentelle Orientierung der Policy-Analyse oft als Hindernis für die Verwirklichung von Demokratie statt als demokratiefördernde Methode betrachtet (Bennett 1986; Fischer 1990). Die Gründe, die für diese von den ursprünglichen Hoffnungen sehr abweichende Entwicklung verantwortlich sind, stellen sich als sehr komplex dar, und es ist kaum möglich, an dieser Stelle mehr als einige der zentralen Ursachen zu erwähnen. Ein erster Grund bezieht sich auf die Frage der Demokratie selbst, insbesondere den Aufstieg einer Form der demokratischen Elitenherrschaft; ein zweiter Grund ist in der positivistischen Grundlage der Disziplin zu suchen.

---

* „Not-In-My-Back-Yard"

Demokratische Elitenherrschaft und positivistische Sozialwissenschaft

Die Tatsache, daß die Policy-Analyse-Bewegung gemessen an ihrer selbst gesetzten demokratischen Zielsetzung gescheitert ist, so wurde argumentiert, beruht nicht so sehr darauf, daß sie demokratische Werte aufgegeben hat, als daß sich eine Akzentverschiebung in der Definition von Demokratie, die für die Policy-Analyse handlungsanleitend war, vollzogen hat. So hat Merelman (1976) gezeigt, daß Lasswell und andere führende Sozialwissenschaftler seiner Zeit sich grundlegende Sorgen über die Zukunft der Demokratie machten, daß diese Sorgen jedoch in ihrem spezifischen politischen Kontext verstanden werden müssen. In der Nachkriegszeit wurde immer deutlicher, daß die Entstehung einer komplexen technischen Gesellschaft, die sich mit der Entwicklung eines umfangreichen Staatsapparates verband, spezifische Probleme für die Zukunft der Demokratie in Amerika hervorrief. Insbesondere konnte die Rolle des Bürgers, so wie sie traditionell als wesentliches Element einer demokratischen Gesellschaft verstanden wurde, nicht mehr als selbstverständlich gegeben betrachtet werden. Wie sollte sich der einzelne Bürger in der Kompliziertheit der technischen Gesellschaft und den erdrückenden organisatorischen Strukturen eines kapitalistischen Staates großen Maßstabs zurechtfinden?

Die Antwort auf diese Frage wurde im Rahmen eines neuen Konzeptes von Demokratie, das später „demokratische Elitenherrschaft" genannt werden sollte, gegeben. Führende Sozialwissenschaftler der damaligen Zeit stellten nicht die sich abzeichnende Rolle von Technologien und staatlicher Planung in Frage, vielmehr bezeichneten sie diese charakteristischerweise als „Motoren des Fortschritts" und sahen die Lösung darin, die Prinzipien der Demokratie an die Erfordernisse dieser neuen Wirklichkeit anzupassen (Fischer 1990). Politisch wurde das Problem als die Frage definiert, auf welche Weise die Anforderungen der großen, komplexen, technologie-basierten Institutionen an den Durchschnittsbürger herangetragen werden können (Lazarsfeld 1969).

Wer sollte diese Aufgabe übernehmen und wie sollte sie bewältigt werden? Sozialwissenschaftler waren sehr daran interessiert, eine zentrale Rolle in diesem Prozeß zu spielen (Ball 1989). Sowohl wissentlich als auch unwissentlich entwickelten sie Techniken, die geeignet schienen, die Spannungen zwischen den kapitalistischen Großunternehmen, dem Staat und der Massengesellschaft zu entschärfen (Merelman 1976). Indem sie neue behavioristische Methoden wie Befragungen und Marktforschung, Meinungsumfragen, Interview-Techniken und zunehmend elaborierten Datenverarbeitungsmethoden entwickelten und anwandten, sammelten Sozialwissenschaftler allmählich Informationen über die Interessen und Bedürfnisse von Bürgern. Diese sollten bei der Entwicklung von Strategien zur Abmilderung sozialer Konflikte behilflich sein, insbesondere sozialer Konflikte zwischen Bürgern einerseits und den Bemühungen des Staates und der Großindustrie andererseits, wenn es darum ging, die „Imperative" moderner Organisationen und moderner Technologie in staatliche Politik zu übersetzen.

Diese neue instrumentelle Rolle der Sozialwissenschaften und der Policy-Analyse wurde im wesentlichen nach den allgemeinen Prinzipien der Profession entwickelt und legitimiert. Sie sah sich in der Regel in einer „beratenden" Rolle für Klientengruppen, wenn nicht gar für die ganze Gesellschaft (Eulau 1977; Benveniste 1987): Weil sie über wissenschaftliche Erkenntnisse über die Funktionen und Prozesse komplexer, soziotechnischer Systeme verfügten, akzeptierten die professionellen Policy-Experten die Verantwortung, Bürgern dabei zu helfen, die „technische Welt" zu verstehen und sich an diese anzupassen. Diese professionelle Verantwortung wurde im Namen der Wissenschaft legitimiert und konzentrierte sich in erster Linie darauf, Mittel und Wege zu entwickeln, die bestimmte gesellschaftliche Ziele verwirklichen helfen sollten. Sie war – so die Auffassung – in dem „wertneutralen" Charakter wissenschaftlichen und technischen Wissens begründet.

Wertneutralität als wissenschaftliches methodisches Prinzip gründete in der damaligen dominanten Methodologie, dem „Positivismus". Der positivistische Ansatz suchte die Methoden der Naturwissenschaften streng auf die Untersuchung politischer Prozesse zu übertragen und auf diese anzuwenden. Damit förderte er eine Sozialwissenschaft, die mehr an den Prinzipien der wissenschaftlichen Voraussage und der Kontrolle von Verhalten orientiert war als an den Werten der menschlichen Würde, der kritischen Reflexion und der demokratischen Teilhabe (Stanley 1978).

Autoren wie Alasdair MacIntyre (1979) haben die positivistische Policy-Analyse als „bürokratische Methode" beschrieben, die zu dem Zweck entwickelt wurde, die Entscheidungen von Eliten in Wirtschaft und Staat anzuleiten und zu rechtfertigen. Indem sich die Methode auf die instrumentellen Aspekte von Entscheidungsprozessen konzentriert, verdeckt sie die normativen Prämissen, auf denen aktuelle Entscheidungen beruhen. Diese „Vernachlässigung metaphysischer Überlegungen", wie Scott und Hart dies formulierten (1973), verkürzt den Deliberationsprozeß so, daß die Chance eines breiteren Diskurses über wichtige normative Fragen, d.h. über die Frage, was wir überhaupt tun wollen, verbaut wird.

In den letzten beiden Jahrzehnten ist diese Entwicklung zur Zielscheibe – zuweilen recht harter – theoretischer Attacken geworden. So haben beispielsweise sowohl die politische Linke als auch die politische Rechte die Policy-Analyse als strategisches Element einer elitären „neuen Klasse" bezeichnet, die aufgrund von Expertenwissen herrscht. Von der Linken kam – speziell in den 70er Jahren – die Anschuldigung, daß die Policy-Analytiker denjenigen als technokratische Berater dienen, die „... dabei behilflich sind, die Armen an den 'welfare-warfare state' zu binden", wie Alvin Gouldner es formulierte (1970: 500). Später stimmten Neokonservative den gleichen Ton an. In den Worten von Edward Banfield (1980: 5): „Policy-Analyse ... präsentiert sich als eine unter vielen Bemühungen der Progressiven Bewegung und deren Erben, den Charakter des amerikanischen politischen Systems zu verändern, indem Macht von den Korrupten, den Unwissenden und Selbstsüchtigen hin zu den Tugendhaften, Gebildeten und den am Gemeinwohl Orientierten übertragen wird ... Dies waren auch die Motive, die die Vorschläge inspirierten, in den gesetzgebenden Körperschaften Politiker durch Experten zu ersetzen und die politischen Parteien abzuschaffen."

Nun haben Policy-Experten zwar die Politiker nicht verdrängt, aber den Kritikern ist zuzustimmen, wenn sie darauf hinweisen, daß Experten in allen politischen Gremien anzutreffen sind. Sie werden als integraler Teil der intellektuellen Kader des liberalen Establishments dargestellt und gelten damit nicht nur als ehrgeizig, arrogant und elitär, sondern auch als Exponenten einer „adversary culture", die die traditionellen amerikanischen Werte, insbesondere aber die institutionellen Praktiken der Großunternehmen, ablehnt. Die Demokratie gegen diese „nicht-gewählten Repräsentanten (von

Expertenwissen)" zu verteidigen, wurde zum Solidarisierungsruf der neokonservativen Bewegung während der Reagan-Jahre.

Partizipatorische Demokratie und Post-Positivismus

Die jüngste Diskussion über die Demokratisierung der Policy-Analyse hat ihre Wurzeln in zwei Entwicklungen: der Flut von Arbeiten über die partizipatorische Demokratie in der politischen Theorie im allgemeinen und dem steigenden Einfluß der „post-positivistischen" Erkenntnistheorie. Reputierte politische Theoretiker unternahmen in den beiden letzten Jahrzehnten einen frontalen Angriff auf die Theorie der demokratischen Elitenherrschaft. Autoren wie Habermas (1973), Pateman (1970) und Barber (1984) kritisierten, daß die gegenwärtigen demokratisch-pluralistischen Strukturen für die Verwirklichung eines authentischen Konzeptes von Demokratie und den sich damit verbindenden Prozeß der Selbstentfaltung nicht ausreichen. Die existierenden Strukturen stützten ein „von oben" gesteuertes Konzept der Massenbeteiligung, das nicht nur eine große Zahl von Bürgern von der Teilnahme am politischen Prozeß „abschreckt", sondern auch eine elitäre staatliche Politik begünstigt, die nur wenigen nützt. Daraus ergeben sich ernsthafte ökonomische und soziale Ungleichheiten, die das politische Gleichgewicht der liberalen Demokratien zu erschüttern droht.
Habermas (1973) zeigte, wie die policy-orientierten Sozialwissenschaften auf technokratische Weise zwischen den widersprüchlichen Anforderungen des modernen kapitalistischen Staates zu vermitteln suchen. Er konzentriert sich auf die Konflikte zwischen Kapitalakkumulation einerseits und gesellschaftlicher Legitimation andererseits und demonstriert, wie die Anwendung technokratischer Politik dazu dient, Entscheidungen wissenschaftliche Legitimation zu verleihen, die ansonsten in einem offeneren Prozeß der öffentlichen Beratung keine Zustimmung hätten finden können. Indem diese Beschlüsse jedoch als Expertenentscheidungen deklariert werden, entfernen diese sich aus dem Einzugsbereich demokratischer Willensbildung. Habermas beschuldigt die szientistischen Praktiken der Policy-Analyse, tief in einen politischen Prozeß involviert zu sein, der Entscheidungen gleichzeitig privatisiert und depolitisiert, indem sie die Gestaltungsmacht der Eliten verstärken.
Foucault (1973) drang noch tiefer in die Beziehung zwischen Macht und Wissen ein, um die Kontrollfunktionen zu erhellen, die mittels professioneller Expertise ausgeübt werden. Für ihn hat die Anwendung intellektueller Technologien wie der Policy-Analyse weitreichendere Folgen als eine asymmetrische Verzerrung von Kommunikation. Deren diskursive Praktiken konstituieren vielmehr selbst die Objekte von Kommunikation. Die Sprache und das Vokabular von Wissenschaft konstruieren ein politisches Universum. Es handelt sich nicht um eine bloße neutrale Beschreibung, die auf passiver Beobachtung basiert, vielmehr um die aktive Konstitution des politischen Handlungsbereichs selbst. Die Arbeiten von Foucault machen deutlich, wie die Verbindung von Wissen und Macht unmittelbar in die Methode dieser Disziplinen selbst eingebaut ist. Infolgedessen dienen diese Disziplinen, weit davon entfernt wertneutral zu sein, den Interessen spezifischer Machtkonstellationen. Die Sozialwissenschaft gilt damit als eine Disziplin, die soziale Kontrolle ausübt, und nicht als eine, die dem Fortschritt und der Emanzipation der Menschheit dient.

Solche Kritik motivierte und unterstützte den Ruf nach direkteren und partizipatorischen Formen demokratischer Politik, die hierarchische und asymmetrische Strukturen des kapitalistisch-bürokratischen Staates ersetzen. Während der traditionelle politische Liberalismus betont, daß Interessengruppen und politische Repräsentanten zwischen den Bürgern und dem staatlichen Entscheidungsprozeß vermitteln, verlangt die partizipatorische Demokratie, daß eine unmittelbare Verbindung zwischen Bürgern und Staat etabliert wird. Habermas leitet die erforderlichen institutionellen Strukturen aus den Prinzipien des „idealen Diskurses" ab. Andere Theoretiker betonen die wichtige Funktion der (kleinen) politischen Gemeinschaft. Nach dieser Vorstellung werden – so Barber (1984) – politische Entscheidungen, „... weil es kein neutrales Territorium gibt, auf der Basis eines partizipatorischen Prozesses getroffen, der eine kontinuierliche, unmittelbare Eigen-Gesetzgebung im Rahmen einer politischen Gemeinschaft darstellt und in der Lage ist, abhängige, private Individuen in freie Bürger und partielle und private Interessen in öffentliche Güter zu transformieren" (Barber 1984: 132). Ähnlich argumentiert Dryzek, wenn er sagt, daß „... politische Bildung, partizipatorische Aktion und erfolgreiche gesellschaftliche Problemlösung gemeinsam die Grundlage der Bildung einer Gemeinschaft bilden, die über die volle Fähigkeit verfügt, ihren Kurs in die Zukunft zu steuern" (Dryzek 1990: 131-132). Die traditionelle Unterscheidung zwischen Experten einerseits und Bürgern andererseits würde unter solchen institutionellen Voraussetzungen an Bedeutung verlieren (Dryzek 1990; deLeon 1992; Paris, Reynolds 1983; Laird 1993).
Die Forderung nach einer partizipatorischen Demokratie wird durch neue Arbeiten über die post-positivistische Sozialwissenschaft unterstützt. Wie Foucault werfen die Post-Positivisten ganz allgemein die Frage auf, wie die Objekte der Forschung als solche konstituiert werden (Bernstein 1983). In diesem Zusammenhang ziehen sie das traditionelle Verständnis von Wissenschaft als eine objektive Forschungsmethode, die durch universalistische Kriterien bestimmt wird, in Zweifel. Die Gemeinschaft der Wissenschaftler wird vielmehr als eine Gemeinschaft enthüllt, die ihre eigenen Interessen und Ziele verfolgt. Die Welt – so wird festgestellt – wird nicht durch ihr inhärente empirische Merkmale definiert; vielmehr benennen und beschreiben die Forschenden selbst die Untersuchungsgegenstände dieser Welt und deren Beziehungen untereinander. Wissenschaftliche Tätigkeit wird somit als ein Produkt eben der Gesellschaft betrachtet, die erklärt werden soll. Indem die wissenschaftliche Forschung als ein Prozeß dargestellt wird, der mehr ist als eine passive Rezeption und Organisation von wahrnehmbaren Daten, betont die post-positivistische Theorie die Abhängigkeit der Wissenschaft von der jeweiligen Konstellation von (Vor-)Annahmen sowohl empirischer als auch praktischer Natur, die die empirische Beobachtung *vor*strukturieren. Damit beruht Wissenschaft wie alles menschliche Wissen auf normativen Annahmen und gesellschaftlichen Bedeutungsdefinitionen, die erforscht werden sollen, und wird von denselben geformt.
In Anbetracht dieses interpretativen oder hermeneutischen Verständisses wissenschaftlicher Tätigkeit schlägt der Post-Positivismus vor, eine praktische Konzeption von Rationalität zu verwenden, die einen – zur traditionellen Form wissenschaftlicher Rationalität – alternativen methodischen Rahmen bietet. Praktische Rationalität impliziert Prozesse der Beratung und Deliberation, die „gute Gründe" für ein bestimmtes Handeln vorlegen. Anstatt diese Gründe als „Beweise" für die Validität von Urteilen

zu präsentieren, betrachten post-positivistische Wissenschaftler Gründe als eine Form empirischer Unterstützung für die Glaubhaftigkeit spezifischer Hypothesen (Fischer 1980). Weil solche praktischen Bewertungen die Prozesse der Argumentation und das kumulative Gewicht von empirischer Evidenz betonen, sind sie zu reichhaltig und vielfältig, um positivistisch durch Regeln der induktiven und deduktiven Logik wiedergegeben zu werden (Hawkesworth 1988).

In ihren Bemühungen, die theoretischen Annahmen, auf denen Handeln beruht, und die politischen Dimensionen von Perzeption und Kognition sowie den umstrittenen Charakter wissenschaftlicher Vorschriften zu erhellen, geht die post-positivistische Policy-Analyse von einer partizipatorischen Konzeption von Demokratie aus. Indem sie die technokratischen Entscheidungstechniken demystifiziert, weist die post-positivistische Policy-Forschung auch die schnelle Forderung des Experten zurück, daß es nur eine einzige wissenschaftliche Lösung für ein dringliches gesellschaftliches und politisches Problem gibt. Damit bietet sie eine umfassendere Analyse der Dimensionen der politischen Auseinandersetzung, der theoretischen Konstitution von Policy-Alternativen und der anfallenden Kosten und Nutzen an. Auch verhelfen Policy-Analytiker der Bedeutung der politischen Wahlmöglichkeit wieder zu mehr Anerkennung, indem sie die Hegemonie der Wissenschaft in Frage stellen. Wie Hawkesworth (1988: 193) formuliert: „Die post-positivistische Policy-Analyse kann zu einem Verständnis von Politik beitragen, das eine kollektive Entscheidung über einen bestimmten Lebensmodus impliziert, indem sie die politischen Entscheidungsträger und die Bürger dazu ermutigt, sich in einem rationalen Beratungsprozeß über die Optionen, die sich der politischen Gemeinschaft bieten, zu engagieren." Indem sie „... die präzisen Voraussetzungen beleuchtet, unter denen spezifische Entscheidungen gefällt werden, kann die post-positivistische Policy-Analyse das Bewußtsein fördern, daß der Charakter der Welt gestaltet wird und es dazu machbare Alternativen gibt" (Hawkesworth 1988: 193). Anstatt bestehende gesellschaftliche Arrangements bloß zu fördern, kann „... die post-positivistische Policy-Analyse zur Wahl eines Lebensmodus beitragen ..." (Hawkesworth 1988: 193), was das zentrale Anliegen der partizipatorischen Demokratie darstellt.

Die Regeln der post-positivistischen Theorie stellen daher die typische Klienten-Experten-Beziehung grundsätzlich in Frage. In Anbetracht der interpretativen Natur sowohl der sozialen Konstruktion von Gesellschaft als auch der Praktiken der Sozialwissenschaften, die diese erforschen, verlangt der Post-Positivismus folgerichtig vom Experten, daß er eine partizipatorische Beziehung zum Klienten herstellt (Hawkesworth 1988; Schon 1983). Allerdings sagen die Post-Positivisten wenig darüber aus, wie eine solche Beziehung aussehen soll.

Von der Theorie zur Praxis: Die Konfrontation mit „heiklen (wicked) Problemen"

Der größte Teil der Literatur über Partizipation und partizipatorische Forschung ist theoretischer Natur. Während die konventionelle Policy-Analyse entstand, um den Entscheidungsprozeß einer bürokratischen Gesellschaft anzuleiten, wird der partizipatorische Ansatz in der Regel als Methode einer stärker partizipativ orientierten politischen Kultur verteidigt (Fischer 1990). Die theoretischen Diskussionen über de-

mokratische Beteiligung müssen daher auch im Kontext der politischen Auseinandersetzungen um die Veränderung von Gesellschaft gesehen werden. Solche Auseinandersetzungen sind das Anliegen der gegenwärtigen sozialen Bewegungen.
In der zweiten Hälfte des Beitrags wird diese These geprüft und behauptet, daß moderne politische Systeme sich immer häufiger mit einer neuen Kategorie von schwierigen (wicked) und schwer handhabbaren Entscheidungen konfrontiert sehen, die nur mit mehr Partizipation zu bewältigen sind. Gemeint ist hier insbesondere eine Kategorie von Problemen, die immer häufiger „Nimby" („Not-In-My-Back-Yard")-Probleme genannt werden und die in gegenwärtigen liberalen Demokratien zu gravierenden Konflikten führen.
Zunächst einmal: Was ist überhaupt ein „schwieriges (wicked) Problem"? Michael Harmon und Richard Mayer (1986: 9) folgen den Ausführungen von Horst Rittel und Melvin Webber (1973: 160) und weisen darauf hin, daß „... die Art von Problemen, mit deren Bearbeitung Fachleute in den Regierungen traditionellerweise befaßt sind, heute zum größten Teil als gelöst gelten; ... Straßen sind asphaltiert, Häuser gebaut, Abflußkanäle verbunden (wenn auch nicht zu jedermanns Zufriedenheit)". Die leichter „... handhabbaren Probleme, die mit gesundem Menschenverstand und Scharfsinn bewältigt werden konnten, sind in jüngster Zeit einer neuen Kategorie von Problemen gewichen. Dies sind die Probleme ohne Lösungen, mit nur vorübergehenden und unvollständigen Lösungen" (Harmon, Mayer 1986: 9). Sie erstrecken sich auf Fragen wie Drogenabhängigkeit, die Entwicklung von Bildungsprogrammen, die Unterbringung von Obdachlosen oder die Standortsuche für Müllverbrennungsanlagen. Im Unterschied zu den „leichten Problemen", mit denen sich Straßenbauer, Wissenschaftler oder Ingenieure konfrontiert sehen, sind dies „schwierige (wicked) Probleme". Ihre Lösungen sind heikel, verlaufen in circuli vitiosi und breiten sich aus wie „bösartige Wucherungen".
Demgegenüber sind die „leichten Probleme" bewältigbar, weil sie ohne Schwierigkeiten definiert und von anderen Problemen separiert werden können. Das bedeutet allerdings nicht, daß solche Probleme – aufgrund dieser Beurteilung – unterschätzt werden sollten. Vielmehr wird diese Unterscheidung hier nur vorgenommen, um ein gemeinsames Merkmal hervorzuheben, nämlich, daß sie weitgehend technischer Natur sind. Ganz im Gegensatz dazu eignen sich „schwierige (wicked) Probleme" nicht zu eindeutigen und schlüssigen Definitionen und Umschreibungen. Auch enthalten sie keine klaren Kriterien, anhand deren Lösungen beurteilt werden können. Wie Harmon und Mayer schreiben (1986: 9): „Die Wahl einer Definition eines solchen Problems bestimmt in der Regel dessen 'Lösung'". Robert Hoppe und Arthur Peterson (1993) konzentrieren sich in ihrer Behandlung des Themas darauf, wie problematisch die Definition eines schwierigen oder schwer lösbaren Problems ist. „In jedem Problem", erklären sie, „verbinden sich zwei unterschiedliche 'Elemente': normative Kriterien (Ziele, Standards, Regeln etc.) und empirische Situationen und Bedingungen" (Hoppe, Peterson 1993: 25). Ein Problem ist nicht ein Faktum, das durch die Außenwelt gesetzt wird; vielmehr ist es ein soziales Konstrukt. Ein Policy-Problem impliziert daher erstens eine Diskrepanz zwischen einem Standard und einer empirischen Situation; zweitens ist weder der Standard noch die Situation – und daher rührt die Diskrepanz – als eine objektive Gegebenheit zu begreifen, die außerhalb der sozialen Akteure liegt. Sowohl der Standard als auch die Definition der Situation sind soziale Konstrukte, die auf

sozialen Handlungen und Urteilen beruhen. Das einzige, was wir über sie sagen können, ist, daß es Standards gibt, die mehr oder weniger auf Konsensus stoßen; und daß es Situationen gibt, über die es mehr oder weniger sichere Erkenntnisse gibt.
Wenn es um die Bearbeitung „schwieriger (wicked) Probleme" geht, sieht sich die Policy-Analyse mit zwei Arten von Subjektivitäts-Problemen konfrontiert. Erstens kann sie keine Bewertungskriterien als gültig erklären, die unabhängig von den Bewertungen der sozialen Akteure selbst sind; zweitens hat die Unsicherheit der empirischen Situation zur Folge, daß die Befunde der Policy-Analyse selbst offen für unterschiedliche Interpretationen sind. Dieser Umstand erwies sich für den traditionellen, positivistischen Ansatz der Policy-Analyse, der mit objektiven Daten arbeitet, als intellektuelle Verlegenheit, ja führte gar zu einer Krise.

„Nimby" als „schwieriges (wicked) Problem"

Während der späten 70er und 80er Jahre wurde die Weltöffentlichkeit durch Presseberichte über Tankerunfälle, das Nuklearunglück in Tschernobyl, die Beinahe-Katastrophe von Three-Mile-Island, über Pflanzenvertilgungsmittel in der Nahrungsmittelkette und DDT-Schäden bei Fauna und Flora aufgeschreckt (Pillar 1991). Das Ergebnis dieser Ereignisse war ein weitverbreitetes Mißtrauen gegenüber der Industrie und eine kollektive Angst vor allen chemischen Verarbeitungsprozessen. In dem Maße, in dem die Öffentlichkeit sich darüber klar wurde, wie stark Chemikalien die Umwelt verschmutzt haben, bildete sich eine neue Ängstlichkeit heraus, die oft als „Chemophobie" beschrieben wurde. Umfragen zeigen, daß die Bürger sich mehr Sorgen über das Vorhandensein von Giftabfällen machen als über jedes andere Umweltproblem, obwohl die amerikanische Umweltbehörde (Environmental Protection Agency) darauf beharrt, daß diese nicht die schlimmste Bedrohung darstellen. Probleme wie das Ozonloch und der Treibhauseffekt werden als viel gefährlicher eingeschätzt.
Eines der deutlichsten Zeichen dieser Ängstlichkeit ist als „Nimby-Syndrom" bekannt geworden. Viel diskutiert in der akademischen und allgemeinen Presse, wird der „Nimbyism" gegenwärtig als das zentrale Hindernis für die Lösung einer wachsenden Zahl von Umweltproblemen betrachtet. Wie ein führendes Journal formulierte: „Früher war das Publikum mit allem einverstanden, jetzt leistet es gegen alles Widerstand".
„Nimby" umfaßt eine Vielfalt von Aktivitäten. „Ob es sich um Gesundheit, Seelenfrieden oder Schutz von Eigentumswerten handelt, nur wenige Amerikaner (Aktivisten oder nicht) legen Wert darauf, neben Giftmüll-Deponien, Flughäfen, Ölraffinerien, Kernkraftwerken oder anderen Standard-Einrichtungen einer modernen industriellen Gesellschaft" zu wohnen (Pillar 1991: 12). Aber „Nimby" ist nicht ein Begriff, der nur jegliche Art von Opposition zum Ausdruck bringen soll. Als theoretisches Konstrukt ist „Nimby" ein Phänomen, das einen Versuch impliziert, einen spezifischen Typ der Opposition konzeptionell zu erfassen. Es spiegelt eine öffentliche Haltung wider, die in sich insofern widersprüchlich ist, als Menschen die Ansiedlung einer bestimmten Einrichtung wünschenswert finden, solange diese sich nicht in der Nähe ihres eigenen Wohnortes befindet. Die „Nimby"-Haltung erstreckt sich überdies in immer neue Politikfelder und erfaßt heute Bereiche wie Landaufschüttungen, den Bau von Gefängnissen, von Kraftwerken (nukleare oder andere), von Industriezentren, von Obdach-

losenunterkünften ebenso wie die Errichtung von therapeutischen Einrichtungen für Drogenabhängige und Giftmüll-Deponien (Dear 1992). Portney (1991: 11) beschreibt ein Beispiel: „Fast alle stimmen darin überein, daß mehr Gefängniskapazität erforderlich ist, wenn das Strafrechtssystem verurteilte Kriminelle so hart bestrafen soll, wie die öffentliche Meinung dies rechtfertigt. Niemand möchte jedoch ein Gefängnis in seiner Stadt oder Gemeinde haben. ... Dennoch ist man sich darin einig, daß solche Einrichtungen ein notwendiges und zu akzeptierendes Element des Lebens in einer industriellen Gesellschaft sind."

„Nimby" verfolgt nicht ein einziges Ziel; vielmehr charakterisieren sich „Nimby"-Aktivisten durch vielfältige Strategien und Zielsetzungen. Doch haben diese unterschiedlichen Gruppierungen ein gemeinsames Merkmal. „Unanbhängig von ihren demographischen Merkmalen zeigen 'Nimby'-Auseinandersetzungen gemeinsame Charakteristika: Fast alle nehmen ihren Ausgang in der Frustration, Wut und Angst von Personen, die sich selbst als Opfer betrachten und die die Qualität ihres Lebens bedroht sehen" (Pillar 1991: 12). Darauf konzentriert, ihre unmittelbare Lebensumgebung zu schützen, haben die „Nimby"-Aktivisten schnell Fertigkeiten bei der Lancierung von Petitionen, beim politischen Lobbying, beim Umgang mit Konfrontationen auf der Straße und der Einleitung gerichtlicher Klageverfahren entwickelt.

Frustration, Wut und Angst sind die sehr allgemeinen Merkmale, die diese Gruppen kennzeichnen; das ihnen gemeinsame spezifischste Merkmal ist, daß sie alle die Rolle von Technokraten und Experten als letzte Instanzen, wenn es um die Beurteilung technologischer Risiken und technologischen Wandels geht, in Frage stellen. Die Bemühungen von „Nimby"-Gruppen nehmen in dieser Hinsicht häufig Züge einer „missionarischen Selbstgerechtigkeit" an. Ja, zuweilen werden „Nimby"-Aktivisten mit moralischen und religiösen Bewegungen verglichen, die von einer größeren Gefolgschaft unterstützt werden, weil sie das fördern, was als „... 'spiritual critique' der medizinischen und wissenschaftlichen Lehren und Praktiken" (Pillar 1991: 12) bezeichnet wurde. Pillar (1991: 12) formuliert diesen Zusammenhang wie folgt: „Obwohl die Beziehung zwischen 'Nimby'-Gruppen und rechten religiösen Bewegungen ansonsten gespannt ist, ist ihnen ein Mangel an Respekt für 'offizielle' Versionen der Wirklichkeitsinterpretation gemeinsam, wie sie von Wissenschaftlern und Technokraten geboten werden". Ironischerweise läßt sich argumentieren, daß „Nimbyism" „... zum Teil eine Reaktion auf die Effekte des quasi-religiösen Glaubens an Wissenschaft ist, der sich in diesem Land nach dem Zweiten Weltkrieg entwickelte" (Pillar 1991: 12). Damit kommt zum Ausdruck, daß der technologische Optimismus zu Ende ist, der lange das „amerikanische Jahrhundert" bestimmt hat.

Der Widerstand, der von lokalen Gruppen gegen den Bau von risikoreichen Einrichtungen entfaltet wird, kann heute nur als „weit verbreitete öffentliche Krankheit", als eine Art von „malignem gesellschaftlichen Syndrom" (Portney 1991: 10/11) interpretiert werden. Einige Autoren weisen auf die Blockierung politischer Entscheidungsprozesse hin, die sich in diesem Zusammenhang ergibt. So ist im Falle von Giftmüll-Deponien beispielsweise die Planung und Verwirklichung von Projekten praktisch zum Stillstand gekommen.

"Nimby" und Risikoabschätzung

„Nimby" stellt sich also als „schwieriges (wicked) Problem" dar. Alle Analysen, die sich damit befassen, qualifizieren das Phänomen als „widerborstig", „undiszipliniert", „unkontrollierbar", „nicht handhabbar". „Nimby"-Gruppen weisen nicht nur das Recht des Staates zurück, politische Ziele im Umgang mit öffentlichem Grund und Boden zu setzen, sie lehnen auch grundsätzlich Untersuchungen von Policy-Analytikern ab, die sich bemühen, die Probleme für sie zu definieren. Im letzteren Fall konzentriert sich der Konflikt meist auf die Frage, wie eine Risikoabschätzung durch den Staat und die Industrie verwendet werden soll. Risikoabschätzung als eine wichtige Technik der Policy-Analyse bestimmt immer mehr umweltpolitische Entscheidungen.

Die Risikoabschätzung stellt die offizielle Antwort dar, die seitens des Staates und der Industrie gegeben wird, um die Befürchtungen und Ängste, die toxische Risiken wecken, zu dämpfen (Fischer 1990; Wynne 1987). Die formale Policy-Analyse wird in diesem Zusammenhang zu dem Zweck verwendet, die Frage „rational", d.h. durch Konzentration auf technische Aspekte, zu entscheiden. Insbesondere soll die politische Diskussion in die Richtung der Suche nach einem „akzeptablen Risiko" gelenkt werden. Die Anhänger des modernen technisch-industriellen Komplexes nehmen dabei den Standpunkt ein, daß ein Risiko als ein vielschichtiges Phänomen betrachtet werden muß, das sowohl Gefahren als auch Chancen in sich birgt. Zu oft dreht sich die Debatte – so das Argument – ausschließlich um die potentiellen Gefahren (und konzentriert sich auf Unglücksfälle mit großen Auswirkungen und gleichzeitig niedriger Eintrittswahrscheinlichkeit, wie z.B. nukleare Schmelzprozesse oder sich verselbständigende genetische Veränderungen).

Diese Perspektive basiert auf der Überzeugung, daß die Gefahren der Technik insbesondere durch Umweltanhänger, die ein Eigeninteresse an der Instrumentalisierung öffentlicher Ängste haben, stark übertrieben werden. Die Folge sei, daß ein hoher Grad von Unwissenheit in der Öffentlichkeit über technische Risiken weit verbreitet sei (Wildavsky 1988). Das klassische Beispiel, das in diesem Zusammenhang angeführt wird, ist der Laie, der sich große Sorgen über die Flugsicherheit macht, jedoch nichts dabei findet, mit dem Auto zum Flughafen zu fahren, was – wie statistisch nachgewiesen – sehr viel gefährlicher ist.

Daraus leitet sich das Ziel ab, die Öffentlichkeit selbst mit mehr objektiven technischen Informationen über die Risikoniveaus zu versorgen. Mit anderen Worten, der „Irrationalität" der gegenwärtigen politischen Argumente sollen rational nachweisbare, wissenschaftliche Daten entgegengestellt werden. Die Lösung, die gewählt wird, ist die Versorgung mit mehr standardisierter wissenschaftlicher Information, um die Irrationalitäten auszugleichen, die die schlecht informierten Bürger, also den sprichwörtlichen „Mann auf der Straße", plagen. Zu diesem Zweck wurde die „Risikoabschätzung" um eine neue Spezialität des Risikomanagements, genannt „Risiko-Kommunikation", ergänzt.

Jedoch trug die Risikoabschätzung und -Kommunikation wider Erwarten nicht nur dazu bei, den Konflikt zu verschärfen, sie ist gar zum Zentrum der Auseinandersetzung geworden. Die typische Konfliktsituation impliziert eine von der Regierung in Auftrag gegebene Untersuchung, die eine sehr niedrige Risikostufe ausweist einerseits, und ein Publikum – oder eine lokale Gruppierung, die direkt betroffen ist – andererseits und es strikt ablehnt, die Befunde zu akzeptieren. Kurz und gut, die Haltung der Bürger konnte durch Risiko-Bewertungen nicht beeinflußt werden; das Resultat war ein Stillstand in den Standortentscheidungen von Sondermüll-Einrichtungen. Der Umstand, daß die Betroffenen es ablehnten, Risiko-Bewertungen – nachdem die Resultate der Analysen vorgelegt worden waren – zu akzeptieren, veranlaßte Umweltpolitiker und -beamte dazu, deren Verhalten als „irrational" zu bezeichnen. „Nimby"-Gruppen ihrerseits wiesen die Experten entweder insgesamt zurück oder aber versuchten, eigene Untersuchungen in Auftrag zu geben. Das Resultat war eine Entscheidungskrise: Bei steigenden Bergen gefährlicher Abfälle gibt es heute zu wenig Einrichtungen, in denen diese behandelt oder gelagert werden können.

Die partizipatorische Alternative

Die Strategie der Risikoeinschätzung wurde im wesentlichen dazu verwendet, das zu umgehen, was als die Unfähigkeit des Durchschnittsbürgers betrachtet wird, rational mit komplexen technischen Problemen umzugehen. D.h. als eine technokratische Strategie suchte die Risikoeinschätzung explizit demokratische politische Prozesse und Bürgerbeteiligung zu vermeiden. Gibt es eine Alternative dazu? Die Antwort darauf ist – so argumentieren viele Ökologen – Demokratie selbst. Sie fordern eine „ökologische Demokratie" (environmental democracy) (Thornton 1991; Paehlke 1990; Kann 1986).
Grundlegend für das Konzept der ökologischen Demokratie ist „... das Recht des Publikums, an technologischen Entscheidungen mitzuwirken, ja diese gar als Kollektiv zu entscheiden" (Thornton 1991: 15). Danach ist es das Ziel, „den Experten"-Status von staatlichen und industriellen Akteuren zu ersetzen, indem „... jeder Bürger zum Kommunikationspartner auf allen Ebenen der Umweltdebatte gemacht wird" (Thornton 1991: 15).
Für die meisten ökonomischen und politischen Entscheidungsträger klingt eine solche Sprache wie reine Ideologie. Jüngste Erfahrungen haben jedoch gezeigt, daß mehr für die Forderung spricht, als es zunächst den Anschein hat. Zwei Arten empirischer Evidenz bekräftigen – wenigstens vorläufig – die Betonung ökologischer Demokratie. Eine betrifft die Natur der Standortentscheidungen, die zweite bezieht sich auf neue Erfahrungen, die sich auf die Standortsuche erstrecken und die Bedeutung demokratischer Beteiligung klar machen.
Die erste Art empirischer Erfahrungen hängt damit zusammen, daß die Risikoeinschätzung bei ihrem Versuch, den demokratischen Entscheidungsprozeß zu umgehen, gescheitert ist. Eine genaue Analyse der Frage, warum lokale Gruppen einen so unerbittlichen Widerstand gegen den Ratschlag von Experten zeigten, bieten neue Einsichten: Während Risikoexperten das Publikum als unfähig schilderten, technische Befunde zu verstehen, und dieses damit in irrationale Ängste zurückfallen ließen, haben Autoren wie Krimsky and Plough (1987) klar gemacht, daß eine solche Folgerung auf einem sehr limitierten Verständnis der Natur des lokalen Entscheidungsprozesses beruht. Sie unterscheiden in ihrer Arbeit zwei unterschiedliche Arten von Rationalität, „technische" und „kulturelle" Rationalität, die die Risikoeinschätzung leiten können. „Technische" Rationalität ist nach Krimsky und Plough eine Geisteshaltung, die auf

empirische Evidenz und naturwissenschaftliche Methoden baut, an Experten appelliert, um Policy-Entscheidungen zu rechtfertigen, die logische Konsistenz und Universalität von Befunden in den Vordergrund stellt und nicht-quantifizierbare Wirkungen als irrelevant für politische Entscheidungsprozesse einschätzt. Im Gegensatz dazu tendiert „kulturelle Rationalität", traditionelle Orientierungen und Peer Groups über jene Experten zu stellen oder zumindest als ebenbürtig zu betrachten, persönliche und vertraute Erfahrungen statt unpersönliche Kalküle zu betonen, nicht-antizipierte Folgen für sehr relevant für kurzfristige Entscheidungen zu halten und sich eher auf Prozesse als auf Evidenz zu verlassen. Das heißt, Entscheidungen werden ebensosehr unter dem Blickwinkel der sozialen Prozesse beurteilt, die ihnen zugrundeliegen, als daß sie nach ihren Resultaten beurteilt werden. Denn über Wahrscheinlichkeiten und Kosten-Nutzen-Relationen hinaus wird die Risikoperzeption durch die Öffentlichkeit auch durch die Umstände geprägt, unter denen diese Risiken identifiziert und publik gemacht werden; sie wird durch den Platz eines Individuums in seiner örtlichen Gemeinschaft und durch die Werte der Gemeinschaft als Ganzes geprägt.

Während Laien in ihren Entscheidungsprozessen zur „kulturellen Rationalität" neigen, denken nur wenige Menschen ausschließlich in der einen oder anderen Kategorie. Vielmehr verändert sich typischerweise die Denkart mit den jeweiligen Rahmenbedingungen. Sandman (1986; Chess und Sandman 1989: 20) hat dies mit einem einfachen Test gezeigt. Er bat Experten, sich eine Situation vorzustellen, deren Umstände sie nicht kontrollieren können, und sich überdies in ihrer Rolle als Väter statt als Ingenieure und Geschäftsleute zu sehen. Es zeigte sich, daß in dieser Situation die Experten die technisch-rationalen Modelle der Entscheidungsfindung zugunsten der kulturellen Rationalität aufgaben. Die Schlußfolgerung aus diesen Arbeiten liegt auf der Hand: Kulturelle Rationalität ist nur eine andere Art von Wissen und muß in den Entscheidungsprozeß eingebaut werden.

Wir lernen aus diesen Arbeiten, daß der öffentliche Entscheidungsprozeß genau so wichtig ist wie die wissenschaftliche „Evidenz", manchmal sogar wichtiger. Menschen reagieren ebenso stark darauf, *wer* spricht wie darauf, *was* gesagt wird. Sie reagieren auf Möglichkeiten der Täuschung und Manipulation, die sich oft mit hierarchischen Entscheidungsstrukturen und anderen asymmetrischen kommunikativen Beziehungen verbinden. Die Bürger möchten sich darauf verlassen können, daß eine Entscheidung in fairer Weise getroffen wurde, ohne Verzerrung und Täuschung. Sie möchten wissen, ob sie versteckte Interessen widerspiegelt. Die Antwort auf ein solches Mißtrauen erfordert ein offeneres Arrangement kommunikativer Beziehungen.

Die quasi-experimentelle Forschung von Michael Elliot (1984) bietet eine empirische Basis für die Forderung nach kommunikativen Prozessen. Elliot hat einige dieser Entscheidungsprozesse lokaler Gemeinschaften durch mehrere simulierte Spiele getestet. Seine Forschung basierte auf einer Anzahl von Betroffenen in zwei lokalen Gemeinschaften. Alle Beteiligten – Beamte, Interessengruppen, Vertreter von Umweltorganisationen, Geschäftsleute und Grundstückseigentümer – lebten in den Gemeinden, in denen die Forschung stattfand. Alle wären Entscheidungsbetroffene, sollte eine Sondermülleinrichtung tatsächlich für die Gemeinde je vorgeschlagen werden. Dem experimentellen Ansatz von Elliott gelang es, tiefer in die Einstellungen und Gefühle der Teilnehmer einzudringen, als es gewöhnlich aufgrund der Beobachtung von „Nimby"-Konflikten des realen Lebens möglich ist.

Obwohl Elliot eine etwas andere Terminologie verwendet, bestätigt seine Arbeit die Schlußfolgerungen von Krimsky und Plough über die „technische" und „kulturelle" Rationalität. Während – so das Resultat – die überzeugten Unterstützer eines Projektes – insbesondere die Verwaltungsakteure und technischen Experten – sich auf die technischen Aspekte der Standortentscheidung konzentrierten, tendierten Gemeindemitglieder dazu, sich mit der Aufdeckung von Gesundheitsgefahren, die durch die Einrichtung bedingt waren, zu befassen und Sicherheitsmaßnahmen und -prozesse zu betonen, die erforderlich sind, um potentielle Gefahren abzumildern oder abzuwenden. Der wichtigste Befund aber ist – so Elliott –, daß Betroffene aus der Gemeinde dazu bereit waren, eine technisch weniger komplizierte Einrichtung zu akzeptieren, sofern die Betreiber dieser Anlage versicherten, ausreichende Aufmerksamkeit auf die Identifikation möglicher und zukünftiger Probleme zu verwenden und schnell darauf zu reagieren. Wie Elliott haben diese Befunde eine Anzahl von Autoren zur Folgerung veranlaßt, daß „... der einzige realistische Weg, um eine immer auf Vorsicht bedachte Gemeinschaft zu überzeugen, daß der Betreiber der Anlage sich verpflichtet, Gefahren offenzulegen und abzuschwächen, ist es, die Arbeitsweise der Einrichtung einer genauen Kontrolle zugänglich zu machen und deren Sicherheitspraktiken einer Überprüfung durch die Gemeinde zu unterziehen" (Mazmanian, Morell 1993: 156). Diese Schlußfolgerung bringt uns zu dem zweiten Typ von Argument, das für eine ökologische Demokratie spricht.

Die vorangehende Diskussion legt nahe, daß Bürger technischen Daten als solchen gegenüber aufgeschlossener sind als gemeinhin angenommen wird, oder anders gesagt, daß sie sehr wohl bereit sind, Informationen zu akzeptieren, die das Produkt eines offenen und demokratischen Prozesses sind. Diese Schlußfolgerung demonstrieren jüngste Erfahrungen in Kanada. So hat insbesondere der Bau von Einrichtungen zur Verarbeitung von Sondermüll in der kanadischen Provinz Alberta einen neuen Hoffnungsstrahl auf das Problem von „Nimby" geworfen. Im Gegensatz zu den traditionellen technokratischen Ansätzen erbringt dieser Fall überzeugende empirische Beweise dafür, daß eine Antwort auf das Problem im Sinne von mehr und nicht weniger Demokratie zu sehen ist.

Die eindrücklichsten Erfahrungen stammen aus Alberta. Mit dem „Nimby"-Syndrom konfrontiert, stellte die Regionalregierung von Alberta sich dem Widerstand offen und direkt (Rabe 1991; 1992; Paehlke und Torgerson 1992). Ein offener und demokratischer Beteiligungsprozeß wurde eingeführt, mit dessen Hilfe es gelang, die einzige größere neue Müllverbrennungsanlage seit einem Jahrzehnt in Nordamerika anzusiedeln, zu bauen und zu betreiben. Staat, Industrie und lokale Gruppen in Alberta planten gemeinsam einen Beteiligungsprozeß, in dem die Konflikte der Standortwahl so transformiert wurden, daß alle wichtigen Betroffenen eine Verhandlung dem Konflikt vorzogen und – über diesen Prozeß – zur Überzeugung kamen, daß sie alle einen Nutzen aus der Kooperation ziehen können. Es gibt nicht nur mehr Gewinner und Verlierer der Maßnahme, wie dies typisch für die „Null-Summen"-Politik von „Nimby" ist. Von Anfang an vollzog sich der Entscheidungsprozeß auf der Basis demokratischer Beteiligung, die mit einem lokalen Plebiszit über die Akzeptabilität der Standortentscheidung begann. Die Regionalregierung bot der lokalen Gemeinschaft finanzielle Mittel, um eigene Experten und Berater zu bestellen und ausgedehnte öffentliche Anhörungen zu veranstalten, in deren Rahmen mit den Gemeindemitgliedern und deren Berater die Art der Einrichtung und deren mögliche Konsequenzen diskutiert wurden. Als der Standort einmal akzeptiert worden war, stellte die Gemeindeverwaltung öffentliche Gelder zur Verfügung, um die zusätzlichen Belastungen, die daraus für die lokale Infrastruktur resultieren, auszugleichen und um eigene Experten zu bezahlen.

Die lokale Gruppe in Alberta verwendet diese Zuschüsse, um ein örtliches Komitee einzurichten, das Seminare und Konferenzen für die Bürger der Gemeinde veranstaltet, die sich mit der Behandlung von Sondermüll für die Bürger der Gemeinde befassen. Der Ausschuß trifft sich monatlich, insbesondere um die Betreiber der Einrichtung über Einstellungen und Wünsche der lokalen Gemeinschaft zu informieren. Auch prüft das lokale Komitee heute die Umwelt-Überwachungs-Berichte. Diese werden aus einer technischen Sprache in eine leicht verständliche Form gebracht. Die Regierung bietet auch Zuschüsse für die Einstellung eines permanenten Beraters durch die Gemeinde an, der diese bei der Kontrolle der Anlage unterstützt.

Obwohl das kanadische Experiment vielleicht nicht überall funktionieren mag, zeigt es doch, daß ein positiver, demokratisch inspirierter Diskurs mit einem konstruktiven Ergebnis entwickelt werden kann und dies gar im Falle einer sehr komplizierten und Skepsis erregenden Einrichtung. Wie Mazmanian und Morell (1993: 28) es formulieren, legt das kanadische Experiment die Schlußfolgerung nahe, „... daß langfristige Kontroll-Arrangements notwendig sind, die es ermöglichen, die Gemeinde stärker einzubeziehen und die Entscheidungsmacht und das Risiko zu teilen", wenn die Chance der Ansiedlung von guten Einrichtungen an guten Standorten erhöht werden soll.

Die partizipatorische Expertise

Soll die betroffene lokale Gemeinschaft das Funktionieren einer Einrichtung überwachen, muß das Standard-Modell der hierarchischen Experten-Beratung modifiziert werden (Kotz 1981). Wie schon im Fall des kanadischen Modells festgestellt, werden die Betriebsberichte aus einer technischen Sprache in eine Sprache übersetzt, die von dem Durchschnittsbürger leicht verstanden werden kann, und die Gemeinde erhält Mittel, um einen Berater einzustellen, der ihr dabei behilflich ist, die zentralen Fragen des Berichts zu verstehen. Wird die Gemeinde jedoch wirklich in diesen Beratungsprozeß einbezogen, dann ist zu erwarten, daß dieser Prozeß sich zu mehr als einer Kontrollfunktion entwickelt. Und eben dies zeichnet sich ab.

Seit den Anfängen von „Nimby" und der Bewegung örtlicher Gruppen gegen die Ansiedlung von Sondermüll-Einrichtungen kristallisierte sich die Herausbildung einer Form von „partizipativer Forschung" ab, die die Einwohner von Gemeinden unmittelbar in den Forschungsprozeß integrieren sucht. So findet man seit dem Giftmüllskandal in Love Canal in Up-State New York (einem Fall, der die nationale Aufmerksamkeit für das Problem des Sondermülls in den USA weckte) fast immer bei solchen Auseinandersetzungen eine Art von Bürger-Experten, die der lokalen Gemeinschaft dabei behilflich sind, die sie interessierenden Fragen in ihrer eigenen Sprache zu beantworten (Levine 1982). Diese Experten präsentieren sich in den betroffenen Gemeinden und helfen ihnen „... die Bedeutung neuer Entwicklungen zu erfassen, Strategien zu planen und auch Gegner direkt zu konfrontieren" (Levine 1982: 46). So heben Berichte über die Auseinandersetzungen zwischen Hauseigentümer-Verbänden und staatlichen und lokalen Beamten in Love Canal hervor, daß die Analyse eines Krebsforschers der lokalen Vereinigung dabei behilflich war, „... Regierungsdaten neu zu interpretieren, weitere Informationen zu sammeln und diese Informationen innerhalb und außerhalb der Nachbarschaft glaubhaft zu interpretieren" (Edelstein 1988). Ein direktes Ergebnis dieser Erfahrung in Love Canal war es, daß eine Organisation auf Bundesebene gebildet wurde, die alternative Expertisen für andere „Nimby"-Gruppen im ganzen Land anbietet. Das „Citizens Clearinghouse for Hazardous Wastes" wurde von einer Hausfrau aus Love Canal ins Leben gerufen, die auch die örtliche Gemeinschaft organisiert und erhebliche Zugeständnisse vom Staat New York und der Bundesregierung erzielt hatte (Gibbs 1982). Nur mit einem High School-Abschluß und ohne vorherige einschlägige Ausbildung baute sie eine große Organisation in Washington auf, die andere Gemeinden im Land im Kampf gegen toxische Abfälle unterstützt. Unter vielen anderen Aktivitäten bietet das Citizens Clearinghouse Information und Ratschläge darüber, wie mit den technischen Dimensionen des Giftmüllproblems umzugehen ist, insbesondere dem Problem der Verbrennung (Collette 1986). Fundamental für eine solche Ausbildung ist ein Training im Umgang mit Experten, in der Interpretation von Forschungsergebnissen von Experten und – in einigen Fällen – in der Frage, wie eine politische Gemeinschaft eigene Überlegungen daraus ableiten kann. Jedoch will sie nur die Arbeit erleichtern und legt Wert darauf, daß diese Gruppen an sie *herantreten*, d.h. sie versucht nicht selbst, lokale Gruppen im ganzen Land zu organisieren.

Dieser Beratung liegt eine sich herausbildende alternative Praxis „partizipatorischer Forschung" zugrunde. Sie hat sich im Kontext der Abwehr von Umweltgefahren – sowohl in Gemeinden als auch am Arbeitsplatz – entwickelt und gründet auf den Bemühungen von Bürgern, sich sowohl Zugang zu Informationen zu verschaffen, die von Wissenschaftlern vorgelegt werden, als auch ihr „lokales Wissen" über die örtlichen Verhältnisse zu systematisieren. Die neue Beratungsform versucht „... kooperative Beziehungen zwischen Wissenschaftlern und Bürgern zu entwickeln und die Forschung zu stärken, die auf die Bedürfnisse der Bürger eingeht" (Merrifield 1989: 20).

Partizipatorische Forschung wird somit als ein Versuch gefördert, die Praktiken an den Erfordernissen der demokratischen Expertise-Beteiligung auszurichten. Anstatt technische Antworten anzubieten, die die politische Diskussion beenden sollen, sehen sie es als ihre Aufgabe, Bürger bei ihren Bemühungen, ihre *eigenen* Interessen zu prüfen und ihre eigenen Entscheidungen zu fällen, zu unterstützen (Hirschhorn 1979). Der Forscher beschränkt sich nicht darauf, analytische und empirische Forschungsresultate zu präsentieren, sondern öffentliche Lernprozesse und demokratische Teilhabe zu erleichtern. In der Rolle eines „Facilitator" wird er oder sie Experte/in der Funktion, Betroffene zu lehren, Klarheit zu gewinnen und selbst zu entscheiden (Fischer 1990). Dies schließt eine grundsätzliche Sprache der öffentlichen Wertediskussion ein, ebenso wie das Wissen über die Rahmenbedingungen und intellektuellen Voraussetzungen, unter denen Bürger ihre eigenen Vorstellungen formulieren können. Geschaffen werden muß auch ein institutioneller und intellektueller Rahmen, der den Betroffenen dabei behilflich ist, Fragen zu stellen und technische Analysen in ihrer eigenen gewohnten Sprache zu formulieren und dabei zu entscheiden, welche Fragen für sie wichtig sind.

Zwei wichtige Nutzenaspekte werden von den Praktikern der partizipatorischen Forschung hervorgehoben. Der erste ist, daß diese sehr reale und wichtige Gefahren identifizieren kann, die in den Annahmen, Verallgemeinerungen und Kalkulationen der Experten enthalten sind. Das heißt sie bringt genau die Probleme, insbesondere problematischen Annahmen zum Vorschein, die von dem durchschnittlichen Policy-Analytiker übersehen wurden. Zweitens ermöglicht die Beteiligung an der Entscheidung, sowohl Glaubwürdigkeit als auch Akzeptanz für die Forschungsbefunde aufzubauen (Dutton 1984; Friedman 1987), was den gegenwärtigen Ansätzen gerade nicht gelingt.

Für die konventionell ausgebildeten Wissenschaftler, Naturwissenschaftler ebenso wie Sozialwissenschaftler, scheint die Vorstellung der partizipatorischen Forschung oft provozierend unwissenschaftlich. Auf diese Bedenken gibt es eine zweifache Antwort: Erstens ist diese Methode primär für Forschungsprobleme gedacht, die durch eine Mischung technischer und sozialer Probleme gekennzeichnet sind. Wissenschaftler, die sich mit Nuklearphysik befassen, haben wenig Grund, den gewöhnlichen Bürger zu befragen. Zweitens wird im Falle der Anwendung meist eine wissenschaftliche Methode zugrundegelegt, nur daß sie – wenigstens kurzfristig gesehen – zeitlich aufwendiger und vielleicht teurer ist. Im nächsten und letzten Abschnitt sollen verschiedene Wege aufgewiesen werden, wie die Bedenken der Policy-Analyse gegen die neu entstehenden Praktiken der partizipatorischen Forschung ausgeräumt werden können.

Partizipatorische Forschung und Policy-Analyse: Schlußbemerkungen

Obwohl die Policy-Analyse sich in erster Linie als ein Instrument entwickelt hat, um den bürokratischen Staat zu leiten und zu verwalten, erwiesen sich diese Steuerungsformen von oben, wie wir gesehen haben, für einen bestimmten Typ von schwer lösbaren und heiklen (wicked) Problemen, mit denen die staatlichen Entscheider konfrontiert werden, als problematisch. Außerhalb der staatlichen Strukturen haben sich eine Anzahl partizipatorischer Praktiken entwickelt, die ein Potential für die Lösung solcher Probleme bergen. Die Frage, die sich in diesem abschließenden Teil stellt, ist nun: Wie kann sich die Policy-Analyse als Disziplin gegenüber solchen methodischen Innovationen öffnen? Wie könnten Mitglieder der Disziplin gar eine aktive Rolle übernehmen, wenn es darum geht, die partizipatorische Methode weiter zu entwickeln und zu formalisieren?

Wo beginnen? Grundsätzlich versteht sich die partizipative Forschung, ihren eigenen Theoretikern zu folgen, als die progressive Version einer Methode, die in den Managementwissenschaften schon gut bekannt ist, nämlich der „Aktionsforschung" (Argyris 1985). Wie die – nach dem zweiten Weltkrieg von dem deutschen Emigranten Kurt Lewin entwickelte – Aktionsforschung wurde die partizipatorische Forschung als eine Methode konzipiert, um soziales Lernen und zielorientierte Entscheidungsfindung zu integrieren. Während die erstere durch die Betriebswirtschaftslehre kooptiert wurde, um ziemlich schmal definierten Erfordernissen der bürokratischen Reform (typischerweise definiert als „partizipatorisches Management") zu dienen, stellt die partizipatorische Forschung einen Versuch dar, das frühere Engagement der Aktionsforschung für eine demokratische Teilhabe zu verwirklichen (Reason, Rowan 1981; Fernandes,

Tandon 1981; Kassan, Mustafa 1982; Merrifield 1989). Viele der Bemühungen, diese Methode zu entwickeln, vollzogen sich in der Dritten Welt, insbesondere im Rahmen der alternativen sozialen Bewegungen, die sich mit Umweltfragen und angemessenen Technologien beschäftigen.

Auf der praktischen Ebene könnte eine solche methodische Arbeit in der Policy-Analyse auf den Arbeiten von Churchman (1971) und seinen Kollegen, insbesondere Mason und Mitroff (1983), aufbauen, die die Policy-Analyse als eine Debatte über konkurrierende normative Perspektiven neu konzipierten. Obwohl diese Autoren die Anwendungen ihres Ansatzes – ähnlich wie die Aktionsforscher – auf Management-Entscheidungsprozesse begrenzt haben, spricht nichts dagegen, dessen partizipatorische Methoden für eine breitere Vielfalt von Interessen und Betroffenen auszuarbeiten und auf diese auszudehnen. Mit dieser Absicht hat Fischer (1980) mit einem methodischen Vier-Ebenen-Rahmen experimentiert, der dazu gedacht ist, den Verlauf solcher partizipatorischer Beratungen zu lenken.

In methodologischer Hinsicht kann der Schritt von der „Aktions-" zur „Partizipations"-Forschung interpretiert werden als das Einbauen der menschlich-emanzipatorischen Komponente, die sich mit Teilhabe verbindet. Hier bietet die kritische Theorie von Habermas wichtige Einsichten. Aus der Perspektive der kritischen Gesellschaftstheorie kann die Aufgabe des partizipatorisch orientierten Policy-Analytikers als diejenige eines „interpretierenden Mediators" zwischen theoretischem Wissen und konkurrierenden praktischen Argumenten gesehen werden. Partizipatorische Policy-Analyse, nach einem solchen Verständnis, involviert zuerst eine Bewertung eines vorliegenden gesellschaftlichen Problems und eine Bewertung von alternativen Policy-Lösungen im Sinne emanzipatorischer Kriterien, die aus einer Interaktion zwischen analytischen, dem Bezugsrahmen und den Interessen und Bedürfnissen der relevanten gesellschaftlichen Akteure, abgeleitet werden (Habermas 1973: 33). Methodisch schlägt die Policy-Analyse vor, den analytischen Bezugsrahmen der Sozialwissenschaften und die vorgeschlagenen Policy-Praktiken, die durch die betroffenen Akteure vermittelt werden, gegenüberzustellen. Solch ein dialektischer Austausch kann mit einer „... Konversation verglichen werden, in der die jeweiligen Horizonte beider Beteiligten (Sozialwissenschaftler und Bürger) durch die wechselseitige Konfrontation erweitert werden" (Dryzek 1982). Ziel ist es, in post-positivistischen Begriffen eine Synthese von sozialwissenschaftlicher Theorie und dem „lokalen Wissen" der lokalen Gemeinschaft sowohl auf der normativen als auch empirischen Ebene zu entwickeln. Sie soll die Interaktionen zwischen Analytikern, Bürgern und politischen Entscheidern neu gestalten als eine Kommunikation mit vielen Stimmen, die durch die prozedurale Ethik des Diskurses und der Deliberation bestimmt wird. Auf diese Weise würde die soziale Distanz zwischen dem Policy-Experten und dem Bürger radikal reduziert; der Analytiker wäre nur eine Art von „spezialisiertem Bürger" (Paris, Reynolds 1983).

Die Aufgabe eines partizipatorisch orientierten Policy-Analytikers wäre es, den Bürgern dabei behilflich zu sein, ein authentisches Tiefenverständnis der historischen Kräfte zu vermitteln, die die gegenwärtige Situation prägen. Mit Bernstein (1976: 217) läßt sich sagen, daß „... eine solche Theorie nur als eine materielle Kraft wirksam werden kann, wenn sie diese Situation korrekt interpretiert und eine Selbstreflexion initiiert". Die theoretische Aufgabe ist „... eng verbunden mit der Herausbildung eines politischen Konsensus unter denen, die in einer strategischen Aktion engagiert sind; aber diese kann und soll nicht das legitimieren und rechtfertigen, was getan werden soll" (Bernstein 1976: 217). Die Konsequenz daraus ist, wie Habermas (1973: 33) erklärte, daß „... Entscheidungen für die politische Auseinandersetzung nicht zu Beginn theoretisch gerechtfertigt und dann organisatorisch durchgeführt werden können". Die einzigen, die über die Handlungsoption entscheiden können, der sie folgen möchten, sind jene, die die Risiken und erwarteten Ergebnisse kennen, also diejenigen, die sich ihrer gemeinsamen Interessen bewußt sind und Kenntnisse sowohl über deren Bedingungen als auch die voraussagbaren Konsequenzen – primärer oder sekundärer Natur – der vorgeschlagenen Handlung besitzen.

Dies ist nicht der Rahmen, in dem eine dieser Optionen im Detail geprüft werden kann. Vielmehr sollte hier nur argumentiert werden, daß, wenn die Policy-Analyse zu ihrem ursprünglichen Engagement zurückfinden will, das zum Teil durch die Dilemmata der wachsenden Zahl schwer lösbarer Probleme entstand, die Disziplin diese tieferen politischen und methodologischen Implikationen einer partizipatorischen Methode ernst nehmen sollte. Damit ist nicht gesagt, daß die Policy-Analyse sich vollkommen auf die Erfordernisse der Partizipation umstellen, sondern vielmehr erkennen sollte, daß gegenwärtig gewisse Problemtypen Partizipation erfordern, und daß die partizipatorische Policy-Analyse als eines der Instrumente der Disziplin ausgebaut werden sollte. Was einst wie ein radikaler Vorschlag für die Policy-Analyse geklungen haben mag, ist nunmehr nur eine der verfügbaren Methoden in der analytischen Werkzeugkiste der Policy-Analyse.

Literaturverzeichnis

Argyris, Chris et al., 1985: Action Science. Cambridge: Harvard.
Ball, Terrance, 1989: The Politics of Social Science in Postwar America, in: *Larry May* (Hrsg.), Recasting America. Chicago: University of Chicago Press, 76-92.
Banfield, Edward, 1980: Policy Science as Metaphysical Madness, in: *Robert A. Goldwin* (Hrsg.), Bureaucrats, Policy Analysts, Statesmen: Who Leads? Washington, D.C.: American Enterprise Institute for Public Policy Research, 1-19.
Barber, Benjamin R., 1984: Strong Democracy. Berkeley: University of California Press.
Bennett, Douglas, 1986: Democracy and Public Policy Analysis, in: *Stuart Nagel* (Hrsg.), Research in Public Policy Analysis and Management, Vol. 3. Greenwich, Conn.: JAI Press.
Beneviste, Guy, 1987: Some Functions and Dysfunctions of Using Professional Elites in Public Policy, in: *Stuart Nagel* (Hrsg.), Research in Public Policy Analysis and Management, Vol. 3. Greenwich, Conn.: JAI Press.
Bernstein, Richard J., 1976: The Restructuring of Social and Political Theory. New York: Harcourt Brace Jovanovich.
Bernstein, Richard J., 1983: Beyond Objectivism and Relativism: Science, Hermeneutics, and Praxis. Philadelphia: University of Philadelphia Press.
Bookchin, Murray, 1991: The Ecology of Freedom. Palo Alto: Cheshire.
Chess, Caron/Sandman, Peter M., 1989: Community Use of Quantitative Risk Assessment, in: Science for the People, Jan./Febr., 20.
Churchman, Charles W., 1971: The Designing of Inquiring Systems. New York: Basic Books.
Collette, Will, 1987: How To Deal With a Proposed Facility. Arlington, VA: Citizen's Clearinghouse for Hazardous Wastes, Inc.
Dear, Michael, 1992: Understanding and Overcoming the NIMBY Syndrome, in: Journal of the American Planning Association 58, Nr. 3, 288-300.
deLeon, Peter, 1989: Advice and Consent. New York: Russell Sage Foundation.

deLeon, Peter, 1992: The Democratization of the Policy Sciences, in: Public Administration Review 52 (März/April), 125-129.
Dryzek, John S., 1990: Discursive Democracy. Cambridge: Cambridge University Press.
Dutton, Diana, 1984: The Impact of Public Participation in Biomedical Policy: Evidence From Four Case Studies, in: *James C. Peterson* (Hrsg.), Citizen Partizipation in Science Policy. Amherst: University of Massachusetts Press, 147-181.
Edelstein, Michael R., 1988: Contaminated Communities. Boulder: Westview Press.
Elliot, Michael L. Poirier, 1984: Improving Community Acceptance of Hazardous Waste Facilities Through Alternative Systems of Mitigating and Managing Risk, in: Hazardous Waste 1, 397-410.
Eulau, Heinz, 1977: Technology and Civility. Stanford, CA: Hoover Institution.
Fernandez, Walter/Tandon, Rajesh (Hrsg.), 1981: Participatory Research and Evaluation: Experiments in Research as a Process in Asia. New Delhi: Indian Social Institute.
Fischer, Frank, 1980: Politics, Values, and Public Policy: The Problem of Methodology. Boulder: Westview Press.
Fischer, Frank, 1990: Technocracy and the Politics of Expertise. Newbury Park: Sage Publications.
Fischer, Frank, 1991: Risk Assessment and Environmental Crisis: Toward an Integration of Science and Participation, in: Industrial Crisis Quarterly 5, 113-132.
Foucault, Michel, 1973: The Order of Things. New York: Vintage Books.
Friedmann, John, 1987: Planning in the Public Domain. Princeton: Princeton University Press.
Gibbs, Lois Marie, 1982: Love Canal: My Story. Albany: University of New York Press.
Gouldner, Alvin W., 1970: The Coming Crisis of Western Sociology. New York: Avon.
Habermas, Jürgen, 1970: Toward a Rational Society. Boston: Beacon Press.
Habermas, Jürgen, 1973: Legitimation Crisis. Boston: Beacon Press.
Harmon, Michael M./Mayer, Richard, 1986: Organization Theory for Public Administration. Boston: Little, Brown and Co.
Hawkesworth, Mary E., 1988: Theoretical Issues in Policy Analysis. Albany, NY: State University of New York Press.
Hirschhorn, Larry, 1979: Alternative Service and the Crisis of the Professionals, in: *John Case/Rosemary C.R. Taylor* (Hrsg.), Co-ops, Communes and Collectives: Experiments in Social Change in the 1960s and 1970s. New York: Pantheon, 153-193.
Hoppe, Rob/Peterson, Aat, 1993: Handling Frozen Fire. Boulder: Westview Press.
Kann, Mark E., 1986: Environmental Democracy in the United States, in: *Sheldon Kamieniecki/Robert O'Brien/Michael Clark* (Hrsg.), Controversies in Environmental Policy. Albany, New York: Suny Press, 252-274.
Kassan, Yusuf/Mustafa, Kemal (Hrsg.), 1982: Participatory Research: An Emerging Alternative in Social Science Research. Nairobi: African Adult Education.
Krimsky, Sheldon/Plough, Alonzo, 1987: The Emergence of Risk Communication Studies: Social and Political Context, in: Science, Technology, and Human Values 12, Nr. 3 und 4, 9.
Kotz, Nick, 1981: Citizens as Experts, in: Working Papers (März/April), 42-48.
Laird, Frank, 1993: Participatory Analysis, Democracy, and Technological Decision Making, in: Science, Technology, and Human Values (im Erscheinen).
Lasswell, Harold, 1951: The Policy Science Orientation, in: *Daniel Lerner/Harold Lasswell* (Hrsg.), The Policy Sciences. Palo Alto: Stanford University Press.
Lazarsfeld, Paul, 1969: An Episode in the History of Social Research: A Memoir, in: *Donald Fleming/Bernard Bailyn* (Hrsg.), The Intellectual Migration: Europe and America, 1930-1960. Cambridge, Mass.: Harvard University Press, 270-337.
Levine, Adeline, 1982: Love Canal: Science, Politics, and People. Boston: Lexington.
MacIntyre, Alasdair, 1979: Social Science Methodology as the Ideology of Bureaucratic Authority, in: *Maria Falco* (Hrsg.), Through the Looking-Glass. Washington, D.C.: University Press of America, 42-58.
Mason, Richard O./Mitroff, Ian I., 1981: Challenging Strategic Planning Assumptions. New York: John Wiley.
Mazmanian Daniel/Morell, David, 1993: The 'NIMBY' Syndrome: Facility Siting and the Failure of Democratic Discourse, in: *Michael Kraft/Norman Vig* (Hrsg.), Environmental Policy for the 1990s. Washington, D.C.: Congressional Quarterly Press.
Merelman, Richard, 1976: On Interventionist Behavioralism: An Essay in the Sociology of Knowledge, in: Politics and Society 6, 57-78.

Merrifield, Juliet, 1989: Putting the Scientists in Their Place: Participatory Research in Environmental and Occupational Health. Tenneessee: Highlander Center.
Mitroff, Ian/Mason, Richard/Barabba, Vincent, 1983: The 1980 Census: Policymaking Amid Turbulence. Lexington, MA: Lexington Books.
Paehlke, Robert, 1990: Democracy and Environmentalism: Opening a Door to the Administrative State, in: Robert Paehlke/Douglas Torgerson (Hrsg.), Managing Leviathan: Environmental Politics and the Administrative State. Peterborough: Broadway Press.
Paehlke, Robert/Torgerson, Douglas, 1992: Toxic Waste as Public Business, in: Canadian Public Administration 35 (Herbst), 339-362.
Paris, David C./Reynolds, James F., 1983: The Logic of Policy Inquiry. New York: Longman.
Pateman, Carol, 1970: Participation and Democratic Theory. Cambridge: Cambridge University Press.
Pillar, Charles, 1991: The Fail-Safe Society: Community Defiance and the End of American Technological Optimism. New York: Basic Books.
Portney, Kent E., 1991: Siting Hazardous Waste Treatment Facilities: The Nimby Syndrome. New York: Auburn House.
Rabe, Barry G., 1991: Beyond the Nimby Syndrome in Hazardous Waste Facility Siting: The Albertan Breakthrough and the Prospects for Cooperation in Canada and the United States, in: Governance 4 (April), 184-206.
Rabe, Barry G., 1992: When Siting Works, Canada-Style, in: Journal of Health Politics, Policy and Law 17, 119-142.
Reason, Peter/Rowan, John (Hrsg.), 1981: Human Inquiry: A Sourcebook of New Paradigm Research. New York: John Wiley.
Rittel, Horst W. J./Webber, Melvin M., 1973: Dilemmas in a General Theory of Planning, in: Policy Sciences 4 (Juni), 155-169.
Sandmann, Peter M., 1986: Getting to Maybe: Some Communication Aspects of Hazardous Waste Facility Siting, in: Seton Hall Legislative Journal 9 (März), 58-77.
Schon, Donald, 1983: The Reflective Practitioner. New York: Basic Books.
Scott, William G./Hart, David K., 1973: Administrative Crisis: The Neglect of Metaphysical Speculation, in: Public Administration Review 33, 415-422.
Stanley, Manfred, 1978: The Technocratic Consciousness: Survival and Dignity in an Age of Expertise. Chicago: University of Chicago Press.
Thornton, Joe, 1991: Risking Democracy, in: Greenpeace März/April, 14-17.
Tribe, Lawrence, 1972: Policy Science: Analysis or Ideology, in: Philosophy and Public Affairs 2, 66-110.
Wildavsky, Aaron, 1988: Searching for Safety. New Brunswick: Transaction Books.
Wynne, Brian: 1987: Risk Management and Hazardous Waste: Implementation and the Dialectics of Credibility. Berlin: Springer.

Demokratie und Policy-Analyse: Ziele und Arbeitsweise*

Peter deLeon

Einleitung

Die Policy-Analyse, wie sie ursprünglich durch Harold Lasswell und Abraham Kaplan (Lasswell 1951; Lasswell/Kaplan 1950) konzipiert worden war, sprach sich direkt und eloquent für einen normativen Beitrag der Policy Sciences zum demokratischen politischen Gemeinwesen aus. In den Worten von Lasswell (1951: 15) sind die „Policy Sciences der Demokratie ... auf Wissen ausgerichtet, das benötigt wird, um die Praxis der Demokratie zu verbessern".

Seither gedeiht und blüht die Policy-Analyse, allerdings nicht genau in der Form wie Lasswell das vorgesehen oder empfohlen hatte. Denn die Verbindung zwischen Policy-Analyse und Demokratie, die Lasswell vorgeschlagen hatte, wurde – so schien es – immer schwächer oder gar in fundamentaler Weise durch nachfolgende Policy-Analytiker verändert und dies aus den verschiedensten Gründen, so zum Beispiel aufgrund des dominierenden Einflusses der Ökonomie in der Policy-Forschung (Stone 1988), des Einflusses des Behavioralism in der Politikwissenschaft (Ascher 1987) und – am bedenklichsten – des metastasenartigen Wachstums des technokratischen Staates (Fischer 1990). Gegenwärtig hat die professionelle Praxis der Policy-Analyse einen Punkt erreicht, an dem hochtechnische Analysen alle Ansätze zu humanistisch-demokratischen Überlegungen verdrängen. Allerdings gibt es keine Anzeichen dafür – so muß fairerweise eingestanden werden –, daß bewußt autoritäre Motive eine Rolle spielen (wie der Vorwurf „der politischen Kontrolle qua Policy-Analyse" dies anklingen läßt) oder daß eine technokratische Kabale vorbereitet wird; und doch hat Dryzek nicht unrecht, wenn er unter solchen Bedingungen davor warnt, „.... daß die meisten Bemühungen der Policy-Analyse heute in der Tat konsistent sind mit einer wenn auch subtilen Policy-Analyse der Tyrannei" (Dryzek 1989: 98).

Zwei wichtige Feststellungen lassen sich angesichts dieser Situation machen: Erstens intendierte Lasswell mit seiner Warnung vor dem „Garnisonsstaat" nie, daß seine Konzeption der Policy-Analyse sich mit irgendeiner Form der Tyrannei verbinden solle, insbesondere nicht mit der Form einer autoritären Bürokratie, auf die Dryzek sich bezieht (Torgerson 1985).[1] Zweitens geht die Stoßrichtung der Forschungsagenda

---

* Dieser Beitrag wurde auf Einladung von Prof. Dr. Adrienne Héritier, Universität Bielefeld, zur Veröffentlichung in einem Sonderheft der Politischen Vierteljahresschrift verfaßt. Ich danke besonders Prof. Robert B. Denhardt (Universität von Central Florida) und Prof. Linda deLeon (Universität von Colorado, Denver) für ihre Kommentare.
1 Lasswell macht dieses an mindestens zwei Stellen sehr deutlich. In „A Pre-View of Policy Sciences" (1971: 41) fragt er rhetorisch, „ob das übergeordnete Ziel einer Policy die Verwirklichung der menschlichen Würde vieler oder der Würde einiger weniger (und der Unwürde

der heutigen Policy-Analyse dahin, sich konzeptionell und praktisch von einer solch einfachen Basis zu lösen. Beide Bemerkungen spiegeln – sowohl in der Vergangenheit als auch in der Gegenwart – in den Worten von Lasswell und Kaplan 1950: XXIV) mehr die Sorge um die „menschliche Würde" als die Sorge um „die Glorie des unpersönlichen Staates oder die Effizienz sozialer Mechanismen" (ebd.) wider.
Der vorliegende Beitrag hat sich zwei grundsätzliche Ziele gesetzt. Zunächst wird kurz der Werdegang und der Zustand der Policy-Analyse rund 40 Jahre nach deren Begründung durch Lasswell beschrieben und insbesondere deren vorsichtige Versuche dargestellt, sich von den Einengungen zu lösen, durch die sie gegenwärtig behindert wird. Das zweite Ziel richtet sich darauf, die genauen Schritte zu erkunden, über die die Policy-Forschung zu einer Richtungsänderung gelangen könnte (oder besser gesagt einer Rückkehr), zu der ursprünglichen Lasswellschen Aufforderung, eine „Policy-Analyse der Demokratie" zu praktizieren. Der erste Teil ist eine wichtige Voraussetzung für die Argumentationsführung, obwohl heute nicht mehr gerade bahnbrechend neu. Der zweite Teil des Beitrages ist schwieriger, aber auch wichtiger, denn theoretische Analysen gibt es viele, und praktische Vorschläge sind rar. Jedoch ist dieser zugestandenerweise explorative Versuch notwendig, wenn die Policy-Forschung sich aus der analytischen Falle befreien soll, in die ihre eifrigsten und in der Öffentlichkeit sichtbarsten Praktiker sie unwillentlich geführt haben.[2]

Ein kurzer Rückblick

Die Policy-Analyse entwickelte sich aus vielen Gründen, die anderswo ausführlich dargestellt wurden (deLeon 1988), zu ihrer jetzigen, stark formalisierten Form, die mit allen guten Absichten positivistische, quantitative Analysen durchführte und dabei – ebenso intentional – die normativen Aspekte einer Policy ausblendete und damit eine zweifelhafte (wenn nicht gar trügerische) Dichotomie von Tatsachen einerseits, Werten andererseits perpetuierte.
Policy-Probleme wurden zunehmend im Zusammenhang mit technischen Problemen analysiert, die dann folgerichtig auch technische Lösungen nach sich zogen. Robert Denhardt (1981: 633, 631) erfaßte die Situation treffend, als er bemerkte, daß Policy-Analytiker typischerweise „... technische Regeln für die Lösung unmittelbar praktischer Probleme anwenden. Unter solchen Bedingungen verdrängen technische Anliegen politische und ethische Anliegen als Basis öffentlicher Entscheidungsfindung; normative Fragen werden in technische Probleme umgewandelt ... Was aber vielleicht am meisten Besorgnis erregt, ... ist die Wahrscheinlichkeit, daß nur die politischen Maßnahmen ergriffen werden, die mittels der Standard-Techniken der positivistischen

---

vieler) sein sollte". In „World Revolutionary Elites" (1965: 96) wird er sogar noch deutlicher: „Wenn wir uns inmitten einer ständigen Revolution modernisierender Intellektueller befinden, hängt offensichtlich die sich anschließende Phase nicht unwesentlich von einer Verbesserung der Policy Sciences ab, welche schreckliche Eventualitäten zu verhindern helfen, die in mehr als schwach erkennbaren Tendenzen enthalten sind."
2 Man mag fragen, ob die besten Bemühungen vieler der frühen Policy-Forscher, die fest entschlossen waren, ihre Policy-Ratschläge (siehe z.B. Stokey/Zeckhauser 1978), auch wenn dies nicht möglich war, zu quantifizieren (d.h. „objektiv" zu machen), nicht weitgehende unbeabsichtigte Konsequenzen hervorrief, nämlich die Trivialisierung der Policy-Forschung.

Sozialwissenschaften lösbar sind ... Das Resultat ist ein neues Bewußtsein, in dem die Welt aus der Sicht der Technik verstanden wird" (Denhardt 1981: 633, 631). Der Prozeß als solcher tendierte dazu, das Produkt zu bestimmen.³
Diese Entwicklung wurde früh erkannt (Tribe 1972), in der Praxis aber systematisch vernachläßigt (und einige Forscher würden sagen, in der Methode festgeschrieben). Amy (1984) beispielsweise beklagt die bewußt „a-moralische" Haltung des „objektiven" Analytikers und weist klar und deutlich die Standard-Argumente zurück, die auf der Unvereinbarkeit von Ethik und Policy-Analyse beharren. Jedoch sah Amy schließlich in Anbetracht der gegebenen Rollen und Positionen der Policy-Analytiker und der politischen Entscheider, denen sie berichten, keine andere Lösung, als deren Trennung im Alltag nur einzudämmen.
In jüngsten Jahren jedoch schälen sich in der Literatur zwei unterschiedliche Positionen heraus, was den methodischen Charakter der konventionellen Policy-Analyse anbetrifft. Die eine Position stellt die Genauigkeit der quantitativen Analyse in Frage, und die zweite – grundlegendere – bezweifelt die Gültigkeit der zentralen Annahmen und Methoden der konventionellen Policy-Analyse.
Die erste Kritik läßt ein zunehmendes Bewußtsein der Mängel der quantitativen Analyse, speziell der Kosten-Nutzen-Analyse, deutlich werden. Diese Zweifel wurden offiziell anerkannt, als Eric Hanushek als Vorsitzender einer National Research Council-Studiengruppe über Policy-Forschung die Genauigkeit der quantitativen Prognosen als höchst zweifelhaft bezeichnete, und konstatierte, daß „... wir über die Genauigkeit der Schätzungen aller dieser Kosten sehr wenig wissen" (zit. nach Kosterlitz 1991: 2408). Auch ist, wie Mark Maier (1991) gezeigt hat, die statistische Analyse für politische Manipulationen genauso empfänglich wie andere – scheinbar subjektivere – Ansätze. Diese und andere Schlußfolgerungen verstärkten das normative Dilemma der Policy-Analyse (insbesondere die zugrundegelegte Dichotomie von Werten und Tatsachen), die von Amy und anderen (so Rein 1976) beschrieben wurde, fügte jedoch noch einen weiteren kritischen Punkt hinzu, nämlich daß die positivistische Policy-Analyse überwiegend wenig Erfolg hatte. D.h. sie beeinflußte staatliche Maßnahmen nicht so, daß diese die selbst gesetzten Ziele erfüllten. Das Ergebnis ist, daß die Policy-Analyse im allgemeinen für die wichtigen politisch-gesellschaftlichen Entscheidungen relativ marginal wurde, so marginal, daß dadurch die Geltungskraft des Ansatzes und die Rolle der Policy-Analytiker bedroht wurden. Der Umstand, daß diese Form der Policy-Analyse immer noch floriert, zeugt mehr von unserem anhaltenden Glauben an Rationalität und ist mehr ein Tribut an das Erbe der Aufklärung als eine ehrliche Lesart der Erfolgsbilanz der Policy-Analyse.
Viele Beobachter haben festgestellt, daß der große Teil der durchgeführten Policy-Analysen mit Ausnahme einiger weniger Beispiele, die die Regel bestätigen (z.B. des Family Support Act von 1991; Szanton 1991 und Baum 1991), die Policy-Deliberation in der Phase der Gestaltung wenig beeinflußt haben. Diese Beurteilung deutet darauf hin, daß die Policy-Forschung bisher im politischen Entscheidungsprozeß von keinem großen Gewicht war, wenn es um wichtige gesellschaftliche Entscheidungsfragen ging, obwohl jedes Amt und jeder Amtsträger von Bedeutung eine Gruppe von Policy-Analytikern zur Verfügung haben (wie dies jüngst bei Weiss 1992 diskutiert wurde).

---

3 Zu einer philosophischeren Erörterung des Phänomens siehe Barrett (1979).

Lindblom (1990) beurteilt von denjenigen, die diese Sicht teilen, die Erfolge der Policy-Anlyse am kritischsten: „... Trotz aller Anstrengungen und trotz aller scheinbaren Nützlichkeit, kann ich kein einziges Forschungsergebnis oder keine Idee der Sozialwissenschaften sehen, die für die Bewältigung einer gesellschaftlichen Aufgabe eindeutig unverzichtbar gewesen wären. Nicht eine einzige, würde ich meinen."[4] Ohne Lindbloms strenges Urteil als generelle Position ganz zu teilen, muß eingeräumt werden, daß die Ergebnisse der Policy-Forschung bestenfalls dazu verwendet wurden, um eine Position zu bestätigen oder zu widerlegen, die durch andere bereits entschieden worden war. Dies ist sicherlich keine gering einzuschätzende Tätigkeit, jedoch weit von den ursprünglichen Lasswellschen Zielen entfernt.

Über Jahre hinweg protestierten Policy-Forscher gegen diese strenge Kritik und betonten, daß ihr Ansatz korrekt sei und daß er die Qualität staatlicher Maßnahmen verbessern könne, wenn die Politiker den Policy-Analytikern nur Gehör schenken würden. Jetzt aber, wo die Präzision der konventionellen Instrumente der Kosten-Nutzen-Analyse und ähnlicher Methoden in Zweifel gezogen werden, taucht ein zweites Problem auf: Eine wachsende Zahl von Policy-Forschern hat Mängel konstatiert, die den traditionellen Methoden der Policy-Analyse inhärent sind, und damit an den intellektuellen Kern des Ansatzes und dessen rationale analytische Grundannahmen rühren. So zeigte beispielsweise Stone (1986) überzeugend, wie die „objektiven" Kriterien (wie Effizienz), die von den Anhängern des rationalistischen Ansatzes oder des „Rationalitätsprojektes" – wie sie sagt – benutzt werden, viele Zweideutigkeiten und interne Widersprüche enthalten. Torgerson (1986: 40) spricht vom „dritten Gesicht der Policy-Analyse" und stimmt ihr in dieser Kritik zu: „Es wird deutlich, daß die enge positivistische Konzeption einer rationalen Begründung einen intellektuellen Stil gefördert hat, der gegenüber sich selbst und seinem eigenen Kontext insensitiv ist, was, in einem Wort, selbst wiederum irrational ist" (Torgerson 1986: 40). Dryzek (1990: 5-6) beschreibt den Positivismus als „instrumentelle Rationalität" und führt direkt und streng die einzelnen Nachteile auf: Aus seiner Sicht

- zerstört die instrumentelle Rationalität die echten, spontanen, egalitären und intrinsisch bedeutungsvollen Aspekte menschlicher Gemeinschaft; weiter seien
- die instrumentelle Rationalität und die politischen Institutionen, in denen sie praktiziert wird, ineffektiv, wenn sie mit komplexen sozialen Problemen konfrontiert seien.
- Die instrumentelle Rationalität mache eine effektive und den Problemen angemessene Policy-Analyse unmöglich.

Kurz, es existiert ein wachsendes Bewußtsein, daß mit der rationalen Grundlage der Policy-Analyse die Saat für deren eigene Unfruchtbarkeit gelegt wurde; denn Policy-Forschung findet zwangsläufig in einem Policy-Zirkus statt, dessen Ringmeister immer und offenkundig in einer alles andere als rationalen (in anderen Worten entschieden politischen) Welt operieren. Damit werden wir an Wildavskys (1979) Beschreibung einer „guten Policy-Analyse" erinnert, die er als zu zwei Dritteln aus „sozialer Inter-

---

4 Zu einer davon abweichenden Diskussion siehe Deutsch u.a. (1986); ihr Buch ist anderen Autoren gewidmet, die mit Lindblom auch nicht übereinstimmen und deren Verdienste in genau so hellem Licht erscheinen: Harold Lasswell, Margaret Mead, Talcott Parsons und Norbert Weiner.

aktion" und zu einem Drittel aus „intellektueller Überlegung" bestehend beschreibt. Es fragt sich nur, ob er nicht den Anteil der letzteren überschätzt hat.

Eine neue Richtung: ein Vorschlag

Ein Versuch, die rationale Policy-Analyse durch eine Infusion zusätzlicher Rationalität zu retten („mehr tun, und dies besser tun"), würde das Problem nur noch verschärfen. Die Sache zu retten, indem an die „Rationalität von Politik" appelliert wird oder an das, „was funktioniert" (wie in Brewer/deLeon 1983: 23), würde bedeuten, den Begriff „rational" jenseits ermeßbarer Grenzen auszudehnen. „Politische Rationalität" ist – in Dryzeks prägnantem Epigramm (1990: 123) vielmehr „ein Oxymoron". Das Bewußtsein, das „Rationalitätsprojekt" zu überwinden, wurde mit dem Begriff des „Post-Positivismus" (Ascher 1987; deLeon 1988; Fischer 1989) eingefangen, der aus zwei miteinander verbundenen theoretischen Strängen besteht, der kritischen Theorie und der partizipatorischen Policy-Analyse.

Die Kritische Theorie wird in der Regel im Sinne von Jürgen Habermas und der Frankfurter Schule (Forester 1985) als „wert-kritische Policy-Analyse" (Rein 1983) oder „kritische Policy-Analyse" verstanden (Bobrow/Dryzek 1987, Kapitel 11). Die grundlegende konzeptionelle Idee, auf der die „kritische Policy-Analyse" basiert, ist relativ einfach: Es gibt viele Perspektiven, die in Betracht gezogen werden sollten, und technische Ansätze repräsentieren nur einen von diesen. Eine weitere Annahme ist, daß das Scheitern vieler Programme auf eine fundamentale Asymmetrie des Wissens der Beteiligten und des Kommunikationsstils zurückzuführen ist, in Habermas' Worten „auf systematisch verzerrte Kommunikation"; weiter seien oft grundlegende soziopolitische Alternativen erforderlich; auch seien institutionelle Innovationen nötig, damit der natürliche Konservatismus von Institutionen nicht die „ideale Diskurs-Situation" behindert. In Bobrows und Dryzeks Worten (1987: 170) „... gründet eine Kritische Theorie in der Vorstellung des Forschers über die Bedürfnisse und Deprivationen, die eine Gruppe von Individuen erfährt". Die praktische Konkretisierung solcher Ideen vollzieht sich durch das, was Habermas „kommunikative Handlung" (Diskurs) nennt, und besteht darin, daß eine Vielzahl von Perspektiven in einem Forum, das nicht unter kommunikativer Verzerrung leidet, erörtert werden; in diesem Forum stehen alle beteiligten Parteien auf der gleichen Ebene und verfügen über gleiches Wissen. Ein Konsens wird dann auf der Basis der wechselseitigen Anpassung und des wechselseitigen Respekts erreicht und nicht auf der Basis einer Machtbeziehung. Denhardt (1981: 633) faßt dieses Potential wie folgt zusammen: „Im einzelnen würde eine Kritische Theorie der öffentlichen Organisationen erstens die praktisch-technische Basis der bürokratischen Herrschaft und die ideologische Rechtfertigung dieser Bedingungen untersuchen; zweitens würde sie danach fragen, wie die Mitglieder und Klienten der Behörden die Einschränkungen durchschauen können, die ihnen ihre Handlungen auferlegen, und als Antwort darauf neue Methoden der administrativen Praxis entwickeln" (Denhardt 1981: 633).

Die Probleme der Kritischen Theorie in ihrer Anwendung – im Unterschied zu deren Konzipierung – sind angesichts der Realität gruppendynamischer Prozesse fast so zahlreich wie die Hoffnungen, die sie weckt, obwohl Habermas (indem er die psychoanalytische Analogie von personeller Selbstreflexion vs. bürokratischer Selbstreflexion verwendet), den Anspruch erhebt, daß Kritische Theorie grundsätzlich praktisch sein muß.[5] Die manifesten Problemaspekte bei einem gleichzeitig nur hypothetischen praktischen Potential veranlassen kaum zu Optimismus, was die praktische Anwendung der kritischen Policy-Analyse anbelangt. Es gibt keinen Grund anzunehmen, und dies kann nicht überraschen, daß die „privilegierten" Beteiligten ihre Vorteile um gleicher Spielchancen willen aufzugeben bereit sind oder das zu schaffen, was Habermas „kommunikative Kompetenz" nennt.[6] Vielmehr muß genau das Gegenteil erwartet werden, nämlich daß die beteiligten Parteien danach streben, die Vorteile eines Heimspiels auszunutzen, um ihre Ziele zu verwirklichen oder „vested interests" zu wahren. Sicher gibt es einige Beispiele für die praktische Verwirklichung der Idee der kommunikativen Kompetenz. Dryzek (1989 und 1990) und Torgerson (1986) beschreiben die Bemühungen des kanadischen Juristen Thomas Berger in seiner Arbeit mit der eingeborenen Bevölkerung von Nord-Kanada und Alaska als ein positives Beispiel dafür; aber diese Fälle werden zahlenmäßig von denjenigen weit übertroffen, in denen die kommunikative Kompetenz fraglos durch eine Gruppierung monopolisiert wurde. Beispiele für den letzteren, sehr viel wahrscheinlicheren Fall, in dem öffentliche Foren zwar von Elitegruppen einberufen, dann von diesen im Sinne vorher determinierter Entscheidungen dominiert wurden, bieten Präsident Jimmy Carters innenpolitische Anhörung über Solarenergie sowie die öffentlichen Veranstaltungen im Zusammenhang mit dem englischen Kernkraftwerk in Windscale.[7]

Der zweite Reformstrang bezieht sich auf das, was als Partizipation im Rahmen der Policy-Analyse oder „partizipatorische Policy-Analyse" diskutiert wurde (deLeon 1990; Durning 1993). Sie wird von der Erkenntnis getragen, daß diejenigen, die am häufigsten von der Policy-Analyse in Form von neuen oder veränderten Maßnahmen betroffen sind, am wenigsten um Rat gefragt werden; oder anders gesagt, daß die ausgebildeten und selbstbewußten Analytiker immer eine große Distanz zu den eigentlichen Zielgruppen ihrer Untersuchungen haben. Peter deLeon (1992: 126) beschreibt das Problem folgendermaßen: „In der Situation, in der sich Policy-Analytiker (geographisch und organisatorisch) befinden, schotten sie sich effektiv von den Wünschen, Bedürfnissen und – besonders den kritischen – Wertvorstellungen der Personen, denen sie helfen sollen, ab". Zumindest teilweise ist das wiederholte Versagen der Policy-Analyse auf diese Abschottung zurückzuführen. Richard Rose unterstützt diese Einsicht in seinem aufschlußreichen Buch „Ordinary People in Policy Analysis" (1989: 6), in dem er argumentiert, daß die heutige Policy-Analyse nicht erkennt, daß „... die Aufmerksamkeit auf den Nutzen gerichtet werden muß, den 'die einfachen Leute' aus den Pro-

---

5 Eine gute Diskussion einiger Probleme auf einer mehr konzeptionellen Basis bietet Johnson (1993).
6 Ja, Lindblom (1990) argumentiert gar, daß die Policy-Analyse regelmäßig in einer Art und Weise manipuliert wird, daß „vested interests" die Fähigkeit der Bevölkerung, intelligent zu handeln, „schwächen" können und dies auch aktiv tun. Lindblom mit seiner Betonung natürlicher Experimente, des Inkrementalismus und der „Intelligenz von Demokratie" steht in starkem Gegensatz zur Kritischen Theorie, obwohl er selbst natürlich gegenüber der heutigen Policy-Analyse sehr kritisch ist. Siehe zu einer früheren Formulierung derselben Einstellung auch Lindblom und Cohen (1979).
7 Diese öffentlichen Anhörungen und ihre Resultate werden bei Laird (1990) und Kemp (1985) beschrieben.

grammen ziehen, die die Regierung verabschiedet ... In einer Verhaltens-Analyse muß Public Policy als ein Input in das Leben von normalen Leuten verstanden werden" (Rose 1989: 6). Die partizipatorische Policy-Analyse sucht dieser Bedingung zu genügen. Wie Charles Lindblom klar sagt: Public Policy sollte „... anstatt nur den Bedürfnissen der Bürokratie zu dienen, dem Durchschnittsbürger Hilfe bieten" (Lindblom 1986: 361). So bemühen sich die Befürworter des Policy Design, Methoden zur Identifikation spezifischer Zielgruppen im Unterschied zu einer amorphen allgemeinen Bevölkerung zu entwickeln und Wege zu finden, auf diese zuzugehen; eine solche Bemühung setzt ein besseres Verständnis der besonderen Bedürfnisse und der Verhaltensmuster der Bevölkerung voraus.[8] Diese Art von Policy Design führt dann – so die Hoffnung – zu erfolgreicheren staatlichen Maßnahmen.

Die philosophischen Wurzeln dieser Bewegung in den Policy Sciences kann zu der „demokratischen Moralität" von Redford (1969) zurückverfolgt werden sowie zu Barbers (1984) Ruf nach einer „starken Demokratie", gründet aber auch in der ursprünglichen Lasswellschen Vision, die – wie oben erwähnt – schon früh durch den Frachtzug des Positivismus aus dem Gleis geworfen wurde. Lasswells Perspektive war deutlich humanistisch orientiert, was die persönliche Teilnahme anbetrifft. Torgerson (1986: 42) beschreibt, wie Lasswell, eine „... Profession anvisierte, die beides fördern sollte, sowohl die allgemeine Aufklärung der Bevölkerung als auch eine weitverbreitete Teilnahme an demokratischen Entscheidungsprozessen. In Lasswells Arbeiten ist eine Entwicklung in Richtung einer methodologisch-politischen Konvergenz enthalten, die sich auf *Partizipation* (Hervorhebung Torgerson) konzentriert." Die partizipatorische Policy-Analyse baut auf „... der zentralen Frage des Wunsches nach demokratischer Teilhabe auf: die direkte Beteiligung eines geeinten Volkes, das gemeinsame Interessen verfolgt" (Morone 1990: 5), aber kleidet diese in eine repräsentative Form. Sie unterscheidet sich von Vorschlägen wie Barbers „strong democracy", den „elektronischen Bürgerversammlungen" und dem „empowerment" insofern, als der Policy-Analytiker aufgefordert ist, die öffentliche Meinung zu befragen, indem er mittels des Zufallsprinzips Bürger auswählt, informiert und anhört. Deren Meinungen werden abgefragt und von Policy-Analytikern in ihre Forschungsberichte aufgenommen, eine Prozedur, die man „Policy-Polling" nennen könnte. Kathlene und Martin (1991: 49) weisen warnend darauf hin, daß „... die Integration der öffentlichen Meinung in den Entscheidungsprozeß das schwierigste Problem ist, wenn das Ziel der Bürgerbeteiligung 'Bürger-Wirksamkeit' und eine Politikgestaltung ist, die sensitiv auf die Probleme der Gemeinschaft reagiert und nicht nur eine Pflichtübung demokratischer Politikgestaltung" sein soll (Kathlene/Martin 1991: 49). Die Überlegung, die hinter dem „Policy-Polling" steht, wird von Dryzek klar formuliert: „... In dem Maße, in dem man sich dem Pol 'Partizipation' (auf einem Kontinuum demokratischer Beteiligungsformen, A.H.) nähert ..., wird Politik zunehmend diskursiv, überzeugungsorientiert, an wirklichen öffentlichen Interessen ausgerichtet und setzt aktive Bürgerbeteiligung voraus" (Dryzek 1990: 13). Darüber hinaus soll sich die partizipatorische Policy-Analyse auf den ganzen Policy-Prozeß beziehen, nicht nur auf die Problemformulierung, wie dies

---

8 Ingram und Schneider (im Erscheinen) benützen diese und ähnliche Begriffe, wenn sie über „die Gestaltung der Staatsbürgerschaft" reden.

bei vielen Bürgeranhörungen, dem Einsatz von Fokus-Gruppen in Wahlkämpfen und Umweltverträglichkeits-Anhörungen die Regel zu sein scheint.
In ihrer praktischen Handhabung ist die partizipatorische Policy-Analyse bewußt so konstruiert, daß sie aktiv auf die informierte Partizipation der Bürger baut, anstatt reagierend die Perspektiven selbst-erwählter Eliten (wie im Fall der Entscheidungsseminare Lasswells[9]) oder etablierter Interessengruppen einzubeziehen. Auch Städteplaner haben solche Ansätze benutzt und nannten diese „partizipatorische Planung", „transaktive Planung" oder „Advocacy Planning" (vgl. u.a. Friedmann 1973 und Forester 1988). Roger Hart stellt fest, daß „... 'Advocacy planning' bedeutet, für jene zu sprechen, die die Gebäude wirklich benutzen, anstatt für diejenigen zu forschen, die die Macht innehaben. Es bedeutet, Leuten dabei behilflich zu sein, in einer Gemeinde ihre eigene Planung durchzuführen" (Goleman 1992). Jedoch haben diese Methoden nur selten (als eine Ausnahme vgl. Kathlene/Martin 1991) Eingang in das anerkannte Methoden-Instrumentarium der Policy-Analytiker gefunden.
Ähnlich wie die Kritische Theorie weist auch die partizipatorische Policy-Analyse viele Schwachstellen auf. Die wichtigsten Fragen, die sich erheben, sind: Wie rekrutiert und bildet der Analytiker speziell ausgewählte öffentliche Repräsentanten aus; wie setzt er die Regeln des Vorgehens und Prozeduren der Beurteilung fest, ohne damit die Resultate zu beeinflussen und den gesamten Prozeß und dessen Akzeptanz entscheidend zu beeinträchtigen? Mit großer Gewißheit sind diese Prozeduren aufwendig und erfordern häufig weit mehr Zeit, als für politische Entscheidungsprozesse vorgesehen ist. Am wichtigsten aber: Es gibt keine Beispiele, wo dieses Verfahren auf der nationalen Ebene angewendet worden ist, und es gibt keine Erfahrung mit der praktischen Handhabung von „Policy-Polling".
Dennoch können Kritische Theorie und partizipatorische Policy-Analyse, wenn sorgfältig gestaltet, sich vielen Mängeln zuwenden, die gegenwärtig der Policy-Forschung anhaften. Angestrebt wird eine Verbindung zwischen den partizipatorischen Ideen, die im „analytischen Forum" (Jenkins-Smith 1988) Gestalt gewonnen haben, und der Vorstellung der „kommunikativen Rationalität", die aus der Kritischen Theorie stammt (Dryzek 1990). Die erste dient als Medium für die Policy-Diskussion und als Mittel der Konsensusherstellung via kommunikative Kompetenz; die zweite „... bezieht sich auf das Maß, in dem soziale Interaktion frei von Herrschaft (und der Ausübung von Macht), von strategischem Verhalten und der (Selbst-)Täuschung der beteiligten Akteure ist ...; sie ist an einem intersubjektiven Verständnis orientiert und sucht einen Konsensus in den Aktionen zu erreichen" (Dryzek 1990: 15, 70). Sie dient als theoretische Basis für Dryzeks „diskursive Demokratie".[10]

---

9 Siehe Brewer (1975) zu einer Beschreibung des Entscheidungsseminars.
10 Dryzek (1990, S. 226, Fußnote 7) schreibt: „Die Begrenzung der Policy-Deliberation auf eine kleine Gruppe von Bürgern, die durch das Los ausgewählt werden, würde den erzieherischen Aspekt der partizipatorischen Demokratie beseitigen. Doch gibt es keinen Bedarf, die Mitwirkung auf einen 'minipopulus' zu beschränken." Ich stimme dem nicht zu und halte dagegen, daß eine Demokratie des Diskurses ohne Stichprobeverfahren schnell in eine allgemeine Schimpferei zu vieler Beteiligter münden und deshalb bald abgeschafft würde.

Die praktische Anwendung des Post-Positivismus

Wie oben kurz angesprochen, erheben sich viele technische Hindernisse zwischen dem, was der Post-Positivismus verspricht, und seiner praktischen Anwendung. Frank Fischer (1985) stützt sich in seinem Programm für eine – auf der Kritischen Theorie basierende – Evaluation des Head Start Programms, auf die von Toulmin (1958) unterschiedenen Argumentationsebenen, und schlägt vier Niveaus der Analyse (wie beispielsweise die System-Rechtfertigung und die rationale soziale Wahlhandlung) vor. Die methodischen Schwierigkeiten von Fischers Vorschlag weisen implizit auf einige der Durchführungsprobleme des Post-Positivismus hin. Darüber hinaus birgt Fischers Evaluations-Methode letzendlich die Gefahr, gegenüber politischer Manipulation genau so anfällig zu sein wie die Methoden es sind, die er ersetzen möchte. Habermas selbst hat nicht gezeigt, wie seine Ideen in die Form praktischer Standard-Entscheidungsprozeduren überführt werden können, die auch leicht anwendbar sind. Ja, manche Kritischen Theoretiker würden gar so weit gehen zu behaupten, daß der Akt der Umsetzung der Kritischen Theorie seine Objektivität schon in Frage stellen würde. Diese Position kann m.E. nicht akzeptiert werden, denn sie würde die Kritische Theorie unweigerlich in die Rumpelkammer der Policy-Forschung und der Politikgestaltung verweisen. Zur Debatte steht hier also die Frage, wie der post-positivistische Ansatz in die Praxis umgesetzt werden kann, ohne gleichzeitig in die offensichtlich existierenden Fußangeln zu geraten.

Wir schlagen zwei zentrale Komponenten vor, um die Praxis der kritischen Policy-Analyse zu etablieren und anzuwenden. Die erste besteht aus einer Methode der partizipatorischen Policy-Analyse, die den „Durchschnittsbürger" von Rose dazu auffordert, sich an der Praxis einer partizipatorischen Policy-Analyse zu beteiligen. Die Teilnehmer werden vom Analytiker nach dem Zufallsprinzip aus einer breit definierten Gesamtheit betroffener Bürger (die u.U. nach soziokulturellen Variablen strukturiert sein sollte) ausgewählt, damit das Stigma vermieden wird, „Gefangene" etablierter Interessen und unmittelbar Betroffener zu sein.[11] Das Panel behandelt eine spezifische Policy-Frage. Der Analytiker versorgt die Gruppe in einem gewissen Umfang mit Faktenmaterial und diskursiven Prozeduren, gleichzeitig mit sachlichen Gegenpositionen und zwar in einer Art und Weise, die dazu geeignet ist, die Beteiligten über die Dimensionen und Parameter der betreffenden Entscheidungsfrage zu informieren. Auf diese Weise fungieren die ausgewählten Teilnehmer als eine repräsentative und informierte Gruppe von Bürgern. Die Analytiker bieten auch eine Unterstützung durch Mitarbeiter an.

Da diese Tätigkeit sich über eine gewisse Zeitdauer erstreckt, die im wesentlichen durch eine Kombination von Entscheidungsparametern (inbesondere die zeitliche Planung) sowie die verfügbare Zeit und anderweitige Verpflichtungen der Teilnehmer bestimmt wird, ist es wichtig, die Prioritäten der Mitglieder des Panels zu kennen. Das heißt die Analytiker müssen bei ihren Bemühungen, ein Panel zu rekrutieren und aufrechtzuerhalten, Überzeugungsarbeit leisten. Auch müssen die teilnehmenden Bür-

---

11 Dieser Vorschlag ist verwandt mit der Methode, über die Kelly und Maynard-Moody (1993) berichten, unterscheidet sich aber insofern von dieser, als letztere Evaluations-Sitzungen ausschließlich von Betroffenen vorsieht.

ger für ihr Engagement finanziell kompensiert werden. Jedoch sollten letztlich Bürgersinn und Bürgerstolz für die Teilnahmebereitschaft verantwortlich sein. Der ausschlaggebende Anreiz wäre die Gewißheit, daß die Früchte der Bemühungen der Bürger im politischen Entscheidungsprozeß sorgfältig zur Kenntnis genommen werden, d.h. ihre Beratungen nicht einfach eine Scharade, eine Attrappe der Bürgerbeteiligung, darstellen. Kathlene und Martin kommen im Rahmen ihrer Übersicht zur Bürgerbeteiligung zum Schluß, daß „... bei der Entscheidung darüber, ob die Beteiligung sich lohnt oder nicht, die Beteiligten die aufgewendete Zeit, die Bedeutung der Entscheidungsfrage, ihr eigenes Wissen und ihre Kompetenz in der betreffenden Sachfrage sowie die Wahrscheinlichkeit einkalkulieren, daß ihre Meinungsäußerung etwas bewirken kann" (Kathlene/Martin 1991: 47/8). Glücklicherweise gibt es viele empirische Hinweise darauf, daß die Bürger aufgrund einer Haltung der persönlichen Moral und Bürgerverantwortung, die über ökonomische Interessiertheit und finanzielle Kompensation hinausgeht, im allgemeinen bereit sind, sich an Aktivitäten zu beteiligen, die diesen Bedingungen nahekommen (Wilson 1993; Kelman 1987).

Wenn das Panel ein gewisses Maß an Sachkompetenz in einer spezifischen Materie erlangt hat, nähert sich dieses Forum, das wir Policy-Forum nennen möchten, der zweiten typischen Komponente der post-positivistischen kritischen Policy-Analyse, d.h. der Rahmenbedingung (wenn auch nicht dem faktischen Zustand) der Habermasschen idealen Diskurssituation. Die Zielsetzung und das Vorgehen des Policy-Forums sind an den Arbeiten von Hank Jenkins-Smith (1988) orientiert, der ein „analytisches Forum" vorschlägt. Jenkins-Smith 1988: 199) trifft eine wichtige Unterscheidung, indem er zwischen offenen und geschlossenen Versammlungen unterscheidet. Der erste Typ von Versammlung umfaßt „... alle mobilisierten Teilnehmer eines Subsystems (und ist, deLeon) durch einen Mangel an gemeinsamen wissenschaftlichen Forschungsstandards sowie ... konkurrierende empirische Forderungen (charakterisiert, deLeon)" (Jenkins-Smith 1988: 199). Während sich das offene Forum dem erwünschten demokratischen Ethos annähert, liegt der Nachteil seiner Struktur darin, daß sich in ihm zu viele unterschiedliche Stimmen erheben, so daß „... die Analyse erwartungsgemäß viele Facetten der Debatte beleuchtet, jedoch keine Basis für Konsensus bieten kann" (Jenkins-Smith 1988: 199). Die Teilnehmer des geschlossenen Forums verfügen dahingegen eher über gemeinsame Forschungsstandards, die infolgedessen aber auch eine größere Zahl von Erfahrungen und Werten ausschließen, d.h. die Vielfalt von Demokratie, auf der Kritische Theorie basiert, einschränken.

Daraus leitet sich unser Vorschlag ab, ein sehr viel aktiveres Vorgehen im Forum zu wählen, in dessen Rahmen die Teilnehmer auf einer repräsentativen Basis bestimmt (d.h. auf der Basis eines offenen Forums) und dann in den schwierigen Einzelfragen der sachlichen Auseinandersetzung ausgebildet werden. Auf diese Weise können die Panel-Mitglieder zumindest partiell einen gemeinsamen Fundus an Wissen und Vorgehensweisen entwickeln (was dem geschlossenen Forum gleichkäme) und gleichzeitig offen für eine erweiterte Form der Repräsentation sein. Das Policy-Forum bringt eine Variante des „professionellen Forums" von Jenkins-Smith hervor, das eine größere Chance bietet, einen informierten Konsensus zu erzielen als die Kakophonie des offenen Forums und das eher in der Lage ist, konsensuelle demokratische Werte widerzuspiegeln als das geschlossene Forum. Obwohl nie zu hoffen ist, daß alle Spuren einer Bevorzugung gänzlich eliminiert werden können (oder kommunikative Asymmetrien

durch kommunikative Kompetenz zu ersetzen sind), würde das Policy-Forum sich in diese Richtung bewegen.
Bestandteil der kritischen Policy-Analyse sind auch substantielle Einsichten in die Funktionsweise von Bürokratien und in die Möglichkeit, wie sie unter der Voraussetzung, daß ein kritischer Ansatz praktiziert wird, funktionieren könnten. Denhardt (1981) beschreibt die potentiellen Vorteile des Paradigmas der Kritischen Theorie für öffentliche Organisationen: „Ein kritischer Ansatz würde sich auf die Aspekte der Theorie und Praxis von Bürokratie konzentrieren, die dazu beitragen, die Anerkennung der einzelnen Bürger für den politischen Prozeß und deren Beitrag zu diesem Prozeß einzuschränken ... Eine Kritische Theorie würde die Machtbedingungen und Machtabhängigkeiten betonen, die das heutige organisatorische Leben charakterisieren und das beträchtliche Konfliktpotential und die Unordnung, die mit diesem einhergehen ... Überdies würde eine Kritische Theorie der öffentlichen Organisation, indem sie deutlich macht, wie gegebene Macht- und Abhängigkeitsbeziehungen in Entfremdung und Indifferenz münden, direkte Bemühungen nahelegen, die Qualität des organisatorischen Lebens zu verbessern" (Denhardt 1981: 633).
So attraktiv diese Möglichkeiten auch erscheinen mögen, sollten sie doch mit gewissen Vorbehalten betrachtet werden. Eine realistische Einschätzung der für die Kritische Theorie typischen problematischen Annahmen, nämlich daß kompetentes kommunikatives Handeln möglich ist und insbesondere, daß kommunikative Verzerrungen reduziert werden können, ist notwendig, um eine weitere Runde enttäuschter Hoffnungen zu vermeiden. Natürlich gibt es keine Garantie, daß das vorgeschlagene System eine bessere Politik produziert, oder daß die daraus abgeleiteten praktischen Maßnahmen dringliche soziale Probleme zu „lösen" vermögen. Die meisten Policy-Probleme sind viel zu komplex, als daß eine solche Zuversicht gerechtfertigt wäre. Schlußendlich würden öffentliche Einrichtungen einen Konflikt zwischen den kritischen Denktraditionen und Verfahrensvorschlägen einerseits und den existierenden Prozeduren und Machtbeziehungen andererseits sehen und infolgedessen ernsthaften Widerstand gegen deren Übernahme entwickeln.
Nichtsdestoweniger können diese und ähnliche Methoden auf unterschiedliche Weisen angepaßt und modifiziert werden. Dies würde ermöglichen, daß sie in spezifischen Organisationen und unter Bedingungen verwendet werden, unter denen ihre Anwendung angemessen oder passend erscheint. So wäre beispielsweise eine im Weberschen Sinn streng hierarchisch strukturierte Organisation viel weniger empfänglich für eine kritische Policy-Analyse als eine Organisation, die durch Gemeinschafts- oder Netzwerkstrukturen und eine entsprechende Ethik charakterisiert ist.[12] Ein zweites Kriterium wäre die Dringlichkeit oder der Grad der Geheimhaltung, die sich mit einer Policy-Entscheidung verbinden. Zwar würde ein Krisen-Management zwangsläufig die Grundregeln der Kritischen Theorie, d.h. Regeln eines offenen und nicht-hierarchischen Austausches verletzen, jedoch sind in einer echten politischen Krisensituation (wie der Raketenkrise auf Kuba, dem Kernkraftunglück in Three Mile Island oder dem Rücktritt eines Premierministers) weder das Ausmaß von Öffentlichkeit noch die zeit-

---

[12] Siehe L. deLeon (1993) zu einer aufschlußreichen Beschreibung von vier verschiedenen organisatorischen Modellen und den zugrundeliegenden Wertvorstellungen.

lichen Anforderungen akzeptabel, die sich mit der partizipatorischen Policy-Analyse verbinden.[13]

Auf der anderen Seite ständen eine Überprüfung des Gesundheitssystems, eine Bildungsreform und andere sozialpolitische Programme unter weniger zeitlichem Druck (was nicht heißt, daß sie weniger wichtig sind) und sind daher mit diesen Prozeduren vereinbar. Ja, auch gegenwärtig hat deren Gang durch die politischen Entscheidungsbahnen schon das Tempo eines Gletschers. Die Umweltverträglichkeitsprüfung, die ursprünglich als sehr zeitaufwendig und beschwerlich betrachtet wurde, wird heute als Bestandteil des politischen Prozesses akzeptiert (und von vielen geschätzt). In ähnlicher Weise ist die dezentrale Verwaltung des öffentlichen Schulwesens nicht gerade für die Geschwindigkeit seiner Entscheidungen bekannt, gewinnt aber weiter an Popularität.

Die Schlüsselidee ist es somit nicht, eine kritische Policy-Analyse bei jeder politischen Entscheidung zu praktizieren, sondern – in Anbetracht ihrer spezifischen Stärken und Schwächen – diese auf umsichtige Art nur dann anzuwenden, wenn sie machbar oder (unter bestimmten Umständen) potentiell machbar erscheint. Dies stellt eine wichtige Herausforderung für die politischen Entscheider dar: sie müssen eine differenzierte Unterscheidung treffen, wann die kritische Policy-Analyse effektiv ist und entsprechend vorgehen. Auch müssen Policy-Analytiker eine Anzahl neuer professioneller Fähigkeiten wie die Durchführung von Meinungsumfragen und die Erleichterung und Begleitung des Verfahrens erwerben. Wenn die kritische Policy-Analyse einen gewissen Erfolg in sorgfältig ausgewählten Entscheidungssituationen hat, könnte sie genügend Verbreitung finden, um breiter zur Anwendung zu kommen.

Schlußfolgerung

Dieser Beitrag räumte von Anfang an ein, daß die kritische Policy-Analyse kein leicht handhabbares Rezept für alle Übel bereithält, die die Policy-Analyse plagen, und schon gar nicht dafür gedacht ist, die politischen Institutionen zu verbessern. Die hier entwickelten Empfehlungen sind vielmehr als Vorschläge und explorative Ideen zu verstehen, die skizziert wurden, erstens um Wege aus dem Rationalitätsprojekt zu weisen, das die gegenwärtige Policy-Analyse in eine schwierige Situation gebracht hat, und zweitens, um praktische Vorschläge zu entwickeln, die aus der Kritischen Theorie abgeleitet werden. Es wird nicht der Anspruch erhoben, daß die Vorschläge unmittelbar in neue und bessere Methoden der Aufgabenbewältigung übersetzt werden können. Aber sie dienen als Basis für eine Diskussion, die neue, vielversprechende Forschungswege eröffnet und bahnt. Im schlimmsten Fall werden sie diejenigen unterstützen, die den rationalen Akteur, den homo oeconomicus, für einen unzuverlässigen Begleiter halten, und darauf drängen, sich auf die Suche nach besseren Wegposten zu begeben. Optimistischer gesehen können jedoch diese und ähnliche Vorgehensweisen dabei

---

13 Man kommt nicht umhin zu bemerken, daß viele Regierungs-„Krisen" niemals stattgefunden hätten, wenn es mehr Offenheit im Staat gäbe. Die Iran-Kontra-Affaire und die Savings- & Loan-Krise wären unmöglich gewesen, wenn eine Kenntnisnahme durch die Öffentlichkeit nicht von Regierungsbeamten verhindert worden wäre; siehe jeweils Draper (1991) und Mayer (1990) zu empirischen Daten in den beiden Fällen.

behilflich sein, die allzuhäufige analytische Blockade zu überwinden, die immer dann zustandekommt, wenn zwei gegnerische Lager (die – wie der Anthropologe Michael Thompson – 1984 – sagte, kriegführenden Stämmen vergleichbar sind) einander gegenüberstehen und ohne eine Krisensituation nicht zu einer Überwindung ihrer Meinungsunterschiede kommen können. Wenn eine kritische Policy-Analyse die Neigung, die vielzitierten „Äpfel mit Birnen" zu vergleichen (oder wie John Robinson 1982 bezogen auf die amerikanische Energiedebatte drastisch sagte, „Äpfel mit gehörnten Kröten" zu vergleichen), reduzieren würde, dann hätte sie einen beträchtlichen Beitrag geleistet.

Im besten Fall kann die kritische Policy-Analyse die Policy Sciences zu Lasswells ursprünglichem Entwurf einer problemorientierten, multidisziplinären, explizit normativen Disziplin zurückführen, die die wachsende Kluft zwischen Policy-Adressaten und Policy-Analytikern (und damit auch der politischen Entscheider) verringert, und so die wechselseitige Enttäuschung der Beteiligten vermindern; kurz sie könnte zu einer realisierbaren Policy-Analyse führen, die auf der menschlichen Würde aufgebaut ist und der Demokratie dient.

Literaturverzeichnis

Amy, Douglas J., 1984: Why Policy Analysts and Ethics Are Incompatible, in: Journal of Policy Analysis and Management 3, Nr. 4, 573-591.
Ascher, William, 1987: Policy Sciences and the Economic Approach: In a 'Post-Positivist' Era, in: Policy Sciences 20, Nr. 1, 1-9.
Barber, Benjamin R., 1984: Strong Democracy: Participatory Politics for a New Age. Berkeley: University of California Press.
Barrett, William, 1979: Illusion of Technique. Garden City, NY: Anchor Press/Doubleday.
Baum, Erica, 1991: When the Witch Doctors Agree: The Family Support Act and Social Science Research, in: Journal of Policy Analysis and Management 10, Nr. 4, 603-615.
Bobrow, Davis/Dryzek, John S., 1987: Policy Analysis by Design. Pittsburgh, PA: University of Pittsburgh Press.
Brewer, Garry D., 1975: Dealing With Complex Social Problems: The Potential of the 'Decision Seminar' in: *Garry D. Brewer/Ronald D. Brunner* (Hrsg.), Political Development and Change: A Policy Perspective. New York: The Free Press, 439-461.
Brewer, Garry D./deLeon, Peter, 1983: The Foundations of Policy Analysis. Monterey, CA: Brooks/Cole.
deLeon, Linda, 1993: Easy as One, Two, Three ... and Four, in: Administration and Society. Im Erscheinen.
deLeon, Peter, 1988: Advice and Consent: The Development of the Policy Sciences. New York: Russell Sage Foundation.
deLeon, Peter, 1990: Participatory Policy Analysis: Prescriptions and Precautions, in: Asian Journal of Public Administration 12, Nr. 1, 29-54.
deLeon, Peter, 1992: The Democratization of the Policy Sciences, in: Public Administration Review 52, Nr. 2, 125-129.
Denhardt, Robert B., 1981: Towards a Critical Theory of Public Organization, in: Public Administration Review 41, Nr. 6, 628-635.
Deutsch, Karl W./Markovits, Andrei S./Platt, John (Hrsg.), 1986: Advances in the Social Sciences, 1900-1980: What, Who, Where, How? New York: Academic Press and Abt Associates.
Draper, Theodore, 1991: A Very Thin Line: The Iran-Contra Affairs. New York: Haper Collins.
Dryzek, John S., 1989: Policy Sciences of Democracy, in: Polity 22, Nr. 1, 97-118.
Dryzek, John S., 1990: Discursive Democracy. New York: Cambridge University Press.
Durning, Dan, 1993: Participatory Policy Analysis in a Social Service Agency: A Case Study, in: Journal of Policy Analysis and Management 12, Nr. 2, 297-322.

Fischer, Frank, 1985: Critical Evaluation of Public Policy, in: *John Forester* (Hrsg.), Critical Theory and Public Life. Cambridge, MA: The MIT Press, 231-257.
Fischer, Frank, 1989: The Rationality Project: Policy Analysis and the Postpositivist Challenge, in: Policy Studies Journal 17, Nr. 4, 941-951.
Fischer, Frank, 1990: Technocracy and the Politics of Expertise. Newbury Park: Sage Publications.
Forester, John (Hrsg.), 1985: Critical Theory and Public Life. Cambridge, MA: The MIT Press.
Forester, John, 1988: Planning in the Face of Power. Berkeley: University of Berkeley Press.
Friedmann, John, 1973: Retracking America. Garden City, New York: Anchor/Doubleday.
Goleman, Daniel, 1992: Architects Rediscover the Best City Planners: Citizens, in: New York Times, Juni 1992, S. B5, B9.
Ingram, Helen/Schneider, Anne (im Erscheinen): Constructing Citizenship: The Subtle Message of Policy Design, in: *Helen Ingram/Stephen Rathgeb Smith* (Hrsg.), Public Policy for Democracy.
Jenkins-Smith, Hank, 1988: Analytic Debates and Policy Learning: Analysis and Change in the Federal Bureaucracy, in: Policy Sciences 21, Nr. 2-3, 169-212.
Johnson, James, 1993: Is Talk Cheap? Promoting Conversation Between Critical Theory and Rational Choice, in: American Political Science Review 87, Nr. 1, 74-86.
Kathlene, Lyn/Martin, John A., 1991: Enhancing Citizen Participation: Panel Designs, Perspectives, and Policy Formulation, in: Journal of Policy Analysis and Management 10, Nr. 1, 46-63.
Kelly, Marisa/Maynard-Moody, Steven, 1993: Policy Analysis in the Post-Positivist Era: Engaging Stakeholders in Evaluating the Economic Development District Programs, in: Public Administration Review 53, Nr. 2, 135-142.
Kelman, Stephen, 1987: Making Public Policy. New York: Basic Books.
Kemp, Roy, 1985: Planning, Public Hearings, and the Politics of Discourse, in: *John Forester* (Hrsg.), Critical Theory and Public Life. Cambridge, MA: The MIT Press.
Kosterlitz, Julie, 1991: Educated Guesswork, in: National Journal 27, Nr. 40, 2408-2413.
Laird, Frank N., 1990: Technocracy Revisited: Knowledge, Power, and the Crisis in Energy Decision Making, in: Industrial Crisis Quarterly 4, Nr. 1, 49-61.
Lasswell, Harold D., 1951: The Policy Orientation, in: *Daniel Lerner/Harold D. Lasswell* (Hrsg.), The Policy Sciences. Palo Alto: Stanford University Press.
Lasswell, Harold D., 1965: The World Revolution of Our Time: A Framework for Basic Policy Research, in: *Daniel Lerner/Harold D. Lasswell* (Hrsg.), World Revolutionary Elites. Cambridge, MA: The MIT Press, 29-96.
Lasswell, Harold D., 1971: A Pre-View of Policy Sciences. New York: American Elsevier.
Lasswell, Harold D./Kaplan, Abraham, 1950: Power and Society. New Haven: Yale University Press.
Lindblom, Charles E., 1986: Who Needs What Social Research for Policymaking?, in: Knowledge: Creation, Diffusion, Utilization 7 (Juni), 345-366.
Lindblom, Charles E., 1990: Inquiry and Change. New Haven: Yale University Press.
Lindblom, Charles E./Cohen, David K., 1979: Usable Knowledge: Social Science and Problem Solving. New Haven: Yale University Press.
Maier, Mark H., 1991: The Data Game: Controversies in Social Science Statistics. New York: M. E. Sharpe.
Mayer, Martin, 1990: The Greatest-Ever Bank Robbery. New York: Charles Scribner's Sons.
Morone, James A., 1990: The Democratic Wish: Popular Participation and the Limits of American Government. Basic Books.
Redford, Emmett S., 1969: Democracy in the Administrative State. New York: Cambridge University Press.
Rein, Martin, 1976: Social Science and Public Policy. Baltimore: Penguin.
Rein, Martin, 1983: Value-Critical Policy Analysis, in: *Daniel Callahan/Bruce Jennings* (Hrsg.), Ethnics, the Social Sciences, and Policy Analysis. New York: Pleneum Press.
Robinson, John Bridger, 1982: Apples and Horned Toads: On the Framework-Determined Nature of the Energy Debate, in: Policy Sciences 15, Nr. 1, 23-45.
Rose, Richard, 1989: Ordinary People in Public Policy. Newbury Park: Sage Publications.
Stokey, Edith/Zeckhauser, Richard, 1978: A Primer for Policy Analysis. New York: W. W. Norton.
Stone, Deborah A., 1988: Policy Paradox and Political Reason. Glenville: Scott, Foresman.
Szanton, Peter, 1991: The Remarkable 'Quango': Knowledge, Politics, and Welfare Reform, in: Journal of Policy Analysis and Management 10, Nr. 4, 590-602.

Thompson, Michael, 1984: Among the Energy Tribes: A Cultural Framework for the Analysis and Design of Energy Policy, in: Policy Sciences 17, Nr. 3, 321-339.
Torgerson, Douglas, 1985: Contextual Orientation in Policy Analysis: The Contributions of Harold D. Lasswell, in: Policy Sciences 18, Nr. 3, 241-262.
Torgerson, Douglas, 1986: Between Knowledge and Politics: Three Faces of Policy Analysis, in: Policy Sciences 19, Nr. 1, 33-60.
Toulmin, Stephen, 1958: The Uses of Argument. Cambridge: Cambridge University Press.
Tribe, Laurence H., 1972: Policy Science: Analysis or Ideology?, in: Philosophy and Public Affairs 2, Nr. 1, 66-110.
Weiss, Carol H. (Hrsg.), 1992: Organizations for Policy Analysis. Newbury Park: Sage Publications.
Wildavsky, Aaron B., 1979: Speaking Truth to Power: The Art and Craft of Policy Analysis. Boston: Little, Brown and Co.
Wilson, James Q., 1993: The Moral Sense. New York: The Free Press.

Verzeichnis der Autoren

Herausgeberin:
Héritier, Adrienne, Prof. Dr., Universität Bielefeld, Fakultät für Soziologie, Postfach 100131, 33501 Bielefeld

Braun, Dietmar, Dr., Ruprecht-Karls-Universität Heidelberg, Institut für Politische Wissenschaft, Marstallstr. 6, 69117 Heidelberg
deLeon, Peter, Prof., University of Colorado at Denver, Graduate School of Public Affairs, 1445 Market Street, Suite 350, Denver, Colorado 80202
Fischer, Frank, Prof., Rutgers University, Political Science Department, Graduate School Newark, University Heights, Hill Hall, Newark, New Jersey 07102
Heinelt, Hubert, PD Dr., Universität Hannover, Institut für Politische Wissenschaft/Forschungsschwerpunkt Sozialpolitik, Schneiderberg 50, 30167 Hannover
Howlett, Michael, Prof., Simon Fraser University, Department of Political Science, Burnaby, B.C., British Columbia V5A 1S6
Kissling-Näf, Ingrid, Institut de Hautes Etudes en Administration Publique, Bât. des facultés des sciences humaines 1, Université de Lausanne, CH-1015 Lausanne
Knoepfel, Peter, Prof. Dr., Institut de Hautes Etudes en Administration Publique, Bât. des facultés des sciences humaines 1, Université de Lausanne, CH-1015 Lausanne
Le Grand, Julian, Prof., The London School of Economics and Political Science, Houghton Street, London WC2A 2AE
Majone, Giandomenico, Prof., Europäisches Hochschulinstitut, Badia Fiesolana, Via dei Roccettini, 9, 50016 San Domenico di Fiesole (Firenze)
Mayntz, Renate, Prof. Dr., Max-Planck-Institut für Gesellschaftsforschung, Lothringer Str. 78, 50677 Köln
Nullmeier, Frank, Dr., Universität Hamburg, Institut für Politische Wissenschaft, Allende-Platz 1, 20146 Hamburg
Pappi, Franz Urban, Prof. Dr., Universität Mannheim, Lehrstuhl für Politische Wissenschaft I, Seminargebäude A5, 68159 Mannheim
Peters, B. Guy, Prof., University of Pittsburgh, Department of Political Science, Faculty of Arts and Sciences, 4200 Fifth Ave, Pittsburgh, Pennsylvania 15260
von Prittwitz, Volker, Prof. Dr., Universität Hamburg, Institut für Politische Wissenschaft, Allende-Platz 1, 20146 Hamburg
Ruß-Mohl, Stefan, Prof. Dr., Freie Universität Berlin, FB Informations- und Kommunikationswissenschaften/WE 1/Publizistik, Malteserstr. 74-100, 12249 Berlin
Sabatier, Paul, Prof., University of California, Davis, Division of Environmental Studies, California 9616
Scharpf, Fritz W., Prof. Dr., Max-Planck-Institut für Gesellschaftsforschung, Lothringer Str. 78, 50677 Köln
Schmidt, Manfred G., Prof. Dr., Universität Heidelberg, Institut für Politische Wissenschaft, Marstallstr. 6, 69117 Heidelberg
Schumann, Wolfgang, Dr., Universität Tübingen, Institut für Politikwissenschaft, Melanchthonstr. 36, 72074 Tübingen
Singer, Otto, Dr., Hauptstr. 9, 78337 Wangen (Öhringen)

Politische Vierteljahresschrift – Sonderhefte

Lieferbare Bände

Sonderheft 9
Udo Bermbach u.a. (Hrsg.)
Politische Wissenschaft und politische Praxis
1978. 504 S. Kart. DM 69,–/öS 358,–/SFr 70,80
ISBN 3-531-11458-1

Sonderheft 12
Hans-Dieter Klingemann und Max Kaase (Hrsg.)
unter Mitarbeit von Klaus Horn
Politische Psychologie
1982. 469 S. Kart. DM 42,–/öS 328,–/SFr 43,30
ISBN 3-531-11589-8

Sonderheft 14
Wolf-Dieter Eberwein (Hrsg.)
Politische Stabilität und Konflikt
Neue Ergebnisse der makroquantitativen Politikforschung.
1983. 286 S. Kart. DM 46,–/öS 359,–/SFr 47,40
ISBN 3-531-11652-5

Sonderheft 15
Udo Bermbach (Hrsg.)
Politische Theoriengeschichte
Probleme einer Teildisziplin der Politischen Wissenschaft.
1985. 281 S. Kart. DM 46,–/öS 359,–/SFr 47,40
ISBN 3-531-11727-0

Sonderheft 16
Franz Nuscheler (Hrsg.)
Dritte Welt Forschung
Entwicklungstheorie und Entwicklungspolitik.
1985. 452 S. Kart. DM 68,–/öS 531,–/SFr 69,80
ISBN 3-531-11771-8

Sonderheft 17
Klaus von Beyme (Hrsg.)
Politikwissenschaft in der Bundesrepublik Deutschland
Entwicklungstendenzen einer Disziplin.
1986. 273 S. Kart. DM 44,–/öS 343,–/SFr 45,30
ISBN 3-531-11830-7

Sonderheft 19
Manfred G. Schmidt (Hrsg.)
Staatstätigkeit
International und historisch vergleichende Analysen.
1988. XIV. 437 S. Kart. DM 64,–/öS 499,–/SFr 65,70
ISBN 3-531-12014-X

Sonderheft 20
Ralf Rytlewski (Hrsg.)
Politik und Gesellschaft in sozialistischen Ländern
Ergebnisse und Probleme der Sozialistischen Länder-Forschung.
1989. 520 S. Kart. DM 74,–/öS 577,–/SFr 75,90
ISBN 3-531-12104-9

Sonderheft 21
Volker Rittberger (Hrsg.)
Theorien der Internationalen Beziehungen
Bestandsaufnahme und Forschungsperspektiven.
1990. 425 S. Kart. DM 60,–/öS 468,–/SFr 61,60
ISBN 3-531-12148-0

Sonderheft 22
Bernhard Blanke (Hrsg.)
unter Mitarbeit von Susanne Benzler
Staat und Stadt
Systematische, vergleichende und problemorientierte Analysen „dezentraler" Politik.
1991. 563 S. Kart. DM 78,–/öS 609,–/SFr 79,90
ISBN 3-531-12277-0

Sonderheft 23
Michael Kreile (Hrsg.)
Die Integration Europas
1992. 448 S. Kart. DM 64,–/öS 499,–/SFr 65,70
ISBN 3-531-12403-X

Sonderheft 24
Adrienne Héritier (Hrsg.)
Policy Analyse
Krise und Neuorientierung.
1994. Ca. 300 S. Kart. ca. DM 52,–/ca. öS 406,–/ca. SFr 53,50
ISBN 3-531-12470-6

WESTDEUTSCHER
VERLAG
OPLADEN · WIESBADEN

Neu im Programm Sozialwissenschaften

Manfred Gailus/
Heinrich Volkmann (Hrsg.)
Der Kampf um das tägliche Brot
Nahrungsmangel, Versorgungspolitik und Protest 1770–1990
1993. 477 S. (Schriften des Zentralinstituts für sozialwiss. Forschung der FU Berlin, Bd. 74) Kart.
DM 68,–/öS 531,–/SFr 69,80
ISBN 3-531-12560-5

Sicherung der Nahrung in Krisenzeiten war und ist eine Hauptaufgabe von Herrschaft und zugleich eine ihrer ältesten Legitimationsquellen. Aus der mangelnden Wahrnehmung dieser Aufgabe oder aus ihrem Scheitern entsteht die klassische Protestform der „Brotrevolte", mit der gefährdete Menschengruppen ihr Naturrecht auf Leben durchzusetzen versuchen und zugleich die sozialen Eliten und politischen Machthaber an ihre Aufgaben erinnern. Diese traditionelle Nahrungsunruhe mit ihren Ursachen, Erscheinungsformen und Funktionen steht im Mittelpunkt des Buches.

Reinhard Stockmann/
Wolf Gaebe (Hrsg.)
Hilft Entwicklungshilfe langfristig?
Bestandsaufnahme zur Nachhaltigkeit von Entwicklungsprojekten
1993. 223 S. Kart.
DM 36,–/öS 281,–/SFr 37,–
ISBN 3-531-12487-0

Die Nachhaltigkeit von Entwicklungsprojekten und damit die Frage, ob die Hilfe langfristig wirklich hilft, ist in den letzten Jahren zu einem zentralen Thema in der Entwicklungszusammenarbeit avanciert. Das Buch legt hierzu eine erste, umfassende Bilanz vor. Die Ergebnisse wissenschaftlicher Arbeiten sowie die Erfahrungen der wichtigsten deutschen und schweizerischen Geberorganisationen werden in kurzen Aufsätzen präsentiert.

Claudia Koch-Arzberger/
Klaus Böhme/Eckart Hohmann/
Konrad Schacht (Hrsg.)
Einwanderungsland Hessen?
Daten, Fakten, Analysen
1993. X, 213 S. Kart.
DM 23,80/öS 186,–/SFr 24,80
ISBN 3-531-12502-8

Angesichts der starken Migrationsbewegungen in den letzten Jahren ist die Frage nach dem Umgang mit einer großen Zahl von Zuwanderern ohne deutschen Paß wieder einmal in das Zentrum des Interesses von Öffentlichkeit und Politik gerückt und wird seither kontrovers diskutiert. Mit diesem Band zur Lage der Ausländer in Hessen wird zu wichtigen Teilfragen die notwendige Informationsbasis geliefert. Die acht Aufsätze im ersten Teil des Buches bieten zunächst einen kurzen historischen Abriß und analysieren die Einstellungen der Deutschen zu Ausländern; es folgen Beiträge zur Lage der Ausländer in verschiedenen Lebensbereichen. Im zweiten Teil werden Daten des Hessischen Statistischen Landesamts zu den verschiedenen Themenbereichen in Form kommentierter Tabellen aufgearbeitet.

WESTDEUTSCHER VERLAG
OPLADEN · WIESBADEN

GPSR Compliance

The European Union's (EU) General Product Safety Regulation (GPSR) is a set of rules that requires consumer products to be safe and our obligations to ensure this.

If you have any concerns about our products, you can contact us on

ProductSafety@springernature.com

In case Publisher is established outside the EU, the EU authorized representative is:

Springer Nature Customer Service Center GmbH
Europaplatz 3
69115 Heidelberg, Germany

www.ingramcontent.com/pod-product-compliance
Lightning Source LLC
LaVergne TN
LVHW010332260326
834688LV00036B/682